Karin Moser

Der österreichische Werbefilm

Werbung – Konsum – Geschichte

Herausgegeben von
Karin Moser, Franz X. Eder und Mario Keller

Band 1

Karin Moser

Der österreichische Werbefilm

Die Genese eines Genres von seinen Anfängen bis 1938

DE GRUYTER
OLDENBOURG

Gedruckt mit freundlicher Unterstützung der Historisch-Kulturwissenschaftlichen Fakultät der Universität Wien.

universität wien
Historisch-Kulturwissenschaftliche Fakultät

Veröffentlicht mit Unterstützung des Austrian Science Fund (FWF): PUB 684-Z

FWF Der Wissenschaftsfonds.

Mit dieser Arbeit liegt der erste Band der Reihe „Werbung – Konsum – Geschichte" vor. Die peer reviewed Studien werden sich aus geistes-, sozial-, kultur-, kommunikations- und integrativwissenschaftlicher Perspektive den Themenfeldern Werbung, Marketing, Konsum und Material Culture in Geschichte und Gegenwart widmen. Das Herausgeberinnen team will mit diesen Publikationen den produktiven, diskursiven und interdisziplinären Austausch befördern und Anstoß zu weiterführenden wissenschaftlichen Arbeiten in diesen Themenfeldern geben.

ISBN 978-3-11-061896-9
e-ISBN (PDF) 978-3-11-062230-0
e-ISBN (EPUB) 978-3-11-061914-0

Library of Congress Control Number: 2019943493

Bibliografische Information der Deutschen Nationalbibliothek
Die Deutsche Nationalbibliothek verzeichnet diese Publikation in der Deutschen Nationalbibliografie; detaillierte bibliografische Daten sind im Internet über http://dnb.dnb.de abrufbar.

Satz: Integra Software Services Pvt. Ltd.
Druck und Bindung: CPI books GmbH, Leck
Coverabbildung: Der blonde Strumpf (Werbedia 1937, Palmers Archiv)

www.degruyter.com

Vorwort

An die 20 Jahre sind Film, Kino und Fernsehen zentraler Teil meiner Forschungs-, Lehr- und Vermittlungsarbeit. Mittlerweile bin ich als Redakteurin, Drehbuchautorin, Co-Regisseurin und historische Beraterin im Bereich Kino- und TV-Dokumentationen auch als kreative Filmschaffende tätig. Ob ich mich Spiel- und Dokumentarfilmarbeiten, politischer Propaganda, Filmzensur, Medien- und Filmpolitik, medialen Identitätskonstruktionen, österreichischer und internationaler Filmgeschichte oder dem kreativen Schaffen einzelner Künstlerinnen und Künstler gewidmet habe, immer wieder wurde ich beinahe beiläufig mit einem Genre konfrontiert, dem in der (film-)historischen Zunft über viele Jahre kaum bis gar keine Beachtung geschenkt worden war.

Im Zuge meiner Forschungstätigkeit zur „ständestaatlichen" Wochenschau war ich mit der filmischen Gemeinschaftswerbung der Zwischenkriegszeit konfrontiert. Bei der Recherche nach ehemaligen Mitarbeitern[1] der alliierten Wochenschauen (für meine Publikation „Besetzte Bilder") lernte ich einen einstigen Kameramann der französischen „Les Actualités françaises" kennen. Nach der Beendigung seiner Arbeit für die Besatzungsmacht gründete er mit seinem Kompagnon eine eigene Werbefilmproduktion (Traum & Maier). Die Auseinandersetzung mit dem Schaffen des österreichischen Regisseurs Peter Patzak, die gleichfalls in eine Publikation und Filmreihe mündete, offerierte mir neuerlich als „Nebenschauplatz" Werbefilmarbeiten, die den pointierten Stil dieses Künstlers unverkennbar spürbar machten.

Scheinbar unauffällig hatte sich das Thema „Werbung" nach und nach einen Weg in meine Interessensphären gebahnt. Als langjährige wissenschaftliche Mitarbeiterin des Filmarchiv Austria schöpfte ich aus den filmischen Kleinoden, die meine Aufmerksamkeit erregten und kuratierte ab 2004 diverse Filmabende zum historischen Werbefilm. Schließlich war ich über 10 Jahre für diesen Sammlungsbestand zuständig. In dieser Zeit konnte ich über persönliche Kontakte zu Produzenten, Marketingverantwortlichen, Unternehmensarchiven, Firmenmitarbeitern sowie Privatsammlern aktiv zahlreiche neue Filmbestände recherchieren und das Werbefilmkontingent erheblich erweitern.

Der „Werbefilm" war nun also endgültig zu meinem Forschungsfeld geworden. Doch wie hatte sich dieses Genre entwickelt? Wo hatte es seine Wurzeln? Welche ökonomischen, politischen, gesellschaftlichen und technischen Umstände bedingten das Entstehen dieses Genres in Österreich? Wer waren die ersten Auftraggeber und wer setzte diese Filme um? Antworten darauf blieben die Arbeiten zur österreichischen Filmgeschichte schuldig. 2008 entschloss ich mich daher dazu, meine Dissertation der Genese des österreichischen Werbefilms von seinen Anfängen bis 1938 zu

1 Zugunsten der besseren Lesbarkeit wird in dieser Arbeit auf geschlechtsspezifische Formulierungen verzichtet. Bei allen personenbezogenen Begriffen meint die gewählte Formulierung beide Geschlechter.

https://doi.org/10.1515/9783110622300-201

widmen. Prof. Dr. Gernot Heiß hat mich in diesem Vorhaben vom ersten Moment der Themenfindung an eingehend unterstützt.

Intensive Archivrecherchen im In- und Ausland folgten. Zahlreiche Quellen konnten erhoben werden. Wertvolle und bereichernde Gespräche und Diskussionen wurden mit Filmschaffenden, Produzenten, Sammlern, Archivaren und Kollegen geführt. Parallel dazu hatte sich mein beruflicher Lebensweg verändert. Aufgrund meiner Initiative und Konzeption entstand ein weiterführendes Forschungsprojekt zum österreichischen Werbefilm der Jahre 1950 bis 2000 am Institut für Wirtschafts- und Sozialgeschichte, das meinen Horizont hinsichtlich dieses Genres und Quellenmaterials neuerlich erweitert hat. Auch ein gemeinsam mit Günter Kaindlstorfer umgesetztes Filmprojekt zur politischen Werbung in Österreich hat mir weitere Einblicke in die Arbeitsweise von Werbeagenturen und Filmemachern ermöglicht.

Das nun vorliegende Werk ist dem Zuspruch und der Unterstützung vieler Menschen geschuldet. An erster Stelle danke ich dem Betreuer meiner Dissertation, Prof. Dr. Gernot Heiß. Er hat mich stets darin bestärkt, den von mir eingeschlagenen Weg fortzusetzen, hat mich beraten und auch in schwierigen Momenten mit Bedacht meine Interessen bestens vertreten. Für die Unterstützung meiner Forschungen und meines wissenschaftlichen Werdegangs danke ich besonders Prof. Dr. Karl Vocelka, Prof. Dr. Hannes Leidinger und Prof. DDr. Oliver Rathkolb sowie Prof. Dr. Franz X. Eder, Prof. Dr. Rainer Gries und Prof. Dr. Frank Stern.

Für wichtige archivalische und wissenschaftliche Hinweise sowie inhaltlich spannende Diskussionen, für moralische Unterstützung und aufrichtige Freundschaft gibt es zu danken. Die Liste derer, denen ich diesbezüglich verbunden bin, ist lang: Michael Achenbach, Christoph Alten, Thomas Ballhausen, Christoph Bertsch, Julia Danielczyk, Paulus Ebner, Ulla Fleischer, Gabriele Fröschl, Therese Garstenauer, Mathilde Gotthard, Peter Grabher, Franz Grabner, Peter Huemer, Thomas Just, Monika Kaczek, Mario Keller, Johann Kirchknopf, Julia Köstenberger, Günter Krenn, Oliver Kühschelm, Christina Leyerer, Verena Moritz, Josef Navratil, Stefan Ossmann, Peter Patzak, Inge Pekarek, Christian Puluj, Alfred Rubatschek, Elisabeth Streit, Anton Thaller, Georg Thiel, Thomas Tode, Josef Schuchnig, Siegfried Steinlechner, Klaus Stefan, Annemarie Steidl, Kurt Stocker, Herbert Wilfinger, Maria Wirth und Ulrike Zimmerl.

Inhaltsverzeichnis

1 Einleitung

1.1 Forschungsstand

Dem werbenden Gebrauchsfilm wurde seitens der wissenschaftlichen Forschung über lange Zeit hinweg wenig Interesse entgegengebracht. Vereinzelt setzten sich Arbeiten mit absatzorientierten Auftragsfilmen auseinander,[2] oftmals im Zuge von medien- oder allgemein werbehistorischen Abhandlungen.[3] Auch historische Abrisse über die Bewerbung von Kinofilmen wurden vorgelegt.[4]

Besondere Aufmerksamkeit erfuhr der Werbefilm stets in Studien zum Animationsfilm, da speziell der Reklamefilm oftmals Experimentier- und Arbeitsfeld innovativer Trickfilmzeichner war.[5] In den 1980er- und 1990er-Jahren erwachte zunehmend das öffentliche Interesse am Werbe- und Industriefilmschaffen. Werbefilmnächte füllten schon Anfang der 1980er-Jahre Kinos; Schmal- und Animationsfilmfestspiele u.v. a. das Cannes Lion International Advertising Festival gaben und geben Einblick in das historische und aktuelle Werbefilmschaffen.[6] Parallel dazu intensivierte sich die Erforschung des dokumentarischen Filmschaffens, wobei die Kategorie „ephemere" bzw. „orphan films" nach der Jahrtausendwende kreiert und zum neuen Forschungsfeld erkoren wurde. Wissenschaftliche, medizinische und ethnologische Filme zählen ebenso zu diesem Sammelgenre wie Wochenschauen,

---

2 Sweeny, Russell C.: Coming Next Week: A Pictorial History of Film Advertising, South Brunswick 1973. Klein, Walter J.: The Sponsored Film, New York 1976.

3 Ewen, Stuart: Captains of Consciousness: Advertising and the Social Roots of the Consumer Culture, New York 1977. Pope, Daniel: The Making of Modern Advertising, New York 1983. Lears, Jackson: Fables of Abundance. A Cultural History of Advertising in America, New York 1994. Gorman, Lyn/McLean, David: Media and Society in the Twentieth Century: A Historical Introduction, Malden 2003.

4 Staiger, Janet: Announcing Wares, Winning Patrons, Voicing Ideals: Thinking about the History and Theory of Film Advertising, in: Cinema Journal 29, Nr. 3, Frühling 1990, S. 3–31. Hübel, Anke J.: Big Bigger Cinema. Film- und Kinomarketing in Deutschland (1910–1933), Marburg 2011.

5 Levitan, Eli L.: Animation Art in the Commercial Film, New York 1960. Levitan, Eli L.: Animation Techniques and Commercial Film Production, New York 1962. Strom, Gunnar: Desider Gross and Gasparcolor, European Producers: Norwegian Products and Animated Commercials from the 1930s, in: Animation Journal, Frühling 1998, S. 28–41. Strom, Gunnar: Desider Gross and Gasparcolor in a Norwegian Perspective, Part 2, in: Animation Journal, Frühling 2000, S. 44–55. Schoemann, Annika: Der deutsche Animationsfilm. Von den Anfängen bis zur Gegenwart 1909–2001, Sankt Augustin 2003.

6 Moser, Karin: Vergessen – verloren – wiederentdeckt! Der österreichische Werbe- und Industriefilm – vielschichtige Quelle und wertvolles Kulturgut, in: Medien Archive Austria, „museum multimedial". Audiovisionäre Traditionen in aktuellen Kontexten, Wien 2012. de Mèredieu, Florence: Le film publicitaire, Paris 1985.

https://doi.org/10.1515/9783110622300-001

Amateur-, Instruktions- oder auch Werbefilme.[7] Gemeinsam ist ihnen, dass sie nur zeitlich begrenzt zum Einsatz kamen und lediglich in der unmittelbaren Entstehungszeit ihren Zweck zu erfüllen hatten. Sie waren flüchtig in ihrem Einsatz („ephemere“). Hatten sie ihren Gebrauchszweck erfüllt, wurden sie vergessen, oftmals nicht einmal gesammelt oder aufbewahrt („orphan“). Hinsichtlich der Sicherung und der interdisziplinären Auseinandersetzung mit den „verwaisten Filmen“ stellen vor allem die USA und die Niederlande ein besonderes Engagement unter Beweis.[8] Zudem wurden im Verlauf des EU-Projekts „The European Film Gateway“ Richtlinien zur Veröffentlichung sogenannter „orphan films“ erarbeitet.[9]

Doch schon vor der Entdeckung des „ephemeren Films“ war der dokumentarische Gebrauchsfilm, speziell in Deutschland und der Schweiz, in den Fokus der Filmhistoriker und Filmwissenschaftler gerückt. Forschungen zur länderspezifischen Entwicklung des Genres liegen ebenso vor[10] wie fundierte Studien zu den Arbeiten bedeutender Werbefilmproduzenten sowie zum Korpus und zur Gestaltung der Auftragsfilme bekannter Unternehmen.[11] Besonderes Augenmerk wurde

---

7 Cohen, Emily: The Orphanista Manifesto. Orphan Films and the Politics of Reproduction, in: American Anthropologist 106, 4, December 2004, S. 719–731. Prelinger, Rick: The Field Guild to Sponsored Films, San Francisco 2006. Streible, Dan: The Role of Orphan Films in the 21st Century Archive, in: Cinema Journal 46, 3, Frühling 2007, S. 124–128. Solbrig, Heide: Orphans No More: Definitions, Disciplines, and Institutions, in: Journal of Popular Film and Television, 37/3, Herbst 2009, S. 98–105.

8 http://www.nyu.edu/orphanfilm/, 11. August 2012.

9 http://www.efgproject.eu/downloads/D_5_3_Final_Guidelines_Copyright_Clearance_online.pdf, 12. August 2012.

10 Agde, Günter: Flimmernde Versprechen. Geschichte des deutschen Werbefilms im Kino seit 1897, Berlin 1998. Westbrock, Ingrid: Der Werbefilm. Ein Beitrag zur Entwicklungsgeschichte des Genres vom Stummfilm zum frühen Ton- und Farbfilm, Hildesheim 1983. Schmidt, Siegfried/Spieß, Brigitte: Die Kommerzialisierung der Kommunikation. Fernsehwerbung und sozialer Wandel 1956–1989, Frankfurt am Main 1997. Bochsler, Regula/Derungs, Pascal (Hg.): Und führe uns in Versuchung. 100 Jahre Schweizer Werbefilm, Zürich 1998. Siebenmann, Patricia: Hundert Jahre Werbefilm, Freiburg (Schweiz) 1996. Zimmermann, Yvonne (Hg.): Schaufenster Schweiz. Dokumentarische Gebrauchsfilme 1896–1964, Zürich 2011. Dizseri, E.: A Magyar reklámfilm története. A kezdettöl 1944-ig, in: Filmkultura, 31/7, July 1995, S. 32–39. Dizseri, E.: A Magyar reklámfilm története, in: Filmkultura, 31/8, August 1995, S. 1–3. Skretting, Kathrine: Reklamefilmens kommunikasjon: norske reklamefilmer 1922–1988, Dragvoll 1988.

11 Amsler, André: „Wer dem Werbefilm verfällt, ist verloren für die Welt“. Das Werk von Julius Pinschewer, Zürich 1997. Loiperdinger, Martin: Film & Schokolade. Stollwercks Geschäfte mit lebenden Bildern, Frankfurt am Main/Basel 1999. Loiperdinger, Martin (Hg.): Julius Pinschewer. Klassiker des Werbefilms (DVD, Booklet), Berlin 2010. Goergen, Jeanpaul: Das Dynamit der Reklame. Aspekte des künstlerischen Werbefilms, in: Meißner, Jörg (Hg.): Strategien der Werbekunst 1850–1933. Katalog zur Ausstellung des Deutschen Historischen Museums, Berlin 2004, S. 88–99. Goergen, Jeanpaul: In filmo veritas! Inhaltlich vollkommen wahr. Werbefilme und ihre Produzenten, in: Kreimeier, Klaus/Ehmann, Antje/Goergen, Jeanpaul (Hg.): Geschichte des dokumentarischen Films in Deutschland, Bd. 2, Weimarer Republik 1918–1933, Stuttgart 2005. Eckardt, André: Im Dienst der Werbung. Die Boehner-Film 1926–1967, Berlin 2004. Forster, Ralf: Ufa und Nordmark. Zwei

zuletzt auch auf den Industriefilm gelegt, der speziell in den ersten Jahrzehnten des 20. Jahrhunderts sowohl einen belehrend-instruktiven wie auch einen werbenden Auftrag zu erfüllen hatte.[12] Die vorliegenden Arbeiten legen neben der Analyse der historischen Entwicklung des Genres Industrie(werbe)film in seinem sozioökonomischen Kontext auch Erkenntnisse zur Ausformung einer speziellen rationellen und industriellen Ästhetik vor.[13] Exemplarische Aufsätze über die Tätigkeit einzelner Künstler und Spielfilmregisseure in der Werbefilmproduktion geben aufschlussreiche Einblicke in individuelle Gestaltungskonzepte und verweisen auf den wechselseitigen Einfluss von Werbung und aktueller Spielfilmästhetik.[14] Einzelne Aspekte wie die Musikgestaltung oder die zukunftsweisende avantgardistische Ausformung des Werbefilms, aber auch Entstehung, Einsatz und Gestalt des Kinotrailers – als eine spezifische Form des werbenden Films – wurden in den vergangenen Jahren erforscht.[15] Zudem diente der Werbespot

Firmengeschichten und der deutsche Werbefilm 1919–1945, Trier 2005. Forster, Ralf/Petzold Volker: Im Schatten der DEFA. Private Filmproduzenten in der DDR, Konstanz 2010. Oakes, Brian: Building Films for Business: Jamison Handy and the Industrial Animation of the Jam Handy Organization, in: Film History, 22/1, 2010, S. 95–107. Thommes, Joachim: In jeden dieser Filme wollte ich Kunst reinbringe, soviel ich nur konnte. Hugo Niebeling, die Mannesmann-Filmproduktion und der bundesdeutsche Wirtschaftsfilm 1947–1987, Essen 2008. Burgess, Colin: Sixty Years of Shell Film Sponsorship, 1934–94, in: Journal of British Cinema and TV, VII/2, 2010, S. 213–231. Eamon, Greg: Farmers, Phantoms and Princes. The Canadian Pacific Railway and Filmmaking from 1899–1919, in: Cinémas VI/1, Herbst 1995, S. 11–32.

12 Moser, Vergessen – verloren – wiederentdeckt, S. 234 f. Zimmermann, Yvonne: Vom Lichtbild zum Film. Anmerkungen zur Entstehung des Industriefilms, in: montage/av, Jg. 15, H. 1, 2006, S. 74–90.

13 Zimmermann, Schaufenster Schweiz. Hediger, Vinzenz/Vonderau, Patrick: Films that Work. Industrial Film and the Productivity of Media, Amsterdam 2009. Rasch, Manfred/ Ellerbrock, Karl-Peter/Köhne-Lindenlaub, Renate/ Wessel, Horst A. (Hg.): Industriefilm – Medium und Quelle, Essen 1997. Rasch, Manfred/Berendes, Hans Ulrich/Döring, Peter/Ellerbrock, Karl-Peter/Farrenkopf, Michael/Köhne-Lindenlaub, Renate/Siekmann, Birgit/Thomas, Hans-Georg/Toncourt, Manfred/Wessel, Horst A./Zeppenfeld, Burkhard (Hg.): Industriefilm 1948–1959. Filme aus Wirtschaftsarchiven im Ruhrgebiet, Essen 2003.

14 Becker, Jörg: Die Vollstärke eines Emotionskomplexes: Der Werbekünstler Charles Wilp (1932– 2005), in: Recherche Film & Fernsehen, 2/3, 2008, S. 14–19. Ford, Ron: Life Beyond the Camera. Jack Arnold, in: Filmfy, 37, Feb-Mar 1993, S. 58–63, S. 94–97. van Herpen, Stan: Filmregisseurs en reclame: de schaamte voorbij, in: Skrien, 32/6, July-August 2000, S. 17–19. Allan, Blaine: Eaton's March Big Sale, The Pepsi Taste Patrol, and Other Television Commercials of Phillip Borsos, in: Canadian Journal of Film Studies, Revue canadienne d'études cinématographiques, Band 15, 1, Frühling 2006, S. 28–45. Koskinen M.: Soap opera à la Bergman, in: Chaplin, special issue 1988, S. 30–34.

15 Graakjär, Nicolai/Jantzen, Christian: Music in Advertising: Commercial Sounds in Media Communication and Other Settings, Aalborg 2009. Horak, Jan-Christopher: A Neglected Genre: James Sibley Watson's Avantgarde Industrial Films, in: Film History, 20/1, 2008, S. 35–48. Elsaesser, Thomas/Hagener, Malte: Walter Ruttmann, in: Andriopoulos, Stefan/Dotzler, Bernhard J. (Hg.): 1929. Beiträge zur Archäologie der Medien, Frankfurt am Main 2002, S. 316–349. Cowan, Michael:

aufgrund seiner Prägnanz zu Pilotstudien, um narrative und ästhetische Erzählverfahren exemplarisch zu untersuchen.[16] Seit 2014 widmet sich ein Projekt der Universität Stockholm und der Universität Marburg der Wechselwirkung von Werbung und Fernsehen.[17]

Während der werbende Film international seit den 1990er-Jahren intensiv erforscht wird, hat die Untersuchung dieses Themenfelds in Österreich erst vor wenigen Jahren ihren Anfang genommen. Die Arbeit heimischer Trickfilmer stellte den ersten Bezugspunkt zum Werbefilmschaffen in Österreich dar. Publikationen zum Animationsfilmschaffen konzentrieren sich auf eine kompakte Darstellung der bekanntesten Werbefilmarbeiten einzelner Künstler.[18] Als nächster Ansatzpunkt fungierte der Industriefilm, wobei hier vor allem Arbeiten zu dem Filmkorpus des Österreichischen Produktivitätszentrums vorliegen.[19] Des Weiteren untersucht eine Forschungsgruppe des Ludwig Boltzmann Instituts für Geschichte und Gesellschaft das Zusammenspiel ökonomischer Modernisierungsprozesse und ästhetischer Verfahren anhand werbender Industriefilme der Jahre 1920 bis 1960.[20]

Ein erster Versuch, einen österreichischen Werbefilm exemplarisch aus historischer und filmtheoretischer Perspektive zu bewerten, wurde 2002 im Zuge eines

---

Advertising, Rhythm, and the Filmic Avant-Garde in Weimar: Guido Seeber and Julius Pinschewer's Kipho Film, in: October, 131, Winter 2010, S. 23–50. Hediger, Vinzenz: Verführung zum Film. Der amerikanische Kinotrailer seit 1912, Marburg 2001. Hübel, Big Bigger Cinema.

16 Heiser, Albert: Das Drehbuch zum Drehbuch. Erzählstrategien im Werbespot und -film, Berlin 2004. Grimm, Petra: Filmnarratologie. Eine Einführung in die Praxis der Interpretation am Beispiel des Werbespots, München 1996. Fleckenstein, Heidi: Der französische Werbefilm. Entwicklung ästhetischer und narrativer Verfahren im 20. Jahrhundert, Tübingen 2007.

17 http://adscreen.org/, 25.1.2015. Siehe auch: de Klerk, Nico/Florin, Bo/Vonderau, Patrick (Hg.): Films that Sell: Moving Images and Advertising, London/New York 2016.

18 Renoldner, Thomas (Hg.): Animationsfilm in Österreich. Teil 1 1900–1970 (International Animated Film Association), Wien 1995. Renoldner, Thomas: Animationsfilm in Österreich – 1832 bis heute, in: Dewald, Christian/Groschup, Sabine/Mattuschka, Mara/Renoldner, Thomas (Hg.): Die Kunst des Einzelbilds. Animation in Österreich – 1832 bis heute, Wien 2010, S. 84–101.

19 Reichert, Rámon: Die Popularisierung der Produktivität. Die Filme des Österreichischen Produktivitätszentrums 1950–1987. Ein Beitrag zur Diskussion um den Film als historische Quelle, in: Österreichische Akademie der Wissenschaften (Hg.): Relation. Medien, Gesellschaft, Geschichte 2, Wien 2000, S. 69–128. Reichert, Rámon: Film und Rationalisierung. Die Industriefilme des Österreichischen Produktivitätszentrums während des European Recovery Program, in: Blätter für Technikgeschichte, Band 62/2000, Wien 2001, S. 45–109.

20 Schätz, Joachim: Ökonomie im Bild. Rationalisierung und Kontingenz im Werbe- und Industriefilm, in: Erker, Linda/Salzmann. Alexander/Dreidemy, Lucile/Sabo, Klaudija (Hg.): Update! Perspektiven der Zeitgeschichte. Zeitgeschichtetage 2010, Innsbruck/Wien/Bozen 2012, S. 381–387. Colpan, Sema: Corporate Modernity? Der österreichische Werbe- und Industriefilm als Quelle, in: Erker/Salzmann/Dreidemy, Update, S. 375–380. Nsiah, Lydia: Es lebe die elementare Gestaltung – Der beseelte Werbefilm, in: Fest, Karin (Hg.): Mies van der Rohe, Richter, Graeff & Co: Alltag und Design in der Avantgardezeitschrift G, Wien 2013.

Medienprojektes der Universität Jena unternommen.[21] Hierbei wurde der erste noch existente österreichische Konsum-Werbefilm WIE NINETTE ZU IHREM AUSGANG KAM genauer ins Blickfeld genommen.

Seit 2004 widmet sich die Autorin dieser Arbeit auf film-, medien-, sozial- und wirtschaftshistorischer sowie auf archivarischer Ebene dem österreichischen Werbe- und Industriefilmschaffen. In ihre Forschungen finden filmwirtschaftliche und ästhetische Erwägungen ebenso Eingang wie Genderaspekte und audiovisuelle Beweisführungspraktiken.[22] Seit 2012 hat die Verfasserin dieser Arbeit gemeinsam mit Prof. Dr. Franz X. Eder und Dr. Oliver Kühschelm Forschungsseminare zum Thema „Konsumgeschichte des 19. und 20. Jahrhunderts" am Institut für Wirtschafts- und Sozialgeschichte der Universität Wien gehalten. Im Zuge dieser Lehrveranstaltungen konnten Studierende für Seminararbeiten zum Thema „Werbefilm" gewonnen werden. Zudem initiierte und konzipierte die Autorin dieses Werks mit Unterstützung von Prof. Dr. Franz X. Eder und Dr. Oliver Kühschelm ein weiterführendes Forschungsprojekt unter dem Titel „Die Emotionalisierung nationaler Marken im österreichischen Werbefilm 1950–2000".[23] Das vom Fonds für die wissenschaftliche Förderung finanzierte Forschungsvorhaben läuft seit 2015 und hat auch für die nun vorliegende Dissertation wertvolle Zugänge eröffnet.[24]

1.2 Grundüberlegungen, Felddefinition, Periodisierung

Ziel dieser Arbeit ist es, mittels einer film- und medienhistorischen Grundlagenforschung zur Genese des österreichischen Werbefilms bis 1938 eine Leerstelle der Filmhistorie zu schließen. Ausgehend von den erhaltenen Filmmaterialien sowie

---

21 Sierek, Karl (Hg.): WIE NINETTE ZU IHREM AUSGANG KAM, CD-Rom, Jena 2002.

22 Moser, Karin: „Sauber, schön und mütterlich" – Frauenbilder im Werbefilm 1920–1959. Historische Werbefilme. 1. Teil; in: filmarchiv, H. 14, März 2004, S. 80–83. Moser, Karin: Moderne Zeiten. Historische Werbefilme. 2. Teil; in: filmarchiv, H. 15, April 2004, S. 66–69. Moser, Karin: Charmant – markant – provokant: Projektvorstellung: Der österreichische Werbefilm; in: filmarchiv, H. 7, Oktober/November/Dezember 2011, S. 66–69. Moser, Vergessen – verloren – wiederentdeckt. Moser, Karin: Charmant – markant – provokant: Der österreichische Werbefilm. Anfänge – Weichenstellungen – Durchbruch, in: Archiv und Wirtschaft. Zeitschrift für das Archivwesen der Wirtschaft, Nr. 4/2013, S. 179. Moser, Karin: „Hygienisch -gesundheitsfördernd – schmackhaft": Beweisführungsstrategien im Werbe- und Industriefilm der 1920er-Jahre. Die Verwendung traditioneller Motive und moderne Mythen im Reklamefilm der Milch-, Bier, und Margarineproduktion, in: medienimpulse, 2/2014, http://www.medienimpulse.at/articles/view/641, (30.11.2014).

23 https://oesterreichischer-werbefilm.univie.ac.at/home/, 5.5.2016.

24 Diesbezüglich sind auch weitere Artikel in Planung, einige liegen bereits vor: Moser, Karin: (Film-) Musik in der Werbung – zwischen Sinn(lichkeit) und Zweck(mäßigkeit), in: Österreichischer Komponistenbund, Nr. 1, Sommer 2016, S. 13. Keller, Mario: Experienced Mood and Commodified Mode. Forms of Nostalgia in the Television Commercials of Manner, in: Medien & Zeit, Nr. 4, 2016, S. 61–71. https://oesterreichischer-werbefilm.univie.ac.at/aktivitaeten/, (5.5.2019).

den entsprechenden schriftlichen Quellen und Fachpublikationen, ist somit das Entstehen der filmischen Wirtschaftswerbung und die Etablierung dieses neuen Werbemittels im politischen, ökonomischen und gesellschaftlichen Kontext einer sich entfaltenden modernen Gesellschaft zu erforschen.

Der Dissertationszeitraum wurde auf die Periode zwischen 1900 und 1938 festgelegt. In dieser Zeit wurden sowohl im Bereich der Wirtschaftswerbung als auch in der Filmproduktion grundlegende Weichen gestellt, die für die weitere Entwicklung des Werbefilms maßgeblich waren: Mit Beginn der 1920er-Jahre wurden moderne Werbeformen und -strategien sowie deren psychologische Wirkungsweisen vermehrt in Fachkreisen diskutiert und fachspezifische Ausbildungen forciert.[25] Parallel dazu organisierte sich die österreichische Werbebranche bis Ende der 1930er-Jahre schrittweise in Interessenverbänden.[26] Außerdem wurden in der gewählten Periode grundlegende Techniken der Filmproduktion entwickelt – Ton-, Farb- und Schmalfilmverfahren.

Auch aus wirtschafts- und kulturpolitischer Sicht ist diese zeitliche Eingrenzung begründet: Die enge Bindung der Wirtschafts- und Werbetreibenden an politische Institutionen und damit einhergehende kooperative Kampagnen erreichten im

---

25 Der österreichische Volkswirtschaftler und Politiker Viktor Mataja hatte bereits 1910 ein umfassendes Werk über das Werbewesen verfasst und gilt als einer der Begründer der Werbewissenschaft: Mataja, Viktor: statt, Die Reklame. Eine Untersuchung über Ankündigungswesen und Werbetätigkeit im Geschäftsleben, Leipzig 1910. Eine Auswahl weiterer im Forschungszeitraum relevanter Schriften: Fleischmann, Hugo Robert: Die moderne Kundenwerbung, Innsbruck/Wien 1921. Fleischmann, Hugo Robert: Wie erhöhe ich den Umsatz meines Geschäftes?, Wien 1927. Schultze-Pfaelzer, Gerhard: Propaganda, Agitation, Reklame. Eine Theorie des gesamten Werbewesens, Berlin 1924. Hoerwarter, Albert Eugen: Die Werbe-Abteilung. Eine Vortragsreihe, Wien 1920. Hoerwarter, Albert Eugen: Organisation der Werbearbeit, Wien 1925. Kropff, Hans: Wie werde ich Reklame-Chef, Wien 1926. Hartungen, Ch.:Psychologie der Reklame, Stuttgart 1921. Lauterer, Carl: Lehrbuch der Reklame. Einführung in das Werbewesen, Wien/Leipzig 1923. Vgl.: Morawetz, Andrea: „Kontakt“ in der „Österreichischen Reklame“. Reklamezeitschriften der 20er und 30er: Zwischen Wissensvermittlung und Selbstvergewisserung, Dipl., Wien 2004, S. 14–53. Roloff, Hans Paul: Experimentelle Untersuchung der Werbewirkung von Plakatentwürfen, Leipzig 1927. Kaindl, Johann Josef (Hg.): Bücher und Schriften über Reklame, Plakatkunst, Zeitungswesen, Geschäfts-Organisation, Wien 1928. Gram, Arnulf: Der Film in seiner Bedeutung als Werbemittel, Diss., München 1931. Fluss, Franz: Die volkswirtschaftliche Bedeutung der Reklame, Leipzig 1932. Jaeger, Fritz: Werbung im Fremdenverkehr. Eine wissenschaftliche Untersuchung unter besonderer Berücksichtigung der Tiroler Verhältnisse, Innsbruck 1936. Brugger, Alfons/Sommerfeld, Kurt (Hg.): Jahrbuch für deutsche Filmwerbung, Berlin 1936. Guckes, Emil: Der Tonfilm als Werbemittel in Deutschland, Diss., Innsbruck 1937. Juer-Marbach, Franziska: Der Reklamefilm, Wien 1938. Wehlau, Kurt: Das Lichtbild in der Werbung für Politik, Kultur und Wissenschaft. Seine geschichtliche Entwicklung und gegenwärtige Bedeutung, Würzburg-Aumühle 1939.

26 Morawetz, „Kontakt“ in der „Österreichischen Reklame“, S. 14–53, S. 69–82, S. 92–99, S. 118–128.

„Ständestaat" eine Dichte, wie sie zuletzt zur Zeit des Ersten Weltkriegs zu verzeichnen war. Eine regimetreue Einstellung der Unternehmer sowie eine entsprechend ideologisch ausgerichtete Werbung, die vor allem auch ein kulturhistorisches und katholisches Sendungsbewusstsein Österreichs implizierte, waren unabdingbar. Mit dem „Anschluss" Österreichs an NS-Deutschland wurde die Werbebranche völlig dem Willen der Partei unterworfen und zentral über den Reichswerberat organisiert. „Österreich" existiert auch als Begriff nicht mehr. Die neuen Propagandarichtlinien orientierten sich an einer konstruierten „deutschen Volksgemeinschaft".[27] Jüdische und antinationalsozialistisch engagierte Filmemacher wurden ihrer beruflichen Existenz beraubt, vertrieben und oft Opfer des NS-Terrors.[28] Mit Ausbruch des Zweiten Weltkriegs musste die Werbeindustrie neuerlich umdenken – die Qualität der Waren war nicht zu halten. Die Verwendung von Ersatzprodukten wurde nun „als Dienst am Vaterland" verstanden. Letztlich kam die Werbefilmproduktion völlig zum Stillstand.[29] Insgesamt stellt somit das Jahr 1938 hinsichtlich der organisatorischen, inhaltlichen und (teils) personellen Ausrichtung eine klare Zäsur dar.

1.3 Quellen und methodisches Vorgehen

Das in die Arbeit einbezogene Material besteht aus Filmen, die eine ökonomische Intention verfolgten, wirtschaftswerbenden Charakter hatten und von einem werbetreibenden Unternehmer oder Einrichtungen der öffentlichen Hand in Auftrag gegeben wurden. Dieser Vorgabe zufolge werden auch Industrie(werbe)filme in die Untersuchung einbezogen.[30]

---

27 Gries, Rainer: Produkte & Politik. Zur Kultur- und Politikgeschichte der Produktkommunikation, Wien 2006, S. 84–86. Über die zentrale Kontrollgewalt des Reichspropagandaministeriums über die Werbewirtschaft in NS-Deutschland berichtete die österreichische Zeitschrift *Reklame-Presse* im Februar 1937: *Reklame-Presse*, „Die Künderin der Leistung", Nr. 5, Februar 1937, S. 2.

28 Siehe dazu die Publikation: Loacker, Armin /Prucha, Martin (Hg.): Unerwünschtes Kino. Der deutschsprachige Emigrantenfilm 1934–1937, Wien 2000.

29 Viele Werbefilmproduzenten verlagerten ihre Tätigkeit im Krieg auf die Kulturfilm- und Wochenschauproduktion.

30 Aufgrund der filmhistorischen Entwicklung sind im vorgegebenen Zeitrahmen Industrie- und Werbefilm nicht eindeutig voneinander abzugrenzen. Der vor allem informative Charakter des Industriefilms, trägt oft eine mehr oder weniger subtil gestaltete produktionsfördernde (an die Belegschaft gerichtete), wirtschaftsfördernde oder konsumorientierte Botschaft in sich. Erst mit dem Aufkommen des Tonfilms erfolgt eine Spezifizierung der Genres. Bis dahin wurden in der Filmbranche und -produktion keine formalen Unterschiede zwischen Werbe- und Industriefilm gemacht. Die Grenzen zwischen den Genres waren fließend. Vgl.: Loiperdinger, Martin: „Early Industrial Moving Pictures in Germany", in: Vinzenz Hediger/Patrick Vonderau (Hg.): Films that Work. Industrial Film and the Productivity of Media, Amsterdam 2009, S. 65–73. Alexander Jason, Handbuch der Filmwirtschaft 1930, Berlin 1930, S. 134–136.

Demnach sind die Bestände in folgende Kategorien zu unterteilen:

1) Politisch motivierte Industrie(werbe)filme (z. B. Filme, welche die Produktionen der Kriegsindustrie oder Kriegsanleihen propagieren, oder auch Gemeinschaftswerbefilme)[31]
2) Industrie(werbe)filme, die sich an Handelspartner (Zwischenhändler, Vertriebspartner etc.) und an die Belegschaft wenden (etwa zur innerbetrieblichen Festigung einer Corporate Identity)
3) Konsumentenorientierte Werbefilme

Da der werbende Wirtschaftsfilm nur zeitlich begrenzt zum Einsatz kam, eine kurzweilige Werbebotschaft vermitteln sollte und lediglich in der unmittelbaren Entstehungszeit seinen Zweck zu erfüllen hatte, sahen Kinounternehmer, aber oftmals auch Auftraggeber und Produzenten keinen Anlass, nicht mehr aktuelle Werbemittel zu sammeln und aufzubewahren. Die erhaltenen Filmbestände stellen daher nur einen Bruchteil der tatsächlich produzierten Reklamestreifen dar.

Im Zuge des Dissertationsvorhabens wurde im Besonderen auf die Bestände des Filmarchiv Austria zurückgegriffen. Die Verfasserin dieser Dissertation war über mehr als 10 Jahre Kustodin der Werbe- und Industriefilmsammlung eben dieser Institution. In dieser Zeit konnten vielfach Neubestände für das Haus eruiert und in die Sammlung aufgenommen werden. So haben Werbe- und Industriefilme österreichischer Provenienz aus den Partnerarchiven in Prag (Národní Filmový Archiv), Budapest (Magyar Nemzeti Filmarchivum) und Berlin-Koblenz (Bundesarchiv Filmarchiv) den Bestand erweitert. Gleichfalls wurden Werbe- und Industriefilmbestände der Media Wien im Wiener Stadt- und Landesarchiv, des ORF und des Österreichischen Filmmuseums in die Arbeit einbezogen. Ermittelte und zugänglich gemachte Filme aus Unternehmensarchiven erweiterten den Korpus.[32] Über zeitgenössische Fachzeitschriften, Quellen und Privatsammlungen wurden Reklamefilme erfasst, die nicht mehr erhalten sind.

Ein maßgeblicher Aspekt der zu erbringenden Grundlagenforschung war die Erhebung der verfügbaren Informationen zur österreichischen Werbefilmproduktion bis 1938. Zu diesem Zweck wurden im Österreichischen Staatsarchiv sämtliche filmbezogene Akten des Kriegsarchivs, des Handels-, Innen-, Außen und Unterrichtsministeriums sowie der Staatskanzlei gesichtet. Über diese Materialien konnte unter anderem die über Jahrzehnte dauernde Verbindung und Abhängigkeit der Werbe- und Industriefilmbranche von den jeweiligen politischen Machthabern rekonstruiert

31 Gemeinschaftswerbung ist eine Form der Kollektivwerbung, bei der branchenübergreifend für Produktgruppen oder Dienstleistungen geworben wird. Im Rahmen von „Buy national"-Kampagnen kommt Gemeinschaftswerbung nachhaltig zum Einsatz.

32 Filmbestände konnten bei folgenden Unternehmen ermittelt und gesichtet werden: Adi Mayer Film, Austria Tabak, Henkel, Meinl, Palmers, Wiener Verkehrsbetriebe sowie in der Privatsammlung von Alfred Rubatschek (Siemens).

werden. Daten über Werbefilme und deren Produzenten wurden in den Dokumentensammlungen der Wirtschaftskammer Wien und der Wirtschaftskammer Österreich ermittelt. Akten bezüglich Zensur, Vorführgenehmigungen und Vertrieb fanden sich im Archiv der Bundespolizeidirektion Wien, im Wiener Stadt- und Landesarchiv sowie im Bundesarchiv Berlin. Zeitungsberichte und Unterlagen konnten bei den Firmen Austria Tabak, Henkel, Meinl und Palmers eingesehen werden. Quellenmaterialien fanden sich überdies in den Privatsammlungen von Josef Navratil und Herbert Wilfinger. Über das genaue Studium der Fachblätter der Kino-, Film- und Reklamebranche waren wertvolle Informationen über das Selbst- und Fremdbild der Werbefilmproduzenten, über Gestaltung und Inhalt von Werbe- und Industriefilmen, über technische Neuerungen sowie über die Eigeninteressen von Auftraggebern, Kurzfilmherstellern und Lichtspieltheaterbetreibern zu gewinnen.

Im Zuge des Dissertationsvorhabens wurde die Geschichte des österreichischen Werbefilms im Sinne einer historischen Kontextualisierung erforscht.[33] Ausgehend von einer sich etablierenden modernen Massen-, Informations- und Konsumgesellschaft war anhand des neuen Werbeträgers Film die Entwicklung eines progressiven Wirtschaftszweigs und Kommunikationsmittels zu rekonstruieren. Die Etablierung und Entfaltung dieser neuen Werbeform wurde in Hinblick auf ökonomische Prozesse, werbepolitische und konsumorientierte Strategien sowie bezüglich der technischen, inhaltlichen, ästhetisch-gestalterischen Entwicklung des Mediums Film regimeübergreifend untersucht. Die Grundlagenforschung betreffend die Produktionshistorie der Werbefilmbranche bildete die Basis für die historische Kontextanalyse. Aufgrund der über Akten- und Filmmaterial sowie über zeitgenössische Fachzeitschriften gesammelten Erkenntnisse wurden die Produktions- und Vorführbedingungen mittels eines wirtschaftlichen, sozialen und medialen Diskurses analysiert. Hinsichtlich der Filmquellen wurden die Untersuchungsmethoden von Albert Heiser (Kategorisierung dominierender Merkmale), Thomas Kuchenbuch (kulturelle Codes und rhetorische Grundeinheiten) und Christian Mikunda (filmische Strategien der emotionalen Gestaltung) zusammengeführt.[34]

In der vorliegenden Arbeit werden die ökonomischen (industrielle Rationalisierung, Massenproduktion, Kapitalkonzentration) und technischen (Elektrifizierung, Mobilisierung) Prozesse skizziert, welche die Entstehung und Entfaltung der

---

33 Diskurse strukturieren das Sagbare, Denkbare und Machbare zu bestimmten Zeiten und in bestimmten Gesellschaften. Zu Forschungszwecken werden hypothetisch unterstellte Zusammenhänge erfasst, denen verstreute (und wieder zusammengeführte und -gedachte) Aussagereignisse zugrunde liegen. Vgl. dazu: Landwehr, Achim: Historische Diskursanalyse, Frankfurt/New York 2008, S. 20 f. Keller, Reiner: Wissen oder Sprache? Für eine wissensanalytische Profilierung der Diskursforschung, in: Eder, Franz X. (Hg.): Historische Diskursanalysen. Genealogie, Theorie, Anwendungen, Wiesbaden 2006, S. 59.

34 Heiser, Albert: Das Drehbuch zum Drehbuch. Erzählstrategien im Werbespot und -film, Berlin 2004. Kuchenbuch, Thomas: Filmanalyse. Theorien. Methoden. Kritik, Wien/Köln/Weimar 2005. Mikunda, Christian: Kino spüren. Strategien der emotionalen Filmgestaltung, Wien 2002.

Wirtschaftswerbung nicht nur ermöglichten, sondern letztlich auch erforderlich machten. Die Entwicklung, Verbreitung, Verwissenschaftlichung und Institutionalisierung der österreichischen Reklamewirtschaft wird erläutert. Zu verfolgen ist in diesem Zusammenhang auch die enge Verbindung von Politik und Wirtschaft, die sich in krisenreichen Zeiten auch in politisch motivierten Werbebotschaften manifestierte. Setzte man im Ersten Weltkrieg auf patriotische Industriefilme, welche die Leistungskraft der tatsächlich bereits angeschlagenen Wirtschaft beschworen oder warb man für das Zeichnen von Kriegsanleihen, so konzentrierte sich die Gemeinschaftswerbung des „Ständestaates" auf die Hebung der österreichischen Wirtschaftskraft mit der patriotischen Leitparole „Kauft österreichische Waren". Der Einfluss der Politik kam auch im institutionellen Bereich (etwa bei Wirtschaftsfachverbänden) nachhaltig zum Tragen.

Parallel zu den ökonomischen Entwicklungsschüben etablierte sich mit dem Film ein neues Unterhaltungs- und Werbemedium, dessen Verbreitung, Akzeptanz sowie ästhetische und technische Entfaltung zu skizzieren sind. Früh- und Vorformen des Werbefilms werden aufgegriffen, um erste Entwicklungslinien dieses Genres auszumachen. Beziehungsgeflechte und Interessenkonflikte zwischen Politik, Werbefilmproduzenten, Auftraggebern und Kinobesitzern sind darzulegen und geben Aufschluss über Produktionsbedingungen, soziale und gesellschaftliche Entwicklungen, Strategien der Ökonomisierung, Ausrichtung der Filme sowie über vielfältige Aufführungskontexte.

Des Weiteren wird erläutert, wie Neuerungen im Bereich der Filmtechnik nicht nur inhaltlich ästhetische Veränderungen nach sich zogen, sondern auch Vorführungspraktiken erweiterten sowie ökonomische Engpässe mit sich brachten, die ein gemeinschaftliches Agieren der Werbefilmproduzenten zur Folge hatten. Gleichfalls wird der zunehmende Wandel im Hinblick auf die formale Konzeption der werbenden Filme erläutert – von der Mehrfachfunktionalität hin zu kurzen prägnanten Streifen mit einer eindeutigen konsum- und verkaufsorientierten Ausrichtung. Produzentenbiografien zeigen Verbindungslinien innerhalb der Filmbranche auf, offenbaren Konkurrenzgebaren und lassen mitunter Produktionsstile erkennen. Innerhalb der jeweiligen Themenschwerpunkte werden zudem exemplarisch Werbe- und Industrie(werbe)filme hinsichtlich ihrer inhaltlich strategischen und ästhetischen Gestaltung sowie ihrer verkaufsorientierten Ausrichtung untersucht. Produktpräsentation, Produktempfehlung und Kaufappell sowie subtile Botschaften waren zu ermitteln.

2 Die Etablierung einer organisierten Wirtschaftswerbung

2.1 Ökonomische Bedingungen, technologische Innovationen und neue kommunikative Herausforderungen

Im Verlauf des 19. Jahrhunderts vollzog sich Zug um Zug die Industrialisierung Österreich-Ungarns. Als gesamtökonomisch nachteilig erwiesen sich allerdings ein vergleichsweise niedriges Wirtschaftswachstum der Monarchie sowie eine nicht gleichmäßige Industrialisierung des ganzen Landes. Fortschrittshemmend waren zudem die überbordende Regelungsfreude der Bürokratie sowie der Mangel an Privatinitiative und eine allgemeine Kapitalismusfeindlichkeit nach dem Börsenkrach von 1873.[35] Ende der 1880er-Jahre war in Österreich-Ungarn allmählich eine Konjunkturbelebung zu verzeichnen. Beginnend mit 1896 setzte ein lang anhaltender wirtschaftlicher Aufschwung ein. Diese „Zweite Gründerzeit" wurde vor allem von den Eisen- und Stahlunternehmen gestützt, zugleich konnte aber auch die Nahrungs- und Genussmittelbranche in der Residenzstadt hohe Zuwachsraten verzeichnen. Neue Leitsektoren, wie etwa die Elektro-, die Fahrzeug- und die Großchemieindustrie, expandierten.[36]

Parallel dazu erfolgte eine zunehmende Konzentrationsbewegung in einzelnen Branchen. So kam es 1881 etwa zur Zusammenführung der steirischen und der Kärntner Eisen- und Stahlindustrie in die Österreichisch-Alpine Montangesellschaft. Ähnliche Bestrebungen gab es im Bereich der Bier-, Branntwein- und Zuckererzeugung sowie der aufstrebenden Chemie-, Fahrzeug-, Reifen- und Elektrobranche.[37] Auf diese Weise konnten große Kapitalmengen akkumuliert werden, die für den Ausbau moderner Produktionseinheiten aufzubringen waren, sowie Kosten im Bereich der Organisation und Fabrikation reduziert werden. Große, oft marktdominierende Unternehmen schlossen sich zu Kartellen zusammen, trafen Produktions- und Marktabsprachen, um ihre Vormachtstellung zu sichern und auszubauen. Getragen wurde diese wachsende Machtkonzentration von den führenden Bankinstituten, die sich gegen Ende des 19. Jahrhunderts intensiv an industriellen Unternehmungen beteiligten. Staatliche Eingriffe über Schutzzölle oder Subventionen verdichteten das sich etablierende

35 Leidinger, Hannes/Moritz, Verena/Moser, Karin: 1896–1918. Das Ende der Habsburgermonarchie, Booklet zur DVD-Edition, Teil 1: Moser, Karin/Leidinger, Hannes/Moritz, Verena/Achenbach, Michael: Die Österreich-Box. Ein Jahrhundert Zeitgeschichte in originalen Filmdokumenten 1896–1995, Wien 2010, S. 19 f.

36 Sandgruber, Roman: Ökonomie und Politik. Österreichische Wirtschaftsgeschichte vom Mittelalter bis zur Gegenwart, Wien 1995, S. 292.

37 Ebd., S. 294.

https://doi.org/10.1515/9783110622300-002

Machtgeflecht zwischen Bürokratie, Industrie und partizipierenden Geldinstituten. Eine „Organisierung des Kapitalismus" war erfolgt.[38]

Die neuen Energieträger Petroleum, Gas und Elektrizität veränderten den Alltag und die Arbeitswelt.[39] Durch das künstliche Licht wurde der Tag länger, die Produktions- und Arbeitsabläufe in den Fabriken änderten sich tiefgreifend. Moderne Motorenantriebe kamen zum Einsatz, kleinere automatische Arbeitseinheiten entstanden und leiteten das Fließbandzeitalter ein. Die standardisierte Herstellung von Produkten war möglich und führte im ausgehenden 19. Jahrhundert zur Einführung erster einheitlicher Normierungen bei komplexen Stückgütern (etwa bei Fahrrädern, Nähmaschinen, Waffen etc.).[40] Diese Entwicklung wies bereits auf eine zunehmende Globalisierung des Warenverkehrs hin, die auch von der weiter wachsenden Mobilisierung getragen wurde. Moderne Elektromotoren erweiterten die Transportmöglichkeiten und die Erreichbarkeit potenzieller Märkte.

Diese neuen Bedingungen forderten von den Unternehmern eine neue strategische Ausrichtung, die sich sukzessive weniger an Technologien und Produkten und mehr an Absatzmaßnahmen orientierte. Erste entsprechende Schritte wurden bereits im letzten Drittel des 19. Jahrhunderts gesetzt. Das Anzeigenwesen erlebte einen Aufschwung, Plakate dominierten immer mehr das Straßenbild, die Schaufenster und Verkaufsräume wurden arrangiert und inszeniert.[41] Als Reaktion auf das vielfältigere Warenangebot und zur klaren Abgrenzung von Produkten aus dem gleichen Sortiment wurde bereits vor 1900 der Markenartikel eingeführt. Alleinstellungsmerkmale wie Qualität, standardisierte Produktbeschaffenheit, Mengengröße, Verpackung und Warensignet wurden festgelegt und aufwendig beworben.[42] Parallel dazu richteten einzelne

---

38 Ebd., S. 293–297. Eigner, Peter/Helige, Andrea (Hg.): Österreichische Wirtschafts- und Sozialgeschichte im 19. und 20. Jahrhundert, Wien/München 1999, S. 91 f. Leidinger, Kapitalismus, Wien/Köln/Weimar 2008, S. 70 f.

39 Die Autorin zitiert hier Kapitel 1 ihres Artikels: Moser, Karin: Filmischer Aufbruch in die Moderne: Technik, Mobilität und Masse, Kapitel 1 „Filmische Faszination – die Maschine in der Kriegspropaganda", in: Virtuelle Ausstellung „Der Erste Weltkrieg und das Ende der Habsburgermonarchie, http://ww1.habsburger.net/de/kapitel/filmische-faszination-die-maschine-der-kriegspropaganda, 30.11.2014.

40 Eigner/Helige: Wirtschafts- und Sozialgeschichte, S. 98. Weitensfelder, Hubert: Technischer Wandel und Konsum im 19. und frühen 20. Jahrhundert, in: Breuss, Susanne/Eder, Franz X. (Hg.): Konsumieren in Österreich 19. und 20. Jahrhundert, Wien 2006, S. 118 f.

41 Rossfeld, Roman: Markenherrschaft und Reklameschwung. Die schweizerische Schokoladenindustrie zwischen Produktion- und Marketingorientierung, 1860–1914, in: Berghoff, Hartmut (Hg.): Marketinggeschichte. Die Genese einer modernen Sozialtechnik, Frankfurt/New York 2007, S. 88. Eder, Franz X.: Geschichte des Konsumierens. Ansätze und Perspektiven der (historischen) Konsumforschung, in: Breuss, Susanne/Eder, Franz X. (Hg.), Konsumieren in Österreich 19. und 20. Jahrhundert, Wien 2006, S. 26.

42 Eigner, Peter: (Detail)Handel und Konsum in Österreich im 20. Jahrhundert. Die Geschichte einer Wechselbeziehung, in: Breuss, Susanne/Eder, Franz X. (Hg.): Konsumieren in Österreich 19. und 20. Jahrhundert, Wien 2006, S. 49.

Unternehmen erstmals Werbeabteilungen ein, das Berufsbild des Reklamefachmanns war im Entstehen. Praxisbezogene Handbücher und Einzelhandelszeitschriften setzten sich eingehend mit verkaufsfördernden Techniken auseinander.[43]

Zudem hatten sich die Einkommensverhältnisse verbessert, breitere Bevölkerungsteile konnten sich nun – in unterschiedlicher Ausprägung – am Massenkonsum beteiligen. Bedürfnisse wurden geweckt und hatten sich verschoben. Ausdruck dieser Entwicklung waren die um 1900 neu entstandenen Kauf- und Warenhäuser, die sich sozialer Schranken enthoben, Wünsche weckten und in Arrangement und Ausstattung Erlebniswelten kreierten, die zum Verweilen und Konsumieren anregten.[44]

Zu grundlegenden ökonomischen, aber auch kommunikationstechnischen Veränderungen kam es infolge des Ersten Weltkriegs. Einer beginnenden Prosperität im Zuge der kriegswirtschaftlichen Aufrüstung um 1915 folgte 1917 ein rascher Verfall der Produktion. Es mangelte an Rohstoffen und Arbeitskräften. Nahrungsmittel-, Brennstoff- und Bekleidungsknappheit griffen um sich, wobei hier das logistische Unvermögen der Behörden mit ausschlaggebend war.[45] Trotz der ökonomischen Bedingungen, die massive Rückgänge im Bereich des Werbemittelaufkommens zur Folge hatten, gab der Erste Weltkrieg der Wirtschaftswerbung enorme, nachhaltig prägende Impulse. Die Heimatfront war zu mobilisieren, Freiwillige wurden angeworben, die Bevölkerung musste zur Zeichnung zahlreicher Kriegsanleihen motiviert werden. Unter dem Einsatz modernster Werbemethoden, zu denen nun auch der Film zählte, steuerte die Politik die Massen. Auf allen Ebenen wurde für die Kriegsmaschinerie geworben. Der Erste Weltkrieg ist somit auch als „Urheber eines modernen Verständnisses von Massenkommunikation“ zu verstehen.[46]

Der Durchbruch der modernen Wirtschaftswerbung war durch die Dauerkrise der Zwischenkriegszeit nicht aufzuhalten. Eine durchgehende ökonomische Stagnation und Schrumpfung prägte die Jahre 1918 bis 1938. Auf die Hyperinflation, die 1922 ihren Höhepunkt erreichte, folgte eine Phase der Stabilisierung. 1929 setzte eine schwere Depression ein, von der sich die österreichische Wirtschaft nicht mehr erholen sollte. Die Massenarbeitslosigkeit war Ende 1934 mit 38,5 Prozent der unselbstständig Erwerbstätigen auf ihrem Höchststand und führte zu einem Schwund der

43 Morawetz, „Kontakt“ in der „Österreichischen Reklame“, S. 12–13, 69.

44 Zu der Innovationskraft der Warenhäuser in Wien und den zeitgenössischen Diskursen, die sich um die neuen Konsumwelten entsponnen, siehe: Schwarz, Werner Michael: Karneval der Waren. Warenhaus und Überschreitung, in: Breuss, Susanne/Eder, Franz X. (Hg.): Konsumieren in Österreich 19. und 20. Jahrhundert, Wien 2006, S. 71–85.

45 Sandgruber, Ökonomie und Politik, S. 319–322. Eigner/Helige: Wirtschafts- und Sozialgeschichte, S. 125–127.

46 Gries, Produkte & Politik, S. 58, 67.

Kaufkraft.[47] Dennoch belief sich in den Jahren 1924 bis 1937 die Konsumquote real auf 80,6 Prozent. Somit lag in der Zwischenkriegszeit im Vergleich zum Jahr 1913 ein etwas höherer Lebensstandard vor, obwohl das reale Inlandsprodukt im Durchschnitt niedriger lag als im letzten Vorkriegsjahr.[48]

Insgesamt war die Periode 1918 bis 1938 aus konsumhistorischer Perspektive von Widersprüchlichkeiten geprägt: Einerseits hatte die Mehrheit der Österreicherinnen und Österreicher mit Mangel, oft sogar Armut, zu kämpfen. Andererseits wurde per Massenmedien einem prononcierten Konsumhedonismus gefrönt und einer Vielfalt an Konsumversprechen Raum gegeben.[49] Die Produktkommunikation erlebte in der Zwischenkriegszeit einen quantitativen und qualitativen Aufschwung.[50] Die Reklame war allgegenwärtig und sprach breite Teile der Bevölkerung an. Produkte, die bislang finanzkräftigen Schichten vorbehalten waren (z. B. kosmetische Erzeugnisse), wurden nun potenziellen Käufern des Kleinbürgertums und der Arbeiterschaft angeboten. Die Produktkommunikation öffnete sich „nach unten", eine „Demokratisierung der Produktwahrnehmung", wie Rainer Gries in seinen Studien konstatierte, setzte ein.[51] Die Dauerkrise ließ werbetreibende Unternehmen umdenken, neue Strategien entwerfen und öffnete den Blick für neue Methoden der Vermarktung.[52] Eine Professionalisierung der Wirtschaftswerbung war die Folge.

---

47 Weber, Fritz: Hauptprobleme der wirtschaftlichen und sozialen Entwicklung Österreichs in der Zwischenkriegszeit, in: Kadrnoska, Franz (Hg.): Aufbruch und Untergang. Österreichische Kultur zwischen 1918 und 1938, Wien/München/Zürich 1981, S. 593. Sandgruber, Ökonomie und Politik, S. 369–370, 383–384.

48 Sandgruber, Ökonomie und Politik, S. 365.

49 Eder, Franz X.: „Man lebte damals von der Hand in den Mund". Zur Konsumgeschichte Wiens von 1920 bis 1945, in: Domenig, Roland/Linhart, Sepp (Hg.): Wien und Tokyo, 1930–1945. Alltag, Kultur und Konsum, Wien 2007, S. 14.

50 Mit Beginn der 1920er-Jahre werden moderne Werbeformen und -strategien sowie deren psychologische Wirkungsweisen zunehmend in Fachkreisen diskutiert und fachspezifische Ausbildungen forciert. Gries, Rainer: Die Medialisierung der Produktkommunikation. Grundzüge eines kulturhistorischen Entwurfs, in: Knoch, Habbo/Morat, Daniel (Hg.): Kommunikation als Beobachtung, Medienwandel und Gesellschaftsbilder 1880–1960, München 2003, S. 117–119.

51 Vgl. Gries, Produkte & Politik, S. 64–67.

52 Vgl. dazu: Berghoff, Hartmut: Marketing im 20. Jahrhundert. Absatzinstrument – Managementphilosophie – universelle Sozialtechnik, in: Berghoff, Hartmut (Hg.): Marketinggeschichte. Die Genese einer modernen Sozialtechnik, Frankfurt/New York 2007, S. 37. Gries, Medialisierung der Produktkommunikation, S. 117.

2.2 Institutionalisierung der österreichischen Werbebranche

> Der Verfall der öffentlichen Sittlichkeit schreitet unaufhörlich voran. Theater und Kino, Schaufenster, Reklame und Kolportage [...] ertöten den letzten Rest des natürlichen Anstandes und bahnen bolschewistischen Moralgrundsätzen den Weg.[53]

Dieser diffamierende Anwurf des Linzer Bischofs Johannes Gföllner, der sich mehrmals in ähnlicher Weise über die „schädliche Wirkung" des modernen Kulturlebens äußerte und mitunter auch antisemitische Untergriffe nicht scheute,[54] vermittelt eine in breiten Kreisen der Gesellschaft verankerte Ablehnung der werbenden Zunft. Unseriöse Arbeitspraktiken, marktschreierisches Gebaren und unlautere Werbebotschaften wurden den Reklametreibenden oftmals unterstellt.[55] Umso mehr lag es im Interesse der österreichischen Werbeschaffenden, das öffentliche Image der Branche mittels organisierter Aufklärungsarbeit und klarer gemeinschaftlicher Darlegung der Aufgaben, Regeln und Ziele der Werbetreibenden nachhaltig positiv zu beeinflussen. Unter der Devise „Kampf um die Wahrheit und gegen die Pfuscherei" suchte man durch eine Vielzahl an Maßnahmen (Vorträge, Pressearbeit, Einrichtung einer Reklameberatungsstelle etc.), das Vertrauen in das Reklamewesen zu stärken.[56]

Zur Entwicklung eines Standesbewusstseins und um ein starkes, geschlossenes Vorgehen – etwa gegen die staatlichen Besteuerungssysteme – zu sichern, organisierte sich die österreichische Werbebranche Mitte der 1920er-Jahre in Interessenverbänden.[57] Ein erster überregionaler Versuch eines kooperativen Zusammenschlusses erfolgte bereits 1914. Mit der Gründung der „Freien Vereinigung für Reklame-Kunst und Wissenschaft" verbanden Reklametreibende des deutschsprachigen Raums den Wunsch, Werbeforschung zu betreiben, die Ausbildung qualifizierter Fachkräfte zu forcieren und die Werbekunst zunehemnd zu ästhetisieren.[58] 1922 konstituiert sich als Zweigstelle des Wiener Kaufmännischen Vereins die „Österreichische Gesellschaft

53 *Österreichische Reklame*, „Johannes Maria und die Reklame", Nr. 8, Februar 1928, S. 32.

54 Vgl. Moser, Karin: „Eine unerhörte jüdische Frechheit" – JEW SÜSS, in: Moritz, Verena/Moser, Karin/Leidinger, Hannes: Kampfzone Kino. Film in Österreich 1918–1938, Wien 2008, S. 322.

55 Vgl. u. a.: *Österreichische Reklame*, „Wir arbeiten!", Nr. 1, November 1926, S. 3.

56 *Österreichische Reklame*, „Der Aufstieg der Reklame vom Pfuschertum zur Wissenschaft", Nr. 1, November 1926, S. 4. *Kontakt*, „Die letzte Entwicklung und die nächsten Aufgaben der Reklame", Nr. 1, Jänner 1931, S. 3 f.

57 Vgl. dazu auch: *Österreichische Reklame*, „Reklameunterricht", Nr. 12, April 1928, S. 7.

58 Unter den Mitgliedern der Vereinigung fanden sich u. a. auch Vertreter aus Amsterdam, Prag, Moskau und Pilsen. Vgl. dazu: Ruben, Paul (Hg.): Die Reklame – ihre Kunst und Wissenschaft, Band 2, Berlin 1914. Zit. nach: Pernsteiner, Silvia Maria: Zum Schutz gegen Exzesse, Ausbeutungen und Monopolstellungen: Die Anfänge des organisierten Reklamewesens in Österreich, Dipl., Wien 2008, S. 33–34.

für Reklamewesen", über die Verbandsstatuten und die Tätigkeit dieser Organisation liegen jedoch keinerlei weiteren Aufzeichnungen vor.[59]

1925 bis 1927 erreichte die Institutionalisierung der Branche mit der Schaffung einer Reihe an Interessenvertretungen ihren Höhepunkt. Ausgangspunkt war vor allem die hohe Besteuerung des Inseraten- und Plakatwesens, welche die Wiener Unternehmer dazu veranlasste, zur „energischen Selbsthilfe" zu greifen.[60] In der Folge wurde im Jänner 1925 der „Schutzverband der Reklametreibenden Österreichs" (SVRTÖ)[61] errichtet, der sich u. a. eine Verringerung der staatlichen Abgaben, eine Verbesserung der fachlichen Ausbildung sowie die Schaffung einer Reklameberatungsstelle zum Ziel setzte.[62] Letztere sollte Informationen über den Wert der erbrachten Werbeleistung und die Angemessenheit der verlangten Preise gewährleisten. Nach wenigen Jahren konnte die Auskunfts- und Interventionsstelle bereits eine erfolgreiche Bilanz aufweisen. Eine Vielzahl an Streitfällen zwischen Verbandsmitgliedern und einzelnen Reklameunternehmungen bzw. Zeitschriftenverwaltungen konnte bereinigt und beigelegt werden.[63]

Hervorgehend aus der Ortsgruppe Wien des Verbandes Deutscher Reklamefachleute, etablierte sich mit der Gründung des „Verbandes Österreichischer Reklamefachleute" (VÖR) im Juli 1925 eine weitere bedeutende Standesorganisation der Branche. Als Ziele definierte der VÖR, sich für die Anerkennung der Leistungen der Zunft in der Öffentlichkeit einzusetzen, das Verständnis für die Arbeit der Werbetreibenden aktiv zu fördern, Standes- und Berufsinteressen zu wahren sowie den Ausbau und die qualitative Hebung der Aus- und Weiterbildungsmöglichkeiten voranzutreiben.[64] Mit den Verbandsorganen *Kontakt* und *Österreichische Reklame* verfügten der SVRTÖ und der VÖR über Fachzeitschriften, die regelmäßig über Bestrebungen und Erfolge der beiden Institutionen wie auch über fachspezifische Veranstaltungen und neue Perspektiven der Werbewirtschaft, Werbekunst und Werbewissenschaft berichteten. Rege Verbindungen pflegten die Vereinigungen zudem mit branchennahen Organisationen, wie etwa dem 1925 begründeten „Österreichischen Verband der Markenartikelindustrie" oder dem sich 1927 konstituierenden „Bund Österreichischer

---

59 Siehe dazu die Forschungsergebnisse von Pernsteiner, Schutz gegen Exzesse, S. 37–39.

60 Morawetz, „Kontakt" in der „Österreichischen Reklame", S. 36.

61 1928 erfolgte die Umbenennung der Vereinigung in „Österreichischer Reklameschutzverband". Siehe: *Kontakt*, „Unsere Generalversammlung", Nr. 12, April 1928, S. 7.

62 Ebd., 42–43. Siehe auch: *Der Handel*, „Schutzverband der Reklametreibenden Österreichs", Nr. 10, Dezember 1924, S. 2. *Der Handel*, „Wie kann die Reklame verbessert und verbilligt werden?", Nr. 20, Februar 1925, S. 6.

63 *Kontakt*, „Bevorstehende Errichtung einer Reklameberatungsstelle", Nr. 16, September 1928, S. 6; *Kontakt*, „Ein Jahr im Dienste der reklametreibenden Geschäftswelt", Nr. 12, S. 1–2.

64 *Österreichische Reklame*, „Wir arbeiten!", Nr. 1, November 1926, S. 3. Pernsteiner, Schutz gegen Exzesse, S. 76.

Gebrauchsgraphiker".[65] Das in den Jahren 1927 und 1928 eingerichtete Reklamewissenschaftliche Institut[66] verwies ebenso wie die Berichterstattung der zeitgenössischen Branchenmagazine auf eine vermehrte methodische Auseinandersetzung mit den verschiedenartigsten Aspekten der Produktkommunikation.

2.3 Verwissenschaftlichung und Professionalisierung der Produktkommunikation

Bereits gegen Ende des 19. Jahrhunderts erschien eine Fülle an Publikationen und fachspezifischen Beiträgen, die sich dem Reklamewesen widmeten. Vor allem praktische Ratgeber, die direkte Konsumentenwerbung und die Gestaltung des Verkaufsorts ins Zentrum stellten, dominierten den Markt.[67] Anfang des 20. Jahrhunderts erreichten neue, methodisch durchdachte Ansätze der Werbemittelgestaltung und -streuung den deutschsprachigen Raum. Forscher aus dem Bereich der Betriebslehre setzten sich erstmals mit Werbewirkungsmechanismen auseinander, unter ihnen der österreichische Nationalökonom, Jurist und Politiker Viktor Mataja.[68] Sein 1910 veröffentlichtes Werk *Die Reklame. Eine Untersuchung über Ankündigungswesen und Werbetätigkeit im Geschäftsleben* galt als Standardwerk der historischen deutschsprachigen Werbewissenschaft und machte ihn zu einem der Pioniere der Verwissenschaftlichung und Professionalisierung der Reklame.[69]

Einen reellen Auftrieb erlebten die Werbewissenschaften in den 1920er-Jahren. Die Hyperinflation der Nachkriegszeit leitete eine Neuorientierung hinsichtlich der Bewertung von Kosten, Organisation und Nutzen ein. Betriebliche Rationalisierungsmaßnahmen, die eine Optimierung der Arbeitsabläufe und eine Senkung der

---

65 *Heimisches Schaffen*, „Zehnjahrfeier des Verbandes der Markenartikelindustrie", Nr. 1, 2.7.1935, S. 7. Morawetz, „Kontakt" in der „Österreichischen Reklame", S. 15, 37, 46.

66 *Österreichische Reklame*, Nr. 14, Juli 1928, S. 12f.

67 Vgl. dazu auch: Spiekermann, Uwe: „Der Konsument muß erobert werden!". Agrar- und Handelsmarketing in Deutschland während der 1920er und 1930er Jahre, in: Berghoff, Hartmut (Hg.): Marketinggeschichte. Die Genese einer modernen Sozialtechnik, Frankfurt/New York 2007, S. 143.

68 Mataja war in den Jahren 1908, 1909 und 1911 Handelsminister, 1918 bekleidete er das Amt des Ministers für soziale Fürsorge. Zudem war er als Universitätsprofessor in Wien und Innsbruck tätig. 1914–1917 und 1919–1922 fungierte er als Präsident der Statistischen Zentralkommission. Mataja war des Weiteres Mitglied des Ehren-Präsidiums der „Freien Vereinigung für Reklame-Kunst und Wissenschaft" sowie Präsident der „Österreichischen Gesellschaft für Reklamewesen". Vgl. auch Morawetz, „Kontakt" in der „Österreichischen Reklame", S. 13. Pernsteiner, Schutz gegen Exzesse, S. 33, 37–38, 151.

69 Silberer, Günter/Mau, Gunnar: Anfänge und Geschichte der Werbewirkungsforschung, in: Berghoff, Hartmut (Hg.): Marketinggeschichte. Die Genese einer modernen Sozialtechnik, Frankfurt/New York 2007, S. 232.

Pernsteiner, Schutz gegen Exzesse, S. 151. *Österreichische Reklame*, Nr. 1, November 1926, S. 4. Morawetz, „Kontakt" in der „Österreichischen Reklame", S. 13.

Produktionskosten forcierten, stießen auch in Österreich auf verstärktes Interesse, was etwa auch in der Gründung des „Österreichischen Kuratoriums für Wirtschaftlichkeit" im Jahr 1928 seinen Ausdruck fand.[70] Die Krise als Chance zu erkennen, um aktiv zu werden, Umstrukturierungen vorzunehmen und neue Techniken zu erproben, war Tenor einer Debatte, die auch die Reklamebranche erfasste. Wirtschaftliches und zielgerichtetes Werben unter der Anwendung von Kontrollmechanismen wurde als neue Leitlinie ausgegeben.[71] In diesem Sinne wurde 1928 innerhalb des SVRTÖ eine „Efficiency-Sektion" eingerichtet. Den Begriff „Efficiency" definierte man als „das Bestreben, innerhalb der jeweils herrschenden Arbeitsverhältnisse und Verdienstmöglichkeiten, durch Anwendung geeigneter Maßnahmen und Methoden [...] den größtmöglichen, effektiven Verdienst für die Leistung zu erzielen". Anders als bei Fragen der Rationalisierung und Organisation, stünden beim „Efficiency-Gedanken" weniger „technische Aufgaben" bzw. „Betriebs- und Verkaufslehre", sondern vielmehr „psychologische Momente" und besonders der Mensch im Mittelpunkt. Die Reklame wäre fortan in „Theorie und Praxis wissenschaftlich auszurichten", wobei Werbepsychologie und Marktanalyse Anwendung finden müssten, um den Erfolg zu sichern.[72]

Anleihe nahm die Efficiency-Bewegung bei US-amerikanischen Forschungen, die in den deutschsprachigen Raum Eingang fanden und mitunter modifiziert wurden. Schon nach 1890 entstanden in den Vereinigten Staaten theoretisch fundierte Werbe- und Marketingstudien. Die Größe und Komplexität des Marktes verstärkte den Bedarf an wissenschaftlich gestützten Methoden der werbe- und marketingtechnischen Durchdringung. Zwischen den USA und Europa erfolgte ein reger Austausch in Hinblick auf neue Ansätze im Bereich der Werbepsychologie sowie der Markt- und Motivforschung. Ab den 1930er-Jahren beeinflussten europäische Soziologen, Psychologen, Nationalökonomen und Architekten nachhaltig die US-amerikanische Konsumforschung, unter ihnen etwa auch die Österreicher Paul Lazarsfeld, Victor Gruen oder Ernest Dichter.[73]

---

70 Sandgruber, Ökonomie und Politik, S. 363. Spiekermann, „Der Konsument muß erobert werden!", S. 138.

71 *Österreichische Reklame*, „Wirtschaftlicher werben! Wie man planlosem Werben ein Ende macht.", Nr. 14, Juli 1028, S. 19. *Verkaufspraxis*, „Was tun? – Was tun!", Nr. 2, November 1932, S. 102–105.

72 *Kontakt*, „Die Efficiency-Bewegung in Österreich", Nr. 10, Februar 1928, S. 11–13. *Kontakt*, „Efficiency – Der Weg zum Erfolg", Nr. 17, Oktober 1928, S. 3–6.

73 Berghoff, Marketing im 20. Jahrhundert, S. 31–37. Einen intensiven wissenschaftlich geprägten Informationstransfer belegen auch zahlreiche Artikel in den österreichischen Fachzeitungen. Siehe z. B.: *Österreichische Reklame*, „Marktanalyse", Nr. 10, April 1928, S. 15. *Österreichische Reklame*, „Von der Wortwahrnehmung zum Kaufentschluss. Eine psychologische Skizze", Nr. 3, 1929, S. 7–9. *Kontakt*, „Rationalisierung von Verkauf und Reklame", Nr. 5/6, Mai/Juni 1929, S. 1–4. *Kontakt*, „Marktanalyse als Werkzeug der Reklame", Nr. 10, Oktober 1930, S. 36–38. *Contact*, „Wirtschaftswerbung. Öffentliche Werbung", Nr. 4, April 1936, S. 8–10.

Das Aufkommen eines derart geschulten Experten-Pools in Österreich war auch auf die Intensivierung der Forschungs- und Ausbildungsaktivitäten in den werbewissenschaftlichen Disziplinen zurückzuführen. Vor allem erarbeiteten das „Psychotechnische Institut der Industriellen Bezirkskommission in Wien", das „Reklamewissenschaftliche Institut" an der Hochschule für Welthandel, das „Psychologische Institut" der Universität Wien sowie die „Österreichische Werbepsychologische Forschungsstelle" (ÖWPF) Werbewirkungsstudien.[74] Die beiden letztgenannten Institutionen zeichneten sich im Speziellen durch innovative Vorgehensweisen und Arbeiten aus. Am von Karl Bühler in enger Zusammenarbeit mit seiner Frau Charlotte geleiteten Psychologischen Institut der Universität Wien wurden erstmals in Österreich Untersuchungen und Versuchsreihen zum Thema Film durchgeführt, wobei man hier auch didaktische Fragestellungen einbezog.[75] Eine Reihe von Dissertationen, die das Medium Film auf wahrnehmungs-psychologischer und kommunikationstheoretischer Ebene analysierten, belegen die fortschrittliche Forschungstätigkeit in diesem neuen Feld.[76]

Die Assistenztätigkeit des Soziologen Paul Lazarsfeld am Psychologischen Institut war Ausgangspunkt für die Errichtung einer der bedeutendsten Forschungseinrichtungen der Zwischenkriegszeit. Mit Unterstützung von Karl und Charlotte Bühler begründete Lazarsfeld 1931 mit der ÖWPF ein kleines, fortschrittlich agierendes Marktforschungsinstitut, wobei das Kuratorium der Einrichtung aus politischer und wirtschaftlicher Sicht hochkarätig besetzt war.[77] Die Mitarbeiterinnen und Mitarbeiter der sich als „Stelle für Motivforschung" bezeichnenden Institution führten in den Jahren

74 Morawetz, „Kontakt" in der „Österreichischen Reklame", S. 98.

75 *Der Wiener Film*, Nr. 32, 15. Dezember 1936. *Neue Freie Presse*, „Filmnachrichten", 20.5.1936, S. 8.

76 Vgl. etwa: Spiel, Hilde: Versuch einer Darstellungstheorie des Films, Dissertation, Wien 1935. Ohmes, Richard: Die Bedeutung des Kinos für Kinder und Jugendliche, Dissertation, Wien 1935. Lassner, Rudolf: Theater- und Kinobesuche. Eine psychologische Analyse, Dissertation, Wien 1936. Winter, Leopold: Komik im Film, Dissertation, Wien 1938.

77 Im Präsidium fanden sich neben Karl Bühler, der Präsident der Wiener Handelskammer und somit der ehemalige Bundeskanzler Ernst Streeruwitz, der Generalsekretär der Wiener Kammer für Arbeiter und Angestellte und der Generalsekretär der Niederösterreichischen Landwirtschaftskammer. Im Beirat vertreten waren u. a. Günther Bandat, Geschäftsführer des Kuratoriums für Wirtschaftlichkeit, Rudolf Brichta, Sekretär des Gremiums der Wiener Kaufmannschaft, Richard Butschowitz, Chefadministrator, Präsident des Verbandes der Reklamefachleute, F.H. Davis, Vizepräsident des Reklameschutzverbandes sowie die Direktoren der Firmen Mautner-Markhof, Meinl, Delka, Bally, Gerngroß sowie der Städtischen Versicherung. Vgl. dazu: Neurath, Paul: Paul L. Lazarsfeld in Emigration und (teilweiser) Remigration, in: Stadler, Friedrich (Hg.): Vertriebene Vernunft II. Emigration und Exil österreichischer Wissenschaft. Internationales Symposium 19. bis 23. Oktober 1987 in Wien, Wien/München 1988, S. 361–362. Maria Jahoda, 1907–2001. Pionierin der Sozialforschung. Katalog zur Ausstellung des Archivs für die Geschichte der Soziologie in Österreich an der Universitätsbibliothek Graz vom 3. Juni bis 2. August 2002, Graz 2002, S. 41.

1931 bis 1935 zahlreiche auf psychologischen und sozialpsychologischen Forschungsmethoden basierende Untersuchungen über den alltäglichen Verbrauch und das damit korrelierende Käuferverhalten durch. Anhand standardisierter Fragebögen wurden Ereignisverläufe erlebter Kaufhandlungen verfolgt und eine Reihe an „Kaufbiographien" dokumentiert.[78] Zu den untersuchten Produkten zählten etwa Tee, Kaffee, Bier, Zucker, Essig, Schokolade, Blumen, Schuhe, Hemden, Parfüms sowie eine Vielzahl kleiner Haushaltsgüter. Als Auftraggeber fungierten große österreichische und internationale Unternehmen, wie beispielsweise Ankerbrot, Julius Meinl, Delka, Herzmansky, Hardtmuth, Titze oder das Budapester Fremdenverkehrsbüro. Studien über den Teekonsum in Wien, über die Chancen von Fertigkaffee-Erzeugnissen in der österreichischen Bundeshauptstadt, über den Berliner Futtermarkt und Milchkonsum sowie über den Handschuhabsatz in den Zürcher Warenhäusern wurden ebenso erstellt wie Vergleichsprofile des proletarischen und des Mittelklasse-Verbrauchers. Zudem beauftragten renommierte internationale wissenschaftliche Organisationen, wie etwa das Frankfurter Institut für Sozialforschung, die ÖWPF mit der Erfassung von Daten.[79]

Die bekanntesten Arbeiten der ÖWPF sind zweifellos die Hörerbefragungen für den österreichischen Rundfunk 1931 sowie die nicht kommerzielle Studie über die Auswirkungen der Langzeit-Arbeitslosigkeit im Marienthal 1933.[80] Weniger beachtet wurde bislang eine Untersuchung bezüglich der Wirkung von Reklamemitteln, die 1934 vorlag und auf Besucher-Befragungen anlässlich der Wiener Frühjahrsmesse 1933 basierte. Die Rechercheure der ÖWPF hielten u. a. Faktoren wie Alter, Geschlecht, Beruf, sozialökonomische Stellung, Persönlichkeitstyp und Kaufgewohnheiten fest. In Hinblick auf die Wirksamkeit der Werbemittel konnte der effektive Grad nach Anzahl der Nennung in absteigender Reihung ermittelt werden: Plakate (67,6 Prozent), Lichtreklame (41,1 Prozent), Straßenbahnreklame (31,4 Prozent), Zeitungsreklame (29,4 Prozent), Kinoreklame (21,9 Prozent), Wurfsendungen (11,9 Prozent).[81] Trotz erfolgreicher und

78 Busch, Emil Walter: Faktor Mensch. Formen angewandter Sozialforschung der Wirtschaft in Europa und den USA, 1890–1950, Konstanz 2006, S. 391, 396. Neurath, Lazarsfeld in Emigration, S. 362. Maria Jahoda, 1907–2001, S. 39–41.

79 Pollak, Michael: Paul F. Lazarsfeld – Gründer eines multinationalen Wissenschaftskonzerns, in: Langenbucher, Wolfgang R. (Hg.): Paul Felix Lazarsfeld – Leben und Werk. Anstatt einer Biografie, Wien 2008, S. 162. Busch, Faktor Mensch, S. 396. Maria Jahoda, 1907–2001, S. 68. Neurath, Paul: Paul Lazarsfeld und die Institutionalisierung der empirischen Sozialforschung: Ausfuhr und Wiedereinfuhr einer Wiener Institution, in: Langenbucher, Wolfgang R. (Hg.): Paul Felix Lazarsfeld – Leben und Werk. Anstatt einer Biografie, Wien 2008, S. 201–202.

80 Vgl. dazu Pollak, Paul F. Lazarsfeld, S. 162. sowie: http://agso.uni-graz.at/marienthal/, 28.10.2012.

81 *Contact*, „Reklame und Käufer", Nr. 4, April 1934, S. 19–23.

international anerkannter Studien wurde die ÖWPF angesichts politischer Aktivitäten, die sich gegen das austrofaschistische System richteten, im März 1937 aufgelöst.[82]

Parallel zur Etablierung der Reklamewissenschaften in Österreich stieg das Engagement, auch die fachkundige Aus- und Weiterbildung voranzutreiben bzw. diese nach modernsten Standards auszurichten und eine „spezifisch österreichische Lehrmethode" zu entwickeln.[83] Ein erster Versuch, das Unterrichtsfach „Reklame" in den Lehrplan zu integrieren, erfolgte bereits in den Jahren 1908 bis 1910 an der privat geführten Handelsschule Allina.[84] Es sollte für lange Zeit die einzige Unternehmung dieser Art in Österreich sein. Erst im Verlauf der 1920er-Jahre gab es verschiedenartige Anstrengungen, reklametechnische Schulungen durchzuführen. 1926 etwa wurden seitens der Abteilung für Nach- und Umschulung der „Industriellen Bezirkskommission in Wien" Reklame- und Propagandakurse zur Weiterbildung arbeitsloser Angestellter der Industrie und des Handels abgehalten. 1927 warb der Österreichische Reklameschutzverband für eine Schulung unter dem Titel „Reklame-Psychologie in Theorie und Praxis".[85] Im selben Jahr wurden, beruhend auf einer Initiative der „Reklamewissenschaftlichen Gesellschaft" unter Präsident Viktor Mataja und dem VÖR, sogenannte „Reklamehochschulkurse" begründet, die sich als abendliches Fortbildungsangebot an Fachkräfte der Branche wandten. Dieser Lehrgang wurde Ende der 1920er-Jahre vom „Staatlichen Reklameausbildungskurs" abgelöst, der fortan von der Hochschule für Welthandel durchgeführt werden sollte, sich vermehrt der Praxis widmete und in sinnreicher Form auf den Erwerb einzelner Kenntnisse aufbaute.[86] 1931 zählte das Fach „Reklame", in den unterschiedlichsten Spezialausrichtungen, zum Unterrichtsgegenstand an den branchennahen Schulen und Universitäten.[87]

---

82 Bereits 1935 wurde die ÖWPF aufgelöst, stattdessen wurde die von Maria Jahoda geleitete „Arbeitsgemeinschaft der Österreichischen Wirtschaftspsychologischen Forschungsstelle" begründet. Die austrofaschistischen Machthaber verdächtigten die Vertreter der Institution sich politisch subversiv zu betätigen und verhafteten im Jahr 1937 zahlreiche ihrer Mitglieder und Sympathisanten, unter ihnen auch Karl Bühler. Maria Jahoda wurde schließlich wegen illegaler politischer Betätigung zu drei Monaten Haft und anschließende „Anhaltehaft" verurteilt. Aufgrund internationaler Interventionen entließ man Jahoda noch im Jahr 1937 und verwies sie des Landes. Siehe dazu: Busch, Faktor Mensch, S. 399.

83 Siehe dazu die Ausführungen in: *Kontakt*, „Zur Frage der Reklameschulen", Nr. 14/15, Juli-August 1928, S. 4 f.

84 Morawetz, „Kontakt" in der „Österreichischen Reklame", S. 14, 78.

85 Ebd., S. 73.

86 Ebd., 74–77. *Österreichische Reklame*, „Reklameunterricht", Nr. 14, Juli 1928, S. 11.

87 1936/37 wurde an der Hochschule für Welthandel beispielsweise ein Kurs zum Thema „Psychologie der Reklame" abgehalten, im darauffolgenden Studienjahr wurden Seminare über Marktforschung und Reklamepsychologie angeboten. Vgl. Pernsteiner, Schutz gegen Exzesse, S. 138 f. *Kontakt*, „Die letzte Entwicklung und die nächsten Aufgaben der Reklame", Nr. 1, Jänner 1931, S. 3–9.

Ein zentrales Thema der Bildungspläne war stets der zielgerichtete Einsatz und die funktionell-ästhetische Gestaltung der Werbemittel. Obwohl bereits 1926 im Zuge der Debatte hinsichtlich einer Reformierung des kaufmännischen Unterrichtswesens auch die „Filmreklame" als Teil der Außenwerbung angeführt worden war,[88] fehlte sie in den von der Branche skizzierten Ausbildungsprogrammen gänzlich.[89] Dies entsprach auch der Wahrnehmung des „werbenden Films" in den Branchenblättern. Es dominierten Berichte über die Printreklame, die Schaufenstergestaltung und den Einsatz von Leuchtelementen.[90] Eine vermehrte Auseinandersetzung mit dem Medium Film erfolgt erst im Verlauf der 1930er-Jahre. Trotzdem lassen sich Frühformen des Werbefilms schon zu Beginn der Kinematographie im Vorführungszyklus der Varieté- und Wanderkinobetriebe ausmachen. Sie bereiteten dem neuen Reklamemittel den Weg.

---

88 *Kontakt*, „Die Neuordnung des kaufmännischen Bildungswesens", Nr. 2, März 1926, S. 6–7.
89 Vgl. - etwa: *Österreichische Reklame*, „Reklamewissenschaftliches Institut", Nr. 14, Juli 1928, S. 12 f. *Werbe-Winke*, „Auch Reklame will gelernt sein!", Nr. 5, 1. Mai 1935, S. 20 f.
90 Vgl. hierzu auch die Analyseergebnisse von Morawetz, „Kontakt" in der „Österreichischen Reklame", S. 109, 114.

3 Anfänge der Kinematographie in Österreich

3.1 Vorführkonzeptionen und Programmgestaltung

Nachdem die Brüder Lumière am 28. Dezember 1895 am Boulevard des Capucines in Paris die kinematographische Technik erstmals in einem öffentlich-kommerziellen Rahmen vorgeführt hatten, folgten im Februar des Folgejahres Präsentationen in London, Bordeaux und Brüssel. Am 20. März 1896 wurden die „lebend Photographien" schließlich auch in Wien vorgestellt. Erste private Vorführungen fanden in der k.k. Graphischen Lehr- und Versuchsanstalt statt. Die öffentliche Premiere vollzog sich am gleichen Tag im ersten Wiener Gemeindebezirk, Kärntner Straße 45/Ecke Krugerstraße. Für 50 Kreuzer wurde ein Nonstop-Programm von 10 Uhr früh bis 8 Uhr abends angeboten.[91] Am 27. März gab man in der Französischen Botschaft sowie im Haus des Niederösterreichischen Gewerbevereins weitere Interessentenvorstellungen. Bis Ende 1896 wurde der Kinematograph der Brüder Lumière in allen großen Städten der Monarchie in Wanderkinounternehmungen präsentiert.[92]

Varietés zählten schon vor der Jahrhundertwende, mobile Kinoeinrichtungen noch bis 1910 zu den dominanten Film-Vorführungsorten Österreich-Ungarns.[93] Die Filmknappheit der Pionierzeit verlangte ein variantenreiches Hauptprogramm bzw. einen raschen Ortswechsel. Zu schnell erschöpfte sich vor allem in Kleinstädten das Publikumsinteresse an den oftmals nur 10 bis 15 Minuten dauernden kinematographischen Darbietungen. Die meisten Laufbilder wurden von kleingewerblichen Produzenten in geringen Mengen für den Eigenbedarf erzeugt. Da es an einem ausgebildeten Verleihsystem mangelte, wurden die Filme direkt beim Erzeuger gekauft oder unter den Wanderunternehmern getauscht. Die erste professionelle Filmvertriebsorganisation der Monarchie lässt sich 1905 in Wien ausmachen.[94]

---

91 Die Autorin zitiert hier Kapitel 2 ihres Artikels: Moser, Karin: „Frühes Kino" – Attraktion und Erlebniswelt. Die Entwicklung eines Mediums, Kapitel 2 „Der erste Kinematograph in Wien – ein Medium erobert Österreich-Ungarn", in: Virtuelle Ausstellung „Der Erste Weltkrieg und das Ende der Habsburgermonarchie, http://ww1.habsburger.net/de/kapitel/der-erste-kinematograph-wien-ein-medium-erobert-oesterreich-ungarn, 30.11.2014.

92 Vgl. Kieninger, Ernst: Das „klassische Wanderkino" 1896–1914. Filmkommunikation auf dem Weg zur Institution am Beispiel Niederösterreich und Umland, Dipl., Wien 1992, S. 56. Fritz, Walter: Im Kino erlebe ich die Welt. 100 Jahre Kino und Film in Österreich, Wien/München 1997, S. 11–14. *Photographische Korrespondenz*, Nr. 431, 1896, S. 31.

93 Schwarz, Werner Michael: Kino und Kinos in Wien. Eine Entwicklungsgeschichte bis 1934, Wien 1992, S. 17–19. Die Autorin zitiert hier Kapitel 3 ihres Artikels: Moser, „Frühes Kino", Kapitel 3 „Vom Schaustellerbetrieb zum Kinotheater", http://ww1.habsburger.net/de/kapitel/vom-schaustellerbetrieb-zum-kinotheater, 30.11.2014.

94 Kieninger, Wanderkino, S. 74, 78, 115. Schwarz, Kino und Kinos, S. 19.

https://doi.org/10.1515/9783110622300-003

Das damals international ausgerichtete Filmprogramm dominierten französische Hersteller.[95] In der Periode 1896 bis 1914 bezogen die Wanderkino-unternehmer ihre Lichtbilder zu 67,5 Prozent bei der Firma „Pathé“. Mit „Raleigh & Roberts“ (6,1 Prozent), „Éclipse“ (4,3 Prozent), „Gaumont“ (3,5 Prozent) und „Lumière“ (2,3 Prozent) fanden sich weitere französische Unternehmen unter den Hauptlieferanten. Erst danach folgte mit der Deutschen „Bioskop“ (2,1 Prozent) ein anders verorteter Handelspartner. Ein Anteil von rund 2 Prozent wurde von den mobilen Kinobetreibern selbst gedreht.[96]

Das Kino der Frühzeit stand dem Varieté bedeutend näher als dem Theater.[97] Die Vielfalt der Attraktionen bestimmte auch den Film der Pionierzeit. Dieser fand auf Festen und Jahrmärkten, wo sich die kinematographischen Schausteller vornehmlich einfanden,[98] einen stimmigen Präsentationsrahmen. Die filmischen Vorführungen waren oftmals Teil einer abwechslungsreichen Revue, die etwa „Abnormitäten“, Wachsfiguren, automatische Apparaturen, Kaiserpanoramen sowie Sketchs, artistische Darbietungen oder Tanz- und Gesangseinlagen präsentierte.[99] Eine besondere Rolle kam den Rezitatoren zu, die das Geschehen auf der Leinwand dem filmisch nicht geschulten Publikum erläuterten, Orientierungspunkte gaben, das Gezeigte verorteten und räumliche Wechsel begründeten. Vortragskünstler und Musikbegleitung dienten als Korrektiv zur fehlenden Filmsprache. Sie vermittelten eine spezielle Lesart der Bilder und passten den Inhalt den lokalen Gegebenheiten, dem Geschmack und den Interessen der jeweiligen Zuschauer an.[100] Mit Einführung der Zwischentitel und dem allmählichen Einsatz interpretierender filmischer Mittel verlor das begleitende gesprochene Wort um 1910 seine Bedeutung.[101] Im nicht kommerziellen Kino, und vor allem bei der

95 Die Autorin zitiert hier Kapitel 7 ihres Artikels: Moser, „Frühes Kino“, Kapitel 7 „Österreichische Filmpioniere“, http://ww1.habsburger.net/de/kapitel/oesterreichische-filmpioniere, 30.11.2014.

96 Die Zahlen wurden in einer umfassenden Studie über Wanderkinobetriebe in Niederösterreich und seinem Umland von Ernst Kieninger erhoben und lassen durchaus Rückschlüsse auf das Gesamtgebiet Österreich-Ungarns zu. Weitere Lieferanten waren zudem die britischen Unternehmen „Warwick und Urban“ sowie die deutsche Produktion „Messter“. Vgl.: Kieninger, Wanderkinos, S. 147, 317.

97 Die Autorin zitiert hier Kapitel 4 ihres Artikels: Moser, „Frühes Kino“, Kapitel 4 „Hereinspaziert! – Aufführungspraxen, Attraktionen, Schau- und Hörerlebnisse, http://ww1.habsburger.net/de/kapitel/hereinspaziert-auffuehrungspraxen-attraktionen-schau-und-hoererlebnisse, 30.11.2014.

98 Warstat, Dieter Helmuth: Frühes Kino der Kleinstadt, Berlin 1982, S. 21–23

99 Kieninger, Wanderkinos, S. 61, 274.

100 Altenloh, Emilie: Soziologie des Kinos. Die Kinounternehmung und die sozialen Schichten ihrer Besucher, Jena 1914, S. 20. Châteauvert, Jean: Das Kino im Stimmbruch, in: KINtop5, „Aufführungsgeschichten“, Jahrbuch zu Erforschung des frühen Films, Basel/Frankfurt am Main 1996, S. 86–88. Gunning, Tom: Vor dem Dokumentarfilm. Frühe non-fiction-Filme und die Ästhetik der „Ansicht“, in: KINtop4, „Anfänge des dokumentarischen Films, Jahrbuch zur Erforschung des frühen Films, Basel/Frankfurt am Main 1995, S. 118.

101 Schwarz, Kino und Kinos, S. 89.

Präsentation von Gebrauchsfilmen, zu denen auch der Industrie(werbe)film zählt, waren von Sprechern vorgetragene Begleittexte allerdings durchaus bis in die 1950er- und 1960er-Jahre üblich.[102]

Das dem Schaustellergewerbe entsprechende „Prinzip der Attraktion" fand seine Analogie im Filmprogramm. Die bis 1906 dominierenden Einakter, die zudem fast ausschließlich in einer einzelnen Einstellung gedreht waren,[103] wurden dramaturgisch in das Gesamtkonzept eingebaut und kurzweilig arrangiert. In den dargebotenen Nummernprogrammen[104] wechselten die Wanderkinounternehmer (mitunter nachgestellte) Aktualitäten mit technischen, naturwissenschaftlichen Aufnahmen, Reise- und Landschaftsbildern oder „komisch-pikanten" Filmen geschickt ab. Bei der Gestaltung der Filme und deren öffentlichen Inszenierung orientierten sich die Filmpioniere und Schausteller durchwegs an bereits etablierten Medien wie illustrierten Magazinen, Romanheften, Bildgeschichten, Postkarten, dem populären Theater, den Kaiserpanoramen und der Projektionskunst.[105]

3.2 Die „Ästhetik der Ansicht": „Naturaufnahmen" als Vorläufer des werbenden Films

In der Frühzeit der Kinematographie bestimmten Non-fiction-Filme das Nummernprogramm der Schausteller, wobei zwei Formen, die unter dem zeitgenössischen Begriff „Naturaufnahmen"[106] subsumiert wurden, am stärksten vertreten waren: Reisebilder, die Städte, Landschaften und exotische Gebräuche in den Fokus nahmen, und Industriebilder, die Warenfertigungs- und Arbeitsprozesse veranschaulichten.[107] Diese frühen Filme zeugen von einer offensichtlichen voyeuristisch-exhibitionistischen

102 Vgl. dazu Zimmermann, Yvonne: Dokumentarischer Film: Auftragsfilm und Gebrauchsfilm, in: Zimmermann, Yvonne (Hg.): Schaufenster Schweiz. Dokumentarische Gebrauchsfilme 1896–1964, Zürich 2011, S. 81 f.

103 Gunning, Tom: The Non-Continous Style of Early Film (1900–1906), in: Österreichische Gesellschaft für Filmwissenschaft, Kommunikations- und Medienforschung (Hg.): Arbeitsmappe. Filmstatistik und Dokumentation", Wien 1983, S. 1.

104 Die Autorin zitiert hier Kapitel 5 ihres Artikels: Moser, „Frühes Kino", Kapitel 5 „Nummernprogramme – Kleinode aus aller Welt, http://ww1.habsburger.net/de/kapitel/nummernprogramme-kleinode-aus-aller-welt, 30.11.2014.

105 Garncarz, Joseph: Nicht-fiktionale Filmformen in Varietés und Wanderkinos, in: Jung, Uli/Loiperdinger, Martin (Hg.): Geschichte des dokumentarischen Films in Deutschland, Bd. 1, Kaiserreich 1895–1918, Stuttgart 2005, S. 74–76. Kieninger, Wanderkinos, S. 130, 274 und 309.

106 Im Fachkontext der Zeit wurde wiederholt auf Bilder, welche „die Vorgänge nach der Natur widerspiegeln" verwiesen. Vgl. Garncarz, Joseph: Der nicht-fiktionale Film im Programm der Wanderkinos, in: Jung, Uli/Loiperdinger, Martin (Hg.): Geschichte des dokumentarischen Films in Deutschland, Bd. 1, Kaiserreich 1895–1918, Stuttgart 2005, S. 117.

107 Ebd., S. 116–118.

Übereinkunft: Das Beobachten wie auch das Zurschaustellen sind am Filmmaterial klar nachvollziehbar. Landschaften werden von erhöhten Standpunkten überblickt oder mit der Kamera abgeschwenkt. Nah- und Detailaufnahmen machen Arbeitsvorgänge genau nachvollziehbar. Werktätige oder Passanten werden abgelichtet, während sie sich vor der Kamera inszenieren, Blicke austauschen, den Akt des Gefilmt-Werdens fortlaufend thematisieren und bildlich umsetzen.[108]

Der Filmwissenschaftler Tom Gunning prägte für diese Art des vordokumentarischen Films den Begriff „Ansicht", womit er sich an die (etwa im Katalog der Brüder Lumière) im Zeitkontext gebräuchlichen Bezeichnungen „vue" oder „view" anlehnte. Den so benannten Aufnahmen fehlte eine zusammenhängende Erzählung[109]; einzelne Episoden wurden ohne narrative Abfolge aneinandergereiht. Man zeigte, beobachtete, erforschte das Ersichtliche, ohne eine eindeutige Interpretation und Argumentation einzubringen.[110] Damit unterscheidet sich die „Ansicht" vom Dokumentarfilm, der nicht nur beschreibt, sondern durch das gezielte Anordnen (Schnitt, Montage, Zwischentitel etc.) und die kreative Gestaltung des Materials eine dramaturgische Struktur vorgibt und einen Diskurs verfolgt.[111]

Arrangierte „Städteansichten" zählten oftmals zu den ersten Bildern, die im Vorfeld kinematographischer Premieren gedreht und vorgeführt wurden. Die ansässige Bevölkerung sollte über die erste filmische Selbstpräsentation für das neue Medium gewonnen werden. Vor Ort gedrehte Lokalaufnahmen wurden von den Schaustellern in das Standardprogramm aufgenommen, mitunter sogar auf Wunsch des Mutterunternehmens – so etwa im Fall der Vertragspartner der Lumière'schen Kinematographenbetriebe.

Im April 1896 trafen in diesem Sinne im Auftrag der Firma Lumière der Operateur Alexander Promio und sein Gehilfe und Dolmetscher Alexander Werschinger in Wien ein, um folgende Aufnahmen auf Zelluloid zu bannen: DER STEPHANSDOM, DER STADTPARK, DER TÜRKENSCHANZPARK, DER VOLKSPRATER, DER PRATER, DIE HAUPTALLEE, AUSFAHRT DER WIENER FIAKER, KORSO DER SPAZIERGÄNGER, DIE DEUTSCHMEISTERKAPELLE und DAS

---

108 Die Autorin zitiert hier Kapitel 5 ihres Artikels: Moser, „Frühes Kino", Kapitel 5 „Nummernprogramme – Kleinode aus aller Welt, http://ww1.habsburger.net/de/kapitel/nummernprogramme-kleinode-aus-aller-welt, 30.11.2014.

109 Die Autorin zitiert hier Kapitel 6 ihres Artikels: Moser, „Frühes Kino", Kapitel 6 „Von der Ansicht zur Narration: Genres und Stars, http://ww1.habsburger.net/de/kapitel/von-der-ansicht-zur-narration-genres-und-stars, 30.11.2014.

110 Gunning, Non-Continous Style, S. 2. Jung, Uli: Ästhetischer Wandel. Von der ‚Lebenden Photographie" zum Filmgenre, in: Jung, Uli/Loiperdinger, Martin (Hg.): Geschichte des dokumentarischen Films in Deutschland, Bd. 1, Kaiserreich 1895–1918, Stuttgart 2005, S. 221–222. Gunning, Vor dem Dokumentarfilm, S. 114–117.

111 Gunning folgt hier der Genredefinition des Filmemachers John Grierson, der den Begriff „Dokumentarfilm" etablierte. Vgl. dazu: Gunning, Vor dem Dokumentarfilm, S. 113, 117 f. Grierson, John: First Principles of Documentary, in: Hardy, Forsyth (Hg.), Grierson on Documentary, Berkley/Los Angeles 1966, S. 145–156.

RIESENRAD.[112] Von diesen frühesten Laufbildern der Residenzstadt Wien sind einige „Szenen" erhalten geblieben. LE RING[113] präsentiert das rege Treiben nahe der Sirk-Ecke.[114] Die Kamera ist ebenerdig gegenüber der Oper mit Einblick in die Kärntner Straße platziert. Die „Ansicht" zeugt von einer speziellen Attraktivität. Der schräg angeschnittene Blickwinkel unterstreicht die Staffelungen des Bilds durch Laternenmasten und seitlich hervorspringende Häuserblöcke, die Raumtiefe vermitteln. Die Unterbrechung der Sicht durch dahineilende Passanten, Fiaker und Pferdestraßenbahnen, die im Vorder- und Hintergrund vorbeiziehen, wobei sich Kamera- und Handlungsachse laufend verschieben, wirkt dynamisierend. Direkt auf das Objektiv zusteuernde oder knapp passierende Personen und Fuhrwerke erzeugen ein Gefühl der unmittelbaren Anwesenheit. Die Kamera ist stellvertretend für den Zuschauer direkt im Geschehen, in beobachtender Position.

ENTRÉE DU CINEMATOGRAPHE[115] nimmt den Ort der ersten kinematographischen Vorführungen in Wien (Kärntner Straße 45/Ecke Krugerstraße) in Augenschein.[116] Die Aufnahmen sind von der gegenüberliegenden Straßenseite des Vorführlokals aufgenommen. Wiederum wurde eine leichte Querposition angenommen, um das Eckgebäude mit dem seitlich montierten Hinweisschild „Photographe, Cinématographe" fassen zu können. Die Besucher des Etablissements werden zu kaum bestimmbaren Protagonisten in der Ferne – querende Kutschen verstellen laufend den Blick. Dominant sind die auf die Kamera zustrebenden Fußgänger. Sie drehen sich um, gehen nochmals vorbei, verweilen gebannt für Sekunden vor der technischen Neuheit oder weichen plötzlich wieder zurück. Wer einen Blick in die Kamera wagt, kann sein Konterfei bald selbst auf der Leinwand betrachten.

Die ersten Aufnahmen aus Wien[117] entsprechen in der Konzeption durchaus den Lumière-Bildern aus anderen Städten der Welt.[118] Ob es sich bei den jeweiligen Filmen um Lokalaufnahmen oder Städtebilder bzw. Reisebilder handelte, entschied

---

112 Kieninger, Wanderkinos, S. 57–58. Schauer, Peter: Zur Ur- und Frühgeschichte des österreichischen Films, Wien 1964, S. 13 und 17.

113 LE RING, F 1896, Produktion (P): Société Lumière.

114 Die Autorin zitiert hier Kapitel 5 ihres Artikels: Moser, „Frühes Kino", Kapitel 5 „Nummernprogramme – Kleinode aus aller Welt, http://ww1.habsburger.net/de/kapitel/nummernprogramme-kleinode-aus-aller-welt, 30.11.2014.

115 ENTRÉE DU CINEMTAOGRAPHE, F 1896, P: Société Lumière.

116 Die Autorin zitiert hier Kapitel 2 ihres Artikels: Moser, „Frühes Kino", Kapitel 2 „Der erste Kinematograph in Wien – ein Medium erobert Österreich-Ungarn", http://ww1.habsburger.net/de/kapitel/der-erste-kinematograph-wien-ein-medium-erobert-oesterreich-ungarn, 30.11.2014.

117 Erhalten geblieben ist zudem die Szene RETOUR DES COURSES, F 1896, P: Société Lumière. Es handelt sich hierbei um das in den Quellen betitelte Filmdokument AUSFAHRT DER WIENER FIAKER.

118 Siehe dazu etwa die Ausführungen in: Jung, Uli: Städtebilder und Lokalaufnahmen, in: Jung, Uli/Loiperdinger, Martin (Hg.): Geschichte des dokumentarischen Films in Deutschland, Bd. 1, Kaiserreich 1895–1918, Stuttgart 2005, S. 282–287. Auch ein direkter Vergleich mit dem Bild [BUDAPEST], F 1896, P: Société Lumière, unterstützt diese Feststellung.

letztlich der Auswertungskontext. Wurde eine Szene am „Drehort“ projiziert, war sie als lokal verortet anzusehen. Kam das Material auch an anderen örtlichen Schauplätzen zum Einsatz, konnte es als Städtefilm in das Nummernprogramm der Wanderunternehmer Eingang finden.[119]

Reisebilder erfreuten sich besonderer Popularität und offerierten ein ansprechendes Potpourri an Sehenswürdigkeiten, wie Parkanlagen, pittoreske Landschaften, Denkmäler, prunkvolle Gebäude, Stadtpanoramen, Jahrmarkteindrücke, exotische Tiere, fremde Sitten und Brauchtümer. Allgemeine Gesamtansichten wechselten zu belebten Straßen oder optisch interessanten Bauwerken. Die präsentierten „Ansichten“ griffen auf über Wochenillustrierte, Panoramen, Reisefotografien und Postkarten bereits konventionalisierte Ikonen zurück.[120] Durch die Mobilisierung des Blicks ermöglichte die Kinematographie jedoch neue Formen der Wahrnehmung. Von erhöhten Standpunkten wurden Land- und Ortschaften in Panoramaschwenks abgelichtet. Noch deutlicher nachempfindbar machten die Reiseerfahrung allerdings die „phantom rides“: In Bewegung befindliche Fahrzeuge (Züge, Busse, Autos, Schiffe) dienten als mobile Aufnahmestandpunkte, die neue Formen der Landschaftsinszenierung und -erlebbarkeit ermöglichten.[121]

Der Kinematograph bot dem Publikum Ersatzreisen an. „In wenigen Minuten“ konnte man – laut werbender Presse – „unzählige Gegenden durcheilen“, „Ereignissen beiwohnen“, die man „niemals hätte sehen können“, um zugleich das persönliche „Wissen umfassend zu bereichern“.[122] Auch traf der erste Höhepunkt der Kinematographie mit den Vorboten des Massentourismus zusammen.[123] Vor allem entlang der Bahnlinien entwickelte sich ein reger Fremdenverkehrsstrom, der Sommerfrischler, Kurgäste und Wanderer zu den angestrebten Destinationen brachte.[124] Schnell wurden die Werbemöglichkeiten der Reisebilder erkannt und genutzt. Die Präsentation der österreichisch-ungarischen Landschaften und Attraktionen oblag aber vorerst ausländischen Erzeugern. 1907 produzierte die britische Charles Urban Trading Co. mit Unterstützung des k.k. Eisenbahnministeriums das Bild SCHÖNHEITEN TIROLS. Eine Fahrtaufnahme sollte besondere Einblicke gewähren und zu einem Besuch der Region

---

119 Vgl. Kieninger, Wanderkinos, S. 295–297.

120 Ebd., S. 292. Jung, Städtebilder, S. 293. Deeken, Annette: Geschichte und Ästhetik des Reisefilms, in: Jung, Uli/Loiperdinger, Martin (Hg.): Geschichte des dokumentarischen Films in Deutschland, Bd. 1, Kaiserreich 1895–1918, Stuttgart 2005, S. 299–300, 309. Garncarz, Der nicht-fiktionale Film im Programm der Wanderkinos, S. 119.

121 Kieninger, Wanderkinos, S. 292.

122 *Österreichischer Komet*, „Der Kinematograph als Ersatz für Reisen““, Nr. 5, 1. November 1908, S. 5.

123 Die Autorin zitiert hier Kapitel 4 ihres Artikels: Moser, Filmischer Aufbruch in die Moderne, Kapitel 4 „Vom Fahren und Reisen: Fremdenverkehr und Tourismusfilme“, http://ww1.habsburger.net/de/kapitel/vom-fahren-und-reisen-fremdenverkehr-und-tourismusfilme, 30.11.2014.

124 Sandgruber, Ökonomie und Politik, S. 284–287.

anregen.[125] Im Jahr 1908 gab ferner der „Ausschuss des Niederösterreichischen Landesverbandes für Fremdenverkehr" bekannt, künftig „kinematographische Aufnahmen zur Hebung des Tourismusgewerbes" zu forcieren.[126]

Bilder aus der Habsburgermonarchie wurden speziell außerhalb des Landes gerne dargeboten. Ludwig Neumayers „Erste Bayerische Filmfabrik" in Straubing hatte unter anderem Filme aus dem österreichischen Salzkammergut im Repertoire (z. B. HALLSTATT UND DER HALLSTÄTTER SEE, D 1910),[127] die „Internationale Kinematographengesellschaft Berlin" vertrieb das Bild REISE DURCH TIROL (D 1902)[128] und auch „Reisebilder" aus Wien waren stets beliebt und wurden u. a. von der französischen „Pathé" offeriert.[129]

Eine durchaus werbende Wirkung ist mitunter auch den frühen Industriebildern zuzuschreiben. Bereits um 1900 wurden in Frankreich und in den USA erste industrielle Auftragsfilme für Unternehmen angefertigt. In den seltensten Fällen können jedoch in der Frühphase bis 1910 die Herstellungsbedingungen dieser Aufnahmen, und somit die ursprünglichen Impulsgeber (Filmproduzenten oder Fabrikanten), eruiert werden.[130]

Ab 1907 etabliert sich in den kinematographischen Fachblättern und Programmen die Bezeichnung „Industriebild" für Filme, die den produktionstechnischen Werdegang von Konsumgütern, Nahrungsmitteln und bisweilen Luxuswaren detailliert beschrieben. Diese Filme präsentieren idealisierte Abläufe. Eifrige und disziplinierte Arbeiterinnen und Arbeiter gehen, im Bewusstsein, unter permanenter Beobachtung zu stehen, ihrer Tätigkeit nach. Immer wieder sind die „Darsteller" auch Teil einer folkloristischen Inszenierung, wenn sie sich etwa als Repräsentanten des ortsüblichen Brauchtums in ihrer Tracht, ihrem Gestus oder ihrer Motorik zu erkennen geben. Hier verschwimmen die Grenzen zwischen Reise- und Industriebild, was sich auch an der Titelgebung (z. B. FABRIKATION VENEZIANISCHER SPITZEN, FÄCHERINDUSTRIE IN JAPAN, HERSTELLUNG VON HOLLÄNDISCHEM KÄSE) erkennen lässt.[131] Doch während in den ländlichen und städtischen Ansichten vor allem räumliche

125 Kieninger, Wanderkinos, S. 294–295. *Kinematographische Rundschau*, Nr. 9, 1. Juni 1907, S. 4.

126 *Kinematographische Rundschau*, Nr. 37, 1. August 1908, S. 5.

127 Deeken, Geschichte und Ästhetik des Reisefilms, S. 314.

128 Kieninger, Wanderkinos, S. 427.

129 1910 wird das Bild WIEN UND SEINE HAUPT-SEHENSWÜRDIGKEITEN (Der Opernplatz, Parlamentsgebäude und Rathaus, Eingang zur Hoch- und Untergrundbahn und Karlskirche, Eingang zum Prater, Stefanskirche, Denkmal der Kaiserin Elisabeth, Die Rotunde) angeboten: *Österreichischer Komet*, „Neue Filme", Nr. 56, 26. November 1910, S. 8. Auch eine Verleihanstalt bietet Ende 1909 eine Naturaufnahme aus Wien an: *Österreichischer Komet*, „Anzeige Projektograph Kinematographen- und Filmfabrik", Nr. 31, 7. Dezember 1909, S. 12.

130 Zimmermann, Yvonne: Industriefilme, in: Zimmermann, Yvonne (Hg.): Schaufenster Schweiz. Dokumentarische Gebrauchsfilme 1896–1964, Zürich 2011, S. 253 und 266.

131 Loiperdinger, Martin: Industriebilder, in: Jung, Uli/Loiperdinger, Martin (Hg.): Geschichte des dokumentarischen Films in Deutschland, Bd. 1, Kaiserreich 1895–1918, Stuttgart 2005, S. 325–327, 332.

Organisationsprinzipien zum Tragen kommen, beruht die Montage bei den industriellen Aufnahmen vornehmlich auf zeitlichen Abläufen: Die einzelnen Herstellungsschritte werden chronologisch aneinandergereiht.[132] Halbnahe und nahe Einstellungen erlaubten eine genaue optische Untersuchung des gezeigten Prozesses und wurden schnell zu einem standardisierten Stilmittel des industriellen Bilds. Im Streben nach dem größeren filmischen Effekt entwickelte sich demnach die Filmsprache fast „nebenbei".[133]

Die ersten Industriefilme österreichischer Provenienz stammen aus den 1910er-Jahren[134] und somit aus einer Zeit, als „Naturaufnahmen" auch in ortsfesten Kinos bereits zu einem fixen Programmpunkt zählten, allerdings nicht mehr im Bereich der Hauptattraktionen, sondern als Begleitbilder zum Langfilm. Nach und nach hatte sich die Laufzeit der präsentierten Laufbilder verlängert: Um 1907 wiesen die im Kino vorgeführten Filme eine durchschnittliche Länge von 6 Minuten auf. 1909 lag die Projektionszeit bei vielen Filmen bereits bei über 20 Minuten, der Mittelwert belief sich auf 8 Minuten und 50 Sekunden.[135] Nicht-fiktionale Filme waren um 1900 zwischen ein und vier Minuten lang, um 1914 lag dieser Wert bei sieben bis zwölf Minuten.[136] Parallel dazu nahm der Anteil der fiktionalen Filme laufend zu, ab 1906 dominierten sie mit einer Zweidrittelmehrheit das Gesamtangebot. Sämtliche anerkannte Hersteller boten nun keine „Bilder" mehr an, sondern offerierten Dramen, Komödien, Lustspiele oder Tragödien und orientierten sich folglich an klassischen Kategorien.[137]

Zudem veränderte sich die Aufführungspraxis – statt in Wanderkinos wurde zunehmend in festen Etablissements gespielt.[138] In Wien lassen sich die ersten permanenten Lichtspieltheater in den Jahren 1903 bis 1905 nachweisen. 1908 erfolgte die Gründung des „Reichsverbandes der Kinematographenbesitzer", in dem die

132 Gunning, Vor dem Dokumentarfilm, S. 115–117.

133 So zitiert nach: Kieninger, Wanderkinos, S. 146, 222.

134 Einzig zwei Hinweise auf Frühformen des Industriefilms finden sich vor 1902: Das Eisen (A 1902, Produkton: Friedrich Umlauft) sowie Der Magen von Wien (A 1902, P: Max Winter), ein Film über den Ablauf der Fleischerzeugung. Ob es sich beim Hersteller des Films Der Magen von Wien, um den für seine Sozialreportagen bekannten Journalisten und späteren sozialdemokratischen Politiker, Max Winter handelte, konnte nicht geklärt werden. Vgl. dazu: Kieninger, Wanderkinos, S. 299 bzw. *Znaimer Wochenblatt*, Nr. 28, 9. April 1902, S. 7.

135 Hier wird den Berechnungen der Studie von Ernst Kieninger gefolgt: Ebd., S. 315–316.

136 Jacques, Pierre-Emmanuel/Zimmermann, Yvonne: Dokumentarischer Film in der Schweiz im historischen Überblick (1896–1964), in: Zimmermann, Yvonne (Hg.): Schaufenster Schweiz. Dokumentarische Gebrauchsfilme 1896–1964, Zürich 2011, S. 93.

137 Kieninger, Wanderkinos, S. 315–316, 325. Jacques und Zimmermann setzen den Zeitpunkt der zunehmenden Dominanz des abendfüllenden Spielfilms ab 1911 an. Jacques/Zimmermann, Dokumentarischer Film, S. 96.

138 Die Autorin zitiert hier Kapitel 3 ihres Artikels: Moser, „Frühes Kino", Kapitel 3 „Vom Schaustellerbetrieb zum Kinotheater", http://ww1.habsburger.net/de/kapitel/vom-schaustellerbetrieb-zum-kinotheater, 30.11.2014.

Wanderkinounternehmer allerdings klar unterrepräsentiert waren. Auch nahmen die Betreiber ortsfester Einrichtungen ihren Kollegen aus dem Schaubudenmilieu gegenüber verstärkt eine ablehnende Haltung ein. Sie waren bestrebt, das Ansehen ihres Metiers über eine Distanzierung vom Jahrmarktbudenbetrieb, hin zu einer Annäherung an das „künstlerisch hochwertig" eingeschätzte Theater zu heben.[139] 1909 existierten in der k.k. Residenzstadt bereits 62 ständige Kinos gegenüber 14 Wandereinrichtungen. 1913 zählte man im Gesamtgebiet der Habsburgermonarchie 400 kinematographische Betriebe, davon entfielen 200 auf Wanderunternehmer. In Wien konnte man in diesem Jahr 130 permanente Lichtspieltheater statistisch erfassen.[140]

139 Schwarz, Kino und Kinos, S. 12, 22.

140 Ebd., S. 22–23. *Kino-Journal*, Nr. 161, 14.6.1913, S. 4–5. Polizeiarchiv, Bundespolizeidirektion Wien, Karton 1, „Kinozensur in Wien", *Fremden-Blatt*, 11.5.1913, o. S.

4 Die Entwicklung des „werbenden" Films vor dem Ersten Weltkrieg

4.1 Die Etablierung nationaler Produktionsfirmen

Die Durchsetzung der festen Kinobetriebe brachte die Notwendigkeit mit sich, das Programm häufiger zu wechseln.[141] Die Nachfrage nach Filmen, vor allem auch nach solchen, die dem lokalen Geschmack entsprachen, stieg stetig an und eröffnete heimischen Herstellern neue, Erfolg versprechende Möglichkeiten. Abseits der teils selbst produzierenden Wanderkinounternehmer hatten bereits ab 1906 einzelne kinematographisch Versierte sich in der Aufnahme von Filmen versucht. Während Josef Halbritter insbesonders Aktualitäten wie den Blumenkorso oder das Traberderby im Prater mit seiner Kamera festhielt,[142] spezialisierte sich der gelernte Fotograf Johann Schwarzer auf „erotische Films", die er über seine Firma „Saturn" bis 1910 äußerst erfolgreich vertrieb.[143]

Auch zwei der namhaftesten österreichischen Filmpioniere starteten im Jahr 1906 erste, bescheiden ausfallende Filmversuche.[144] Anton Kolm, der in Wien eine „fotografische Kunstanstalt" betrieb, und sein Kameramann Jakob Fleck nahmen vorerst Firmungsbilder, Badeszenen im Gänsehäufel oder vorbeimarschierende Militärkapellen mit recht primitiven Apparaten in den Fokus. Für eine öffentliche Vorführung waren die Streifen aufgrund ihrer geringen Qualität nicht geeignet.[145] Vier Jahre später hatten sich Kolm und Fleck jedoch bereits so umfassende kinematographische Fertigkeiten angeeignet, dass sie gemeinsam mit Louise Veltée-Kolm (spätere Fleck) die „Erste Österreichische Kinofilms-Industrie" begründeten, die es sich – laut Pressemeldung – zur Aufgabe machte, „aktuelle Ereignisse und Naturschönheiten unseres Vaterlandes kinematographisch wiederzugeben".[146] Ende 1910 wurde das Unternehmen zur

141 Die Autorin zitiert hier Kapitel 7 ihresArtikels: Moser,„Frühes Kino", Kapitel 7 „Österreichische Filmpioniere", http://ww1.habsburger.net/de/kapitel/oesterreichische-filmpioniere, 30.11.2014.

142 Fritz, Walter: Dokumentarfilme aus Österreich 1909–1914, Wien 1980, S. 15.

143 Im Februar 1911 wurde der weitere Vertrieb der Produktionen der Firma Saturn seitens des k.k. Landesgerichts Wien verboten. Vgl. dazu: Achenbach, Michael: Die Geschichte der Firma Saturn und ihre Auswirkungen auf die österreichische Filmzensur, in: Achenbach, Michael/Caneppele, Paolo/Kieninger, Ernst: Projektionen der Sehnsucht. Saturn. Die erotischen Anfänge der österreichischen Kinematografie, Wien 1999, S. 92–93.

144 Die Autorin zitiert hier Kapitel 7 ihres Artikels: Moser, „Frühes Kino", Kapitel 7 „Österreichische Filmpioniere", http://ww1.habsburger.net/de/kapitel/oesterreichische-filmpioniere, 30.11.2014.

145 Nepf, Markus: Die ersten Filmpioniere in Österreich. Die Aufbauarbeit von Anton Kolm, Louise Veltée/Kolm/Fleck und Jakob Fleck bis zu Beginn des Ersten Weltkriegs, in: Bono, Francesco/Caneppele, Paolo/Krenn, Günter: Elektrische Schatten. Beiträge zur österreichischen Stummfilmgeschichte, Wien 1999, S. 13. Fritz, Dokumentarfilme, S. 15.

146 Fritz, Dokumentarfilme, S. 16 bzw. *Österreichischer Komet*, Nr. 35, 8. Februar 1910, S. 5.

https://doi.org/10.1515/9783110622300-004

„Österreichisch-Ungarischen Kinoindustrie“ umgewandelt, 1911 fand sich das Dreiergespann in einer neuen Produktionsfirma, der „Wiener Kunstfilm“, ein.[147] Das Team Kolm-Veltée-Fleck war unter anderem darauf bedacht, sich am österreichisch-ungarischen Markt zu profilieren, ein Gegengewicht zu den dominanten ausländischen Lieferanten zu bilden und im Aktualitätenbereich zu punkten, der bislang von französischen Unternehmen bedient wurde.[148] Das Spektrum der von ihnen gedrehten Laufbilder war breit: kurze dokumentarische Streifen von aktueller und visuell ansprechender Art sowie Spielfilme, wobei soziale Dramen und Literaturverfilmungen letztlich ins Zentrum der Produktion rückten. In den Jahren 1910 bis 1911 produzierten Kolm und Fleck 48 dokumentarische Filme, darunter auch eine Reihe von Reisebildern, so etwa ÖSTERREICHISCHE ALPENBAHN, EINE FAHRT NACH MARIAZELL (1910), DER SEMMERING IM SCHNEE (1910), MÖDLING (1911), BADEN (1911). 1912 stellte die Gruppe Kolm-Velt ée-Fleck ihre dokumentarischen Aufnahmen ein, um sich fortan ausschließlich dem fiktionalen Film zu widmen.[149]

Zu Beginn der 1910er-Jahre wurden weitere, überwiegend kleinere Produktionsfirmen in Wien gegründet. Ihnen allen war gemein, dass sie „Naturaufnahmen“, im Speziellen Landschafts- und Reise-, aber mitunter auch Industriebilder in ihrem Programm hatten, ob sie sich nun „Duca-Film“,[150] „Dramagraph-Film“,[151] „Danubia“,,[152] „Wiener Spezialfilm“,[153] „Jupiter-Film“,[154] „Columbia Film-Fabrik“,[155]

---

147 Bono, Francesco: Bemerkungen zur österreichischen Filmwirtschaft und Produktion zur Zeit des Stummfilms, in: Bono, Francesco/Caneppele, Paolo/Krenn, Günter: Elektrische Schatten. Beiträge zur österreichischen Stummfilmgeschichte, Wien 1999, S. 53–54.

148 Bislang hatten einzig französische Produzenten Drehgenehmigungen für offizielle Aufnahmen aus dem Kaiserhaus erhalten. So wurde, um nur ein Beispiel zu nennen, die Vermählung Erzherzog Karls mit Prinzessin Zita etwa von der Firma Gaumont gefilmt. Vgl. dazu auch: Nepf, Filmpioniere, S. 18 und 23.

149 Vgl. Fritz, Dokumentarfilme, Verzeichnis 1909–1914, Nr. 1–213. Nepf, Filmpioniere, S. 23. Bono, Bemerkungen zur österreichischen Filmwirtschaft, S. 54.

150 KITZBÜHEL (1914). Fritz, Dokumentarfilme, Verzeichnis 1909–1914, Nr. 139.

151 ABBAZIA (1912), AN ISTRIENS GESTADEN (1912), Fritz, Dokumentarfilme, Verzeichnis 1909–1914, Nr. 83, 86.

152 WINTERVERGNÜGEN IN AUSSEE (1912), AUSSEE UND UMGEBUNG IM WINTER (1912), LANDWIRTSCHAFTLICHE MASCHINEN (1912), RAGUSA (1912). Fritz, Dokumentarfilme, Verzeichnis 1909–1914, Nr. 58, 60, 61, 63.

153 BILDER AUS DEM NASSWALDE (1913), EIN SPAZIERGANG DURCH DEN TIERPARK DES KAISERLICHEN SCHLOSSPARKES „SCHÖNBRUNN“ IN WIEN (1913), DIE HERSTELLUNG EINER ZIGARRE (1914). Fritz, Dokumentarfilme, Verzeichnis 1909–1914, Nr. 114, 117, 148.

154 DAS VERSCHWUNDENE WIEN (1913), DER RHEIN (1913), AN ÖSTERREICHS ADRIA Teil I und II (1913). Als Kameramann der Jupiter-Film agierte Josef Halbritter. Siehe: Fritz, Dokumentarfilme, Verzeichnis 1909–1914, Nr. 106, 111, 119, 120.

155 Die von Josef Halbritter begründete „Columbia-Film“ kündigte sogar an, „Das Spezialfach werden Aufnahmen vaterländischer Natur- und Industriefilms bilden“. Beispiele dazu: EINE DAMPFSCHIFFAHRT DURCH DIE WACHAU (1913), LUNZ AM SEE (1913). Fritz, Dokumentarfilme, Verzeichnis 1909–1914, Nr. 99, 101. *Kinematographische Rundschau*, Nr. 254, 19. Jänner 1913, S. 20.

„Preiss-Film",[156] oder „Wiener Autorenfilm"[157] nannten. Die Nachfrage nach Kurzfilmen (im Schnitt zwischen 80 und 160 Metern) hielt ungebrochen an. Das Publikum war an Langfilme von 1000 bis 2000 Metern noch nicht gewöhnt und beklagte bisweilen, obwohl die Gesamtvorstellung über eine Stunde dauerte, „zu wenig gesehen zu haben". Die Besucher, besonders die in den äußeren Bezirken Wiens, verlangten nach mehr Abwechslung.[158]

Zum nationalen Hauptlieferanten dieser beliebten kurzen Laufbilder avancierte, nachdem sich Kolm-Veltée-Fleck aus dem dokumentarischen Bereich zurückgezogen hatten, Alexander „Sascha" Joseph Graf Kolowrat-Krakowsky (kurz Sascha Kolowrat). Die von ihm 1910 im böhmischen Pfraumberg begründete „Sascha-Filmfabrik" konzentrierte sich in den Vorkriegsjahren auf Naturaufnahmen, Sportreportagen und Aktualitäten.[159] In einer Anzeige der Firma des Jahres 1912 wies man auf das eigene Repertoire entsprechend hin: „Die ‚Sascha'-Films dürften sich als Fabrikat erweisen, welches in keinem Kinematographentheater fehlen soll, denn die ‚Sascha'-Filmfabrik hat sich zum Programm gemacht, nur interessante Naturaufnahmen herzustellen, wozu unser herrliches Vaterland so reichen Stoff bietet, ferner Industrieaufnahmen, die jedermann fesseln werden."[160] Die Fachpresse erwartete, dass die Verbindungen Kolowrats zur Aristokratie besonders ansprechende Sujets aus der heimischen Industrie nach sich ziehen würden.[161] Der erste Industriefilm der „Sascha-Filmfabrik", der auch der erste österreichischer Provenienz war, sollte diese Annahme bestätigen.

4.2 Industriefilme und gewerbliche Filmpropaganda

> Kolossaler Erfolg bei der Probevorführung. DIE GEWINNUNG DES EISENS AM STEIRISCHEN ERZBERG IN EISENERZ. Glänzende Industrie-Aufnahme. Länge ca. 170 Meter. Ein hochinteressantes und landschaftlich schönes Bild. Prachtvolle Photographie. Wunderbare Virage. Ein unbestritten vollwertiges Fabrikat. Bestes vaterländisches Erzeugnis.[162]

---

156 WINTERPSORT IM ERZGEBIRGE (1914): Fritz, Dokumentarfilme, Verzeichnis 1909–1914, Nr. 131.

157 VON TOBLACH ZUM MISURINASEE (1914), AM WILDBACH (1914), SPALATO (1914), STFIT HEILIGENKREUZ (1914), DURAZZO, DIE NEUE RESIDENZ VON ALBANIEN (1914). Fritz, Dokumentarfilme, Verzeichnis 1909–1914, Nr. 137, 138, 142, 143, 153.

158 *Österreichischer Komet*, „Lange Films", Nr. 71, 10. Juli 1911, S. 1, 5.

159 1912 übersiedelte die Firma in die k.k. Residenzstadt, 1914 erfolgte ihre Registrierung im Wiener Handelsregister. Krenn, Günter: Der bewegte Mensch – Sascha Kolowrat, in: Bono, Francesco/Caneppele, Paolo/Krenn, Günter: Elektrische Schatten. Beiträge zur österreichischen Stummfilmgeschichte, Wien 1999, S. 38. Hübl, Maria: Sascha Kolowrat. Ein Beitrag zur Geschichte der Österreichischen Kinematographie, Dissertation, Wien 1950, S. 54–55.

160 *Österreichischer Komet*, „Anzeige ‚Sascha'-Filmfabrik", Nr. 87, 13. Jänner 1912, S. 23.

161 Hübl, Sascha Kolowrat, S. 29.

162 *Kinematographische Rundschau*, „Anzeige ‚Sascha'-Filmfabrik", Nr. 2020, 1912, S. 43.

In derart euphorischer Manier wurde die erste österreichische Industriefilmproduktion begrüßt. Der „Werdeprozess der Erzgewinnung“, die sich „in großem Aufschwung befindet“, war Thema des Erzeugnisses.[163] Dem Laufbild war ein großer Erfolg beschieden. 70 Kopien des Films wurden abgesetzt – eine Vertriebszahl, die eine österreichische Aufnahme bis zu diesem Zeitpunkt noch nie erzielen konnte.[164] Zudem kam eine englischsprachige Version des Films in Umlauf. Das einzige heute überlieferte Material dieser Produktion basiert auf eben dieser Fassung.

A DAY AT AN AUSTRIAN IRON MINE (1912) präsentiert Ansichten des steirischen Erzberges sowie Spreng-, Abbau-, Transport- und erste Verarbeitungsprozesse vornehmlich in totalen und halbtotalen Einstellungen. Einzig eine Szene in der Innenanlage wurde – zur Veranschaulichung der Prüfung des liquiden Eisens durch die Bergarbeiter – in „American shot“ (Amerikanische) gedreht. Nah- und Detailansichten fehlen. Der Überblick über das Geschehen steht im Zentrum, wobei auf visuelle Effekte gesetzt wird: Bewegungsabläufe, Explosionen und Siedevorgänge entfalten ihre optische Wirkung. Berstendes Gestein, Staub- und Rauchschwaden, aufsteigende Dämpfe, gleißende Blitzlichter und Funken beleben das Bild und halten das zuschauende Auge in Bewegung. Anregende Panoramaarrangements verweisen auf geschulte Kameramänner.

Die einleitende Sequenz zur Demonstration der Beförderungsanlagen führt die Augen entlang der Förderschienen über eine Fluchtlinie in den Hintergrund, wo sich eine Wald- und Bergszenerie eröffnet. In der nachfolgenden Einstellung bildet die idyllisch erscheinende Landschaft gleichfalls ein Gegenstück zur modernen Waggon-Schiebevorrichtung, die im Vordergrund das Bild in Bewegung hält. Tradition und Moderne stehen permanent in visueller Konkurrenz. Per Dynamit erzeugte Explosionen stehen pittoresken Landstrichen gegenüber.

Althergebrachte Wahrnehmungsmuster werden aber mitunter noch bedient: Die Transportszenerie wird zeitlich wiederholt – die Aufwärtsbewegung der Erzzüge wird vorerst in einer Panoramaeinstellung und anschließend in totaler Ansicht präsentiert. Der räumlichen Einordnung der Szenerie folgt demnach eine genauere Beobachtung des Bewegungsablaufs.

A DAY AT AN AUSTRIAN IRON MINE verfolgte in Inhalt und Gestaltung zwei werberelevante Ziele: Einerseits propagierte der Film den hohen technischen und innovativen Standard des heimischen Eisenerzabbaus, andererseits suchte man gezielt attraktive landschaftliche Hintergrundmotive, um den touristischen Reiz der Region greifbar zu machen.

Im selben Jahr (1912) wurden weitere Industrie- und Lehrbilder österreichischer Provenienz fertiggestellt. Dr. Alto Arche, Lehrer an der Staatsrealschule XX., legte dem Ministerium für Unterricht und Kultus sechs Filme vor, die er in den Jahren

---

163 *Österreichischer Komet*, Nr. 85, 30. Dezember 1911. o. S. zit. nach: Hübl, Sascha Kolowrat, S. 30.
164 Guha, Wilhelm: Die Sascha-Filmfabrik, in *Filmkunst*, Nr. 74, 1976, S. 6–7.

1907 bis 1912 für den Einsatz im Schulunterricht hergestellt hatte. Zur Umsetzung dieser Aufnahmen hatte ihm das Amt eine Subvention von 300 Kronen zukommen lassen.[165] Bei dem Großteil der noch erhaltenen Streifen dieser Produktion handelt es sich um die Wiedergabe industriell-gewerblicher Arbeiten.[166]

Abb. 1: GLASBLÄSEREI, A 1912.

Im Vergleich zur ersten Industriefilmproduktion der „Sascha-Filmfabrik“ fallen die Laufbilder Arches einfach aus. Handwerkliche Fertigungsprozesse wurden in einer einzelnen Kameraeinstellungen abgefilmt, wobei diese zwischen „Halbnah“ (GLASBLÄSER, 1912), „Amerikanisch“ (ZEUGFÄRBEREI, 1912) und „Halbtotal“ (HAFNER AN DER DREHSCHEIBE, 1912) variierten – je nachdem, ob die Darstellung eines Teils oder des gesamten Körpers bei der Verrichtung einer Tätigkeit von Relevanz war. Die Bearbeitung eines Werkstoffes (Glas erhitzen, ziehen, drehen, in Form biegen und blasen. / Flüssigkeiten vorbereiten, Kleidungsstücke tunken, wringen, aufhängen. / Lehm formen.) wird beobachtet. Erläuternde Zwischentitel fehlen gänzlich, die Bilder sind nicht selbsterklärend. Von einem erläuternden Kommentar bei der Aufführung des Gezeigten ist auszugehen, umso mehr, als die Filme für Unterrichtszwecke

165 Erlass Nr. 28074, 23. Juli 1907, Ministerium für Kultus und Unterricht, zit. nach Datenbankerfassung Filmarchiv Austria, Filmproduktion GLASBLÄSER (A 1912). Vgl. auch Fritz, Dokumentarfilme, S. 17. Fuchsig, Heinrich: Rund um den Film, Leipzig 1929, S. 124.

166 Einer der vier erhaltenen Filme zählt nicht zur Gattung Industriebild: KÜRTURNEN DER SCHÜLER DER K.K. FRANZ JOSEPH-REALSCHULE (A 1912).

gedacht waren. Die Aufnahmen entsprechen dem Prinzip der „Ansicht", es fehlt jegliches Narrativ, die Beobachteten (Handwerker) treten in direkten Kontakt mit der Kamera, sie sprechen, gestikulieren, verbeugen sich. Interessant ist, dass hier weniger für den einzelnen Betrieb geworben wird,[167] sondern vielmehr die Produzenten der Laufbilder explizit im Titel genannt werden oder über Schilder, die während der gesamten Aufnahme zu sehen sind, ausgewiesen werden. Die Hersteller – Dr. Alto Arche im Auftrag der Firma Lechner – warben demnach bei potenziellen Interessenten für ihre Gebrauchsfilmproduktion.

Das von Gunning bis etwa 1906 angesetzte „Kino der Attraktionen"[168] war demnach in Österreich-Ungarn in Hinblick auf den Industriefilm noch weit bis in die 1910er-Jahre gebräuchlich, während gleichzeitig Filme entstanden, die bereits eine zunehmend narrative Gestaltung verfolgten. Zu Letzteren zählten vor allem jene Produktionen, die für die öffentliche Aufführung gedacht waren. Die wenigen nachweisbaren industriell ausgerichteten Kurzfilmen der Vorkriegszeit hatten die Lampenproduktion, die Herstellung von Tabakwaren, den aktuellen technologischen Stand der Milchindustrie, landwirtschaftliche Maschinen oder die Filmproduktion selbst zum Thema.[169]

Früh ersichtlich war eine gewisse Verbindungslinie zwischen Industrie(werbe)- und Lehrfilm, wie etwa auch die für den Unterricht vorgesehenen Streifen Alto Arches unter Beweis stellen. Schon 1907 wurde angesichts der Präsentation von Laufbildern an der Technischen Hochschule in Charlottenburg der doppelte Nutzen „technischer Filme" in der Fachzeitung *Der Komet* beleuchtet. Einerseits könnten derartige kinematographische Bilder den Studierenden die Arbeitsweise komplexer Maschinen veranschaulichen, andererseits würden sie die Technik an sich nicht nur popularisieren, sondern sich zudem als eine zielgerichtete Reklame bei Fachausstellungen erweisen.[170] Sieben Jahre später erkannte man in der Herstellung von Industriefilmen bereits einen national ökonomischen Vorteil. Ausgehend von britischen Beispielen betonte das Spezialmagazin des Produktions- und Verleihbetriebs „Eclair" die Möglichkeiten, die diese Filme auch anderen Völkern und Staaten böten:

---

167 Einzig im Bild GLASBLÄSEREI wird das Unternehmen, in dem die Dreharbeiten stattfanden, ausgewiesen: Glasbläserei Paul Haack, Wien IX, Garellig. 4.

168 Gunning, Tom: The Cinema of Attractions, Its Spectator and the Avant-Garde, in: Wide Angle, Bd. 8, Nr. 3/4, 1986, S. 63–70.

169 DIE FABRIKATION DER VERTEXLAMPE (A 1912, P: Wiener Kunstfilm-Industrie). *Kinematographische Rundschau*, Nr. 247, 1. Dezember 1912, S. 13. LANDWIRTSCHAFTLICHE MASCHINEN (A 1912, P: Danubia). *Mitteilungen der Österreichisch-Ungarischen Kinoindustrie Ges.m.b.H.*, Nr. 6, 10. Februar 1912, S. 3. DIE MILCH-INDUSTRIE IN PRAG (A 1913, P: unbekannt). *Kino* (Prag), 31. Oktober 1913. o. S. DIE HERSTELLUNG EINER ZIGARRE (A 1914, P: Wiener Spezialfilm). *Kinematographische Rundschau*, Nr. 310, 15. Februar 1914, S. 76. DIE IDEALE FILMERZEUGUNG (A 1914), P: Sascha-Filmfabrik. Fritz, Dokumentarfilme, Verzeichnis 1909–1914, Nr. 127.

170 *Der Komet*, „Der Kinematograph im Dienste technischer Belehrung", Nr,. 1155, 1907, S. 9.

„Ein kinematographisches Sammelwerk über die deutschen Industrien, über ihre Bedeutung, ihre sozialen Einrichtungen und ihre Ausbreitung über die Welt dürfte nach dreierlei Richtungen hin segensreich wirken. Es könnte die Achtung vor deutschem Industrie- und Gewerbefleiß im In- und Ausland erhöhen, Bildung, Belehrung und Anregung vermitteln und der Kinematographie eine neue ehrenvolle Rolle in unserem Kulturleben erringen."[171] Wie sehr diese so früh formulierten Inhalte und Ziele des Industrie- und Kulturfilms in späteren Jahren noch von Relevanz waren, sollten die nachfolgenden Jahrzehnte zeigen.[172] 1914 ging die Filmkunst sogar so weit, die herkömmliche, humoristische Laufbildreklame als ermüdend und überholt darzustellen. „Viel mehr als diese belanglosen Zierlichkeiten" interessiere „das Publikum von heute der schwere Ernst, der hinter dem allen steht, die Fabrikation, das Leben in der Fabrik".[173]

In der Habsburgermonarchie, wo sich der werbende Film erst allmählich entwickeln und entfalten sollte, war man von derartigen Prognosen weit entfernt. Vielmehr entdeckten einzelne Branchen den reklametechnischen Wert der Kinematographie für sich, so etwa die Mode- und Textilindustrie. Vorbildfunktion hatte hier im Speziellen Frankreich. Pariser Modebilder zählten zum filmischen Repertoire diverser französischer Produktionsfirmen und fanden in ganz Europa Anklang.[174] 1912 entschloss sich der Wiener Modeklub, die Neuschöpfungen der großen Wiener Ateliers im Kinematographen vorzuführen. Der bisher gepflogene Widerstand der führenden Modehäuser, die vor allem Nachahmungen der eigenen Kreationen gefürchtet hatten, war gebrochen. Die Presse berichtete, dass nun erstmals im Koloriersaal des Modeschöpfers Arnold Bachwitz einem Fachpublikum „unter lebhaften Beifallsäußerungen" Kostümbilder aus vergangener Zeit sowie Kleider der aktuellen Saison per Laufbild präsentiert wurden.[175]

Im darauffolgenden Jahr hatten die ersten Wiener Modefirmen bereits Verträge mit der Aktualitätenschau ECLAIR-REVUE abgeschlossen, denen zufolge ein kolorierter Wiener Modebericht regelmäßig in das Programm aufzunehmen war.[176] Die Vorzüge dieser Form der Bewerbung akzentuierte man ausdrücklich: „In den plastischen Bildern des Kinematographen kommt der Reiz der neuen Modefarben schon deshalb besser zur Geltung, weil sie von lebenden Personen vor unseren Augen getragen werden. [. . .] Alles in allem ist also der Gesamteindruck weit eindringlicher als beim toten Modebild. Schnitt, Fall und Sitz des

171 *Filmkunst*, „Vom Reklamebild zur wissenschaftlichen Aufnahme", Nr. 26, 26. Juni 1914, S. 1–2.
172 Siehe zu den Forderungen an den Industrie(werbe)film das Kapitel „Belehren – informieren – werben: Forderungen an das Medium (Industrie-)Werbefilm".
173 *Filmkunst*, „Vom Reklamebild zur wissenschaftlichen Aufnahme", Nr. 25, 19. Juni 1914, S. 1–2.
174 Siehe z. B.: *Österreichischer Komet*, „Die Pariser Mode", Nr. 76, 25. September 1911, S. 28.
175 *Österreichischer Komet*, „Die Mode im Kinematographen", Nr. 107, 1. Juni 1912, S. 7.
176 *Österreichischer Komet*, „Wiener Mode in der Eclair-Revue", Nr. 154, 26. April 1913, S. 9.

Kleides, seine Wirkung als Ganzes, die so oft unberücksichtigt bleibt, kommen erst an dem lebenden Modelle zur Geltung." Hinsichtlich des zielgerichteten Einsatzes dieser neuen Werbemethode für die Bekleidungsindustrie zeigte man sich überzeugt: „Und da nun die Frauen den größten Teil des Kinopublikums stellen, so kann man mit Recht annehmen, dass der Kinematograph durch das lebende Modebild auf diese, als die eifrigsten Pflegerinnen aller Künste, eine neue Anziehungskraft ausüben wird."[177]

Eine eigenwillig anmutende, visuell motivierte Reklameaktion unternahm die „Österreichische Hausindustrie" 1914 im Rahmen ihres alljährlich stattfindenden Balles im Wiener Konzerthaus. In kinematographischen und „lebenden Visionsbildern" warb man für die heimische Spitzenfabrikation. Der Abend begann mit der Vorführung des auf einer dalmatinischen Legende beruhenden Streifens DAS SPITZENWUNDER (1914).[178] Der Plot gestaltete sich folgendermaßen: Der Fischer Epidauros lebt mit seiner schönen Tochter Ragusa in armseligen Verhältnissen. Dem erbarmungslosen Holzhändler Sergio schulden sie Geld, das dieser nun eintreiben will. Nur ein Eheversprechen Ragusas könnte ihn zum Einlenken bewegen. Doch diese liebt Dubrovnik,[179] der gleichfalls mittellos ist und ihr von seinem Fischfang einzig eine seltsam geformte Alge mitbringt. In ihrer Verzweiflung betet Ragusa zur Muttergottes. Währenddessen schlingt sich Dubrovniks Wasserpflanze um das Gerippe des Fischernetzes und bildet ein apart erscheinendes Muster, welches das Mädchen aus Garn zur ersten Spitze nachahmt. Ihr Werk findet allseits Bewunderung und führt letztlich auch eine Märchenkönigin in die bescheidene Behausung. Voller Anerkennung überreicht sie Ragusa für ihre kunstreiche Arbeit einen Beutel mit Gold. Das Glück hat sich für alle eingestellt. „Seither", so die Pressmeldung, „steht die Spitze unter dem besonderen Schutze königlicher Frauen."[180]

Diesem sagenhaft konzipierten Reklamefilm folgte vor Ort die pantomimische Darstellung historisch motivierter Szenen unter dem Motto „Der Spitze Siegeslauf", arrangiert von Dr. Gregor von Pantasi. Begleitet wurde die Präsentation von einer kroatischen Tamburizza-Kapelle. Nach venezianischen, flämischen und französischen Tableaus folgte das „Huldigungsbild Österreichische Spitzen": „Aus der Mitte des Bühnenhintergrundes erhebt sich die Büste Sr. Majestät des Kaisers, über die

---

177 *Österreichischer Komet*, „Die Wiener Mode in der Eclair-Revue", Nr. 155, 3. Mai 1913, S. 8–9.

178 DAS SPITZENWUNDER, A 1914, P: Duca-Film (Wien), Regie (R): Fritz Freund, Albert Schloß, Drehbuch (DB): Lo Wilsdorf, Darsteller (D): Lucie Freifrau von Morpurgo-Lavall, Branimir Oršegić, Iphigenie Buchmann, Lucy Kieselhausen.

179 „Dubrovnik" (kroatisch) und „Ragusa" (italienisch) bezeichnen dieselbe Stadt im heutigen Kroatien. Hier tragen zwei Liebenden diese Stadtnamen.

180 *Reichspost*, „Das Spitzenwunder. Vorspiel zum Hausindustrieball", 18. Februar 1914, S. 9. *Wiener Zeitung*, „Das Spitzenwunder", 18. Februar 1914, S. 3.

der Doppeladler seine Schwingen ausbreitet. Die von sämtlichen Damen des Großen Aktionskomitees[181] dargestellten Völker Österreichs, mit den kostbarsten Spitzen österreichischer Provenienz beladen, huldigen dem geliebten Monarchen und reichen Ihm [sic!] den Lorbeer. Während unter den Klängen der Volkshymne der Vorhang von diesem prächtigen Bilde gezogen wurde, erhoben sich die den Saal füllenden Zuschauer spontan von ihren Sitzen und brachen in Begeisterung aus.“[182] Der von k. k. Pathos getragene Akt zur Popularisierung der österreichischen Spitzenindustrie fand unter Beteiligung des Hofes, des Adels, der Industrie und unter der Patronanz der Erzherzogin Maria Josepha statt.[183] Das gemeinsame Auftreten und Wirken von Staat und Wirtschaft unter Zuhilfenahme werbewirksamer kinematographischer Mittel hatte seinen Anfang genommen. Noch intensiver war diese Form der kooperativen Propaganda allerdings im Bereich des Fremdenverkehrs.

4.3 Reise- und Tourismusfilme

> Die Aufnahmen aus unbekannten Gebieten, die Vorführung von Naturwundern, die das Auge vielleicht nie geschaut hätte, von Sitten und Gebräuchen, von Menschen, mit denen der Nichtgereiste vielleicht nie im Leben Bekanntschaft machen würde, die Wiedergabe ihrer Trachten usw., das alles bildet eine lebende Reklame für fremde Länderstriche und zugleich die beste Reklame, da sie die Kinematographie direkt in den Dienst des Fremdenverkehrs stellt.[184]

Die von der Fachzeitung *Österreichischer Komet* skizzierte ökonomisch-touristische Wirkungskraft der verschiedenartige Regionen und Volkskulturen in den Fokus nehmenden „Naturaufnahmen“ hatten internationale Produktionsfirmen bereits erkannt. Kamerateams der großen kinematographischen Gesellschaften waren seit Jahren auf Reisen, um sehenswerte Gegenden und außergewöhnliche, optisch ansprechende Brauchtumsszenerien auf Zelluloid zu bannen. Auch auf dem Gebiet der Habsburgermonarchie fanden sich zahlreiche Motive, die von vornehmlich

---

181 Zum Aktionskomitee zählten Gräfin George Hoyos, Helene Löbl, Anna Schleif von Degenwart, Alina Römer-Perathoner, Lo Wilsdorf, Direktor Rudolf Ethofer, Fritz Freund, Dr. Fritz Minkus, Dr. Gregor von Pantasi und Albert Schloß. *Neues Wiener Tagblatt*, „Die Geburt der Spitze“, 18. Februar 1914, S. 14–15.

182 *Wiener Zeitung*, „Das Spitzenwunder“, 18. Februar 1914, S. 4. *Die Zeit*, „Der Hausindustrieball“, 17. Februar 1914, S. 3. *Wiener Allgemeine Zeitung*, „Der Hausindustrieball“, 18. Februar 1914, S. 2.

183 Als Vertreter des Kaisers erschien Erzherzog Karl Franz Josef, der spätere Kaiser Karl I und Sohn der Protektorin des Verbandes der Spitzenindustrie, Erzherzogin Maria Josepha. *Wiener Allgemeine Zeitung*, „Der Hausindustrieball“, 18. Februar 1914, S. 2. Im Rahmen der Veranstaltung erklärte der Erzherzog zudem, dass er ein „warmer Freund der Kinematographie“ sei. Vgl. *Die Filmwoche*, „Das Spitzenwunder“, Nr. 50, 1914, S. 52.

184 *Österreichischer Komet*, „Die Zukunft der Naturaufnahmen“, Nr. 115, 27. Juli 1912, S. 1.

französischen Produzenten gefilmt und in den weltweiten Vertrieb übernommen wurden. „Éclipse“ hatte etwa die Reisebilder VON TRIEST NACH PORTOROSE UND MIRAMARE (F 1911), EINE FAHRT MIT DER MENDELBAHN (F 1912), BILDER AUS MÄHREN (F 1912), ÖSTERREICHS BALKANLÄNDER: BOSNIEN (F 1912) oder ÖSTERREICHISCHE KÜSTE AN DER ADRIA (F 1912) im Programm.[185] „Gaumont“ vertrieb gleichfalls k.k. Naturaufnahmen, wie u. a. AN DER DONAU SCHÖNEM STRANDE (BUDAPEST) (F 1910), DIE MALERISCHE BRÜHL (F 1910), ZELL AM SEE (F 1911), QUER DURCH WIEN (F 1911), ANSICHT VON ZARA (DALMATIEN) (F 1912), WINTER IN GALIZIEN (F 1912) und DIE SALZBURGER SEEN (F 1913).[186] „Pathé“ führte nicht nur DIE ÖSTERREICHISCHEN ALPEN IM BILDE im Repertoire,[187] sondern wurde zudem vom „Österreichischen Skiverein“ mit der Herstellung einer Reihe von Wintersportbildern beauftragt.[188] Dies entsprach einem sich langsam durchsetzenden, neuen Auftragsschema. Tourismusverbände, Städte und Gemeinden ließen optisch attraktive Landschafts- und Ortsfilme produzieren, um zugleich mit den Auftragnehmern Verträge über den breitenwirksamen Vertrieb der Laufbilder abzuschließen.[189]

In Österreich-Ungarn zeigten staatliche Behörden vermehrt Interesse an der kinematographischen Fremdenverkehrspropaganda.[190] Schon 1911 hatte das österreichische Arbeitsministerium „zwei höhere Beamte zu diesem Zwecke auf Reisen geschickt“, die, mit kinematographischem Bildmaterial ausgestattet, in allen großen Städten Europas Vorträge hielten. Unter den mitgeführten Filmen fanden sich Aufnahmen aus Tirol, Salzburg und der Oststeiermark. Weitere kinematographische Landschaftsbilder österreichischer Herkunft wurden großen deutschen Kinobetreibern kostenfrei zur Verfügung gestellt. Laut Pressemeldung war geplant, an erster Stelle auch filmische Reklame für die Residenzstadt zu betreiben. Die „schönsten Punkte Wiens und seiner näheren Umgebung“ sollten kinematographisch festgehalten werden. Zugleich hätten die Laufbilder „das gesellschaftliche Leben, das geschäftliche Treiben, Einkaufsmöglichkeiten und alle Genüsse des Körpers und Geistes“, welche die Kaiserstadt bietet, stimmig zu vermitteln.[191]

---

185 *Das Lichtbild-Theater*, Nr. 19, 7. Dezember 1911, S. 12. Ebd., Nr. 7, 15. Februar 1912, S. 11.Ebd., Nr. 14, 4. April 1912, S. 15–16. Ebd., Nr. 55, 29. August 1912, S. 12–13. Ebd., Nr. 42, 17. Oktober 1912, S. 24–25.

186 *Kinematographische Wochenschau*, Nr. 26, 1910, S. 16. Ebd., Nr. 36, 1910, S. 13. Ebd., Nr. 8, 1911, S. 22. Ebd., Nr. 44, 1911, S. 18–19. Ebd., Nr. 31, 1912, S. 27. Ebd., Nr. 47, 1912, S. 37. Ebd., Nr. 6, 1912, S. 27 f.

187 *Kinematographische Rundschau*, Nr. 320, 1914, S. 64.

188 *Österreichischer Komet*, „Kinematographische Wintersportbilder“, Nr. 95, 9. März 1912, S. 8.

189 Vgl. dazu etwa: *Österreichischer Komet*, „Die Zukunft der Naturaufnahmen“, Nr. 115, 27. Juli 1912, S. 3.

190 Die Autorin zitiert hier Kapitel 4 ihres Artikels: Moser, Filmischer Aufbruch in die Moderne, Kapitel 4 „Vom Fahren und Reisen: Fremdenverkehr und Tourismusfilme“, http://ww1.habsburger.net/de/kapitel/vom-fahren-und-reisen-fremdenverkehr-und-tourismusfilme, 30.11.2014.

191 Ebd., S. 3 f.

Wenige Monate vor Bekanntmachung der weiteren staatlichen Pläne im Bereich der Tourismusförderung war die „Sascha-Filmfabrik“ bereits aktiv geworden und hatte ihre ersten sieben Filme, welche „die prächtigen Naturschönheiten Österreichs“ präsentierten und der Hebung des Fremdenverkehrs dienen sollten, dem Ministerium für öffentliche Arbeiten zur Ansicht vorgelegt. Offensichtlich erhoffte sich die neue österreichische Produktionsfirma über diese Eigenwerbung künftige behördliche Aufträge. Das k.k. Ministerium äußerte sich lobend über die vorgeführten Bilder,[192] die ersten nachfolgenden, staatlich initiierten Filmprojekte wurden jedoch an ein französisches Unternehmen vergeben.

Die Serie „Österreich im lebenden Bilde“, produziert von der Wiener Zweigstelle der Firma „Eclair“, der „Wiener-Autorenfilm“, warb in den folgenden Jahren weltweit für den Besuch der heimischen Regionen.[193] Mit arglos naiver Euphorie wurde diese fortschrittlichste Form der Tourismusreklame begrüßt: „Vorträge werden nicht besucht, die gewöhnliche Photographie ist der beweglichen unterlegen, und das Kino ist der Allerweltsfreund, der moderne Agitator, der Instruktor par excellence. Das Kino fälscht nicht, es erleidet keine Retuschen, es lässt sich nicht vom Lokalpatriotismus beeinflussen, es ist der moderne Wahrheitsfanatiker.“[194]

Im Zentrum der von der k.k. priv. Südbahn-Gesellschaft (Wien) und dem Arbeitsministerium beauftragten Filmreihe standen das Adriagebiet und die Alpenwelt. Mitgliedern des Kaiserhauses und den Spitzen der Regierungsbehörden wurden erstmals Aufnahmen aus dieser Serie im Rahmen einer Aufführung in der Wiener Urania vorgeführt. Zur Präsentation kamen „malerische Szenen“ der Adria, aufgenommen vom Bord des Lloyddampfers „Prinz Hohenlohe“ (Seebad Lovrana, Insel Arbe, Spalato und Ragusa an der dalmatinischen Küste). Es folgte eine Reise durch die Dolomiten, die „von Toblach mit seinem herrlichen See an der Croda Rossa und den Cadinispitzen vorbei nach Misurina, einer Perle der Alpenseen“, führte. Ein weiteres Laufbild widmete sich dem Kurort Abbazia, woran sich eine Reihe von Bildern aus San Martino di Castrozza schloss.[195]

---

192 *Österreichischer Komet*, „Hohe Anerkennung für Sascha-Films“, Nr. 90, 3. Februar 1912, S. 21 f. Die Produktionen der Sascha-Film wurden zudem im Oktober 1912 im Zuge der „Internationalen Kino-Ausstellung“, der ersten Gesamtschau des österreichischen Kino- und Filmwesens, ausgezeichnet. Vgl. dazu Guha, Sascha-Filmfabrik, S. 7.

193 Die Autorin zitiert hier Kapitel 4 ihres Artikels: Moser, Filmischer Aufbruch in die Moderne, Kapitel 4 „Vom Fahren und Reisen: Fremdenverkehr und Tourismusfilme“, http://ww1.habsburger.net/de/kapitel/vom-fahren-und-reisen-fremdenverkehr-und-tourismusfilme, 30.11.2014.

194 *Österreichischer Komet*, „Die Eclair-Films als Mittel zur Hebung des Fremdenverkehrs“, Nr. 177, 4. Oktober 1913, S. 36.

195 *Filmkunst*, „Österreich im lebenden Bilde und die Wiener Presse“, Nr. 45, 7. November 1913, S. 3–5. *Filmkunst*, „Das Bild aus Österreich“, Nr. 42, 17. Oktober 1913, S. 1–2. *Deutsches Volksblatt*, „Der Film als Fremdenverkehrsförderer“, 30. September 1913, S. 6–7. Als Einzeltitel konnten folgende Filme identifiziert werden: VON TOBLACH ZUM MISURINASEE (DOLOMITEN) (F/A 1914). Siehe: *Filmkunst*, Nr. 9, 27. Februar 1914, S. 12. SAN MARTINO DI CASTROZZA (SÜDTIROL) (F/A 1913). Vgl.: *Filmkunst*,

Zwei Filme der Produktionsreihe erregten besondere Aufmerksamkeit und wurden mit regem Beifall bedacht.[196] Das Außergewöhnliche an ihnen war, dass sie burleske Episoden vor dem Hintergrund interessanter landschaftlicher Szenerien darboten. Die komische und mitunter dramatische Handlung stand also im Mittelpunkt des Geschehens, die „Naturschönheiten Österreichs" boten dazu den pittoresken Rahmen. Der Film EVAS ROSENGARTENTOUR (1913)[197] führt eine junge Amerikanerin von Wien nach Südtirol. An der Seite eines schneidigen Bergführers passiert sie gefährliche Felsen, lernt Volk und Brauchtum kennen, bestaunt die Grödener Tracht wie auch die regionale Holzschnitzkunst. Letztlich begeistert sie sich nicht nur für die mannigfaltige Pracht der Dolomiten, sondern auch für ihren Begleiter.[198]

In der Produktion ZWISCHEN ZWEI FEUERN (1913)[199] wird der Lebemann Gottlieb von seinem Arzt zu einem Ruheaufenthalt auf dem Semmering angehalten. Auf seinen Spaziergängen begegnet der Filou jeweils einer brünetten und einer blonden Dame, die er beide fortan umschwärmt. Seinen Vorsätzen zum Trotz geht er seinem lukullischen und libidinösen Drang gleichermaßen ungebändigt nach. Die beiden jungen Frauen schreiben indessen ihren Ehemännern von den Zudringlichkeiten Gottliebs, was zur Anreise der Gatten und der nachfolgenden Flucht des vermeintlichen Frauenverstehers führt.[200] Im Verlauf der Humoreske „lernt das Publikum fast das ganze Semmeringgebiet, alle die lieblichen Ausblicke von oben, den Sonnwendstein, kurzum alles das, was man in einem gewöhnlichen Ansichtsalbum nicht in zwei Stunden durchsehen könnte, kennen".[201] Die geschickt gewählte, mit witzigen und bekannten Stücken versehene musikalische Begleitung verstärkte

---

Nr. 42, 17. Oktober 1913, S. 2–3. HEILIGENKREUZ (F/A 1913). Vgl.: *Filmkunst*, Nr. 50, 12. Dezember 1913, S. 19. SPALATO (F/A 1913). Siehe: Fritz, Dokumentarfilme, Verzeichnis 1909–1914, Nr. 142.

196 Die Autorin zitiert hier Kapitel 4 ihres Artikels: Moser, Filmischer Aufbruch in die Moderne, Kapitel 4 „Vom Fahren und Reisen: Fremdenverkehr und Tourismusfilme", http://ww1.habsburger.net/de/kapitel/vom-fahren-und-reisen-fremdenverkehr-und-tourismusfilme, 30.11.2014.

197 EVAS ROSENGARTENTOUR, F/A 1913, P: Wiener Autorenfilm (Eclair, Französische Film- und Kinematographengesellschaft m.b.H. Wien, D: Eva Roth, Egon Friedell, Ivy Farren. Vgl.: Thaller, Anton (Hg.): Die österreichische Filmografie, Bd. 1, Spielfilme 1906–1918, Wien 2010, S. 11.

198 Ebd. Sowie *Neue Freie Presse*, „Österreich im Kino. Der Film für den Fremdenverkehr", 30. September 1913, S. 10. *Österreichischer Komet*, „Die Eclair-Films als Mittel zur Hebung des Fremdenverkehrs", Nr. 177, 4. Oktober 1913, S. 36. *Österreichischer Komet*, „Evas im Rosengarten", Nr. 370, 16. Juni 1917, S. 32. *Die Filmwoche*, „Der Film als Fremdenverkehrsförderer", Nr. 30, 5. Oktober 1913, S. 24.

199 ZWISCHEN ZWEI FEUERN, F/A 1913, P: Wiener Autorenfilm (Eclair, Französische Film- und Kinematographengesellschaft m.b.H. Wien, DB: Felix Fischer, D: Julius Brandt, Camilla von Nagy, Else Schreiber, Max Ralf-Ostermann, Max Falkenberg. Vgl.: Thaller, Filmografie, S. 199–201.

200 Ebd. Sowie *Filmkunst*, Nr. 12, 20. März 1914, S. 4 f.

201 *Österreichischer Komet*, „Die Eclair-Films als Mittel zur Hebung des Fremdenverkehrs", Nr. 177, 4. Oktober 1913, S. 36.

die suggestive Kraft der humoristischen Aufnahmen.[202] Die Andersartigkeit der präsentierten Reklamefilme wurde als besonders einfallsreich und wirkungsvoll wahrgenommen: „Wohl die glücklichste Bereicherung des Gedankens war es übrigens auch die Psychologie des Kinopublikums in Rechnung zu ziehen und ihm nicht bloß die Herrlichkeiten der Natur vorzuführen, sondern ihm auch Amüsement zu bieten.“[203]

Eine andere Form der Dramatisierung wählte die „Hida-Film“, die 1914 als erste österreichische Produktionsfirma gleichfalls von der k.k. priv. Südbahn-Gesellschaft (Wien) und im Übereinkommen mit dem k.k. Eisenbahnministerium sowie dem k.k. Ministerium für öffentliche Arbeit beauftragt wurde, heimische „Naturaufnahmen mit belebten Szenerien“ zu Propagandazwecken „in origineller Weise“ in Verbindung zu bringen.[204] Der unter diesen Vorgaben entstandene Film UNTER PALMEN UND EWIGEM EIS (1914)[205] behandelt eine Dreiecksbeziehung, die in Ägypten, Abbazia und in der Gletscherwelt Tirols ihren Verlauf nimmt. Ein junges Mädchen, Vera, nimmt auf Drängen ihrer Eltern den erheblich älteren, aber reichen Fabrikanten Valimer zum Mann. Das Paar bereist Ägypten, als dringende geschäftliche Belange Valimer nach Hause rufen. In Abbazia wird Zwischenstation gemacht. Vera verbleibt dort mir ihrer Freundin Frau Holm, während ihr Gatte abreist. In dessen Abwesenheit lernt die junge Ehefrau den Sportsmann und Grafen Henry kennen. Sie verlieben sich und reisen weiter in die Tiroler Berge. Indessen erkennt Valimer, dass er durch das Fehlverhalten anderer seinen Bankrott erklären muss, in der Folge erkrankt er schwer. Vera erhält Nachricht von den letzten Ereignissen, bleibt jedoch in Tirol. Im Zuge eines Skiausflugs wird Graf Henry von einer Lawine erfasst und stirbt. Vera findet seinen reglosen Körper und erfriert selbst in der verschneiten, kalten Winterlandschaft.[206]

Obwohl die Presse den larmoyanten Plot des Films mitunter kritisierte, zeigte sie sich andererseits von den in modernster Technik umgesetzten Landschafts-, Meeresbildern und Wintersportaufnahmen beeindruckt: „Fachleute, die der gestrigen Premiere des Films beiwohnten, waren einig, dass in Österreich bisher noch niemals auch nur annähernd so schöne Filmaufnahmen zustande gebracht wurden. Tatsächlich hörte man während der Vorführung immer wieder Rufe des Entzückens“.[207] Als besonders durchdacht empfand man den Umstand, dass es sich hier

---

202 *Filmkunst*, „Was die Presse sagt!“, Nr. 11, 13. März 1914, S. 15. *Südbahn und Llyod*, „Der Film als Fremdenverkehrsförderer“, Nr. 11, 1. November 1913, S. 33.

203 *Kinematographische Rundschau*, „Österreich im Film“, Nr. 291, 5. Oktober 1913, S. 109.

204 *Die Filmwoche*, „Der Film als Fremdenverkehrsförderer“, Nr. 60, 3. Mai 1914, S. 35.

205 UNTER PALMEN UND EWIGEM EIS, F/A 1914, P: Hida-Film (Cornelius Hintner/Richard Damaschka, Wien), DB: Cornelius Hintner, D: Grete Huth, Emanuel Feuereisen. Vgl.: Thaller, Filmografie, S. 193–196.

206 Ebd. sowie *Die Filmwoche*, „Eine österreichische Filmsensation“, Nr. 61, 10. Mai 1914, S. 2–5.

207 *Neue Kino-Rundschau*, Nr. 42, 22. Dezember 1917, S. 74–75. *Neue Freie Presse, Abendblatt, Die Filmwoche*, „Der Film als Fremdenverkehrsförderer“, Nr. 60, 3. Mai 1914, S. 35.

vor allem um eine „unauffällige Form der Reklame" handle. Es sei eine nennenswerte Leistung einiger Unternehmer – folgerte die *Arbeiter-Zeitung* (!) –, „dass sie den Film in den Dienst der Industrie oder des Fremdenverkehrs stellt", ohne dass der Großteil des Publikums ahnt, dass man es für eine Sache zu gewinnen versucht. „Man merkt kaum, dass die prachtvollen Wandelbilder von Landschaftsschönheiten Selbstzweck waren, so sehr verflochten sie sich mit der Handlung."[208]

Wie „dezent" die Reisebilder aus Österreich-Ungarn dieser Jahre hinsichtlich ihrer Werbewirkung tatsächlich ausfielen, lässt sich in den meisten Fällen nicht mehr eruieren. Die Mehrheit dieser Aufnahmen gilt als verschollen. Eines der wenigen erhaltenen Beispiele aus der Produktion der „Österreichisch-Ungarischen Kinoindustrie", MARIAZELL (1911), ist noch stark vom „Ansichtscharakter" geprägt. Es fehlen ersichtliche und narrativ richtungsweisende Anfangs- und Endpunkte.[209] Szenerien in totaler Einstellung und ebenerdiger Kameraposition sind aneinandergereiht. Straßenzüge, Plätze werden abgeschwenkt, eine Übersicht über Bauwerke (z. B. Haus „Zum Guten Hirten", Basilika Mariazell usw.) und Landschaftsansichten wird geboten. Von einem erhöhten Standpunkt aus wird der Hauptplatz der Stadt allmählich Punkt für Punkt gestreift, das teils getönte Material verweist auf eine den Ausdruck nuancierende Viragierung. Den Innenansichten Mariazells folgen Bilder, die von außen einen Blick auf die Stadtanlage und ihre landschaftlich idyllische, gefällige Umgebung gewähren. Die mehr oder weniger offensichtliche Präsentation von Gästehäusern des Orts (Hotel Goldener Löwe, Hotel Goldenes Kreuz) lässt vermuten, dass hier im Hintergrund durchaus auch Auftraggeber fungierten.[210] Der Absatz derartig gestalteter Bilder schien grundsätzlich garantiert. So wurden dem Fremdenverkehr dienende Filme „jederzeit bereitwillig" von Kinounternehmern „gegen einen bloßen Spesenersatz" im Programm platziert.[211]

Zu den zentralen Herstellern österreichischer Travelogues vor dem Ausbruch des Ersten Weltkriegs zählte bis inklusive 1912 das Team Kolm-Veltée-Fleck, danach dominierte Sascha Kolowrat diesen Bereich der Laufbildproduktion. Die Reisebilder aus der Monarchie waren vielfältig: Brachte die „Österreichisch-Ungarische Kinoindustrie" etwa PRAG (1911), GRAZ (1911), MELK (1911), LAXENBURG (1911), KROATISCHE SEEN (1911), DAS THAYATAL (1911) oder DAS INNTAL (1911)[212] in die

---

208 *Arbeiter-Zeitung*, „Film und Fremdenverkehr", 12. Mai 1914, S. 6.

209 Das Fehlen von Anfangs- und Endmarkern ist durchaus charakteristisch für die fiktionalen Ansichten der kinematographischen Frühzeit. Vgl. dazu auch: Jung, Ästhetischer Wandel, S. 225.

210 Reisefilme waren in den meisten Fällen Auftragsfilme. Die Sichtbarmachung von Transportunternehmen oder Hotels ist oft als indirekter Hinweis auf die Financiers der Produktion zu verstehen. Vgl. dazu: Jacques, Pierre-Emmanuel: Reise- und Tourismusfilme, in: Zimmermann, Yvonne (Hg.): Schaufenster Schweiz. Dokumentarische Gebrauchsfilme 1896–1964, Zürich 2011, S. 147.

211 Sierek, WIE NINETTE ZU IHREM AUSGANG KAM, Lesemodus „Historischer Teil", Kapitel „Werbefilm 1906–1918", Anzeige „Erstes österreichisches konzessioniertes Reklamefilm-Institut".

212 Fritz, Dokumentarfilme, Verzeichnis 1909–1914, Nr. 25, 29, 30, 32, 44–48.

Kinematographentheater, so bot die „Sascha-Filmfabrik" den Verleihern unter anderem BILDER AUS DEN DOLOMITEN (1912), AN DEN UFERN DES GARDASEES (1912), DIE BURG KREUZENSTEIN BEI WIEN (1912), AN DALMATIENS HERRLICHER KÜSTE (1912),[213] BOZEN UND DER LUFTKURORT GRIES (1913), DURCH DAS WILDROMANTISCHE EGGENTHAL (1913), VON MELK BIS KREMS (1913), VON RAGUSA NACH CATTARO (1914), MARIAZELL UND UMGEBUNG (1914), MOTIVE AUS MÖDLING (1914)[214] an.

Die österreichischen Produzenten hatten sich im Bereich der touristisch motivierten Filmerzeugung nachhaltig etabliert, auch die Gründung des ersten konzessionierten österreichischen „Reklame-Filminstituts" wurde seitens der Fachpresse im Oktober 1913 verkündet.[215] Unter zunehmend national anmutenden Tönen wuchs gleichzeitig der Wunsch nach „der kinematographischen Repräsentation des heimischen Terrains".[216] Trotzdem dominierten die internationalen Produktionsfirmen in allen Genres weiterhin den österreichisch-ungarischen Markt. Das sollte sich nach 1914 kriegsbedingt schließlich ändern.

4.4 WIE NINETTE ZU IHREM AUSGANG KAM – Der älteste überlieferte Konsumartikelwerbefilm österreichischer Provenienz

Als erste kinematographische Werbefilmproduktion weltweit gilt der 1897 von Lavanchy Clarke, dem Vertreter eines englischen Waschmittelherstellers, bei den Brüdern Lumière in Auftrag gegebene Film SUNLIGHT SEIFE. Der Reklamestreifen wurde anlässlich der Schweizer Landesausstellung in Genf von 70.000 Besuchern gesehen. Unter dem Titel WASHING DAYS IN SWITZERLAND fand der Film auch in New York sein Publikum.[217] In Deutschland hatte die konsumzentrierte Filmpropaganda 1898 ihre Premiere. Der Filmpionier Oskar Messter produzierte unter der Prämisse BADE ZU HAUSE! seinen ersten Werbefilm. Angepriesen wurde eine „Wellenbadschaukel" der Berliner Firma Moosdorf & Hochhäusler.[218]

213 *Österreichischer Komet*, „Anzeige ‚Sascha'-Filmfabrik", Nr. 92, 17. Februar 1912, S. 23. Ebd., „Anzeige ‚Sascha'-Filmfabrik", Nr. 90, 3. Februar 1912, S. 29. Ebd., „Anzeige ‚Sascha'-Filmfabrik", Nr. 99, 6. April 1912, S. 31.

214 Fritz, Dokumentarfilme, Verzeichnis 1909–1914, Nr. 96, 125, 146, 147, 166.

215 Seinen Sitz hatte das „Reklame-Filminstitut" im 7. Wiener Gemeindebezirk, Neubaugasse 11. Es verfolgte den Zweck, „mit Hilfe des Kinofilms nach amerikanischem und französischem Vorbild in den Kinotheatern die weitgehende Reklame für Handel, Industrie, Gewerbe, Fremdenverkehr sowie für das Ausstellungswesen zu machen". Siehe: *Österreichischer Komet*, Nr. 177, 4. Oktober 1913, S. 37.

216 Vgl. Deeken, Geschichte und Ästhetik des Reisefilms, S. 313.

217 Bochsler/Derungs, Und führe uns in Versuchung, S. 45–46. Fleckenstein, Der französische Werbefilm, S. 127.

218 Messter, Oskar: Mein Weg mit dem Film, Berlin 1930, S. 131. Agde, Flimmernde Versprechen, S. 10.

In Österreich startete der „werbende Film" vornehmlich im Bereich der Tourismusbranche. Die erste kinematographische Reklame für einen Konsumgüterartikel lässt sich für das Jahr 1913 belegen. WIE NINETTE ZU IHREM AUSGANG KAM wirbt für das Waschmittel Neubozon, das zu „den Spitzenreitern" seiner Warenkategorie „zählte" und von 1908 bis 1940 von der Unternehmerfamilie Neuber produziert wurde.[219] Die Werbebotschaften „Nur mit Neubozon blendend weiße Wäsche!" oder „Neubozon wäscht von selbst" fanden vornehmlich auf Plakaten, Blechschildern, Postkarten oder in Anzeigen ihren Niederschlag.[220] Vor dem Ersten Weltkrieg erprobte die Firmenleitung eine weitere Reklameform und beauftragte die „Sascha-Filmfabrik" mit der Konzeption und Umsetzung eines Werbefilms. Eine Kopie des Streifens sowie das Originaldrehbuch finden sich in der Sammlung des Filmarchiv Austria. Dabei handelt es sich zudem um das älteste erhaltene Skript der österreichischen Filmhistorie.

WIE NINETTE ZU IHREM AUSGANG KAM weist die narrative Makrostruktur eines klassischen Waschmittelspots auf: Problemsituation, Konkretisierung des Problems, Empfehlung, Anwendung, Wirkungsdemonstration, Problemlösung, Bestätigung und Schlussappell.[221] Die Erzählweise und die Überzeugungsstrategien basieren auf einer dissoziativen Dramaturgie:[222] Verschmutze Wäsche wird als ein Problem erkannt, ein empfohlenes Produkt zur Anwendung gebracht und seine Wirkungsweise demonstriert. Die (hygienisch) saubere und farbechte Wäsche bestätigt den Erfolg des Waschmittels. Das Problem ist gelöst, ein eindringlicher Schlussappell preist den Verkaufsartikel nochmals an. Dabei werden „Alltagssituationen" strapaziert, die „der potentiellen Käuferin" (die Filme richten sich fast ausschließlich an ein weibliches Publikum) Nähe und Vertrautheit vermitteln sollen.

Der erste österreichische Konsumgüterwerbefilm folgt der Erzählform Slice-of-life. Das Setting gibt ein Motiv aus dem Arbeitsalltag wieder. Eine Waschküche wurde arrangiert. Ein Wäschekasten und ein Bügelbrett (links im Bild), Wäschekörbe und ein Waschtrog (rechts im Bild) sowie eine quer durch den Raum gespannte Wäscheleine legen die Funktion des Raums fest. Der mit Kreide an die Wand gemalte Satz „Der Franz, der Schuft" wie auch die den Filmtitel erläuternde Bemerkung „Ein Scherz von Robert Reich" verweisen auf den humoristischen Volksstückcharakter des Reklamestreifens. Auch das inszenierte „Bühnenbild" mit einer mittig ausgerichteten Tür, die den Darstellerinnen und Darstellern Auftritt und Abgang ermöglichen, zeigen die Nähe zum Theater-Einakter deutlich auf.

---

219 Fischler, Gerhard/Kristen, Johanna: 1865–1990. 125 Jahre Wilhelm Neuber, Wien 1990, S. 14.

220 Vgl. dazu das Interview mit Gerhard Fischler (Urenkel des Firmengründers Franz Neuber): Sierek, WIE NINETTE ZU IHREM AUSGANG KAM, CD-Rom, Interviewsequenzen.

221 Vgl. dazu auch: Heiser, Drehbuch, S. 217.

222 Zu Dramatisierungsstrategien in der Werbung siehe hier: Schmidt/Spieß, Kommerzialisierung der Kommunikation, S. 156–158.

Geachtet wurde auf eine möglichst ausgewogene Lichtsetzung sowie auf die Akzentuierung der Schwarz-Weiß-Kontraste: Bügelbrett, Waschbottich und Kleidungsstücke heben sich von der Umgebung hell ab. Ein einzelner, gezielt auf den Wäschekasten ausgerichteter Lichtreflex lässt auch diesem wichtigen Element des nachfolgenden Beweisführungsverfahrens erhöhte Aufmerksamkeit zukommen.

Von Beginn an erfolgt eine klare Typisierung der Figuren durch deren Kleidung und Gebärden. Ninette trägt weite Arbeitsaufmachung (Schürze, lockeres, per Kopftuch gebändigtes Haar) und ergeht sich in weinerlicher Verzweiflungsgestik. Die Hausherrin übt sich – in gutbürgerlichem Kostüm gekleidet – im drohenden Mienenspiel. Der uniformierte Soldat Jean zeugt von unerschütterlicher Heiterkeit und Optimismus. Der Kürze des Werbefilms entsprechend werden Charakterisierung und Funktion der handelnden Personen präzisiert und unmittelbar erfassbar.

Die Szenerie wird mit fest positionierter Kamera gefilmt, die im totalen Bildausschnitt die Schärfentiefe des Objektivs ausnutzt. Es liegt eine personale Erzählperspektive vor, der Point-of-view ist im Bewusstsein der Figuren angesiedelt.[223] Der Film kommt ohne Zwischentitel aus.

Die dargelegte Lebenssituation der Zielgruppe vollzieht sich wie folgt: Die Hausherrin betritt die Waschküche, schreitet den Raum ab, während Ninette im Hintergrund entlangschleicht. Mit großen, aggressiven Gesten empört sich die Dienstgeberin über die unverrichtete Arbeit. Sie inspiziert die schmutzigen Kleidungsstücke, das Bügelbrett und öffnet den leeren Wäscheschrank. Das Dienstmädchen hält Arme und Hände näher am Körper, senkt den Kopf leicht, deutet Mutlosigkeit und Trotz an. Mit drohendem Zeigefinger geht die Frau des Hauses ab. Ninette ringt verzweifelt die Hände, einzeln hebt sie die verschmutzten Wäschestücke hoch, setzt sich auf den Wäschekorb und weint in theatralischer Manier. Die Tür öffnet sich, Jean betritt die Szenerie. Er grinst, klopft sich freudig auf den Schenkel, das Mädchen umarmt in herzlich. Ninette erklärt die aussichtslose Situation (ahmt das Reiben der Wäsche nach). Jean betrachtet die Kleidungsstücke, er hat einen Geistesblitz (tippt sich auf die Stirn). Die Hausherrin betritt den Raum, stellt sich zwischen die Liebenden und blickt erzürnt auf die noch immer schmutzige Wäsche. Der Soldat zieht sich zurück, verlässt die Waschküche. Unterdessen hält die Dame des Hauses Ninette eine Predigt, verstärkt das drohende Mienenspiel. Die Dienstgeberin lässt das Mädchen mit der Arbeit zurück. Letztere ist zusehends erzürnt, mit wütend erhobener Faust deutet sie der Herrin nach. Zornig wirft sie die Kleidungsstücke in den Waschtrog, beginnt mit verzagter Mimik die Wäsche zu säubern.

Jean kehrt zurück, er stellt demonstrativ ein Päckchen zur Schau. Der Soldat legt seinen Gürtel ab, öffnet das Paket und leert impulsiv den Inhalt in den Bottich. Das Pulver wirbelt hoch, Staubwolken erheben sich. Gemeinsam tunkt das Paar die

223 Zu den Point-of-view-Varianten siehe: Heiser, Drehbuch, S. 175–186.

Wäsche eilig in die Lauge, wringt die einzelnen Stücke aus, um sie rasch und recht leger auf die Leine zu hängen. Slapstickartig laufen Ninette und Jean wiederholt mit der nassen Wäsche gegeneinander. Man scherzt und lacht. Nach einem Schnitt wird von der totalen zur halbtotalen Einstellung gewechselt. Jean bügelt die Tücher und legt sie fein säuberlich zusammen, während Ninette die Weißwäsche in den bereits gut gefüllten Schrank legt. Die Arbeit ist getan. Der Soldat klatscht frohgemut in die Hände, legt seinen Gürtel wieder an.

Jean kommuniziert nun direkt mit dem Publikum, die Handlungsachse ändert sich erstmals – statt nur zu beobachten, werden die Zuschauer einbezogen. Das Paar fällt sich glücklich in die Arme, Ninette wirft einen Blick zurück in die Kamera, die beiden verlassen den Raum. Kurz darauf betritt die Dienstgeberin die Waschküche. Sie sucht die Kleider im Korb, wendet sich zum Bügelbrett und steht schließlich erleichtert und sichtlich erfreut vor dem geöffneten, gefüllten Wäschekasten. Ninette und Jean schleichen indessen durch die Tür. Das Mädchen zeigt erklärend auf ihren Geliebten, der ein Werbeplakat der Firma Neubozon entrollt, auf dem eine schwarze, breit grinsende Waschfrau am Wäschetrog die Betrachter anblickt. Beide Frauen weisen auf die Affiche, die Hausherrin tippt sich lächelnd an die Stirn. Neuerlich wird das Publikum – nun im Zuge des Schlussappells – direkt adressiert. Das Endbild präsentiert das Werbeplakat in Nahaufnahme, der Kopf der Reklamefigur wurde durch den Ninettes ersetzt, die Frau blickt scherzend und nickend in die Kamera.

Ein Vergleich mit dem vorliegenden Ursprungsszenario macht Änderungen in der Umsetzung des Stoffes ersichtlich. Der realisierte Film weist einen weit weniger aggressiven Unterton auf. So stößt die Hausherrin Ninette weder in die Waschküche, noch geht sie wütend auf das Liebespaar los. Dafür bleiben sowohl ein Trinkgeld für das Mädchen als auch der vorgesehene Schlusstitel „Reichlich ist des Mädchens Lohn, wäscht sie nur mit Neubozon" aus.[224]

Der mehrfache Einstellungswechsel, erste Versuche, sich einer einfachen Schnitttechnik zu bedienen sowie die offensichtlich beharrliche Anlehnung an eine Theaterinszenierung machen Wie Ninette zu ihrem Ausgang kam zu einem Paradebeispiel der Umbruchzeit zwischen 1900 und 1914. Das Kino befand sich in dieser Periode in einem klaren Spannungsfeld zwischen Attraktion und einsetzender Narration.[225] Besonders interessant ist allerdings die Entwicklung der Figurenkonstellation. Über die Protagonistin, hier Ninette, findet der Zuschauer gewöhnlich den Zugang zur Geschichte.[226] Ihr als Identifikationsfigur steht die Antagonistin (Hausherrin) in der Konfliktsituation gegenüber. Hier dynamisiert jedoch Jean den Verlauf der Handlung. Er ist der „Held"

224 Im Setting fehlt zudem eine zweite, im Skript angeführte, Tür. Siehe dazu: Filmarchiv Austria (FAA), Konvolut Wie Ninette zu ihrem Ausgang kam, Szenarium.

225 Vgl.: Sierek, Wie Ninette zu ihrem Ausgang kam, Lesemodus „Theoretischer Teil", Kapitel „Attraktion und Narration".

226 Vgl. Heiser, Drehbuch, S. 146.

des Plots und entwickelt sich von der Nebenfigur, als die er eingeführt wird, zum zweiten Protagonisten. Seine aktive Teilnahme an der (vor allem zu jener Zeit) weiblich konnotierten Arbeit wurde im damaligen kulturell-gesellschaftlichen Kontext durchaus als (wie im Untertitel eingeführter) „Scherz" gedeutet. Zugleich treibt Jean das Geschehen an, ist für die Produkt- und Wirkungsdemonstration verantwortlich. Er verfügt über das Wissen, löst das Problem[227] und verändert durch seine Tat die emotionale Stimmungslage der beiden Frauen, die sich seiner positiven Grundstimmung letztlich angleicht. Durch diese dominante, lenkende Position wird seine männlich uniformierte Kodifizierung wiederhergestellt.

Abb. 2: Wie Ninette zu ihrem Ausgang kam, A 1913.

Jean bestimmt auch die zusehends humoristische Tonalität des Films mit der implizierten Botschaft, dem Alltag stets etwas Positives abgewinnen zu können. Dabei tritt das beworbene Produkt beinahe völlig in den Hintergrund. Dass die Verwendung des Waschpulvers die Situationsveränderung (mit)bedingt, bleibt – aufgrund der hauptsächlich von Jean getragenen Humoreske – bis zum eingehenden Schlussappell letztlich ausgespart. Im Gesamten wird die Reklamebotschaft schließlich auf den Punkt gebracht: Neubozon vereinfacht das Wäschewaschen nicht nur, sondern

227 Damit steht Jean in der späteren Tradition des männlichen, allwissenden und beratenden Presenters, der eben auch in Haushaltsfragen fundierte Auskünfte und Tipps geben kann. Erinnert sei hier nur an Jan-Gert Hagemeyer, der als Persil-Mann jahrzehntelang über die Waschfunktion des Produkts per Werbespot informierte.

macht die Hausarbeit zudem freudvoller, schneller und effizienter, was in der Folge auch mehr Freizeit in Aussicht stellt.

Ob und in welchem Ausmaß der Werbefilm den Kauf des Waschmittels beeinflusste, ist nicht zu eruieren. Belegbar ist jedoch der weitläufige Einsatz des neuen Reklamemittels. Ein Vertriebsplan des Unternehmens „Rudolf Ethofer & Co" weist Wien, Prag, Brünn, Lemberg, Klagenfurt, Linz, Innsbruck, Salzburg, Triest, Graz, Troppau, Zara, Bregenz, Sarajevo, Görz und Czernowitz als Aufführungsorte aus.[228] An der Gestaltung des Werbe-Laufbilds waren mit Robert Reich als Drehbuchautor und Hans Otto Löwenstein als Regisseur zwei bedeutende Vertreter der österreichischen Filmbranche beteiligt. Reich bekleidete ab den 1920er-Jahren gewichtige Positionen in der heimischen Filmindustrie und sollte zu einem der wichtigsten Werbefilmproduzenten der Zwischenkriegszeit werden.[229] Löwenstein gründete in den 1920er-Jahren die „Astoria"-, „Ottol"- und „Apollo"-Filmgesellschaften in Wien und war als Schauspieler, Drehbuchautor, Filmregisseur und -produzent tätig. Beide arbeiteten während des Ersten Weltkriegs aktiv für die k.k. Filmpropaganda des Kriegspressequartiers (KPQ).[230]

In den Jahren 1914 bis 1918 intensivierte sich der Einsatz neuer Propagandamedien. Auf allen Ebenen wurde für die Kriegsmaschinerie geworben. Die Laufbilder hatten zu überzeugen, mussten argumentativ sein, und deren Botschaft musste unmittelbar vom Publikum verstanden werden. Damit erfolgte nicht nur eine Abkehr von der „Ansicht" hin zum narrativen Film, es wurden für die weitere Entwicklung und Akzeptanz des „werbenden Films" wichtige Weichen gestellt.

---

228 FAA, Konvolut WIE NINETTE ZU IHREM AUSGANG KAM, Verzeichnis der für die Filmreklame angeschlossenen Kinos der Abteilung Film-Reklame der Unternehmung Rudolf Ethofer & Co.

229 Siehe dazu das Unterkapitel „Robert Reich".

230 Loacker/Prucha, Unerwünschtes Kino, S. 60. Loacker, Armin: Kino vor dem KZ. Österreichische Filmschaffende als NS-Opfer", in: *filmarchiv* 7, 03/2003, S. 18. Sierek, WIE NINETTE ZU IHREM AUSGANG KAM, Lesemodus „Historischer Teil", Kapitel „Hans Otto Löwenstein".

5 Der Erste Weltkrieg: Ende und Anfang. Neue Wege der filmischen Werbung

5.1 Organisierte Kriegspropaganda

> Die Bedeutung des Kinos ist von Jahr zu Jahr gestiegen. Die Zahl der Kinotheater nimmt zu, der Fassungsraum wird vergrößert und die finanzielle Lage der breiten Schichten des Publikums fördert den Besucherstrom. Ein guter Film gelangt heute in mehr als 3.000 Kinotheater [sic!] zur Vorführung und wird im ganzen von 10–12,000.000 Menschen gesehen, woraus klar erhellt, dass der Film über jedes andere Propagandamittel gestellt werden darf. Kein anderes setzt den Staat so sehr in die Lage, auf die breiten Massen einzuwirken, wie der Film ...[231]

Diese Einschätzung hinsichtlich der Macht und Breitenwirkung des bewegten Bilds seitens Oberst Wilhelm Eisner-Bubna, der ab März 1917 dem KPQ vorstand,[232] ist bezeichnend für die Neupositionierung des Mediums als Propagandamittel im Verlauf des Ersten Weltkriegs.[233] Der Kinobesuch war „dem Volk zur Gewohnheit geworden", trug unschätzbare „Aufklärungs- und Belehrungsmöglichkeiten" in sich[234] und sollte über die Einrichtung einer eigenen Filmstelle im „militärischen, vaterländischen und patriotischen Sinn" gesteuert werden. Diese wurde als eine Abteilung des 1914 als Untergruppe des Armeeoberkommandos (AOK) begründeten KPQs, das dem Chef des Generalstabes direkt unterstand, eingerichtet.[235] Zu den Aufgaben der Filmstelle zählten die Aufstellung von Kinoexposituren zur Herstellung von Aufnahmen an der Front wie auch im Etappenraum und im Hinterland, die Einrichtung eines kinematographischen Laboratoriums zur Entwicklung der Filme sowie die Durchführung der Filmzensur.[236]

---

231 KA (Kriegsarchiv), Kriegsministerium (KM), Präsidium, Ktn. 2369, Memorandum über die Bedeutung der Kinoindustrie vom Standpunkte des Staates, 17. April 1918, Präs.Nr.:12707.

232 Bis dahin stand das KPQ unter dem Kommando von Oberst, später Generalmajor, Maximilian von Hoen.

233 Die Autorin zitiert hier Kapitel 4 ihres Artikels: Moser, Karin: Vom „öffentlichen Ärgernis" zum Propagandawerkzeug: Staatliche Eingriffe und Lenkungsversuche im Film- und Kinowesen, Kapitel 4 „Organisierte Propaganda: Die Filmstelle des Kriegspressequartiers", in: Virtuelle Ausstellung „Der Erste Weltkrieg und das Ende der Habsburgermonarchie", http://ww1.habsburger.net/de/kapitel/organisierte-propaganda-die-filmstelle-des-kriegspressequartiers, 30.11.2014.

234 *Österreichischer Komet*, „Das Kino und seine Besucher", Nr. 196, 14. Februar 1914, S. 1.

235 Mayer, Klaus: Die Organisation des Kriegspressequartiers beim k.u.k. AOK im Ersten Weltkrieg 1914–1918, Diss., Wien 1963, S. 3.

236 Schmölzer, Hildegund: Die Propaganda des Kriegspressequartiers im Ersten Weltkrieg 1914–1918, Diss., Wien 1965, S. 28.

https://doi.org/10.1515/9783110622300-005

Das filmische Propagandamaterial sollte den Krieg an sich stützen, den Truppeneinsatz, die Behandlung der Kriegsgefangenen, „den kulturellen Zustand der Monarchie“, die Volksernährung, die Kriegsindustrie, „die landschaftlichen Schönheiten der Monarchie“ und das Kaiserhaus bestmöglich in Szene setzen.[237] Die „bildliche Berichterstattung“ hatte aber nicht nur den Auftrag, gegenwärtig wirksame Propaganda im In- und Ausland zu betreiben, sie war zudem dazu gedacht, „für die Zukunft jenes Material bereitzustellen“, dass die Geschichtsschreibung, aber auch die Kunst „zur nachträglichen Verherrlichung der kriegerischen Großtaten“ benötigte.[238]

Zur Umsetzung der gewünschten Filmaufnahmen bedurfte es qualifizierter und erfahrener heimischer Produktionsfirmen.[239] Nachdem die eben erst einsetzende filmische Produktwerbung mit dem Ausbruch des Kriegs eingestellt worden war, bot die staatliche Filmpropaganda den Produzenten eine willkommene neue Einnahmequelle. Die veränderte politische Situation kam der österreichisch-ungarischen Filmindustrie durchaus zugute. Mittels eines Zirkular-Erlasses vom 17. August 1914 wurde die Aufführung französischer, englischer, russischer und belgischer Filme verboten, zugleich der Import von Filmen aus „feindlichen Staaten“ untersagt.[240] Mitunter gab es auf Ansuchen der Kinounternehmer vorerst noch Ausnahmeregelungen. Filme aus „Feindesstaaten“, die noch vor dem 1. August 1914 von einer österreichischen Leihanstalt angekauft und bezahlt worden waren, bei einer neuerlichen Prüfung als unverfänglich galten oder gar „österreichisch-ungarisch patriotische Sujets“ enthielten, durften bisweilen noch gezeigt werden.[241]

Letztlich förderte die Zugangssperre allerdings die inländische Filmproduktion, die ihre Aufnahmen dadurch leichter am heimischen Markt platzieren konnte. In

---

237 KA, KM, Präsidium, Ktn. 2369, „Direktiven über die Herstellung und den Auslandsvertrieb von Propagandafilms“, 8. Februar 1918, Präs.Nr.: 10618.

238 KA, KM, Präsidium, Ktn. 1890, „Vorschrift für die bildliche Berichterstattung im Kriege“, 1916, Präs.Nr.: 46, 15/3–2, E.-Nr. 4992 (AOK).

239 Die Autorin zitiert hier Kapitel 4 ihres Artikels: Moser, Vom „öffentlichen Ärgernis“ zum Propagandawerkzeug, Kapitel 4 „Organisierte Propaganda: Die Filmstelle des Kriegspressequartiers“, in: Virtuelle Ausstellung „Der Erste Weltkrieg und das Ende der Habsburgermonarchie“, http://ww1.habsburger.net/de/kapitel/organisierte-propaganda-die-filmstelle-des-kriegspressequartiers, 30.11.2014.

240 Bono, Bemerkungen zur österreichischen Filmwirtschaft, S. 59. ÖStA, Allgemeines Verwaltungsarchiv (AVA), Ministerium des Inneren, Allgem., 20/6a, Kinematographie, Spiele, Bettelmusik, Lizenzen für Kinematik und Bettelmusik; in genre; 1913–1915. Ktn. 2174, „Runderlass an alle Kommissariate“, 20. August 1914; beigelegt: Gegenstand (Ggstd.): Verbot der Aufführung der französischen Films „Die Königskinder“, P.Nr.: 67783, 1915.

241 Ebd. Sowie: ÖStA, AVA, Ministerium des Inneren, Allgem., 20/6a, Kinematographie, Spiele, Bettelmusik, Lizenzen für Kinematik und Bettelmusik; in genre; 1913–1915. Ktn. 2174, Ggstd.: Pathé frères & Co GmbH in Wien. Nichtzensurierung eines Films dieser Gesellschaft. Ministerialrekurs, P.Nr.:68135, 1915.

Hinblick auf die Aufgabenstellung des KPQ konnten vorerst drei Firmen von der neuen Auftragslage profitieren. Am 10. August 1914 wurden mit der „Sascha-Filmfabrik" (Sascha Kolowrat), der „Österreichisch-Ungarischen Kinoindustriegesellschaft" (Josef Somlo) und der „Wiener Kunstfilm" (Anton Kolm) Verträge hinsichtlich der Ausstattung und Beschickung von Filmtrupps, der Produktion und des Vertriebes propagandistisch motivierter Filme geschlossen. Bereits im Dezember desselben Jahres wurden die Kontrakte aufgrund der zu hohen finanziellen Belastung der Filmfirmen abgeändert und die materiellen Verpflichtungen der drei Unternehmen erheblich gesenkt. Im August 1915 wurden die geltenden Übereinkommen schließlich völlig aufgehoben und mit der Abteilung „Kriegsfilmpropaganda" eine eigene Zentralstelle begründet, die von der „Sascha-Filmfabrik" und der „Österreichisch-Ungarischen Kinoindustriegesellschaft" Laufbilder erhielt. Später konnten auch zwei Budapester Firmen für die Produktion gewonnen werden. Die „Wiener Kunstfilmgesellschaft" war indessen ohne weitere Verpflichtungen aus dem Vertrag entlassen worden. Die Leitung der Dienststelle wurde im November 1915 Sascha Kolowrat übertragen, 1917 ging diese Funktion an den gleichfalls filmisch erfahrenen Hauptmann Hans Otto Löwenstein.[242]

Der Konkurrenzkampf innerhalb der Filmbranche war weiterhin hart und blieb auch dem KPQ nicht verborgen. Bereits die Wahl der drei für die Kriegsfilmpropaganda vorgesehenen Firmen hatte zahlreiche Beschwerden, mündliche Anklagen und Verdächtigungen von Mitbewerbern zur Folge. Diversen Operateuren (Kameramännern) der Kinoexposituren wurde etwa eine vormalige Beschäftigung bei französischen Tochterunternehmen zum Vorwurf gemacht und eine „unpatriotische", wenn nicht sogar feindliche Haltung gegenüber der k.k. Monarchie unterstellt, während gleichfalls qualifizierte „gute Österreicher" nicht berücksichtigt worden wären.[243] Für Missmut sorgte zudem die sich manifestierende Führungsrolle der „Sascha-Filmfabrik". Das Unternehmen hatte vorausblickend umfassende Mengen an Rohfilm beschafft und war allein in der Lage, Positivfilme in ausreichender Zahl zu erzeugen. In der Folge übergaben alle für die Filmstelle tätigen Betriebe ihre Streifen zur weiteren Verarbeitung an die „Sascha-Filmfabrik". Letztere versah alle Laufbilder mit ihrem Firmenzeichen und erweckte damit den Eindruck, die Kriegsfilmpropaganda in Alleinregie zu bestreiten, was Proteste der anderen Kinoexpositurbetreiber nach sich zog. Dies war mit ein Grund für die Entmachtung Sascha Kolowrats und

242 Mayer, Organisation des Kriegspressequartiers, S. 84–85. KA, KM, Präsidium, Ktn. 1726, „Protokoll vom 21. Jänner 1915", beigelegt: Ggstd.: Verwertung von österr.-ung. Kriegsfilms, Präs.Nr.: 1425, 1915. KA, AOK, KPQ, Ktn. 60. Filmstelle 1917, „Einleitungsreferat des Kommandanten des Kriegspressequartiers zu der am 9. Juli 1917 stattfindenden kommissionellen Besprechung in Angelegenheiten der Kriegsfilmpropaganda", Nr. 6850/17.
243 KA, KM, Präsidium, Ktn. 1590, „Aufstellung von Kinoexposituren", „Schreiben Redakteur Bergmann an Kriegsministerium", Präs.Nr.: 12361, 1914.

die militärische Neuorganisation der Filmstelle unter Oberst Wilhelm Eisner-Bubna im Jahr 1917.[244]

Über die Propagandastrategien des KPQ und der Filmstelle im Speziellen ist nur wenig aktenkundig. Ein Großteil der Unterlagen wurde zu Ende des Kriegs bewusst verbrannt.[245] Belegt sind allerdings diverse Richtlinien und gezielte Aktionen im In- und Ausland. So wurde statuiert, dass „die Propagandatätigkeit im Allgemeinen die Hebung des Ansehens der Monarchie, die Würdigung der Leistung dieser im Weltkriege, an der Front und im Hinterland, ihrer kulturellen und wirtschaftlichen Stärke und Leistungsfähigkeit zum Zwecke hat".[246] Präsentiert wurden die propagandistisch ausgerichteten Filme im regulären Kinobetrieb, in Varietés und Vergnügungslokalen an der „Heimatfront",[247] in festen Kinotheatern und mittels Wanderkinoeinrichtungen im neutralen und verbündeten Ausland sowie „zur Zerstreuung und Auffrischung des Geistes der Truppen" in den eigens eingerichteten Feldkinos.[248]

Während man auf diesem Weg in der Heimat und bei den eigenen Soldaten den Zusammenhalt sowie den Glauben an die Monarchie und den siegreichen Abschluss des Kriegs zu stärken suchte, sollte im neutralen und verbündeten Ausland sowie in den besetzten Gebieten das Image Österreich-Ungarns mittels dargebotener militärischer, ökonomischer und kultureller Leistungen gehoben werden, wobei man sich langfristig strategische und wirtschaftliche Vorteile erhoffte.[249] Gezielt kamen österreichisch-ungarische Produktionen in den Niederlanden, der Schweiz, in Norwegen, in Schweden, in Dänemark, in Rumänien, am Balkan, in der Türkei und zu Beginn auch in den USA zum Einsatz.[250] Um die Verbreitung der Filme und

244 KA, AOK, KPQ, Ktn. 60. Filmstelle 1917, „Einleitungsreferat des Kommandanten des Kriegspressequartiers zu der am 9. Juli 1917 stattfindenden kommissionellen Besprechung in Angelegenheiten der Kriegsfilmpropaganda", Nr. 6850/17. Mayer, Organisation des Kriegspressequartiers, S. 86.

245 Ebd., S. 6 f.

246 KA, AOK, KPQ, Ktn. 58, Filmstelle 1917, „Referat für die kommissionelle Besprechung der Auslandspropaganda", Exh.Nr.: 1988b, E.Nr. 2243, 1917.

247 KA, AOK, KPQ, Ktn. 67, Filmstelle 1918, „Protokoll über die Sitzung zum Zwecke der Beratung einer Organisation für eine zweckentsprechende Propaganda der 8. Kriegsanleihe", Nr. 4668, 4. April 1918.

248 KA, KM, Präsidium, Ktn. 1890, „Schreiben Kriegsfürsorgeamt an Kriegsüberwachungsamt zu Betreff Feldkinos vom 13. Oktober 1916", Präs.Nr.: 32865, 1916.

249 Die Autorin zitiert hier Kapitel 6 ihres Artikels: Moser, Vom „öffentlichen Ärgernis" zum Propagandawerkzeug, Kapitel 6 „Schwerpunkte und Ziele der Kriegsfilm-Propaganda", http://ww1.habsburger.net/de/kapitel/schwerpunkte-und-ziele-der-kriegs-filmpropaganda, 30.11.2014.

250 Vgl. Mayer, Organisation des Kriegspressequartiers, S. 91. KA, AOK, KPQ, Ktn. 95, Filmpropaganda/Propagandatätigkeit, „Schreiben K.u.k. Kriegsarchiv an Kommando des k.u.k. Kriegspressequartiers", Betreff: Kriegsfilm-Propaganda, Nr. 1715, 10. September 1915. AOK, KPQ, Ktn. 62, Filmstelle 1917, „Betreff: Besprechung mit den Herren k.u.k. Militärbevollmächtigten und

deren Aufführung zu sichern, wurde seitens des KPQ eine gezielte Pressearbeit, eine „beharrliche Einflussnahme auf die Leihanstalten" sowie eine intensive direkte Bewerbung der k.u.k. Laufbilder bei den Kinounternehmen verordnet. Etwaige „erforderliche Schmierungen des Apparates" hatte man einkalkuliert,[251] Bestechungen waren demnach erwünscht.

Keinesfalls sollten die Filme in neutralen Staaten auf öffentlichen Plätzen vorgeführt werden, da mögliche Gegenstimmen, Diskussionen, laute Proteste oder gar Gewalttätigkeiten zu vermeiden waren. Die Vorstellungen hatten einzig in geschlossenen Räumen, in denen „die Aufmerksamkeit und das Interesse auf die Bilder konzentriert" bliebe, stattzufinden.[252] Über den Einsatz und den Erfolg oder Misserfolg der Filmpropagandamittel mussten militärische Vertreter dem KPQ regelmäßig berichten.[253]

Hinsichtlich der Wirkungskraft der österreichisch-ungarischen Aufnahmen lagen unterschiedliche Einschätzungen vor. Während man in den Niederlanden die „kurzen und minderen Laufbilder" beanstandete, kam aus der Schweiz die Meldung, dass die heimischen Filme sich beim Publikum großer Beliebtheit erfreuten und als „die schönsten ihrer Art" empfunden wurden.[254] Besonders euphorisch waren die Berichte aus der asiatischen Türkei. Der im Auftrag des k.u.k. Ministeriums des Äußeren und der k.u.k. Botschaft in Konstantinopel tätige J. Goldschmid hatte im benannten Gebiet zwei erfolgreiche Propagandareisen unternommen. Er organisierte Gala-Filmvorstellungen für die örtlichen Spitzen des Militärs und der Zivilbehörden, eigene Vorführungen für Damen sowie für Schülerinnen und Schüler wie auch öffentliche Darbietungen für die allgemeine kinematographische Laufkundschaft. Die gezeigten Aufnahmen erläuterte er in der gängigen Landessprache (Türkisch, Arabisch oder Griechisch), wobei Goldschmid darauf bedacht war, „die Macht und wirtschaftliche Kraft" Österreich-Ungarns „in das Bewusstsein

---

Militärattachés", Nr. 9372, 1917. AOK, KPQ Ktn. 68, Filmstelle 1918, „Korrespondenz Schramm-Schiessl", Nr. 14035, 1918.

251 KA, KM, Präsidium, Ktn. 2369, „Direktiven über die Herstellung und den Auslandsvertrieb von Propagandafilms", 8. Februar 1918, Präs.Nr.: 10618. KA, AOK, KPQ, Ktn. 60. Filmstelle 1917, „Einleitungsreferat des Kommandanten des Kriegspressequartiers zu der am 9. Juli 1917 stattfindenden kommissionellen Besprechung in Angelegenheiten der Kriegsfilmpropaganda", Nr. 6850/17.

252 KA: AOK, KPQ, Ktn. 34 Ko-Ku, Akt: Alexander Graf Kolowrat-Krakovsky, „Schreiben des Verbindungsoffiziers vom k.u.k. Generalstab, Htm. Franz Uterharck an das Evidenzbüro des k.u.k. Generalstabs in Wien", 20.12.1914, ohne Protokollnummer.

253 Die Autorin zitiert hier Kapitel 6 ihres Artikels: Moser, Vom „öffentlichen Ärgernis" zum Propagandawerkzeug, Kapitel 6 „Schwerpunkte und Ziele der Kriegsfilm-Propaganda", http://ww1.habsburger.net/de/kapitel/schwerpunkte-und-ziele-der-kriegs-filmpropaganda, 30.11.2014.

254 KA, AOK, KPQ, Ktn. 59, Filmstelle 1917, „Bericht Schramm-Schiessl über österreichische Propagandatätigkeit in Holland", Nr. 2625, 14. Mai 1917. Ebd., „Bericht k.k. Oberstleutnant Dr. Richard Stein über Vorbereitungen einer Reise in die Schweiz", Nr. 2585, 1917.

der Bevölkerung zu tragen". Seine Pionierarbeit bestand – so Goldschmid – vor allem darin, die Unterschiede zwischen Deutschen und Österreichern zu verdeutlichen, wobei Letzteren nach der ersten Propagandafahrt bereits größtes Wohlwollen und freundschaftliche Gefälligkeiten entgegengebracht wurden. Weitere Touren in die Region waren in Planung, wobei nun speziell auch Industrie- und Städteaufnahmen in das Programm aufgenommen werden sollten. Wiederholt wies Goldschmid darauf hin, dass man von deutscher Seite Versuche unternommen hatte, die österreichische Propaganda zu unterminieren, ja sogar dem Ansehen der Habsburgermonarchie zu schaden.[255] Umgekehrt registrierten die deutschen Propagandastellen eine klare filmische Dominanz Österreich-Ungarns in der Türkei und in den Balkanstaaten, während der eigene Einfluss als schwindend empfunden wurde.[256]

Umgekehrt verfolgte das KPQ die Aktionen des verbündeten Deutschen Reichs wie auch der gegnerischen Entente genau, wobei man beiden eine besonders erfolgreiche filmische Propagandatätigkeit konstatierte. Frühzeitig hätte Deutschland auf die gezielte Agitation per Film gesetzt und auf diesem Weg „die wirtschaftliche Stellung der Monarchie zu schädigen" versucht.[257] Sowohl die Ententemächte als auch Deutschland verfügten, nach Ansicht des KPQs, über weit mehr finanzielle Mittel als Österreich-Ungarn und hätten dazu auch die Möglichkeit, ihre Filme den Kinounternehmen kostenfrei anzubieten. Die k.u.k. Filmwirtschaft hatte indes mit zusätzlichen finanziellen Belastungen zu kämpfen, so war man etwa genötigt, das Rohfilmmaterial aus Deutschland zu beziehen.[258]

Zudem zogen auch die Ententemächte alle Register, um die Verbreitung „feindlichen" Filmmaterials in den neutralen Staaten zu unterbinden. In der Schweiz etwa wurden französische und englische Filme den Kinobetreibern nur unter der Bedingung gebührenfrei gestellt, die Vorführung deutscher Produktionen zu unterlassen. Im Gegenzug kauften Vertreter des Deutschen Reichs 26 Kinos in der Schweiz auf, um sich den Zugang zum Filmmarkt zumindest teilweise zu sichern. Österreich-Ungarn konnte sich keiner entsprechenden Mittel bedienen. Der finanziell beschränkte Handlungsraum des KPQ wurde in einem Bericht der Filmstelle

255 KA, AOK, KPQ, Ktn. 60, Filmstelle 1917, „Aktion Goldschmid", Nr. 3419, Mai 1917.

256 Jung, Uli/Mühl-Benninghaus, Wolfgang: Export und Import nicht-fiktionaler Filme, in: Jung, Uli/Loiperdinger, Martin (Hg.): Geschichte des dokumentarischen Films in Deutschland, Bd. 1, Kaiserreich 1895–1918, Stuttgart 2005, S. 425.

257 KA, KM, Präsidium, Ktn. 2369, Memorandum über die Bedeutung der Kinoindustrie vom Standpunkte des Staates, 17. April 1918, Präs.Nr.:12707.

258 KA, AOK, KPQ, Ktn. 60. Filmstelle 1917, „Einleitungsreferat des Kommandanten des Kriegspressequartiers zu der am 9. Juli 1917 stattfindenden kommissionellen Besprechung in Angelegenheiten der Kriegsfilmpropaganda", Nr. 6850/17. KA, AOK, KPQ, Ktn. 68, Filmstelle 1918, „Korrespondenz Schramm-Schiessl", „Propaganda in der Schweiz", Nr. 14322, 1918.

wie folgt zusammengefasst: „Als Resümee kann nur bemerkt werden, dass auch zur Propaganda drei Faktoren gehören: Geld, Geld und wieder Geld.“[259]

Trotzdem fand man unter den gegebenen Umständen Möglichkeiten, regulative Maßnahmen zu setzen und der Filmpropaganda Impulse zu geben. Den für das AOK tätigen Filmfirmen wurden bereits Ende 1914 alle bislang zu leistenden Abgaben bis auf 10 Prozent des Reingewinns erlassen, um die Kosten zu senken, die Produktionen billiger anbieten zu können und auf diese Weise deren Verbreitung zu erhöhen.[260] Als Vorteil empfand man seitens Österreich-Ungarns auch die Kooperation Sascha Kolowrats mit dem deutschen Filmpionier Oskar Messter und die daraus resultierende Gründung der „Österreichisch-Ungarischen Sascha-Messter Filmfabrik Ges.m.b.H.“ im April 1916. Fusionierungsangebote der „Deutschen Lichtbild-Gesellschaft“, die sich im darauffolgenden Jahr an verschiedene österreichisch-ungarische Produzenten richteten, lehnten die österreichisch-ungarischen Behörden jedoch vehement ab.[261] Vielmehr suchte man nach einer zunehmenden Unabhängigkeit des heimischen Filmmarktes, um einer weiteren „Einkreisung“ von Seiten der deutschen Propaganda zu entgehen.[262]

Auf deutscher Seite schätzte man die Lage etwas anders ein. Die filmische Dominanz der Ententestaaten im neutralen Ausland erkannte man auch hier bereits 1915, was 1916 zu einer Intensivierung der Filmpropagandaaktivitäten führte. Ausdruck dessen waren u. a. die Gründung der „Deutschen Lichtbild-Gesellschaft“ (DLG) im November 1916 sowie der Aufbau des Bild- und Film-Amtes (BuFA) im Jänner 1917.[263] Allerdings gelang auch den deutschen Unternehmungen kein bahnbrechender Erfolg. Die Gesandtschaften des k.u.k. Bündnispartners beklagten die geringe Wirkungskraft der deutschen Propagandafilme. Die Spielfilme wie auch das nichtfiktionale Beiprogramm der DLG hatten den gewünschten Werbezweck im In- und Ausland verfehlt.[264] Den „Erfolgen der österreichisch-ungarischen Kinematographie“ wurde hingegen seitens der deutschen Stellen durchaus Respekt gezollt, während

---

259 KA, AOK, KPQ, Ktn. 66, Filmstelle 1918, „Propaganda in der Schweiz“, Nr. 4186, 1918.

260 Mayer, Organisation des Kriegspressequartiers, S. 84 f.

261 Bono, Bemerkungen zur österreichischen Filmwirtschaft, S. 60. KA, AOK, KPQ, Ktn. 60. Filmstelle 1917, „Einleitungsreferat des Kommandanten des Kriegspressequartiers zu der am 9. Juli 1917 stattfindenden kommissionellen Besprechung in Angelegenheiten der Kriegsfilmpropaganda“, Nr. 6850/17.

262 KA, AOK, KPQ, Ktn. 67. Filmstelle 1918, „Deutsche Propaganda in Österreich“, Nr. 4917, 1918.

263 Jung, Uli/Mühl-Benninghaus, Wolfgang: Tätigkeit der Deutschen Lichtbild-Gesellschaft und des Bild- und Film-Amtes“, in: Jung, Uli/Loiperdinger, Martin (Hg.): Geschichte des dokumentarischen Films in Deutschland, Bd. 1, Kaiserreich 1895–1918, Stuttgart 2005, S. 416, 421. Jung/Mühl-Benninghaus, Export und Import, S. 424.

264 Blom, Ivo: Exkurs: Spionage und Propaganda im Ersten Weltkrieg. Das Beispiel Niederlande, in: Jung, Uli/Loiperdinger, Martin (Hg.): Geschichte des dokumentarischen Films in Deutschland, Bd. 1, Kaiserreich 1895–1918, Stuttgart 2005, S. 472. Jung/Mühl-Benninghaus, Deutsche Lichtbild-Gesellschaft, S. 420.

man bei den eigenen Produktionen eine „Mangelhaftigkeit der Motive" registrierte und auch die anfallenden Herstellungskosten als Problem erkannte.[265]

Der tatsächliche Erfolg oder Misserfolg der filmischen Propaganda ist aufgrund der mangelhaften Aktenlage nicht zu eruieren. Alle Berichte sprechen aber dafür, dass, je länger die Kriegshandlungen dauerten und je geringer die Hoffnung war, den Krieg an den Fronten zu entscheiden, das KPQ umso mehr ausgebaut und der Einsatz der Lichtbilder und Filme verstärkt wurde.[266] Einer Aufstellung vom Februar 1918 zufolge produzierte die Filmstelle wöchentlich eine Kriegswochenschau, pro Monat zumindest einen „künstlerisch ausgearbeiteten Kriegsfilm" sowie wenigstens „einen 300–400 m langen Film, der sich der Tätigkeit der k.u.k. Militärs in einem Kriegsgefangenenlager oder in einem besetzten Land" widmete. Des Weiteren brachte man „Aufnahmen aus der Kriegsindustrie, der Landwirtschaft, von Städten und Naturschönheiten der Monarchie" ein, wie auch „patriotische Dramen oder Komödien, die internationalen Leihanstalten angeboten" wurden.[267] In der Aufzählung fehlen die zahlreichen in Auftrag gegebenen Kriegsanleihefilme, die – ebenso wie die Wirtschaftsindustriefilme – eine klare ökonomisch motivierte Wirkungs- und Werbekraft verfolgten und für die weitere Entwicklung des Genres „werbender Film" in dieser Periode von besonderer Bedeutung waren.

5.2 „Die Erfüllung einer patriotischen Pflicht": Kriegsanleihewerbefilme

Ein wichtiges Mittel zur pekuniären Sicherung der kostenaufwendigen Kriegseinsätze stellten die Kriegsanleihen dar. Der erste Aufruf zur Leistung einer „finanziellen Wehrpflicht" erfolgte bereits im November 1914. Die offerierten fünf Prozent Zinsen versprachen eine gute Geldanlage und veranlassten insbesonders große Institutionen und die Mittelschicht, diesbezüglich aktiv zu werden. Im Ganzen wurden acht Kriegsanleihen aufgelegt, die nominell 35 Milliarden Kronen einbrachten. Gezeichnet wurden sie vornehmlich von Deutschösterreichern, die nicht nur über die größten finanziellen Mittel verfügten, sondern zudem den militärischen Sieg Österreich-Ungarns am stärksten herbeiwünschten. Insgesamt konnten drei Fünftel der Kriegskosten über Anleihen erbracht werden. Der Erste Weltkrieg verbrauchte

265 Oppelt, Ulrike: Film und Propaganda im Ersten Weltkrieg. Propaganda als Medienrealität im Aktualitäten- und Dokumentarfilm, Stuttgart 2002, S. 108.

266 Strobl, Karl Hans: K.P.Qu. Geschichten und Bilder aus dem österreichischen Kriegspressequartier, Reichenberg 1929, S. 272. Mayer, Organisation des Kriegspressequartiers, S. 48.

267 KA, KM, Präsidium, Ktn. 2369, „Direktiven über die Herstellung und den Auslandsvertrieb von Propagandafilms", 8. Februar 1918, Präs.Nr.: 10618. Mayer, Organisation des Kriegspressequartiers, S. 91.

ein Viertel bis ein Drittel des Volksvermögens und endete in einem ökonomisch-monetären Fiasko. Die Kriegsanleihezeichner hatten letztlich nur mehr wertlose Papiere in den Händen.[268]

Zu Werbezwecken kam eine Reihe von Filmen zum Einsatz, die vor allem das Gewissen der „Untertanen" ansprechen sollten. Produziert wurden die Kriegsanleihefilme fast ausschließlich von der „Österreichisch-Ungarischen Sascha-Messter Filmfabrik Ges.m.b.H.", verliehen hauptsächlich seitens des Unternehmens „Philipp & Pressburger". Die Bandbreite der Kriegsanleihefilme reichte von Trickfilmen und Karikaturen über fiktionale Realfilme mit dokumentarischen Filmsequenzen bis zu Lustspiel-Ein- und -Mehraktern. Zu sehen waren die Filme in Kinematographentheatern, Wander- und Feldkinos, mitunter wurden sie in die Kriegswochenberichterstattung eingebettet.[269]

Schon in November 1914 wurde mit der „Österreichischen Kriegskarikatur Nr. 3", die unter dem Titel WIE DER SCHANI UND SEINE KLEINE SCHWESTER DIE KRIEGSANLEIHE ZEICHNEN WOLLEN (A 1914) erschien, erstmals per Film für die erste Anleihe geworben. Der von Robert Müller produzierte und in den Verleih gebrachte Streifen wurde vom Illustrator Theo Zasche gestaltet.[270] Mehr ist über den verschollenen Film nicht bekannt.

In den ersten beiden Kriegsjahren zählten speziell „patriotische Satiren" wie DAS NEUE DREIGESTIRN (A 1914) oder DAS KRIEGS-A.B.C. (A 1915) zum Standardrepertoire der filmischen Propaganda.[271] Inwieweit diese Kriegskarikaturen auch für das Zeichnen der Kriegsanleihe warben, ist aufgrund der erhaltenen Quellen nicht feststellbar. Die bei diesen Produktionen tätigen Zeichner, wie etwa Otto Dely (alias Otto Erdely, auch: Erdelyi), Theo Zasche, Karl Rob (alias Karl Robitschek) oder Theo Matejko, setzten in späteren Jahren auch Filme, welche die „vaterländischen" Kriegsaktien propagierten, grafisch um. Ihr Talent, „Wiener Typen" und „Wiener Art" in Bildmotiven authentisch-komisch wiederzugeben, war weithin gefragt.[272]

---

268 Eigner/Helige: Wirtschafts- und Sozialgeschichte, S. 129–130. Ernst Hanisch: Der lange Schatten des Staates. Österreichische Gesellschaftsgeschichte im 20. Jahrhundert, Wien 1994, S. 205. Sandgruber, Ökonomie und Politik, S. 327 f.

269 KA, AOK, KPQ, Ktn. 67, Filmstelle 1918, „Protokoll über die Sitzung zum Zwecke der Beratung einer Organisation für eine zweckentsprechende Propaganda der 8. Kriegsanleihe", Nr. 4668, 4. April 1918.

270 *Kinematographische Rundschau*, „Anzeige", Nr. 350, 22. November 1914, S. 42. *Österreichischer Komet*, „Anzeige", Nr. 237, 28. November 1914, S. 14.

271 *Kinematographische Rundschau*, „Anzeige", Nr. 351, 29. November 1914, S. 46. *Österreichischer Komet*, „Anzeige", Nr. 237, 28. November 1914, S. 14. *Bosnische Post*, 24. August 1915, S. 5. *Tagespost* (Graz), 20. Juli 1915, o. S. *Bosnische Post*, 26. August 1915, S. 5.

272 *Kinematographische Rundschau*, „Die österreichische Karikaturenserie", Nr. 362, 1915, S. 6. Die ersten 50 Jahre des österreichischen Zeichentrickfilms, Wien 1987, S. 9–22. Renoldner, Thomas (Hg.): Animationsfilm in Österreich. Teil 1 1900–1970 (International Animated Film Association), Wien 1995, S. 13 f.

Ab dem Jahr 1916 lassen sich neuerlich explizite Kriegsanleihewerbefilme nachweisen. Für die Bewerbung der fünften Wertpapier-Aktion wurde mit DER NÖRGLER[273] ein vielgelobter und aufwendiger Film verwirklicht. Protagonist der Handlung ist Balduin Raunzer, ein „typischer" Wiener Hausherr. Dem ledigen und untauglichen „Grantler" fehlt es trotz des Kriegs an nichts. Und doch ist er unzufrieden, zerstritten mit jedermann. Er klagt über fleischlose Tage und äußert sich abfällig über jegliche militärische Erfolgsmeldung. Zur Einsicht kommt er im Zuge eines nachmittäglichen Schlafs. Im Traum suchen ihn ein Soldat und ein Handwerker heim, die ihm die „Titanenarbeit" an der Kriegs- und Heimatfront vor Augen führen. Groß inszenierte Schlachtenaufnahmen werden ebenso dargeboten wie „Szenen aus Österreichs Geschütz-, Munitions- und Aeroplanfabriken" (u. a. Bilder aus den Škoda-Werken in Pilsen), Unterseebooteinsätze und Wohlfahrtseinrichtungen. Die „Arbeit der Frauen im Hinterland, die im Schweiße ihres Angesichts das tun, was früher Männer getan haben", wird gleichfalls berücksichtigt. Der Traum kommt einer Katharsis gleich. Der geläuterte Nörgler avanciert zu „einem Helden der Heimatfront", der seiner „vaterländischen Pflicht" nachkommt: Er zeichnet Kriegsanleihen.[274]

Die Presse kommentierte den Film mit euphorischem Überschwang: Über lange Strecken wäre man sich gar nicht bewusst, dass es sich hier um „Agitation" handle. Die Produktion sei als „Schlagerfilm" zu bewerten, den kein Kinobesitzer in seinem Programm missen dürfe. Letztlich beweise DER NÖRGLER, von welch großem Wert die filmische Propaganda sei. Gerade in den Tagen des Weltkriegs habe besonders „das Kino große und schöne Aufgaben zu erfüllen".[275]

Die Verleihfirma „Philipp & Pressburger" nutzte die Filmankündigungen und -besprechungen dazu, die eigene „patriotische Gesinnung" nachhaltig zu unterstreichen und letztlich Eigenwerbung zu betreiben. Die unentgeltliche Abgabe des Streifens DER NÖRGLER an die österreichischen Kinobesitzer in den ersten fünf bis sechs Wochen wurde hierbei wiederholt betont und verlautbart, dass das

---

273 DER NÖRGLER, A 1916, P: Österreichisch-Ungarische Sascha-Messter Filmfabrik Ges.m.b.H., Länge (L): 900–1500 Meter, 3–4 Akte, R: Fritz Freisler, Kamera (K): Ludwig Schaschek, D: Fritz Freisler. Vgl.: Thaller, Filmografie, S. 277.

274 *Österreichischer Komet*, „Vorführung der Firma Philipp & Pressburger", Nr. 342, 2. Dezember 1916, S. 10–11. *Die Filmwoche*, „Ein patriotischer Propagandafilm", Nr. 188, 2. Dezember 1916, S. 6 f. *Paimann's Filmlisten*, „DER NÖRGLER", Nr. 48, 24.–30. November 1916, o. S. KA, AOK, KPQ, Ktn. 62, Filmstelle 1917, „Schreiben Hauptmann Löwenstein an das Kommando des k.u.k. Kriegspressequartiers", Nr. 10533, 21. September 1917. Im Jahr 1918 produziert die deutsche „Neutral-Film" mit RENTIER einen im Aufbau ähnlichen Film. Auch hier wird ein Vertreter des gutbürgerlichen Milieus im Traum bekehrt; zwei Flieger entführen ihn an die Front. Kulicke zeichnet schließlich deutsche Kriegsanleihen. Siehe: Jung, Uli/Mühl-Benninghaus, Wolfgang: Ästhetischer Wandel. Dokumentarische Propagandafilme, in: Jung, Uli/Loiperdinger, Martin (Hg.): Geschichte des dokumentarischen Films in Deutschland, Bd. 1, Kaiserreich 1895–1918, Stuttgart 2005, S. 439–440.

275 *Kinematographische Rundschau*, „Ein patriotisches Werk im Film", Nr. 455, 1916, S. 12–13. *Kinematographische Rundschau*, „DER NÖRGLER", Nr. 456, 1916, S. 55.

Unternehmen „Philipp & Pressburger“ immer „unter den ersten ist, wenn es gilt einem wohltätigen oder patriotischen Zweck zu dienen“.[276]

Ab der sechsten Kriegsanleihe wurden die produzierten Werbefilme den Kinematographenbetreibern schließlich unbefristet kostenfrei zur Verfügung gestellt, wobei bereits die Hoffnung mitschwang, das letzte Mal für die militärischen Wertpapier-Aktien Reklame treiben zu müssen.[277] Man setzte von nun an vor allem auf Humor. Schlagerlustspiele, Trickfilme und Karikaturen standen hoch im Kurs, bisweilen versuchte man mit amourösen Plots auf emotionaler Ebene speziell das weibliche, „heiratswillige“ Publikum für die Kriegsfinanzierung zu gewinnen.[278] Während für die sechste Anleihe neun Produktionen in Umlauf gebracht wurden,[279] waren für die siebente Zeichnung fünf[280] und für die achte vier Werbefilme[281] vorgesehen.

Von den österreichisch-ungarischen Kriegsanleihefilmen hat sich ein einziges Fragment erhalten. Die bruchstückhaft bestehende Produktion wirbt für die siebente Wertpapierzeichnung und beginnt abrupt mit einem Zwischentitel, der den barschen und ablehnenden Charakter des Protagonisten unmittelbar wiedergibt: „Sollen Die [sic!] Kriegsanleihe zeichnen, die a Geld hab’n. Wann i was hätt, sehr gern.“ Diese abweisenden Worte richtet ein Greißler an eine junge Pfadfinderin. Die Szenerie spielt in einem gut bestückten Kleinladen, der unter anderem „Jamaica Rum“ und Waren aus Ungarn feilbietet. Mit einer abschätzigen Handbewegung weist der Kaufmann das Anliegen von sich und nagelt das Wertpapieransuchen an

---

276 *Die Filmwoche*, „Eine eigenartige Neuerscheinung der Firma Philipp & Pressburger “, Nr. 187, 25. November 1916, S. 46.

277 *Neue Kino-Rundschau*, „Werbefilms für die sechste Kriegsanleihe“, Nr. 9, 1917, S. 12.

278 „Der schönste Mann von Wien heiratet diejenige Dame, die ihre Mitgift in der VI. österreichischen Kriegsanleihe angelegt hat“ - so lautete der Werbetext für den Film DIE SENSATIONELLE HEIRATSANNONCE (A 1917). Eine weitere Produktion, die für die sechste Kriegspapier-Aktion warb titelte mit WAS DIE LIEBE VERMAG (A 1917). Vgl. *Wiener Allgemeine Zeitung*, 16. Juni 1917, Seite 3. *Neue Kino-Rundschau*, Nr. 10, 1917, S. 17.

279 DER DIEBSTAHL, DER GEWONNENE PROZESS, DIE GOLDENE WEHR, DIE FELDGRAUE KRONE, WIR UND DIE ANDEREN, UNLAUTERER WETTBEWERB, DER WEG ZUM FRIEDEN, DIE SENSATIONELLE HEIRATSANNONCE, WAS DIE LIEBE VERMAG. *Neue Kino-Rundschau*, „Anzeige“, Nr. 9, 1917, S. 73. Thaller, Filmografie, S. 289, 300, 342, 349, 358, 361.

280 DER GEWISSENSWURM, DEM FRIEDEN ENTGEGEN, DER GEIZIGE HANNES, DER NEUE TANTALUS. Der fünfte Titel konnte nicht ermittelt werden. Die Berichterstattung kündigte allerdings „drei einaktige Lustspiele, ein zweiaktiges Lustspiel und ein dreiaktiges Lustspiel“ für die siebente Kriegsanleihe an. Vgl.: *Neue Kino-Rundschau*, „Neue Propagandafilms für die 7. Kriegsanleihe““, Nr. 33, 1917, S. 6. *Österreichischer Komet*, „Anzeigen“, Nr. 390, 3. November 1917, S. 22–23. *Der Kinobesitzer*, „Zensurergebnisse“, Nr. 14, 1. Dezember 1917, S. 4. Thaller, Filmografie, S. 274, 314 f.

281 DER TRIBUT DES KÜNSTLERS, WER ZUELTZT LACHT, DER VORSICHTIGE KAPITALIST, DIE BEIDEN MEIER. *Neue Kino-Rundschau*, „Eine neue Serie unentgeltlicher Propagandafilms““, Nr. 64, 1918, S. 78 sowie „Anzeigen“, S. 13. *Der Kinobesitzer*, „Zensurergebnisse“, Nr. 41/42, 24. Juni 1918, o. S. Thaller, Filmografie, S. 371, 450, 455.

die Wand, wo bereits andere Zettel abgeheftet wurden. Die rechts im Bild gruppierte Kundschaft stimmt dem Händler nickend zu, während die junge Frau mit gesenktem Kopf das Geschäft verlässt. Vor dem Laden warten Kundinnen. Die im leicht schiefen Winkel ausgerichtete Kameraposition vermittelt den Eindruck einer bildlich nicht mehr fassbaren noch größeren Menge von in der Schlange verweilenden Personen. Rechts an den Bildrand gedrängt steht der Kompagnon des Mädchens.

Die engagierte Frau tritt aus dem Laden und verweist mit einer Geste der Enttäuschung (sie hebt ihre leeren Hände leicht an) auf den Misserfolg ihres Unternehmens. Entschlossen greift der Pfadfinder in einen kleinen Behälter und entnimmt etwas nicht offen Sichtbares. Er tritt vor die wartende Menge und demonstriert seine Entschlusskraft, ehe er das Geschäftslokal betritt.

Der Greißler befindet sich soeben in einem Streitgespräch mit seiner Kundschaft, als der junge Mann an ihn mit einem Wunsch herantritt. Während sich der Ladenbesitzer dem Regal zuwendet, steckt ihm der Pfadfinder etwas nicht visuell Fassbares zwischen Kragen und Hals. Der Geschäftsbetreiber reibt sich am Hinterkopf und steht nun als zentraler Fixpunkt der Handlung in der Bildmitte. Sein Wesen ändert sich sichtlich, zuvorkommend und freundlich bedient er nun seine Kundinnen.

Jetzt betritt ein Postbote das Lokal und wird vom Pfadfinder per Blick und Kopfbewegung zur Übergabe eines Kriegsanleiheformulars bewegt. Der Kaufmann setzt seine Brille auf, küsst frohgemut eine eben erst eingetroffene Postkarte und füllt nun entschlossen die Anmeldung zur Zeichnung der siebenten Kriegsanleihe aus. 10.000 Kronen ist er bereit zu investieren. Er übergibt das Papier dem jungen Mann, der begeistert aus dem Laden stürmt, seine Gefährtin freudig umarmt und das Formular triumphierend der vor dem Geschäft wartenden Kundschaft präsentiert. Das Paar verlässt die Szenerie, der Greißler eilt vor das Geschäftslokal. Hier endet das Fragment. Der weitere Verlauf des Plots bleibt offen. Der Titel des Films ist ungeklärt.[282]

Die inhaltliche und szenische Gestaltung geben aber Einblick in eine offenbar oftmals gepflogene Grundkonzeption: Der unwillige, griesgrämige Prototyp des Österreichers, vielleicht noch mehr des Wieners, wird persifliert. In Volksmaniercharakter werden Stereotype überzeichnet, belächelt und die unwilligen Protagonisten letztlich bekehrt. Die Alltagssituation bindet weite Bevölkerungskreise (von der Arbeiterschaft bis zum Kleinunternehmer, von der jungen Frau bis zur Greisin) ein, ermöglicht eine Wiedererkennung von Selbsterlebtem und bietet so einen Identifikationsrahmen. Die einzige Großaufnahme des Fragments lässt die Zielrichtung des Werbefilms klar erkennen: Die siebente Kriegsanleihe liegt auf und ist eifrig zu zeichnen.

---

282 Die Titel Der Gewissenswurm und Der geizige Hannes würden sich aufgrund des Inhalts des Fragments anbieten. Angaben über den Plot der Filme fehlen jedoch gänzlich.

Je länger der Krieg dauerte, umso schwieriger gestaltete sich sowohl der Kinobetrieb als auch die effektvolle Umsetzung der Filmpropaganda. Außerdem ließen kalte Kinosäle das Publikum ausbleiben. Neue Werbeformen sollten gefunden werden, um die Bevölkerung zum Zeichnen der Kriegsanleihe erstmals oder neuerlich zu motivieren. Bühnenlieblinge wie die Schauspieler und Sänger Franz Glawatsch und Hubert Marischka wurden als Protagonisten gewonnen, etablierte Regisseure wie Fritz Freisler und Konrad Wiene sorgten für die Umsetzung des Stoffs.[283] Auf Anregung des Leiters der Filmstelle des KPQ, Hans Otto Löwenstein, sollten Kinotheater, Varietés und andere Vergnügungslokale, die Kriegsanleihefilme zur Aufführung brachten, mit einer Verlängerung ihrer Öffnungszeiten belohnt werden. Man erhoffte sich dadurch ein vermehrtes Interesse an der Übernahme und Vorführung der Aufnahmen. Parallel dazu plante man, die Lichtreklame zu intensivieren und entsprechende Bilder nächtens auf den Wasserspiegel des Donaukanals sowie auf den Himmel zu projizieren.[284] Trotzdem konstatierten die Propagandastellen nur einen Monat später (Mai 1918), dass es wohl an der Zeit wäre, die sich „allmählich geltend machende Ermüdung der Bevölkerung den immer gleichen Ansprüchen und Argumenten gegenüber" zu überwinden. Allerdings hätte man auf dem Gebiet der Propaganda „wohl fast schon alles gemacht, was gemacht werden" könne. Hinsichtlich der Filmwerbung wurde ernüchtert eingestanden, dass es an weiteren inhaltlichen Vorschlägen für Kriegsanleihefilme mangle.[285] Der anfangs erzielte Erfolg der Anleihen war schließlich nicht zu halten. Bei den letzten Aufrufen blieben vor allem die kleinen Sparer aus. Der Krieg endete in einer monetären Katastrophe, ein Viertel bis zu einem Drittel des Volksvermögens wurde vernichtet. Das in Kriegsanleihen angelegte Geld war für immer verloren.[286]

5.3 „Zur Demonstration ökonomischer Stärke": Industrie(werbe)filme

Der Ausbruch des Ersten Weltkriegs hatte grundsätzliche Veränderungen in der industriellen Produktion und in der Güter- und Rohstoffverteilung zur Folge: Sämtliche kriegswirtschaftlichen Betriebe wurden dem Kriegsrecht unterstellt. Zu den vorerst wachsenden Branchen zählten die kriegswichtigen Anlagen der Eisen- und

283 Thaller, Filmografie, S. 450, 455. *Neue Kino-Rundschau*, „Eine neue Serie unentgeltlicher Propagandafilms"", Nr. 64, 1918, S. 78.

284 KA, AOK, KPQ, Ktn. 67, Filmstelle 1918, „Protokoll über die Sitzung zum Zwecke der Beratung einer Organisation für eine zweckentsprechende Propaganda der 8. Kriegsanleihe", Nr. 4668, 4. April 1918.

285 KA, AOK, KPQ, Ktn. 67, Filmstelle 1918, „Referat zur Propaganda für die achte Kriegsanleihe. Referent: Oblt. Dr. Alfred Schwoner", Nr. 4668, 17. Mai 1918.

286 Hanisch, Schatten, S. 205.

Stahl-, der Maschinen- und Elektro- sowie der chemischen Industrie. Die Automobilbetriebe wurden den militärischen Belangen entsprechend ausgebaut, der Flugzeugbau erstmals erfolgreich in Angriff genommen. Das Hauptaugenmerk lag auf der Herstellung von Kriegsmaterialien. 1917 registrierte man eine Million Beschäftigte in den Rüstungsunternehmen.[287]

Der Fehlschluss, wonach der Krieg nach nur wenigen Monaten enden würde, führte zu einem unüberlegten, nicht organisierten und verschwenderischen Verbrauch von Rohstoffen, Geldern und Lebensmittelvorräten. Gleichfalls problematisch gestaltet sich die Regelung des Eisenbahnverkehrs. Um den Truppenaufmarsch voranzutreiben, wurden alle Transportwege auf dieses Ziel hin umgelenkt, ohne die ökonomischen Notwendigkeiten zu berücksichtigen. Die Auswirkungen dieser Fehlplanung waren verheerend: Die Energieversorgung drohte zusammenzubrechen, die Beförderung der Getreideernte zögerte sich hinaus, ein „Kriegsschock" wirkte bis ins Frühjahr 1915 nach.[288] Es folgte eine Phase der Prosperität, allerdings zeichnete sich bereits 1916 vorerst langsam, 1917 aber umso mehr der zunehmende Verfall der Produktion ab.

Die prekäre Rohstofflage machte sich bereits kurz nach Kriegsbeginn bemerkbar. Um dem entgegenzuwirken, wurden Zentralen eingerichtet, deren Aufgabe die Beschaffung und Verteilung von Werk- und Brennstoffen war. Die Mangelwirtschaft erweiterte die Beibringung von Materialien: Eheringe, Kirchenglocken, Leuchter, Kupferdrähte, -dächer und -badeöfen, Türklinken aus Messing oder auch Haus- und Küchengeräte wurden eingeholt, um die Weiterführung des Kriegs zu sichern.[289]

Die filmische Propaganda präsentierte ein gänzlich anderes, der Realität fernliegendes Bild. Die Beweggründe dafür waren plausibel: Man wollte sich im In- und Ausland bestmöglich, ökonomisch stark und wehrfähig darstellen, im Speziellen „die wirtschaftlichen Leistungen der Monarchie [...] ins rechte Licht setzen" und „imponierende Zahlen nennen", ohne „militärische Geheimnisse preiszugeben".[290] Auch wurde die Zeit nach dem Krieg vermehrt in den Fokus genommen. Auf die neuen Herausforderungen hieß es vorbereitet zu sein. Die „Standardisierung" und somit „Typisierung zur seriellen Erzeugung von Industriewaren", die „Organisation der Arbeitsverfahren unter Zerlegung in ihre einfachsten Vorgänge und eine Spezialisierung im Taylorschen Sinne", die „Vereinheitlichung und Vereinfachung der geistigen und materiellen Leistung"[291] wurden ebenso diskutiert wie die in Zukunft

287 Eigner/Helige: Wirtschafts- und Sozialgeschichte, S. 126.

288 Sandgruber, Ökonomie und Politik, S. 319.

289 Sandgruber, Ökonomie und Politik, S. 326. Hanisch, Schatten, S. 200 f.

290 KA, AOK, KPQ, Ktn. 58, Filmstelle 1917, „Anträge zur Durchführung des militärischen Propagandadienstes im Sinne der Kommissionsverhandlung", Nr. 1988b, 1917.

291 KA, KM, Intern-Akten, Ktn. 73, „Österreichisch-ungarische Kriegskorrespondenz - Kriegswirtschaftliche Beilage. Die ‚Standardisation' der Produktion", 1918.

zu erwartende und notwendige, vermehrte Werbearbeit mit wirtschaftlichen Motiven.[292] Auf Letzteres setzte man besonders in den ab dem Jahr 1916 produzierten Industrie(werbe)filmen, die „verschiedene Aufnahmen der österreichisch-ungarischen Großindustrie"[293] – vornehmlich in Kurzfilmen – zur Schau stellten. Im Zentrum der Filmpropaganda stand die österreichisch-ungarische Rüstungsgroßindustrie, so etwa die Munitionswerke in Wöllersdorf,[294] jene der Manfred Weiß A.G. in Budapest[295] und jene Hermann Weiffenbachs in Wien[296] oder auch die Stahlwerke der Gebrüder Böhler in Kapfenberg sowie die in Kladno bei Prag gelegene Poldihütte der Familie Wittgenstein.[297] Der Flugzeugbau[298] wurde ebenso filmisch dokumentiert wie die Herstellung von Torpedoschutznetzen und Handgranatenkörben oder die Produktion und Prüfung der Präzisionsfernrohre der Firma Zeiss.[299] Auch die bekleidungstechnische Grundausstattung der Soldaten und deren Verpflegung waren Teil der Filmpropaganda.[300] Zur Demonstration des militärischen Erfolgs und der

292 KA, AOK, KPQ, Ktn. 60. Filmstelle 1917, „Einleitungsreferat des Kommandanten des Kriegspressequartiers zu der am 9. Juli 1917 stattfindenden kommissionellen Besprechung in Angelegenheiten der Kriegsfilmpropaganda", Nr. 6850/17.

293 *Die Filmwoche*, „Anzeige Sascha-Film", Nr. 224, 11. August 1917, S. 22 f.

294 Bilder aus der k.u.k. Munitionsfabrik Wöllersdorf I. und II. Teil, A 1918, P: Sascha-Messter (Sawerb). Feierliche Einweihung einer Notstandskirche in der k.u.k. Munitionsfabrik Wöllersdorf, A 1918, P: Sascha-Messter (Sawerb). Vgl. dazu: *Der Kinobesitzer*, „Zensurergebnisse", Nr. 49/50, 21. August 1918, S. 7.

295 Bilder aus den Werken der Firma Manfred Weiss, Munitions-, Stahl- und Metallwerke A.G., A 1917, P: Sascha-Messter (Sawerb). Siehe dazu: *Der Kinobesitzer*, „Zensurergebnisse", Nr. 12, 17. November 1917, S. 7. *Der Kinobesitzer*, „Das lebende Bild als Dokument und Werbemittel", 10. November 1917, Nr. 11, S. 5 f.

296 Munitionsfabrik Hermann Weiffenbach Ges.m.b.H. Wien, A 1917, P: Sascha-Messter (Sawerb). Der Film ist erhalten und findet sich im Bestand des FAA.

297 Siehe dazu die Anmerkungen zu den Produktionen in: *Der Kinobesitzer*, „Das lebende Bild als Dokument und Werbemittel", 10. November 1917, Nr. 11, S. 5 f.

298 Llyod-Flugzeugwerke Budapest, A 1917, P: Sascha-Messter (Sawerb). Vgl.: Der Kinobesitzer, „Zensurergebnisse", Nr. 4, 22. September 1917, S. 5. Phönix-Flugzeugwerke, früher österreichisch-ungarische Albatros Flugzeugwerke Ges.m. b. H. Wien, A ca. 1916, P: Sascha-Messter (Sawerb). Der letztere Film ist erhalten und findet sich im Bestand des FAA.

299 [Filmaufnahme aus den Draht- und Siebwarenfabriken Hutter & Schrantz A. G Werk X. u. XII.], A 1917, P: Sascha-Messter (Sawerb). Carl Zeiss Wien. Österreichische Gesellschaft m. b. H. Fabrik für optische Instrumente, A 1917, Österreich 1917, P: Sascha-Messter (Sawerb). Beide Produktionen sind erhalten und finden sich im Bestand des FAA.

300 Werdegang einer Soldatenmontur. Aufgenommen in den Spinnereien, Webereien und mechanischen Konfektionsfabriken der Firma Wilhelm Beck und Söhne, A 1917, P: Sascha-Messter (Sawerb). Vgl.: *Der Kinobesitzer*, „Das lebende Bild als Dokument und Werbemittel", 10. November 1917, Nr. 11, S. 5–6. Hier wird auch auf die Vorführung eines Films der k.u.k. Militär-Konservenfabrik B. Wetzler & Co in Királyhida verwiesen. Der Film der Firma Wilhelm Beck und Söhne findet sich im Bestand des FAA.

ökonomischen Tatkraft dienten schließlich Aufnahmen, welche die wirtschaftliche Erschließung eroberter und verwalteter Gebiete belegten.[301]

Die auf ökonomische Propaganda abzielenden Industrie(werbe)filme wurden fast ausschließlich von der „Österreichisch-Ungarischen Sascha-Messter Filmfabrik Ges.m. b.H." produziert, wobei für diese speziellen Erzeugnisse mit der „Sawerb" eine eigene Werbefilmabteilung eingerichtet worden war.[302] Als Leiter dieser Sektion fungierte Robert Reich, der als Drehbuchautor des ersten österreichischen Konsumartikelwerbefilms bereits Erfahrungen gesammelt hatte und zudem auch als Kameramann beim KPQ zum Einsatz gekommen war.[303] Die Produktionen der „Sawerb" wurden der Öffentlichkeit in festlichem Rahmen und in Anwesenheit des Kriegsministers, hochrangiger Staatsbeamter, von Militärs und Vertretern des Hochadels in Wien und Budapest durch Direktor Reich vorgestellt. Neben touristisch motivierten Naturaufnahmen aus der Monarchie, die stets Teil der propagandistischen Selbstpräsentation blieben, standen insbesonders Kriegsindustriefilme im Zentrum der Veranstaltungen. Sie hatten vor allem moderne Herstellungsverfahren, imposant dargestellte Großanlangen und die Präsentation der menschlichen und maschinellen Kraft zum Inhalt.[304]

Einer dieser die Kriegsproduktion idealisierenden Filme, DAS STAHLWERK DER POLDIHÜTTE WÄHREND DES WELTKRIEGES, wurde von der Filmwissenschaft in den vergangen Jahren entdeckt und mehrfach besprochen. Der Prozess der Herstellung von Granathülsen wird detailreich vorgeführt, Kinder- und Frauenarbeit als nicht explizit zu erläuternder Tatbestand dargebracht. Eine „Ästhetisierung der Arbeit" und eine „Mystifizierung des Produktionsvorgangs", der „sich ikonographisch an das Nibelungenlied anlehne" (Siegfried, der sein Schwert nächtens schmiedet),[305] erkannte die Forschung in der POLDIHÜTTE ebenso wie die Umsetzung einer Utopie von Rationalität und Liberalisierung: Die Maschinen würden die Werktätigen nicht ersetzen, sondern einzig deren Arbeit erleichtern[306] – eine

---

301 DIE WIRTSCHAFTLICHE ERSCHLIESSUNG MONTENEGROS UNTER DER ÖSTERREICHISCH- UNGARISCHEN MILITÄRVERWALTUNG, I. und II. Teil, A 1917, P: Sascha-Messter. Vgl.: *Der Kinobesitzer*, „Filmvorführungen vom 2. bis 8. Nov. 1917, Filmfabrik Sascha", Nr. 11, 10. November 1917, S. 9. WIRTSCHAFTSAUFNAHMEN AUS RUMÄNIEN, A 1918, P: Filmstelle des KPQ. *Der Kinobesitzer*, „Zensurergebnisse", Nr. 44/45, 13. Juli 1918, S. 8.

302 Weitere der „Sawerb" zugeschriebene Industriewerbefilmproduktionen: DIE HERSTELLUNG VON GRANATZÜNDERN, A ca. 1917. DAS GRANITWERK SCHWARZWASSER IN ÖSTERREICHISCH-SCHLESIEN, A ca. 1916. [SASCHA-WERKFILM 1914–1918], A 1914–1918 (Inhalt: Produktion von Patronenhülsen in einer Wiener Munitionsfabrik).

303 Loacker/Prucha, Unerwünschtes Kino, S. 60.

304 *Der Kinobesitzer*, „Das lebende Bild als Dokument und Werbemittel", 10. November 1917, Nr. 11, S. 5–6. *Neue Kino-Rundschau*, „Ungarische Propagandafilms"", Nr. 62, 1918, S. 77.

305 Jung/Mühl-Benninghaus, Tätigkeit der Deutschen Lichtbild-Gesellschaft, S. 430–432.

306 O' Quinn, Kimberly: The Reason and Magic of Steel: Industrial and Urban Discourses in DIE POLDIHÜTTE, in: Elsaesser, Thomas: A Second Life: German Cinema's First Decades, Amsterdam 1996, S. 200.

Abb. 3: DAS STAHLWERK DER POLDIHÜTTE WÄHREND DES WELTKRIEGES, A 1916.

angesichts der gezeigten Schwere der körperlichen Verrichtungen etwas befremdlich wirkende Einschätzung.

Sämtliche Arbeiten betonten, dass über den Einsatz des Films keine Informationen vorlägen. Es sei nicht zu eruieren, ob die POLDIHÜTTE den Zweck verfolgte, die „Produkte zu bewerben, den Feind zu beeindrucken oder ob der Film gar als Geburtstagsgeschenk für Leopoldine Wittgenstein, deren Name das Werk trug", gedacht war.[307] Die zeitgenössische Branchenpresse erwähne den Film gar nicht.[308] Tatsächlich finden sich in den Fachblättern zwei Berichte, die über die Vorführung der POLDIHÜTTE Informationen preisgeben. Die Produktion wurde im Zuge einer festlichen Präsentation der Propagandafilme der „Sawerb" im November 1917 in Wien aufgeführt. Man zeigte sich beeindruckt vom „monumentalen Inhalt" des Streifens, der das „riesenhafte" und „modern organisierte Unternehmen" bestens ins Bild rücke.[309] Zudem war das Werk Teil des Kinoprogramms, das während der Kriegsausstellung 1916 im Wiener Prater zu sehen war. Die POLDIHÜTTE böte, so die Presse, „jedem so

307 Elsaesser, Thomas: Archive und Archäologien: Der Ort des nicht-fiktionalen Films im Feld der zeitgenössischen Medien, in: Hediger, Vinzenz/Vonderau, Patrick: Filmische Mittel, industrielle Zwecke. Das Werk des Industriefilms, Berlin 2007, S. 40–41.

308 Jung/Mühl-Benninghaus, Tätigkeit der Deutschen Lichtbild-Gesellschaft, S. 432.

309 *Der Kinobesitzer*, „Das lebende Bild als Dokument und Werbemittel", 10. November 1917, Nr. 11, S. 5 f.

viele interessante Einblicke in bisher den meisten Laien unbekannt gebliebene Gebiete, und zwar in einer so leicht fasslichen und verständlich gemachten Weise, dass dessen Besichtigung jedem, insbesondere der Jugend, empfohlen werden kann". Es handle sich um den „ersten großen, vollkommenen Industriefilm".[310]

Der Umstand, wonach DAS STAHLWERK DER POLDIHÜTTE WÄHREND DES WELTKRIEGES von der Werbeabteilung der „Österreichisch-Ungarischen Sascha-Messter Filmfabrik Ges.m.b.H." umgesetzt worden war und von dieser beworben wurde, sowie der Einsatz der Produktion bei der Kriegsausstellung lassen keinen Zweifel am propagandistischen Zweck des Streifens. Zudem belegen die Akten des KPQs, dass auch eine Vorführung des Films über die „Poldihütte" bei den Verbündeten geplant war.[311] Die Tatkraft der österreichisch-ungarischen Industrie sollte in der Heimat, bei den assoziierten Mächten sowie in den neutralen Staaten klar deklariert werden.

Die von der Filmstelle des KPQ beauftragten Industrie(werbe)filme hatten bisweilen unterschiedliche inhaltliche Schwerpunktsetzungen, zugleich lassen sich wiederkehrende Topoi ausmachen. Die Produktion LAGER DER „AUSTRIA" PETROLEUMINDUSTRIE A.G. WIEN II, AM PRATERSPITZ[312] sollte über Panoramaansichten aus erhöhter Position und zahlreiche Schwenks vor allem die Größe der Anlage fassbar machen. Im Vergleich zu anderen Filmen verbleibt die Kamera bei den Arbeitsprozessen (Verlade- und Tankfüllverrichtungen) vornehmlich statisch, die Tätigkeiten werden schlicht abgefilmt.

CARL ZEISS WIEN. ÖSTERREICHISCHE GESELLSCHAFT M. B. H. FABRIK FÜR OPTISCHE INSTRUMENTE ist darauf zentriert, die Qualität und Präzision der präsentierten Geräte zu vermitteln.[313] Schon der einleitende Zwischentitel bestätigt die Vielseitigkeit und Hochwertigkeit der Zeiss-Produkte: „Aufnahme der Sascha Film Fabrik mit Objektiv Zeiss Tessar 1:3:5". Die Güte und Schärfe des Gezeigten spricht bereits für die Firma. Großaufnahmen lassen eine detaillierte Beobachtung der Erzeugung von Prismen zu. Die ausführliche Überprüfung der Feldstecher im Laboratorium (Eintauchen in einen Wasserbehälter und nachfolgende Schärfe- und Dichtekontrolle) geben ebenso ein Gefühl der Sicherheit wie die Besichtigung der Apparate auf dem

---

310 Interessanterweise wird dem Film eine Laufzeit von über einer Stunde zugeschrieben. Die erhaltene Fassung beläuft sich auf 35 Minuten. *Die Filmwoche*, „Das Kino in der Kriegsausstellung", Nr. 167, 8. Juli 1916, S. 6.

311 KA, AOK, KPQ, Ktn. 65, Filmstelle 1918, Mr. 2277, „Schreiben der Generaldirektion der Poldihütte an das k.u.k. Kriegspressequartier", 22. Jänner 1918, „Schreiben des k.u.k. Kriegspressequartiers an die Generaldirektion der Poldihütte, 19. Juli 1918.

312 LAGER DER „AUSTRIA" PETROLEUMINDUSTRIE A.G. WIEN II, AM PRATERSPITZ, A ca. 1917, P: Sascha-Messter (Sawerb).

313 Wie sehr gerade der Topos der Präzision die Zeiss-Filme der 1920er- bis 1950er-Jahre bestimmt verdeutlicht: Hagener, Malte: Licht, Kamera, Reflektion. Das Wunder von Jena und die Industriefilmproduktion bei Carl Zeiss, in: Hediger, Vinzenz/Vonderau, Patrick: Filmische Mittel, industrielle Zwecke. Das Werk des Industriefilms, Berlin 2007, S. 285.

Firmendach durch einen Uniformierten (Erklärung durch einen Unternehmensvertreter, Begutachtung durch Soldaten, Protokollführung des Sekretärs). Militärische Experten zählen zum immer wiederkehrenden Motiv der Kriegsindustriefilme: Sie verweisen nicht nur auf den Einsatz der Gerätschaften, sondern schaffen auf logischer und emotionaler Ebene Vertrauen in die kriegswichtigen Güter. Der „Topos der Sichtbarmachung"[314] steht am Ende des Films. Der Blick auf eine drei Kilometer entfernte Brücke per Fernrohr wird jenem per freiem Auge gegenübergestellt: Eine visuell klar nachvollziehbare Beweisführung der sinnigen Nutzung des optischen Instruments wird geboten.

Kameraschwenks aus erhöhter oder ebenerdiger Position tasten in PHÖNIX-FLUGZEUGWERKE, FRÜHER ÖSTERREICHISCH-UNGARISCHE ALBATROS FLUGZEUGWERKE GES. M. B. H. WIEN nicht nur die weiträumigen Werkshallen ab, sondern rücken laufend die große Zahl der rege tätigen männlichen und weiblichen Beschäftigten in den Blickpunkt, die ohne Unterlass für den Krieg zu schaffen scheinen. Der chronologisch konzipierte Aufbau des Films präsentiert die Fertigung von Einzelteilen bis hin zu Übergabe und Abtransport der Flugmaschinen, wobei totale und amerikanische Aufnahmeeinstellungen dominieren. Vereinzelt sind Uniformierte in den Fabriksräumen zu sehen, bis sie gegen Ende des Aeroplan-Baus visuell Dauerpräsenz einnehmen. Der Einbau der Flugmotoren, die Fertigmontage und die Übernahme der Phönix-Flieger erfolgt unter Aufsicht und Beteiligung hochrangiger Militärs, die wiederholt den Blickkontakt mit der Kamera suchen. Perspektivenwechsel, Schnitte und Kamerabewegungen geben dem Industriestreifen eine weniger statische und somit modernere Anmutung. Die mit dem Zwischentitel „Fertigmontage" eingeleitete Sequenz überzeugt durch den Einsatz der subjektiven Kamera. Eine im Schritttempo angelegte Fahrt an den Modellen vorbei mit einem kurzen Reißschwenk nach links vermittelt dem Zuschauer den Eindruck, selbst durch das Werk zu schreiten, während von allen Seiten Unternehmenskräfte die Kamera knapp seitlich und quer passieren. Am Ende des Films fokussiert die Kamera den in „Sascha-Rot" getünchten (viragierten) Himmel. Langsam heben sich Phönix-Flugmaschinen empor. Die Abschlussbilder haben in ihrer brennenden Leuchtkraft einen markant-bedrohlichen Effekt.

Im Vergleich zu der Produktion PHÖNIX-FLUGZEUGWERKE wird die Leistungskraft der Kriegsindustrie im Streifen MUNITIONSFABRIK HERMANN WEIFFENBACH GES.M.B.H. WIEN weniger über filmische Stilmittel, sondern vielmehr über die Darstellung der schnellen Fertigkeiten der Arbeiterinnen demonstriert. Die – bis auf die Laborsequenz – ausnahmslos im Freien[315] gedrehten Aufnahmen verweilen vorerst auf

314 Vgl. dazu auch Hagener, ebd. S. 286.

315 Ein Grund für die Außenaufnahmen könnten die - im Vergleich zu den Fabriksinnenräumen - besseren Lichtverhältnisse im Freien sein.

einer vor dem Werksgebäude arrangierten Arbeitsszenerie in der Totalen: An lang gereihten Tischbänken verrichten Frauen ihr „kriegswichtigen Tätigkeiten". Über einen Schwenk in der Halbtotalen bis zu halbnahen Einstellungen wird der Arbeitsvorgang immer näher in den Fokus gerückt. Schließlich verbleibt man bei der Großaufnahme, die Frauen werden in der Folge anonymisiert. Die Kamera schwenkt über die eifrig arbeitenden Hände. Ein Arbeitsschritt folgt in akkurat rascher Abfolge dem nächsten. Eine rationell organisierte Herstellung der Handleucht-Raketen und Friktionszünder wird präsentiert. Die Arbeiterinnen stehen unter laufender Beobachtung – nicht allein durch die Kamera, vielmehr durch männliche Kontrollorgane, die hinter den Frauen auf und ab gehen, prüfend über deren Schultern blicken. Selbst der von den Arbeiterinnen geleistete Transport sowie das Ver- und Abladen der verpackten Waren am Firmengelände finden unter männlicher, teils militärischer, Obhut statt.

Die Bilder spiegeln reale Mentalitäten wider. Trotz des durch den Krieg bedingten Ausfalls männlicher Arbeitskräfte weigerten sich die Unternehmer vorerst oftmals, Frauen in ihre Dienste zu nehmen. Selbst ein Erlass im Oktober 1914, wonach die Nachtarbeit für Frauen gebilligt wurde, wenn keine Männer die Tätigkeit verrichten konnten, führte zu keinem Umdenken der Fabrikanten. Der Hauptgrund für die Ablehnung weiblicher Arbeitskräfte war der Umstand, dass diese nicht der militärischen Disziplin unterstanden. Die Aufnahmen aus der Munitionsfabrik Weiffenbach beweisen, dass der zunehmende Mangel an männlichem Personal das Heranziehen weiblicher Mitarbeiter geradezu erzwang und dass auf andere Weise ein effektvolles Überwachungssystem installiert werden konnte.[316]

Der hier bereits präsente Topos der Kontrolle findet auf anderer Ebene eine Fortsetzung. Die Qualitätsprüfung der Raketen auf ihre Brenndauer und Intensität hin wird visuell wirkungsvoll umgesetzt. Das abgedunkelte Labor wird durch die Probezündung in hellen Schein versetzt, leuchtender Dampf steigt empor, bevor der Raum wieder in Dunkelheit versinkt.

In der Folge kommt es zur Vorführung der Funktionsfähigkeit und zur Demonstration der militärischen Bedeutung der Waren im Feld. Szenerie im Schützengraben (Amerikanische): Der Geschütz-Vormeister blickt auf die Uhr, hält einen Moment inne und betätigt schließlich die Zündschnur. Er blickt kurz über die Schanzmauer, gibt anschließend eine Weisung. Aufsicht auf den Schützengraben (Totale): Nach einem Moment des Abwartens klettern die bewaffneten Soldatentrupps aus dem Schutzwall und laufen über das Schlachtfeld. Zeitlich präzise und gezielt organisiert stellt sich das Vorgehen an der Front dar. Die Szenen vermitteln

---

316 In Wien erhöhte sich der Anteil an weiblichen Beschäftigten von 31 Prozent (1913) auf 53 Prozent (1918). Über 50 Prozent der Arbeiter in den Munitionsfabriken Manfred Weiss und Wöllerdorf waren Frauen, im Rüstungsbetrieb Enzenfeld lag ihr Anteil bei 45 Prozent.Vgl. dazu: Hanisch, Schatten, S. 206. Wegs, Robert J.: Die österreichische Kriegswirtschaft 1914–1918, Wien 1979, S. 95 f.

einen „realen", dokumentarischen Charakter.[317] Das Zündfeuer selbst ist nicht zu sehen. Doch das anschließende und abschließende Bild ergänzen diese Fehlstelle. Für zwei Sekunden bleibt alles in Schwarz gehüllt. Plötzlich erheben sich Leuchtfeuer: Per Stopptrick formieren sich die Lichtgeschosse zu dem Schriftzug „Weiffenbach". Die Wirkungskraft der Raketen wird repräsentativ vorgeführt, der Marken- und Firmenname zugleich effektreich präsentiert. Ein idealer Packshot der frühen Filmgeschichte liegt vor.

Hinsichtlich der Inhalte und der Tonalität gestaltet sich WERDEGANG EINER SOLDATENMONTUR. AUFGENOMMEN IN DEN SPINNEREIEN, WEBEREIEN UND MECHANISCHEN KONFEKTIONSFABRIKEN DER FIRMA WILHELM BECK UND SÖHNE abwechslungsreich. Zu Beginn zentriert sich der Film um die Topoi Historie und Tradition. Die Tuchfabrikation anno 1727 wird in Kupferstichen dokumentiert, die dauerhafte Erfahrung in der Erzeugung und Behandlung von Stoffen ausführlich und etwas langwierig unter Beweis gestellt. Sanft gestaltet sich der Übergang zur „Militär-Tuchfabrikation der Jetztzeit". Idyllische Ansichten eines Meierhofes in Budischau (Budišov, heute Tschechien) lassen die heutige Produktion als traditionsreiche Fortsetzung des Vergangenen erscheinen. Das einfache rustikale Leben und die beschaulichen Bildikonen (ein kleines Bauernmädchen mit einem Lämmlein in den Armen, Landarbeiterinnen beim Scheren der Schafe, Steppenmotive mit Ziehbrunnen) verweisen auf die bodenständige und naturverbundene Herkunft des Rohstoffs. Die nachfolgenden, von Robert Reich gestalteten, Industrieaufnahmen sollen den technischen Fortschritt der heimischen Tuchherstellung bezeugen. Räderwerke, Motoren und Fließapparaturen in totalen und nahen Einstellungen visualisieren eine moderne, auf Maschinen basierende Produktionsweise. Noch werden Mitarbeiter gebraucht, um Spulen zu wechseln, Fäden zu spannen, Hebel zu bedienen, Stoffe richtig einzulegen oder mit Spezialnäh- und Bügelgeräten das Tuch weiterzuverarbeiten. Auch in diesem Film kehrt der Topos der Qualitätssicherung wieder. Laufend werden Rohstoffe, Zwischenprodukte und Stoffe durch (Fach-)Arbeiterinnen und -Arbeiter, im Monturdepot schließlich auch von hochrangigen Militärs, geprüft. Die Güte und den Wert der Uniformen unterstreicht letztlich auch das Schlussbild: Eine Lagerwache bezieht vor dem Bekleidungsdepot Stellung.

Der über 25 Minuten dauernde Streifen zeigt nicht nur minutiös den Herstellungsprozess einer Soldatenmontur (von der Wollgewinnung bis zur Einlagerung des Endprodukts), er bietet zudem interessante Einblicke in den Arbeits- und Lageralltag. Die Firma Wilhelm Beck und Söhne betreibt hier gezielte Imagepflege und präsentiert sich als human agierendes Unternehmen, das Arbeiterfürsorge

---

317 Ein Großteil der Aufnahmen im Feld wurden nachgestellt. Zudem achtete die Zensur darauf, dass „allzu krasse oder grauenerweckende Szenen ebenso wir militärisch ungünstig wirkende (z. B. zurücklaufende Leute) sorgfältig entfernt" wurden. Vgl.: KA, AOK, KPQ, Ktn. 58, Filmstelle 1917, „Korrespondenz KPQ – 17. Korpskommando April/Mai 1917", Nr. 1988, 1917.

betreibt. In einer ländlich arrangierten Szene am „Fabriksmeierhof" werden an das Personal und dessen Nachwuchs Milchrationen verteilt: Die Innenseite eines Hoftors öffnet sich langsam. Während im Hintergrund schemenhaft eine Feld- und Waldlandschaft zu erahnen ist, strömen Kälber in das Innere der Anlage (Schnitt). Ein von Stieren gezogener Heuwagen folgt, hält unmittelbar vor der ebenerdig positionierten Kamera, um diese schließlich seitlich zu passieren (Schnitt). In leicht schräg angeordneter totaler Perspektive eröffnet sich die Verteilungsszenerie im Hof eines Gebäudekomplexes. An einem langgestreckten Tisch wird Milch ausgeschenkt. Frauen, aber vor allem Kinder werden kontrolliert in vorgegebener Reihenfolge zur Ausschank beordert, um ihre Kannen mit Milch füllen zu lassen. Der industrielle Produktionsbetrieb wird an dieser Stelle durch dörflich und sozial konnotierte Motive unterbrochen.

Ein reges und geschäftiges Treiben vermitteln hingegen die „Ansichten aus dem Monturdepot". Im Innenhof der Anlage parken Lastwagen. Aus den Fenstern des Lagers werden geschnürte Pakete direkt in die Transporter geworfen. Im Vorhof der Barackensiedlung des Depots bearbeiten Frauen das militärische Schuhwerk (Schnüren, Sohlenkleben, Putzen). Soldaten begutachten die vollbrachte Arbeit, suchen nach passender Bekleidung. Am Gelände hat sich ein eigenes, geschäftiges, durch den Krieg bedingtes Arbeits- und Gemeinschaftswesen entwickelt.

Qualität, Präzision und Kontrolle, Tradition und Moderne, rationelle Leistungsfähigkeit und effektvolle Wirkungskraft – die Kriegsindustrie(werbe)filme der k.u.k. Monarchie weisen wiederholende Topoi auf, die eine gleichartige Aus- und Zielrichtung der Produktionen erkennen lassen. Filmische Mittel und visuelle Effekte kommen zum Einsatz, um von einer reinen Präsentation abzukommen und visuelle Überzeugungsarbeit zu leisten. Die Filmpropaganda agiert argumentativ, das Publikum hatte die Botschaften unmittelbar zu verstehen und sollte auf rationaler und emotionaler Ebene erreicht werden.

Filme mit militärischen und mitunter kriegsindustriellen Inhalten konnten in neutralen Ländern wie etwa der Schweiz durchaus auf Ablehnung stoßen.[318] Anders geartete Plots wurden hingegen ohne Bedenken in – hinsichtlich des Kriegs – unparteiischen Staaten gezeigt. Neben Städte- und Landschaftsbildern zählten dazu Aufnahmen aus der Modebranche. Innerhalb der Aktualitätenschau präsentierte man unter anderem DIE LETZTEN WIENER FRÜHJAHRSMODELLE.[319] Von der Vorführung diverser Modefilme, wie etwa einem Streifen über die „Wiener Schwimmkleid-Modeschau",

318 Siehe dazu u. a.: KA, AOK, KPQ, Ktn. 62, Filmstelle 1917, „Ausstellung des Militär-Generalgouvernements Serbien", Nr. 9266, 28. September 1917.

319 DIE LETZTEN WIENER FRÜHJAHRSMODELLE (KLEIDER UND HÜTE), BEITRAG DER SASCHA-MESSTER WOCHE Nr. 174a und 174b/1918. Vgl.: *Der Kinobesitzer*, „Zensurergebnisse", Nr. 31, 30. März 1918, o. S.

versprachen sich die k.u.k. Propagandastellen in den Niederlanden viel. Erfolge waren durchaus zu verzeichnen.[320]

Von der „Wiener Modellgesellschaft" wurde schließlich mit Unterstützung der Gewerbeförderung ein „Schlagerlustspiel in drei Akten (bzw. von 1300 Laufmetern) in Auftrag gegeben, das für verschiedene Wiener Modehäuser warb. DER VIERERZUG[321] handelt von einer wohlhabenden Gutsbesitzer-Familie, die sich auf dem Lande langweilt. Franz Habermann, der verwitwete Vater von vier erwachsenen Töchtern (diese werden von ihm „Viererzug" genannt), tritt mit seinen Kindern eine Reise nach Wien an. In der Residenzstadt angekommen, macht man die Bekanntschaft von Adelheid von Mayburg, einer modebewussten, alleinstehenden Dame in mittleren Jahren. Sie macht die Töchter Habermanns mit den führenden Wiener Modeateliers bekannt.[322] „Geschäfte werden besucht, Kleider, Mäntel und Hüte probiert, um schließlich einer grandiosen Modeschau beizuwohnen, die alles bringt, was ein modefühlendes Frauenherz höher schlagen lässt".[323] Während die Witwe Mayburg und Herr Habermann einander ihre Zuneigung eingestehen, finden auch die vier jungen Frauen adäquate Ehemänner.[324]

Die Tages- und Fachpresse hob Plot, Szenerie, Humoristik und Aufnahmequalität des Werbestreifens lobend hervor und rühmte den VIERERZUG als „Schlager ersten Ranges". Das begeisterte Premierenpublikum bestätigte diese Einschätzung.[325] Völlig gegensätzlich äußerte sich der damalige Leiter der Filmstelle des KPQ, Hauptmann Hans Otto Löwenstein: „Der Film ‚DER VIERERZUG' ist so minderwertig, dass ich ihm auch nicht den geringsten Propagandawert beimessen kann. Der Film ist überall abfällig kritisiert worden und hat auch nicht annähernd den gewünschten Erfolg gehabt."[326] Weitere Dokumente und Berichte, welche die Ablehnung des Streifens näher erläutern, fehlen. Eine plausible Erklärung wäre, dass in Zeiten des allgegenwärtigen Mangels und der weiten Bevölkerungskreisen abverlangten Einschränkungen die Geschichte

---

320 KA, AOK, KPQ, Ktn. 59, Filmstelle 1917, „Bericht Schramm-Schiessl über österreichische Propagandatätigkeit in Holland", Nr. 3281, 15. Mai 1917. *Neue Freie Presse*, „Die Wiener Frühjahrsmode im Kino", 21. März 1917, S. 7.

321 DER VIERERZUG, A 1917, P: Österreichisch-Ungarische Sascha-Messter Filmfabrik Ges.m.b.H., L: 1300 Meter, 3 Akte, R: Carl Wilhelm, DB: Hans Schwer, D: Hilde von Radney, Julius Strobel, Richard Waldemar, Paul Morgan, Mitzi Schütz, Gisela Werbezirk. Vgl.: *Neue Kino-Rundschau*, „DER VIERERZUG", Nr. 3, 1917, S. 47. *Die Filmwoche*, „DER VIERERZUG, Anzeige", Nr. 201, 1917, S. 2.

322 In der Berichterstattung werden sämtliche im Film vertretenen Modehäuser und deren Bekleidungsstile vorgestellt. Siehe: *Neues Wiener Journal*, „Die Kinomodeschau", 16. März 1917, S. 8.

323 *Die Filmwoche*, DER VIERERZUG, Nr. 204, 1917, S. 30.

324 Programmheft zu DER VIERERZUG, Filmarchiv Austria (FAA), Sammlung Peter Spiegel.

325 *Paimann's Filmlisten*, „DER VIERERZUG", Nr. 59, 7. Februar – 31. März 1917, o. S. *Neue Kino-Rundschau*, „DER VIERERZUG", Nr. 3, 1917, S. 47. *Neue Freie Presse*, „Die Wiener Frühjahrsmode im Kino", 21. März 1917, S. 7. *Wiener Allgemeine Zeitung*, „DER", 19. März 1917, S. 5.

326 KA, AOK, KPQ, Ktn. 62, Filmstelle 1917, „Bericht Hauptmann Löwenstein über Vertrieb und Erfolg der Filme des KPQs in Deutschland und den nordischen Staaten", Nr. 10533, 21. September 1917.

rund um eine wohlhabende, sich langweilende Gutsherrenfamilie, die Ablenkung in der mondänen Welt Wiens sucht, von einem großen Teil des Kinopublikums als zynisch empfunden worden war.

Die der Filmstelle des KPQ direkt nachfolgende staatliche Einrichtung sollte es sich letztlich zur Aufgabe machen, die sozialen Folgen des Kriegs visuell festzuhalten, um parallel dazu ökonomische wie auch wissenschaftliche Entwicklungen der jungen Republik zu dokumentieren.

6 Belehren – informieren – werben: Forderungen an das Medium (Industrie-)Werbefilm

6.1 Propaganda für Staat und Volk – Die Staatliche Filmhauptstelle

> Die Errichtung der staatlichen Filmhauptstelle und der staatlichen Lichtbildstelle fällt zeitlich ungefähr zusammen mit der Gründung unseres Freistaates, der auf Grund der namentlich im Kriege gemachten Erfahrungen zur Erkenntnis kam, dass Film und Lichtbild als Werbeinstrumente nahezu die Bedeutung der Presse überflügelt haben und daher zur Förderung staatlicher und öffentlicher Bestrebungen in den Dienst der Staatsverwaltung gestellt werden müssen.[327]

Nach dem Ende des Ersten Weltkriegs und der Errichtung der Ersten Republik stellte sich die Frage, was mit den Filmbeständen und Einrichtungen (Laboratorien, Aufnahmeapparate, Atelierausrüstung etc.) des KPQ zu geschehen habe.[328] Schon im Dezember des Jahres 1918 sprachen sich Vertreter der Hochschulen, der Wiener Urania sowie der graphischen Lehr- und Versuchsanstalt für den Erhalt und die Weiterführung des Instituts unter den neuen politischen Bedingungen aus. Ökonomische, kulturelle wie auch touristisch ausgerichtete Propaganda müsse – so hieß es – auch dem neuen Staat ein Anliegen sein. Wissenschaftliche und bildungszentrierte Streifen könnte zudem nur eine staatliche Einrichtung umsetzen, die Privatindustrie hätte an derartigen, finanziell wenig lukrativen Produktionen kein Interesse.[329]

Dem Wunsch der Bildungslobby wurde letztlich entsprochen. Im März 1919 erfolgte die Neugründung der Institution unter dem neuen Namen „Staatliche Filmhauptstelle" (FHS). Im Juli desselben Jahres nahm sie ihre „faktische Tätigkeit" auf.[330] Die Aufgabenbereiche der neuen Behörden wurden wie folgt dargelegt: „Die FHS hat vornehmlich Films zu erzeugen, die zu wissenschaftlichen und

---

327 ÖStA, AdR, Staatskanzlei-BKA, alt, Varia, Staatl. Bundes-Film-Hauptstelle, 1922, Ktn. 237, Zl. 1069, Ggstd.: Richtlinien betreffend die Führung der Film-Haupt- und Lichtbildstelle, 18. April 1922.

328 Die Autorin zitiert hier Kapitel 7 ihres Artikels: Moser, Vom „öffentlichen Ärgernis" zum Propagandawerkzeug, Kapitel 7 „Nach dem Krieg – die Staatliche Filmhauptstelle: Verwalter des Vergangenen, Mahner der Gegenwart, Propagandist einer neuen Idee", http://ww1.habsburger.net/de/kapitel/nach-dem-krieg-die-staatliche-filmhauptstelle-verwalter-des-vergangenen-mahner-der-gegenwart, 30.11.2014.

329 ÖStA, AdR, Staatskanzlei-BKA, alt, Varia, Staatl. Bundes-Film-Hauptstelle, 1920, Ktn. 235, Zl. 944, Ggstd.: Fortführung der Filmstelle des Kriegspressequartiers für Zwecke der staatlichen Propaganda, 9. Dezember 1918.

330 ÖStA, AdR, Staatskanzlei-BKA, alt, Varia, Staatl. Bundes-Film-Hauptstelle, 1923–1924, Ktn. 238, Zl. 1623/4, Einbringer: Amtveranlassung BKA, Ggstd.: Umwandlung der FHS in ein gemeinwirtschaftliches Unternehmen, Oktober 1923 sowie 1920, Ktn. 235, Zl. 915, Ggstd.: Memorandum zur FHS, 22. März 1920.

https://doi.org/10.1515/9783110622300-006

Unterrichtszwecken, zur Förderung der Volksbildung und Volkswohlfahrt, zur Werbearbeit für deutschösterreichische Interessen aller Art im In- und Auslande, insbesondere zur Bekanntmachung gemeinnütziger Unternehmungen, zur Hebung des Fremdenverkehrs, des heimischen Gewerbes, der Landwirtschaft, Technik und Industrie u. dgl. benötigt werden."[331]

Die privaten Filmerzeuger protestierten gegen die Errichtung der FHS, in der sie ein staatlich getragenes Konkurrenzunternehmen zu erkennen glaubten. Die Stelle sollte den Branchenmitgliedern zufolge bestenfalls koordinierende Funktionen übernehmen und Aufträge zur Herstellung von Propaganda- und Lehrfilmen an Private vermitteln.[332] Widerstand erregte im Speziellen die Ankündigung, dass die FHS auch „künstlerisch hochwertige Unterhaltungsfilme" produzieren wolle,[333] was seitens der Filmindustrie als existenzbedrohend erachtet wurde. Die Vertreter der FHS lenkten ein: Die geplanten kurzweiligen Filme sollten nur ein bescheidenes Ausmaß der Gesamtproduktion ausmachen und wären zudem nicht als populäre „Schlagerfilme" angelegt.[334] Wissenschaftliche und kulturelle Filme mit staatlich propagandistischer Ausrichtung – und somit geschäftlich nicht sehr einträgliche Genres – stünden im Mittelpunkt. Vor allem teile die FHS in vieler Hinsicht die Interessen der Branche, beiden ginge es vornehmlich um das „Erstarken der heimischen Filmfabrikation".[335] Die Aussprache mit den führenden Kräften der Privatindustrie führte zu einer allgemeinen Beruhigung und letztlich sogar zu einer anerkennenden Berichterstattung über die Arbeit der FHS in den Branchenblättern.[336]

---

331 ÖStA, AdR, Staatskanzlei-BKA, alt, Varia, Staatl. Bundes-Film-Hauptstelle, 1921, Ktn. 236, Zl. 1830, Ggstd.: Einholung von Vorschlägen von Seiten der Staatsbehörden zur Herstellung von Films, August 1921.

332 Moritz, Verena: Experimente, in: Moritz, Verena/Moser, Karin/Leidinger, Hannes: Kampfzone Kino. Film in Österreich 1918–1938, Wien 2008, S. 44. Moritz, Verena: Das Medium Film im Dienste der österreichischen Republik 1918–1924. Anmerkungen zur Geschichte der Filmhauptstelle, in: Karner, Stefan/Mikoletzky, Lorenz (Hg.): Österreich. 90 Jahre Republik. Beitragsband der Ausstellung im Parlament, Innsbruck/Wien/Bozen 2008, S. 453 f.

333 ÖStA, AdR, Staatskanzlei-BKA, alt, Varia, Staatl. Bundes-Film-Hauptstelle, 1921, Ktn. 236, Zl. 1830, Ggstd.: Einholung von Vorschlägen von Seiten der Staatsbehörden zur Herstellung von Films, August 1921.

334 Tatsächliche produzierte die FHS mit dem Komikerduo Cocl & Seff letztlich eine Reihe sehr populärer und kommerziell erfolgreicher Lustspiele. Mit ein Grund für die Herstellung dieser Unterhaltungsfilme war sicher die personelle Besetzung der FHS: Als Betriebsdirektor fungierte bis 1921 der Leiter der Cocl-Filmgesellschaft, Rudolf Walter, als Regisseur stand u. a. Josef Holub unter Vertrag. Beide waren zugleich die Darsteller von Cocl (Walter) & Seff (Holub). Vgl. dazu: Moritz, Experimente, S. 47.

335 ÖStA, AdR, Staatskanzlei-BKA, alt, Varia, Staatl. Bundes-Film-Hauptstelle, 1919, Ktn. 234, Zl. 809/102, 809/103, 809/106, Ggstd.: Stellungnahme der Privat-Film-Industrie zur staatlichen Film-Hauptstelle, Juni/Juli 1919.

336 *Der Filmbote*, „Die staatliche Film-Hauptstelle", Nr. 52, 24. Dezember 1920, S. 35 sowie ebd., „Vorführung der Staatlichen Bundes-Filmhauptstelle", Nr. 14, 8. April 1922, S. 11. Siehe auch: ÖStA,

Das thematische Spektrum der von der FHS erzeugten Filme war breit angelegt.[337] Die von der Behörde ausgegebenen Produktionslisten wiesen die Rubriken „Naturwissenschaft", „Länderkunde", „Medizin", „Handwerk, Technik, Gewerbe und Industrie", „Landwirtschaft", „Turnen, Tanz und Sport", „Geschichte", „Naturgeschichte" und „Spielfilme" aus.[338] „Volksbildungs- und öffentlichen Unterrichtsanstalten" wurden die Filme gegen ein „ganz geringfügiges Entgelt" zur Verfügung gestellt. Während die heimischen Kinobetreiber die Streifen der FHS nur selten in ihr Programm aufnahmen,[339] zeigte das Ausland reges Interesse an den in den Vertrieb gebrachten Aufnahmen. Nicht ohne Stolz berichtete man seitens der FHS, dass die Eigenerzeugnisse wegen ihrer „gediegenen und einwandfreien Ausführung" bereits einen „Weltruf genießen" und es „fast kein Staatsgebiet der Erde" mehr gäbe, für das „nicht das eine oder andere Vorführungsrecht veräußert" worden wäre.[340] Die Filme warben aber vor allem auf unterschiedliche Weise für die neue, junge Republik.[341] Der mit Förderung der US-amerikanischen Kinderhilfs-Aktion gedrehte Film DAS KINDERELEND IN WIEN (A 1919) brachte in eindringlichen Bildern die Folgen des Kriegs und den Notstand der österreichischen Bevölkerung – speziell der Kinder – zum Ausdruck und zielte auf weitere Unterstützungsmaßnahmen ab. Die medizinischen Filme bannten bedeutende Arbeiten und Fortschritte der Wiener Medizinischen Schule auf Zelluloid[342] und hatten den Auftrag, die wissenschaftlichen Erfolge als originär österreichisch auszuweisen.

In der Sparte „Länderkunde" fanden sich mit INNSBRUCK (A 1919), GRAZ (A 1919), DAS OBERINNTAL (A 1919), EINE FAHRT MIT DER YBBSTALBAHN (A 1919) oder BILDER AUS

AdR, Staatskanzlei-BKA, alt, Varia, Staatl. Bundes-Film-Hauptstelle, 1919, Ktn. 234, Zl. 809/195, Ggstd.: Monatsbericht per November 1919, November 1919.

337 Die Autorin zitiert hier Kapitel 7 ihres Artikels: Moser, Vom „öffentlichen Ärgernis" zum Propagandawerkzeug, Kapitel 7 „Nach dem Krieg – die Staatliche Filmhauptstelle: Verwalter des Vergangenen, Mahner der Gegenwart, Propagandist einer neuen Idee http://ww1.habsburger.net/de/kapitel/nach-dem-krieg-die-staatliche-filmhauptstelle-verwalter-des-vergangenen-mahner-der-gegenwart, 30.11.2014.

338 *Der Filmbote*, „Die staatliche Film-Hauptstelle", Nr. 52, 24. Dezember 1920, S. 35 sowie ebd., „Staatliche Film-Hauptstelle. Unsere Produktion 1920–21", Nr. 20, 14. Mai 1921, o. S.

339 Moritz, Experimente, S. 48.

340 ÖStA, AdR, Staatskanzlei-BKA, alt, Varia, Staatl. Bundes-Film-Hauptstelle, 1922, Ktn. 237, Zl. 376, Ggstd.: Schreiben der FHS an das BKA, 27. Juni 1922 sowie 1923–1924, Ktn. 238, Zl. 102, Ggstd.: Schreiben der FHS an das BKA, 13. März 1923.

341 Die Autorin zitiert hier Kapitel 7 ihres Artikels: Moser, Vom „öffentlichen Ärgernis" zum Propagandawerkzeug, Kapitel 7 „Nach dem Krieg – die Staatliche Filmhauptstelle: Verwalter des Vergangenen, Mahner der Gegenwart, Propagandist einer neuen Idee http://ww1.habsburger.net/de/kapitel/nach-dem-krieg-die-staatliche-filmhauptstelle-verwalter-des-vergangenen-mahner-der-gegenwart, 30.11.2014.

342 Beispiele wären hier u. a. DIE KINDERKLINIK PROF. PIRQUET IN WIEN (A 1919), ZANGENGEBURT (A 1920), UNBLUTIGE REPOSITION EINER ANGEBORENEN HÜFTVERRENKUNG DURCH PROF. ADOLF LORENZ (A 1922). DAS WASSERBETT UND SEINE VERWENDUNG (A 1923).

DEM SALZKAMMERGUT (A 1919) Streifen, die im Bereich der Fremdenverkehrswerbung eingesetzt wurden. Die im Bereich „Handwerk, Technik, Gewerbe und Industrie" verorteten Filme wie GLÜHLAMPEN-ERZEUGUNG (A 1921), DIE ERZEUGUNG VON ZIGARETTENHÜLSEN (A 1920), WIENER KERAMIK (A 1920) oder MÖBELERZEUGUNG (A 1921) hatten die industrielle Vielseitigkeit und wachsende ökonomische Potenz des Kleinstaates im In-, aber vor allem im Ausland unter Beweis zu stellen. Die implizierte Werbebotschaft konnte mehr oder weniger ausgeprägt sein. Beispielhaft verdeutlichen dies zwei Filme, die unter Mitwirkung der Wiener Modellgesellschaft von der FHS und unter der Regie Eduard Borsódys hergestellt worden waren. Der „Modepropagandafilm"[343] KLEIDER MACHEN LEUTE (A 1920) präsentiert sich als klassische Dreiecksgroteske. Ein verheirateter Mann begeistert sich für eine mondän gekleidete Frau und verabredet ein Stelldichein im Türkenschanzpark. Seiner Gattin bleibt dies nicht verborgen, sie zweifelt an ihrer eigenen Attraktivität. Auf Vorschlag ihres Bruders bestellt sie ein neues, modisches Kostüm, das letztlich mit dazu beiträgt, dass ihr Gemahl reuig und bekehrt in den ehelichen Hafen zurückkehrt. Nicht etwa das Modehaus steht im Mittelpunkt der Handlung, sondern das optische Konkurrenzverhältnis der beiden Frauen. Die im eigenen Heim Trübsal blasende „unschuldige" Ehefrau in legerer, weißer wallender Kleidung mit Häubchen wird in einer Rückblende der lasziv agierenden, modernen Gegenspielerin direkt gegenübergestellt. Die dominierenden Groß- und Naheinstellungen unterstreichen die emotionalen Befindlichkeiten und Charakterzüge der Protagonistinnen und Protagonisten. Der mimische und gestische Ausdruck der Darsteller wird in den Blickpunkt gerückt. Der Zuschauer bzw. vor allem die gutbürgerliche Zuschauerin als definitive Zielgruppe wird direkt in das Geschehen einbezogen. Die Demonstration der unmittelbaren Wirkung der neuen Toilette dient als Beweis für die Produktempfehlung.

KLEIDER MACHEN LEUTE bezieht sich allerdings nicht nur auf die neue anziehende Ausstrahlung der Ehefrau, sondern auch auf den äußeren Schein der Konkurrentin. Ihr Reiz ist rein oberflächlicher Natur, ihr unmanierliches und zudringliches Benehmen (fehlende Tischmanieren, offene körperliche Annäherung) in der Öffentlichkeit lässt ihr „wahres Wesen" klar erkennen. Die Abneigung des beinahe treulosen Ehemanns steigert sich zusehends. Die innere Umkehr und der Erhalt des ehelichen Gelübdes vollziehen sich noch vor dem Anblick der neu eingekleideten Gattin. Die Degradierung des Flirts erfolgt schließlich doppelt. Der Schwager wird beauftragt, sich der „Ware" anzunehmen: „Sei so gut und gehe in die Oper. In der Loge Nr. 3 findest Du eine junge Dame … Sag ihr, ich bin plötzlich gestorben und auf meinem Sterbebett habe ich Dich zum Universalerben aller beweglicher Güter eingesetzt." Der chauvinistische Scherz zeugt von einem männlich konnotierten „Moralverständnis",

343 ÖStA, AdR, Staatskanzlei-BKA, alt, Varia, Staatl. Bundes-Film-Hauptstelle, 1921, Ktn. 236, Zl. 572/3, Ggstd.: Austritt des Aufnahmetechnischer Eduard Borsódy, Mai 1921.

das ein sittliches Fehlverhalten einzig bei der sich „gesellschaftlich nicht konform“ verhaltenden Frau verortet. Zudem wird der Name der Darstellerin der Koketten nicht angeführt, wohingegen die anderen Schauspieler im Vorspann mit Rollenzuordnung klar ausgewiesen werden.[344] Die „Andere“ bleibt in ihrer realen und fiktionalen Präsenz ausgespart.

Parallel zu KLEIDER MACHEN LEUTE wurde von der FHS der Reklamestreifen DIE ENTSTEHUNG EINES MODELLKLEIDES ZUR WIENER HERBSTMODE 1920 (A 1920)[345] produziert. Hier wird die Fertigung des Kleides zum zentralen Gegenstand der Handlung. Wiederum soll ein gutbürgerliches, diesmal allerdings augenscheinlich glückliches, Ehepaar beraten und die Zweisamkeit gesichert werden. Gemeinsam besucht man einen Modesalon und wird persönlich beraten. Die Offenheit der Geschäftsführerin leitet direkt zur Produktpräsentation über: „Entschuldigen, gnädige Frau, meine Aufrichtigkeit, aber Sie sind unvorteilhaft gekleidet. Ein schickes Modell würde Ihre Erscheinung ganz anders zur Geltung bringen. Hier sehen Sie einige der neuesten Entwürfe.“ Skizzen werden begutachtet, Kleider von Modellen vorgeführt. Das Bemühen um die Kundschaft, die Betonung der Einzigartigkeit jeder Frau und jedes gefertigten Kleides („Ich rate Ihnen, sich ein ganz neues Modell entwerfen zu lassen, das Ihrer Eigenart in jeder Hinsicht angepasst ist“) betonen die Exklusivität und Qualität der gefertigten Ware. Die einzelnen Arbeitsschritte rücken nun in den Fokus (Skizzierung der Modelle, Stoffauswahl, Maßschneiderei), die Abnahme erfolgt durch die Leiterin des Salons. Die Güte des Endprodukts wird neuerlich verdeutlicht. Die „Verbesserung“ der Ausgangssituation wird im privaten Rahmen demonstriert. Vorsichtig bestaunt das junge Paar das neue Kostüm. Die Gattin legt das neue Gewand an. „Kleider machen Leute“ verkündet der Zwischentitel und stellt damit eine unmittelbare Verbindung zum parallel erzeugten und zur gleichen Zeit in Kinos und Messeeinrichtungen gezeigten gleich betitelten Film her. Die Bewunderung des Gemahls gilt seiner Angetrauten, man führt das neue Kleid aus.

KLEIDER MACHEN LEUTE UND DIE ENTSTEHUNG EINES MODELLKLEIDES ZUR WIENER HERBSTMODE 1920 warben unter Betonung unterschiedlicher Akzente für die Branchenvertreter der Wiener Modellgesellschaft – einmal auf betont emotionaler Ebene in Form eines koketten Schwanks, das andere Mal mit einer auf vor allem rationale, aber auch auf kundennahe Qualitätsparameter ausgerichteten Prozesspräsentation (von der Skizze bis zur Auslieferung bzw. Anwendung).

Der finanziell messbare Erfolg der Filmproduktionen der FHS gestaltete sich sehr unterschiedlich. Während im Jahr 1920 etwa Unterhaltungsfilme wie MUZ UND IHRE VEREHRER (A 1920) und SEFF LÄSST SICH NICHT BEGRABEN (A 1920) bei Herstellungskosten

---

344 Der Vorspann weist aus: Er – Leopold Niernberger. Seine Frau – Marta Ritzi. Deren Bruder – Hans Niernberger.

345 Der Film liegt einzig als Nitronegativ vor, wodurch die visuelle Gestaltung nur sehr eingeschränkt nachvollziehbar ist.

(für beide Filme) von 149.077,45 Kronen einen Erlös von 206.000 Kronen erzielten, waren Industrie(lehr)filme wie DIE ERZEUGUNG VON ZIGARETTENHÜLSEN bei Produktionskosten von 14.498,90 Kronen und einem Erlös von 4.000 Kronen ein Verlustgeschäft.[346] Da die FHS sich aus ihren Einkünften selbst erhalten sollte[347] und die Herstellung „belehrend propagandistischer Filme" eben dies nicht gewährleisten konnte, setzte man seitens der leitenden Stellen auf „einträglichere Filmgeschäfte". So wurden über von außen kommende Atelier- und Laboraufträge, aber auch über die Produktion von Auftragsfilmen Zusatzeinkünfte lukriert.[348] Reklamefilme wurden auf „private Bestellung" unter anderem für die Wiener Messe, die Ovomaltinewerke, ein pharmazeutisches Unternehmen sowie für Tourismusbetriebe gedreht.[349]

Die bis 1924 existente FHS[350] ist hinsichtlich der von ihr produzierten Filme, deren Ausrichtung und Einsatz prototypisch für die sich nach dem Ersten Weltkrieg etablierende Branche der Kurzfilmhersteller. Lehr-, Bildungs-, Kultur- und Werbefilme wurden umgesetzt, oftmals lagen Genremischformen vor. Auch die Vorführungs- und Vertriebsformen waren entsprechend vielfältig. Der Grund dafür lag in den vielschichtigen Anforderungen, die an den propagandistischen bzw. werbenden Film gestellt wurden: Er hatte niveauvoll, diskret und humorvoll zu sein, die werbende Pointe war idealerweise erst am Ende zu setzen. Andererseits konnte ein zu großes Maß an Unterhaltsamkeit die Zuschauer ablenken. Der Reklamefilm sollte demnach mehr infor-

---

346 Parallelbeispiele finden sich in den Akten der FHS. Vgl. etwa: ÖStA, AdR, Staatskanzlei-BKA, alt, Varia, Staatl. Bundes-Film-Hauptstelle, 1921, Ktn. 236, Zl. 223/17, Ggstd.: Monatsbericht pro Dezember 1920/Jänner 1921 sowie Ebd. Zl. 223/21, Ggstd.: Monatsbericht pro März 1921, April 1921.

347 ÖStA, AdR, Staatskanzlei-BKA, alt, Varia, Staatl. Bundes-Film-Hauptstelle, 1922, Ktn. 237, Zl. 1069, Ggstd.: Richtlinien betreffend die Führung der Film-Haupt- und Lichtbildstelle, 18. April 1922.

348 ÖStA, AdR, Staatskanzlei-BKA, alt, Varia, Staatl. Bundes-Film-Hauptstelle, 1920, Ktn. 235, Zl. 915, Ggstd.: Organisation der staatlichen Filmhauptstelle, März 1920.

349 ÖStA, AdR, Staatskanzlei-BKA, alt, Varia, Staatl. Bundes-Film-Hauptstelle, 1922, Ktn. 237, Zl. 65/14, Ggstd.: Geldgebarung und Geschäftsbericht der BFH und Lichtspieltheater pro September 1922 und ebd. Zl. 65/13, Ggstd.: Geldgebarung und Geschäftsbericht der BFH und Lichtspieltheater pro August 1922 sowie 1923–1924, Ktn. 238, Zl. 207/i, Ggstd.: Geldgebarung und Geschäftsbericht der BFH pro November 1922.

350 1924 wurde die FHS liquidiert. Eine Übernahme durch das Bundesministerium für Unterricht (BMU) erfolgte. Noch in den 1930er-Jahren führte und verlieh der dem BMU unterstehende Österreichische Lichtbild- und Filmdienst Filme aus der Produktion der FHS. Vgl.: ÖStA, AdR, Staatskanzlei-BKA, alt, Varia, Staatl. Bundes-Film-Hauptstelle, 1923–1924, Ktn. 238, Zl. 106, Ggstd.: Bundesfilmhauptstelle, Vorschläge über die Beseitigung der gegenwärtigen finanziellen Situation, 28. Juni 1924. ÖStA, AVA, BMU, Volksbildung: Film, 1929–1930, Ktn. 487, Faszikel (Fasz.) 472, Geschäftszahl (Gschz.) 3767/1929, Ggstd.: Arbeitsgemeinschaft der amtlichen österr. Bildstellen, Dezembersitzung, Übernahme der Filmhauptstelle durch das BMU, Februar 1929 sowie ebd. 1932, Ktn. 489, Fasz. 473, Gschz. 4171-II/106, Ggstd.: Filmabteilung. Vorführung medizinischer und chirurgischer Filme, 1932. Siehe auch: Moritz, Experimente, S. 53 f.

mieren und belehren. Uneinig waren sich die Experten auch darin, ob der kurze, prägnante und „ein wenig primitive" Film werbender Art erfolgreicher sei oder aber längere, dramatisch gestaltete Streifen mehr Eindruck hinterließen.[351]

Dementsprechend verschiedenartig waren auch die werbenden Filme der 1920er- und 1930er-Jahre. Genremischformen lassen sich bis in die 1930er-Jahre, vereinzelt sogar bis in die 1960er-Jahre, nachweisen. Werbe- und Industriefilme dieser Zeit hatten oft die Funktion zu werben und zu belehren, oder auch zu werben und zu informieren, wie zahlreiche von kommunalen Einrichtungen in Auftrag gegebene Filme beweisen. Zugleich wirkten viele dieser Produktionen kulturfördernd, vermittelten regional- und kulturgeschichtliches Wissen, wodurch der „werbende Film" bisweilen Kulturfilmcharakter hatte. Diese Filme verfolgten einen mehrfachen Zweck: Sie dienten als Lehr- und Werbefilme und belegen interne und externe Kommunikationsverläufe. In der Mitarbeiterschulung wurde die Belegschaft über Arbeitsprozesse informiert, per Film trainiert und unterwiesen, mit dem Ziel, die Produktion und die Arbeitsabläufe zu standardisieren. Zugleich waren Lehrfilme nicht selten als Werbeindustriefilme konzipiert, die Handelspartnern (aber auch Laufkundschaft) im Zuge von Messen und Fachtagungen als Werkschau dienten und eine moderne und effiziente Produktionsweise sowie formschöne und hochwertige Waren präsentierten. Durchbrochen wurden diese Bilder oftmals von ausführlich gestalteten Sequenzen, die sich der Darstellung sozialer Einrichtungen (ärztliche Versorgung, Kinderbetreuungsstätten, sanitäre Anlagen, Freizeiteinrichtungen) widmeten. Die Unternehmenskultur fügte sich so zu einem Ganzen, die Sorge um und die Verantwortung für die Belegschaft sollte diese noch stärker an das Unternehmen binden. Und wiederum wurde derart auf mehreren Ebenen kommuniziert: verhaltenssteuernd und integrierend gegenüber der Belegschaft, vertrauensfördernd und Integrität vermittelnd gegenüber potenzieller Handelspartnern und werbend gegenüber möglichen neuen Mitarbeitern.[352]

Die von der Schweizer Filmwissenschaftlerin Yvonne Zimmermann konstatierte multiintentionale und multifunktionale Ausrichtung der (werbenden) Industrie-, Lehr- und Kulturfilme[353] lag auch im nicht geringen finanziellen Aufwand, den die Produktion der meist technisch sehr versierten Streifen mit sich brachte. Noch Mitte

---

351 *Der Filmbote*, „Der Kinematograph im Werbefilm", Nr. 24, 12. Juni 1920, S. 16–18. *Verkaufspraxis*, „Der Kinobesitzer spricht über den Werbefilm", Nr. 6, März 1933, S. 369 f. sowie ebd., „Fehlleistungen beim Werbefilm", Nr. 3, Dezember 1933, S. 183 f. *Contact*, „Vortrag: Wie entsteht ein Werbefilm?", Nr. 7/8, Juli/August 1935, S. 29 f. *Österr. Reklame-Praxis*, „Reklame als Begleiterin des modernen Menschen", September 1936, S. 22–23. *Reklame-Presse*, „Filmwerbung und Werbefilm", Nr. 2, September 1936, S. 2.

352 Vgl. dazu: Moser, Vergessen – verloren – wiederentdeckt, S. 234–235. Sowie: Moser, „Hygienisch -gesundheitsfördernd – schmackhaft", http://www.medienimpulse.at/articles/view/641, (30.11.2014).

353 Zimmermann, Yvonne: „Was Hollywood für die Amerikaner, ist der Wirtschaftsfilm für die Schweiz": Anmerkungen zum Industriefilm als Gebrauchsfilm, in: Hediger, Vinzenz/Vonderau, Patrick: Filmische Mittel, industrielle Zwecke. Das Werk des Industriefilms, Berlin 2007, S. 65.

der 1920er-Jahre waren es vor allem kapitalkräftige Firmen, die auf dieses exklusive Werbemittel setzten.[354] Mit der wachsenden Verbreitung des kostengünstigeren Schmalfilms und im Zuge der langsamen Zunahme an kurzen Werbefilmen im Verlauf der 1930er-Jahre leisteten sich mitunter auch Einzelhändler und Dienstleitungsbetriebe diese Form der Reklame.[355]

Die oftmals vielschichtige und detaillierte Präsentation von Arbeitsprozessen, Unternehmensphilosophie und Produktwerbung führte zwangsläufig zu gewissen Längen, die sich auf 10 bis 30 Meter (ca. 40 Sekunden bis 1 Minute) oder auch auf 150 bis 350 Meter (ca. 5,5 bis 13 Minuten) belaufen konnten. 15 Minuten bis zu einer Stunde waren durchaus üblich. Doch selbst kurze, rein produkt- und dienstleistungsbezogene Reklamefilme wiesen nicht selten eine Laufzeit von drei bis vier Minuten auf.[356] Prinzipiell unterschied man in den Fachblättern zwei Kategorien: Einerseits den von seiner Laufzeit länger angelegten und vornehmlich bei Messen, Matineen, Ausstellungen und Vereinen gezeigten werbenden Industrie-, Werk-, Lehr-, Bildungs- bzw. Kulturfilm. Andererseits den kurzen für das Kino geeigneten sketchartigen Reklamefilm, der oftmals als unterhaltsamer Trickfilm angelegt war.[357] Beide kamen parallel zum Einsatz.

6.2 Werks-, Lehr- und Werbefilm

> Bloße Abbildungen industrieller Unternehmungen machen sehr oft den Eindruck, als habe der Illustrator verschönt, geschmeichelt. Das nach der Wirklichkeit aufgenommene belebte und bewegliche Filmbild wirkt immer glaubhaft und wahr, niemals reklamehaft, weil der Beschauer alles gleichsam miterlebt. Auch die Darstellung und Herstellungsweise von Fabrikaten, der Verkaufs- und Versendungsräume im belebten Filmbilde wirkt werbend. Der Zuschauer empfängt den Eindruck von der Größe der Unternehmungen, der Begehrtheit der Fabrikate, und er schließt unwillkürlich daraus auf ihre Vorzüglichkeit.[358]

Mit Beginn der 1920er-Jahre gaben diverse österreichische Industrielle Werksfilme in Auftrag, die den Produktionsprozess ihrer Produkte anschaulich verdeutlichen sollten und aufgrund ihrer oft erklärend-pädagogisch angelegten Machart sowohl für interne Schulungen herangezogen werden konnten, als auch den Kunden und

---

354 *Reklame-Praxis* (Stuttgart-Cannstatt), „Werbefilm", Nr. 3, November 1925, S. 79. Westbrock, Der Werbefilm, S. 41. Hediger, Vinzenz/Vonderau, Patrick, „Einleitung", in: Hediger,Vinzenz/Vonderau, Patrick: Filmische Mittel, industrielle Zwecke. Das Werk des Industriefilms, Berlin 2007, S. 11.

355 Vgl. Eckardt, Boehner-Film, S. 70 f.

356 Moser, Vergessen – verloren – wiederentdeckt, S. 234–235. Moser, „Hygienisch -gesundheitsf ördernd – schmackhaft", http://www.medienimpulse.at/articles/view/641 (30.11.2014).

357 *Contact*, „Österreichische Filmwerbung", Nr. 5/6, Mai/Juni 1936, S. 21 sowie ebd., „Werbung durch den Film", Nr. 12, Dezember 1933, S. 16–20. Fleischmann, Wie erhöhe ich den Umsatz, S. 95 f.

358 *Neue Kino-Rundschau*, „Die Wirtschaftspropaganda durch den Film", Nr. 206, 1921, S. 7.

Handelspartnern zu verkaufsfördernden Zwecken präsentierbar waren. Die Bandbreite der österreichischen Industriewerbefilme reichte von der Präsentation der Herstellung von Lebensmitteln und Genussmitteln[359] über jene von Bekleidungsstücken und Schmuck[360] bis zu jener über Gebrauchsgegenstände und Brennmaterialien.[361] Gezeigt wurden die Filme bei Kongressen oder Messen, oft hatten sich die Unternehmen eigene Vorführräume auf dem Firmengelände eingerichtet.[362] Der Vorteil der Filme lag aber vor allem darin, sie auch ortsunabhängig zu zeigen. Firmenvertreter zogen mit ihren Werbefilmen von Gemeinde zu Gemeinde und veranschaulichten die Güte und Qualität der Waren überall dort, wo geeignete Vorführeinrichtungen vorhanden waren. Mit der Erfindung des Schmalfilms kamen schließlich transportable Kofferkinos zum Einsatz. Eine zusätzliche, technisch-kinematographische Anlage war somit nicht mehr vonnöten. Die potenziellen Konsumentinnen und Konsumenten mussten demnach keine größeren Wegstrecken mehr zurücklegen, um die Filme in firmeneigenen Vorführräumen oder in Kinos zu sehen. Vielmehr bemühten sich die Unternehmer, ihre Werbefilme an örtlich zentralen Treffpunkten zu präsentieren, wie etwa in Gemeindehäusern oder Gasthäusern.[363]

Die Schulung von Arbeitern und Verkäufern per Film fand gleichfalls Anwendung.[364] In Österreich zeigten sich die Unternehmer allerdings an filmischen Arbeitsstudien zur Optimierung der industriellen Arbeit (im Sinne der Forschungen von Frank Butler Gilbreth)[365] wenig interessiert, obwohl der von der heimischen

---

359 Die nachfolgenden Angaben stammen aus der filmographischen und Titeldatenbank des FAA. Z. B .: OBSTKONSERVENFABRIKATION IN ÖSTERREICH, A 1925, P: F. Baumer. ÖSTERREICHS MODERNSTE WURST- & KONSERVENFABRIKATION, A 1928, P: Österreichische Werbefilmges. Reich Janisch & Co. MILCHWIRTSCHAFT. LEHRFILM ÜBER MILCHWIRTSCHAFT, HERGESTELLT VON DER JEDLERSDORFER KRAFTFUTTER- UND KUNSTDÜNGERFABRIK, A 1927, P: unbekannt. DIE HERSTELLUNG DES KOKOSSPEISEFETT, A 1927, P: Dr. Benda. DIE MAGGI-WERKE IN BREGENZ, A 1925, P: unbekannt. MODERNE BIERERZEUGUNG, A 1926, P: Industriefilm. ERZEUGUNG UND VERPACKUNG VON PFEIFENTABAKEN UND GESPUNSTEN, A 1928, P: Ing. Karl Köfinger.

360 VOM LEDER ZUM SCHUH. FABRIKSMÄSSIGE ERZEUGUNG VON STRAPAZSCHUHEN., A 1922, P: Ing. Karl Köfinger. HUTFABRIK HABIG, A 1926, P: Sascha-Film. DIE HERSTELLUNG HOCHWERTIGER JUWELENGEGENSTÄNDE, A 1925, P: Industriefilm.

361 DIE FABRIKATION VON EMAILGESCHIRR, A 1927, P: Industriefilm. DIE BLEISTIFTFABRIKATION, A 1927, P: Industria Lehr und Kulturfilm GmbH. [PAPIERFABRIKATION BEI DER STEYRERMÜHL IN OBERÖSTERREICH], A ca. 1924, P: unbekannt. DIE FABRIKATION VON KINO LICHTKOHLEN IN EINEM ÖSTERR. WERK, A 1927, P: Ing. Karl Köfinger.

362 *Neue Filmwoche*, „Der Film als Werbemittel der Industrie“, Nr. 17, 1. Februar 1919, S. 4 f.

363 Eckardt, Boehner-Film, S. 45. Vgl. auch folgende Berichte: *Neue Kino-Rundschau*, „Der Kinematograph im Dienste des volkswirtschaftlichen Unterrichts“, Nr. 176, S. 6–10 sowie ebd., „Die Wirtschaftspropaganda durch den Film“, Nr. 206, 1921, S. 8.

364 *Das Kino-Journal*, „Der Industriefilm in den Vereinigten Staaten“, Nr. 523, 1920, S. 28 f.

365 Gilbreth schlug bereits im Jahr 1911 den Einsatz stereoskopischer und kinematographischer Kameras für die Untersuchung und Optimierung betrieblicher Abläufe vor. Vgl. dazu: Reichert, Rámon: Behaviorismus, Zeichentrick und effektives Kino. Zur visuellen Kultur des Managements am Beispiel der Industrial-Management-Filmreihe von McGraw-Hill, in: Hediger,Vinzenz/Vonderau, Patrick: Filmische Mittel, industrielle Zwecke. Das Werk des Industriefilms, Berlin 2007, S. 147–148.

Industrie begründete „Ausschuss für wirtschaftliche Betriebsführung" durchaus über neue Entwicklungen der Arbeitswissenschaft und der Psychotechnik sowie den sinnvollen Einsatz von filmischen Zeit- und Bewegungsstudien informierte.[366] Das „Österreichische Kuratorium für Wirtschaftlichkeit" gab auf Veranlassung der Wiener Handels- und Gewerbekammer derart ausgerichtete Streifen sogar in Auftrag, die dergestalt erzeugten Studien galten aber als „noch nicht ausgereift".[367]

Die Beweggründe, Werksfilme zu beauftragen, waren zumeist Firmenjubiläen, gezielte Reklamepräsenz (etwa auf Messen) oder die Neueinführung von Produkten bzw. die Eröffnung neuer Betriebsanlagen. Diesem Anlassprinzip folgen auch jene drei Filme, die das Traditionsunternehmen Julius Meinl, das sich vom Einzelhandelsladen zum internationalen Lebensmittelkonzern entwickelt hatte, 1921 drehen ließ. Im Jahr zuvor nahm Meinl die Herstellung von Bonbons auf, 1921 erwarb die Kompanie die „Dänisch-Österreichische Margarinewerke AG" und erzeugte fortan Meinls Epoca-Margarine.[368] Genau diese neuen Produktionszweige präsentierten jene Filme (DIE ERZEUGUNG VON MARGARINE; DER ZUCKERLONKEL und DIE SÜSSE FABRIK),[369] die im Mai 1922 den Arbeitern und Angestellten der Fabrik sowie dem interessierten Fachpublikum im Busch-Kino erstmals vorgeführt wurden.[370] Ergänzend widmete sich DIE SÜSSE FABRIK im Speziellen der Herstellung von Kakaopulver und Schokolade, beides bereits seit 1900 Teil der Meinl-Produktion.[371] Zwei Gründe ließen sich für die Konzentration auf diese schon lange eingeführten Erzeugnisse anführen: Ab 1920 nahm der während des Kriegs und in der unmittelbaren

---

366 ÖStA, AVA, Bundesministerium für Handel und Gewerbe, Grundzahl (Grz.): 43929, Zl. 43929/29–24, Betreff: Ausschuss für wirtschaftliche Betriebsführung, Berufsberatung und Psychotechnik, 26. März 1924.

367 ÖStA, AVA, BMU, Volksbildung: Film, 1932, Ktn. 489, Fasz. 473, Gschz. 8713-II/10b, 1932, Ggstd.: Beratungen der 1. Sitzung des vorbereitenden Ausschusses der Technischen Arbeitsgemeinschaft für Lichtbild- und Filmwesen beim Österr. Lichtbild- und Filmdienst, 12. Februar 1932.

368 Lehrbaumer, Margareta: Womit kann ich dienen? Julius Meinl. Auf den Spuren einer großen Marke, Wien 2000, S. 40 f.

369 Zwei der Filme sind heute noch erhalten und zählen zum Bestand des FAA. Alle drei Filme wurden 1921 von der Filmwerke AG Wien produziert. Vgl. dazu Filmdatenbank des FAA sowie ÖStA, AVA, BMU, Volksbildung: Film, 1929–1930, Ktn. 487, Fasz. 472, Gschz. 36407-II/10b, 1932, Ggstd.: Volksbildungshaus Wiener Urania, Lehrfilme, Märchenfilme, unterhaltende Beigaben, Verlag des Volksbildungshauses Wiener Urania Wien 1927, Juni 1932.

370 *Der Filmbote*, „Ein sehenswerter Industriefilm", Nr. 19, 13. Mai 1922 S. 11. Bei dem vierten im Artikel genannten und gleichfalls als Meinl-Produktion deklarierten Film DIE MASCHINE ALS MEHLSPEISKÖCHIN (A 1920, P: Industria Lehr- und Kulturfilm GmbH Wien VII, Neubaugasse 21) handelt es sich tatsächlich um einen Industriewerbefilm, der für die Teigwaren der „Großeinkaufsgesellschaft für österreichische Consumvereine" (GÖC) wirbt. Bei der GÖC handelte es sich um eine sozialdemokratische Konsumgenossenschaft.

371 Kühschelm, Oliver: Julius Meinl. Patriarchalisch, (groß)bürgerlich, österreichbewusst, in: Brix, Emil/Bruckmüller, Ernst/Stekl, Hannes: Memoria Austria III. Unternehmen, Firmen Produkte, Wien 2005, S. 46.

Nachkriegszeit nur mäßig erfolgte Import von Rohstoffen allmählich wieder zu.[372] Der Hinweis auf die wieder einsetzende volle Produktion diverser traditionsreicher Genussmittel der Firma Meinl konnte nun auch per Film belegt werden. Zudem richtete sich der ZUCKERLONKEL klar an die Zielgruppe der Kinder, die seit jeher auch im Zentrum der Werbekampagnen für Meinl-Schokolade standen.[373] Ein paralleler Einsatz der beiden Filme machte daher durchaus Sinn.

Die 1922 zum ersten Mal präsentierten Meinl-Filme wurden 1927 auch im Volksbildungsprogramm der Wiener Urania geführt und kamen dort erneut zum Einsatz. Der Lehrfilmcharakter, der den drei Streifen im Katalog auch zugewiesen wird, ist in DIE SÜSSE FABRIK besonders klar erkennbar. Nach einigen Establishing Shots, die auf die Größe des Betriebs, die Vielzahl der Werktätigen und das geschäftige Treiben in Hof- und Innenanlagen verweisen, werden die Verarbeitungsschritte und Herstellungsabläufe minutiös vorgeführt und per Zwischentexttafeln beschrieben. Manuelle Tätigkeiten und maschinelle Arbeitsvorgänge wechseln einander rege ab. Visuell ansprechende Maschinenarrangements (Rotationsmechanismen, durch Lichtsetzung erzielte Glanzeffekte auf den Metallteilen usw.) in totaler oder naher Aufnahme zentrieren den Fokus streckenweise auf die technische Methodik. Der Einsatz von Fließbändern verweist auf einen beschleunigten rationelleren Arbeitsrhythmus. Der Mensch als Kontrollorgan der Maschine und Sicherheitsgarant für den perfekten Produktionsablauf und die Güte der Erzeugnisse ist auf bildlicher Ebene laufend präsent. Während die (fast ausschließlich) sachlich und instruktiv gestalteten Zwischentitel zum rein objektiven Verständnis des Gezeigten dienen, vermitteln die Prüfschritte der Belegschaft (Konsistenz- und Geschmackstest der Kakaomasse, Kontrolle der Prozessabläufe in den Gerätschaften) ein visuell transportiertes Gefühl des Vertrauens in die Qualität – ein Moment, das gerade bei der Produktion von Nahrungsmitteln nachhaltig zum Tragen kommt. Facharbeiter und Betriebseinheitsleiter schreiten durch die Anlagen, beobachten die Mitarbeiterinnen und Mitarbeiter bei ihrer Tätigkeit.

In DIE SÜSSE FABRIK erscheinen die Werktätigen weit weniger anonym als in anderen Industrie(werbe)filmen der Zeit. Die Werkplätze sind gut ausgeleuchtet und lassen in zumeist amerikanischen oder bisweilen halbnahen Einstellungen die eifrigen Kräfte in Frontal- oder Seitenansicht detailreich erkennen. Selten sind nur die Gliedmaßen der Werktätigen zu sehen. Die persönliche, da auch auf Menschen zentrierte Note unterstreicht eine Sequenz, die mit folgendem Titel eingeleitet wird: „Bei der zuletzt gezeigten Aufnahme hat der indiskrete Filmoperateur eine Dame des Fabriksbüros, die als Zuschauerin zugegen war, in einem Momente

372 Lehrbaumer, Womit kann ich dienen?, S. 40.
373 Ebd., S. 18 f.

photographiert, da sich die Dame nicht nur auf das Zuschauen beschränkte." Eine Gruppe von Arbeiterinnen in einheitlicher Dienstkleidung klopft die gekühlten Schokoladenstücke aus den Formen. Während die Kamera langsam nach links schwenkt, kommt eine junge Frau ins Bild, die sich aufgrund ihrer Alltagskleidung rein optisch von den anderen unterscheidet und die eifrig Schokoladenstücke verzehrt. Eine Nahaufnahme mit einem direkt auf die Dame gesetzten Lichtspot lässt den Zuschauer direkt an die vermeintlich „ertappte" Person heranrücken. Ob der Beobachtung vorgeblich erschrocken, winkt sie letztlich freudig in die Kamera. Diese „privat-persönlich" anmutende Szene bringt zugleich ein stark werbendes Element ein. Die Schokolade scheint so unwiderstehlich zu sein, dass selbst eine Angestellte dieser Versuchung nicht widerstehen kann. Die Duldung dieses Missverhaltens wertet Betrieb und Ware auf: Die Firma beweist aufgrund der Güte des Produkts Feingefühl hinsichtlich des „verzeihlichen und verstehbaren Vergehens" und demonstriert zugleich positives Einverständnis mit der Belegschaft. Die Produktempfehlung folgt am Ende des Films (nach einer Totalansicht mittels Vignetten-Kasch-Maske auf die Fabriksanlage mit ihren rauchenden Schloten). Ein Kind wird zum überzeugenden Testimonial: Der in frontaler Nahaufnahme präsentierte Bub stopft sich gierig Schokolade in den Mund, wobei diese auf dem Gesicht bereits großflächige Flecken hinterlassen hat. Die kindliche Testperson löst Empathie aus und bescheinigt durch ihre implizierte Unbestechlichkeit den guten Geschmack des Produkts.

Anders als in DIE SÜSSE FABRIK steht in DER ZUCKERLONKEL der Appell an die potenzielle Zielgruppe (Kinder bzw. deren Eltern etc.) nicht am Ende. Vielmehr wird diese zu Beginn eingeführt und in Zwischenschnitten als Referenz laufend in den Fokus genommen. Die Einstiegssequenz spielt in einem gutbürgerlichen Haushalt (Spielzeug: Porzellanpuppen, Kinderwagen, Spielzeugauto, Schultafel; Kleidung der Kinder: Kleider mit weißem Kragensatz, Haarmaschen, Jäckchen). Der Onkel betritt das Kinderzimmer (Tür in der Mitte des Hintergrunds platziert), eilig laufen ihm die Mädchen entgegen. Den am Schreibpult sitzenden kleinen Jungen hebt er hoch und trägt ihn zu einer im Vordergrund zentrierten, weiß lackierten Sitzgruppe. Man nimmt Platz. Wechsel von totaler zu halbtotaler Einstellung: Der Onkel zieht eine Papiertüte hinter seinem Rücken hervor. Die Mädchen greifen sofort nach dem Säckchen, er entzieht es ihnen. Der kleine Bub bettelt mit den Händen um die Süßigkeiten. Bedeutungsvoll mit Zeigefinger und großen Gesten beginnt der Oheim nun eingehend zu erzählen (Schnitt: Nahaufnahme des Mannes mit dem Kind an seiner Seite, Schnitt/Groß: Die Hand des Onkels gefüllt mit einer Zuckerlsorte). Es folgen Szenen aus den Pralineewerken der Firma Meinl. Flüssige Massen werden Maschinenbehältern entnommen und per Hand weiterverarbeitet – gewalkt, geformt, getunkt, sortiert, gewogen, portioniert und verpackt. Auch in diesem Industriewerbefilm herrscht das Prinzip der menschlichen Kontrollgewalt über die Maschine vor. Die technische Einrichtung fungiert als Werkzeug, das sich der Beobachtung durch die Fachkräfte nie entzieht. Ein alleiniges Abfilmen der in Betrieb befindlichen Gerätschaft ohne menschliche Prüfinstanz bleibt nahezu gänzlich aus.[374] Die Herstellung der jeweils nächsten Bonbonsorte wird mittels Zwischenschnitt (Großaufnahme) auf die mit neuen Süßigkeiten gefüllte Hand des Onkels eingeleitet. Die Prozessbilder werden vereinzelt von einer kurzen Sequenz im Kinderzimmer unterbrochen: Die Kleinen klatschen bei der Präsentation der Süßwaren durch den Oheim begeistert in die Hände. Der Mann erzählt mit ausschweifender Mimik und Gestik, während die kleine Schar interessiert lauscht. Am Ende der Fertigungssequenzen leert der Zuckerlonkel nun die Bonbons zur freien Entnahme auf den Tisch. Die Mädchen greifen begeistert zu, der Jüngste wird vom Alten gefüttert. Das Prinzip „der Belehrung folgt die Belohnung" wird hier als pädagogisch erfolgreiches Konzept zelebriert.

Anders als bei Die süsse Fabrik fehlen bei Der Zuckerlonkel jegliche Zwischentitel. Ob der Film ohne Texttafeln geplant war und es einen fixen Begleitvortrag gab, ist aufgrund der fehlenden Quellen nicht mehr feststellbar. Möglich wäre auch eine spätere Entfernung der Zwischentitel, da der Film letztlich zu Bildungszwecken eingesetzt wurde.[375] Eine offene Propaganda für die Produkte eines Unternehmens lehnte man in diesem Rahmen ab. Allerdings hielt man in der Presse den Meinl-Filmen besonders zugute, dass diese „meilenweit von jeder Art von Reklame" entfernt seien: abgesehen von dem Untertitel „Aufgenommen in den Betrieben der Julius Meinl A.G. Wien". Begeistert zeigte man sich aber auch von den im Streifen dargebrachten „prächtigen Arbeitsräumen mit den peinlich rein gekleideten Arbeitern und Arbeiterinnen". „Ermöglicht werde dies erst" – so *Der Filmbote* – durch die „tadellose" Umsetzung der Filme: „Der sorgfältigste, pädagogisch richtige und mit heiteren Einfällen gewürzte Aufbau vereinigt sich mit einer erstklassigen Photographie, die sich den modernsten Errungenschaften auf dem Gebiete der Beleuchtungstechnik bedienen konnte".[376]

Trotz des großen Erfolgs der Filme unterließ es die Firma Meinl, eines ihrer größten und meistpropagierten Projekte auch kinematographisch festzuhalten. In den Jahren 1927 bis 1930 führte das Unternehmen ein weitreichendes Rationalisierungsprogramm durch. Man folgte dem Prinzip „der geraden Linie",[377] wonach

374 In einer Sequenz wird eine mechanische Füllvorrichtung in Vignetten-Kasch-Optik für einige Sekunden in Großaufnahme beobachtet. Die Szene davor und danach zeigen aber jeweils auch die prüfenden Fachkräfte, die sich in der großen Einstellung dem Blick des Betrachters entziehen.

375 Im Urania-Katalog des Jahres 1927 ist vermerkt, dass zu den Meinl-Filmen eine Vortragsunterlage vorhanden war, was durchaus für eine Entfernung der Zwischentitel sprechen könnte. ÖStA, AVA, BMU, Volksbildung: Film, 1929–1930, Ktn. 487, Fasz. 472, Gschz. 36407-II/10b, 1932, Ggstd.: Volksbildungshaus Wiener Urania, Lehrfilme, Märchenfilme, unterhaltende Beigaben, Verlag des Volksbildungshauses Wiener Urania Wien 1927, Juni 1932.

376 *Der Filmbote*, „Ein sehenswerter Industriefilm", Nr. 19, 13. Mai 1922 S. 11.

377 Schechner, Kurt: Menschenbehandlung im Betriebe, Wien 1931, S. 7.

jeder überflüssige Arbeitsschritt durch den Einsatz von Maschinen oder die Anpassung der vorhandenen Gerätschaften an den täglichen Arbeitsprozess vermieden wurde. Arbeitswissenschaftliche Studien lagen dieser Umstrukturierung zugrunde.[378] Die Reorganisation der Betriebseinheiten führte in einzelnen Abteilungen zu einer Produktivitätssteigerung von bis zu 25 Prozent, aber auch zu einer Reduzierung des Personalstands um 35 Prozent.[379] Da Meinl jedoch in diesem Prozess auf das Engste mit den Gewerkschaften zusammenarbeitete, blieben Belegschaftsproteste aus. Vielmehr wurden dem Unternehmen von Vertretern der Arbeiterschaft und vom sozialdemokratischen Wiener Bürgermeister Karl Seitz höchstes Lob für die Kooperation mit den Mitarbeiterorganisationen ausgesprochen.[380] Dies war auch das Ergebnis einer umfassenden Informations- und Werbekampagne, die seitens der Firma unternommen wurde. Nationale und internationale Größen aus Politik und Wirtschaft wurden zu einer Besichtigung der Meinl-Werke eingeladen. In Fachzeitungen und im hauseigenen Blatt berichtet man über die neuen effizienten Anlagen, wobei umfassendes Bildmaterial zur Veranschaulichung diente.[381] Der Generaldirektor der Julius Meinl A.G., Kurt Schechner, hielt umfangreiche Vorträge, in denen er unter anderem die Vorteile der Rationalisierungsmaßnahmen für die Arbeiterschaft und die österreichische Volkswirtschaft unterstrich.[382]

Obwohl das groß angelegte und propagierte Rationalisierungsprojekt des Unternehmens keine filmische Reflexion fand, blieb das Laufbild in den nachfolgenden Jahren nicht völlig aus der Lehr- und Werbestrategie der Firma ausgespart. Hatte man schon ab Mitte der 1920er-Jahre Werbedias in den Kinos eingesetzt,[383] so ging man ab 1935 daran, gezielt per Lehr- und Werbefilm für Meinl und seine Waren zu werben. Sowohl im Zentralgebäude des Unternehmens im 16. Wiener Gemeindebezirk als auch in den Betriebsräumlichkeiten in der Mariahilfer Straße 31 wurden Lehrkurse und Vorträge abgehalten. In deren Rahmen führte man – vornehmlich in

---

378 *Meinls Monatsschrift*, „Aus dem Forschungsinstitut Julius Meinl-Konzern“, Nr. 12, Dezember 1928, S. 14.

379 Kühschelm, Meinl, S. 47. Lehrbaumer, Womit kann ich dienen?, S. 46.

380 Meinl-Archiv: Bericht: Besichtigung der Meinl-Zentralwerke, Wien, im Dezember 1928.

381 *Kontakt*, „Bilder vom Messestand der Julius Meinl A:G:auf der Wiener Herbstmesse 1930“, Nr. 10, Oktober 1930, S. 23 f. *Meinls Monatsschrift*, „Durch die Meinl-Betriebe. II. Fortsetzung“ und „Aus der Pralinéfabrik“, Nr. 10, Oktober 1928, S. 8 f. sowie ebd., „Durch die Meinl-Betriebe IV. Fortsetzung“, Nr. 12, Dezember 1928, S. 14.

382 Schechner, Menschenbehandlung, S. 1–22. Meinl-Archiv: Bericht: Besichtigung der Meinl-Zentralwerke, Wien, im Dezember 1928. Vgl. auch: Meinl, Julius jun.: Vorträge gehalten an der Hochschule für Welthandel, Wien 1937, S. 56–62.

383 Lehrbaumer, Womit kann ich dienen?, S. 186.

den Nachmittags- und Abendstunden und in Anwesenheit von nicht mehr als 100 Besuchern – Filme vor.[384]

Die Idee, Industriefilme parallel für Lehr- und Reklamezwecke einzusetzen, war nicht neu. Schon 1907 bewarben Fachkreise die Vorteile technischer Werksfilme, die man sowohl in der Belehrung der Bevölkerung als auch in der werbenden Kraft der Streifen bei Fachausstellungen sah.[385] Vor allem sollten diese Filme der thematisch versierten Jugend nahegebracht werden. Das Medium ermöglichte es, die Arbeitsvorgänge komplexer Maschinen zu veranschaulichen, Bewegungsabläufe genau zu verfolgen und ein Stück Praxis in die Lehre zu bringen.[386] Interesse an derart gestalteten Filmen, die oftmals von Unternehmern und Verleihern zur Verfügung gestellt wurden, hatten besonders technische Fachschulen und Universitäten.[387] Im Verlauf der Zwischenkriegszeit weitet sich der Ruf nach belehrenden Werbeindustriefilmen zunehmend auch auf das Schulsystem aus.

6.3 Bildungs- und Werbefilm

> Veranstaltung von Schülervorstellungen mit gewähltem Programm, Einführung der lebenden Photographie als Lehrmittel für die Schule und besonders Förderung des Interesses an Films[388] belehrender Art – diesem Zweck sollen Aufnahmen aus der Naturgeschichte, der Industrie und der Völkerkunde dienen, die zweifellos von größerem Werte und besserer erzieherischer Wirkung sind, als viele der Geschmacklosigkeiten, die heute geboten werden. Ist doch der Wert des Kinematographen als Lehrmittel nicht nur für die Wissenschaft [...] sondern auch für die Schule nicht zu unterschätzen. Viele Vorgänge aus dem Leben, die Gewohnheiten und Bewegungen von Tieren, der Gang der Maschinen, die Erzeugung verschiedener Gegenstände, bieten reichere Mittel für den Anschauungsunterricht als trockene Worte und leblose Bilder.[389]

Der Ruf nach dem „guten“, „moralisch hochstehenden“ Film, der abseits der Unterhaltung und Schaulust einen bildenden Mehrwert mit sich brachte, wurde mit

384 *Im Zeichen des Mohren, Mitteilungen für die Mitarbeiter und Freunde des Meinl-Konzerns*, „Aus den Konzernunternehmungen“, Nr. 1, Dezember 1935, S. 15. Wiener Stadt- und Landesarchiv (WStLA), Magistratsabteilung (MA) 104, Zl. K 2261, „Konzessionsersuchen der Firma Julius Meinl A. G.“, 27. Jänner 1938.

385 *Der Komet*, „Der Kinematograph im Dienste technischer Belehrung“, Nr,. 1155, 1907, S. 9.

386 Ebd. sowie *Der Filmbote*, „Warum technische Lehrfilme nötig sind“, Nr. 24, 12. Juni 1920, S. 26.

387 *Das Kino-Journal*, „Über Lehrfilme“, Nr. 519, 1920, S. 29–30. Archiv der Technischen Universität Wien: Jahrbuch für das Studium an der Technischen Hochschule in Wien 1930–1931, Wien 1932, S. 72. Jahrbuch für das Studium an der Technischen Hochschule in Wien 1931–1932, Wien 1933, S. 88–90. Jahrbuch der deutschen Studentenschaft, Technische Hochschule Wien 1932–1933, Wien 1934, S 44–48.

388 „Films“ war der zeitgenössisch übliche Plural von „Film“.

389 *Der Komet*, „Die Erziehung durch den Kinematographen“, Nr,. 1184, 1907, S. 9.

der verstärkten Verbreitung des Mediums um 1906 immer lauter.[390] Die vom Bildungsbürgertum initiierte Debatte um die Gefahr des „Schundfilms" aktivierte speziell in Deutschland Reformkinobewegungen. Ihre Vertreter bekämpften einerseits den durch das Kino betriebenen vermeintlichen sittlichen Verfall der Jugend, andererseits diskutierten sie den sinnvollen Einsatz von „niveauvollen Bildungsfilmen" im Schulunterricht.[391] Auch in Österreich-Ungarn fand dieser Gesinnungskreis Befürworter. 1912 erfolgte in Wien die Gründung der „Zentralstelle für wissenschaftliche und Unterrichtskinematographie", die alle existenten „wissenschaftlichen Filme in Evidenz führte", für deren Verleih sorgte und die Produktion weiteren entsprechenden Materials förderte. Die Einführung von der Bildung dienenden Schülervorstellungen in den „bestehenden besseren Kinos" wurde in Kooperation mit dem „Reichsverband der Kinematographenbesitzer" für den Herbst 1912 angekündigt.[392]

Nachdem sich im Verlauf des Ersten Weltkriegs der Film als Propagandamittel etabliert und weitreichend Akzeptanz gefunden hatte, zeigten staatliche Behörden und Pädagogen vermehrt Interesse daran, das Medium nachhaltig in den Unterricht zu integrieren.[393] Dies kam auch der Filmbranche entgegen, die eine „regelrechte Einführung des Kinos in den Schulen" forderte. Man erhoffte sich durch den Einsatz wissenschaftlicher Bildungsfilme, Kinder und Jugendliche möglichst früh mit dem Medium vertraut zu machen, Verständnis für und Vertrauen in diese „Kunstgattung" seitens der Lehrerschaft und der Eltern zu erhalten und letztlich das Image der Kinematographie allgemein zu verbessern.[394] Verlangte die nach dem Krieg wiederbelebte Kinoreformbewegung 1925 noch vehement, die Produktion von Bildungsfilmen zu fördern,[395] so ging man in den darauffolgenden Jahren daran, in den Schulen für den Einsatz des Films im Unterricht zu werben. In Wien wurde sogar eine Reihe von Großschulkinos eingerichtet.[396] Da es jedoch an explizit für den Lehrbetrieb erzeugten Filmen fehlte, behalf man sich mit veralteten Reklamestreifen, die zu

390 Die Autorin zitiert hier Kapitel 3 ihres Artikels: Moser, Vom „öffentlichen Ärgernis" zum Propagandawerkzeug, Kapitel 3 „Kulturkampf gegen Schmutz und Schund", http://ww1.habsburger.net/de/kapitel/kulturkampf-gegen-schmutz-und-schund, 30.11.2014.

391 Gertiser, Anita: Schul- und Lehrfilme, in: Zimmermann, Yvonne (Hg.): Schaufenster Schweiz. Dokumentarische Gebrauchsfilme 1896–1964, Zürich 2011, S. 383, 388, 390–392.

392 *Kinematographische Rundschau*, „Zentralstelle für wissenschaftliche und Unterrichtskinematographie in Wien", Nr. 220, 1912, S. 11 und „Wissenschaftliche und Unterrichtskinematographie", Nr. 227, 1912, S. 9.

393 Gertiser, Schul- und Lehrfilme, S. 392. *Das Kino-Journal*, „Der Film als Bildungsmittel", Nr. 526, 1920, S. 6 und 10.

394 *Österreichische Film-Zeitung*, „Neue Wege der Filmpropaganda", Nr. 7, 11. Februar 1928, S. 19 f. und „Kino und Jugenderziehung", Nr. 48, 24. November 1928, S. 10–12.

395 *Das Kino-Journal*, „Der Schrei nach dem Bildungsfilm", Nr. 753, 1925, S. 1 f.

396 *Österreichische Film-Zeitung*, „Der Lehrfilm in Österreich", Nr. 10, 5. März 1927, S. 17 f.

„Lehrfilmen" umgearbeitet wurden.[397] Besonders einfach gestaltete sich dieses Unterfangen bei touristisch motivierten Laufbildern, die als heimatkundliche Unterrichtsfilme oftmals keinerlei Änderung bedurften. Bei Industriewerbefilmen kürzte man jene Teile, die den ursprünglichen marken- bzw. firmenbezogenen Propagandaauftrag zu offen in Erscheinung treten ließen.[398] Um an weiteres geeignetes Filmmaterial zu kommen, wandte sich das Unterrichtsministerium mit der Bitte um Bereitstellung von Industriewerbefilmen an österreichische und deutsche Unternehmen. Zahlreiche Kopien gelangten so in den Bestand der österreichischen Behörde.[399] Viele Titel sind aufgrund dieser Aktion heute noch in der Schulfilm-Sammlung des Filmarchiv Austria erhalten geblieben.

Da die auf diese Weise bezogenen Filme oftmals nicht den Wünschen der Schulen und Volksbildungseinrichtungen entsprachen, ging man seitens des „Österreichischen Lichtbild- und Filmdienstes" (ÖLFD)[400] des Unterrichts-ministeriums daran, im Zuge eines aus Fachleuten bestehenden Beratungskreises Anforderungen an und Richtlinien für die zu Bildungszwecken gewünschten technischen Filme zu erstellen.[401] Die Ergebnisse sollten den heimischen Unternehmern zur Verfügung

---

397 Die Wiener Urania führte in ihren Lehrfilmverzeichnissen zahlreiche veraltete Werbe- und Industriewerbefilme, so etwa DER KURORT BADEN BEI WIEN (A 1927) oder DIE HERSTELLUNG VON EMAILGESCHIRR (A 1926). Vgl.: ÖStA, AVA, BMU, Volksbildung: Film, 1929–1930, Ktn. 487, Fasz. 472, Gschz. 36407-II/10b, 1932, Ggstd.: Volksbildungshaus Wiener Urania, Lehr- und Kulturfilm-Archiv Neuerscheinungen, Oktober 1929, Juni 1932.

398 ÖStA, AVA, BMU, Film 1927-, Fasz. 1718, Gschz. 11977-II/10b, 1932, Ggstd.: Approbierung von Unterrichtsfilmen aus dem Bestande des Ö.L.F.D., 22. April 1932.

399 Vgl. etwa: ÖStA, AVA, BMU, Volksbildung: Film, 1919–1928, Ktn. 486, Fasz. 471, Gschz. 29013/1924, Ggstd.: Schreiben Siemens-Schuckert-Werke an BMU, Dezember 1924 sowie Gschz. 29385/1924, Schreiben Friedrich Krupp A.G. an BMU, Dezember 1924. ÖStA, AVA, BMU, Volksbildung: Film, 1932, Ktn. 489, Fasz. 473, Gschz. 2664-II/1932, Ggstd.: Generaldirektion der österreichischen Tabakregie Wien, Deponierung ihrer Filme im Ö.L.F.D., Februar 1932 sowie Gschz. 10930-II/10b, 1932, Ggstd.: Niederösterreichische Molkerei. Überlassung von Betriebsfilmen an die Filmabteilung, April 1932.

400 Der ÖLFD fungierte als Zentralfilmdepot und Leihstelle für alle Schulen und Volksbildungseinrichtungen. Eine der Hauptaufgaben der Stelle bestand in der „Sammlung und Erschließung des vorhandenen heimat- und volkskundlichen Filmmaterials über Österreich für Zwecke der Schule, der Wissenschaft und des Fremdenverkehrs". Zu Beginn des Jahres 1932 verfügte der ÖLFD bereits über 150.000 Meter Filmmaterial. Siehe: ÖStA, AVA, BMU, Volksbildung: Film, 1932, Ktn. 489, Fasz. 473, Gschz. 1008-II/10b, 1932, Ggstd.: Heimatkundliche Filme in den Bundesländern. Überlassung an den ÖLFD, Filmabteilung, Jänner/Februar 1932.

401 Zu den Experten des Arbeitskreises zählten etwa die Filmproduzenten Ernst H. Jordan und Karl Köfinger, aber u. a. auch promovierte Techniker wie Prof. Karl Gelinek (Maschinenbaukunde), die an der Technischen Hochschule tätigen Assistenten Ing. Aschenbrenner und Ing. Stolle (Wärmekraftmaschinen) oder der Leiter des Instituts für Kinematographie an der Technischen Hochschule, Prof. Dr. Ing. Paul Schrott. Vgl. u. a. : ÖStA, AVA, BMU, Volksbildung: Film, 1932, Ktn. 489, Fasz. 473, Gschz. 1271-II/10b, 1932, Ggstd.: Filmabteilung, Vorführung technischer, industrieller und gewerblicher Filme, 4. Fortsetzung, Jänner 1932.

gestellt werden. Dabei legte die „Arbeitsgemeinschaft für technisches Lichtbild- und Filmwesen" von Beginn an den Mehrfachzweck der zu produzierenden Streifen fest. Die Filme sollten allgemein gehaltene Werbeaufnahmen zeigen bzw. für ein bestimmtes Erzeugnis Reklame machen. Zugleich wollte man das filmische Material aber auch als „Lehrfilm für Verbraucher, für Schulen, für die eigenen Angestellten" sowie als „Studienfilm" einsetzen. Das werbende Element wäre nach „psychologischen Gesichtspunkten" auszurichten, die Reklame solle „schon durch die filmische Darstellung und nicht bloß durch den Text wirken". Sie dürfe „nicht aufdringlich und erst gegen Ende des Films erkennbar sein", denn „der Werbefilm ist gut, wenn er zugleich ein guter Lehrfilm ist."[402] Diskutiert wurde aber auch der pädagogisch sinnvolle Aufbau der Streifen. So sollte etwa das Tempo der Zwischentiteleinblendungen entsprechend berücksichtigt werden, da ein zu langes Verweilen auf der Schrift den Fluss des Films störe.[403] Den Einsatz des Tonfilms lehnten die Vertreter der Kommission tendenziell ab. Bei Vorführungen in der Wiener Urania hätte man die Erfahrung gemacht, dass „die Zweiteilung der Aufmerksamkeit auf Bild und Wort" die Schülerinnen und Schüler überfordere. Als viel bedeutender erachtete man die gesprochenen Erläuterungen, die für den jeweiligen Streifen zur Verfügung stehen sollten. [404] Trickfilmsequenzen befürworteten die Mitglieder der Arbeitsgemeinschaft hingegen: Vorgänge, welche die Kamera nicht festmachen konnte, wären per Zeichentrick zu erklären, komplexe Prozesse könnten so vereinfacht dargelegt werden.[405] Letztlich forderte der Arbeitskreis die Herstellung pädagogisch adäquater und technisch versierter stummer Schmalfilme für den Schulunterricht.[406]

Die österreichischen Unternehmer wollte man seitens der Arbeitsgemeinschaft vor allem auf jene Vorteile hinweisen, welche Filme, die sowohl einen Werbe- als auch einen Lehrfilmcharakter aufweisen, mit sich brachten. Mit derart gestalteten Filmen ließe sich „unauffällig" der jugendliche Nachwuchs und damit auch „der

402 ÖStA, AVA, BMU, Volksbildung: Film, 1932, Ktn. 489, Fasz. 473, Gschz. 10760-II/10b, 1932, Ggstd.: Vorführung technischer, industrieller und gewerblicher Filme, Bericht über 9. Vorführung, März 1932.

403 ÖStA, AVA, BMU, Volksbildung: Film, 1932, Ktn. 489, Fasz. 473, Gschz. 8713-II/10b, 1932, Ggstd.: Niederschrift der Beratungen der 1. Sitzung des vorbereitenden Ausschusses der technischen Arbeitsgemeinschaft für Lichtbild- und Filmwesen, 12. Februar 1932.

404 ÖStA, AVA, BMU, Volksbildung: Film, 1932, Ktn. 489, Fasz. 473, Gschz. 8713-II/10b, 1932, Ggstd.: Niederschrift der Beratungen der 2. Sitzung des vorbereitenden Ausschusses der technischen Arbeitsgemeinschaft für Lichtbild- und Filmwesen, 26. Februar 1932.

405 ÖStA, AVA, BMU, Volksbildung: Film, 1932, Ktn. 489, Fasz. 473, Gschz. 10760-II/10b, 1932, Ggstd.: Vorführung technischer, industrieller und gewerblicher Filme, Bericht über 9. Vorführung, März 1932.

406 ÖStA, AVA, BMU, Volksbildung: Film, 1932, Ktn. 489, Fasz. 473, Gschz. 8713-II/10b, 1932, Ggstd.: Protokoll der 1. Vollsitzung der Arbeitsgemeinschaft für technisches Lichtbild- und Filmwesen, 1. April 1932.

Kunde von morgen“ umwerben. Die Schülerinnen und Schüler würden „daheim und anderwärts“ über das Gesehene berichten, wobei in der Folge zu erwarten wäre, dass auch „Elternvereinigungen Interesse an derartigen Filmvorführungen“ bekunden. Das Publikum und somit die potenziellen Käufer werden schließlich „die Erzeugnisse mit ganz anderem Verständnis“ wahrnehmen, „als dies bei herkömmlicher marktschreierischer Bild- und Markenreklame der Fall ist“.[407]

Der heimischen Industrie wie auch der Reklamebranche waren solche Überlegungen keineswegs fremd. Der „ernsthafte“ und „instruktive“ Werbefilm wurde auch in den Fachblättern protegiert. Derart konzipierte Streifen sollten im Sinne der „Volksbildung“ Wissenswertes anbieten und die Kenntnisse in den Bereichen Technik, Chemie, Landwirtschaft, Geografie, Ethnografie, Soziologie, Ökonomie, Hygiene, Heilkunde, Verkehrswesen oder Warenkunde erweitern.[408] „Ich biete Dir eine Dich interessierende Unterhaltung, sage Dir etwas für Dich Wesentliches und frage nicht nach dem Nutzen für mich. Lerne mich kennen, das genügt mir“, gab man als „vornehmen Grundgedanken“ der „dezenten“ Reklame aus.[409] Die gezielte Werbearbeit in den Schulen erkannte man als besonders Erfolg versprechende Option. Kinder und Jugendliche könnte man im Unterricht mit Artikeln bekannt machen und deren Gebrauchswert erörtern. Die Aufmerksamkeit sei in diesem Rahmen ohne zusätzlichen Kostenaufwand vorhanden. Die Voreingenommenheit gegenüber der Reklame falle zudem weg, da der Lehrer von den Schülern als objektiv wahrgenommen werde. Die werbende Tätigkeit für den Produzenten erfahre auf diese Weise eine erhebliche Erleichterung, und deren Folgen würden sich auf lange Sicht mehr als rentieren.[410]

Heimische, aber auch internationale Unternehmer erkannten folglich durchaus den Nutzen, der sich aus einem so gestalteten werbenden Lehrangebot ziehen ließ. Dementsprechend reichten zahlreiche Firmen ihre Filme zum Zwecke der Approbation als Unterrichtsfilme ein. Hier zeigte sich jedoch mitunter, dass Lehr- und Reklameinhalte schwer zu vereinbaren waren. Immer wieder stießen sich die Gutachter des Unterrichtsministeriums an einer zu auffällig erscheinenden Präsenz des Marken- bzw. Firmennamens. Selbst Streifen, die auf eine gezielte Bevorzugung österreichischer Produkte gegenüber ausländischer abzielten, konnten beanstandet

407 ÖStA, AVA, BMU, Volksbildung: Film, 1932, Ktn. 489, Fasz. 473, Gschz. 8713-II/10b, 1932, Ggstd.: Arbeitsgemeinschaft für technisches Lichtbild- und Filmwesen. Anforderungen an technische Filme, Richtlinien für ihre rationelle Herstellung, 1932.

408 *Österreichische Reklame*, „Reklame und Volksbildung“, Nr. 17, November 1928, S. 11. *Contact*, „Reklame im Dienste der Volksbildung“, Nr. 11, November 1933, S. 19–20.

409 *Österreichische Reklame*, „Josef Wilhelm Farnik: Der technische Werbefilme“, Nr. 11/12, November/Dezember 1929, S. 50–52.

410 *Österreichische Reklame*, „Wie kann die Schule die Reklame fördern?“, Nr. 10, Oktober 1928, S. 37–44.

werden. So sollte beispielsweise DIE ÖSTERREICHISCHE BLEISTIFTFABRIKATION (A 1927) nicht nur die Erzeugung dieses Gebrauchsgegenstands darlegen, sondern auch auf die Etablierung dieses Industriezweigs in Österreich hinweisen. Dies verdeutlicht der für den Unterricht vorgesehene Vortragstext zum Film: „Erfreulich ist die Tatsache, dass es der Bleistiftindustrie seit einigen Jahren gelungen ist, auch in Österreich festen Fuß zu fassen und sich dank der guten Qualität ihrer Erzeugnisse, welche den ausländischen Konkurrenzfabrikanten in keiner Weise nachstehen, immer mehr und mehr durchzusetzen." Die Lehrer erhielten den klaren Auftrag, die Schulkinder dahingehend zu beeinflussen, „inländische Bleistifte" zu verwenden: „Es wäre zu wünschen, dass sich auch in unserem Lande das Prinzip der Verwendung einheimischer Qualitätsware noch mehr durchsetzen würde. Nicht zuletzt muss darauf verwiesen werden, dass bei Erhöhung der Produktion und Einstellung einer größeren Zahl weiterer Arbeitskräfte mitgeholfen würde, der kolossalen Arbeitslosigkeit [entgegen] zu steuern." Trotz der „Anerkennung der guten Absicht" lehnten die Gutachter die Hervorhebung der Produkte einer bestimmten Firma – in diesem Falle die Bleistiftfabrikation des österreichischen Unternehmens Brevillier & Urban in Gösting bei Graz – ab. Nach einer Streichung der entsprechenden Szenen stand einer „Empfehlung des Films für die Verwendung an den unteren und oberen Klassen der Mittelschule" nichts im Wege.[411]

Ähnlich verfuhr man mit dem Film LEBENDE WERKZEUGE (D 1936)[412] der deutschen Leo-Werk Ges.m.b.H., der sich der Entwicklung der Zähne, dem „Kreislauf der Nahrung" und schließlich der richtigen Zahnpflege widmete. Die Vertreter der Kommission des Unterrichtsministeriums erklärten zwar, dass sie das Laufbild vom volkserzieherischen und gesundheitlichen Standpunkt aus begrüßten, jedoch den offensichtlichen Reklamecharakter des Films nicht gutheißen konnten. Jeder Hinweis auf die Zahnpasta Chlorodont hätte zu entfallen, die Schilderung der Fabrikationssequenz des Hygieneprodukts wäre erheblich zu kürzen. Die Leo-Werke kamen dieser Vorgabe nach, womit LEBENDE WERKZEUGE als Lehrfilm zugelassen und als für Schulvorführungen geeignet anerkannt wurde. Die Herstellerfirma verlieh den zudem mit dem Prädikat „kulturell wertvoll" versehenen Film kostenlos an „Schulen, Vereine und sonstige Institutionen, die sich mit den Themen Volksbildung und Volkshygiene" befassten.[413]

Eine analoge Argumentation brachte man angesichts eines Reklamefilms vor, der damals (1934) als bislang „monumentalstes" audiovisuelles Werbeprodukt

411 ÖStA, AVA, BMU, Film 1927-, Fasz. 1718, Gschz. 37651-II/10b, 1931, Ggstd.: Brevillier u. Co und A. Urban u. Söhne, Österreichische Bleistiftfabrikation, Zulassung des Films, Jänner/Februar 1931.

412 LEBENDE WERKZEUGE (D 1936), P: Ufa, R: Hans F. Wilhelm. Vgl.: ÖStA, AVA, BMU, Volksbildung: Film, 1937, Ktn. 499, Fasz. 479, Gschz. 12544-II/10b, 1937, Ggstd.: Lehrfilm „Lebende Werkzeuge" (Ufa), Aufführung durch die Leowerk Ges.m.b.H.", März/April 1937.

413 Ebd. sowie: ÖStA, AVA, BMU, Volksbildung: Film, 1937, Ktn. 499, Fasz. 479, Gschz. 5947-II /10b, 1937, Ggstd.: Filmbegutachtung: „Lebende Werkzeuge", Februar 1937.

allgemein Anerkennung fand.[414] Aus Anlass des Jubiläums „25 Jahre Persil“ gab die Firma Henkel den Streifen WÄSCHE-WASCHEN-WOHLERGEHEN (D 1932) in Auftrag.[415] Zu dem an die 80 Minuten langen Film wurde unter dem gleichen Titel zwei Jahre später auch ein österreichisches Pendant produziert, die Version gilt jedoch als verschollen.[416] Die vorliegenden Quellen lassen darauf schließen, dass die „Wiener Fassung“ in Inhalt und Aufbau über weite Strecken dem deutschen Original folgte.[417] Allerdings brachten alpenländische Landschaften, die Überblendung vom Stephansdom zu einem Schornstein der Persilwerke im Vorspann, aber insbesonders auch der vornehmlich österreichische Drehstab ein spezielles Lokalkolorit zum Ausdruck. Wie viel Wert Henkel auf den Einsatz umfassender und modernster Werbemittel legte, beweist allein der Umstand, dass ein eigener äquivalenter Großtonfilm für das Nachbarland gedreht worden war.

Im Gegensatz zur österreichischen Version ist der deutsche Persilfilm gänzlich erhalten und lässt schon im Vorspann erkennen, dass das Feinwaschmittel nur Ausgangspunkt und damit Teil einer umfassenden Unternehmenspräsentation ist, die hier ins Blickfeld gerückt werden soll. Der Henkel-Löwe mit Sonnenkranz, seit 1878 Signet der Firma, steht am Beginn. Nach einer Schwarzblende folgt eine Detailaufnahme eines dampfenden Wasserkessels aus der Obersicht. Filmtitel und Untertitel erscheinen, dominant in den Himmel strebend werden die Fabrikschlote des Werks in Szene gesetzt (extreme Untersicht). An eine Kamerafahrt entlang des Firmengebäudes schließt ein Schwenk über die Anlage an. Begleitet wird dieser Einstieg von der Botschaft „Ein Film für Alle [sic!]“. Während die Liste der Filmcrew abrollt, vermitteln Aufnahmen vom Betriebsgelände (unter anderem Materialtransporte) dessen Größe und Weitläufigkeit, eine dampfende Maschine beschließt den Prolog.

---

414 Die nachfolgenden Ausführungen entsprechen über weite Teile hinweg einer Analyse,die von der Autorin dieser Arbeit 2012 erstellt und veröffentlicht wurde. Siehe: Moser, Vergessen – verloren – wiederentdeckt, S. 236–240, 245.

415 WÄSCHE-WASCHEN-WOHLERGEHEN (D 1932), P: Ufa, R: Johannes Guter, D: Paul Henckels, Grete Reinwald, Hedwig Wangel, Ida Wüst, Fritz Alberti.

416 WÄSCHE-WASCHEN-WOHLERGEHEN (A 1934), P: Tobis-Sascha Filmindustrie, R: Edmund Heuberger, D: Annie Rosar, Alfred Neugebauer, Robert Valberg, Auguste Pünkösdy, Any Hartmann.

417 Vgl. etwa das erhaltene Programmheft zu WÄSCHE-WASCHEN-WOHLERGEHEN (A 1934), Privatsammlung Herbert Wilfinger. Ebenso siehe das Werbeplakat zum Film in: ÖStA, AVA, BMU, Volksbildung: Film, 1934, Ktn. 491, Gschz. 12694-II/10b, 1934, Ggstd.: Filmbegutachtung „Wäsche-Waschen-Wohlergehen“, März 1934. Wie auch: *Contact*, „Wäsche-Waschen-Wohlergehen! Ein neuer monumentaler Werbetonfilm, hergestellt von der Persil-Gesellschaft, Henkel & Voith m.b.H., Wien“, Nr. 1, Jänner 1934, S. 15 f.

Persil Werbefilm-Programm: WÄSCHE-WASCHEN-WOHLERGEHEN, A 1934

Persil Werbefilm-Programm: WÄSCHE-WASCHEN-WOHLERGEHEN, A 1934

Abb. 4: Wäsche-Waschen-Wohlergehen, A 1934 (Programmheft).

Die erste Szene spielt in einem Labor. Einer Gruppe von Studenten wird die Bedeutung von Hygiene und Sauberkeit in allen Lebensbereichen demonstriert. Ein Häufchen Staub im Brutkasten bildet in kurzer Zeit Bakterienfelder aus, erklärt der Vortragende. Die Desinfizierung des Haushalts und der Wäsche wäre demzufolge notwendig, um der Verbreitung von Krankheiten vorzubeugen. Die Waschmethoden, so schließt der Dozent, hätten sich verändert und grundlegend verbessert. Die Erzähllogik wird weitergeführt: Im Haushalt von Professor Stahlschmidt wird eine neue Waschfrau vorstellig. Neuerlich werden historische Waschpraktiken in Erinnerung gerufen und die neuen Methoden vor allem mittels Persil seitens der

Waschhilfe beschworen. Theorie und Praxis treffen erstmals aufeinander und lösen einander im weiteren Verlauf des Films tandemartig ab, führen aber auch zu einer immer deutlicheren Teilung in eine „männliche" und „weibliche" Hemisphäre.

Professor Stahlschmidt will seine wissenschaftlichen Kenntnisse über moderne Waschmethoden erweitern und besucht mit seiner Frau die Persil-Werke in Düsseldorf. In umfassender Weise wird das Paar unter der Ägide des Chemikers Dr. Breuer über Bestandteile des Waschmittels, Herstellungsprozesse des Pulvers und seine Wirkungsweise informiert. Nach einem Rundgang durch die Anlage leitet der Gesang der Arbeiterinnen in den Bereich der „Human resources" über. Helle Räume, medizinische Vorsorgeeinrichtungen für Mitarbeiter und deren Kinder, die Mütterberatungsstelle sowie „zweckmäßig schöne" Schwimm- und Sportanlagen sichern die Gesundheit des „Humankapitals", sorgen für „gute Stimmung" und einen besonderen Fleiß der Werksangehörigen, deduziert Dr. Breuer.

Frau Stahlschmidt wird in der Folge in der „Persil-Waschkunst" unterwiesen. Langwierig werden sämtliche Arbeitsschritte unter Anweisung einer Wanderlehrerin durchgeführt. Den Abschluss bildet eine Aufnahme in der kaufmännischen Abteilung des Betriebs. Der Büroleiter verliest Auszüge aus der täglich einlangenden Persilverbraucher-Post. Er kommuniziert direkt mit dem Publikum, weist auf die Bedeutung der Erfahrungen der Konsumenten hin und fordert auf, diese den Henkel-Werken mitzuteilen. Man hätte auf diese Weise schon viel über die universelle Anwendung von Persil erfahren, so etwa bei der Haar-, Kopf- und Fußwäsche, der Tier- und Blumenpflege sowie bei der Reinigung von Möbeln, Schmuck, Fellen, Teppichen und Bildern. Nach weiteren Ausführungen über die Henkel-Produktpalette schließt der Abteilungsleiter mit den Worten: „Sie dürfen versichert sein, dass die Erzeugnisse eines Hauses, in dem nach den neuzeitlichen Methoden gearbeitet wird, immer das Fortschrittlichste darstellen, was überhaupt geboten werden kann."

Der nachfolgende Epilog greift den stilistischen und inhaltlichen Aufbau des Vorspanns wieder auf: Der Henkel-Löwe über dem Eingangsportal des Werks beginnt den Bilderreigen. In Bewegung befindliche Maschinen- und Transportgerätschaften werden per Überblendung und Mehrfachbelichtung in schneller Abfolge präsentiert. Getragen wird die Sequenz von einem polyphonen Hymnus, der Bild und Musik eine symphonische Einheit gibt. Das Schlussbild mit der Büste des Firmengründers Fritz Henkel klingt mit Fanfarenklängen aus.

Prolog und Epilog bringen per Musik, Schnittfolge, Perspektivenwechsel und Mehrfachbelichtung Dynamik in einen Film, der sonst bisweilen Längen aufweist. In diesen Sequenzen werden die filmischen Mittel der Zeit ausgereizt, um die rationelle und moderne Produktions- und Arbeitsweise der Firma Henkel optisch und akustisch erlebbar zu machen. Versuche, die neuen Möglichkeiten des Mediums zu nutzen, werden im Verlauf des Films immer wieder unternommen: Laute und gleichförmige Maschinengeräusche simulieren eine reale Fabriksatmosphäre. Sie dominieren den Raum, lassen die Besucher des Betriebs mitunter verstummen und vermitteln eine zeitgemäße Faszination für das rapide Lauf- und Räderwerk. Film-im-Film-Sequenzen machen sichtbar, was sonst ungesagt, ungeklärt oder unbewiesen bliebe, etwa die Ernte von Rohstoffen an exotischen Orten und deren Transport nach Europa oder die chemisch-antibakterielle Wirkung von Persil. Ein eigens gedrehter Farbteil demonstriert zudem in visuell eindrucksvoller Weise die Behandlung von Buntwäsche, und das zu einer Zeit, als Color-Film noch kaum zum Einsatz kam.[418]

Speziell die Beweisführungssequenzen verfolgen unterschiedliche, geschlechtsspezifische Strategien. Auf der Ebene von Ratio und Wissenschaft erklärt Dr. Breuer seinem Gegenüber Professor Stahlschmidt die „selbsttätige" und bazillenzerstörende Waschkraft Persils anhand klar strukturierter Animationen. Hingegen bestimmen Praxis und Emotion die Ausführungen und Anleitungen der Wanderlehrerin. Die Trennung der Geschlechter erfolgt im räumlichen (Labor-Waschküche) und intellektuell-argumentativen Sinn: Herr Professor wird überzeugt, Frau Professor wird belehrt.

Der verkoppelte Lehr- und Spielfilmcharakter wird gegen Ende des Films jäh unterbrochen. Die Handlungsebene verschiebt sich – statt zu beobachten, wird der Zuschauer direkt in das Geschehen einbezogen. Eingeleitet wird dieser Wechsel am Ende der Waschanleitung, als sich das Hausmädchen Anna dem Publikum zuwendet und mit dem Slogan „Persil bleibt Persil" zur letzten Sequenz im kaufmännischen Büro überleitet. Hier kommt die hybride Ausgestaltung des Films und des Genres an sich am deutlichsten zum Ausdruck.

Diese Vielgestaltigkeit erkannten und thematisierten auch die Zeitgenossen. Der Regisseur des Films, Johannes Guter, bezeichnete WÄSCHE-WASCHEN-WOHLERGEHEN als einen „Anwendungsfilm", in dem sich „die besten Eigenschaften eines volkstümlich gehaltenen Kultur- und Lehrfilms glücklich vereinten".[419] Die Fachpresse sprach von einem „neuen monumentalen Werbetonfilm", von einer „neuen Gattung des Industriefilms, den man als Vollendung des Kulturfilms" bezeichnen müsse.[420] Eine klare Kategorisierung ist tatsächlich nicht möglich. WÄSCHE-WASCHEN-WOHLERGEHEN hat Kulturfilmelemente, da die Erkenntnisse der hygienischen Wäschepflege als „Beitrag zur Erhaltung der Volksgesundheit" verstanden wurden.[421] Im Sinne eines belehrenden Werbefilms werden die richtige Anwendung und die Wirkungskraft des

418 Der Farbteil ist in der vorliegenden Kopie nicht mehr erhalten.

419 Henkel Archiv: *Blätter vom Hause. Hauszeitschrift der Firma Henkel Cie A.G. Düsseldorf*, „25 Jahre Persil", Nr. 2, 1932, S. 36.

420 *Contact*, „Wäsche-Waschen-Wohlergehen! Ein neuer monumentaler Werbetonfilm, hergestellt von der Persil-Gesellschaft, Henkel & Voith m.b.H., Wien", Nr. 1, Jänner 1934, S. 15.

421 Ein durchaus national anmutender Duktus lässt sich bisweilen im Film, noch mehr allerdings in der Jubiläumsausgabe der Hauszeitung erkennen.

Produkts vorgeführt. Die Präsentation detaillierter Produktionsprozesse entspricht wiederum dem Genre Industriefilm. WÄSCHE-WASCHEN-WOHLERGEHEN ist aber auch ein Unternehmens- oder Imagefilm, da Produkte, Kundenservice (Wanderlehrerinnen, Korrespondenz) und Unternehmensphilosophie (soziale Fürsorge, Schaffung von Arbeitsplätzen, Beitrag zur Volkswirtschaft und zum Gemeinwohl) umfassend dargelegt werden. Letztlich nutzte der tönende Persilfilm vor allem die neueste Filmtechnik, um die Modernität des Betriebs zu unterstreichen. Marketingstrategien und zeitgenössische Produktionsprozesse, aber auch ein volkswirtschaftlich-nationaler Duktus sind ablesbar.

Im März 1934 wurde die österreichische Version des Films WÄSCHE-WASCHEN-WOHLERGEHEN dem Unterrichtsministerium zur Begutachtung hinsichtlich seiner Eignung als Bildungsfilm vorgelegt. Die Kommissionsmitglieder stellten sich die grundsätzliche Frage, ob ein offensichtlicher Werbefilm auch für die Vorführung in Schulen geeignet sei. Tatsächlich war man jedoch schon in den Jahren zuvor mit gleichartigen Fällen konfrontiert worden, wobei man sich damals fast ausschließlich gegen die Bezeichnung „Bildungs- und Lehrfilm" aussprach, die Vorführung vor Jugendlichen aber zuließ.[422] Hinsichtlich der Produktion WÄSCHE-WASCHEN-WOHLERGEHEN erkannte man besonders die Darlegung der „neuzeitlichen und rationellen" Form der Wäschereinigung an: „Es ist ganz gut, dass die Öffentlichkeit einmal auf das fortschrittliche Waschen aufmerksam gemacht wird; bedauerlich ist nur, dass eine solche Darstellung bisher nicht in neutraler Weise und auf öffentliche Initiative hin geschaffen wurde, sondern dass erst eine Privatfirma einen derartigen Film – natürlich zu Werbezwecken – herstellen ließ." Man beanstandete schließlich besonders den letzten Akt, der vornehmlich offensichtliche Reklamesequenzen enthielt. Ein völliger Wegfall eben dieser Szenen sowie der Österreichansichten zu Beginn des Films wurden als Voraussetzung für eine Anerkennung des Streifens als Bildungsfilm gefordert. Die Firma Persil sah sich aus finanziellen Erwägungen außerstande, die gewünschten Kürzungen durchzuführen, verzichtete auf den Unterrichtsfilmstatus und beließ es bei einer Bestätigung der Zulassung der Produktion für Jugendliche und Unmündige.[423]

WÄSCHE-WASCHEN-WOHLERGEHEN fand gleichwohl weite Verbreitung. Der Film wurde bei freiem Eintritt im Kino vorgeführt. „Ein Tag in den Persilwerken – Bilder vom Waschen in alter und neuer Zeit – Richtige Behandlung farbiger Wäsche – Häusliche Reinigung und neuzeitliche Gesundheitslehre zeigt dieser Film!", kündigte das

---

422 Als Lehr- und Bildungsfilm abgelehnt wurden EIN GANG DURCH ÖSTERREICHS GRÖSSTE SEIFENFABRIK (A 1931), Auftraggeber: Schicht Lever Brothers, VOM WASCHEN UND VON DER WÄSCHE (D 1929), Auftraggeber: Henkel. Als Lehrfilm zugelassen wurde DIE NÄHMASCHINE (D 1931), Auftraggeber: Singer Nähmaschinen A.G. Vgl.: ÖStA, AVA, BMU, Volksbildung: Film, 1934, Ktn. 491, Gschz. 12694-II/10b, 1934, Ggstd.: Filmbegutachtung „Wäsche-Waschen-Wohlergehen", März 1934.

423 Ebd.

Filmprogramm an. Eine lustige, nicht weiter deklarierte Zusatzunterhaltung versprach man der Frauenwelt zu ihrem speziellen Kinovor- bzw. -nachmittag.[424] Die österreichischen Persil-Reisevertreter nahmen den Reklamefilm, welcher der Unternehmenswerbung „neue Impulse geben sollte“, fix in ihr Repertoire auf. Bei eigens eingerichteten Waschberatungsstellen in Groß- und Provinzstädten setzte man den Film zur Ergänzung der Praxisvorführungen ein. Im Oktober 1935 öffnete in Wien das Persil-Werbehaus seine Pforten. In der Folge besuchten pro Tag an die 400 bis 500 Hausfrauen einen Waschvortrag mit anschließendem Tonfilm, wobei der Streifen täglich drei Mal zum Einsatz kam.[425] Wie viele potenzielle Kundinnen und Kunden die österreichische Version tatsächlich sahen, lässt sich über die Quellen letztlich nicht eruieren. Die deutsche Fassung von WÄSCHE-WASCHEN-WOHLERGEHEN sahen bis 1938 an die 30 Millionen Menschen.[426] Der Persil-Werbefilm fand auch abseits des Unterrichts sein „lernwilliges“ Publikum.

Dieses Beispiel, aber auch andere belegen, dass die Verbindung von Schul- und Werbefilm nicht ohne Friktionen blieb. Die inhaltlichen Schwerpunkte und formellen Konzeptionen ließen sich nicht wirklich vereinbaren. Der Filmproduzent Karl Köfinger hatte bereits bei den Sitzungen der „Arbeitsgemeinschaft für technisches Lichtbild- und Filmwesen“ wiederholt auf diesen Umstand hingewiesen: Werbefilme hätten eben auch zu unterhalten. Arbeitsvorgänge müssten im Sinne des Reklameauftrages geschönt, Betriebe mitunter in ihrer Dimension größer dargestellt werden, als es der Realität entspräche. All dies lehnten jedoch die Vertreter der Bildungseinrichtungen vehement ab. Zu Recht wies Köfinger darauf hin, dass man den Unternehmen diesbezüglich keine Vorschriften machen könne.[427] Vielmehr würde es Sinn machen, eigene von behördlicher Seite initiierte und finanzierte Unterrichtsfilme in Auftrag zu geben. Köfinger und der unter seinem Vorsitz stehende Kurzfilmherstellerverband forcierten schließlich auch (unter anderem mit Hinweis auf die entsprechenden Aktionen im Deutschen Reich) die Produktion österreichischer Schulfilme.[428] Diese Bestrebungen, die sich mit den Wünschen vieler Lehrer

424 Programmheft zu WÄSCHE-WASCHEN-WOHLERGEHEN (A 1934), Privatsammlung Herbert Wilfinger.

425 Henkel Archiv: *Blätter vom Hause. Hauszeitschrift der Firma Henkel Cie A.G. Düsseldorf*, „Persil in Deutsch-Österreich“, Nr. 1, 1934, S. 55–56 sowie ebd., „Persil in Österreich“, Nr. 1, 1935, S. 62 und „Eröffnung des Persil-Werbehauses“, Nr. 4, 1936, S. 144.

426 Goergen, In filmo veritas, S. 359.

427 ÖStA, AVA, BMU, Volksbildung: Film, 1932, Ktn. 489, Fasz. 473, Gschz. 8713-II/10b, 1932, Ggstd.: Protokoll der 1. Vollsitzung der Arbeitsgemeinschaft für technisches Lichtbild- und Filmwesen, 1. April 1932.

428 ÖStA, AVA, BMU, Volksbildung: Film, 1931, Ktn. 488, Fasz. 472, Gschz. 9076-II/10b, 1931, Ggstd.: Ing. Karl Köfinger. Anerbieten zur Herstellung von Lehrfilmen, 12. März 1931 sowie ebd., 1936, Ktn. 496, Fasz. 477, Gschz. 4878-II/10b, 1936, Ggstd.: Schreiben Verband der Kurzfilmhersteller an BMU, Schmalfilme im Unterricht, 5. Februar 1936.

deckten, waren letzten Endes erfolgreich. Im Jahr 1936 startete die Schulfilmaktion, in deren Rahmen vorerst seitens des Kurzfilmherstellerverbandes „Musterlehrfilme" hergestellt wurden. Man produzierte stumme Schmalfilme, die sich hinsichtlich der Bilderanzahl und der Ablaufgeschwindigkeit dem späteren Vortrag des Lehrpersonals anzupassen hatten.[429] Letzteres wurde direkt in die Produktion der Filme – beginnend mit dem Drehbuchentwurf – einbezogen.[430] Schließlich hielt man den Lehrkörper dazu an, selbst Schmalfilme für den Unterricht zu drehen, wobei der Besuch von eigens eingerichteten Fachkursen hilfreich sein sollte.[431] 1937 wurde schlussendlich verkündet: „Das Bundesministerium für Unterricht wird noch heuer mit der Einführung des Films als Unterrichtsmittel in den österreichischen Mittelschulen beginnen. [...] Zur Herstellung der Lehrfilme, die nur belehrenden Inhalt haben dürfen, werden die österreichischen Kurzfilmhersteller herangezogen, die Schmalfilme drehen sollen. Die Belieferung der Schulen übernimmt die Österreichische Lichtbild- und Filmstelle [...]. Es besteht überdies die Absicht, den Lehrfilm auch in den Haupt- und Volksschulen einzuführen und die Bundesländer ebenfalls heranzuziehen".[432]

6.4 Kultur- und Werbefilm

> Wer am österreichischen Kulturfilm mitarbeitet, schreibt österreichische Geschichte für alle Zeiten. Er schafft ein Kulturgut nicht für exklusive Kreise bestimmt, sondern Volksbildung im edelsten Sinne, er baut Kraftzentren für die sittliche, geistige und kulturelle Entwicklung unseres Volkes. Er soll zugleich auch ein gediegenes Unterhaltungsmittel schaffen. Und schließlich soll der österreichische Kulturfilm [...] auch die kulturelle Verbindung zwischen Österreich

429 ÖStA, AVA, BMU, Volksbildung: Film, 1936, Ktn. 498, Fasz. 478, Gschz. 42545-II/10b, 1936, Ggstd.: Schreiben Selenophon an BMU, Bedachtnahme bei den Filmaufnahmen auf die Bedürfnisse der Schulfilmaktion, 11. Dezember 1936 sowie ebd., Gschz. 36680-II/10b, 1936, Ggstd.: Hopfgartner, Mühldorf. Tonfilm über heimische Textilwarenerzeugung für Schulen, November 1936.

430 ÖStA, AVA, BMU, Volksbildung: Film, 1936, Ktn. 497, Fasz. 477, Gschz. 15641-II/10b, 1936, Ggstd.: Schreiben Verband der Kurzfilmhersteller an Ministerialrat Witt (BMU), Versuchsunterrichtsfilme, 2. Mai 1936 sowie ebd., Ktn. 497, Fasz. 477, Gschz. 37140-VB, 1936, Ggstd.: Selenophon, Kurztonfilm „Milchwirtschaft, Mitwirkung eines Pädagogen", 1936 weiters ebd., Ktn. 498, Fasz. 478, Gschz. 35522/VB, 1936, Ggstd.: Selenophon, Kurztonfilm „Österreichische Milchwirtschaft", Dezember 1936 wie auch ebd., Ktn. 498, Fasz. 478, Gschz. 35550/VB, 1936, Ggstd.: Selenophon, Kurztonfilme, Programmvorschläge für die Produktion 1936/37, Februar 1937.

431 ÖStA, AVA, BMU, Volksbildung: Film, 1935, Ktn. 494, Fasz. 475, Gschz. 24601/VB, 1935, Ggstd.: Nachschulkurs von Lehrpersonen für den Gebrauch von Schmalfilmapparaten zu Unterrichtszwecken, 1935 sowie ebd., Ktn. 499, Fasz. 479, Gschz. 9372/VB, 1936, Ggstd.: Österr. Bildspielbund, Aufklärungs- und Werbearbeit für den unterrichtlichen Schmalfilm, 1936.

432 *Das Kino-Journal*, „Lehrfilme beleben die Filmwirtschaft", Nr. 1417, 1937, S. 12.

und dem Auslandsdeutschtum, insbesonders dem altösterreichischen Auslandsdeutschtum herstellen."[433]

Nach dem Ende des Ersten Weltkriegs etablierte sich in Österreich wie auch in Deutschland das Genre des Kulturfilms, dessen Ursprung bei den seit Mitte des 19. Jahrhunderts in Westeuropa und in Nordamerika üblichen Lichtbildvorträgen liegt.[434] Die so benannten Filme wiesen zumeist eine Länge von etwa 15 bis 20 Minuten auf, waren Teil des Kinobeiprogramms und hatten einen „kulturellen Mehrwert" aufzuweisen. Durchaus von pädagogischer Stilistik geprägt, wenn auch mitunter mit populär unterhaltsamen Elementen versehen, berichteten sie über ethnografische, geografische, naturwissenschaftliche, kultur- und regionalgeschichtliche, historische oder technische Phänomene.[435]

In der Ära des Austrofaschismus erlebte das Genre in Österreich, auch im Sinne eines „kulturimperialistischen" Auftrags, einen Aufschwung. Nur wenige Wochen nach der Ausschaltung des Parlaments im März 1933 suchte die Regierung Dollfuß nach einer Möglichkeit, den Film als Propagandainstrument für die Verbreitung „vaterländischer Werte" zu nutzen. Mittels der Regierungsverordnung vom April 1933 verpflichtete man die Kinounternehmer zur Vorführung der neuen staatlichen Wochenschau ÖSTERREICH IN BILD UND TON (ÖBUT).[436] 1934 erweiterte man die Verordnung dahingehend, dass neben der Aktualitätenschau auch andere Kurztonfilme im Vorprogramm obligatorisch zur Vorführung kamen.[437] Mit einem „Aufführungszwang" sollten allerdings nur jene Kurzfilme belegt werden, die von einem „ausgesprochen gemeinnützigen Charakter" waren, „kulturelle Sujets" vermittelten oder klar „für das gesamtösterreichische Wirtschaftsgebiet" warben.[438] Hauptsächlich

---

433 ÖStA, AdR, Bundesministerium für Handel und Verkehr (BMHV), 581c, Ktn. 3766, Gschz. 92648-WPA 38, Grz. 92016, Ggstd.: Obligatorische Kurzfilme, Dezember 1937, Jänner 1938.

434 Kreimeier, Klaus: Ein deutsches Paradigma. Die Kulturabteilung der Ufa, in: Kreimeier, Klaus/ Ehmann, Antje/Goergen, Jeanpaul (Hg.): Geschichte des dokumentarischen Films in Deutschland, Bd. 2, Weimarer Republik 1918–1933, Stuttgart 2005, S. 68–70.

435 Siehe dazu auch: Jacques, Reise- und Tourismusfilme, S. 198–199. Goergen, Jeanpaul: Der dokumentarische Kontinent. Ein Forschungsbericht, in: Kreimeier, Klaus/Ehmann, Antje/Goergen, Jeanpaul (Hg.): Geschichte des dokumentarischen Films in Deutschland, Bd. 2, Weimarer Republik 1918–1933, Stuttgart 2005, S. 17.

436 Verordnung des BMHV, 24.5.1933, BGBl. I/Nr. 198. Vgl.: Moser, Karin: Die Demokratie hat ausgedient, in: Moritz, Verena/Moser, Karin/Leidinger, Hannes: Kampfzone Kino. Film in Österreich 1918–1938, Wien 2008, S. 296 f.

437 Verordnung des BMHV, 28.3.1934, BGBl. Nr. 206. Die obligatorische Vorführung von österreichischen Kurztonfilmen sollte die Herstellung von Tonfilmen in Österreich fördern. Siehe: Heiß, Gernot/Klimeš, Ivan: Kulturindustrie und Politik. Die Filmwirtschaft der Tschechoslowakei und Österreichs in der politischen Krise der Dreißigerjahre. Entwicklung in Österreich, in: Heiß, Gernot/ Klimeš, Ivan (Hg.): Obrazy času/Bilder der Zeit. Tschechischer und österreichischer Film der 30er Jahre, Praha/Brno 2003, S. 421.

438 ÖStA, AdR, BMHV, 581c, Grz. 93350-WPA/35, Ggstd.: BMHV, Richtlinien für obligatorische Filmpropaganda; Vermittlungsstelle für Propagandafilme, Februar 1935 sowie ebd., 581c, Ktn. 3711,

hatten die Streifen „vornehme Propaganda" für das „Kultur- und Kunstland Österreich" zu betreiben.[439] Der werbende Auftrag dieser Produktionen wurde demnach klar deklariert, wobei der ihnen innewohnende Kulturanspruch die reklametechnische Ausrichtung legitimierte.[440]

Während der Ära des Austrofaschismus wurde die Einordnung in die Gattung „Kulturfilm" jedoch nicht nur inhaltlich begründet, wie die „Filmwirtschaftlichen Vorschriften der Periode 1935–1937" belegen: „Kulturfilme im Sinne dieser Bestimmungen sind solche Tonfilme, welche Ausschnitte aus einem oder mehreren Kulturgebieten behandeln und eine kommerzielle Auswertung wie normale Spielfilme nicht erwarten lassen. Die Einreihung eines Films in diese Kategorie beinhaltet keine kulturelle, sondern nur eine wirtschaftliche Wertung." Somit wurden sowohl die obligatorische Vorführung dieser Filme wie auch diverse steuerliche Erleichterungen, die diesen Produktionen zugute kamen, in diesem Sinne sowohl „kulturell" als auch „ökonomisch" begründet.[441]

Ab dem Jahr 1934 produzierten die österreichischen Kurzfilmhersteller im Auftrag des Amtes für Wirtschaftspropaganda und unter der Ägide der einzigen mit einem Tonfilmpatent ausgestatteten heimischen Firma, der „Selenophon Licht- und Tonbildgesellschaft m.b.H" (kurz „Selenophon"),[442] regimekonforme Kulturfilme.[443] Finanziert wurden diese Streifen über Gelder, die sich aus der Einfuhrbelastung ausländischer Filme und aus Gebühren, welche die Leihanstalten für die Vorführung der obligatorischen Kurzfilme zu entrichten hatten, rekrutierten.[444] Letztlich dominierten ab Mitte der 1930er-Jahre nicht die klassischen Werbefilme das Vorprogramm der österreichischen Kinos, sondern der „Volksaufklärung" und „Volkserziehung" dienende, die „ökonomische und kulturelle Gesamtidee" propagierende „Wirtschafts- und Kultur-Kurzfilme".[445] Bis zum Jahr 1938 wurden 57 obligatorische Kulturfilme erzeugt, die thematisch ein weites Spektrum abdeckten:

Gschz. 111616-WPA/37, Grz. 92307-WPA/37, Ggstd.: Besuch des Herrn Bundesministers in Badgastein und Hofgastein im November 1937, Werbung Gasteiner Film, November/Dezember 1937.

439 Wirtschaftskammer Wien (WKW), Filmakten, Paket 3173/1, Mappe 1, Volkswirtschaftlicher Aufklärungsdienst, Nr. 35, 1. Jänner 1936, S. 5.

440 Zu dem Naheverhältnis von Kultur- und Werbefilm am Beispiel Deutschland siehe auch: Goergen, In filmo veritas, S. 357, 363.

441 WKW, Filmakten, Paket 3173/2, M 8, „Österreichische Filmkonferenz Allgemein 1935–1937", Filmwirtschaftliche Vorschriften, Abschnitt B, Filmkontingentierung, Allgemeiner Teil, S. 5.

442 Die Protegierung der Selenophon erklärt sich aus dem Nahverhältnis des Regimes zum Firmengründer Oskar Czeija. Vgl. Moser, Demokratie, S. 297.

443 Heiß/Klimeš: Kulturindustrie und Politik, S. 429.

444 ÖStA, AdR, BMHV, 581c, Ktn. 3711, Grz. 92247-WPA/37, Gschz. 110079, Ggstd.: Zeitungsbericht: Ministerialrat Dr. Lanske sprach in der Lessing Hochschule, 1937. Moser, Demokratie, S. 306.

445 *Contact*, „Wirtschaftspropaganda", Nr. 5, Mai 1935, S. 9–10. ÖStA, AdR, BMHV, 581c, Ktn. 3766, Gschz. 92648-WPA 38, Grz. 92016, Ggstd.: Obligatorische Kurzfilme, Dezember 1937, Jänner 1938.

Landwirtschafts- und Industriefilme[446] fanden ebenso Eingang in das Programm wie Landschafts- und Tourismusproduktionen[447] sowie Sport- und Unfallverhütungsfilme.[448] Auch historisch motivierte Zusammenstellungen, die sich der Musik-, Bau-, Modetradition[449] widmeten, wie auch klar politisch motivierte, das Regime propagierende Streifen[450] wurden gedreht.[451] Man erhoffte sich von den Produktionen einerseits eine Stärkung des österreichischen Selbstbewusstseins und ein Vertrauen in die heimische Industrie und deren Erzeugnisse. Andererseits sollten inländische und ausländische Gäste zu einem Besuch in Österreich animiert werden.[452] Um den bestmöglichen Vertrieb der Filme im In- und Ausland zu gewährleisten, wurde beim Filmbüro der Wiener Kammer für Handel, Gewerbe und Industrie eine Vermittlungsstelle für Propagandafilme eingerichtet.[453] Eigens vom Handelsministerium ausgerichtete Kulturfilm-Matineen sollten außerdem „interessierte und prominente Kreise" mit den Produktionen vertraut machen. Neben Vertretern der Presse fanden sich daher auch stets Mitglieder des diplomatischen Korps unter den Gästen.[454] Diese Aktivitäten zeigten durchaus ihre Wirkung: Das

446 Z. B.: WIEN UND DER WEIN, A 1934, P: Selenophon, DORFSYMPHONIE, A 1935, P: Max Zehenthofer, LINOLEUM, A 1935, P: Karl Köfinger, WIE ENTSTEHT EIN AUTO?, A 1934, P: Selenophon.

447 Z. B. : BUNTES WIEN, A 1935, P: Karl Zieglmayer, IM LAND TIROL, A 1936, P: Max Zehenthofer, MEIN HERZ IST IM HOCHLAND, A 1936, P: Bruno Lötsch, WENN EINER EINE REISE TUT...

448 Z. B. : LEICHTATHLETIK, A 1937, P: Selenophon, GUT FREUND MIT WIND UND WOLKEN, A 1937, P: Bruno Lötsch, MENSCH, GIB ACHT!, A 1937, P: Bruno Lötsch.

449 Z. B.: HIER LEBTE, WIRKTE UND STARB, A 1934, P: Selenophon, WIENER WALZER; A 1936, P: Max Zehenthofer, DIE KUNST DES ÖSTERREICHISCHEN BAROCK, A 1934, P: P: Max Zehenthofer, WIENER MODE, A 1937, P: Alois Koch.

450 DER FREIWILLIGE ARBEITSDIENST; A 1935, P: Mayers Filmbüro, DAS KINDERFERIENWERK DER VATERLÄNDISCHEN FRONT; A 1937, P: Selenophon, DIE VATERLÄNDISCHE FRONT, A 1938, P: Selenophon.

451 ÖStA, AdR, BMHV, 581c, Ktn. 3766, Gschz. 98699-WPA/38, Grz. 92016-WPA/38, Ggstd.: Selenophon, Aufstellung aller seitens der Selenophon hergestellten obligatorischen Kulturfilme, Mai 1938.

452 ÖStA, AdR, BMHV, 581c, Ktn. 3483, Gschz. 97128–9/33, Grz. 95604–9/33, Ggstd.: Lehr-, Propaganda- und Wochenschaufilmerzeuger, Denkschrift betr. Belebung der heimischen Kurztonfilm-Industrie, Mai 1933 ebd., Ktn. 3649, Gschz. 92482-WPA/36, Grz. 92482-WPA/36, Ggstd.: Schreiben Selenophon an Karl Köfinger, Drehbuch „Autotouristik in Österreich", Februar 1936. *Österreichische Film-Zeitung*, „Sieh zuerst Österreich!", Nr. 27, 5. Juli 1935, S. 1.

453 Zudem hielt das Filmbüro alle Amtsstellen, Firmen und Private an, Propagandamaterial für Österreich anzumelden. Somit ergaben sich hinsichtlich der Sammlung, Evidenzhaltung und Vermittlung von Filmmaterialien aus Österreich Parallelen zur Arbeit des ÖLFD: Vgl.: *Das Kino-Journal*, „Eine Vermittlungsstelle für Propagandafilme", Nr. 1285, 1935, S. 4–5. *Contact*, „Wirtschaftspropaganda", Nr. 5, Mai 1935, S. 9 f.

454 ÖStA, AdR, BMHV, 581c, Ktn. 3649, Gschz. 94919-WPA/36, Grz. 93223-WPA/36, Ggstd.: Wirtschafts- und Kulturfilme des BMHV, Februar 1936 sowie ebd., Ktn. 3711, Gschz. 109997-WPA/36, Grz. 93223-WPA/36, Ggstd.: Kulturfilm-Matineen, Befreiung von der Lustbarkeitsabgabe, November 1936. *Der gute Film*, „Kulturfilme des BMHV", Nr. 222, 25. Jänner 1935, S. 3. *Das Kino-Journal*, „Propagandafilme des BMHV", Nr. 1276, 1935, S. 4. *Österreichische Film-Zeitung*, „Vorführung österreichischer Kulturfilme", Nr. 8, 19. Februar 1937, S. 3.

Kulturfilmschaffen aus Österreich wurde in Kulturinstituten und -verbänden,[455] in Jugendorganisationen, Schulen und Erziehungsanstalten,[456] in Konsulaten sowie bei Messen und Ausstellungen in Deutschland, Frankreich, Großbritannien, der Tschechoslowakei, Ungarn, in der Schweiz, in Belgien, Schweden, Finnland, in den Niederlanden, in Jugoslawien, Rumänien, Bulgarien, Italien, Spanien, Portugal, in Griechenland, in der Türkei, in Ägypten, China und in den Vereinigten Staaten präsentiert.[457]

Man räumte vereinzelt durchaus Probleme im Sinne der Konzeption und Verständlichkeit der Filme im Ausland ein. So gestaltete sich der Verkauf der Filme in Frankreich, Belgien und England mitunter schwierig, da die Produktionen fast ausschließlich in deutscher Sprache gehalten waren. Des Weiteren wirkte sich die unterschiedliche Längengestaltung des Beiprogramms in den Vertriebsländern negativ auf die Übernahme österreichischer Streifen aus: In England und Frankreich belief sich das Vorprogramm auf etwa 600 bis 800 Meter, die Kulturfilme aus Österreich wiesen jedoch eine Länge von nur ca. 300 bis 400 Meter auf.[458]

Der Großteil der offiziellen Berichte über die Aufnahme heimischer Kurzfilme im Ausland äußerte sich jedoch sehr positiv bis geradezu euphorisch. Stolz informierte die „Selenophon Licht- und Tonbildgesellschaft m.b.H" das Handelsministerium darüber, dass die Produktion KUNST DES ÖSTERREICHISCHEN BAROCK (A 1934) unter dem Titel AUSTRIA BEAUTIFUL ohne Unterbrechung über drei Monate im Londoner „Academy Cinema" gelaufen war. Der Streifen sollte fortan als Vorfilm zu dem österreichischen Spielfilmschlager MASKERADE (A 1934, R: Willi Forst) in Großbritannien fungieren.[459] In Deutschland hatte der Kurzfilm HANNES SCHNEIDER LEHRT SKILAUFEN (A 1934, P: Selenophon) große Erfolge zu verzeichnen, wo

---

455 ÖStA, AdR, BMHV, 581c, Ktn. 3649, Grz. 92080-WPA/35, Ggstd.: Chinesisch-deutscher Kulturverband Nanking, August 1935.

456 ÖStA, AdR, BMHV, 581c, Ktn. 3591, Grz. 99758-WPA/35, Ggstd.: Schreiben Selenophon an BMHV, Filme für die Tschechoslowakei, April 1935 sowie ebd., Ktn. 3649, Gschz. 98243-WPA/36, Grz. 92560-WPA/36, Ggstd.: Schreiben BMHV an Austrian Bureau for Foreign Trade New York, Filme für amerikanische Jugendorganisationen und Erziehungsinstitute, März 1936.

457 WKW, Filmakten, Paket 3173/1, M 1, Volkswirtschaftlicher Aufklärungsdienst, Nr. 84, 15. Dezember 1937, S. 8 f. ebd., Paket 3173/2, M 8, „Filmkonferenz Protokolle", Verhandlungsschrift der 4. Sitzung des Österr. Filmkonferenz vom 26. Juni 1936. ÖStA, AdR, BMHV, 581c, Ktn. 3649, Gschz. 98358-WPA/36, Grz. 92560-WPA/36, Ggstd.: Schreiben Österr. Exportförderungsinstitut an BMHV, Bericht Außenhandelsstelle N.Y., April 1936. *Österreichische Film-Zeitung*, „Österr. Kulturfilme in Amerika", Nr. 7, 14. Februar 1936, S. 2.

458 ÖStA, AdR, BMHV, 581c, Ktn. 3711, Gschz. 96292-WPA/37, Grz. 92307-WPA/37, Ggstd.: Weltvertrieb einiger österr. Kurzkulturfilme des Amtes für Wirtschaftspropaganda, März 1936.

459 ÖStA, AdR, BMHV, 581c, Ktn. 3591, Gschz. 103752-WPA/35, Grz. 98674-WPA/35, Ggstd.: Schreiben Selenophon an BMHV, Film „Kunst des österreichischen Barock", Juli 1935.

der Film in 40 Kopien in den Vertrieb kam. Die österreichischen Beamten erwarteten sich von dieser Reklame eine direkte Auswirkung auf den heimischen Wintertourismus.[460]

Als wirtschaftlich erfolgreichster Film der Periode 1935/36 wurde BUNTES WIEN (aka VERKLUNGENES WIEN, A 1935) prämiert, der auch in einer englischen Version (A DAY IN VIENNA) vorliegt. Bei Vorführungen im Rahmen der Weltausstellung in Brüssel 1935 wurde der „großartigen Bildsinfonie von Wien" „besonderer Beifall" bekundet, zugleich hatte er unter den österreichischen Kulturfilmen „bislang die größte Auslandsverbreitung" gefunden. Die Berichterstattung schwelgte in entsprechend lobenden Bekundungen: „Ihm [Anm. : BUNTES WIEN] fehlt ebenso die langweilige Aufmachung eines ‚Filmführers', wie die konstruierte ‚Wiener Stimmung', aber in dem sanften Gleiten der ausgezeichnet geschnittenen Bilder wirken sie wie der sichtbar gewordene Rhythmus lieblicher Wiener Musik. Sie verraten in ihrer ausgeglichenen, vorzüglichen Lichtwirkung kaum die aufgewendete ungeheure Mühe und Ausdauer der beiden Kameraleute Karl Kurzmayer und Hans Imber. Gerade diese gute Leistung lässt nur stärker den Wunsch aufkommen nach der Schaffung des lyrischen Filmes, des künstlerischen Filmgedichtes."[461]

BUNTES WIEN wurde auch auf der zwei Jahre später stattfindenden Pariser Weltausstellung neben den Filmen WILDE WASSER, WIENER GÄRTEN – WIENER BAUTEN, GEHEIMNIS IM SCHILF, IN GOTTES ALPENGARTEN, IM LAND TIROL, DORFSYMPHONIE, AUF MOZARTS SPUREN, ÖSTERREICHISCHE SYMPHONIE im eigens eröffneten „Palais du Cinéma" gezeigt. Die besonders wegen ihres touristischen Schau- und Mehrwerts ausgewählten Filme hatten letztlich „die Schönheiten des Landes", das „heimatliche Wesen" sowie „Österreichs Wirken und Schaffen" in die Welt zu tragen.[462]

Speziell für den Pariser Rahmen gab das Amt für Wirtschaftspropaganda einen adäquaten Kulturfilm in Auftrag, der zum zweiten Erfolgsschlager der Kurzfilmproduktion der Jahre 1934 bis 1938 werden sollte. WIENER MODE (A 1937) wurde bereits vor seiner Premiere von zwei US-amerikanischen Kaufhäusern für Vorführungszwecke angefragt.[463] Der Film warb mittels eines Potpourris an Bildikonen für

460 ÖStA, AdR, BMHV, 581c, Ktn. 3591, Grz. 98484-WPA/35, Ggstd.: Schreiben Selenophon an BMHV, Film „Hannes Schneider lehrt Skilaufen", April 1935.

461 ÖStA, AdR, BMHV, 581c, Ktn. 3649, Gschz. 111343-WPA/36, Grz. 92878-WPA/36, Ggstd.: Schreiben Kammer für Handel, Gewerbe und Industrie in Wien an BMHV, Stiftung von Ehrenpreisen für die österreichische Filmindustrie, November 1936 sowie ebd., Ktn. 3711, Gschz. 92289-WPA/37, Grz. 92288-WPA/37, Ggstd.: Kulturfilmvorführungen in der Urania, Befreiung von der Lustbarkeitsabage, März 1937.

462 *Tonfilm, Theater, Tanz*, „Tonfilm, Theater, Tanz auf der Pariser Weltausstellung", Nr. 8, 1937, S. 4–9.

463 ÖStA, AdR, BMHV, 581c, Ktn. 3711, Gschz. 103257-WPA/37, Grz. 92307-WPA/37, Ggstd.: Schreiben Gewerbeförderungsinstitut des Kammer für Handel, Gewerbe und Industrie in Wien an BMHV, Modefilm, Pariser Weltausstellung, Juni 1937. WKW, Filmakten, Paket 3173/2, M 8, „Filmkonferenz Protokolle", Verhandlungsschrift der 6. Sitzung des Österr. Filmkonferenz vom 27. Jänner 1937.

das „Kulturland Österreich". Einem kurzen Schwenk über Wien, der vor dem Burgtheater endet, folgen nach der Titeleinblendung „Kultur" in Reisealbummanier aneinandergereihte Aufnahmen der Karlskirche und des Heldenplatzes. Mit dem Schlagwort „Kunst" werden Bilder einer Burgtheaterinszenierung und eine kurze Sequenz des Films MASKERADE mit Paula Wessely, die namentlich ausgewiesen wird, eingeleitet. Den Zwischentitel „Musik" begleiten Szenen des dirigierenden Franz Lehár, den Schriftzug „Porzellan" ergänzen Produkte aus der Augartenmanufaktur. Nach diesen stimmungsvollen Momentaufnahmen aus Wien leitet der Titel „Mode" zum Hauptteil über. Man dringt in eine vornehmlich „weibliche Hemisphäre" ein, beobachtet den Tagesablauf junger Damen der gutbürgerlichen Gesellschaft vom Erwachen über die Gymnastik, die Morgentoilette bis hin zum Kaffeekränzchen. Das Blättern in einem Reiseprospekt leitet zu Wintersportaufnahmen über. Das hier erstmals demonstrierte Prinzip zieht sich durch den weiteren Verlauf des Films: Inhaltliche Übergänge werden geschaffen, um nachfolgende Szenerien sinnvoll einzuleiten. Sportliche Attraktionen und Aktivitäten werden mit landschaftlich ansprechenden Motiven arrangiert, Fremdenverkehrsorte (Kitzbühel, Region Kärtnen, Salzburg) präsentiert und nebenbei verschiedene von Jahreszeit und Tätigkeit bedingte Modelle zur Schau gestellt. Freizeitaktivitäten der „Bourgeoisie" geben den Handlungsrahmen vor und vermitteln ein Flair von Modernität, Dekadenz und Wohlstand.

Zahlreiche Aufnahmen sind direkt der Wochenschau entnommen und fallen durch unterschiedliche Filmqualität und Konzeption auf. Tanzeinlagen kombiniert mit musikalischen Darbietungen („Die Fledermaus", „An der schönen blauen Donau" etc.) lassen vergangene Modetraditionen Revue passieren sowie neue Roben in den Blickpunkt rücken. Internationalität vermitteln speziell die Szenen in Salzburg. Plakate und Zeitschriften werben in französischer Sprache für Salzburger Mode und Kulturveranstaltungen. Verkäuferinnen begrüßen die Kundschaft auf Deutsch, Französisch, Italienisch, Englisch, Ungarisch und Tschechisch. Der österreichische Filmbeitrag zur Pariser Weltausstellung verfehlte seine Wirkung nicht und erhielt auch von staatlicher Seite seine Würdigung. Alois Koch, der Produzent des Films WIENER MODE, wurde mit dem Ehrenpreis für den wirtschaftlich erfolgreichsten Kulturfilm der Produktionsperiode 1936/37 ausgezeichnet.[464]

Die zwei wirkungsvollsten österreichischen Kulturfilme standen ganz in der Tradition des Tourismusfilmgenres. Ein bereits tradierter Bilderkanon bekannter Gebäude, Denkmäler, Kulturschaffender, Landschaften und Kunstobjekte wurde mit beschwingten Melodien unterlegt. Die Reise in das traumhaft in der Vergangenheit verharrende „Märchenland" Österreich konnte angetreten werden. Anders als etwa in Deutschland und Italien, wo der in den 1920er-Jahren entwickelte Stil der Neuen

---

464 *Der gute Film*, „Ehrenpreise des Handelsministeriums", Nr. 224, 31. Oktober 1937, S. 13.

Sachlichkeit den Kulturfilm des Faschismus mitprägte,[465] setzten die Kurzfilmhersteller der „Selenophon“ auf eine beschaulich romantisierende Bildkomposition. Nur selten lassen Produktionen wie etwa WEISSE KOHLE (A 1935) mehr Bewegung und Modernität zu. Das Thema „Stromerzeugung“ führt in diesem Fall direkt in die Stadt, zeigt „gutbürgerliche“ Kinder beim Spiel mit der elektrischen Eisenbahn und städtische junge Frauen bei der Körperpflege. Die Leuchtreklame wird einmal nicht mit dem moralischen Verfall einer Gesellschaft gleichgesetzt, der Schnitt ist etwas zügiger als gewohnt, aber doch noch leicht nachvollziehbar. Der Elektrizität, einer Errungenschaft des 19. Jahrhunderts, wird gehuldigt, vielleicht etwas spät. Die Uhren gingen in Österreich eben etwas langsamer, der Rhythmus war ein anderer.[466]

Die filmästhetische Rückständigkeit vieler Kulturfilme ließ – ganz anders als in den offiziellen Stellen zu lesen – durchaus kritische Stimmen laut werden und verwies vor allem auf reale Probleme der Kinounternehmer. Während die Fachpresse nur wenigen „ständestaatlichen“ Kurzfilmproduktionen eine „inhaltliche und technische Spitzenleistung“ zusprach,[467] klagten die Kinobesitzer über das geringe Interesse, das dem „kulturell hochstehenden“ Film zuteil wurde. Für einen Kulturfilm, der Gesamtspesen (Ankauf, Personal, Infrastruktur, Werbung) von 70 Schilling mit sich brachte – so rechnete ein Betroffener vor –, konnten an einem Tag nur 13,20 Schilling eingenommen werden. Diesem Verlustgeschäft müsse, so der Fachmann, gezielte staatlich motivierte Propaganda Abhilfe schaffen.[468]

Diesem Ansinnen kam das autoritäre Regime durchaus nach. In einer regelmäßig über die RAVAG[469] ausgestrahlten Radiosendung wurden Kulturfilme explizit besprochen und empfohlen.[470] Die Zeitschrift *Der gute Film*, das Sprachrohr des 1934 mit Unterstützung Kardinal Innitzers begründeten „Instituts für Filmkultur“, bewertete zudem Filme nach „volks- und jugenderziehlichen Gesichtspunkten“.[471] Die Urteile des Instituts, das als Vertrauensstelle zwischen der Vaterländischen Front, der

---

465 Hoffmann, Kay: Rhythmus, Rhythmus, Rhythmus! Avantgarde & Moderne im Faschismus, in: von Keitz, Ursula/Hoffmann, Kay (Hg.): Die Einübung des dokumentarischen Blicks. Fiction Film und Non Fiction Film zwischen Wahrheitsanspruch und expressiver Sachlichkeit 1895–1945, Marburg 2001, S. 169–191.

466 Moser, Demokratie, S. 302 f.

467 *Österreichische Film-Zeitung*, „Kulturfilm auf neuen Wegen“, Nr. 6, 5. Februar 1937, S. 2.

468 *Der gute Film*, „Der wertvolle Film im Kino“, Nr. 91/92, 14. September 1934, S. 1 f.

469 Abkürzung für die am 30. September 1924 gegründete Österreichische Radio-Verkehrs-Aktiengesellschaft, die am 1. Oktober 1924 den Sendebetrieb aufnahm.

470 Vgl. u. a. : ÖStA, AdR, BMHV, 581c, Ktn. 3711, Gschz. 94886-WPA/37, Grz. 92307-WPA/37, Ggstd.: Verlautbarung der Programmierung der h. a. Kultur- und Wirtschaftsfilme im Radio, Februar 1937.

471 ÖSTA/AdR/BKA-Allg., 20/6a, Kino, Radiowesen, Lizenzen, Kt. 4826, Zl. 325.914, Generaldirektion für die öffentliche Sicherheit, Betr.: Institut für Filmkultur. Konstituierung des Kuratoriums, 4. Dezember 1934.

Katholischen Aktion, dem Gewerkschaftsbund und dem Volksbildungsreferat des Wiener Bürgermeisters fungierte, zeigten durchaus Wirkung. Die Landesbehörden, Kinobesitzer, Schulen und Erzieher orientierten sich an den Filmbewertungen. Der gezielte Besuch von Kulturfilmen wurde so nachhaltig forciert.

Um die positive Wahrnehmung besonders gelungener „ständestaatlicher“ Kurzfilme zu unterstreichen, verlieh die Filmbegutachtungsstelle des Unterrichtsministeriums zudem entsprechende Prädikate. Diese Qualitätsbewertung sollte „kulturell wertvollen“ und „künstlerisch anerkennenswerten“ Produktionen sowie „Lehrfilmen“ finanzielle Vorteile verschaffen. Die Auszeichnung „kulturell wertvoll“ bewirkte, dass der Film in den Bundesländern Burgenland, Kärnten, Niederösterreich, Salzburg gänzlich von der Lustbarkeitssteuer befreit war, in den übrigen Ländern konnten Ermäßigungen erfolgen. Das Prädikat „kulturell anerkennenswert“ veranlasste einzelne Gemeinden, die Lustbarkeitssteuer für den Film zu senken.[472]

Für viele Unternehmen waren die in Aussicht gestellten Steuererleichterungen und die damit einhergehenden leichteren Vertriebsmöglichkeiten, die eine offizielle Qualitätsbestätigung eines Films mit sich brachten, Anlass genug, um hauseigene Industrie(werbe)filme das Begutachtungsverfahren durchlaufen zu lassen. Die heimische Industrie war außerdem über umfassende Produktionssubventionen bereits an den staatlich initiierten Kulturfilmen beteiligt.[473] Diese unterstanden allerdings der Aufsicht des Handelsministeriums, das sicherstellen wollte, dass in den Filmen „reklamemäßig wirkende Momente“ ausblieben. Die vom „Ständestaat“ beauftragten Kurzfilme hatten „der Wirtschafts- bzw. Branchenpropaganda, von allgemeinen Gesichtspunkten aus betrachtet“, zu dienen.[474] Mit dem Problem, „werbende Inhalte“ zu vermitteln, waren schließlich auch jene Firmenfilme konfrontiert, die auf eine Prädikatsverleihung hofften. Im Speziellen wurde internationalen Unternehmen der „Werbemittel-Charakter“ ihrer Filme vorgeworfen, was einer Qualitätsbescheinigung im Wege stand.[475] Bei den internen Beratungen der Kommission diskutierte man jedoch offen über die in den Streifen präsentierten

---

472 *Der gute Film*, „Förderungsmöglichkeiten für gute Filme“, Nr. 219/212, 10. Oktober 1937, S. 25. Ballhausen, Thomas/Caneppele, Paolo: Die Filmzensur in der österreichischen Presse bis 1938. Eine Auswahl historischer Quellentexte, Wien 2005, S. 242. Moser, Demokratie, S. 310.

473 Vgl. u. a. : ÖStA, AdR, BMHV, 581c, Ktn. 3649, Grz. 103971-WPA/35, Ggstd.: Kunstseidenfilm, Subvention Erste Österreichische Glanzstoff-Fabrik A.G. St. Pölten, Juli 1935 sowie ebd., Ktn. 3711, Gschz. 100560-WPA/37, Grz. 92307-WPA/37, Ggstd.: Subvention Brauereiverband, Mai 1937 und ebd. Ktn. 3711, Gschz. 105442-WPA/37, Grz. 92307-WPA/37, Ggstd.: Kulturfilmprogramm 1937, August 1937.

474 ÖStA, AdR, BMHV, 581c, Ktn. 3591, Gschz. 93419-WPA/37, Grz. 93419-WPA/35, Ggstd.: Subventionierung von Industrie-Propagandafilmen, Jänner 1935.

475 ÖStA, AVA, BMU, Volksbildung: Film, 1936, Ktn. 497, Fasz. 477, Gschz. 11257-VB, 1936, Ggstd.: Filmbegutachtung: „Gespeicherte Sonnenenergie“, Film des Pharmaunternehmens Vedepha, April 1936.

ausländischen Konkurrenzerzeugnisse, deren Bewerbung der heimischen Industrie Schaden zufügen konnte.[476] Somit lag der inoffizielle Grund, einem nicht-österreichischen Film ein Prädikat zu verweigern, im Bedürfnis, die österreichische Wirtschaft vor fremder Reklame schützen und letztlich protegieren zu wollen.

Proteste gegenüber als Kulturfilme getarnten Werbefilmen gab es aber auch seitens der Filmbranche. Auf eine klare Trennung (die so tatsächlich oft nicht möglich war) legte man aus rein wirtschaftlichen Gründen Wert.[477] Wurden „kulturelle Kurzfilme" auch allzu eindeutig für Werbezwecke eingesetzt, so waren Einbußen beim reinen Reklamefilmgeschäft die Folge. Es verwundert daher nicht, dass es gerade Vertreter der Kurzfilmproduzenten, die sowohl Kultur- als auch Lehr- und Werbefilme herstellten, waren, die diesbezüglich Aktivitäten setzten.[478] Das Einblenden von Markennamen in der „ständestaatlichen" Wochenschau ÖBUT, die ebenso unter die Rubrik „Kurzfilm" fiel, erregte dabei besonderen Unmut. Der Beitrag BLEISTIFTERZEUGUNG IN ÖSTERREICH (Nr. 33b/1934) wurde von der *Österreichischen Film-Zeitung* entsprechend kommentiert:

> In der letzten Wochenschau erlebten wir aber noch eine besondere Überraschung. Man beglückte uns zur Abwechslung mit einem Film über die Bleistiftfabrikation, in welchem direkt Reklame für die Marke ‚Kohinoor' [...] gemacht wird. Ein derartiger Vorgang muss um so mehr den schärfsten Protest herausfordern, als dadurch den privaten Firmen, die sich mit der Erzeugung von Reklamefilmen befassen, eine übermächtige Konkurrenz gemacht wird, da ihnen einerseits Aufträge entzogen werden, andererseits für die von ihnen hergestellten Filme ein Aufführungszwang, wie ihn die Wochenschau leider genießt, nicht besteht. [...] Aber auch der Kinobesitzer erleidet dadurch einen Schaden, da er für die Vorführung von Reklamefilmen eine Bezahlung erhält, die wegfallen würde, wenn es Mode werden sollte, derartige Reklamefilme im regelmäßigen Rahmen der obligatorischen Wochenschau erscheinen zu lassen.[479]

Tatsächlich nahm die ÖBUT regelmäßig Aufnahmen von Industriebetrieben und Produktionsabläufen in die Berichterstattung auf. Man kam damit einem Wunsch

476 ÖStA, AVA, BMU, Volksbildung: Film, 1935, Ktn. 495, Fasz. 476, Gschz. 38976-VB, 1935, Ggstd.: Filmbegutachtung: „Sticken, Stopfen, Flicken, Nähen, alles geht im Handumdrehen", Film des Unternehmens Singer, Dezember 1935.

477 *Der Wiener Film*, „Kulturfilm?", Nr. 6, 9. Februar 1937, S. 6.

478 Einsprüche hinsichtlich der Anerkennung von Filmen mit Reklameinhalten legte etwa wiederholt der Kurzfilmhersteller Karl Köfinger bei den Sitzungen des Filmbeirats ein. Vgl.: WKW, Filmakten, Paket 3137/1, M 2, „Protokolle des Filmbeirats 1934–1937", Verhandlungsschrift der 129. Sitzung des Filmbeirats vom 17. Jänner 1934 und Verhandlungsschrift der 175. Sitzung des Filmbeirats vom 6. Februar 1936 sowie ebd., „Gutachter Kollegium für obligatorische Kultur-Kurztonfilme 1935–1938", Verhandlungsschrift der 42. Sitzung vom 3. November 1937.

479 *Österreichische Film-Zeitung*, „Reklame in der Wochenschau", Nr. 4, 27. Jänner 1934, S. 1. Achenbach, Michael: „ ... wenn der Erfolg gewährleistet sein soll". Hintergründe zu einem Propagandainstrument des Ständestaates, in: Achenbach, Michael/Moser, Karin: Österreich in Bild und Ton. Die Filmwochenschau des austrofaschistischen Ständestaates, Wien 2002, S. 89 f.

der Wirtschaftstreibenden nach, die darin eine Möglichkeit sahen, die Bevölkerung mit den österreichischen Erzeugnissen vertraut zu machen. Die Wochenschau machte es sich demnach zur Aufgabe, die Herstellung von Erzeugnissen der Industrie, aber auch der ländlichen Heimarbeit detailgenau nachzuvollziehen.[480] Einzelne Arbeitsschritte wurden aufgenommen und durch den Sprecher unter Verwendung und Erklärung von Fachausdrücken genau erläutert. Die Benennung einzelner Marken unterließ man möglichst, der Wirtschaftsstandort Österreich allgemein sollte propagiert werden. Die Wirkung blieb trotzdem bescheiden: Den Filmbeiträgen fehlt es zumeist an Dynamik. Die beschauliche und oft langatmige Darstellung der Arbeitsvorgänge lassen die Atmosphäre einer fortschrittlichen und aufstrebenden Industrie, worauf die Berichte ja eigentlich abzielten, nicht wirklich aufkommen.[481]

Da der Aktualitätsanspruch der Wochenschau insgesamt nur sehr gering war und sich die Beiträge vor allem auf Sujets aus der österreichischen Wirtschaft, der Kultur, des Sports und der Natur stützten, glich die ÖBUT auf der inhaltlichen Ebene dem Kulturfilm. Bei der Produktion beider Formate wurde zudem wiederholt auf das gleiche Filmmaterial zurückgegriffen. Ein fixes Team an Kurzfilmherstellern wie Hans Brückner, Gustav Mayer, Adi Mayer, Bruno Lötsch, Hans Ludwig Böhm, Max Zehenthofer, Robert Reich und Karl Köfinger realisierte sowohl die ÖBUT- als auch die Kulturfilmsujets.[482] Von ihrer ästhetischen Ausrichtung her waren sich beide Genres in der Periode 1933 bis 1938 sehr nah, Gleiches gilt für die propagandistische Zielrichtung.

Konkret lässt sich Letzteres auch über die Indienstnahme beider Formate im Zuge der Aktion „Kauft österreichische Waren" belegen. 1927 wurde die Kampagne „zur Hebung des Konsums inländischer Waren" auf Initiative des damaligen Handelsministers Hans Schürff gestartet.[483] Zur effektiven Umsetzung diverser Propagandamaßnahmen hatten sich „die österreichischen Kammern für Handel, Gewerbe und Industrie, die Landwirtschaftskammern, die Arbeiterkammern, der Niederösterreichische Gewerbeverein, die Spitzenorganisationen der Frauen (aller politischen Richtungen), der Hauptverband der Industrie Österreichs, der Gewerbeverbände

480 Beispielhaft seien hier einige Titel angeführt: Österreichische Glühlampen-Erzeugung (Nr. 22a/1933), Skierzeugung in Österreich (Nr. 29a/1933), Landwirtschaftliche Spirituosenerzeugung (Nr. 74b/1934), Heimische Elektro-Industrie (Nr. 34b/1934), Stickerei-Industrie (Nr. 42b/1934), Heimische Strumpferzeugung (Nr. 7b/1936).

481 Vgl. dazu auch die Ausführungen der Autorin: Moser, Karin: Die Bilderwelt der Österreich in Bild und Ton – die konstruierte Realität eines ständestaatlichen Propagandainstruments, in: Achenbach, Michael/Moser, Karin: Österreich in Bild und Ton. Die Filmwochenschau des austrofaschistischen Ständestaates, Wien 2002, S. 115. Zudem boykottierte das Publikum in zunehmenden Maße die ÖBUT. Siehe dazu: *Das Kino-Journal*, Nr. 1284, 16. März 1935, S. 2.

482 Moser, Demokratie, S. 302.

483 Vgl.: Gries, Produkte & Politik, S. 77.

und der österreichischen Kaufmannschaft zur Aktion ‚Kauft österreichische Waren!'" zusammengeschlossen.[484]

Hierbei handelt es sich nicht um ein speziell österreichisches Phänomen. Staatlich getragene, ökonomisch versierte Werbeaktivitäten häuften sich im und in Folge des Ersten Weltkriegs sowie im Zuge der Weltwirtschaftskrise. Sowohl in den Vereinigten Staaten als auch in Europa gab es bereits diverse durchaus erfolgreiche Vorbilder von „Buy national"-Kampagnen.[485] Die Kriterien, die den Erfolg der auf volkswirtschaftliche und nicht etwa auf betriebswirtschaftliche Aspekte setzenden Werbeform garantieren sollten, wurden eingehend diskutiert: Weniger defensiv bzw. aggressiv ablehnend gegenüber der Konkurrenz, sondern vielmehr positiv verbindlich und auf den persönlichen Vorteil abzielend wären die im Zuge der Kampagne eingesetzten Reklamemittel zu gestalten. Leicht verständlich hätte man die Argumente vorzubringen. Zudem brauche die „Erziehung und Belehrung" der Bevölkerung ihre Zeit, ein verfrühtes Abbrechen „des Feldzuges" könne demzufolge nur kontraproduktiv sein.[486] Bezogen auf Österreich hieß das, „der Bevölkerung vor Augen zu führen, dass das Wohlergehen jedes einzelnen abhängig ist von der Erstarkung der eigenen Volkswirtschaft, deren Grundfesten in der Produktion gelegen sind".[487]

Um unter anderem diese Botschaft zu vermitteln, ging man daran, vielgestaltige Aktivitäten zu setzen. Inserate wurden geschalten, entsprechende Aufsätze in Tages- und Fachzeitungen publiziert. Werbeplakate der Arbeitsgemeinschaft wurden in Lokalen, Auslagen und in den Straßenbahnen ausgehängt. Ein „Hausfrauenbüchlein" informierte über österreichische Bedarfsartikel, Vorträge und Radiosendungen unterstützten die Kampagne. Zur Findung eines österreichischen Warenzeichens wurde ein kreativer, grafischer Wettbewerb durchgeführt, die prämierte Bildmarke zierte fortan heimische Produkte.[488] Auch der Film wurde zur Propagierung der Aktion „Kauft österreichische Waren" genutzt. Eine eigene Plattform bot hierbei ab März 1934 der Wochenschau-Abspann, der die Zuschauer

484 *Kontakt*, „Kauft österreichische Waren!", Nr. 8, Juli/August 1930, S. 12.

485 Zu erwähnen wären vor allem die „Buy national"-Kampagnen der Schweiz, Großbritanniens und der USA. Siehe auch: Kühschelm, Oliver/Eder, Franz X./Siegrist, Hannes: Einleitung. Konsum und Nation, in: Kühschelm, Oliver/Eder, Franz X./Siegrist, Hannes: Konsum und Nation. Zur Geschichte nationalisierender Inszenierungen in der Produktkommunikation, Bielefeld 2012, S. 14. Vgl. weiters: *Kontakt*, „Die letzte Entwicklung und die nächsten Aufgaben der Reklame. Mit besonderer Berücksichtigung der Gemeinschafts- und behördlichen Reklame", Nr. 1, Jänner 1931, S. 5 f. sowie ebd., „Kollektivreklame in Deutschland", Nr. 10, Februar 1928, S. 15.

486 *Kontakt*, „Rationalisierung von Verkauf und Reklame", Nr. 5/6, Mai/Juni 1929, S. 3 f. sowie ebd., „Die letzte Entwicklung und die nächsten Aufgaben der Reklame. Mit besonderer Berücksichtigung der Gemeinschafts- und behördlichen Reklame", Nr. 1, Jänner 1931, S. 5 f.

487 *Kontakt*, „Kauft österreichische Waren!", Nr. 8, Juli/August 1930, S. 12.

488 Ebd., S. 13. *Österreichische Reklame*, „Der Wettbewerb für die Austria-Marke", Nr. 8, 1931, S. 9 f. Gries, Produkte & Politik, S. 78.

mittels Zeichentrickanimation oder Standbildern dazu aufforderte, die österreichische Wirtschaft und den österreichischen Fremdenverkehr aktiv zu unterstützen, wobei nachfolgende Appelle zum Einsatz kamen:

> *„Kauft, was in Österreich erzeugt, damit der Heimat Wohlstand steigt. Kauft österreichische Waren!"*
>
> *„Wollt Ihr, dass Blumen sprießen, müsst Ihr sie fleißig gießen. Lohnt Ihr den Fleiß durch Kauf, blüht auch die Heimat auf. Drum folgt dem Satz, dem klaren – kauft österreichische Waren!"*
>
> *„Besuchet Österreichs schöne Sommerfrischen!"*
>
> *„Besuchet Eure schöne Bundeshauptstadt!"*
>
> *„Besuchet die österreichischen Wintersportplätze!"*[489]

Auf Anregung der Arbeitsgemeinschaft „Kauft österreichische Waren" hin sollten außerdem Bilder von Industrieanlagen zunehmend in ÖBUT-Beiträge eingeflochten werden, die unter einem politischen oder kulturellen Titel liefen, also etwa den Bundeskanzler, Bundespräsidenten oder Handelsminister anlässlich eines Besuchs bei einer Messeveranstaltung oder in einem Werk zeigten. Auch Landschaftsaufnahmen, die sich nebenbei den regionalen „bodenständigen Erzeugnissen" widmeten, wurden als der Sache dienlich unterbreitet.[490]

Hinsichtlich der Industrie- und Kulturfilme hatte der Arbeitskreis gleichfalls klare Vorstellungen, wobei deren „Umwidmung" zu bzw. deren Einsatz als „Bildungsfilme" klar zum Ausdruck kam: Als dem Anliegen besonders dienlich erkannte man die „Werksfilme" der Unternehmen, die der „heranwachsenden Jugend Österreichs" ebenso wie den „Erwachsenen Kenntnis von der Vielseitigkeit, Leistungsfähigkeit und Bedeutung der österreichischen Industrie in Volks- und Weltwirtschaft" vermitteln könnten.[491] Zugleich organisierte die Arbeitsgemeinschaft die Vorführung von Industriefilmen in Schulen, um auf diesem Weg die Schülerinnen und Schüler – „als die zukünftigen Konsumenten" – mit den österreichischen Produkten, im Sinne „heimischer Warenkunde", vertraut zu machen.[492]

Ein im Jahr 1927 von der Körperschaft beauftragter Trickfilm zur Bewerbung der Aktion hatte die Erwartungen nicht erfüllt.[493] Er dürfte auch nicht in den Vertrieb gelangt sein. Die Zensurlisten weisen den Streifen jedenfalls nicht aus.[494] Ein neuerlicher

489 Moser, Bilderwelt, S. 115. Achenbach, Hintergründe zu einem Propagandainstrument, S. 91 f.

490 ÖStA, AdR, BMHV, 581c, Ktn. 3533, Grz. 90823-WPA/34, Ggstd.: Arbeitsgemeinschaft „Kauft österreichische Waren". Aktion des Referats für Wirtschaftspropaganda, Februar/März 1934. Vgl. auch Moser, Bilderwelt, S. 116.

491 ÖStA, AVA, BMU, Volksbildung: Film, 1931, Ktn. 488, Fasz. 472, Gschz. 35875/10b, 1931, Ggstd.: Filmabteilung. Ermittlung industrieller Filme aus Österreich, 19. Februar 1932.

492 *Kontakt*, „Kauft österreichische Waren!", Nr. 8, Juli/August 1930, S. 13.

493 WKW, Akt E 27.468/3, Protokoll des erweiterten Exekutivkomitees, 16. Jänner 1929.

494 Vg.: Caneppele, Paolo (Hg.): Materialien zur Österreichischen Filmgeschichte 9: Entscheidungen der Wiener Filmzensur 1926–1928, Wien 2002.

Versuch im darauffolgenden Jahr erwies sich schließlich als zufriedenstellend und durchaus erfolgreich. Der Film WOHIN LÄUFST DU SCHILLING? wurde 1929 erstmals aufgeführt[495] und schien noch 1933 in den Kulturfilmlisten der „ständestaatlichen" Behörden auf.[496]

WOHIN LÄUFST DU SCHILLING?[497] zentriert sich um die „Gefahren der Bevorzugung fremder und den Nutzen der Bevorzugung heimischer Produkte".[498] Die Botschaft des auf dem Prinzip der Problemlösungsstrategie aufgebauten Films wird bereits im ersten Drittel des Streifens klar deklariert. Im Zentrum des zentralen Plots steht eine kaufkräftige Kundin, die in einem modernen Großkaufhaus gezielt zur ausländischen Ware greift. Das ausgegebene Geld wird per Animation lebendig, „bekommt Beine" und marschiert Richtung nächster Grenzposten. Die als „Key Visual"[499] eingesetzten Münzen vermitteln unmittelbar auf emotionaler Ebene, ob der eben getätigte Kauf positiv (tanzende Schillinge) oder negativ (Geldstücke mit gesenkten Häuptern) zu bewerten ist.

Als direkte Folge des Fremdwarenerwerbs werden im ersten Drittel per Zwischenschnitt Szenen vor dem Arbeitsamt eingeblendet. In der Kälte warten die Arbeitslosen vor der Behörde, während die per Stopptrick eingefügten Münzen an ihnen vorbeilaufen. Zu Hause angekommen, wird der Fehlkauf der Ehefrau rational erläutert. Auf die per Zwischentitel eingeblendete Frage der Gattin an ihren Mann: „Das Geld lief fort, hab's selbst gesehen. Erklär mir, wie ist das geschehen?", folgt die Antwort per Präsentation der Handelsbilanz des Jahres 1931. Diese weist ein Passivum von 867 Millionen Schilling aus und wird per nachfolgender Schlagzeile des *Neuen Wiener Tagblatts* vom 24. Jänner 1932 bestätigt. Mahnend schließt der Gatte diese Lektion ab: „In dieser schweren Zeit, mein Schatz, war diese Wahl nicht ganz am Platz!"

Die erfolgreiche Umerziehung belegt die anschließende Sequenz: Neuerlich wird das Kaufhaus besucht, doch diesmal gezielt ein heimisches Produkt (Handtasche) gekauft. Das Einblenden des österreichischen Warenzeichens demonstriert

---

495 *Paimann's Filmlisten*, 8. März 1929, o. S. sowie Tiroler Zensurbescheide, Nr. 146, 1929 zit. nach: Ballhausen, Thomas/Caneppele, Paolo (Hg.), Materialien zur österreichischen Filmgeschichte 10: Entscheidungen der Wiener Filmzensur 1929–1933, Wien 2003, S. 28. Caneppele, Paolo (Hg.), Materialien zur österreichischen Filmgeschichte 4: Entscheidungen der Tiroler Filmzensur 1922–1938, Wien 2002, S. 309. 50 Kopien des Films wurden in Umlauf gebracht. Die Vertreter der Körperschaft „Kauft österreichische Waren" gingen davon aus, dass man bei etwa 1.300 Kinospieltagen 500.000 Zuschauer erreichen müsste. WKW, Akt E 27.468/3, Tätigkeitsbericht für das Jahr 1929, S. 2.

496 Der Film wurde offensichtlich vor dem neuerlichen Einsatz überarbeitet. So weist die erhaltene Filmkopie eine Handelsbilanzstatistik des Jahres 1931 aus.

497 WOHIN LÄUFST DU SCHILLING?; A 1929, P: Österreichische Werbefilmges. Reich Janisch & Co.

498 *Kontakt*, „Kauft österreichische Waren!", Nr. 8, Juli/August 1930, S. 13.

499 Unter „Key Visual" versteht Heiser Schlüsselbilder von nachhaltiger visueller Wirkung, denen eine spezielle Symbolkraft innewohnt. Vgl.: Heiser, Albert: Das Drehbuch zum Drehbuch. Erzählstrategien im Werbespot und -film, Berlin 2004, S. 68 f.

die Herkunft der Ware, die im Kreis tänzelnden Schillinge unterstreichen den patriotisch richtigen Kauf. Eine Verhaltensänderung hat stattgefunden. Eine Veränderung der Ausgangssituation wird impliziert.

Die hier zu erreichende Zielgruppe ist jene der Frauen. Sie tätigen die Einkäufe und sollen zu einer bewusst „österreichischen Wahl" animiert werden.[500] Eine junge Angestellte ist die zweite zentrale weibliche Figur, die im letzten Drittel des Films auftritt. Sie profitiert bereits vom veränderten Kaufverhalten. Im Betrieb werden Kündigungen aufgehoben, es wird sogar neues Personal eingestellt. Die Mitarbeiterin bekommt ihren Lohn ausgezahlt. Ihre Heimattreue lässt sich bereits an einer rotweiß-roten Masche an ihrem Kragen erkennen, die sie sofort wiedererkennbar macht. Auf der Textebene wird die Leitlinie vorgegeben: „O Freude angestellt zu sein! Vom ersten Geld kauf ich gleich ein – aber nur österreichische Waren!" Wir finden uns neuerlich im aus dem ersten Teil bekannten Großgeschäft wieder. Diesmal wählt die junge Frau Produkte „Made in Austria", wie eine Tafel ausweist. Dem Zwischentitel „Und richtig wieder ausgegeben, bringt er dem Lande neues Leben!" folgen statt der Animation „reale" Bilder, welche die Folgewirkung des moralisch richtigen Warenerwerbs erlebbar machen sollen: Die strahlende Kundin hebt eine Vielzahl an Paketen hoch, wiegt sich glücklich hin und her. Per Trick erscheinen tanzende Schillinge, welche die österreichische Vorzeigekonsumentin umkreisen.

Das Konsumerlebnis, das hier allerdings mit moralischen Inhalten gekoppelt ist, verheißt Momente des absoluten Glückszustands. Ethisch entkoppelt wirkt hingegen eine Szene im Mittelteil des Films. Hier müht sich ein Tischler in seiner Werkstatt alltäglich ab. Seine kleine Tochter betritt den Arbeitsraum. Sie erwartet Taschengeld. In Großaufnahme wird nun die Reaktion des Mädchens eingefangen: Sie wendet den Kopf ab, rollt verärgert die Augen, während die Hände des Vaters im Sack nach Münzen suchen. Mit einem Achselzucken verlässt sie die Szenerie, der Mann streicht ihr noch kurz über den Kopf. Er blickt gen Himmel, schüttelt verzweifelt den Kopf und geht wieder ans Werk. Szenenwechsel: Der Handwerker ist zum Kleinunternehmer geworden, drei Arbeiter sind unter seiner Aufsicht tätig. Wieder betritt das Kind den Schauplatz. Es nimmt sanft den Arm des Vaters, liebäugelt mit ihm. Er reicht dem Mädchen sein Portemonnaie, sie blickt hoch, er nickt bejahend. Sie zieht einen Geldschein aus der gefüllten Tasche, lächelt freudig und dankt diesmal mit einem Kopfnicken und einer Umarmung. Beseelt blickt der Mann der Tochter nach und seufzt.

---

500 Zudem war das Kinopublikum ein vornehmlich weibliches. Ein Artikel des Jahres 1935 über die durchschnittliche Kinobesucherfrequenz in Deutschland verweist etwa darauf, dass sich das Kinopublikum zu rund 70 Prozent aus weiblichen und nur zu 30 Prozent aus männlichen Besuchern zusammensetzte. Siehe: *Verkaufspraxis*, „Streu- und Treffmöglichkeiten in der Kinowerbung", Nr. 8, Mai 1935, S. 486. Vgl. dazu auch: Bernold, Monika: Kino. Über einen historischen Ort weiblichen Vergnügens und dessen Bewertung durch die sozialdemokratische Partei. Wien 1918–1934, Dipl. Wien 1987, S. 15–19.

Hier bedingt das Kapital jene Zuneigung, die das (dem Konsumerleben entgegenstrebende) Kind dem Vater nun entgegenbringt. Die Einstellungsgrößen und die Bildausschnitte unterstützen die gefühlsbeladenen Szenerien. Allgemein dargelegte Situationen sind in Halbtotale gehalten, stehen Emotionen im Mittelpunkt, rückt man näher an die Szenerie und somit an die Protagonisten heran. Während die Gesichtslosigkeit des Vaters in der ersten Szene (nur sein Rumpf ist zu sehen) metaphorisch zu verstehen ist und seine Verlorenheit und seinen Verlust der Selbstachtung spürbar macht, erhält er in der zweiten Sequenz seine Position wieder zurück. In der Diagonale von oben (Mann) nach unten (Kind) angeordnet, ist die elterliche Dominanz zurückgewonnen.

Die Konzentration auf Gestik und Mimik in der Großaufnahme gibt Einzelaufnahmen besondere Bedeutung und den vorgegebenen Textzeilen emotionale Zugkraft. Die Szenerie vor dem „Arbeitslosenamt“, bei dem sich fast ausschließlich Männer einfinden, ist neuerlich auf die weibliche Zielgruppe ausgerichtet. Eine junge Frau, die des Weges kommt und die frierenden Gestalten beobachtet, fungiert als Identifikationsfigur. Den Worten „Wenn die Schillinge entschwinden – wie hier Lohn und Arbeit finden?“ folgt eine Großaufnahme: Die Lippen fest aufeinandergepresst, blickt die Dame ernst und nachdenklich in Richtung der Menschenschlange, sie nickt und wendet den Blick langsam ab. Verständnis, Mitgefühl, persönliche Betroffenheit – die kurze Sequenz lässt viele Zuschreibungen zu, die Zuschauerin im Kino konnte jeweils ihre eigene Interpretation wählen.

WOHIN LÄUFST DU SCHILLING? versucht neben dem Hauptpublikum „Frauen“ auch möglichst viele Bevölkerungsgruppen einzubinden und somit anzusprechen. Neben der gehobenen Mittelschicht (Ehepaar, Kunden im Kaufhaus), den Beamten (Grenze), Handwerkern und Angestellten wurden auch die Bauern im mittleren Teil in die Handlung eingebunden. Das Gedeihen der heimischen Milchwirtschaft wird über Bilder visualisiert. Ist vorerst nur eine Kuh auf der Alm zu sehen, so füllen sich die Ställe nach dem Einmarsch der Schillingmünzen am Hof mit Vieh. Eine Personifizierung der Bauern bleibt aus, ein einziger Landwirt wird beim Melken von hinten gezeigt. Die ländliche Sequenz ist am wenigsten ausgearbeitet. Der Auftrag, auch diesen Stand zu berücksichtigen, scheint konsequent, aber uninspiriert durchgeführt. Er bildet schlicht den mittleren Teil, dem die Präsentation des Handwerks vorausgeht und jene der Angestellten folgt.

Die Zielrichtung des Films ist klar erkennbar: Unter Einbindung möglichst vieler „Schichten“ und „Stände“ sollte der Wirtschaftspatriotismus der Österreicherinnen und Österreicher geweckt werden. Vor allem die kaufkräftige Gruppe, die tendenziell ausländische Waren den heimischen vorzog,[501] versuchte man einem „Umerziehungsprozess“ zu unterziehen. Moralische und persönliche Aspekte

---

501 Vgl. dazu auch die Ausführungen in: *Kontakt*, „Kauft österreichische Waren!“, Nr. 8, Juli/August 1930, S. 11.

kamen parallel zum Tragen. Den Arbeitslosen gegenüber hatte man Verantwortung an den Tag zu legen, der Kauf heimischer Waren käme direkt der Volkswirtschaft zugute und schaffe Arbeitsplätze. Jede und jeder Einzelne profitiere aber auch von einer aufstrebenden Ökonomie: Die Beschäftigung wird gesichert. Der Lohn, der in heimische Produkte investiert wird, hat nicht nur „ethischen Mehrwert", er verspricht auch ein positiv besetztes, heilversprechendes Konsumerlebnis.

Die konzeptionelle und inhaltliche Ausrichtung des Films folgte jener der Aktion an sich, was allerdings auch Kritik laut werden ließ. „Patriotismus, Rücksicht auf die Arbeitslosigkeit, Bedachtnahme auf die Zukunft, Passivität der Handelsbilanz" empfanden die Werbestrategen als keine effektiven Kaufgründe. Schlagkräftigere Argumente wären vorzubringen, so etwa „gleiche oder bessere Qualität – aber billiger als Auslandsware". Mit den weitreichenden, wenn auch gut gemeinten Aktivitäten hätte man – so folgerten die Experten – bestenfalls die Bevölkerung zum Nachdenken gebracht.[502] Die staatlichen Stellen sahen dies offensichtlich anders. Der Film WOHIN LÄUFST DU SCHILLING? wurde in Kinos, im Rahmen von Vorträgen unter anderem in der Wiener Urania und in Schulen gespielt.[503] Das Unternehmen „Brevillier & Urban" – ein Produzent von Bleistiften – brachte den Film, gemeinsam mit einem eigenen Industriewerbefilm, in 896 Schulen zur Aufführung.[504] 1933 führte das Unterrichtsministerium WOHIN LÄUFST DU SCHILLING? als Bildungsfilm.[505] Auch bei hauswirtschaftlichen Kursen kam der Film zur Vorführung.[506] Je nach Einsatzgebiet fungierte der Streifen demnach als Werbe-, Kultur- oder Lehrfilm, was nicht nur neuerlich auf die Multifunktionalität vieler Produktionen, sondern auch auf die vielgestaltigen Aufführungsorte und Vorführpraktiken verweist.

---

502 *Kontakt*, „Kauft österreichische Waren", Nr. 10, Februar 1928, S. 15.

503 ÖStA, AdR, BMHV, 581c, Ktn. 3533, Grz. 90823-WPA/34, Ggstd.: Arbeitsgemeinschaft „Kauft österreichische Waren". Aktion des Referats für Wirtschaftspropaganda, Februar/März 1934. ÖStA, AVA, BMU, Volksbildung: Film, 1929–1930, Ktn. 487, Fasz. 472, Gschz. 36407-II/10b, 1932, Ggstd.: Volksbildungshaus Wiener Urania, Lehr- und Bildungsfilme, Überprüfung, Katalog Wiener Urania, Neuerscheinungen Oktober 1929, Juni 1932. *Kontakt*, „Kauft österreichische Waren!", Nr. 8, Juli/August 1930, S. 13.

504 WKW, Akt E 27.468/3, Tätigkeitsbericht für das Jahr 1930, S. 5 f.

505 ÖStA, AVA, BMU, Volksbildung: Film, 1933, Ktn. 490, Fasz. 473, Gschz. 17035-II/10b, 1933, Ggstd.: Filmbegutachtung. Veröffentlichung der Ergebnisse 1933.

506 WKW, Akt E 27.468/1, Personen A–Z, Schreiben „Erna Zelinka an die Arbeitsgemeinschaft ‚Kauft österreichische Waren'", 2. April 1931.

7 Der „richtige“ Ort für den „richtigen“ Film: Aufführungsrahmen und -praktiken

7.1 Kinotheater und Reklamefilm: Kritische Stimmen und „Lösungsansätze“

> Auf Schritt und Tritt begegnet der Mensch heutzutage der Werbung in irgendeiner Form, daheim beim Empfang der Post oder beim Zeitunglesen, auf der städtischen oder ländlichen Straße, in der Tram oder Eisenbahn, warum also nicht auch im Theater und Kino? Ist doch hier wie kaum anderswo die Möglichkeit gegeben, den Interessenten in einem Augenblick zu packen, wo er nicht von anderen Eindrücken abgelenkt wird und die ihm präsentierte Werbung zur Kenntnis nehmen muß, ob er nun will oder nicht.[507]

Die Stellungnahme des österreichischen Werbefilmproduzenten Hans Ludwig Böhm im Fachblatt *Reklame-Presse* aus dem Jahr 1936 versteht sich – wie auch der Rest des Artikels – als Aufruf, den werbenden Film und seine Vorteile zu protegieren. Im Sinne des Auftrags dieses informativen Berichts blieben die Probleme, welche die Aufführung von Reklamefilmen in Lichtspieltheatern schwierig gestalteten, unausgesprochen. In den 1920er-Jahren bis in die frühen 1930er-Jahre hatten die Kinobesitzer wenig Interesse an der Einbindung werbender Filme in ihren Spielplan, was sich direkt an deren mitunter gepflogenen Vorführpraktiken zeigte, kritische Berichte in den Blättern des werbenden und kaufmännischen Fachs nach sich zog und Skeptiker auf den Plan rief.

Für die Kinobetreiber war das Hauptprogramm – vornehmlich unterhaltende Spielfilme – die Attraktion jedes Lichtspielabends. Das Publikum wollte „seine Stars“ auf der Leinwand sehen. Es verlangte nach Dramen, Komödien oder Abenteuern, an denen es für einige Stunden im Dunkeln fiktiv teilnehmen konnte. Die Werbefilme im Vorprogramm waren den Zuschauern – den Berichten der Presse zufolge – großteils lästig, da die Kinobesucher wegen des Amüsements und nicht zu Werbezwecken das Lichtspieltheater zu besuchen pflegten. „Geschmacklose oder gar augenfällig hervorstechende Reklame“ schädigte unter Umständen „das Renommee der Filmbühne“.[508]

Um die Werbeeinschaltungen möglichst kurz zu halten, den Spielplan nicht unnötig in die Länge zu ziehen und das Publikum in seiner Erwartungshaltung nicht zu stören, tendierten die Kinobetreiber bisweilen dazu, die Werbeeinschaltungen (ob Lichtdias oder Filme) schneller als bei einer ordnungsgemäßen Vorführung durchlaufen zu lassen. Die Reklamebotschaft konnte demgemäß nicht

507 *Reklame-Presse*, „Filmwerbung und Werbefilm“, Nr. 2, September 1936, S. 2.
508 *Der Filmbote*, „Der Kinematograph im Werbedienst“, Nr. 24, 12. Juni 1920, S. 16.

https://doi.org/10.1515/9783110622300-007

entsprechend wahrgenommen werden. Zudem blieb der Saal während der Werbevorführungen, die vor Beginn des Hauptprogramms und in den Pausen erfolgte, oftmals halb oder ganz erleuchtet.[509] Die von Werbefilmproduzenten wiederholt beschworene, konzentrierte Aufmerksamkeit der Zuschauer im abgedunkelten Raum war so natürlich nicht gewährleistet.

Der Umstand, wonach der Werbeteil oftmals lange vor Beginn des Hauptprogramms (etwa 10 Minuten früher) und zwischen zwei Vorstellungen lief, führte dazu, dass immer nur ein geringer Teil der Kinobesucher die Reklame tatsächlich sah. Die Präsentation des Werbeblocks nach der Wochenschau wurde schließlich vorgeschlagen, um die sichere Anwesenheit des gesamten Publikums zu sichern.[510] Kritiker merkten zusätzlich an, dass die volle Auslastung der Säle auch nicht gegeben sei. Aus Deutschland meldete man 1935, dass im Jahresdurchschnitt nur etwa 30 Prozent des Platzangebots in den Lichtbildtheatern wirklich genutzt wurden.[511] Vergleichszahlen aus Österreich waren nicht zu ermitteln.

Beanstandet wurde des Weiteren auch die fehlende oder mangelhafte musikalische Begleitung der Reklamebilder. Der Einsatz von Schallplatten mit Klängen und/oder Sprechtext war in der Stummfilmzeit bereits durchaus üblich. Beim gesprochenen Wort machte im Speziellen der Synchronismus von Bild und Ton Probleme. Als „unpassend" und „peinlich" empfundene Dialoge wurden ebenso von den Fachblättern der Kaufmannschaft bekrittelt und als „primitiv" abgelehnt wie Schlager, die von „süßlich-wabbliger Stimme" sowie „alberner Melodie und Text" bestimmt waren.[512]

Aufgrund all dieser vorgebrachten Mängel standen vor allem die Reklamebüros im Kreuzfeuer der Kritik,[513] die hinsichtlich Buchung und Vorführung der Werbefilme mit den Kinobetreibern Verträge abschlossen und die ordnungsgemäße Darbietung der Werbebilder gewährleisten und kontrollieren sollten. Seitens der Werbefilmproduzenten und der Lichtspielunternehmer verstärkte sich im Verlauf der 1930er-Jahre der Unmut gegenüber den Reklamepächtern. Letzteren wurde eine völlig unstringente Geschäftsgebarung vorgeworfen. Klare preisliche Vereinbarungen blieben aus, ein permanentes Unterbieten hatte Dumpingpreise sowie die Unterverpachtung einzelner Vorführungen zur Folge. Zudem würden sie „die erteilten

---

509 *Österreichische Reklame*, „Kino-Reklame", Nr. 7, Jänner 1928, S. 23. *Verkaufspraxis*, „Was zur Kinoreklame gesagt werden muß", Nr. 7, April 1930, S. 405 f.

510 *Verkaufspraxis*, „Was zur Kinoreklame gesagt werden muß", Nr. 7, April 1930, S. 405.

511 *Verkaufspraxis*, „Streu- und Treffmöglichkeiten in der Kinowerbung", Nr. 8, Mai 1935, S. 484.

512 *Verkaufspraxis*, „Was zur Kinoreklame gesagt werden muß", Nr. 7, April 1930, S. 406 sowie ebd., „Über die akustische Ausgestaltung der Kino-Reklame", Nr. 10, Juli 1934, S. 601–603.

513 Auf kritische Stimmen bezüglich der Vorführung der Werbefilme in Kinotheatern folgten mit unter klare Stellungnahmen seitens der Reklamepächter. Siehe: *Verkaufspraxis*, „Was zur Kinoreklame außerdem gesagt werden muß!", Nr. 11, August 1930, S. 665–669.

Bestellungen unordentlich ausführen“.[514] Die Gebarung der Reklamebüros behindere nicht nur „die Entwicklung des Werbefilms in Österreich“, sondern auch „die reklametreibende Industrie, die Kinobesitzer und die Werbefilmproduzenten“ erlitten entsprechenden Schaden.[515] Der „Bund der Wiener Lichtspieltheater“ und der „Verband der Kurzfilmhersteller“, in dem sich die Produzenten von Werbe-, Industrie-, Kultur-, Lehr- und Bildungsfilmen sammelten, drangen daraufhin beim Bundesministerium für Handel und Gewerbe darauf, eine Sonderbestimmung für Reklamefilme zu erlassen. Dieser zufolge sollte das Recht zur Vorführung von Werbefilmen ausschließlich einer Zentralstelle des Bundes der Lichtspieltheater zukommen. Die Betreiber der Reklamebüros lehnten eine derartige Regelung vehement ab und wollten wie bisher „die Aufführungen durch freie Verträge auf rein kaufmännischen Grundlagen regeln, bei welchen das Kino seine Interessen technisch und kaufmännisch nach eigenem Ermessen schützen“ konnte.[516]

Eine völlige Umgehung der Reklamepächter in dieser Angelegenheit war jedoch nicht möglich, da rechtsgültige und langfristig abgeschlossene Pachtverträge mit diversen Kinos vorlagen. Die Idee, ein Kontrollbüro einzurichten, das die Verteilung der Werbefilme überwachen und für die Wünsche aller Interessenten in objektiver Weise sorgen sollte, fand bei 60 Prozent der Reklamepächter Zustimmung. Für eine neue Regelung reichte dies allerdings im Oktober 1936 noch nicht aus.[517] Im August des Folgejahres änderte sich die Lage. Nach langwierigen Verhandlungen wurde unter Einbeziehung aller Beteiligten ein neues Regelwerk beschlossen, das „ein Unterbieten der Preise für Diapositivvorführungen und Reklamefilme“ unmöglich machen sollte. Ein detailliertes Preisregulativ war ausgearbeitet worden, das die Lage der Kinos, die Anzahl der Vorführungen und die Länge der jeweiligen Streifen in die Berechnung einschloss. Die Filme wurden fortan „durch die Reklamebüros über die Einheitsstelle des Bundes vergeben“. Ein neu konstituierter Überwachungsausschuss, bestehend aus „je zwei Vertretern der Reklame treibenden Firmen, der Kinobesitzer, der Reklamebüros und der Reklamefilmerzeuger“ hatte von nun an dafür Sorge zu tragen, dass „die Vorführung in den Kinos klaglos funktioniert und die oftmals berechtigten Klagen der Reklame treibenden Firmen ebenso wie die des Publikums, dass man infolge des schnellen Ablaufs der Anzeige oder dem Werbefilm kaum folgen kann, gegenstandslos werden“.[518]

---

514 WKW, Filmakten, Paket 3173/2, M 8, „Filmkonferenz, Protokolle“, Verhandlungsschrift der 5. Sitzung der Österreichischen Filmkonferenz vom 9. Oktober 1936, S. 14.

515 WStLA, MA 104, Zl. K 1015, „Schreiben des Bundes der Wiener Lichtspiel-Theater an das Besondere Stadtamt II/3“, 14. Juni 1937.

516 *Der Wiener Film*, „Kampf um den Werbefilm“, Nr. 12, 23. März 1937, S. 2.

517 WKW, Filmakten, Paket 3173/2, M 8, „Filmkonferenz, Protokolle“, Verhandlungsschrift der 5. Sitzung der Österreichischen Filmkonferenz vom 9. Oktober 1936, S. 14.

518 *Der Wiener Film*, „Regulativ für den Reklamefilm“, Nr. 32, 10. August 1937, S. 2.

Für die geregelte Aufführung des Reklamefilms im Lichtspieltheater war also wenige Monate vor dem „Anschluss“ Österreichs an NS-Deutschland noch eine neue Vereinbarung getroffen worden. In der Praxis hatten die werbetreibenden Unternehmen und Institutionen einen anderen Weg gewählt, um ihre Reklamestreifen im bestmöglichen Aufführungskontext zu präsentieren. Ein Großteil der Filme wurde nicht oder nicht nur in festen Kinoetablissements präsentiert, sondern in Fabriken, in Schaufenstern und Geschäftslokalen, in Schulen, an universitären Einrichtungen, in der Urania, in Restaurants, in Gemeindesälen, in Vereinen, in Wanderkinos, auf Kreuzschiffen, bei Messen, Fachtagungen oder Ausstellungen.[519] Dieser bevorzugte Vorführrahmen, den die angelsächsische Forschung „non-theatrical exhibition“ nennt,[520] war durch mehrere Grundvoraussetzungen und Entwicklungen bedingt.

7.2 „Non-theatrical exhibition“: Der Werbefilmeinsatz außerhalb des regulären Kinobetriebs

> Die kürzeste für eine Tonfilmwerbung übliche und mögliche Länge dürfte bei zirka 10 Meter liegen. Mit 30 Meter (eine Minute Vorführdauer) läßt sich bereits ziemlich viel sagen oder zeigen. Mehr wie 150 oder höchstens 200 Meter werden in den seltensten Fällen vonnöten sein. Eine Überschreitung dieses Ausmaßes ist auch schon darum nicht empfehlenswert, weil der Interessent unter Umständen ermüdet oder gelangweilt wird, und ferner auch mit Rücksicht auf die fixe Vorstellungsdauer der Lichtspieltheater, da sonst die Einreihung in das Spielprogramm erschwert wird.[521]

Wiederum war es der Werbefilmer Hans Ludwig Böhm, der in den 1930er-Jahren über die Publikation zahlreicher informativer Artikel in Fachzeitungen für das Reklamemedium Film warb, praktische Tipps gab und auf etwaige Probleme und deren Vermeidung hinwies (wie etwa in obigem Zitat). Die „Überlänge“ eines werbenden Films konnte, wie Böhm klar darlegt, dazu führen, dass der Kinobetreiber die Vorführung desselben ablehnte. Die per Film werbenden Unternehmer suchten daher sinnvolle Alternativen, um ihre Reklamemittel zielgerichtet einzusetzen. Denn in den 1930er-Jahren wiesen in Österreich zur Aufführung kommende Werbefilme

---

519 Vgl. dazu: Moser, Karin: Charmant – markant – provokant: Der österreichische Werbefilm. Anfänge – Weichenstellungen – Durchbruch, in: Archiv und Wirtschaft. Zeitschrift für das Archivwesen der Wirtschaft, Nr. 4/2013, S. 179. Zimmermann, Yvonne: Neue Impulse in der Dokumentarfilmforschung, in: Zimmermann, Yvonne (Hg.): Schaufenster Schweiz. Dokumentarische Gebrauchsfilme 1896–1964, Zürich 2011, S. 19.

520 Siehe dazu: Slide, Anthony: Before Video: A History of the Non-Theatrical Film, Westport 1992.

521 *Contact*, „Werbung durch den Film“, Nr. 12, Dezember 1933, S. 17.

mitunter eine Laufzeit von bis zu 500 Meter (ca. 15 Minuten) auf.[522] Je detaillierter und inhaltlich sachlicher ein Film gestaltet war, umso eher bot sich eine Aufführung des Streifens außerhalb des Kinotheaters an.

Begünstigt wurde diese Entwicklung durch die Einführung, Etablierung und Verbreiterung des 16mm-Schmalfilms.[523] Dieser war vor allem schwer entflammbar, kostengünstiger und handlicher im Einsatz als der 35mm-Normalfilm. Außerdem galten die für dieses Material konzipierten Vorführapparate als einfach zu handhaben und leicht zu transportieren.[524] Genau solche Vorteile propagierten die Hersteller von Schmalfilmen und Schmalfilmapparaturen, um die behördliche Abwicklung und Genehmigung von Vorführungen per 8mm-, 9 ½mm- oder 16mm-Film zu erleichtern.[525] Befürworter fanden sie bei den Werbefilmproduzenten, den per Film werbenden Firmen sowie bei Vertretern von Bildungsinstitutionen, wobei Letztere auf eine Verbreiterung des kulturellen und wissenschaftlichen Films im Unterricht abzielten.[526]

Die Unternehmensvertreter betonten insbesondere die Bedeutung des Reklame-Schmalfilms für die heimische Industrieförderung und forderten eine Vereinfachung der Aufführungsbestimmungen, um die Verbreitung „dieses neuen Werbemittels“ zu sichern.[527] Widerstände machten sich diesbezüglich besonders in den Bundesländern bemerkbar. Die dort ansässigen Kinobesitzer fürchteten Einbußen aufgrund der vermehrt gestellten Ansuchen auf Betreiben von Wanderkinobetrieben zur Präsentation „geschäftlicher Ankündigungen“.[528] Deren Opponenten (Werbefilmproduzenten, Schmalfilmerzeuger, per Film werbende Firmen) beharrten darauf, dass „geschäftliche Propaganda-Vorführungen“ keinerlei Konkurrenz für Lichtspieltheater darstellten.[529] Die Handelskammern der Länder sowie das Bundesministerium für Handel und Verkehr intervenierten schließlich bei den Landesregierungen

522 *Contact*, „Vortrag: Wie entsteht ein Werbefilm?“, Nr. 7/8, Juli/August 1935, S. 30.

523 Vgl. dazu auch: Goergen, In filmo veritas, S. 359.

524 *Verkaufspraxis*, „Werbeleiter und Schmalfilm“, Nr. 8, Mai 1932, S. 473. *Der gute Film*, „Der Schmalfilm“, Nr. 61, 26. Jänner 1934, S. 7 f.

525 WKW, Filmakten, Paket 3173/3, M 13, Burgenländische Handelskammer, Einl. Z. B 1448/5. Ggstd.: „Schmalfilmvorführungen mit schwer entflammbaren Filmen“, September 1933.

526 ÖStA, AdR, BMHV, 581c, Grz. 93.426/33, Ggstd.: Schmalfilme. Erlassung besonderer Vorschriften, Februar-Juni 1933.

527 ÖStA, AdR, BMHV, 581c, Grz. 107.193–10/31, Ggstd.: Schwierigkeiten bei der Vorführung von Schmalfilmen in einzelnen Bundesländern, Dezember 1931.

528 WKW, Filmakten, Paket 3173/3, M 13, Wiener Allgemeine Gewerbegenossenschaft, Betreff: „Öffentliche Vorführung von Lauf- und Stehbildern“, 10. November 1932. *Österreichische Film-Zeitung*, „Gibt es ‚kinokose‘ Orte in Österreich?“, Nr. 52, 24. Dezember 1937, S. 1.

529 WKW, Filmakten, Paket 3173/3, M 13, Wiener Allgemeine Gewerbegenossenschaft, Betreff: „Öffentliche Vorführung von Lauf- und Stehbildern“, 10. November 1932. *Österreichische Film-Zeitung*, „Schmalfilm und Kinotheater“, Nr. 49, 3. Dezember 1932, S. 7 sowie ebd., „Der Schmaltonfilm“, Nr. 11, 17. März 1934, S. 3.

dahingehend, die Regelungen für die Schmalfilmvorführungen zu lockern, da „durch eine allzu strenge Handhabung der Vorschriften gegen den ungefährlichen Schmalfilm die Interessen der in den Ländern ansässigen Unternehmern" geschädigt würden.[530]

Als Vorbild galt Wien, das die feuerpolizeilichen Vorgaben für die Vorführung von schwer entflammbaren Schmalfilmen bereits 1931/32 reduziert hatte. Die Bundesländer hielten an ihren strengen Regulativen mitunter fest und verwiesen wiederholt auf „den Gegensatz von Stadt und Land und den daraus entspringenden wesentlich anders gearteten bau-, feuer- und sicherheitspolizeilichen Verhältnissen und Einrichtungen".[531]

In Wien fand die Vorführung von werbenden Filmen im Rahmen einer „non-theatrical exhibition" weite und vielfältige Verbreitung, wie die Aktensammlung des Wiener Magistrats, Abteilung 52, der Jahre 1926 bis 1938 belegt.[532] Diese Behörde hatte sämtliche Filmvorführungen in Wien im Non-theatrical-Bereich zu bewilligen und verlieh Konzessionen für Schmalfilmaufführungen. Zahlreiche Ansuchen bezogen sich auf die Präsentation von Filmen in Geschäftsauslagen, bevorzugt nach Ladenschlus ab 18 oder 19 Uhr bzw. mit Eintritt der Dunkelheit.[533] Gezeigt wurden die Streifen mitunter auch über dem Eingangsbereich auf einer „Mattscheibe"[534] oder in den Räumlichkeiten des Geschäftslokals. Die Bandbreite der um Vorführungskonzessionen in Schaufenstern oder in Läden ansuchenden Handeltreibenden war vielfältig. Bewilligungen erbaten unter anderem Verkaufslokale für fotografische Utensilien,[535] für Radioapparate,[536] für Damen-, Herren- und Sportbekleidung,[537] für Seifen und Parfümerzeugnisse,[538]

---

530 ÖStA, AdR, BMHV, 581c, Grz. 107.193–10/31, Ggstd.: Schwierigkeiten bei der Vorführung von Schmalfilmen in einzelnen Bundesländern, Dezember 1931.

531 Ebd.

532 In den Verzeichnissen des WStLA wird die Magistratsabteilung 52 mit der Nummer 104 geführt. Auf allen Akten ist jedoch MA 52 vermerkt.

533 Z. B.: WStLA, MA 104, Zl. K 1236, „Konzessionsansuchen der Photohandlung Norbert Wallner", 31. Dezember 1928.

534 WStLA, MA 104, Zl. K 709, „Konzessionsansuchen des Wirk- und Schnittwarengeschäfts von Rosa Arzt", 14. Dezember 1927.

535 WStLA, MA 104, Zl. K 3611, „Konzessionsansuchen Photohandlung Salo Feuchtbaum", 4. Dezember 1933.

536 WStLA, MA 104, Zl. K 1226, „Konzessionsansuchen Franz Kreuzer, Radiomaterialhandel", 9. November 1928.

537 WStLA, MA 104, Zl. K 339, „Konzessionsansuchen der Herrenmodenfirma M. Neumann", 15. Jänner 1927 sowie ebd. Zl. K 3143, „Konzessionsansuchen des Sporthauses Sasi", 6. Dezember 1932.

538 WStLA, MA 104, Zl. K 2351, „Konzessionsansuchen M. E. Mayer. Parfümerie und Seifen-Fabrik", 18. Dezember 1934.

für Reiseangebote,[539] für Süßwaren,[540] für Milchprodukte,[541] für Spielwaren,[542] für Büromaschinen,[543] für Baumaterialien und Öfen,[544] für elektro-medizinische Produkte[545] oder für Mineralölfabrikate.[546]

Bisweilen verwiesen die um eine Vorführungskonzession ansuchenden Kaufleute auf den schlechten Geschäftsgang und die allgemeine prekäre Wirtschaftslage, die erhöhte Werbemaßnahmen forderten. Die flimmernden Streifen sollten die potenzielle Kundschaft auf das Lokal aufmerksam machen und zum Verweilen einladen.[547] Zu diesem Zweck wurden nicht ausschließlich Reklamefilme gezeigt. Bisweilen präsentierte man auch von den Schmalfilmproduzenten eigens zur Verfügung gestellte „Leih- und Schulfilme“, die Reise- und Sportszenen ebenso im Repertoire hatten wie Lustspiele, Trick- und Marionettenfilme.[548] Den Gesuchen der Händler stimmte die Behörde zu, sofern keine verkehrstechnischen Behinderungen zu erwarten waren. Bei zu schmalen Gehwegen und Verkehrsknotenpunkten vor dem Lokal sprach man sich gegen eine Vorführbewilligung aus.[549] Mitunter widerrief der Magistrat Genehmigungen, etwa wenn es zu Störungen akustischer Art (Einsatz von Lautsprechern) kam oder die Sicherheitswachen die beobachtete Ansammlung einer Menschenmenge vor dem Schaufenster als gefährlich einstuften.[550]

Nicht selten fanden Reklamefilmaufführungen in Kaufhäusern statt. Streifen über die Kunstseidenfabrikation stellten durchaus einen Bezug zu den in den

---

539 WStLA, MA 104, Zl. K 3518, „Konzessionsansuchen Reisebüro Marienbrücke“, 1. August 1933.

540 WStLA, MA 104, Zl. K 3086, „Konzessionsansuchen Josef Goldstein, Vertreter der Albert Breyer Caramellenfabrik, Bregenz“, 17. Oktober 1932.

541 WStLA, MA 104, Zl. K 3197, „Milchindustrie A.G., Vorführung in Wiener Filialen“, 3. Jänner 1933.

542 WStLA, MA 104, Zl. K 21, „Konzessionsansuchen des Spezialhauses für Matador Baukasten und technische Spielwaren, Erwin Trubrig“, 12. November 1934.

543 WStLA, MA 104, Zl. K 1771, „The Rex Co., Reklamefilmvorführung-Beschwerde“, 7. Jänner 1930.

544 WStLA, MA 104, Zl. K 2101, „Konzessionsansuchen Eternit-Werke Verkaufslokal“, 13. Dezember 1937 sowie ebd., Zl. K 3094, „Konzessionsansuchen der Dauerbrandofen- und Herdfabrik, Ofengeschäft Alois Swoboda & Co.“, 27. Oktober 1932 ebd. Zl. K 4068, „Konzessionsansuchen Hugo Hinze. Eisen- und Metallwarenhandlung“, 13. September 1934.

545 WStLA, MA 104, Zl. K 2351, „Konzessionsansuchen Karl Marholt. Röntgen- und elektromedizinische Apparate“, 5. Dezember 1930.

546 WStLA, MA 104, Zl. K 3574, „Konzessionsansuchen Shell Floridsdorfer Mineralöl-Fabrik, Schaufenster Schubertring 14“, 16. Oktober 1933.

547 WStLA, MA 104, Zl. K 576, „Konzessionsansuchen Firma Pietzner & Fayer, Kiosk“, 9. Dezember 1927 sowie ebd., K 2971, „Konzessionsansuchen Radiohaus Horny“, 20. Mai 1932.

548 WStLA, MA 104, Zl. K 2971, „Konzessionsansuchen Radiohaus Horny“, 20. Mai 1932.

549 So z. B.: WStLA, MA 104, Zl. K 824, „Konzessionsansuchen Pfeiffers Puppenparadies“, 2. März 1928.

550 WStLA, MA 104, Zl. K 2865, Schreiben Sicherheitswache Ottakring, „Verkehrshinderung durch Vorfühurng von Laufbildern, Auslage Radiohändler Otto Löwith“, 12. September 1929.

Räumlichkeiten feilgebotenen Waren her. Gleichfalls in diesem Rahmen präsentierte Fremdenverkehrsfilme dienten offensichtlich mehr der Entspannung und dem Amüsement der Kundschaft.[551] Mitunter waren Werbefilmvorführungen Teil einer Vielzahl anderer den Kunden dargebotenen „Zusatzattraktionen". So erklärten die Betreiber der Konditorei „Ludwig Zwieback & Bruder" in ihrem Gesuch mit dem Ansinnen, den Reklamestreifen DICHTL SPITZEN zu zeigen, dass ihre Räume bereits für musikalische und Tanzproduktionen, Mode-Revuen und ähnliche Veranstaltungen behördlich kommissioniert seien.[552]

Vereine und Genossenschaften führten ihre der Eigenwerbung dienenden Filme in den Auslagen ihrer Geschäftsstellen, in deren Versammlungslokalen, Gasthäusern und auch in Kinos vor.[553] Zugleich fanden spezifische Anbieter ihre Käufer-Zielgruppe gerade in derlei Vereinigungen. Produzenten von chemischen Schädlingsbekämpfungsmitteln sowie Teer- und Asphalterzeugnissen bewarben ihre Waren per Film im „Österreichischen Verband der Kleingärtner, Siedler und Kleintierzüchter",[554] Eternit wiederum führte Filme zum Thema „Asbest" beim „Wirtschaftsverband der Hausbesitzer Österreichs" vor.[555]

Außerhalb der Kinos wurden Reklamefilme mit größerer Zielgruppenorientierung vorgeführt. Filme über Singer-Nähmaschinen präsentierte man der Genossenschaft der Schuhmacher, Streifen über Trockenplatten fanden ihr Publikum im „Österreichischen Ingenieur- und Architektenverein".[556] Reklame- und Industriewerbefilme waren oft

---

551 WStLA, MA 104, Zl. K 237, „Konzessionsansuchen, Vorführung der Burgenländischen Fremdenverkehrs-Schau in den Räumen des Kaufhauses A. Herzmansky", 19. Oktober 1926. Ebd., Zl. K 1053, „ Konzessionsansuchen, Vorführung Kunstseidenstoff.-Industriefilm, A. Gerngross", 28. August 1928. Ebd., Zl. K 2233, Konzessionsansuchen, Vorführung des Films VOM DONAUSTRAND AUF BERGESHÖH'N, Warenhaus Gerngross, 15. Jänner 1938.

552 WStLA, MA 104, Zl. K 367, „Konzessionsansuchen, Konditorei Ludwig Zwieback & Bruder, Reklamefilm DICHTL-SPITZE", 14. Februar 1927.

553 WStLA, MA 104, Zl. K 414, „Konzessionsansuchen Wiener Tierschutzverein, Vorführung im Schaufenster", 16. Mai 1934. Ebd., Zl. K 1106, „Konzessionsansuchen Konsumgenossenschaft Wien, Vorführungen in Wiener Sälen und Kinos", 4. Oktober 1928. Ebd., Zl. K 2700, „Konzessionsansuchen Konsumgenossenschaft Wien, Vorführungen in Versammlungsräumen, Gasthaussälen, Vortragssälen", 18. September 1931. Ebd., Zl. K 443, „Konzessionsansuchen Konsumgenossenschaft Wien, Vorführungen im Genossenschaftsheim Wien XX.", 21. September 1936. Ebd., Zl. K 4033, Konzessionsansuchen Heimbautal. Gemeinnützige Eigenheimförderungs-Genossenschaft, Vorführung von Propaganda-Filmen bei Interessenten- und Mitgliederversammlungen", 3. August 1934.

554 WStLA, MA 104, Zl. K 797, „Konzessionsansuchen Treibacher Chemische Werke", 13. Februar 1936. Ebd., Zl. 1731, „Konzessionsansuchen Teerag. Aktiengesellschaf für Teerfabrikate, Asphalt, Russ und chemische Produkte", 17. Juni 1937.

555 WStLA, MA 104, Zl. K 2338, „Konzessionsansuchen Wirtschaftsverband der Hausbesitzer Österreichs, Vorführung eines Filmes der Firma Eternit", 21. Februar 1938.

556 WStLA, MA 104, Zl. K 1863, „Konzessionsansuchen Singer Nähmaschinen AG, Vorführung des Film DIE ENTSTEHUNG DER NÄHMASCHINE, 30. Jänner 1930. Ebd., Zl. K 826, „Konzessionsansuchen Medefind & Bernfuss, Reklame-Vorträge der Firma Otto Perutz Trockenplattenfabrik, 3. April 1936.

Teil von Propaganda-, Aufklärungs- und Bildungskampagnen.[557] Das Publikum wurde etwa über die Vorteile von Elektrogeräten, über die Herstellung und den Einsatz von Wiener Gaskoks oder die Stromerzeugung umfassend per Film und Begleitvortrag informiert. Dias und Informationsblätter ergänzten das Programm inhaltlich.[558]

Die Vorzüge des werbenden Films im Rahmen einer „non-theatrical exhibition“ wurde von Marketingexperten und Fachmagazinen zunehmend erkannt, beworben und genutzt. So erläuterte das Blatt *Verkaufspraxis* 1932 den Einsatz und Nutzen des Schmalfilms wie folgt: „Ist der Bildwerfer einmal eingeschaltet, so schnurrt er ohne weitere Bedingung seinen Film herunter, und der Vertreter kann sich ganz der Erklärung und Bearbeitung der Interessenten zuwenden. Kann man die Vorteile seiner Erzeugnisse eindringlicher darlegen als durch die kurzweilige, überzeugende Wirkung eines Films, noch dazu, wenn das auf der Leinwand Gezeigte unterstrichen wird durch die individuell gefaßten Worte eines geschickten Verkäufers?“[559] Ganz in diesem Sinne agierten offensichtlich auch die „Propagandisten“ der Firmen Agfa und Kodak. Bei den von ihnen durchgeführten Vortrags- und Filmabenden in Restaurants, Cafés, Hotels, Arbeiterheimen, Lehrer- oder Ingenieur- und Architektenvereinen stand die richtige Handhabung der Foto- und Filmapparate sowie die Präsentation neuer technischer Systeme im Zentrum. Unter Themenabenden wie „Eine Fahrt ins Photoreich“, „Nicht bloß knipsen – überlegt Photographieren“ [sic!] oder „Und jetzt Kunstlicht-Photos“ wurden Interessentinnen und Interessenten mit den neuen Techniken, Gerätschaften und deren Nutzung praktisch vertraut gemacht.[560] Zu den Vorträgen eingeladen waren vornehmlich Handelspartner (Foto- und Filmhändler) sowie deren Kundinnen und Kunden.[561] Präsentiert wurden Filme, deren Titel bereits auf den Inhalt schließen ließen: GESTALTE MIT LICHT, KODACHROME,

---

557 Vgl. dazu auch die Ausführungen von Zimmermann, Yvonne: Dokumentarischer Film: Auftragsfilm und Gebrauchsfilm, in: Zimmermann, Yvonne (Hg.): Schaufenster Schweiz. Dokumentarische Gebrauchsfilme 1896–1964, Zürich 2011, S. 73.

558 WStLA, MA 104, Zl. K 1028, „Konzessionsansuchen Direktion der städtischen Elektrizitätswerke, Werbeveranstaltungen in Wiener Randsiedlungen“, 18. Juni 1938. Ebd., Zl. K 3541, „Konzessionsansuchen Zentral Europäische Länderbank, Niederlassung Wien – Koks-Sektion, Vorführung des Films WIENER GASKOKS VON A BIS Z in verschiedenen Lokalen“, 18. September 1933. 1938. Ebd., Zl. K 3685, „Konzessionsansuchen Zentral Europäische Länderbank, Niederlassung Wien – Koks-Sektion, Vorführung des Werbefilms WIENER GASKOKS im Rahmen eines Hausfrauenvortrags“, 23. Oktober 1934.

559 *Verkaufspraxis*, „Werbeleiter und Schmalfilm“, Nr. 8, Mai 1932, S. 474.

560 WStLA, MA 104, Zl. K 3384, „Konzessionsansuchen Agfa, Vorträge unter dem Thema „Eine Fahrt ins Photoreich“, 11. April 1933. Ebd., Zl. K 1265, „Konzessionsansuchen Agfa, 5 Vorträge unter dem Thema ‚Und jetzt Kunstlicht-Photos‘“, 7. November 1936. Ebd., Zl. K 1483, „Konzessionsansuchen Kodak, Vorträge unter dem Thema ‚Nicht bloß knipsen – überlegt Photographieren!‘“ [sic!], 24. Februar 1937.

561 Vgl. WStLA, MA 104, Zl. K 3619, „Konzessionsansuchen Kodak, Propaganda-Vortrag“, 20. November 1933. Ebd., Zl. K 13, „Konzessionsansuchen Agfa, Vorführung von Schmalfilmen“, 11. Jänner 1935.

WER PHOTOGRAPHIERT, HAT MEHR VOM LEBEN: WER FILMT, DER HAT DAS LEBEN, ACH HÄTT ICH DOCH.[562] Oftmals zeigte man bei den Veranstaltungen aber auch Landschaftsaufnahmen und Sehenswürdigkeiten aus Österreich, die unter Beweis stellen sollten, welch hochqualitative Aufnahmen mit 8mm- oder 16mm-Apparaturen möglich waren.[563] Einher gingen die Vortragsabende gelegentlich mit der Ausstellung von Kameras, Schmalfilm-Kinogeräten und „Meisterarbeiten" der Fotografie.[564]

Umfassende, möglichst attraktiv gestaltete Werbeabende waren bei einigen renommierten Markenunternehmen in den 1930er-Jahren bereits üblich geworden. Die Firma Siemens & Halske führte während der Wintermonate in verschiedenen Städten mit den ortsansässigen Händlern regelmäßig Veranstaltungen durch. Dafür wurde jeweils ein Saal angemietet, in dem die Kaufmänner eigene Präsentations-und Verkaufsstände einrichteten. Der Abend war abwechslungsreich zusammengestellt: Schallplattenmusik, Werbe- und Kulturfilme und Vorträge wurden geboten. In den Pausen konnten die potenziellen Käufer die Verkaufsstände besichtigen und sich informieren. Im Zuge einer Verlosung hatten die Besucher die Chance, elektrische Haushaltsgeräte zu gewinnen. Als Los dienten die Eintrittskarten, auf denen die Adressen der Anwesenden vermerkt waren. Letztere gingen wiederum an die Händler zurück, welche die Anschriften in ihre Interessentenkartei aufnahmen.[565]

Eine Vielzahl der Präsentationen im Rahmen der „non-theatrical exhibition" richtete sich direkt an eine weibliche Zielgruppe. Während die Feinwaschanstalt Habsburg bei eigenen Filmabenden über ihren professionellen Wäschereibetrieb aufklärte,[566] betrieb das Unternehmen „Persil-Gesellschaft Henkel & Voith m.b.H." in Wien seit 1928 umfassende Aufklärungsaktionen, die neben Filmaufführungen Hausfrauen auch praktische Waschvorführungen bot.[567]

---

562 WStLA, MA 104, Zl. K 1125, „Konzessionsansuchen Kodak, Vorträge", 22. September 1936. Ebd., Zl. K 1265, „Konzessionsansuchen Agfa, 5 Vorträge unter dem Thema „Und jetzt Kunstlicht-Photos", 7. November 1936.

563 Zu sehen waren etwa Schmalfilme mit folgenden Motiven: „Stadtpark (Wien)", „Eislaufverein (Wien)", „Ringstraße", „Innere Stadt (Wien)", „Umgebung von Wien", „Gebirgsaufnahmen aus den österreichischen Alpen", „Millstätter See", „Aufnahmen vom Zug aus. Westbahnstrecke", „Gesäuse", „Wanderungen und Landschaften in den Tauern", „Sommerlager am Schwarzensee". Siehe dazu: WStLA, MA 104, Zl. K 3619, „Konzessionsansuchen Kodak, Propaganda-Vortrag", 20. November 1933. Ebd., Zl. K 3686, „Konzessionsansuchen Kodak, Vortragsabend", 16. Dezember 1933. Ebd., Zl. K 161, „Konzessionsansuchen Kodak, Propaganda-Abend", 2. April 1935. Ebd.,, Zl. K 3619, „Konzessionsansuchen Kodak, Werbevorträge", 13. Februar 1936.

564 WStLA, MA 104, Zl. K 1125, „Konzessionsansuchen Kodak, Vorträge", 22. September 1936.

565 *Verkaufspraxis*, „Durch Unterhaltung werben!", Nr. 5, Februar 1933, S. 286.

566 WStLA, MA 104, Zl. 148, „Konzessionsansuchen Habsburg Feinwaschanstalt, Filmvorführung", 22. März 1935. Ebd., Zl. K 901, „Konzessionsansuchen Habsburg Feinwaschanstalt, Filmvorführung", 15. Mai 1935.

567 Wiederholt vorgeführt wurde der Stummfilm VOM WASCHEN UND VON DER WÄSCHE (D 1929). Die Veranstaltungen fanden vornehmlich in Gastwirtschaften und Hotels statt. Vgl.: WStLA, MA 104, Zl. 2920, „Konzessionsansuchen Persil, Filmvorführung und Vortrag", 12. April 1932 sowie unter

Lebens- und Genussmittelproduzenten konnten neben Vortrag und Filmvorführung auch Verköstigungen anbieten, was in Zeiten der Wirtschaftskrise die Zahl der Interessentinnen und Interessenten entsprechend zu erhöhen vermochte. Neben der Firma „Kathreiner A.G.“, die diese Werbemaßnahme zur Anpreisung ihres Kaffeesortiments unter anderem in Wiener Gasthöfen und Bildungsanstalten nutze,[568] trat hier vor allem die „Julius Maggi Gesellschaft m.b.H.“ in Erscheinung. Der Schweizer Betrieb hatte seit 1925 eine Konzession für Filmvorführungen in Wien inne,[569] in der Eidgenossenschaft wurden vom Unternehmen bereits seit 1905 Wanderwerbezyklen abgehalten, damals noch unter dem Einsatz von Reklamedias.[570] In der Alpenrepublik präsentierte sich Maggi als österreichisches Unternehmen. Plakate, die für „Maggi-Würze“ oder „Maggi-Rindsuppenwürfel“ warben, trugen oftmals den Schriftzug „Österreichisches Erzeugnis“, wobei mitunter die Stadt Wien (erkenntlich durch den Stephansdom) oder die Maggi-Fabrik in Bregenz (ein Tochterunternehmen des Konzerns) den Hintergrund dominierten.[571]

Auch bei den in Gasthäusern, Spitälern, Koch-, Haushaltungs-, Fleischselcher- und Hebammen-Schulen, Waisenhäusern, Versorgungshäusern (Alten- und Pflegeheimen), Klöstern, bei der Katholischen Frauenorganisation, bei den Kinderfreunden sowie bei Sozialdemokratischen Bezirksorganisationen abgehaltenen Vorträgen setzte man auf Filme mit einem Bezug zu Österreich.[572] Vorgeführt wurden die Streifen EIN BESUCH DER MAGGI-WERKE IN BREGENZ SOWIE EINE REISE VON WIEN BIS BREGENZ.[573] In den präsentierten Filmen warb man für „Maggis Suppenwürze“, „Maggis Rindsuppenwürfel“ und „Maggis Suppen in Päckchen“.[574] Anders als in der Schweiz, wo

---

dem gleichen Betreff: Ebd., Zl. K 3107, 11. November 1932. Ebd., Zl. K 3212, 12. Jänner 1933. Ebd., Zl. K 3372, 8. April 1933.

568 Siehe etwa: WStLA, MA 104, Zl. 35, „Konzessionsansuchen Kathreiner A.G., Filmvorführung“, 18. Jänner 1935 sowie unter dem gleichen Betreff: Ebd., Zl. K 905, 14. April 1936. Ebd., Zl. K 1255, 3. November 1936.

569 Vgl. dazu folgenden Akt: WStLA, MA 104, Zl. 1391, „Stellungnahme des Unternehmens Maggi zur Frage der Zulässigkeit der Vorführung von schwer entflammbaren Normalfilmen in Lokalen ohne eigenem Bildwerferraum“, 3. Februar 1937.

570 Zimmermann, Yvonne: Industriefilme, in: Zimmermann, Yvonne (Hg.): Schaufenster Schweiz. Dokumentarische Gebrauchsfilme 1896–1964, Zürich 2011, S. 286.

571 Vgl. z. B.: *Contact*, „Beispiele aus der Anzeigen-Werbung der Maggi-Gesellschaft“, Nr. 5, Mai 1934, S. 16–18. *Österr. Reklame-Praxis*, „Plakatpräsentation“, Februar/März 1936, S. 53–56 und 22 f.

572 WStLA, MA 104, Zl. K 318, „Ankündigung. Maggi-Filmvorträge“, 28. Dezember 1926 sowie unter dem gleichen Betreff: Ebd., Zl. K 348, 26. Jänner 1927. Ebd., Zl. K 799, 15. Februar 1928. Ebd. Zl. K 1602 und K 1710, 27. Jänner 1930. Ebd., Zl. K 3285, 27. Februar 1933.

573 WStLA, MA 104, Zl. K1696, „Ankündigung. Maggi-Filmvorführung“, 2. November 1929 sowie unter dem gleichen Betreff: Ebd., Zl. K 1602 und K 1710, 12. Februar 1930.

574 WStLA, MA 104, Zl. K 1391, „Stellungnahme des Unternehmens Maggi zur Frage der Zulässigkeit der Vorführung von schwer entflammbaren Normalfilmen in Lokalen ohne eigenen Bildwerferraum“, 3. Februar 1937.

Maggi auch in Schulen auftrat und Kindern Werbe-, Kultur- und Industriefilme vorführte,[575] beschränkte sich diese Tätigkeit in Österreich auf die „Erwachsenenbildung". Im März 1938 sprach sich sogar der Wiener Stadtschulrat gegen die Vorführung von Maggi-Werbefilmen im Unterricht aus.[576]

Den Untersuchungen von Yvonne Zimmermann zufolge stellte das Unternehmen im Zuge der Wandervorträge in der Schweiz Suppenproben zur Verfügung, während die Lichtbilderserien und Filme von einem populärwissenschaftlichen Vortrag begleitet wurden.[577] Genauere Details zum Ablauf der Veranstaltungen in Österreich liegen nicht vor. Es ist jedoch davon auszugehen, dass die Vertreter die Firmenstrategie auch hier fortführten, wenn auch mit einer speziellen Ausrichtung auf den alpenländischen Markt. National-regionale Elemente kamen hier durchaus, wenn auch in einer österreichischen Variante, zum Tragen.

Die Vielfalt der möglichen Aufführungsorte im Rahmen der „non-theatrical exhibition" war scheinbar grenzenlos. Maggi-Filme kamen etwa auch im Wiener Landesgericht II vor Sträflingen und dem Hauspersonal zur Vorführung.[578] Zeiss-Ikon und Kodak präsentierten ihre Werbefilme unter anderem im Militärkasino,[579] und die „Städtischen Elektrizitätswerke" richteten in ihren Räumlichkeiten in der Mariahilfer Straße 41 ein eigenes Reklamekino ein.[580] Die Firma Titze (Kaffeeproduzent) führte einen zu Beginn der Tonfilmära eigens produzierten Klangwerbefilm in fahrbaren Werbeautos vor, die in „Höfen größerer Gebäudekomplexe der Gemeinde Wien" bei Einbruch der Dunkelheit Station machten.[581]

Als besonders kreativ erwies sich die Tourismusbranche bei der Auswahl ihrer Aufführungsorte. Im Bezirksamt Wien-Meidling wurden ebenso Fremdenverkehrsfilme vorgeführt wie im Schutzhaus Rosenthal oder im Wartesaal des Wiener Südbahnhofs.[582] Die Idee, Reisefilme Open Air zu zeigen, hatte man offensichtlich vom

---

575 Zimmermann, Industriefilme, S. 287.

576 WStLA, MA 104, Zl. K 2341, „Konzessionsansuchen Julius Maggi", 22. Februar 1938, beigelegt Schreiben des Stadtschulrats für Wien vom 30.3.1938.

577 Zimmermann, Industriefilme, S. 286 f.

578 WStLA, MA 104, Zl. K 852, „Ankündigung. Maggi-Filmvorführung im Landegericht II:", 19. März 1928.

579 WStLA, MA 104, Zl. K 157, „Konzessionsansuchen Zeiss-Ikon Filmvorführung im Militärkasino", 28. März 1935 sowie ebd., Zl. K 1125, „Konzessionsansuchen Kodak, Vorträge", 22. September 1936.

580 WStLA, MA 104, Zl. K 1675, „Bericht über die Errichtung einer Lüftungsanlage in dem im Bau befindlichen Reklamekino der städtischen Elektrizitätswerke", Juni 1937.

581 WStLA, MA 104, Zl. K 1617, „Konzessionsansuchen Adolf J. Titze A.G., Werbe-Tonfilmvorführung in Wiener Wohnhausanlagen", 26. September 1929.

582 WStLA, MA 104, Zl. K 2882, „Filmvortrag Urlaubreisen im Autobus im Magistratischen Bezirksamt, Wien XII.", 2. März 1932. Ebd., Zl. K 961, „Konzessionsansuchen Filmbericht des Österreichischen Verkehrsbüros im Schutzhaus Rosenthal", 17. Juni 1936. Ebd., Zl. K 1516, „Konzessionsansuchen, Vorführung von Filmen im Wartesaal des Südbahnhofs", 10. März 1937.

französischen Außenministerium übernommen, das schon 1927 „Aufnahmen aus allen möglichen Gegenden Frankreichs im Zentrum Wiens" auf offener Straße präsentierte.[583] In Wien brachte man touristisch motivierte Filme am Heldenplatz, auf der rechten Seite des Äußeren Burgtors, dar.[584] 1934 ließ man sich diesbezüglich mit einer Wanderkinoausrüstung auf einem Kinderspielplatz in der städtischen Gartenanlage VI (Mariahilfer Gürtel) nieder.[585]

Mobile Kinoeinrichtungen hatten mit den 1920er-Jahren auch in Österreich immer größere Verbreitung gefunden. Für viele Menschen bot diese neue technische Errungenschaft zudem die Möglichkeit, sich den Lebensunterhalt zu verdienen. Kriegsinvalide suchten ebenso um eine Konzession zur Vorführung von Werbefilmen an wie etwa auch alleinstehende Frauen, denen es an einer Erwerbsmöglichkeit im erlernten Beruf mangelte.[586] Gleichfalls suchten Unternehmer, die sowohl Reklamestreifen herstellten als auch präsentierten, um dauerhafte Vorführgenehmigungen an (so etwa Friedrich Katz und Hans Ludwig Böhm).[587] Für das Zeigen der Filme wurden die Konzessionsinhaber von den Auftraggebern (den Produktproduzenten bzw. Dienstleistungsanbietern) bezahlt. Nicht selten brachten sie beim Konzessionsgesuch vor, ausschließlich österreichische Waren bewerben zu wollen, womit ein positiver Entscheid forciert wurde.[588]

Zu sehen waren die Streifen in Durchhäusern, in Litfaßsäulen, in Geschäftslokalen, in Auslagen oder in mobilen Reklamefahrzeugen. Letztere wurden oftmals speziell konstruiert sowie deren Einsatz mit Lage- und Projektionsskizzen detailliert beschrieben.[589] Im Herbst 1935 richtete man in der Kärntner Straße 23 sogar ein eigenes „Propaganda-Schau-Lokal" ein, das Industrie, Gewerbe und

---

583 *Österreichische Film-Zeitung*, „Das Freilicht-Kino in Wien", Nr. 4, 22. Jänner 1927, S. 9.

584 WStLA, MA 104, Zl. K 3102, „Österreichische Kulturfilmstelle, Vorführung von Stadt- und Landschaftsbildern aus dem österreichischen Bundesgebiet auf dem Heldenplatz", ohne Tag/Datum, 1932.

585 WStLA, MA 104, Zl. K 1301, „Österreichische Kulturfilmstelle, Vorführung von Filmen zur Förderung der Volkswirtschaft und des Fremdenverkehrs auf dem Kinderspielplatz in der städtischen Gartenanlage VI.", 29. Mai 1934.

586 WStLA, MA 104, Zl. K 1701, „Konzessionsansuchen, Kriegsinvalide", 26. Mai 1937. Ebd., Zl. K 828, „Konzessionsansuchen Ludwig Müller, Kriegsleiden", 3. März 1928. Ebd., Zl. K 851, Konzessionsansuchen Marie Denerling, Modistin, Vorführung von Filmen in Durchhäusern", 21. Juni 1928. Ebd., Zl. K 1215, „Konzessionsansuchen Helene Kletzka, bislang Vertreiberin von kosmetischen Produkten", 22. Oktober 1936. Ebd., Zl. K 1421, „Konzessionsansuchen Norbert Lausch zur ständigen gewerbsmäßigen Vorführung von Werbe- und Propagandafilmen", 23. Jänner 1937.

587 WStLA, MA 104, Zl. K 4007, „Konzessionsansuchen Hans Ludwig Böhm", 12. Juli 1934. Ebd., Zl. K 694, „Konzessionsansuchen Dr. Friedrich Katz", 31. Jänner 1936.

588 Vgl. u. a.: WStLA, MA 104, Zl. K 449, „Hoffmann Hermann, Konzessionsansuchen", 19. Oktober 1935.

589 WStLA, MA 104, Zl. K 926, „Kotzian Anton, Konzession zur Vorführung von Reklamefilmen mittels eines automobilen Projektionswagens", 11. Mai 1928.

Abb. 5: Reklame-Projektionswagen, System Anton Kotzian, 1928.

Fremdenverkehr „vornehme und neuzeitliche Ausstellungsräume" bot, in denen Werbefilme zur Aufführung kamen.[590]

Die Häufigkeit der Ansuchen um Vorführung von Schmalfilmen zu Reklamezwecken mobilisierte zunehmend die Gremien der österreichischen Lichtspielunternehmen.[591] Besonders missfiel den Kinobetreibern, wenn einzelne Unternehmer „Wanderkonzessionen" beantragten bzw. eine Vielzahl von Aufführungsorten bespielen wollten. Man erhob gegen Genehmigungen des Magistrats mit Hinweis auf den notwendigen „Schutz der schwer um ihre Existenz kämpfenden erwerbstätigen Kinos" Einspruch. Die Präsentation von Reklamefilmen sollte ausschließlich im jeweiligen „eigenen Geschäftsstandort" oder in einem „in der Nähe hiezu gemieteten Lokal" erfolgen. Der „Zutritt zu den Vorführungen müsse unentgeltlich" sein. Die

590 WStLA, MA 104, Zl. K 425, „Königsberger Eduard, Konzession zur Vorführung von Reklamefilmen im Lokale der Propagandaschau", 14. September 1935.

591 Zu nennen wären diesbezüglich das „Gremium der Lichtspielunternehmer Österreichs", die „Gewerkschaft für das Bühnen-, Kino- und Filmpersonal" sowie der „Bunde der Wiener Lichtspiel-Theater".

„zulässige Anzahl gleichzeitig anwesender Zuseher wäre in angemessenem Maße zu beschränken wie auch die Meterlänge der vorzuführenden Schmalfilme".[592]

Oftmals gab das Magistrat den Vertretern der Kinounternehmen recht und verweigerte die Ausstellung einer Vorführkonzession. Ein schlagkräftiger Grund für eine Zurückweisung des Gesuchs war die Aufführung von Filmen, die nicht ausschließlich der Bewerbung von Produkten oder Dienstleistungen dienten, sondern vielmehr Kulturfilm-, Sportfilm-, Landschaftsfilm-, Spielfilm- oder Aktualitätencharakter aufwiesen.[593] Davon betroffen war etwa auch die Firma „Julius Maggi Gesellschaft m.b.H.", die neben ihren klassischen Werbestreifen auch den Reisefilm VON WIEN BIS BREGENZ zur Vorführung brachte. Dem Unternehmen wurde die Präsentation dieses Films „zum Schutz der Lichtspielbetreiber" untersagt. Die Werbeleiter von „Maggi" reagierten prompt und ersetzten den Reisefilm durch Diapositive mit dem gleichen Inhalt. Das Reklamekonzept, das auf der Darbietung von Werbefilmen und einem Vortrag (Letzterer nun eben mit Hilfe von Lichtbildern) basierte, blieb erhalten. Die Kinobetreiber waren mit dieser Lösung zufrieden.[594]

Anders verlief eine Auseinandersetzung rund um die Beantragung einer Wanderkinokonzession seitens der Firma „Persil-Gesellschaft Henkel & Voith m.b.H.". Gegen deren Bewilligung erhoben die Kinounternehmer aus „Konkurrenzgründen" Einspruch. Das Unternehmen setzte sich gegen diesen Protest zur Wehr und brachte zahlreiche Argumente vor, die für die positive Beurteilung des eigenen Gesuchs sprachen. Vorerst erklärte die „Persil-Gesellschaft", mit ihren kostenlosen Werbe- und Waschvorführungen in keinerlei Wettstreit mit dem regulären Kinoprogramm zu stehen. Man „entziehe" somit „einem Haushalt niemals den für die Unterhaltung möglichen Betrag". Vielmehr hätte die Firma mit ihren Präsentationen in bäuerlichen Kreisen oft erstmals deren Interesse am Tonfilm geweckt. In der Folge wären viele Persilabend-Besucher zu Kinobesuchern avanciert. Über lange Zeit habe das Unternehmen zudem seine Filme ausschließlich in Kinos zur Aufführung gebracht. Allein der Einsatz des Films WÄSCHE-WASCHEN-WOHLERGEHEN hätte den österreichischen Lichtspielbetreibern 175.173,60 Schilling an Kinomieten eingebracht. Es habe sich jedoch als notwendig erwiesen, eigene Vorführeinrichtungen zu nutzen, da die Kinobetreiber abendfüllende Werbefilme meist nur

592 WStLA, MA 104, Zl. K 673, „Hoffmann & Co., Konzessionsansuchen, 44 Standorte", 25. März 1936. Vgl. weiters: Ebd., Zl. K 1215, „Konzessionsansuchen Helene Kletzka, bislang Vertreiberin von kosmetischen Produkten", 22. Oktober 1936. Ebd., Zl. K 1870, „Konzessionsansuchen der Konsumgenossenschaft Wien und Umgebung", 10. September 1937.

593 Siehe z. B.: WStLA, MA 104, Zl. K 555, „Konzessionsansuchen für Schmalfilmvorführungen im Direktionsgebäude der städtischen Gaswerke", 22. November 1935. Ebd., Zl. K 452, „Konzessionsansuchen Kodak", 2. Oktober 1935. Ebd., Zl. K 673, „Hoffmann & Co., Konzessionsansuchen, 44 Standorte", 25. März 1936.

594 WStLA, MA 104, Zl. K 1710, „Konzessionsansuchen Maggi", 18. November 1929. Sowie unter dem gleichlautenden Betreff: Ebd., Zl. K 1806, 3. Jänner 1930.

nachmittags vorführen wollten. Berufstätigen Frauen, die man mit der Kampagne auch erreichen wollte, wäre es so unmöglich gewesen, die Vorführungen zu besuchen. In kleineren Orten fehle es zudem oft an einer Lichtspielstätte. Einen Anreiseweg zu einer Reklamevorstellung von mehr als 10 bis 15 Minuten könne man den Frauen aber genauso wenig zumuten wie zusätzliche Fahrtkosten. Mitunter gäbe es in einem Ort zwar ein Provinzkino, doch oftmals ohne oder mit einer sehr schlechten Tonanlage. Um die eigenen Werbefilme nun aber in bester Qualität und möglichst flächendeckend vorführen zu können, wären Wanderkinoeinrichtungen eine absolute Notwendigkeit. Umfassende Investitionen wurden hierfür bereits getätigt. Die Errichtung von Lehr-und Ausstellungsräumen käme direkt der österreichischen Wirtschaft zugute und schaffe zudem Arbeitsplätze. Das Gleiche gelte für den Wanderkino- und Ausstellungsbetrieb. Auch habe die „Persil-Gesellschaft" mit einem Kostenaufwand von 300.000 Schilling einen großen Werbefilm (WÄSCHE-WASCHEN-WOHLERGEHEN) in Österreich mit heimischem Personal hergestellt und auch damit die alpenländische (Film-)Wirtschaft direkt unterstützt. Ein Ablehnen der Wanderkinolizenz hätte den Verlust zahlreicher Investitionen und Arbeitsplätze zur Folge und würde die Firma in ihrem ökonomischen Fortkommen behindern.[595] Unterstützt wurde Persil in dieser Frage auch von den österreichischen Kurzfilmherstellern, die sich ebenfalls Aufträge erhofften und somit in der Erteilung einer Wanderkonzession für das Unternehmen auch einen Gewinn für die heimische Filmwirtschaft erkennen wollten.[596] Der Magistrat schloss sich der Argumentation der „Persil-Gesellschaft" und der Kurzfilmhersteller an und erteilte angesichts der „wirtschaftlichen Bedeutung und des Rufs der Firma" sowie im Hinblick „auf die Schaffung neuer Arbeitsplätze" einen positiven Bescheid.[597]

Der Kampf um die ökonomische Existenz war innerhalb der Filmbranche nicht nur auf die Kinobetreiber beschränkt. Auch die Produzenten von Werbe-,Kultur-und Bildungsfilmen reagierten auf den wirtschaftlichen Druck der Zwischenkriegszeit und setzten Zeichen, um ihre Position zu sichern und zu festigen.

---

595 WStLA, MA 104, Zl. K 186, „Konzessionsansuchen Persil", April/Mai 1935.
596 ÖStA, AdR, BMHV, 581c, Grz. 100525-WPA/35, Zl. 110231, „Schreiben Verband der Kurzfilmhersteller an Handelsministerium bezüglich Henkel & Voith Wien, 29. Oktober 1935.
597 WStLA, MA 104, Zl. K 186, „Konzessionsansuchen Persil", April/Mai 1935.

8 Die Werbefilmproduzenten: Etablierung, Organisation, Einflusssphären

8.1 Einzelkämpfer für ein neues Werbemittel

> In Wien spielen heute zirka 80 Kinos 7 Tage in der Woche. Setzen wir den Fall, dass nun 40 Kinos sich bereit erklären, unseren kaufmännischen Propagandafilm zu bringen, so ergibt dies bei 3 Vorstellungen pro Tag 120 Vorstellungen. Nehmen wir per Vorstellung nur 500 Zuseher, so ergibt dies für einen Tag 60.000 Menschen, die den Film gesehen haben. Ohne gegen unsere in jeder Beziehung vortreffliche Presse nur im Entferntesten Stellung nehmen zu wollen, glaube ich doch sagen zu können, dass auch die allergeschickteste und aparteste Annonce nicht an die Wirkung des Kinos heranreichen kann. Darin liegt die Bedeutung, respektive enorme Werbekraft des Films [. . .].[598]

„Der Film als Werbemittel" wurde 1919 vom Abteilungsleiter der „Sascha Film A.G.", Major der Reserve Karl J. Zitterhofer, wie im Zitat ersichtlich, nachhaltig angepriesen. Nicht ohne Grund – hatte doch das von Zitterhofer vertretene Unternehmen mit der „Sawerb" bereits während des Ersten Weltkriegs eine eigene Werbefilmabteilung eingerichtet. Doch schon im Jahr 1914 lässt sich mit der „Preiss Film Ges.m.b.H." eine Leihanstalt in Wien finden, die u. a. explizit „Reklamefilms" im Repertoire führt.[599] Im selben Jahr weist *Lehmann's Adressbuch* für Wien auch das „Erste österreichische Reklamefilm-Institut" unter der Leitung von Julius Adam aus, „konzessioniert von der k. k. niederösterreichischen Statthalterei zur Förderung von Industrie, Handel, Gewerbe, Fremdenverkehr, Ausstellungswesen und Kongressen im In- und Ausland".[600] In den nachfolgenden Jahren scheint der letztgenannte Betrieb im Branchenverzeichnis nicht mehr auf – weder in der Rubrik „Kinematographen. Filmfabrik. -Leihanstalten und -Händler" noch im Bereich „Reklameunternehmungen". Erst in der Nachkriegszeit bewerben Firmen auch ihre Reklame- und Propagandafilmproduktionen, so etwa die „Primax Kinomaschinenfabrik und Filmges.m.b.H.", die „VOX Reklame u. Film G.m.b.H.", die „Pavo-Film", die „Sawerb" oder die „Lido-Film".[601] Ab Mitte der 1920er-Jahre lassen sich Reklamefilm-Pachtanstalten belegen.[602]

598 *Der Filmbote*, „Der Film als Werbemittel", Nr. 37, 19. April 1919, S. 7 f.

599 Die „Preiss Film Ges.m.b.H." lässt sich in *Lehmann's Adressbuch* (Wien) in den Jahren 1914 bis 1916 (Rubriken „Kinematographen", „Film-Fabriken, -Leihanstalten und –Händler") nachweisen.

600 *Lehmann's Adressbuch* (Wien) 1914, Rubrik „Reklame-Unternehmungen".

601 Siehe dazu *Lehmann's Adressbuch* (Wien) 1919– 1924, (Rubriken „Kinematographen", „Film-Fabriken, -Leihanstalten und -Händler", „Propagandafilme", „Werbefilme", „Reklame-Unternehmungen"). Insgesamt wurden die Ausgaben von *Lehmann's Adressbuch* (Wien) der Jahre 1896– 1939 herangezogen.

602 Vor allem zu nennen sind die „Allgemeine Kinoreklame G.m.b.H." sowie die „Österreichische Anzeigen-Gesellschaft A.G. Siehe: *Lehmann's Adressbuch* (Wien) 1925–1928, (Rubrik „Kino-Reklame").

https://doi.org/10.1515/9783110622300-008

Nach dem Ersten Weltkrieg berichteten die Filmbranchenblätter vor allem über das wachsende Ansehen, das der werbende Film in Deutschland genoss. Der „Verein deutscher Reklamefachleute" zeigte Interesse an dem modernen Werbemedium, lud zu entsprechenden Vorträgen und Vorführungen ein. Die qualitativ hochstehenden Produktionen der deutschen Reklamefilmhersteller, speziell jene Julius Pinschewers, wurden detailreich beschrieben und ob ihrer technischen und kreativen Umsetzung gewürdigt.[603] In Österreich konstatierte man zu Beginn der 1920er-Jahre hingegen noch eine Rückständigkeit auf dem Gebiet des Werbefilms.[604] Die „lebende Reklame" wurde besonders seitens der „Lido-Film" als eine neuartige, „kurze (drei bis vier Minuten währende) die Sinne des Publikums heiter anregende Programmnummer" präsentiert.[605] Doch obwohl sich die Lido-Film 1920 vornehmlich als Reklamefilmproduzent darstellte, erzeugte die Firma ebenso dramatische Spielfilme.[606]

Tatsächlich war um 1920 für viele Filmproduzenten der werbende Film „nur" eine zusätzliche Einnahmequelle. Erst im Verlauf des Jahrzehnts etablierten sich Unternehmen, die sich auf die Herstellung kurzer Filme spezialisierten,[607] wobei Aktualitäten bisweilen noch zu ihrem Repertoire zählten. Produziert wurden seitens der Kurzfilmhersteller aber grundsätzlich Werbe-, Industrie-, Lehr- und Kulturfilme. Die große Bandbreite der Produktion war bewusst gewählt. Mit der Konzentration auf nur ein Genre wäre für die Kurzfilmer weder in Deutschland noch in Österreich ein Auskommen zu finden gewesen.[608]

Reklamefilme galten an sich als exklusives Werbemittel, insbesondere finanziell gut situierte Unternehmen setzten auf das moderne, visuell ansprechende Laufbild.[609] Zudem wurden Werbefilme stets in Verbindung mit anderen Reklamemitteln, wie Werbedias, Plakate oder Anzeigen, eingesetzt und waren Teil einer groß angelegten Kampagne.[610] Letztlich blieben die Ausgaben für den Werbefilm weit hinter jenen für andere Werbemittel, vor allem der Printreklame, zurück. Für Deutschland liegen Zahlen aus dem Jahr 1929 vor, wonach der Anteil der Werbefilmproduktion am

603 *Der Filmbote*, „Verein deutscher Reklamefachleute, Der Film als Kundenwerber", Nr. 44, 30. Oktober 1920, S. 4. Ebd., „Vortrag mit Demonstration über das Thema der Film als Kundenwerber", Nr. 47, 20. November 1920, S. 7. Ebd., „Reklamefilme", Nr. 14, 2. April 1921, S. 23.

604 *Der Filmbote*, „Vorführung der Firma Lido. Die lebende Reklame", Nr. 42, 23. Oktober 1920, S. 27.

605 *Der Filmbote*, „Lido-Reklamefilme", Nr. 35, 28. August 1920, S. 21.

606 *Der Filmbote*, „Lido Film", Nr. 36, 9. September 1920, S. 15. Ebd., „Die Lido-Filmfabrik", Nr. 50, 11. Dezember 1920, S. 18.

607 Zu nennen wären hier etwa Robert Reich, Karl Köfinger, Gustav Mayer, Hans Ludwig Böhm, Wilhelm Hipssich, Hans Brückner, Bruno Lötsch

608 Vgl. Marcus, Paul: Der zweite Tag der Werbefilmtagung; in: LichtBildBühne, Nr. 194, 15. August 1929, zit. nach: Goergen, In filmo veritas, S. 357.

609 Eckardt, Boehner-Film, S. 67.

610 Siehe etwa: *Verkaufspraxis*, „Der Werbefilm im Werbeplan", Nr. 1, Oktober 1932, S. 32–36.

Reklameumsatz sich auf ein Prozent belief.[611] Vergleichswerte für Österreich fehlen. Sie dürften aber eher unter der Ein-Prozent-Marke zu finden sein.

Hinsichtlich der tatsächlichen Produktionskosten eines Kurz- bzw. Werbefilms hielten sich die österreichischen Hersteller, sowohl in den vorhandenen Akten als auch in den Fachblättern, fast ausschließlich bedeckt.[612] Kryptisch verwies man darauf, dass die Herstellungskosten eines Werbetonfilms nur einen Bruchteil der Kosten, die pro Meter für einen durchschnittlichen Unterhaltungsfilm aufgewendet werden müssten, ausmachten. Die Preisfrage wäre schlussendlich eine Qualitätsfrage. Zahlen blieben aus.[613] Betont wurde hingegen etwa, dass sich die Kosten für einen Reklamefilm, wenn er in rund 6.000 Vorstellungen zur Aufführung kommt und dabei von einer Million Menschen gesehen wird, auf gerade einmal 1,8 Groschen pro Besucher beläuft. Eine Werbedrucksorte käme preislich hingegen auf ein Vielfaches der genannten Summe. Man enthielt sich allerdings der Aufstellung einer nachvollziehbaren Rechnung, Vergleichszahlen sparte man aus.[614] Klar deklariert wurde, dass um jeden Meter Film zu kämpfen war. Haushalten hieß die Devise. Ein einleitender Titel zu Beginn der Kurzfilme blieb oft aus, einerseits, da man dem Kinopublikum oft nicht sofort klarlegen wollte, dass es sich beim Gezeigten um einen Werbefilm handelt. Andererseits spielte bei „kurzen Propagandafilmen auch schon die Ersparnis der wenigen für einen Titel benötigten Meter eine Rolle".[615]

Erst mit Beginn der Tonfilmära nannte die Branche zunehmend Zahlen, um die Verteuerung der Produktion zu verdeutlichen. Sprach in Deutschland der Werbefilmpionier Julius Pinschewer von einem Anstieg der Herstellungskosten durch den Ton um 100 Prozent,[616] wies man im heimischen Branchenblatt *Österreichische Film-Zeitung* darauf hin, dass die Produktion eines Tonfilms drei- bis viermal so teuer sei als jene eines stummen Streifens.[617] Etwas weniger dramatische Zahlen wies die österreichische Reklamezeitschrift *Contact* aus. Die Kosten für einen

---

611 Goergen, In filmo veritas, S. 351.

612 Anders gestaltet sich die Lage in deutschen Fachblättern, wo genau Streupläne berechnet wurden, die etwa die Sitzplatzauslastung in den Kinos einzelner deutscher Städte, die Vertriebskosten in städtischen und Provinzkinos, Kopien- und Negativkopienkosten detailliert per Beispielen auswiesen. Vgl. dazu: *Verkaufspraxis*, „Der Werbefilm im Werbeplan", Nr. 1, Oktober 1932, S. 32–36 sowie ebd., „Streu- und Treffmöglichkeiten in der Kinowerbung", Nr. 8, Mai 1935, S. 482–486.

613 *Contact*, „Werbung durch den Film", Nr. 12, Dezember 1933, S. 18.

614 *Der Wiener Film*, „Filmkunde in der Reklamewissenschaft", Nr. 8, 30. Juni 1936, S. 2.

615 WStLA, MA 104, Zl. K 836, „Schreiben Verband der Kurzfilmhersteller an Magistrat Wien, Besonderes Stadtamt II/3. Betreff: Kurzfilme ohne Titel", 6. April 1936.

616 Forster, Ufa und Nordmark, S. 177.

617 *Österreichische Film-Zeitung*, „Helft dem österreichischen Film", Nr. 7, 14. Februar 1931, S. 4. Dies deckt sich auch mit der Berechnung Armin Loackers, der davon ausgeht, dass sich durch die Einführung des Tonfilms die Produktionskosten in Österreich um 300 Prozent erhöhten. Siehe: Loacker, Armin: Anschluss im ¾ Takt. Filmproduktion und Filmpolitik in Österreich 1930–1938, Trier 1999, S. 103.

stummen Reklamefilm beliefen sich demnach auf 2.500 Schilling, eine tönende Version der gleichen Länge käme hingegen auf 6.000 Schilling. Die zusätzlichen Kosten ergäben sich aus der für den Tonfilm notwendigen „Musikkapelle, die Komposition, den Tontechniker sowie die achtfachen Materialkosten".[618] Eine vorhandene Kostenaufstellung zu dem Kulturkurzfilm WIENER HOFBURG (A 1937),[619] der u. a. als Fremdenverkehrs- und Bildungsfilm eingesetzt wurde, gibt beispielhaft eine genaue Aufschlüsselung der entstandenen [620]Kosten wieder:

Herstellungskosten WIENER HOFBURG[620].

Regie, Buch, Schnitt	S 500,00
Kamera	S 145,90
Honorare und Gagen	S 988,50
Requisiten	S 1.094,50
Löhne	S 1.190,69
Laboratoriumsarbeiten	S 1.080,46
Rohfilmmaterial	S 2.243,09
Transport und Fahrtspesen	S 277,90
Stromverbrauch lt. Rechnung E. Werk	S 324,79
Div. Aufnahmekosten	S 527,20
Lizenz für 500 m à RM 50,–	S 500,00
Allgem. Regie	S 887,30
Kosten der ersten Kopie	S 259,26
	S 10.019,59

Der Film mit einer Länge von 500 Meter kostete in der Produktion 10.019,59 Schilling,[621] umgerechnet auf 120 Meter ergeben sich Kosten von 2.404,70 Schilling, was sich in etwa jenem Betrag nähert, den das Fachblatt *Contact* für einen Reklametonfilm dieser Länge veranschlagt hatte. Die Differenz von 100 Schilling lässt sich mit der Verbilligung des Filmmaterials mit einer steigenden Menge an Laufmetern erklären. Die erhöhten Produktionskosten für Tonfilme, das damit einhergehende Patentmonopol sowie Neuerungen im Bereich der Filmkontingentierung veranlassten Branchenvertreter der Kurzfilmer zu einem verstärkten gemeinsamen Vorgehen im Hinblick auf die Wahrung und Durchsetzung ihrer Interessen.

618 *Österr. Reklame*, „Der Reklametonfilm", Nr. 5, Mai 1930, S. 13.

619 WIENER HOFBURG; A 1937, P: Selenophon.

620 ÖStA, AdR, BMHV, 581c, Ktn. 3711, Grz. 92307-WPA/37, Zl. 109198, Ggstd.: Abschluss des Films WIENER HOFBURG, 14. Oktober 1937.

621 Nicht eingerechnet sind hier die Verleihkosten sowie die Kosten für weitere Kopien. Informationen dazu konnten in Österreich nicht gefunden werden. Für Deutschland wird im Jahr 1935 für einen Kurztonfilm (10 bis 40 m) inklusive der durchschnittlichen Vorführungskosten für ein Jahr ein Gesamtkostenbeitrag von 8.000 Reichsmark genannt. Siehe: *Die Deutsche Werbung*, 2. Septemberheft/1935, S. 1413. zit. nach: Forster, Ufa und Nordmark, S. 31.

8.2 Umbrüche: Technische Neuerungen, Monopole, Kontingentierung, staatliche Vorgaben und Abhängigkeiten

> Die in Österreich schaffenden Lehr-, Propaganda- und Wochenschaufilmerzeuger wenden sich in schwerster, wirtschaftlicher und gewerberechtlicher Bedrängnis an Sie, sehr geehrter Herr Bundesminister, um Sie zu bitten, Ihre Aufmerksamkeit diesem Zweige der Wirtschaft zu widmen und ihn vor dem vollständigen Ruin zu bewahren.[622]

Mit diesem Appell an Handelsminister Guido Jakoncig begann 1932 eine von österreichischen Kurzfilmproduzenten gemeinsam mit der „Wiener Allgemeinen Gewerbegenossenschaft" initiierte Aktion, die es zum Ziel hatte, die Existenz der Branche mit staatlicher Unterstützung zu sichern. Die Lage dieses Filmzweigs hatte sich aufgrund der Durchsetzung des Tonfilms prekär entwickelt. Der Großteil der Tonfilmpatente lag bei internationalen Holdings. Der Erwerb einer ausländischen Tonfilmapparatur schien den heimischen Kleinunternehmern unerschwinglich, mussten doch mindestens 60.000 Reichsmark dafür aufgebracht werden. Somit war es den Herstellern nur möglich, bei der einzigen Firma, die in Österreich über ein Tonfilmpatent verfügte, Gerätschaften zu leihen.

Dem vorausgegangen war ein jahrelanger Streit der österreichischen „Selenophon Licht- und Tonbildgesellschaft m.b.H" (kurz „Selenophon") mit dem deutschen Patentkonzern „Tobis-Klangfilm". Letzterer hatte sich das Monopol für Tonfilmabspielapparaturen und Aufnahmegeräte auf dem mitteleuropäischen Markt gesichert. 1932 kam es schließlich zu einer Einigung: Die „Selenophon" durfte zwar nur maximal drei bis vier Spielfilme auf ihren Anlagen herstellen, dafür konnte sie sich das Monopol für die Kurzfilmproduktion in Österreich sichern.[623] Demgemäß hatte die „Selenophon" Interesse daran, die Herstellung und den Vertrieb dieser Streifen auch staatlich zu fördern. Mit der Verpflichtung der heimischen Kinos, bei jeder Vorführung österreichische Kurztonfilme zu spielen, war ein Ziel des Unternehmens erreicht.[624] Sowohl die Wochenschau als auch die Kultur- und Propagandafilme, die im Auftrag des Amtes für Wirtschaftspropaganda des Handelsministeriums entstanden, wurden mit den Tonapparaturen der „Selenophon" erzeugt.[625]

Die Mietkosten bei der „Selenophon" gestalteten sich durchaus hoch. So waren für einen Tonfilmwagen per achtstündigem Arbeitstag 1.200 Schilling zu entrichten.

---

622 ÖStA, AdR, BMHV, 581c, Ktn. 3483, Grz. 95604–9/33, Gschz. 97128–9/L/33, Ggstd.: Lehr-, Propaganda- und Wochenschaufilmerzeuger. Denkschrift betr. Belebung der heimischen Kurztonfilm-Industrie, 22. April 1933 sowie ebd. Grz. 92843–9/32, Gschz. 105.324–9/L/32, Ggstd.: Wünsche der Filmerzeuger hinsichtlich Filmbeirat und Filmkontingentierung, 21. Oktober 1932.

623 Heiß/Klimeš: Kulturindustrie und Politik, S. 428.

624 Verordnung des BMHV, 28.3.1934, BGBl. Nr. 206. Siehe dazu auch die Ausführungen im Kapitel „Kultur- und Werbefilm".

625 Heiß/Klimeš: Kulturindustrie und Politik, S. 429.

Zusätzlich kamen noch Lizenzgebühren pro Meter zum Tragen, die auch für jede weitere Filmkopie abzugelten waren. Als besonders problematisch empfanden die Werbefilmproduzenten, dass die „Selenophon" das ausschließliche Herstellungsrecht für Reklamefilme vertraglich an eine private Firma, nämlich an das Unternehmen von Robert Reich, weitergegeben hatte.[626] Damit wäre ein Submonopol eingerichtet worden, da die Beschwerde führenden Kurzfilmhersteller nur mit einer Bewilligung der Firma „Robert Reich & Co" und gegen Leistung einer hohen Abstandssumme Filme produzieren konnten.[627] Somit läge ein klarer Wettbewerbsvorteil gegenüber den restlichen Reklamefilmproduzenten vor.

Die staatlichen Stellen reagierten unmittelbar auf diese Intervention und veranlassten die „Selenophon", eine „möglichst gleichmäßige Beschäftigung aller in Betracht kommender Aufnahmeleiter" zu gewährleisten.[628] Garantiert wurde ein besseres Auskommen der Hersteller schließlich mit der Regierungsverordnung zur obligatorischen Vorführung von Kurzfilmen im Jahr 1934. Den Grundstein für die Richtlinie legten die Branchenvertreter bereits mit ihren Aktivitäten in den Jahren zuvor. Sie wiesen etwa darauf hin, dass angesichts des starken Rückgangs der heimischen Kurzfilmproduktion Kultur- bzw. Lehr- und Industriefilme, die den österreichischen Tourismus beleben und den Glauben in die alpenländische Wirtschaft festigen könnten, ausblieben. Hingegen dominierten in den „inländischen Kinos ausländische Industrie- und Hochleistungsfilme, die in dem Österreicher ein Minderwertigkeitsgefühl auslösen".[629] Eine Unterstützung der Kurzfilmer wäre demnach auch von staatspolitischem Interesse. Man empfahl der Regierung zudem, bewusst Einfluss auf den Inhalt und die Gestaltung derartiger Kurzfilme zu nehmen sowie die österreichischen Kinobetreiber zu verpflichten, mindestens 15 Prozent ihres Programms mit heimischen Filmen zu bespielen.[630] Der Erlass der Vorführverpflichtung für staatlich protegierte Kurzfilme sowie die Forcierung dieses Genres machen den Erfolg der gezielten Lobbyingaktion klar ersichtlich.[631] Allerdings bedeutete das auch eine daraus resultierende Abhängigkeit von staatlichen Aufträgen.

---

626 Ebd.

627 Die Verfasser des Schreibens waren Gustav Mayer, Rudolf Lechner, Wilhelm Hipssich, Lothar Rübelt, Karl Köfinger, Hans Brückner, Bruno Lötsch und Egon Lahousen.

628 ÖStA, AdR, BMHV, 581c, Ktn. 3483, Grz. 95604–9/33, Gschz. 97128–9/L/33, Ggstd.: Lehr-, Propaganda- und Wochenschaufilmerzeuger. Denkschrift betr. Belebung der heimischen Kurztonfilm-Industrie, 22. April 1933.

629 ÖStA, AdR, BMHV, 581c, Ktn. 3483, Grz. 95604–9/33, Gschz. 97128–9/L/33, Ggstd.: Lehr-, Propaganda- und Wochenschaufilmerzeuger. Denkschrift betr. Belebung der heimischen Kurztonfilm-Industrie, 22. April 1933.

630 Ebd.

631 Hier trafen sich die Interessen der „Selenophon" und der Kurzfilmhersteller. Auch die „Selenophon" versuchte seit 1932, Beamte und Regierungsmitglieder von der Bedeutung einer spezifisch österreichischen Kurztonfilmproduktion zu überzeugen. Vgl.: Heiß/Klimeš: Kulturindustrie und Politik, S. 429.

Im Bereich der Kontingentregelungen konnten die Kurzfilmhersteller bereits im Jahr 1930 einen Erfolg verbuchen. Ursprünglich hatte man im Jahr 1926 angesichts des drohenden Zusammenbruchs der österreichischen Filmindustrie die Filmkontingentierung eingeführt. Dieser Bestimmung zufolge war der Filmimport nach Österreich direkt mit der heimischen Eigenproduktion gekoppelt. 1925 ging man davon aus, dass für den inländischen Kinobetrieb 420 Filme zur Verfügung stehen mussten. 20 Filme – die sogenannten Stammfilme – sollten aus Österreich kommen, 400 aus dem Ausland bezogen werden.[632] Um als Stammfilm anerkannt zu werden, musste ein Großteil der Arbeitsleistung in Österreich erfolgt sein, wobei Atelierkosten, Gehälter, Ausstattungskosten usw. eingerechnet wurden. Für jeden anerkannten Stammfilm stellten die Behörden 20 Vormerkscheine aus, somit konnten pro Stammfilm 20 Filmimporte durchgeführt werden. Diese Bescheinigungen dienten als Grundlage für die Filmimporte und konnten an die Filmverleiher übertragen bzw. verkauft werden. Zweck der Filmkontingentierung war es, die Einfuhr ausländischer Filme nach Österreich zu beschränken und mittels der eingehobenen Kontingentgebühren die heimische Filmproduktion zu fördern. Die Bestimmung fand allerdings vorerst nur bei Spielfilmen ihre Anwendung. Für Kultur- und Lehrfilme musste keine Importgenehmigung beigebracht werden, umgekehrt kamen die Produzenten dieser Genres auch nicht in den Genuss von Vormerkscheinen. Dies änderte sich 1930, als durch eine neue Regelung auch Kurztonfilme als Stammfilme anerkannt werden konnten und in diesem Sinne auch deren Produzenten Kontingentscheine zugewiesen bekamen.[633] Der Wert eines solchen Belegs entsprach 1.000 Schilling,[634] wobei nun die Vormerkscheine nur noch gestaffelt nach den tatsächlichen Produktionskosten zur Ausgabe kamen.[635] Auch Reklamefilme waren mit Vormerkscheinen versehen worden, allerdings bloß in einem Ausmaß von 30 Prozent jenes Anteils, der für abendfüllende Tonfilme und Kurztonfilme zur Veranlagung kam.[636] Im

---

632 Diese Quote wurde im Verlauf der Jahre 1926 bis 1937 immer wieder adaptiert und entsprechend abgeändert. Vgl.: Loacker, Anschluss, S. 75–77.

633 Ebd., S. 76–78. Um in den Genuss eines Kontingentscheins zu kommen, musste der Kurzfilm einen Kostenaufwand von mindestens 6.000 Schilling aufweisen können. Zusätzlich hatte das künstlerische und technische Personal in Österreich ansässig zu sein; sollte ein ausländischer Künstler eingesetzt werden, so durften die hierfür aufgewendeten Beträge nicht in die Herstellungskosten des Films eingerechnet werden. Vgl.: ÖStA, AdR, BMHV, 581c, Ktn. 3439, Grz. 92121/32, Gschz. 92121/9L/32, Ggstd.: Filmkontingentierung 1932, Jänner 1932.

634 ÖStA, AdR, BMHV, 581c, Ktn. 3483, Grz. 92843–9/32, Gschz. 105.324–9/L/32, Ggstd.: Wünsche der Filmerzeuger hinsichtlich Filmbeirat und Filmkontingentierung, 21. Oktober 1932.

635 Davor wurde jedem Stammfilm die gleiche Anzahl an Vormerkscheinen zugewiesen, egal ob der Film mit großem Kostenaufwand oder billig produziert worden war. Dies führte bei den Herstellern von Großproduktionen zu Unmut. Eine Änderung des Systems im Jahr 1930 war somit die Folge. Vgl.: Loacker, Anschluss, S. 78.

636 Entwurf „Erlass Kammer für Handel, Gewerbe und Industrie in Wien, Filmbüro. Anerkennung von Stammfilmen. Kontingentquote, gültig vom 1. September 1932 bis auf weiteres“. Beigelegt: ÖStA, AdR, BMHV, 581c, Ktn. 3483, Grz. 90759/32, Gschz. 95121/L/32, Ggstd.: Neubesetzung im Filmbeirat, 9. April 1932. Auch hierbei waren die Produktionskosten von Relevanz.

Verlauf des Jahres 1933 wurde dies gesetzlich abgeändert. In der Folge waren Werbefilme von der Zuweisung von Kontingentscheinen ausgenommen.[637]

Die neue Regelung führte in der Übergangszeit 1933/34 noch zu diversen Auseinandersetzungen im Filmbeirat, der über die Festlegung von Stammfilmen zu entscheiden hatte.[638] Angegriffen wurde vor allem der Werbefilmproduzent Robert Reich, der selbst Mitglied des Filmbeirats war. Reich hatte im Oktober 1933 sieben Werbefilme als Stammfilme angemeldet. Für die Filme wurde ein Kostenaufwand von 30.000 Schilling veranschlagt und angesichts dessen eine Zuerkennung von 1,5 Vormerkscheinen, was 1.500 Schilling entsprach, vorgeschlagen. Die Beschlussfassung wurde jedoch zurückgestellt, da Kollegiumsmitglieder infrage stellten, ob die Filme ATA-GARDE und WIENER FESTWOCHEN vor dem 10. April 1933, und somit vor Inkrafttreten der neuen Regelung, der zufolge die Subventionierung von Reklamefilmen entfiel, erzeugt worden waren. Reich kam der Aufforderung nach, weitere Belege bezüglich der Produktionszeiten der Filme beizubringen. Er konnte belegen, dass der Reklamefilm ATA-GARDE bereits 1932 eine Vorführungsbestätigung erhalten hatte. Der Film WIENER FESTWOCHEN wurde bis zum Verhandlungszeitpunkt jedoch nur im Ausland vorgeführt, weshalb eine entsprechende Vorführgenehmigung fehlte. Reich legte jedoch Rechnungen vor, die bestätigten, dass die „Teilaufnahme der Pressekonferenz bei Bürgermeister Seitz“ bereits vor dem 10. April 1933 erfolgt war, „der Rest der Außenaufnahmen wurde den Festwochen des Jahres 1932 entnommen“. Das Anerkennungsverfahren verzögerte sich bis in den Jänner 1934. Der Fall wurde neuerlich vorgebracht, doch die Beiratsmitglieder Petzl und Weiler insistierten, dass die Festwochen im Juni stattfänden, der Film WIENER FESTWOCHEN daher als Stammfilm abzulehnen sei, umso mehr, als man „Reklamefilmen“ keinerlei „Vormerkscheine zuweisen“ wolle. Robert Reich blieb bei seinem Standpunkt und brachte zusätzlich vor, dass er mittlerweile auch für beide Filme Zensurkarten

---

637 In einem Erlass zur Kontingentquote des Filmbüros der Kammer für Handel, Gewerbe und Industrie in Wien vom 6. April 1934 (Ausgabe VI 1/1934) wird in Punkt 1c deklariert, dass „für Filme, die der Reklame, Propaganda, Agitation dienen (Zweckfilme), weiters für Aktualitäten und für Filme, die im Rahmen der Bestimmungen über das obligatorische Beiprogramm erzeugt werden, keine Vormerkscheine zur Ausgabe gelangen“. Siehe: ÖStA, AdR, BMHV, 581c, Ktn. 3533, Gschz. 90823, Ggstd.: Erlassung einer Notverordnung, betreffend Filmkontingentierung, April 1934.

638 Der Filmbeirat setzte sich zusammen aus einem Vertreter des Bundesministeriums für Handel und Verkehr, aus je zwei Vertretern der österreichischen Lichtbildstelle, der Kammer für Handel, Gewerbe und Industrie in Wien, weiterhin aus ehrenamtlichen Interessenvertretern, und zwar aus drei Vertretern der Filmerzeuger, vier Vertretern der Filmleihanstalten, fünf Vertretern der Lichtspieltheaterbesitzer und fünf Vertretern der Arbeitnehmer der Filmbranche. Siehe: Durchführungserlaß des Bundesministeriums für Handel und Verkehr vom 30. November 1926 zur Verordnung betreffend das Verbot der Einfuhr von belichteten Filmen, Zl. 103.678/26. A. Grundsätzliche Bestimmungen. Pkt. III, Abs. 1. Vgl.: Loacker, Anschluss, S. 76.

vorweisen könne. Der Einwurf der Kollegiumsmitglieder Petzl und Weiler wurde letztlich zurückgewiesen.[639]

Und noch einmal sollte die Kontingentierung zugunsten der heimischen Werbefilmbranche abgeändert werden. Im Zuge der Aktion zur „Rettung der Kurzfilmhersteller" 1932/33 brachte die Wiener Allgemeine Gewerbegenossenschaft den Vorschlag ein, nicht nur ausländische Spielfilme, sondern auch nach Österreich eingeführte Kurztonfilme und Wochenschauen mit einer Einfuhrkontingentleistung zu belegen, die letztlich den heimischen Branchenvertretern zugutekommen sollte.[640] Eine Bestimmung, die dieser Idee folgt, findet sich schließlich in den „Filmwirtschaftlichen Vorschriften" des Jahres 1937: „Zur Ausstellung einer Aufführungsbewilligung für einen ausländischen Kurzfilm unter 350 m Länge sind 0.15, für einen solchen von 350–700 m Länge 0.30 Vormerkscheine notwendig; dieses Ausmaß erhöht sich für ausländische Reklame-Kurzfilme auf das Dreifache."[641] Die Initiativen der Kurzfilmhersteller hatten über die Jahre Erfolge gezeitigt, die ein zunehmend gemeinsames Vorgehen der Branchenvertreter und deren Organisation in einer Interessenvertretung ermöglicht hatte.

8.3 Verband der Kurzfilmhersteller: Ausschaltung der Konkurrenz, Sicherung von Einflusssphären, Eigenwerbung

Am 29. Juli 1935 fand die konstituierende Sitzung des österreichischen Kurzfilmherstellerverbandes statt. Die Organisation basierte auf einem deutschen Vorbild, der Reichsvereinigung deutscher Lichtspielstellen und Kulturfilmhersteller in Berlin, mit der sich das österreichische Pendant im Rahmen einer in Entstehung begriffenen Fachgruppe der Internationalen Filmkammer zusammenschließen wollte.[642] In der ursprünglichen Zusammensetzung des Vorstandes und seiner Mitglieder wäre dies durchaus möglich gewesen: Als Obmann fungierte Karl Köfinger, als sein Stellvertreter agierte Gustav Mayer. Mit dem Kassier Eugen Mauthner („Selenophon") und dem Schriftführer Hans Ludwig Böhm war das Gründungsgremium

639 WKW, Filmakten, Paket 3137/1, M 2, „Protokolle des Filmbeirats 1934–1937", Verhandlungsschrift der 116. Sitzung des Filmbeirats vom 15. Jänner 1934 sowie Verhandlungsschrift der 129. Sitzung des Filmbeirats vom 17. Jänner 1934.

640 ÖStA, AdR, BMHV, 581c, Ktn. 3483, Grz. 92843-9/32, Gschz. 105.324-9/L/32, Ggstd.: Wünsche der Filmerzeuger hinsichtlich Filmbeirat und Filmkontingentierung, 21. Oktober 1932.

641 WKW, Filmakten, Paket 3173/1, M 1, „Filmwirtschaftliche Vorschriften. Erlassen vom Bundesministeriums für Handel und Verkehr (Amt für Wirtschaftspropaganda), Wien 1937, Abschnitt C, Filmkontingentierung – Besonderer Teil, Pkt. II., S. 5.

642 ÖStA, AdR, BMHV, 581c, Ktn. 3591, Grz. 103819-9/35, Zl. 106037, „Schreiben Kurzfilmherstellerverband an Ministerialrat Eugen Lanske über Kontaktaufnahme mit Dr. Scheuermann, Präsident der Reichsfilmkammer in Berlin", 10. August 1935.

komplett.[643] Im Verlauf eines Jahres zählte der Kurzfilmherstellerverband jedoch eine Vielzahl an Mitgliedern, wobei sich etwa mit Robert Reich, Friedrich Katz und Michael Maibaum auch jüdische Kollegen im Gremium fanden.[644] Eine Vereinigung mit der reichsdeutschen „Partnergesellschaft" auf internationaler Ebene war somit ausgeschlossen.

Die Statuten des Verbandes geben Aufschluss über Zweck, Zielrichtung und die Option der Mitgliedschaft. Einige ausgewählte Bestimmungen sollen dies vermitteln:[645]

> Punkt II: „Der Verein hat den Zweck, die gemeinsamen Interessen der österreichischen Hersteller von Kurzfilmen wahrzunehmen und ihre wirtschaftliche Entwicklung zu fördern."
>
> Punkt III: „Der Verein beabsichtigt zu diesem Zwecke:
>
> a) gemeinsame Beratungen und Beschlussfassungen über alle gegenständlichen Fragen;
> b) Vorsprache bei Behörden, Korporationen usw., fachliche Begutachtungen und dergleichen."
>
> Punkt IV: „Mitglied des Verbandes der Kurzfilmhersteller können alle physischen und juristischen Personen sein, die im Gebiete des Bundesstaates Österreich auf Grund einer selbständigen Gewerbeberechtigung zur Filmherstellung berechtigt sind."
>
> Punkt V: „Die Aufnahme der Mitglieder erfolgt durch den Vorstand" [...] „Die Aufnahme wird durch den Vorstand mit einfacher Stimmenmehrheit geschlossen; bei Stimmengleichheit entscheidet die Stimme des Obmannes. Eine Ablehnung der Aufnahme erfolgt ohne Angabe von Gründen."

Ein besonderes Interesse zeigten die Kurzfilmhersteller daran, bei internationalen Konferenzen sowie in entscheidenden Gremien der österreichischen Filmbranche vertreten zu sein. Der Verband trat durchaus selbstbewusst auf: So wollte man mit Abgesandten bei der „Internationalen Filmkonferenz" zugegen sein. Gegen eine eigenmächtige Bestellung des Filmschaffenden Josef Lebzelter („Selenophon") als Vertreter der österreichischen Kulturfilminteressen seitens Ministerialrat Eugen

643 WStLA, MA 104, Zl. K 388, „Schreiben Verband der Kurzfilmhersteller an Magistrat Wien, Besonderes Stadtamt II/3. Betreff: Konstituierung des Kurzfilmherstellerverbandes am 29. Juli 1935", 7. August 1935.

644 Als Verbandsmitglieder scheinen außer der Gründungsgruppe weiterhin auf: A. Ambor, Hans Brückner, Wilhelm Damaschka, Wilhelm Hipssich, Friedrich Katz, R. Lechner, Bruno Lötsch, Fritz Ludwig, Michael Maibaum, „Österreichische Lichtbildstelle", „Österreichische Tonfilm-Gesellschaft m.b.H.", Karl Reder, Robert Reich, Franz Karl Popp, „Selenophon Licht- und Tonbild Gesellschaft m. b.H.", „Vaterländische Tonfilmges. m.b.H.", Max Zehenthofer. Siehe dazu: ÖStA, AdR, Auswärtige Angelegenheiten (AAng.), Abteilung (Abt.), 14, Handelspolitik, Film- und Kinowesen, 1934–1936, Ktn. 265, Grz. 101563/36, Ggstd.: Filmwesen in Österreich, Anfragen, 28. April 1936. *Reklame-Presse*, „Verband der Kurzfilmhersteller. Mitglieder-Verzeichnis", Nr. 2, September 1936, S. 7.

645 Siehe die gesamte Auflistung der Statuten: ÖStA, AdR, BMHV, 581c, Ktn. 3591, Grz. 103819–9/35, „Schreiben Kurzfilmherstellerverband an Amt für Wirtschaftspropaganda im Handelsministerium, Ankündigung Gründungsversammlung und Bekanntgabe der Statuten", 24. Juni 1935.

Lanske (Handelsministerium) erhob man vehement Einspruch. Lebzelter zog sich daraufhin sofort von dem Mandat zurück.[646]

Mit Nachdruck verfolgte der Verein auch seine Vertretung im Filmbeirat, wobei man sowohl bei der Stadt Wien als auch beim Handelsministerium vorstellig wurde.[647] Anlass war der Umstand, dass mit 30. April 1936 die Funktionsperiode des damals aktiven Filmbeirats auslief und dieser daher neu zu bestellen war.[648] Der damit beauftragte Obermagistratsrat Dr. Pamperl empfand das Ansinnen des Verbandes und sein Gebaren als unpassend und zudringlich. Ein erster Versuch, die Vereinsmitglieder mit dem Hinweis auf die ohnehin bereits zu hohe Anzahl an Beiräten abzuwehren, blieb erfolglos. Ministerialrat Lanske gegenüber erklärte Pamperl zudem, dass es ihm unklar sei, „was gerade Kurzfilmhersteller für ein Interesse an der Zensur" hätten, da doch „ihre Produkte kaum Gegenstand einer Kampfabstimmung im Filmbeirat sein werden". Und „selbst wenn dem einmal so wäre", so werde „schon aus Solidaritätsgefühl der Vertreter der Filmerzeuger ohnehin als ihr Anwalt fungieren". Zudem konstatierte Pamperl, dass „der Jahresumsatz aller österreichischen Kurzfilmhersteller kaum an die Herstellungskosten eines großen Spielfilms heranreiche. Ihre wirtschaftliche Bedeutung sei daher ohnehin nicht sehr groß. „Das Rathaus" kam laut Aktenvermerk zur Feststellung, dass der „Kurzfilmherstellerverband nicht unbedingt dabei sein muss". Sollte Lanske jedoch der Meinung sein, dass „eine Vertretung des Verbandes im Beirat gerechtfertigt" sei, so solle man dem Gesamtverband der österreichischen Filmproduktion nahelegen, in seine Besetzungsvorschläge auch ein bis zwei Vertreter des Kurzfilmherstellerverbandes aufzunehmen.[649] Den Vereinsvertretern erwiderte Pamperl in einem Schreiben ergänzend, dass mit Robert Reich in der gegenwärtigen Periode ohnehin „einer der ältesten Erzeuger von Reklamefilmen in Österreich dem Filmbeirat" angehöre.[650]

---

646 ÖStA, AdR, BMHV, 581c, Ktn. 3711, Grz. 92034-WPA/37, Zl. 101099, „Schreiben Josef Lebzelter (Selenophon) an Ministerialrat Eugen Lanske bezüglich Teilnahme an der Internationalen Filmkonferenz", 19. Mai 1937.

647 WStLA, MA 104, Zl. K 4983, „Schreiben Pamperl an Verband der Kurzfilmhersteller, Vertretung im Filmbeirat", 10. September 1935. ÖStA, AdR, BMHV, 581c, Ktn. 3591, Grz. 103819–9/35, Zl. 113273, „Schreiben Kurzfilmherstellerverband an Amt für Wirtschaftspropaganda/Handelsministerium, Vertretung des Verbandes im Filmbeirat", 16. Dezember 1935.

648 ÖStA, AdR, BMHV, 581c, Ktn. 3649, Grz. 92064-WPA/36, Zl. 97456, „Schreiben Obermagistratsrat Dr. Pamperl (Magistrat Wien, Abteilung 6) an Ministerialrat Eugen Lanske, Vertretung der Kurzfilmhersteller im Filmbeirat", 21. März 1936.

649 Ebd.

650 WStLA, MA 104, Zl. K 4983, „Schreiben Pamperl an Verband der Kurzfilmhersteller, Vertretung im Filmbeirat", 10. September 1935.

Im Gremium des im April 1936 neu bestellten Filmbeirats fand sich letztlich aber mit Karl Köfinger der Obmann des Kurzfilmherstellerverbandes.[651] Das insistierende Lobbying war letztlich erfolgreich. Zwei Vertreter des Kurzfilmherstellerverbandes nahmen zudem im Gutachterkollegium des Bundesministeriums für Handel und Verkehr ihren Platz ein. Diese Institution hatte über die Zulassung und über etwaige Abänderungen der obligatorisch vorzuführenden Filmproduktionen (Wochenschauen, Kurzfilme) zu entscheiden.[652]

Das beharrliche Auftreten des Kurzfilmherstellerverbandes wurde auch im Zuge der Beratungen zur Konstituierung einer Filmkammer stark kritisiert und die Bedeutung dieser Branche neuerlich marginalisiert. Die Organisation hatte sich, wie auch die Firmen „Selenophon“ und „Tobis-Sascha Filmindustrie AG“, gegen einen zentralen Zusammenschluss aller Filmschaffenden nach deutschem Vorbild ausgesprochen. Begründet wurde dieser Einwand vor allem mit zu erwartenden erhöhten Beitragskosten aufgrund eines enormen bürokratischen Aufwands und der völlige Verlust des unabhängigen, wirtschaftlichen Handelns. Während das „Gremium der Lichtspielunternehmer Österreichs“, der „Gesamtverband der österreichischen Filmproduktion“ sowie der„Gesamtverband der österreichischen Filmkaufmannschaft“ den beiden Großfirmen, die einen erheblichen Einfluss auf die Gesamtbranche ausübten, Verständnis entgegenbrachten und diesbezüglich nach Kompromisslösungen suchten, degradierte man die Kurzfilmhersteller zu ohnehin nicht ebenbürtigen Partnern.[653] Es handle sich bei dieser Gruppe um „Reklameleute“, die „mit dem eigentlichen Filmgeschäft, das hauptsächlich durch die Filmproduzenten, Filmverleiher und Lichtspielunternehmer repräsentiert wird, nichts zu tun haben“. „Wenn die Lichtspielunternehmer zum Beispiel beschließen würden, dass sie zur Vermeidung der Belästigung der Besucher der Lichtspielunternehmen durch die Reklame keine Reklamefilme, für deren Vorführung ohnedies nur wenig bezahlt wird, mehr vorführen, so gibt es in diesem Augenblick diese kleine Berufsgruppe nicht mehr. Diese ganz lose Verbindung gibt den Kurzfilmherstellern nach unserer bescheidenen Meinung daher nicht das Recht, eine Erledigung zu fordern, die der gesamten Filmwirtschaft zum Schaden gereicht.“ Die Vertreter der drei Gremien erklärten des Weiteren, dass sie derzeit gar keinen Wert darauf legten, die Kurzfilmhersteller in eine

651 Robert Reich war im Filmbeirat hingegen nicht mehr vertreten. WStLA, MA 104, Zl. K 883, „Verzeichnis der Mitglieder des Filmbeirates in der Funktionsperiode 1. Mai 1936 bis 30. April 1937“, 29. April 1936.

652 WKW, Filmakten, Paket 3173/1, M 1, „Filmwirtschaftliche Vorschriften. Erlassen vom Bundesministerium für Handel und Verkehr (Amt für Wirtschaftspropaganda), Wien 1937, Abschnitt D, Obligatorische Filmvorführungen, Pkt. III., S. 6.

653 ÖStA, AVA, BMU, Unterricht-Allgemein (1848–1940), Film 1929–1940, Ktn. 29, Zl. 35983, Betreff: „Schreiben „Gremium der Lichtspielunternehmer Österreichs“, „Gesamtverband der österreichischen Filmproduktion“, „Gesamtverband der österreichischen Filmkaufmannschaft“ an das Unterrichtsministerium betreffend berufsständische Eingliederung der Filmwirtschaft“, 20. Oktober 1937.

Filmkammer aufzunehmen. Ein Verbleib dieser Gruppierung im Fachverband der „Photographen-Innung" wäre durchaus angebracht.

Der Umstand, dass die Kurzfilmhersteller auch Lehr- und Kulturfilme erzeugten, machte es allerdings sehr wohl notwendig, diese Produzentengruppe in den Berufsstand „Freie Berufe" des Berufskreises „Film" einzugliedern.[654] Schließlich kam es auch mit den Kurzfilmherstellern zu einer Einigung. Diese waren bereit, einer Eingliederung in den Berufsstand „Freie Berufe" zuzustimmen, wenn alle ihnen bisher zugestandenen Rechte gewahrt blieben, die Verbandsorganisation wirtschaftlich nicht schlechter gestellt werde und man von den Spielfilmproduzenten getrennt einen eigenen Fachverband bilden könne. Alle Organisationen der Filmbranche sowie sämtliche Produktionsfirmen waren mit diesen Bedingungen einverstanden.[655] Einer Filmkammer bzw. einem „Filmring" stand somit nichts mehr im Wege, ein Gesetzesentwurf wurde ausgearbeitet, eine Verwirklichung des Vorhabens fand allerdings bis zum „Anschluss" nicht mehr statt.[656]

Ein engagiertes gemeinsames Auftreten verfolgten die Werbefilmer auch gegenüber potenziellen Konkurrenten. Dabei ging man gezielt gegen staatliche Unternehmen, ausländische bzw. neue Anbieter vor. Auf offizieller Seite erkannten die Kurzfilmproduzenten speziell in der „Österreichischen Lichtbildstelle" einen unliebsamen Mitbewerber. Der staatliche Betrieb wurde rein privatwirtschaftlich geführt[657] und stellte vermehrt Werbe- und Industriefilme her, die sich als „rentabler" als „die Erzeugung von Wochenschauen und Kurzkulturfilmen" erwiesen.[658] Die Reklamefilmhersteller wollten eine Bevorzugung der „Österreichischen Lichtbildstelle" bei der Vergabe staatlicher Auftragsproduktionen erkennen, was seitens der offiziellen Behörden bestritten wurde.[659] Auch der „Österreichische Lichtbild- und Filmdienst des Bundesministeriums für Unterricht" hatte begonnen, vereinzelt Filme zu drehen bzw. Filmkopien zu – im Vergleich mit dem üblichen Marktpreis – niedrigen Kosten herzustellen. Die Kurzfilmproduzenten erklärten, sich „durch die staatliche Konkurrenz geschädigt zu fühlen" und forderten, die Filmproduktionstätigkeit den gewerblichen Profis zu überlassen. Letztere wären auch im

---

654 Ebd.

655 Mit der „Selenophon" und der „Tobis-Sascha Filmindustrie AG" wurde gleichfalls ein Übereinkommen gefunden. Ebd.

656 Loacker, Anschluss, S. 37.

657 ÖStA, AdR, BMHV, 581c, Ktn. 3591, Grz. 103631-WPA/35, Gschz. 107750-WPA/35, Ggstd.: Verband der Kurzfilmhersteller; Beschwerde wegen Beeinträchtigung durch staatliche Stellen, April bis Oktober 1935.

658 ÖStA, AVA, BMU, Unterricht-Allgemein (1848–1940), Volksbildung: Film, 1936, Ktn. 498, Fasz. 478, Gschz. 32969-VB, Ggstd.: Österr. Lichtbildstelle. Kuratoriumssitzung, Oktober 1936.

659 ÖStA, AdR, BMHV, 581c, Ktn. 3591, Grz. 103631-WPA/35, Gschz. 107750-WPA/35, Ggstd.: Verband der Kurzfilmhersteller; Beschwerde wegen Beeinträchtigung durch staatliche Stellen, April bis Oktober 1935.

Gegensatz zu „staatlichen und halbamtlichen Stellen" in der Lage, die entsprechende Qualität der Streifen zu gewährleisten.[660]

Neue Konkurrenz erwuchs den Kurzfilmproduzenten aber auch aufgrund technischer Entwicklungen. Der Schmalfilm fand etwa immer mehr Verbreitung. Amateure versuchten sich nicht nur in der Herstellung privater Reisefilme, einige hatten den Anspruch, ihre selbst erarbeiteten Fertigkeiten auch kommerziell zu nutzen. Von Laien umgesetzte Werbefilme kamen immer häufiger bei Messen, in Schaufenstern oder bei Reklamevorträgen zum Einsatz.[661] Die professionellen Produzenten forderten die heimischen Behörden auf, dafür Sorge zu tragen, dass nur Filme von gewerbeberechtigten Personen und Unternehmungen zur Zensur eingereicht und somit öffentlich vorgeführt werden durften. Auch sollte der Staat einzig befugte, erfahrene Filmhersteller mit Produktionen beauftragen.[662]

Das grundlegende Problem war allerdings, dass es bislang keine klare Konzessionierung des (Kurz-)Filmgewerbes gab, da es sich bei der Filmerzeugung um ein „freies Gewerbe" handelte. Bis zur Gewerbesperre im April 1933, die im Zuge der steigenden Arbeitslosenzahlen den großen Zuwachs an selbstständig Gewerbetreibenden unterbinden sollte, konnte jede und jeder einen Gewerbeschein zur Filmerzeugung beantragen.[663] Somit konnten auch im Filmschaffen bislang völlig Unerfahrene dem Filmgewerbe nachgehen. Da die Erzeugung von Kurzfilmen ein weit geringeres finanzielles Risiko darstellte, bot dieser Zweig ein Versuchsterrain für Amateure. Die Branchenvertreter dieser Produktionssparte verlangten in der Folge eine Konzessionierung der Kurzfilmherstellung. 1936 war man mit dieser Forderung schließlich erfolgreich. Die Kurzfilmerzeugung war fortan von einer Gewerbegenehmigung abhängig, die de facto einer Konzessionierung gleichkam. Jeder Antragsteller hatte sich vorab einer genauen wirtschaftlichen und persönlichen Prüfung zu stellen.[664]

Der Verband der Kurzfilmhersteller und seine Mitglieder arbeiteten folglich mit Nachdruck daran, die Etablierung neuer Konkurrenten zu unterbinden. Der Versuch einzelner Laien, sich in der Kurzfilmbranche um Aufträge und Anstellung zu bemühen, wurde von den Behörden wiederholt mit dem Hinweis zurückgewiesen, dass es

---

660 Ebd. sowie: Ktn. 3483, Grz. 95604–9/33, Gschz. 96542–9/L/33, Ggstd.: Kommerzialrat Ing. Karl Köfinger, Wien; Wünsche betr. Zwangsmaßnahmen gegen die Tobis, wegen Beschäftigung anderer Kopieranstalten, 26. April 1933.

661 ÖStA, AdR, BMHV, 581c, Ktn. 3591, Grz. 94.409-WPA/35, Zl. 98097, Ggstd.: Schreiben Köfingers an Lanske; Pfuschertum bei der Schmalfilmproduktion, 3. April 1935.

662 Ebd. sowie Ktn. 3591, Grz. 103631-WPA/35, Gschz. 107750-WPA/35, Ggstd.: Verband der Kurzfilmhersteller; Beschwerde wegen Beeinträchtigung durch staatliche Stellen. Beigelegt: Schreiben Kurzfilmhersteller an Wiener Magistrat, 10. April 1935.

663 ÖStA, AdR, BMHV, 581c, Ktn. 3483, Grz. 95604–9/33, Gschz. 97128–9/L/33, Ggstd.: Lehr-, Propaganda- und Wochenschaufilmerzeuger. Denkschrift betr. Belebung der heimischen Kurztonfilm-Industrie, 22. April 1933.

664 *Österreichische Film-Zeitung*, „Konzessionierung der Kurzfilm-Herstellung", Nr. 13, 27. März 1936, S. 4.

sich bei der Kurzfilmherstellung um ein „gebundenes Gewerbe" handle, dass „nur von einem kleinen Kreis gewerberechtlich Berechtigter ausgeübt werde", die den notwendigen Bedarf an Fachkräften bereits abdeckten.[665] Parallel dazu überwachte der Verband der Kurzfilmhersteller anhand der beim Wiener Magistrat Abteilung 6 vorliegenden Zensurlisten, ob die eingereichten Kurztonfilme von gewerblich berechtigten Produzenten hergestellt worden waren. „Pfuschern" wollte man somit auf die Spur kommen und Einhalt gebieten.[666]

Die Vertreter des Filmmetiers waren an sich vehemente Verfechter der Gewerbefreiheit, zeigten aber – laut Branchenblatt – Verständnis für die Sondersituation ihrer Kollegenschaft. Man hatte „aus Kreisen der Beteiligten darauf hingewiesen, dass sich leider in der letzten Zeit eine ganze Anzahl sogenannter Reklamefilm- und Kurzfilm-Hersteller etabliert haben, die zwar sehr eifrig Bestellungen und Anzahlungen entgegennahmen, aber dann die Fertigstellung und Lieferung vergaßen". Es handle sich dabei um „Außenseiter, die in der Filmindustrie völlig unbekannt" wären, die aber „zahlenmäßig so stark in Erscheinung treten", dass sich „die Zahl der einschlägigen Betriebe schon in den ersten Wochen des neuen Jahres verdoppelt hatte".[667]

Die Argumentation der Kurzfilmhersteller wurde in den Fachblättern geflissentlich fortgeführt, markante Einzelfälle in der Folge aufgegriffen. Ein solcher „Außenseiter", der vom Verband der Kurzfilmhersteller eifrigst bekämpft wurde, war der jugoslawische Produzent Zwonko Maar. Letzterer war nicht im Besitz eines österreichischen Gewerbescheins zur Kurzfilmherstellung. Maar führte Werbefilme aus Jugoslawien ein, die er in Österreich neu vertonte bzw. mit neuen Trickaufnahmen ausstattete. Die heimischen Kurzfilmproduzenten warfen Maar vor, eine Schwarz-Apparatur zu verwenden, da die „Selenophon" als einzige mit einem Tonfilmpatent ausgestattete österreichische Firma „eine Arbeit mit ihm als ‚Pfuscher' ablehne". Zudem offerierte Maar seine Werbefilme „für 4 bis 600 Schilling", womit er die Preise der eingesessenen Kurzfilmer derart unterbot, dass der „Ruin des Kurzfilmgewerbes" prognostiziert wurde. Die Vorführung eines „Weihnachts- bzw. Neujahrsfilms" Maars, mit dem die Kinobetreiber ihr Publikum an den Feiertagen begrüßen sollten, wurde hintertrieben. Der Kurzfilmherstellerverband wies die Lichtspielunternehmer darauf hin, dass es sich bei dieser Produktion um eine „Pfuscherarbeit" handle und sich jene „Theaterbesitzer, die diese Erzeugnisse spielen, unter Umständen strafbar" machten.[668]

---

665 ÖStA, AdR, BMHV, 581c, Ktn. 3711, Grz. 92307-WPA/37, Zl. 93725-WPA, Ggstd.: Hanns Funke, Filmproduktion, Interesse an Herstellung von Kulturfilmen, Jänner bis Februar 1937 sowie ebd., Ktn. 3711, Grz. 92307-WPA/37, Gschz. 112694, Ggstd.: Ministerialkommissär Dr. Hans Dworzak, Wien, Filmsujet, 14. Dezember 1937.

666 WStLA, MA 104, Zl. K 774, „Schreiben Verband der Kurzfilmhersteller an Wiener Magistrat Abteilung 6, Bekämpfung der Pfuscher auf dem Gebiete des Filmgewerbes", 8. Mai 1936.

667 *Österreichische Film-Zeitung*, „Konzessionierung der Kurzfilm-Herstellung", Nr. 13, 27. März 1936, S. 4.

668 *Der Wiener Film*, „Konflikt in der Wiener Kurzfilm-Produktion", Nr. 32, 15. Dezember 1936, S. 2.

Zwonko Maar bot offensichtlich sogenannte „Standard"- bzw. „Blancofilme" an.[669] Hierbei handelt es sich um Filme, die in ihrem Inhalt sehr allgemein und neutral gehalten und durch das Auswechseln des Schlusstitels für unterschiedliche Unternehmen einsetzbar waren. Der Film erschien so als scheinbar individuell gestaltet und wurde zum niedrigen Meterpreis offeriert. In Deutschland hatten renommierte Produktionsfirmen, wie etwa die „Boehner-Film", derartige Blancofilme im Repertoire, um lokalen, finanziell weniger beweglichen Einzelhandelsunternehmen den Einsatz von Werbefilmen zu ermöglichen. Die mitunter eingeschränkte Qualität dieser Streifen wurde dabei in Kauf genommen.[670]

Der jugoslawische Hersteller gab im Fachblatt *Der Wiener Film* ebenfalls eine Stellungnahme ab. Er erklärte, eine schriftliche Bestätigung des Filmbüros der Wiener Kammer für Handel, Gewerbe und Industrie vorliegen zu haben, wonach die „Einfuhr von Werbefilmen, falls diese vertont werden, kontingentfrei erfolgen" könne und dass daher gegen seine diesbezügliche Tätigkeit in Wien nichts einzuwenden sei. „Als ausländischer Produzent" sehe er „keine Veranlassung, die Richtpreise eines hiesigen Verbandes einzuhalten", zumal er eben solche „für unsinnig halte". „Jeder Fachmann" wisse, dass man „den Meter ebenso gut für einen Schilling wie für 1.000 Schilling herstellen" könne. Hinsichtlich der benutzten Tonapparatur habe er „infolge von Unstimmigkeiten mit der Selenophon eine andere österreichische Apparatur zum Einsatz gebracht".[671] Karl Gromus, der Vermieter der von Maar genutzten Tongerätschaften, erklärte seinerseits, dass seine Anlage per Patent geschützt sei und von der Handelskammer als österreichische Tonapparatur anerkannt werde. Weder die „Tobis-Klangfilm" noch die „Selenophon" wären gegen seine Gerätschaften bislang vorgegangen.[672]

Der Kurzfilmherstellerverband gab sich damit nicht zufrieden und attackierte Maar mit zunehmender Härte und verbalen Ausfällen. Man hätte die Gewerbebehörden bereits umfassend über den Fall informiert, da „solchen Schädlingen, die minderwertige Leistungen zu Schleuderpreisen verkaufen, das Handwerk gelegt werden" müsse. Umso mehr, als diese ähnliche Praktiken schon in anderen Ländern gepflogen und dort ein für die Branche „wirtschaftliches Trümmerfeld" hinterlassen hätten.[673] Der als „parasitärer Pfuscher" verunglimpfte Zwonko Maar legte seinerseits Klage wegen „unlauteren Wettbewerbs" gegen den Verband der Kurzfilmhersteller sowie gegen Karl Köfinger und Hans Ludwig Böhm persönlich ein. Der Tatbestand

---

669 Darauf schließen lässt auch der Hinweis, dass Maar „kleine Reklamefilme für private Firmen" herstellte. Siehe: *Der Wiener Film*, „Zum Konflikt in der Wiener Kurzfilm-Produktion", Nr. 33, 22. Dezember 1936, S. 2.

670 Eckardt, Boehner-Film, S. 68. Forster, Ufa und Nordmark, S. 30.

671 *Der Wiener Film*, „Konflikt in der Wiener Kurzfilm-Produktion", Nr. 32, 15. Dezember 1936, S. 2.

672 *Der Wiener Film*, „Besuch bei der Schwarz-Apparatur", Nr. 32, 15. Dezember 1936, S. 2. Zu Karl Gromus und seiner Tonfilmapparatur fanden sich keine weiteren Hinweise mehr.

673 *Der Wiener Film*, „Zum Konflikt in der Wiener Kurzfilm-Produktion", Nr. 33, 22. Dezember 1936, S. 2.

bezog sich auf die Mitteilung des Vereins an die Bünde der Wiener Lichtspieltheaterbesitzer, wonach es sich bei dem Weihnachtsfilm der Maar-Produktion um „Pfuscherarbeit" handle.[674] Erfolgreich gingen schließlich die organisierten Kurzfilmhersteller aus dem Konflikt hervor. Zwonko Maar wurde von der Bezirkshauptmannschaft Innere Stadt zu „einer Geldstrafe von 800 Schilling, im Uneinbringlichkeitsfall zu Arrest verurteilt", da er, ohne im Besitz einer Gewerbeberechtigung zu sein, Werbefilme für unterschiedliche Unternehmungen in Wien hergestellt hatte. Außerdem verfügte man die Beschlagnahme von verschiedenem Filmmaterial des Genannten.[675]

Bereits seit 1933 arbeiteten die Kurzfilmproduzenten daran, den Zugang ausländischer Konkurrenten zum österreichischen Markt zu beschränken. Vor allem wollte man touristisch motivierte Aufnahmen durch internationale Filmanbieter möglichst unterbinden. Man unterbreitete Handelsminister Guido Jakoncig den Vorschlag, „Filmaufnahmen in Österreich durch ausländische Unternehmer nur nach vorher schriftlich erteilter Bewilligung des Handelsministeriums" durchführen zu lassen. Man argumentierte, dass nur so der Schutz vor Filmwerken, die das Ansehen Österreichs schädigen könnten, gewährleistet sei. Tatsächlich ging es den Produzenten vornehmlich um die Ausschaltung „unlauterer Konkurrenz".[676] Die Kurzfilmindustrie beklagte auch noch drei Jahre später, dass heimische Unternehmen ihre Reklamefilme mitunter im Ausland herstellen ließen, um vermeintlich qualitativ bessere und kostengünstigere Produktionen zu erhalten. Die Interessenvertretung der Betroffenen unterstrich jedoch nachdrücklich, dass der österreichische Werbefilm mittlerweile eine „künstlerische und technische Vollkommenheit" erreicht hätte, Auslandsaufträge wären demzufolge überflüssig und schädigten einzig die heimische Filmwirtschaft.[677] Diesmal hatte der Kurzfilmherstellerverband mit seinem Anliegen Erfolg. Das Handelsministerium sprach sich für einen Schutz der österreichischen Kurzfilmhersteller aus.[678] Für im Ausland erzeugte Filme, die für heimische Firmen und Produkte warben, waren steuerliche Belastungen vorgesehen. Künftig sollte es österreichischen Unternehmen untersagt werden, Reklamefilmaufträge an ausländische Filmproduzenten zu vergeben. Neuerlich hatte der Verband der Kurzfilmhersteller die Interessen seiner Mitglieder durchgesetzt.[679]

---

674 *Der Wiener Film*, „Maar klagt Kurzfilm-Verband", Nr. 33, 22. Dezember 1936, S. 2.

675 *Der Wiener Film*, „Bestrafung wegen unberechtigter Kurzfilmherstellung", Nr. 2, 12. Jänner 1937, S. 2.

676 ÖStA, AdR, BMHV, 581c, Ktn. 3483, Grz. 95604–9/33, Gschz. 97128–9/L/33, Ggstd.: Lehr-, Propaganda- und Wochenschaufilmerzeuger. Denkschrift betr. Belebung der heimischen Kurztonfilm-Industrie, 22. April 1933.

677 *Der Wiener Film*, „Schutz der heimischen Kurzfilmindustrie", Nr. 12, 28 Juli 1936, S. 3.

678 Ebd.

679 WKW, Filmakten, Paket 3173/2, M 8, „Filmkonferenz Protokolle", Verhandlungsschrift der 6. Sitzung des Österr. Filmkonferenz vom 27. Jänner 1937.

Besonders engagiert waren die Werbefilmproduzenten auch in der Eigenwerbung. Staatliche Behörden, Unternehmer und Reklamefachleute wurden mittels Berichten, Vorträgen und eigener Reklamefilmabende über die Bandbreite und die Qualität der österreichischen Werbefilmerzeugnisse informiert. Die Produzenten bewarben ihre Filme exklusiv, mit Gründung des Verbandes der Kurzfilmhersteller, aber zunehmend im Sinne ihrer Branchenvertretung gemeinsam.[680] Zu den eifrigsten Werbern im eigenen Interesse zählten Robert Reich[681] und Hans Ludwig Böhm.[682] Letzterer konnte schließlich ab 1934 auch im Rahmen des „Staatlichen Reklameausbildungskurses" über die Vielseitigkeit des heimischen Werbefilms, über seine sinnvolle und breite Einsatzweise sowie über seine Werbewirksamkeit berichten und somit künftige Reklamefachleute für das Thema sensibilisieren und bestenfalls begeistern.[683]

Ton, Musik und Farbe waren jene technischen Neuerungen, die – den Kurzfilmherstellern zufolge – dem Werbefilm zum endgültigen Durchbruch verhelfen sollten. Das Dreifarbenverfahren Gasparcolor versprach, „Waren aller Art vollkommen lebenswahr auf die Leinwand zu bringen".[684] „Die prächtige Farbenwirkung" der bei diversen Schaupräsentationen vorgeführten Reklamewirkung wurde vom Publikum mit „spontanem Beifall"[685] bedacht. Mängel in der technischen oder künstlerischen Umsetzung wurde seitens der österreichischen Produzenten höchstens gegenüber ausländischen Streifen konstatiert.[686] Einwände brachte einzig das Fachblatt *Der Wiener Film* vor, das den heimischen Kurzfilmherstellern mangelnde Experimentierfreudigkeit unterstellte. „Während die Industrien anderer Länder gerade darauf bedacht" wären, durch „neue, möglichst eigenartige Wege die Aufmerksamkeit des Kinobesuchers zu erregen", gingen „die österreichischen Werbefilme zuweilen recht ausgetretene Pfade und vermeiden überraschende Effekte".[687] Die österreichischen Produzenten sahen sich

680 Siehe etwa: *Contact*, „Österreichische Filmwerbung", Nr. 5/6, Mai/Juni 1936, S. 21. *Österreichische Film-Zeitung*, „Der Wiener Werbefilm marschiert", Nr. 22, 29. Mai 1936, S. 1.

681 *Österreichische Film-Zeitung*, „Der unterhaltende Werbefilm", Nr. 43, 20. Oktober 1928, S. 16 sowie ebd., „Das Kino und der Tonfilm im Dienste der Werbung", Nr. 50, 10. Dezember 1932, S. 4.

682 *Österreichische Film-Zeitung*, „Internationale Werbefilmschau", Nr. 49, 9. Dezember 1933, S. 4. *Contact*, „Eine internationale Werbefilmschau", Nr. 12, Dezember 1933, S. 39. *Der gute Film*, „Aus der Welt des Amateurfilms", Nr. 70/71, 30. März 1934, o. S. *Das Kino-Journal*, „Farbige Werbefilme", Nr. 1276, 1935, S. 5. *Österr. Reklame-Praxis*, „Farbige Filmreklame", Jänner 1935, S. 29 sowie ebd., „Der Farbentonfilm", Februar/März 1936, S. 11–13. *Der gute Film*, „Farbenfilme", Nr. 123/124, 19. April 1935, o. S. sowie ebd., „Vortrag über Farbenfilm", 12. November 1935, o. S.

683 *Österreichische Film-Zeitung*, „Werbung durch den Film", Nr. 42, 20. Oktober 1934, S. 5. *Contact*, „Filmvorführung", Nr. 6, Juni 1935, S. 22.

684 *Österr. Reklame-Praxis*, „Der Farbentonfilm", Februar/März 1936, S. 11–13.

685 *Das Kino-Journal*, „Farbige Werbefilme", Nr. 1276, 1935, S. 5.

686 *Contact*, „Filmvorführung", Nr. 6, Juni 1935, S. 22.

687 *Der Wiener Film*, „Österreichische Filmwerbung", Nr. 4, 2. Juni 1936, S. 5.

hingegen auf Augenhöhe mit der internationalen Konkurrenz, was sie vor allem damit begründeten, dass ausländische Unternehmen die heimische Industrie vermehrt mit Aufträgen bedachte.[688]

8.4 Werbefilmproduzenten im Porträt

Nachfolgend werden einzelne Reklamefilmhersteller porträtiert, die das österreichische Kurzfilmschaffen über viele Jahre kontinuierlich mitgestaltet und geprägt haben. Aufgrund ihrer Arbeiten, Tätigkeitsfelder und Lebensläufe sind sie repräsentativ für die Werbefilmproduktion Österreichs in der Zwischenkriegszeit, mitunter waren sie schon vor 1918 Filmschaffende.

8.4.1 Hans Ludwig Böhm

Hans Ludwig Böhm (geboren am 14. Februar 1890 in Wien) studierte an der Friedrich-Wilhelms-Universität in Berlin Chemie und war über viele Jahre in Deutschland und später auch in Österreich als Theaterfotograf tätig. In Wien arbeitete er unter anderem als Korrespondent für das Berliner Blatt *Das Theater.*[689] Erst in den Jahren 1933 und 1934 etablierte er sich als Kurzfilmhersteller in Österreich, dabei wurde ihm die Gewerbesperre beinahe zum Verhängnis. Am 15. September 1933 suchte der sich als „Photochemiker und Filmtechniker" deklarierende Böhm beim Wiener Magistrat um eine „Ausnahmebewilligung von der Gewerbesperre" an. Sein Ziel war es, einen Gewerbeschein zur „Herstellung und Bearbeitung von der Belehrung und der Propaganda dienenden kinematographischen Kurzfilmen" zu erlangen. Die Kammer für Handel, Gewerbe und Industrie in Wien und die Wiener Allgemeine Gewerbegenossenschaft (Sektion Film-Gewerbe) befürworteten Böhms Gesuch. Die Arbeiterkammer lehnte den Antrag jedoch mit der Begründung ab, dass ein Bedarf an Kurzfilmen dieser Art nicht bestünde. Das Unterrichtsministerium sprach sich dagegen ausdrücklich zugunsten Hans Ludwig Böhms aus. Dabei verwies man besonders auf die Notwendigkeit, technisch und „pädagogisch qualitätsvolle Filme" im Repertoire zu haben. In Böhm glaubte man, aufgrund seiner Erfahrungen in Deutschland, einen Garanten für hochwertige Filme gefunden zu haben.[690] Böhm, der seit 21. September 1933 zudem Mitglied

---

688 Ebd. sowie *Österr. Reklame-Praxis*, „Der Farbentonfilm", Februar/März 1936, S. 11–13. *Contact*, „Österreichische Filmwerbung", Nr. 5/6, Mai/Juni 1936, S. 21.

689 Benito-Sanchez, Samanta: Pressefotografen zwischen den Weltkriegen. Eine Biografiensammlung von Pressefotografen, die zwischen 1918 und 1939 in Wien tätig waren, Dipl., Wien 2009, S. 48 f.

690 ÖStA, AVA, BMU, Unterricht-Allgemein (1848–1940), Film 1933, Ktn. 490, Gschz. 32604-II/10b, Ggstd.: Dr. Hans Böhm, Gewerbeschein für die Herstellung von Industrie- und Propagandafilmen, Dezember 1933.

der Einheitspartei „Vaterländische Front“ war und laut Aktenvermerk als „politisch und moralisch einwandfrei“ galt,[691] war mit seinem Ansuchen letztlich erfolgreich. Das Unternehmen „Werbefilmdienst Hans Ludwig Böhm“ wurde mit 27. Februar 1934 ins Firmenregister aufgenommen.[692]

Hans Ludwig Böhm fasste schnell Fuß in der Branche. Er wurde in den nur wenigen Jahren seiner Kurzfilmtätigkeit in Österreich zu einem der bedeutendsten Vertreter seiner Zunft. Er nutzte die Medien, um für Schmal- und Werbefilm auf breiter Basis zu werben.[693] Filmamateure, Politiker, Wirtschaftstreibende, Reklamefachleute und deren in Ausbildung stehenden Nachwuchs klärte er über die neuesten Filmtechniken sowie die breiten und Erfolg versprechenden Einsatzmöglichkeiten des Werbefilms auf.[694] Seine eigenen Produktionen wurden sowohl von staatlicher als auch von privater Seite beauftragt. Außer bei Fachtagungen, bei Vorträgen und in Kinos wurden seine Filme auch über eigene Reklameprojektoren in Fachgeschäften dem Publikum dargeboten.[695] Vereinzelt war er auch als Verleiher aktiv, wobei sich diese Tätigkeit auf den Vertrieb ausländischer Kultur- und Werbefilme beschränkte.[696] Von Beginn seiner Gründung an war Böhm Mitglied des Verbandes der Kurzfilmhersteller. Nach dem Tod Gustav Mayers übernahm er dessen Sitz als stellvertretender Vorsitzender im Gremium der Vertretungsbehörde.

1937 emigrierte Hans Ludwig Böhm nach London.[697] Er hielt von seiner neuen Heimat aus Kontakt mit den austrofaschistischen Behörden und stellte mitunter für

---

691 „Vermerk der Vaterländischen Front, Landesführung Wien vom 10. September 1936, E.N. 717“, beigelegt: ÖStA, AdR, Zivilakten NS-Zeit, Bundesministerium für Inneres/Gauakten, Akt „Hans Ludwig Böhm“, Nr. 133697.

692 Wirtschaftskammer Österreich (WKO), Archiv Wien, Firmenregister, Registerblatt „Werbe- und Filmdienst Dr. Hans Ludwig Böhm“, Nr. 3352, 27. Februar 1934.

693 *Österreichische Film-Zeitung*, „Schmalfilm und Kinotheater“, Nr. 49, 3. Dezember 1932, S. 7 sowie ebd., „Der Schmaltonfilm“, Nr. 11, 17. März 1934, S. 3. *Das Kino-Journal*, „Farbige Werbefilme“, Nr. 1276, 1935, S. 5. *Österr. Reklame-Praxis*, „Farbige Filmreklame“, Jänner 1935, S. 29.

694 *Contact*, „Eine internationale Werbefilmschau“, Nr. 12, Dezember 1933, S. 39. *Österreichische Film-Zeitung*, „Internationale Werbefilmschau“, Nr. 49, 9. Dezember 1933, S. 4. *Der gute Film*, „Aus der Welt des Amateurfilms“, Nr. 70/71, 30. März 1934, o. S. *Österreichische Film-Zeitung*, „Werbung durch den Film“, Nr. 42, 20. Oktober 1934, S. 5. *Der gute Film*, „Farbenfilme“, Nr. 123/124, 19. April 1935, o. S. sowie ebd., „Vortrag über Farbenfilm“, 12. November 1935, o. S. *Contact*, „Filmvorführung“, Nr. 6, Juni 1935, S. 22. *Österr. Reklame-Praxis*, „Der Farbentonfilm“, Februar/März 1936, S. 11–13.

695 WStLA, MA 104, Zl. K 4007, „Konzessionsansuchen Hans Ludwigs Böhms zur Aufstellung eines Reklameprojektors bei Delka“, 12. Juli 1934.

696 Hans Ludwig Böhm hatte nachweislich u. a. folgende ungarische touristisch motivierte Kulturfilme im Verleih: Hungaria (H 1936, P: Ungarisches Filmbüro Budapest), BUDAPEST UND SEINE BÄDER (H 1936, P: Ungarisches Filmbüro Budapest). Siehe: *Österreichische Film-Zeitung*, Nr. 7, 14. Februar 1936, S. 6.

697 „Auskunft der Wiener Polizeidirektion vom 4. März 1949“, beigelegt: ÖStA, AdR, Zivilakten NS-Zeit, Bundesministerium für Inneres/Gauakten, Akt „Hans Ludwig Böhm“, Nr. 133697.

diese Verbindungen zu britischen Verleihfirmen her.[698] Sein Unternehmen wurde 1941 aus dem Wiener Firmenregister gelöscht.[699] 1948 besuchte er noch einmal seine Heimat. 1950 verstarb er in London.[700] Innerhalb von drei Jahren produzierte Böhm in Österreich nachweislich 37 Filme.[701] Neben Aktualitäten, Propaganda- und Kulturfilmen erzeugte er vor allem 27 Kurzwerbefilme, die eine Laufzeit von wenigen Sekunden bis 27 Minuten aufweisen (bzw. eine Länge von 12 bis 740 Meter).[702] Seine Filme warben für chemische Erzeugnisse, konkret für Seifen-, Reinigungs- und Körperpflegeprodukte,[703] Dienstleistungen (Gastronomie, Wäschereien),[704] Textilien und Bekleidung,[705] Lebensmittel (Obst, Würzmittel),[706] Tabakwaren[707] und elektrische Geräte.[708]

Von den sechs noch erhaltenen Werbefilmen Hans Ludwig Böhms[709] stellen vier die Anwendung, den Gebrauch und die Wirkungsweise der beworbenen Produkte in das Zentrum. Im Streifen IN DER GANZEN WELT werden Dostal's Toilette Perlen mit Wasser zu Seifenschaum verrieben und schließlich von einer jungen Frau im Gesicht verteilt. Die praktische Handhabung von abnehmbaren

---

698 ÖStA, AdR, BMHV, 581c, Ktn. 3711, Grz. 92307/WPA/37, Zl. 96292, Ggstd.: Weltvertrieb einiger österr. Kurzkulturfilme des Amtes für Wirtschaftspropaganda, 4. März 1934.

699 Wirtschaftskammer Österreich (WKO), Archiv, Firmenregister, Registerblatt „Werbe- und Filmdienst Dr. Hans Ludwig Böhm", Nr. 3352, 27. Februar 1934.

700 Benito-Sanchez, Pressefotografen zwischen den Weltkriegen, S. 49.

701 Erhoben wurden die Filmtitel über zeitgenössische Zeitschriften sowie über Aktenvermerke in den Unterlagen des Unterrichts- und Handelsministeriums sowie der Wirtschaftskammer Wien. Siehe auch „Filmografien Kurzfilmhersteller".

702 KEINE ANGST (A 1935, L: 12 m), siehe: *Paimann's Filmlisten*, 31. März 1935, o. S. WIR HABEN HERZ (A 1936, L: 740 m), vgl.: *Paimann's Filmlisten*, 23. Oktober 1936, S. 1523.

703 IN DER GANZEN WELT (A 1933), *Paimann's Filmlisten*, 2. Jänner 1934, o. S. DIE SPHINX BEI DER MORGENTOILETTE (A 1934), *Paimann's Filmlisten*, 31. Dezember 1934, o. S.

704 PUSZTAKLÄNGE (A 1933), *Paimann's Filmlisten*, 1. Dezember 1933, o. S. DAMPFWÄSCHEREI HABSBURG (A 1935), *Paimann's Filmlisten*, 8. November 1935 S. 1418. WIR HABEN HERZ (A 1936), *Paimann's Filmlisten*, 23.10.1936, S. 1523.

705 ETERNA-WÄSCHE (A 1935), *Paimann's Filmlisten*, 8. November 1935 S. 1418 und 14. November 1935, A. 1423. DENKT AN DIE LICHTEN KLEIDER (A 1936), *Paimann's Filmlisten*, 3. April 1936, o. S.

706 REIFE FRÜCHTE (A 1935), *Paimann's Filmlisten*, 10. Juli 1935, S. 1387. PAPRIKA (A 1935), *Paimann's Filmlisten*, 31. Dezember 1934, o. S.

707 ABADIE (A 1938), siehe: Bundesarchiv Berlin, Filmprüfstelle, Zensurkarte 50050.

708 . DER RADIO-AUTOMAT (A 1936), *Paimann's Filmlisten*, 4. Dezember 1936, o. S.

709 Ein im Filmarchiv Austria erhaltenes stummes Fragment mit dem Titel ABADIE konnte nicht eindeutig Hans Ludwig Böhm zugeordnet werden. Auf der Webpage StadtFilmWien der media wien und des Ludwig Boltzmann Instituts für Geschichte und Gesellschaft findet sich ein Fragment des Films WIR HABEN HERZ mit einer Laufzeit von knapp 16 Minuten. Der Film wird Rudolf Mayer zugeordnet. Vgl.: http://stadtfilm-wien.at/film/22/, 1. Mai 2014. Ein gleichnamiger Film wurde 1936 von Hans Ludwig Böhm mit einer Länge von 740 Metern (Laufzeit 26 Minuten) produziert. Siehe: *Paimann's Filmlisten*, 23. Oktober 1936, S. 1523. Ob es sich um denselben Film handelt, konnte aufgrund der Aktenlage bislang nicht geklärt werden.

Eterna-Krägen und -Ärmeln wird in ER, SIE UND DAS WUNDER in einer von den Darstellern exaltiert umgesetzten Realfilmszene und in einer nachfolgenden Trickaufnahme vorgeführt. Das gleiche Prinzip der Anwendungs-Doppelung in Animation- und Realfilm kommt in DIE SPHINX BEI DER MORGENTOILETTE zum Tragen, wobei hier der Gebrauch von Zahnpasta demonstriert wird. Die Funktionsweise eines Rundfunkempfängers steht wiederum im Zentrum des Streifens DER RADIO-AUTOMAT.

Animationstricks finden sich in allen erhaltenen Reklame-Produktionen Hans Ludwig Böhms, oft zur Präsentation von Produktverpackungen im abschließenden Packshot, wobei Kartons und Tuben in Stopptricktechnik aneinandergereiht oder in Bewegung gebracht werden. In DER RADIO-AUTOMAT dient die Animation dazu, komplexe technische Abläufe vereinfacht darzustellen. In DIE SPHINX BEI DER MORGENTOILETTE wird das Thema Mund- und Zahnhygiene verspielt umgesetzt. Sowohl die ob ihrer dunklen Zähne verzweifelte „Sphinx" als auch der zur Hilfe eilende Affe sind in ihrer grafischen Konzeption an den Disney-Stil angelehnt. Die Zeichner Bruno Wozak und Karl Thomas bedienten sich hier in vereinfachter Version und mit reduzierten Mitteln des amerikanischen Vorbilds. Die hier zum Ausdruck kommende Ästhetik des „Disney-Kopismus" war in der 1930er- bis 1950er-Jahren in Österreich durchaus verbreitet.[710]

Gänzlich anders gestaltet sich hingegen die Produktion PUSZTAKLÄNGE. Hier wird vornehmlich auf Atmosphäre und Stimmungsbilder gesetzt. Mittels Bildern aus der Puszta, ungarischer Volksmusik und Aufnahmen aus dem Gastronomiebetrieb „Pataky" wird das gleichnamige ungarische Weinhaus in der Wiener Spiegelgasse 10 stimmig präsentiert. Zu Beginn des Streifens unterlegen „Pusztaklänge" Bilder einer Steppenlandschaft. Die Methode des „Underscoring" lässt eine unmittelbare Verortung der Szenerie zu. Eine Musikgruppe (gekleidet in ungarischer Tracht) zieht – eine traditionelle Weise spielend – durch die Pusztaebene. Das Bild transformiert sich, erstarrt zum „Freeze Frame" und findet sich letztlich als stimmungsvolles Wandbild im Weinlokal wieder. In rascher Abfolge werden – dem Musikrhythmus folgend – bestens gelaunte Gäste, der Gastronom Pataky, eine Musikkapelle, Speisen und Getränke ins Bild gesetzt. Schnelle Schnitte, Kameraschwenks, Blenden und wechselnde Einstellungsgrößen bringen Bewegung in den Film, vermitteln eine vom Musikstück getragene belebte, positive Stimmung.

Das Prinzip, ein musikalisches Motiv als Stimmungs- und Informationsträger zu verwenden, kommt auch in dem Streifen IN DER GANZEN WELT zur Anwendung. Der „Donauwalzer" verweist hier auf die Wiener Herkunft des „weltbekannten Produkts, Dostal's Toilette Perlen". Filmtitel und Anfangssequenz werden wie in der

---

710 Renoldner, Thomas: Animationsfilm in Österreich – 1832 bis heute, in: Dewald, Christian/ Groschup, Sabine/Mattuschka, Mara/Renoldner, Thomas (Hg.), Die Kunst des Einzelbilds. Animation in Österreich – 1832 bis heute, Wien 2010, S. 84–101. Siehe dazu auch das Unterkapitel „Animationskunst".

Reklameeinschaltung zu „Patakys Weinhaus“ unmittelbar in Verbindung gesetzt. Sind es in dem einen Fall die „Pusztamelodien“ der Musiktruppe, die sofort in das Thema einführen, so wird im Film In der ganzen Welt ein sich drehender Globus zum verbindenden Glied zwischen Titel und erster Produktempfehlung (internationale Bekanntheit). Im Zentrum steht aber letztlich die Demonstration der praktischen Anwendung des Kosmetikartikels.

Hans Ludwig Böhm greift in seinen Produktionen alle damals verfügbaren technischen Elemente auf: Ton, Trick, Montage und Schnitt werden mit mehr oder weniger großer Perfektion und in Abstimmung zu der Produktanmutung (traditionell – modern) in mehr oder weniger dynamischer Abfolge zum Einsatz gebracht. Einzig Farbfilmelemente lassen sich in den noch vorhandenen Filmarbeiten nicht festmachen. Zudem weist das Firmensignet Hans Ludwig Böhms in den wenigen Jahren seiner Tätigkeit in Österreich Änderungen auf – nicht nur der Schriftzug wandelt sich, auch das Sichtbarmachen der Produktionsherkunft erfolgt einmal zu Beginn, dann wieder am Ende des Werbefilms.

8.4.2 Hans Brückner

Der am 31. Jänner 1901 in Ödenburg (Sopron) geborene Hans Brückner beantragte im April 1922 einen Gewerbeschein zwecks „der Herstellung und des Vertriebs medizinischer Filme“ bei der Wiener Kammer für Handel, Gewerbe und Industrie.[711] Tatsächlich lässt sich aber nur eine Produktion Brückners mit Gesundheitsthematik im Jahr 1923 nachweisen.[712] Noch in den 1920er-Jahren erweiterte sich sein Repertoire. Brückner produzierte Aktualitäten und Kulturfilme,[713] war Kameramann bei Propagandafilmen[714] und führte bei einem Spielfilm Regie. [715] Nachweislich war er an der Umsetzung von 19 Filmen beteiligt, davon viermal als Produktionsleiter, zehnmal fungierte er als Produzent.[716] In den 1920er-Jahren war Hans Brückner Mitglied des

711 WKO, Archiv Wien, Gewerbearchiv, Gewerbeschein „Hans Brückner“, Nr. 1376, 3. Oktober 1922.

712 Wütende Menschen, wütende Tiere (A 1923) behandelt das Thema Tollwut und wurde vom Österreichischen Gesundheitsamt in Auftrag gegeben. Vgl.: *Paimann's Filmlisten*, 27. Oktober 1923, o. S. Bundesarchiv Berlin, Filmprüfstelle, Zensurkarten 8091 und 12341.

713 Z. B.: Festtag in Eisenstadt. Ein Film von der feierlichen Eröffnung des neuen burgenländischen Landtagsgebäudes am 5. Dezember 1921 (A 1921). Der Film ist im Bestand des FAA erhalten. Als Produzent und Regisseur wird Hans Brückner ausgewiesen.

714 Z. B.: Die vaterländische Front (A 1936). Im Vorspann des Films (Bestand FAA) wird Brückner als Kameramann angeführt.

715 Juwelen (A 1929). Der Film findet sich im Bestand des FAA.

716 Erhoben wurden die Filmtitel über zeitgenössische Zeitschriften sowie über Aktenvermerke in den Unterlagen des Unterrichts- und Handelsministeriums sowie der Wirtschaftskammer Wien. Siehe auch „Filmografien Kurzfilmhersteller“.

Filmbeirats, gegen Ende des Jahrzehnts legte er seine Funktion zurück.[717] 1937 wurde sein Gewerbeschein erneuert. Als sein Geschäftsfeld registrierte man nun „Handel mit photographischen, kinematographischen und Projektionsapparaten sowie mit den einschlägigen Bedarfsartikeln".[718] Brückners letzte filmische Tätigkeit lässt sich 1937, als ausführender Produzent des von der Firma „Selenophon" hergestellten Kulturfilms SEGELN IN ÖSTERREICH (A 1938), belegen[719] Es ist davon auszugehen, dass er seine Aktivitäten als Filmschaffender 1938 eingestellt hat. Nachdem Hans Brückner seine Gewerbeberechtigung nach 1945 nicht mehr erneuert hatte, wurde diese per Bescheid der Kammer der Gewerblichen Wirtschaft für Wien gelöscht.[720]

Brückners Arbeit zentrierte sich im Bereich des Kultur(werbe)films. Zehn seiner Filme sind dieser Kategorie zuzuordnen, wobei ein Großteil aufgrund ihrer Gestaltung im Bereich Tourismus-[721] bzw. Industriewerbung[722] anzusiedeln ist. Die Produktion EIN TAG IN DER ÖSTERREICHISCHEN VIRGINIERFABRIK IN STEIN AN DER DONAU (A 1928) ist ein typisches Beispiel für diese Genremischform. Der erste Teil des Films widmet sich der Herkunft des Tabaks und vor allem der Herstellung des Produkts. Während Trickfilmsequenzen den Weg des Rohstoffs von Amerika nach Europa über eine Landkarte und Stopptricks demonstrieren (Tabakfässer und Schiffsmodelle werden in Bewegung versetzt), geben Realfilmsequenzen den Arbeitsalltag in der Fabrik wieder. Die einzelnen Schritte der Herstellung per Hand und Maschine bis hin zur Verpackung werden schlüssig und ohne Längen präsentiert.

Obwohl die Detailaufnahmen oftmals nur die Hände der Arbeiterinnen beim Fertigen der Produkte zeigen, sind die Menschen hier nicht nur anonymisierte Körper. In halbnahen und amerikanischen Einstellungen werden Mimik und Habitus der Frauen klar ersichtlich. Damit fügt sich der zweite Teil des Films harmonisch an den ersten. Das soziale Moment steht nun im Zentrum. Viele Arbeiterinnen strömen zur Mittagszeit aus der Anlage nach Hause, andere nehmen ihre mitgebrachten Speisen gemeinsam

---

717 Hans Brückner fungierte als einer der Vertreter der Arbeitnehmer der Filmbranche. Siehe: ÖStA, AdR, BMHV, 581c, Ktn. 3279, Grz. 66873, Zl. 73701, Ggstd.: Mitglieder des Filmbeirates 1928, Februar 1928.

718 WKO, Archiv Wien, Gewerbearchiv, Gewerbeschein „Hans Brückner", Nr. 1173, 21. Jänner 1937.

719 ÖStA, AdR, BMHV, 581c, Ktn. 3711, Grz. 92307-WPA/37, Ggstd.: Schreiben Österreichische Sport- und Turnfront. Oberste Führung an das BMHV bezüglich Drehskizze zu SEGELN IN ÖSTERREICH, August 1937.

720 WKO, Archiv Wien, Gewerbearchiv, Schreiben der Kammer der Gewerblichen Wirtschaft für Wien an das Magistratische Bezirksamt für den 1./8. Bezirk vom 15. Dezember 1970, „Bescheid über das Erlöschen der Gewerbeberechtigung Hans Brückners mit 1. März 1951".

721 Z. B .: SEGELFLUG IM HOCHGEBIRGE (A 1929), Vgl.: Bundesarchiv Berlin, Filmprüfstelle, Zensurkarten 24882. BILDER AUS DEM SALZKAMMERGUT (1930). Vgl.: *Paimann's Filmlisten*, 20. Februar 1930, o. S. LEBEN AM SEE (A 1936), Siehe: Filmographische und Titeldatenbank des FAA.

722 Z. B.: VOM ERZ BIS ZUM STAHL (A 1923). Vgl.: *Die Pause*, Juni 1923, O. S. VOM EISENERZ ZUM DAUERBRANDOFEN (A 1931). Siehe: *Paimann's Filmlisten*, 15. Dezember 1931, o. S.

im Aufenthaltsraum ein. Sie plaudern gelöst und vermitteln „Gemeinschaftssinn". Dass die innerbetriebliche Verbundenheit ein Anliegen der Österreichischen Tabakregie „als Arbeitgeber" ist, lassen die nachfolgenden Sequenzen erkennen. Einzelne Arbeiter und Arbeiterinnen werden zur Untersuchung beim Fabriksarzt gerufen. Herzlich begrüßt man sich im Wartezimmer, unterhält sich mit den Kollegen und Kolleginnen. In der Ordination werden körperliche Beschwerden vorgetragen, die Belegschaft wird untersucht und unmittelbar per Wärmebestrahlungen therapiert.

Eine Badeszene am Ende des Streifens bringt nicht nur eine voyeuristische Komponente ein (verhülltes Enthüllen), das Thema „Körperpflege" ergänzt zudem den Bereich der Gesundheitsvorsorge. Die Bilder der betriebseigenen Badeanstalten hinterlassen ein Gefühl der Intimität. Das Unternehmen ist ein Stück „Zuhause", wo Gemeinschaft und die Sorge um das Wohlergehen gepflegt werden. Ist Teil eins des Streifens eine Mischung aus Lehr- und Industriewerbefilm, so entspricht Teil zwei einem Imagefilm.

Von Hans Brückners vier Kurzwerbefilmen, die eine Laufzeit von 2,5 bis zu vier Minuten (bzw. eine Länge von 58 bis 113 Meter) aufweisen, sind drei noch erhalten.[723] Die Streifen bewarben Tabakerzeugnisse, Gymnastikartikel,[724] die Österreichischen Bundesbahnen[725] sowie eine Klassenlotterie.[726] Zwei dieser Arbeiten sollen seinen Stil veranschaulichen.

Der Film FAHRT DURCH DAS SCHÖNE ÖSTERREICH trägt aufgrund zahlreicher Landschaftsmomentaufnahmen Kulturfilmelemente in sich. Die Wiederverwertung von Bildern, die ursprünglich für andere Filmprojekte hergestellt wurden, ist nicht auszuschließen. Der Reklamefilm beginnt mit einem ansprechenden Titelbild: Ein per Hand schwungvoll (und keinesfalls symmetrisch korrekt) gezeichneter Schienenverlauf präsentiert an der Spitze einen dahinrasenden Zug. Die fliehende Zeichenführung unterstreicht dieses Bild. Die von Wolken umgebene Bahn lässt mit dem erscheinenden Schriftzug „Fahrt durch das schöne Österreich" mehrere Deutungen zu. Einerseits wird eine „himmlische Reise" angetreten, andererseits bewegt sich der Zug schnell wie der Wind, der die Wolken vor sich hertreibt.

Als Identifikationsfigur fungiert eine „gutbürgerliche" junge Dame, die wir auf ihrer Reise beobachten. Im eleganten Kostüm mit einem Schoßhund an der Leine tritt sie ihre Bahnfahrt an. Eingeführt wird sie mit einem „männlichen Blick" – die Detailaufnahme mit Fokus auf den Zugeinstieg zentriert sich auf die Hüfte und die Beine der Frau. Immer wieder wird sie von erhöhter Kameraposition aufgenommen,

---

723 Der Film HOBBY EXTRA (A ca. 1928), der im Auftrag der Österreichischen Tabakregie entstand, ist allerdings aufgrund des Materialzustands derzeit nicht abspielbar. Siehe: Bestand des FAA.

724 VITA-RAUM RAD (A 1930, L: 58 m), siehe: *Paimann's Filmlisten*, 23. Dezember 1930, o. S.

725 FAHRT DURCH DAS SCHÖNE ÖSTERREICH (A 1936, L: 100 m), siehe: *Paimann's Filmlisten*, 22. Mai 1936, o. S.

726 MESALLIANCE (A 1933, L: 71 m). Vgl.: WStLA, MA 104, Zl. K A 10, 1–297, Mappe „Jugendfreie Filme 1932–1935", Jugendverzeichnis April 1933.

es wird auf sie herabgeblickt, wobei jeweils der Blickwinkel von Kofferträgern, Schaffnern und Kellnern eingenommen wird.

In der Folge dominieren zwei „Produkt-Empfehlungen“ den Werbefilm. So wird erstens der Komfort der Zugreise durch Serviceleistungen betont: Ein Gepäckträger ist der Dame zu Diensten, die Kaffeehauskultur wird auch im Speisewagen gepflegt. Die Bahn hält einen ruhigen Kurs, wodurch weder das Lesen eines Magazins noch die Rast im Zugrestaurant beeinträchtigt werden. Trotzdem legt die Bundesbahn ein durchaus schwungvolles Tempo vor. „Phantom rides“ lassen vor dem Auge der Zuschauer österreichische Landschaften und Sehenswürdigkeiten vorbeieilen und sie so ein wenig an der Reiseerfahrung teilhaben.

Die zweite Empfehlung gilt der „Attraktion“, der bestmöglichen Präsentation der vielfältigen heimischen landschaftlichen und kulturellen Schönheiten. Berge, Seen, Wälder, Wasserfälle werden von Schlössern, Kirchen, Denkmälern abgelöst. Um die Einblicke zu erweitern, muss die Kamera den Zug verlassen. Aufnahmen vor Ort, in Städten und Tälern zeigen, was sich bei einem Verlassen des Zugs noch an Sehenswertem offenbart. St. Wolfgang, Zell am See, Bad Gastein, Innsbruck, Bregenz, Millstatt, Klagenfurt oder auch Baden werden in Ansichtskartenmanier von erhöhten Aussichtspunkten, per Panoramablick, vom Ufer aus, mitten im städtischen Treiben (Straßenszenerien in Innsbruck) oder in ländlichem Ambiente (Arm in Arm spazierende Frauen in Vorarlberger Tracht auf einer Weide vor einer Kirchen- und Bergszenerie) ansprechend präsentiert. Wieder am Ausgangsbahnhof angekommen, entsteigt die Dame dem Zug (der Gepäckträger ist wieder unmittelbar zur Stelle, um den Komfort zu gewährleisten). Sie bleibt schließlich vor einer Plakatwand stehen, wendet sich dem Publikum zu und fordert es auf, ein Los der Bundesbahnlotterie zu kaufen, um eine „herrliche Fahrt durch unser schönes Österreich“ zu gewinnen. Die offensichtliche Laiendarstellerin outriert in Gestus und Tonfall, deutet heftig auf das Plakat der Bundesbahnlotterie. Dieses verspricht eine „Fahrt ins Glück“ um einen Schilling 50 Groschen (Lospreis). End- und Titelbild sind identisch (der gezeichnete Zug mit Schienenverlauf), der Schriftzug „Ende“ sowie „Ein Hans Brückner Werbefilm“ lassen den Reklamestreifen in Spielfilmanmutung ausklingen.

Glück steht auch im Zentrum des Streifens MESALLIANCE (A 1933), der für eine Klassenlotterie wirbt. Der Vorspann lässt allerdings einen nachfolgenden Spielfilm erwarten, da Darsteller, Produktions-, Regie-, Kamera- und Ton-Zuständigkeiten explizit ausgewiesen werden. Vor allem die prominente Erstgenannte – die damals populäre Volksschauspielerin Hansi Niese – unterstreicht diese Annahme.[727]

Die erste totale Einstellung verschafft einen Überblick über den Ort der Handlung. Die Szenerie spielt in einem bürgerlichen Wohnzimmer. In der Mitte des Raums

---

727 Es dürfte sich bei MESALLIANCE um eine der letzten Darbietung der beliebten Volksschauspielerin handeln. Der Streifen läuft im Frühling 1933 in den österreichischen Kinos an, Hansi Niese verstirbt im April 1934.

steht ein Esstisch, an dem sich das zentrale Geschehen der Handlung vollzieht. Links schließt ein Fenster mit Beistelltisch und Blumenvase den Rahmen ab. Im Hintergrund ist links eine Sitzecke zu erahnen, rechts thront eine schwere Kommode, auf der Kerzenleuchter und eine goldene Standuhr platziert sind. Kleine Bilder sowie ein Gemälde schmücken die Rückwand. Ein genau über dem Kopf der Hauptakteurin von der Decke hängender Leuchter definiert nicht nur die Mitte und somit das Zentrum des Raums, aufgrund seiner nach oben strebenden Form „krönt" er die Protagonistin und lässt sie größer erscheinen. Die diagonale und distanzierte Anordnung der beiden Frauen (Mutter Reisleitner steht, die Tochter sitzt) verdeutlicht ebenso die Machtverhältnisse (oben und unten) wie die auf Niese zentrierte Lichtführung. Auch die Menge des Sprechtextes unterstreicht die Dominanz des Schauspielstars. Beide Damen sind gut situiert, modisch gekleidet, jeweils mit Rock und Bluse bzw. kurzärmeligem Strickpullover (Tochter) sowie Halsketten als Accessoire. Die Mutter trägt zudem eine schwarze Arbeitsschürze über der Kleidung.

Im Zwiegespräch, das tatsächlich eher einem Monolog von Frau Reisleitner gleichkommt, wird die problematische Ausgangsposition sofort offengelegt. Im Zuge dieser „Unterhaltung" erfolgt ein Wechsel zur amerikanischen Einstellung, die das Spiel Nieses visuell ins Zentrum rückt. Tochter Resi möchte den Briefträger Karl ehelichen. Die Mutter hat aber aus pragmatischen Gründen längst eine andere Wahl getroffen. Im Greißler Wogurka hat sie den idealen Schwiegersohn gefunden: „Na, olso schee is a ned, aber er ist vermögend und außerdem is er ein Greißler und kommt wia's wü, Greißler wird's immer geben. Sie sind das Fundament des Staates. Wie das oba mit den Briefträgern wird, wenn die G'schäftsleut eines Tages draufkommen, dass ihnen die vielen Mahnbriefe do nix nutzen, weu ja do kana zoilt, des was ma natirli ned."

Die Komik liegt hier sowohl im Inhalt als auch in der Darbietung des Gesagten. Ein absurdes Szenario ist erdacht: Schuldner, die auf Mahnbriefe nicht mehr reagieren, schaffen damit den Berufsstand des Postboten ab. Die tatsächlich prekäre wirtschaftliche Lage wird somit auf ein kabarettistisch-satirisches Niveau gehievt und letztlich entschärft. Das volkstümliche Spiel der Niese trägt dazu bei. In breitem Wienerisch und unter Einsatz ihres ganzen Körpers gibt sie eine realistische, bodenständige, lebensnahe Frau aus dem Volk. Nur diese Leichtigkeit macht die nachfolgende glückliche Wende und die Auflösung des familiären Konflikts ein Stück glaubwürdiger, als dies bei einer zu großen Dramatisierung der tatsächlichen ökonomisch prekären Zeiten möglich gewesen wäre.

Tochter Resi versucht die Mutter zu ermuntern, doch zumindest einmal mit ihrem Favoriten Karl zu reden, was von der Adressierten abgeschmettert wird: „Du willst vielleicht noch behaupten, dass ma des große Los mit ihm gewonnen haben." Auf dieses Stichwort klopft es an der Wohnungstür, die Kamera schwenkt nach rechts, ein Mann betritt den Raum. Nun erfolgt die große Wende. Die Handlung gleitet ins Märchenhaft-Phantastische ab, auch die Darstellung Nieses wird nun zusehends kabarettistisch überhöht. Der neue Protagonist stellt sich als ein Angestellter des „Bankhauses Schelhammer und Schattera am Stephansplatz" vor und erklärt, dass Frau Reisleitner bei der Klassenlotterie 300.000 Schilling gewonnen hat. Die Hausfrau verliert nun jede Form der Zurückhaltung. Erregt greift sie sich an die Brust, auf den Mund, zittert am ganzen Körper und schreit nunmehr: „Jessas, jessas, her mit der Marie! Anschauen lassen das Geld!“ Der junge Mann kommt dieser Aufforderung nach und zieht die Geldpakete aus seiner Tasche. Mit dem Auftritt des Bankangestellten und dem Kameraschwenk zurück zur Mitte des Raums sind für einige Sekunden nur noch Frau Reisleitner und der männliche Protagonist zu sehen.

Mit der Präsentation des Gewinns gesellt sich Resi zur Mutter, legt einen Arm, um sie. Der Geldsegen hebt die Distanz zwischen den beiden auf. Die Tochter bringt folglich die neue Ausgangssituation auf den Punkt: „Aber jetzt, Mutter, jetzt darf i mein Karl heiraten?“ Frau Reisleitner – sich ihrer neuen Position nun bewusst – verändert Gestik, Mimik und Tonfall. Sie streckt den Körper, hebt den Kopf, verzieht den Mund und erklärt leicht näselnd: „Na ja, es ist zwar eine Mesalliance, aber mia können ma sich das jetzt leisten!“ [sic!] Dabei wirft sie zwei Geldpakete verächtlich auf den Tisch. Komisch ist daran neben ihrem äußeren Habitus auch die von ihr gewählte Sprache. Nicht nur ist sie nicht in der Lage, das Wort „Mesalliance“ französisch richtig prononciert auszusprechen, auch das Hochdeutsch entgleitet ihr letztlich. Geld allein macht – in dieser Volksstückdarbietung – eben noch keine „Dame“, die Herkunft bleibt in ihrem Wesen festgeschrieben (so das Fazit).

Nach einem Schnitt folgt der Schlussappell. Aus extremer Untersicht wird der Stephansdom von oben nach unten zu abgeschwenkt. Dazu ertönt die Aufforderung der Off-Stimme[728]: „Eilen Sie zum Haupttrefferbankhaus Schelhammer und Schattera auf dem Stephansplatz!“ Einem weiteren Schnitt folgt ein Schwenk (nun in normaler Kameraperspektive, auf Augenhöhe) vom angedeuteten Portal des Doms über den Platz bis zum Geschäftslokal des Unternehmens. Es folgt eine Nahaufnahme der Außenfront des Bankhauses, Passanten eilen vorbei. Der Sprecher schließt seinen Appell wie folgt: „Die Ziehungen der mit einem neuen Spielplan ausgestatteten 31. Klassenlotterie beginnen schon am 23. Mai. Achtung! Sie können diesmal einen Haupttreffer von einer ganzen Million Schilling gewinnen!“ Das Schlussbild präsentiert eine Panoramaaufnahme Wiens mit zentralem Blick auf den Stephansdom.

Die beste innerstädtische Lage des Verkaufslokals nimmt eine zentrale Rolle in MESALLIANCE ein. Sowohl auf der Text- (der Angestellte des Bankhauses stellt sich etwa mit der Geschäftsadresse vor) als auch auf der visuellen Ebene ist der Dom das wiederkehrende Bezugselement. Zugleich ist der Stephansdom ein originäres Wiener Symbol. Die Tonart des Films ist traditionell, Wienerisch, volksnah, was vor allem über die Darbietung der u. a. als Nestroy-, Raimund- oder Salten-Darstellerin bekannten Hansi

728 Zu hören ist die Stimme Karl Ziegelmayers. Er war auch der Sprecher der austrofaschistischen Wochenschau ÖSTERREICH IN BILD UND TON. Seine markante Stimme war später auch in den OSTMARK-WOCHENSCHAUEN wie auch in zahlreichen Kulturfilmen der 1950er-Jahre zu vernehmen.

Niese fassbar ist. Das Zielpublikum des Films ist entsprechend Wienerisch und (klein) bürgerlich, finanziell durchaus noch in der Lage, ein Lotterielos zu erstehen. Die große wirtschaftliche Veränderung bzw. der gesellschaftliche Aufstieg ist angesichts der realen ökonomischen Lage aber nur noch über das unverhoffte Glück möglich.

Hans Brückners Kurzwerbefilme zeugen von seinem Hang zu Kulturfilmen, weisen aber auch auf seine Erfahrungen im Spielfilmschaffen hin. Leichte Unterhaltung mit visuellen Anreizen bzw. humorvollen Einschüben dominieren seine Reklamestreifen. Das werbende Element offenbart sich erst gegen Ende des Films. Das Glück wird hier zweimal zum entscheidenden Moment und führt zu einer Veränderung der Lebenssituation. Dem Kleinbürgertum vermitteln seine Filme ein Stück Hoffnung. Sie geben Anreiz, etwas noch Leistbares (ein Los) zu erstehen, um „belohnt" zu werden und der Misere der Zeit entfliehen zu können – ob zwischenzeitlich über eine Reise oder langfristiger über plötzlichen Geldsegen.

8.4.3 Karl Köfinger

Karl Köfinger wurde am 19. Dezember 1879 als Sohn eines Gastwirts in Wien geboren. Er absolvierte am Technologischen Gewerbemuseum eine Ausbildung zum Elektrotechniker. 1901 trat er „losweise" als „Einjährig-Freiwilliger" in das k.u.k. Heer ein, ab 1906 wurde er als Leutnant der Reserve geführt.[729] In den Jahren 1914 bis 1916 diente Köfinger als Leiter einer Hochspannungs- und Beleuchtungskompanie in den Südtiroler Bergen.[730] Sein im Kriegsarchiv vorliegender Personalbogen zeugt von seinen unterschiedlichen Fertigkeiten sowie von ihm zugeschriebenen Charakterzügen. Er übte diverse Sportarten aus[731] und hatte neben seiner deutschen Muttersprache auch Französischkenntnisse vorzuweisen. Sein Charakter wurde als gefestigt und ehrenhaft beschrieben, er wäre „von heiterem Gemüt und lebhaftem Engagement". Ab 1907 wurde er als Staatsbeamter geführt, er bekleidete eine Stelle im Amt für Eich- und Vermessungswesen und war zugleich als Gewerbeschullehrer tätig.[732]

1920 kam er erstmals mit dem Filmgeschäft in Berührung: Er war an der elektrischen Einrichtung der neuen Filmateliers in Schönbrunn beteiligt. Es folgte die technische Betreuung einiger Produktionen in eben diesen Studios. 1923 trat er mit der Badener Stadtverwaltung in Kontakt, die Interesse an der Umsetzung von Fremdenverkehrsfilmen zeigte. Köfinger wurde mit einem Filmprojekt betraut. WEINLESE

---

729 KA, Personal Qualifikationslisten, HR 1440, Kodolitsch-Köfinger, Akt Köfinger, Karl.

730 Navratil, Josef: Vom Konzept zum Celluloidfilm aus der Kurbelkamera. Vor 110 Jahren wurde der österreichische Lehr-, Schul- und Kulturfilmproduzent Ing. Karl Köfinger geboren, in: SHB, Nr. 157, September/Oktober 1989, S. 8.

731 Im Bereich „Besondere Geschicklichkeiten" wurden die Sportarten Radfahren, Schwimmen, Turnen, Fechten, Eislaufen, Skilaufen, Rudern und Motorradfahren angeführt. Siehe ebd.

732 Ebd.

IN BADEN BEI WIEN fand eine so positive Resonanz, dass weitere Aufträge der Stadt Baden folgten. Köfinger quittierte daraufhin seinen sicheren Staatsposten und machte sich als „gewerbsmäßiger Filmproduzent“ selbstständig.[733]

Schnell avancierte er zu einem der bedeutendsten und einflussreichsten Kurzfilmproduzenten. Staatliche Großaufträge seitens der Österreichischen Tabakregie und im Speziellen von Seiten der Post- und Telegraphendirektion sicherten diesen Status. Zudem nahm er zahlreiche Positionen in der österreichischen Filmbranche wahr. Er war Hauptinitiator und Obmann des 1935 gegründeten Kurzfilmherstellerverbandes. Bereits 1931 wurde Köfinger vom Wiener Handelsgericht zum Sachverständigen und Schätzmeister der Gruppe „Filmfabrikation und Filmverleihwesen“ für den Bereich „Lehrfilm“ bestellt.[734] Ab 1933 war er als Vertreter der Filmhersteller im Gutachterkollegium des Handelsministeriums betreffend die Gestaltung der obligatorischen Wochenschauen und Kurzfilme tätig.[735] 1936 ernannte ihn der Bundesminister für Handel und Verkehr, Friedrich Stockinger, zum Vorstandsmitglied der Fotografeninnung. Parallel dazu bestellte Richard Schmitz, der Bürgermeister von Wien, Karl Köfinger zum Vorstandsmitglied der Fotografen-Zunft.

Mit diesen Ämtern sollte die Wahrung der Interessen der Filmhersteller innerhalb dieser Berufsorganisationen sichergestellt werden.[736] Des Weiteren war Köfinger Mitglied des Filmbeirats, wobei er ausdrücklich zu allen Ausschusssitzungen eingeladen wurde, auch wenn diese keine Werbe- und Kulturfilmagenden behandelten.[737] Sehr aktiv war Köfinger auch im publizistischen Bereich. Als Gründungsmitglied der „Deutschen kinotechnischen Gesellschaft Berlin“ veröffentlichte er eine Reihe von Beiträgen in der Zeitschrift *Kinotechnik*[738] wie auch in österreichischen Fachblättern.[739]

---

733 Navratil, Josef: Das Werk des österreichischen Kulturfilmproduzenten Ing. Karl Köfinger am Beispiel einer Serie von Fremdenverkehrswerbefilmen, in: Mitteilungen Österreichische Gesellschaft für Filmwissenschaft, Kommunikations- und Medienforschung, Nr. 23, Wien 1989, S. 10 f. WKO, Archiv Wien, Gewerbearchiv, Gewerbeschein „Karl Köfinger“, Nr. 634, 3. März 1923.

734 *Österreichische Film-Zeitung*, „Neuer Sachverständiger Ing. Karl Köfinger“, Nr. 46, 14. November 1931, S. 3.

735 ÖStA, AdR, BMHV, 581c, Ktn. 3483, Grz. 96038, Zl.: 107473, Ggstd.: BKA/Bundespressedienst an BMHV: Verzeichnis der Mitglieder (Ersatzmänner) des Gutachter-Kollegiums im Sinne der dortigen Ausführungsbestimmungen betr. Die obligatorische Vorführung von Wochenschauen. 5. Dezember 1933.

736 *Österreichische Film-Zeitung*, „Verband der Kurzfilm-Hersteller“, Nr. 2, 10. Jänner 1936, S. 2.

737 WStLA, MA 104, Zl. K 883, „Verzeichnis der Mitglieder des Filmbeirates in der Funktionsperiode 1. Mai 1936 bis 30. April 1937“, 29. April 1936. ÖStA, AdR, BMHV, 581c, Ktn. 3483, Grz. 92843–9/32, Gschz. 105.324–9/L/32, Ggstd.: Wünsche der Filmerzeuger hinsichtlich Filmbeirat und Filmkontingentierung, 21. Oktober 1932.

738 *Filmberichte*, „Ingenieur Karl Köfinger tot“, April 1938, S. 79. *Die Kinotechnik*, „Die Wiener Frühjahrsmesse 1934“, 5. April 1934, S. 124.

739 *Österreichische Film-Zeitung*, „Neues aus der Kinotechnik. Die Eroberung der Projektionstechnik durch die Glühlampe“, Nr. 6, 4. Februar 1928, S. 57 f. sowie ebd., „Die Glühlampe und die moderne Projektionstechnik“, Nr. 8, 18. Februar 1928, S. 39–41.

Abb. 6: Karl Köfingers Firmeninsert, das in variierter Form in die Vorspanntexte der Filme eingegliedert wurde.

In seiner Funktion als Obmann des Kurzfilmhersteller-Verbandes oblag es ihm, die Aufträge staatlicher Stellen auf die organisierten Verbandsmitglieder zu verteilen.[740] In seinem Nachruf wurde insbesonders auf seine Dienste für eben diese Spezialzunft hingewiesen: „[...] er arbeitete Richtpreise aus, die sehr zur Gesundung des Kurzfilmgewerbes beitrugen, er trat gegen alle Auswüchse und Entartungen im geschäftlichen Verkehr wirksam in Erscheinung, bekämpfte das üppig wuchernde Pfuschertum und trachtete durch Arbeitsbeschaffung den Mitgliedern praktische Dienste zu leisten und suchte den österreichischen Unterrichtsfilm zu organisieren [...]“[741] Karl Köfinger verstarb am 7. April 1938 infolge einer Krebserkrankung. Nachdem sein im Familienbetrieb tätiger Sohn Walter im Juni 1938 einer schweren Lungenschädigung erlag, musste die Firma aufgelöst werden.[742]

Karl Köfinger zählte zu den produktivsten Kurzfilmproduzenten der Zwischenkriegszeit. Bislang konnten ihm 137 Filmtitel zugewiesen werden, davon zählen sechs Arbeiten zum Genre Aktualität, 67 Streifen sind als Kulturfilme zu identifizieren. Die restlichen 64 Titel sind als Werbefilme zu werten.[743] Letztere weisen eine Laufzeit von ein bis 37 Minuten (bzw. von 30 bis 1.060 Meter) auf. Diese Längenunterschiede erklären sich in vielerlei Hinsicht: Köfinger fand vor allem in staatlichen Betrieben

---

740 Navratil, Das Werk, S. 22.

741 *Filmberichte*, „Ingenieur Karl Köfinger tot“, April 1938, S. 79.

742 Navratil, Das Werk, S. 26.

743 Erhoben wurden die Filmtitel über zeitgenössische Zeitschriften sowie über Aktenvermerke in den Unterlagen des Unterrichts- und Handelsministeriums sowie der Wirtschaftskammer Wien. Siehe auch „Filmografien Kurzfilmhersteller“. Zudem sind drei Filme, die auch in den Bereich „Kulturfilm“ fallen, nachgewiesen als Werbefilme der Österreichischen Tabakregie bei Messeveranstaltungen gelaufen. Siehe: *Fachliche Mitteilungen der Österreichischen Tabakregie*, „Die Beteiligung der Österreichischen Tabakregie an Messen und Ausstellungen“, Heft 2, Juli 1931, S. 3–5. Sowie ebd., „Die Wiener Frühjahrsmesse 1931“, Heft 1, April 1931, S. 19.

seine Auftraggeber, die ihre Filme meist außerhalb des regulären Kinobetriebs und mit unterschiedlichen Zielsetzungen zum Einsatz brachten. Staatliche Werbefilme waren durchaus auch als Kultur- und Lehrfilme einsetzbar. Diese Vorgabe entsprach auch ganz Köfingers Stil, der sich trotz einer Zunahme an prägnanten Kurzwerbefilmen nicht maßgeblich änderte. Des Weiteren sind 49 seiner Werbefilme dem Bereich Tourismus zuzuordnen, weshalb eine umfassende und vielseitige Darstellung von Landschaften, Sehenswürdigkeiten und Attraktionen durchaus gewünscht war. Seine weiteren Reklamefilme bewarben Reinigungs- und Körperpflegeprodukte,[744] Bekleidung und Informationsdienstleistungen,[745] Futtermittelerzeugnisse[746] und Finanzdienstleistungen.[747] Die Titel einiger Streifen lassen keine eindeutigen Schlüsse auf das beworbene Produkt zu.[748]

Zu seinen ersten und zugleich für Köfinger untypischsten Werbefilmarbeiten zählt Der Stiefelputzer als Liebesamor (A 1924). Der im Vergleich zu seinen übrigen Filmen andere Stil ist auf den grafischen Gestalter dieses Animationsfilms zurückzuführen. Der in Warschau geborene und seit 1904 in Wien lebende Michael Maibaum war eigentlich ausgebildeter Architekt, hatte sich jedoch im Bereich Filmerzeugung und Zeichentrickfilm weitergebildet,[749] in verschiedenen Filmateliers mitgearbeitet und 1937 einen Gewerbeschein „zur Herstellung von Kurzfilmen" erworben.[750] Der Stiefelputzer als Liebesamor ist eine von zwei Animationsfilmarbeiten,[751] die Maibaum in der Zwischenkriegszeit zugeordnet werden können. Michael Maibaum wurde ein Opfer des NS-Terrors.[752]

Für den genannten Reklamestreifen wandte Maibaum die Legetricktechnik an. Die aus Papier oder Pappe gefertigten flachen Figuren ändern durch das Verschieben

---

744 Der Stiefelputzer als Liebesamor (A 1924, L: 105 m), siehe: *Paimann's Filmlisten*, 17. November 1924, o. S. Verjüngende Gesichtspflege (A 1932, L: 57 m) sowie Wie pflegt die schöne Wienerin ihr Gesicht (A 1932, L: 190 m), beide siehe: *Paimann's Filmlisten*, 1. Oktober 1932, o. S.

745 Zelinkas-Damenbekleidung (A ca. 1932, L: 100 m), siehe: Bestand Filmarchiv Austria. Eine Lehrstunde bei Frau Zelinka – Sparsamkeit in der Hauswirtschaft (A 1932, L: 295 m), siehe: *Paimann's Filmlisten*, 22. Jänner 1932, o. S.

746 (1903–1933): 30 Jahre Kerbers Futtermittel (A 1930, L: 170 m), siehe: *Paimann's Filmlisten*, 2. Jänner 1933, o. S.

747 Spare mit Glück (A 1927, L: 217 m), siehe: *Paimann's Filmlisten*, 23. Mai 1927, o. S.

748 Glück im Unglück (A 1929, L: 81 m), siehe: *Paimann's Filmlisten*, 25. November 1929, o. S. Warum sein Motor in der Kälte nicht anging (A 1933, L: 30 m), siehe: *Paimann's Filmlisten*, 2. Februar 1934, o. S.

749 Renoldner, Animationsfilm in Österreich – 1832, S. 76.

750 WKO, Archiv Wien, Gewerbearchiv, Gewerbeschein „Michael Maibaum", Nr. 778, 22. März 1937.

751 Zugeordnet werden kann Maibaum auch die animierte Traumsequenz im Spielfilm Kleider machen Leute (A 1921, R: Hans Steihoff). Renoldner, Animationsfilm in Österreich – 1832, S. 78.

752 Maibaum wurde 1938 nach Polen deportiert, wo er im zum Konzentrationslager umgewandelten einstigen jüdischen Ghetto Bialystok ermordet wurde. Siehe Online-Personensuche Opferdatenbank „Michael Maibaum" im Dokumentationsarchiv des Österreichischen Widerstands: http://www.doew.at/personensuche, 30.6.2015.

ihrer Arme und Beine in den einzelnen Einstellungen die Position. Gesichtspartien werden ausgetauscht, die beweglichen Gliedmaßen verändert. Ein eher gleichförmiger, nicht allzu auffällig gestalteter Hintergrund[753] bietet das Bühnenbild, vor dem sich die Handlung im Vordergrund ereignet. Im Fall von DER STIEFELPUTZER ALS LIEBESAMOR bildet eine in mattem Grauton erscheinende, wenig detailreich gezeichnete Häuserfront mit Baumzeile die Kulisse. Die „handelnden" Pappfiguren heben sich durch eine stärkere Linienführung und mehr Details vom Hintergrund ab.

Der in einem Zierrahmen präsentierte Filmtitel zu Beginn lässt auf einen nachfolgenden Spielfilm oder zumindest auf einen heiteren einaktigen Schwank schließen. Letzteres liegt im narrativen Fokus des Werbefilms, der anhand einer amourösen Anbahnung die Wirkungskraft der Schutzputzcreme „Cavalier" demonstriert. Schon die aufeinanderfolgenden Zwischentitel „Sie geht spazieren" und „Er steigt ihr nach" definieren die stereotype Ausgangssituation des Liebesabenteuers. Die nun gewählte gestalterische Umsetzung konzentriert den Blick auf die Körpersprache und weckt zugleich das Interesse, das nicht Sichtbare doch noch visuell offenbart zu bekommen.

Die uns präsentierten Figuren sind nur ab dem Brustkorb visualisiert, die Köpfe und damit die Gesichter bleiben dem Publikum vorerst vorenthalten. Die Konzentration liegt einerseits auf einer zarten Frauengestalt im gerafften Sommerkleid, mit einem Lorgnon in der Hand. An den Füßen blitzen schwarze, blank geputzte Stöckelschuhe. Andererseits wird ein hochgewachsener Männerkörper in den Fokus genommen, im Nadelstreifanzug, mit Stock und gänzlich grauem Schuhwerk. Die männlichen Beine folgen den weiblichen, treten mit Nachdruck auf der Stelle, um beim Gegenüber Aufmerksamkeit zu erregen. Eine gewisse Unruhe des Werbers wird optisch vermittelt. Die Frau wird ihres Verfolgers gewahr, blickt durch das Lorgnon, ihr Körper hebt sich kurz, ob vor Schrecken oder Entzücken ist vorerst nicht auszumachen. Er zieht den Hut zum Gruß. Beide haben nun auch Gesichter. Die Dame ist sichtlich jünger (in ihren Zwanzigern) als der etwa 20 Jahre ältere Herr. Ihr schwarzer Bubikopf lässt sie modisch erscheinen, sein kahler Kopf macht ihn möglicherweise älter, als er ist. Letzterer grinst, umwirbt mit Gesten die junge Frau. Er richtet seinen Hut gegen sein Herz. Ein Gefühl von Sehnsucht oder gar Liebe wird unzweifelhaft angedeutet. Die nachfolgenden Hand- und Kopfbewegungen lassen auf ein Gespräch schließen (Zwischentitel bleiben aus). Die Dame senkt nun den Blick und wird seiner Schuhe ansichtig. Ihre Haare sträuben sich, sie geht auf Distanz. Ihr Kopf beugt sich nach hinten, mit der linken Hand weist sie ihn von sich und deutet auf seine Schuhe. Der Mann hat ein verzerrtes Gesicht, sein Körper beugt sich vor Scham. Die Frau schreitet aus dem Bild. Noch einen Moment verharrt der Zurückgewiesene in dieser Haltung, blickt auf sein Schuhwerk. Plötzlich ein

753 Ein zu üppig gestalteter Hintergrund würde bei der Legetricktechnik zu sehr von der eigentlichen Handlung ablenken und den Figuren zu wenig Präsenz geben. Vgl. auch: Schoemann, Animationsfilm, S. 32 f.

Einfall, er greift sich an den Kopf, lächelt und schreitet weiter, der jungen Dame neuerlich nach.

Der nachfolgende Zwischentitel „Jambo wartet auf Kunden" macht die Problemlösung bereits ersichtlich. Vor gleichbleibender Kulisse wartet ein Schuhputzer auf Kunden. Der schwarze Mann mit Fez entspricht in seiner visuellen Umsetzung rassistischen Bildkonzeptionen: Sein Kopf ist überdimensioniert, ein breites – ebenso viel zu groß gezeichnetes – Lächeln dominiert seine Erscheinung. Der „dienende Mohr" sitzt und blickt den unterschiedlichsten Passanten (diese sind wiederum nur ab dem Rumpf ersichtlich) grinsend nach. Niemand bleibt stehen. Er vergräbt den Kopf in den Händen. Zwischentitel: „Heute will das Geschäft nicht recht gehen." Die Dame mit Lorgnon geht an ihm vorbei, er bewegt nun entzückt den Kopf hin und her. Der Verehrer folgt, hält bei Jambo an. Letzterer greift sich an die Stirn, klatscht schließlich tatkräftig in die Hände. Zwischentitel: „Den werde ich als Reklame für mich auf den Glanz herrichten." Jambo holt zwei Bürsten hervor und putzt mit Eifer zuerst den einen, dann den anderen Schuh blank. Der Kunde beugt sich zu Jambo hinunter, in halbnaher Einstellungsgröße blicken sie einander grinsend an. Die diagonale Anordnung – Jambo in der unteren, der Mann in der oberen Position – bleibt erhalten. Jambo bekommt als Lohn ein Geldstück überreicht (sein Gegenüber ist nun wieder ab dem Rumpf ersichtlich), er dankt.

Szenenwechsel: Die Angebetete hat auf einer Parkbank Platz genommen. Ihr Bewunderer nähert sich mit verzerrtem Gesicht und in gebeugter Haltung. Er setzt sich gleichfalls auf die Bank, bewegt sein Bein, immer wieder auf die strahlenden Schuhe hinweisend, zu ihr. Er spricht sie an, zeigt auf seine Füße. Die Frau bleibt regungslos. Auf einem Zweig, direkt über dem Kopf der Dame, findet sich ein Vogelpaar ein, das miteinaner schnäbelt. Während der Mann dem Treiben der beiden lächelnd zusieht, fühlt sich die Frau keineswegs von dieser stimmungsvollen Naturszenerie inspiriert. Der Verehrer blickt hinauf, saugt an seinem Finger, stimmt offenbar einen Ton an und versucht die Vögel zu animieren. Die Tiere zwitschern, eines kotet auf das Kleid der Dame. Der „Kavalier" ist gleich zur Stelle und säubert den Fleck, der sich pikanterweise auf dem Schoß der Frau unmittelbar unter ihrem Geschlecht ausgebreitet hat. Der Bann scheint gebrochen, man blickt und lächelt einander an. Er ergreift das Wort, zeigt auf seine Schuhe. Sie folgt dem Blick und wirft sich daraufhin in seine Arme. Das Umschlingen seines Halses, der Griff an ihre Hüfte und der im unteren linken Bildrand angedeutete Kopf eines Kinds vermitteln eine große Intimität. Inwieweit hier metaphorisch eine sexuelle Handlung angedeutet wird oder auch schlicht auf ein geplantes weiteres Leben verwiesen wird, bleibt der Interpretation der Zuschauerinnen und Zuschauer vorbehalten. Zwischentitel geben darüber keinerlei Auskunft. Arm in Arm schreitet das Paar nun einher, um nochmals auf Jambo zu treffen. Der Schuhputzer greift sich erstaunt an Mund und Kopf. Das Paar beugt sich herab. Jambo bringt durch seine Gestik neuerlich den Grund für dieses Liebesglück vor. Er zeigt abwechselnd auf den Mann und auf die Schuhe, um schließlich seine Putzbewegungen nachzuahmen. Es wird Abschied genommen.

Es folgt der Packshot: Jambo ist nun in einer großen Einstellung zu sehen, er hebt belehrend den Zeigefinger. Zwischentitel: „Meine ‚Cavalier' Schuhcreme wird immer mit ‚glänzendem' Erfolg angewendet." In einer nahen Einstellungsgröße hält Jambo die Schuhcremedose mit der Aufschrift „Beste Schuhcreme, Trade Mark Cavalier, Solo Wien" vor sein Gesicht. Er schiebt die Dose zur Seite, während er auch sein Gesicht seitlich wegbewegt. Jambo lächelt noch einmal dem Publikum zu, lässt sein Gesicht wieder hinter der Verpackung verschwinden, senkt den Kopf, entschwindet dem Bild, nur seine Hand hält von unten das Behältnis. Der Schriftzug „Ende" setzt dem „Werbe-Schwank" einen Schlusspunkt.

Der Stiefelputzer als Liebesamor folgt einem kolonialen Blickmuster: Jambo ist immer in der untergeordneten Position platziert, er sitzt stets, auf ihn wird herabgeblickt, er dient und lächelt. Er gilt wohl in seinem Dienstleistungsbereich als Experte, verschwindet aber hinter dem Produkt. Über weite Strecken nimmt der Film aber auch seine Blickposition ein. Die Personen sind nur ab dem Rumpf ersichtlich, ihre Gestik, ihre Beine, ihre Schuhe werden wahrgenommen und in den Fokus gerückt.

Neben der klar rassistisch-kolonialen ist hier aber auch eine patriarchalisch-sexuelle Sichtweise festzumachen. Der „aktiv agierende" Mann ergreift die Initiative, „stellt nach". Die „passive" Frau reagiert. Nur in dem ihr (aber auch dem in der hier vorgegebenen Lesart „dienenden Mohren") sphärisch zugeordneten Bereich – der Sauberkeit – bezieht sie vehement Stellung. Nach der „Bereinigung" des Disput-Auslösers und einer eindeutig-zweideutigen „Säuberung" ihrer Bekleidung durch den Mann, gibt sie sich hin, nimmt die Rolle der „schwachen Schutzsuchenden" (umklammert den männlichen Hals) ein. Das traditionell vorgegebene Gleichgewicht ist wiederhergestellt.

Die Gestik des „Verehrers" hat einen eindeutig sexuellen Zug. In den ersten Einstellungen beim Akt des „Nachstellens" ist seine Hand griffbereit der Frau entgegengerichtet, sodass ein Griff an das weibliche Gesäß zumindest in der Bewegung angedeutet wird. Das Belecken seines Fingers unmittelbar vor der „Befleckung" der Dame durch den Vogel, das Erscheinen eines „schamhaft" dunklen (Vogelkot!), flächigen, buschigen Flecks direkt unter dem Geschlechtsbereich sowie sein Entfernen sind nicht mehr nur scheinbar, sondern augenfällig sexuell motiviert. Umso erstaunlicher ist diese Bildsprache, als zu Beginn ein Titel-Schriftzug darauf hinweist, dass der Film „Eigentum der Wiener gewerblichen Fortbildungsschule, Wien, VI., Mollardgasse 87" ist. Ob und wie dieser Streifen schulisch zum Einsatz kam, war nicht zu eruieren.

Der Stiefelputzer als Liebesamor ist als Demonstrations-„Spot" einzuordnen. Vermittelt wird, dass zum gepflegten Äußeren auch entsprechend saubere Schuhe zählen. Ein „Kavalier" habe sich nicht nur wie einer zu verhalten, sondern auch so zu kleiden. Der Versuch, den Namen der Schuhcreme mit der Narration zu verbinden, ist offensichtlich. Die Handlungsweise des vermeintlichen „Kavaliers" ist aber mehr als fragwürdig umgesetzt.

Bekanntheit erwarb Köfinger vor allem aufgrund seiner über viele Jahre produzierten und weithin bekannten Werbefilmserie über die österreichischen

Postkraftwagenrouten. In den Jahren 1926 bis 1931 stellte er 37 Fremdenverkehrsfilme für den Postautobetrieb her, mit einer Laufzeit von etwa 12 bis 20 Minuten.[754] In den 1920er-Jahren forcierte man den Ausbau der Postkraftwagenlinien, erschloss Gebiete und Landschaften, die abseits der Bahnverbindungen lagen und bis dahin schwer erreichbar waren.[755] Durch zielgerichtete, moderne Werbemaßnahmen sollten speziell die Sommerlinienrouten national und international Bekanntheit erlangen und den Tourismus ankurbeln. „Im Postkraftwagen durch Österreichs Alpenwelt" nannte sich daher nicht nur jene Prospektreihe, die in deutscher, englischer und französischer Version aufgelegt wurde,[756] sondern auch jene Werbefilmserie, die unter der Ägide Karl Köfingers entstand. Die Filme widmeten sich stets einer Linienstrecke, wobei die Fahrt zum Großteil aus der Sicht der Fahrgäste präsentiert wurde. Zwei Postkraftwagen – ein geschlossener und eine offene Karosserie (der sogenannte Aussichtswagen)[757] – fuhren über entlegene Landstraßen und Waldstrecken, um auch touristisch längst erschlossene Sehenswürdigkeiten zu erreichen. Unberührt erscheinende Dörfer, entlegene Gemeinden wie auch belebte Ortschaften waren Teil des Reiseplans.

Köfingers Postkraftwagenserie fand weite Verbreitung. Zwischentitel in italienischer, französischer, englischer, spanischer und schwedischer Sprache wurden hergestellt. Gezielte Aufführungsaktionen betrieb das Handelsministerium in London, Prag und Brüssel. Selbst auf Überseeschiffen konnten Passagiere Filme über die Postkraftwagenrouten sehen.[758] Im Verlauf der 1930er-Jahre kam die Filmreihe zu Unterrichts- und Lehrzwecken in Schulen und etwas auch in der Wiener Urania zum Einsatz.[759] Einige Filme der Serie wurden in einer Kooperation zwischen der Firma „Selenophon" und der Österreichischen Verkehrswerbung vertont, neu gestaltet und im Rahmen der Fremdenverkehrswerbung wiederaufgeführt.[760] 1937 deklarierte man die Serie zwar als verdienstvoll, aber schon in die Jahre gekommen.[761]

754 1933 wurde zudem ein Kompilationsfilm seiner Postautoreihe hergestellt. Siehe auch „Filmografien Kurzfilmhersteller".

755 *Österreichische Film-Zeitung*, „Werbefilme der österreichischen Postverwaltung", Nr. 50, 7. Dezember 1929, S. 12 f.

756 Navratil, Das Werk, S. 7.

757 Ebd., S. 18.

758 Ebd., S. 19 sowie ÖStA, AdR, BMHV, 581c, Ktn. 3315, Grz. 97203/29, Ggstd.: British Film Services Board um Bekanntgabe österr. Filmerzeuger, Mai 1929. ÖStA, AVA, BMU, Volksbildung: Film, 1932, Ktn. 489, Gschz. 11823-II/10b, 1932, Ggstd.: BKA, Österr. Filme für Auslandspropaganda, beigelegt Zl. 15182/1932, Postkraftwagenfilme zur Vorführung vor Jugendlichen in Belgien, 15. April 1932.

759 ÖStA, AVA, BMU, Volksbildung: Film, 1929–1930, Ktn. 487, Fasz. 472, Gschz. 36407-II/10b, Ggstd.: Volksbildungshaus Wiener Urania, Lehr- und Bildungsfilme, Überprüfung, Juni 1932, beigelegt „Volksbildungshaus Wiener Urania, Lehr- und Kulturfilm-Archiv, Neuerscheinungen, Dritte Folge, Juni 1929.

760 Navratil, Das Werk, S. 17.

761 ÖStA, AVA, BMU, Volksbildung: Film, 1937, Ktn. 499, Fasz. 479, Gschz. 5068/VB, Ggstd.: Filmbegutachtung „König Dachstein", „Polizeiskikurs auf der Austriahütte", „Im Postkraftwagen durch Österreichs Alpenwelt", 5. Mai 1937.

Köfinger, der seine Filme zu Beginn noch im Esszimmer seiner Wohnung im zweiten Wiener Gemeindebezirk fertigte, ging akribisch an jedes Projekt heran.[762] Vorab informierte er sich vor Ort über die zu verfilmenden Inhalte, plante die technische Ausführung der Aufnahmen im Detail. Jede seiner Produktionen lässt ein genaues Konzept und die technisch exakte Ausführung einer Idee erkennen.[763] Die von ihm hergestellten Filme sind als solche immer gekennzeichnet. Nie fehlt direkt unter dem Titel der Schriftzug „Ing. Köfinger Film".

Seine Postkraftwagenfilme weisen eine klare gestalterische Handschrift auf. Jeder Steifen beginnt mit einer Landkarte, die per Trickanimation den Verlauf der zurückzulegenden Strecke vorzeichnet, wobei die im Zuge der Reise angesteuerten Orte per Merklinie hervorgehoben werden. Die Präsentation der Sehenswürdigkeiten und Landschaften erfolgt mitunter traditionell: Panoramaschwenk und erhöhte Aussichtspunkte lassen die schönsten Ansichten in „Postkartenoptik" Revue passieren. Regelrechte Bildikonen bleiben nicht ausgespart. Im Postkraftwagenfilm KREUZ UND QUER DURCHS BURGENLAND (A 1930) zählen Storchnester in Rust oder etwa Steppenlandschaften mit Ziehbrunnen zu diesen Motiven. Köfinger erfüllt übliche Erwartungen an die Bilderlandschaft der jeweiligen Regionen, und doch ist er stets bedacht, Abwechslung zu bieten, Gegensätze zu präsentieren, das Moment der Reise spürbar zu machen und somit die Spannung aufrechtzuerhalten. Alltagsbilder aus dem Dorf- und Landleben (etwa das Bestellen der Felder) finden sich in seinen Filmen ebenso wie inszenierte Aufnahmen rund um Hochzeiten, Festzüge oder katholische Feiern (z. B. Fronleichnamsprozession in VON MARIAZELL ÜBER ADMONT NACH BAD AUSSEE UND VON DORT NACH ALT-AUSSEE UND GRUNDLSEE, A 1929). Wenn zufällige Ereignisse attraktive Bilder bieten und dramaturgisch gut einsetzbar sind, greift Köfinger sie gerne auf. Ein aufziehendes Gewitter, das sich bis heute kaum in einem Fremdenverkehrsfilm finden wird, integriert der begabte Bildarrangeur als Teil des Reiseerlebnisses in VON MARIAZELL ÜBER ADMONT NACH BAD AUSSEE UND VON DORT NACH ALT-AUSSEE UND GRUNDLSEE und lässt es so ein Stück authentischer erscheinen. Oftmals enden die Streifen dieser Reihe mit dem Sonnenuntergang, das Ende des Tages wird zum Abschluss eines Reiseausflugs, der in klar begrenzter Zeit eine Menge an Schauwert und Erleben bietet.

Der Postkraftwagenfilm KREUZ UND QUER DURCHS BURGENLAND lässt beispielhaft erkennen, wie über 15 Minuten Laufzeit die Vielfalt der Gegend ansprechend arrangiert wurde. Als tourismustaugliche, gut eingeführte Fixpunkte fungieren das Heilbad Bad Tatzmannsdorf, Burg Schlaining, Schloss Bernstein, Burg Lockenhaus, Mattersburg, Burg Forchtenstein, Eisenstadt mit den Dom St.

---

762 Navratil, Das Werk, S. 12.

763 Navratil, Josef: Historische österreichische Industriefilme aus der Werkstätte von Ing. Karl Köfinger, in: Filmkunst, „Film und Industrie". Nr. 124, 1989, S. 33 f. Josef Navratil führte mit der Tochter Karl Köfingers in den 1980er-Jahren umfassende Gespräche zum Leben und Werk des Vaters und konnte auch auf private Sammlungsbestände zurückgreifen.

Martin und dem Schloss Esterházy, der Römersteinbruch St. Margarethen, Rust, Mörbisch und der Neusiedler See. Hier soll gezeigt werden, was dem Besucher an Aussichten und Ansichten sowie an Entspannungs-, Erholungs- oder sportlichen Möglichkeiten geboten wird. Bei den aktiven Tätigkeiten – promenieren, gustieren, konsumieren, schwimmen, sonnen, Wasserballspielen, Boot fahren – wird die Zielgruppe dieser Filme greifbar. Als „gutbürgerlich" in Kleidung und Habitus sind die Mitreisenden bzw. die vor Ort Aktiven zu erkennen. Dazwischen besteigen und entsteigen sie dem bzw. fahren mit dem Postkraftwagen. Breit ausgebaute, aber auch entlegene – hoch oder eng angelegte – Straßen werden mit dem Bus erobert. Abenteuer- und Reiselust werden vermittelt, oftmals fährt der Wagen bewusst rasant durch die Landschaft, wobei Erde und Sand aufgewirbelt werden, um das Fahrterleben visuell aufzubereiten. Die Bewegung im Bild wird bewusst arrangiert, der Postkraftwagen selbst stimmig inszeniert – die Kamera positioniert sich an Plätzen, an denen das Reisegefährt in diagonaler Handlungsachse vorbeifährt, während Passanten, Radfahrer oder auch Tiere den Weg kreuzen. Einheimische und Touristen winken einander freudig zu – auch in den entlegenen Winkeln sind die Besucher willkommen.

Während die Reisenden agieren, sind die Ortsansässigen Teil der „voyeuristischen" Schaulust. Der Alltag der „Anderen", aber auch deren äußeres Wesen weckt Interesse, wobei Köfinger auch hier auf Gegensätze setzt. Nicht nur die Landschaften und die touristischen Angebote sind vielfältig, auch die Bevölkerung weist Diversität auf; in KREUZ UND QUER DURCHS BURGENLAND wird dies besonders deutlich. Aufnahmen von Burgen, Schlössern, Bädern und Landschaften werden von Szenerien aus dem Alltag unterbrochen, wobei etwa der Zwischentitel „Zigeuner" als einziger Übergang und Kommentar zu Aufnahmen von einem Roma- und Sinti-Lagerplatz dient. Ein Kameraschwenk in totaler Einstellung gibt einen ersten Einblick in die Szenerie: Mitten in der Puszta rahmen Pferdekutschen und-waggons jenen Bereich, den das fahrende Volk zur aktuellen Heimstatt gemacht hat. Im Kreis gruppiert sitzt die Familie zusammen am Boden, links von ihnen trinkt ein Hund aus einem Kübel Wasser. Die nachfolgenden Einstellungen rücken nahe an die Protagonistinnen und Protagonisten heran. In Halbtotaler und Großaufnahme werden einzelne „Typen" als „spezielle Attraktionen" in den Fokus genommen. Frauen unterschiedlichen Alters ruhen mit Kindern auf der Erde. Lumpen und Säcke dienen als Lagerstatt. Man isst, blickt verschämt weg, lacht. Frauen, Halbwüchsige und selbst Kinder ziehen genussvoll an ihren Zigaretten. Ein älterer Mann hat im Familienkreis den Vorsitz.

Der nachfolgende Zwischentitel „Stete Abwechslung bietet die Eigenart des Burgenlandes" verbalisiert nochmals das visuell ohnehin offensichtliche. Neuerlich leitet ein totaler Kameraschwenk die nächste Szene ein: Ein Dorfidyll bietet eine von Häusern und Kirchturm gerahmte Wiesenlandschaft dar. Gänse sammeln sich im Grünen und im angrenzenden Teich, den Letzteren nutzt auch die Landjugend zur Erfrischung. Rangelnde Kinder auf der Straße, Szenen am Dorfbrunnen sowie eine nahe dem Feld gebaute Kapelle, Bauersleute ziehen vorbei, vermitteln Impressionen aus dem einfachen Landleben.

Die Zeile „Mattersburg, ein bedeutender Markt ... " leitet mit nachfolgendem Panoramaschwenk – ausgehend vom Kirchturm über Häuserzeilen bis zu einem Lagerplatz, der an jenen der Roma- und Sintifamilie erinnert – zum neuen Schauplatz über. Der ergänzende Zwischentitel „ ... hat ein sehenswertes Ghetto" nimmt eine weitere Bevölkerungsgruppe des Burgenlandes in den Fokus. Straßenszenerien zeigen Männer auf dem Weg zur Synagoge sowie eine Gruppe von Buben, die sich vor dem Geschäftslokal eines Schuhmachers namens Rosenbaum zusammenfinden. Die Jungen tragen Alltagsmützen oder Kippa und kommen offenbar arrangiert vor der Kamera zu stehen. Eine Halbtotale nimmt zwei eifrig gestikulierende Buben mit traditionell religiöser Kopfbedeckung in den Fokus – eine weitere inszenierte Szene. Abschließende Aufnahmen in einem Hausgewölbe wirken ebenfalls komponiert: Einmal ist die Kamera zwischen einem Durchgang positioniert. Eine alte Dame wartet offenbar auf ein Zeichen, das sie zum Losgehen motiviert. Daraufhin betritt eine weitere alte Frau die Szenerie und blickt kurz in Richtung des Objektivs. Die nächste Einstellung zeigt Aufnahmen vom Zentrum des Hofs – ein Kind im Parterre dreht sich zum Kameramann um, auf der ersten Etage blicken ein älteres Paar und ein junger Mann in die Tiefe.

Gezielt setzt Köfinger hier auf die Montage unterschiedlicher Bevölkerungsgruppen, Szenerien und Typen, um die Schaulust voranzutreiben, wobei er mit den textlichen Hinweisen auf „Zigeuner" und das jüdische „Ghetto" die „Anderen" klar benennt, während die Menschen im Dorfidyll keiner Gruppenzuordnung bedürfen. Was sie alle eint, ist die Einfachheit, die Schlichtheit ihres Lebens. Ein durchaus „armes" Land, dessen Bevölkerung großteils bescheiden und vor allem von der Landwirtschaft lebt, präsentiert KREUZ UND QUER DURCHS BURGENLAND. Einzig in der Landeshauptstadt Eisenstadt und am Neusiedler See ist ein städtisches Treiben bzw. ein bürgerlich anmutendes Ambiente greifbar, wobei hier Einheimische und Besucher nicht immer klar voneinander zu trennen sind.

Köfingers Filmschaffen zeugt von seinem Organisationstalent (wo und wann sind attraktive Szenen zu drehen), seinem technischen Wissen und seiner visuellen Vorstellungskraft (wie ist die Kamera richtig zu positionieren, wie ist das Licht einzusetzen und wie arrangiert man Menschen und Objekte), seiner Improvisationsfähigkeit (das Erkennen visuell ansprechender Szenen und das Festhalten solcher per Kamera) und seiner langjährigen Lehrtätigkeit (wie vermittle ich räumliches, stoffliches oder technisches Wissen anschaulich). Seine Arbeiten sind mehrheitlich so konzipiert, dass deren vielfältiger Einsatz als Werbe-, Lehr- oder Kulturfilm gewährleistet war. Dies war ein Grund für die weite Verbreitung und Bekanntheit seiner Produktionen. Zugleich wirkte dieses Konzept im Bereich des Werbefilmschaffens spätestens ab Mitte der 1930er-Jahre zunehmend veraltet. Ab diesem Zeitpunkt setzte sich der Kurzwerbefilm immer mehr durch.

8.4.4 Gustav Mayer / Adolf Mayer

Gustav Mayer wurde am 17. Jänner 1875 in Wien geboren. Ab 1908 war er bei der Firma Pathé tätig – vorerst in der k.u.k. Residenzstadt, später als leitender Direktor der Filiale in Aussig (heute Ústi nad Labem in Tschechien).[764] Am 12. August 1912 löste er einen Gewerbeschein zwecks „Handel mit kinematographischen Artikeln und Apparaten". Im Dezember desselben Jahres wurde die Konzession hinsichtlich der „Ausführung von kinematographischen Aufnahmen" erweitert. In den 1920er-Jahren wurde der Zusatz „Filmverleiher; gewerbs. Leihweise Abgabe von Filmen" ergänzt.[765]

Vor 1914 war Gustav Mayer im Verband der Kinobesitzer als Ausschussmitglied tätig.[766] Während des Ersten Weltkriegs nutzte man seine Kenntnisse in der Filmabteilung des KPQs. In den ersten Jahren der Republik begründete er mit der „Pax-Film" sein erstes Unternehmen, zu dem ein Filmverleih sowie ein Kinobetrieb zählten.1921 konzipierte er seine Firma „Mayer Film", die je nach Ausrichtung seiner aktuellen Arbeiten als „Mayer's Filmbüro" oder „Mayer's Filmaktualitätenbüro" in Erscheinung trat.[767] Letztere Bezeichnung lässt bereits auf jenes Spezialgebiet schließen, das für Gustav Mayer für viele Jahre bestimmend sein sollte. Die aktuelle Berichterstattung prägte bis etwa 1933 sein Filmschaffen. Die von ihm eigens konzipierte Aktualitätenschau WIENER-FILM-WOCHE erschien 1925 in nur zwei Ausgaben. Er blieb vorerst bei einzelnen Filmberichten aller Art von sportlichen Wettbewerben und Festen über Justizprozesse und Trauerfeierlichkeiten bis hin zu hochpolitischen Ereignissen wie dem Justizpalastbrand.[768] Ab 1930 gingen die Firma „Selenophon" und Gustav Mayer in eine Koproduktion und erzeugten bis 1932 mit der „Selenophon Tonfilmschau Austria" eine eigens für den heimischen Markt konzipierte Wochenschau.

Gustav Mayers Söhne – Rudolf (geboren 1903) und Adolf (geboren 1908) – lernten das kinematographische Handwerk im hauseigenen Betrieb und drehten ab 1933 auch Beiträge für die „ständestaatliche" Wochenschau ÖSTERREICH IN BILD UND TON. Vater Gustav war zu diesem Zeitpunkt Berater in der Filmsektion der

---

764 Über seine Ausbildung und Tätigkeit vor 1908 waren in den Akten keine Vermerke zu finden. Auch der Enkel Gustav Mayers – Peter Mayer – konnte dazu keine Informationen beisteuern. Zu seiner Tätigkeit bei Pathé siehe: *Österreichische Film-Zeitung*, „Gustav Mayer als Jubilar", Nr. 45, 11. November 1933, S. 4. Schuchnig, Josef: Adi Mayer Film. Eine österreichische Filmfirma mit Tradition, in: Filmkunst, Nr. 136, 1992, S. 3.

765 WKO, Archiv Wien, Gewerbearchiv, Gewerbeschein „Gustav Mayer", Nr. 10201, 12. August 1912.

766 *Österreichische Film-Zeitung*, „Gustav Mayer als Jubilar", Nr. 45, 11. November 1933, S. 4.

767 Ebd. sowie Schuchnig, Adi Mayer Film, S. 3. *Österreichische Film-Zeitung*, „Gustav Mayer, der Sechziger", Nr. 3, 18. Jänner 1935, S. 2.

768 Gustav Mayers Aufnahmen von den Ereignissen rund um den Justizpalastbrand (DER BRAND DES JUSTIZPALASTES IN WIEN, DIE SCHRECKENSTAGE VON WIEN) zählen heute zu jenen Filmbildern, die durch deren immer wieder kehrende Verwendung in Dokumentarfilmen oder auch bei Ausstellung zu Bildikonen der Ersten Republik avanciert sind.

Allgemeinen Gewerbegenossenschaft sowie Mitglied des Gutachterkollegiums des Bundesministeriums für Handel und Verkehr.[769] 1933/34 verlegte Gustav Mayer seine Tätigkeit in den Bereich des Werbefilms. In diesen beiden Jahren stellte er jeweils noch eine Aktualität her, während er 1933 zwei und 1934 neun Werbefilme drehte. Insgesamt beläuft sich das Schaffen des Mayer'schen Familienbetriebs bis inklusive 1938 auf 128 Aktualitätenfilme, zehn Kulturfilme, zwei unterhaltende Kurzfilme, einen Spielfilm sowie 87 Werbefilme.[770]

Nach dem überraschenden Tod Gustav Mayers am 27. Februar 1936 übernahm sein jüngerer Sohn Adolf Mayer (geboren am 14. Mai 1908) die Geschäftsführung des Unternehmens. Rudolf, der Ältere, war weiterhin als Kameramann, Trickexperte, Regisseur und Produzent tätig und gründete seine eigene Firma („Rudolf Mayer Film"). Die Wege der Brüder trennten sich Ende 1937.[771] Im Jänner 1938 löste Adolf Mayer einen eigenen Gewerbeschein und benannte den väterlichen Betrieb in „Adi Mayer's Filmbüro" umg.[772] In den Jahren 1936 bis 1938 verschrieb er sich ganz der Werbefilmproduktion, wobei er in diesem Zeitraum 59 entsprechende Produktionen vorlegte. Während des Nationalsozialismus war er als Kameramann und „Filmberichter" ständiger Mitarbeiter bei der DEUTSCHEN WOCHENSCHAU. Davor wurde er bereits zweimal vom Reichspropagandaamt für den Einsatz bei der Propaganda-Kompanie angefragt. Adolf Mayer, der seit 1. Juni 1936 illegales Parteimitglied der NSDAP war, galt (laut Gauakt) als „charakterlich einwandfrei" und „als guter Nationalsozialist".[773] Für Tätigkeiten im Bereich „Kulturfilm" sowie für einige Eigenproduktionen wurde Adolf Mayer von der Wochenschau-Abteilung immer wieder freigestellt.[774] Nach dem Zweiten Weltkrieg nahm Mayer die Werbefilmproduktion bis zu seinem Tod 1961 wieder auf. Das Unternehmen „Adi Mayer Film" wurde vorerst von seiner Frau Margaretha, ab 1972 von deren beider Sohn Peter Mayer sehr erfolgreich weitergeführt.[775] Die

---

769 *Österreichische Film-Zeitung*, „Gustav Mayer als Jubilar", Nr. 45, 11. November 1933, S. 4 sowie ebd., „Gustav Mayer, der Sechziger", Nr. 3, 18. Jänner 1935, S. 2.

770 Erhoben wurden die Filmtitel über zeitgenössische Zeitschriften sowie über Aktenvermerke in den Unterlagen des Unterrichts- und Handelsministeriums sowie der Wirtschaftskammer Wien. Siehe auch „Filmografien Kurzfilmhersteller". Des Weiteren konnte auf eine Publikation der „Adi Mayer Film", die sämtliche Filmtitel dieses Unternehmens sowie die Arbeiten Gustav Mayers von 1923 bis 2003 ausweist, zurückgegriffen werden: Adi Mayer Film 1923–2003, 80 Jahre Filmproduktion. Qualität mit Tradition, Wien 2005.

771 Schuchnig, Adi Mayer Film, S. 7. Einer der Söhne Rudolf Mayers, Kurt Mayer, ist bis heute erfolgreich im Bereich Filmproduktion tätig. Siehe: http://www.kurtmayerfilm.com/, 5. Mai 2015.

772 Schuchnig, Adi Mayer Film, S. 7.

773 Adolf Mayer hatte in seiner „illegalen Zeit" keine weitere Funktion ausgeübt, war allerdings parallel Mitglied der „Vaterländischen Front" - aufgrund des berufsständischen Zwangs wie in seiner NSDAP-Personalbogen ausgeführt ist. A. 22. August 1939 rückte Mayer zur Wehrmacht ein. Siehe: ÖStA, AdR, Zivilakten NS-Zeit, Bundesministerium für Inneres/Gauakten, Akt „Adolf Mayer", Nr. 98955.

774 Schuchnig, Adi Mayer Film, S. 9.

775 WKO, Archiv Wien, Zentralkataster, „Adi Mayer's Filmbüro", Nr. 508660, 17.3.1992.

Firma „Adi Mayer Film“ existiert bis heute und ist der längstbestehende Werbefilmbetrieb Österreichs.[776]

Die 86 bis 1938 produzierten Werbefilmen des Familienunternehmens weisen eine Laufzeit von 30 Sekunden bis zu 11 Minuten auf (bzw. eine Länge von 10 bis 300 Metern). Ab 1936 dominierte jedoch die Herstellung von Kurzwerbefilmen. In den Jahren 1936 bis 1938 waren von 63 Filmen 53 eine halbe bis drei Minuten lang. Die Bandbreite der von Gustav Mayer und seinen Söhnen vertretenen Branchen war dementsprechend groß: Ihre Streifen bewarben Genuss- und Lebensmittel,[777] Produkte von Bekleidungs- und Accessoire-Erzeugern,[778] Versicherungs- und Lotteriebetriebe,[779] Dienstleistungsanbieter,[780] Reinigungs- und Körperpflegeprodukte[781] sowie Tourismusorte und Gastronomiebetriebe[782]; selbst Nasenkorrekturen wurden angepriesen.[783]

---

776 http://www.adimayerfilm.at/2012/, 5. Mai 2015.

777 Z. B.: KIRTAG (A 1936, L: 28 m), *Paimann's Filmlisten*, 4. Dezember 1936, S. 1539. EIN ORIENTALISCHES WUNDER (A 1937, L: 34 m), Zensurkarten 49893 der Filmprüfstelle Berlin/Bundesarchiv Berlin. WUNDERBARE RETTUNG (A 1938, L: 53 m), Zensurkarten 50051 der Filmprüfstelle Berlin/Bundesarchiv Berlin. KATHREINER (A 1933, L: 60 m), *Paimann's Filmlisten*, 1. Dezember 1933. HAMMER EXPRESS STRUDELBLÄTTER (A 1934, L: 16 m), *Paimann's Filmlisten*, 2.März 1934. WAS FEHLT? (A 1938, L: 45 m), Zensurkarten 50097 der Filmprüfstelle Berlin/Bundesarchiv Berlin.

778 Z. B.: DAS BOHÈMEQUARTETT IN: VIER VON DER TEGETTHOFFSTRASSE (A 1936, L: 70 m), *Paimann's Filmlisten*, 13. März 1936, S. 1458. HERZSCHLAG EINER INDUSTRIE (A 1936, L: 120 m), *Paimann's Filmlisten*, 4. September 1936, S. 1507. 1000 METER HÖHER (A 1937, L: 120 m), Adi Mayer Film 1923–2003, 28. DAS GEHEIMNIS DER 10 (A 1938, L: 62 m), Zensurkarten 49952 der Filmprüfstelle Berlin/Bundesarchiv Berlin. AUFSTEHEN! (A 1938, L: 28 m), Zensurkarten 49849 der Filmprüfstelle Berlin/Bundesarchiv Berlin. MÄDCHEN FÜR ALLES (A 1938, L: 30 m), Zensurkarten 49815 der Filmprüfstelle Berlin/Bundesarchiv Berlin.

779 Z. B.: VERANTWORTUNG (A 1936, L: 20 m), *Paimann's Filmlisten*, 30. Oktober 1936, S. 1525. WUNDERNACHT (A 1936, L: 44 m), *Paimann's Filmlisten*, 11. Dezember 1936, S. 1542. DER LOHN DER GUTEN TAT (A 1928, L: 410 m), Bestand Filmarchiv Austria.

780 HERREN-, DAMEN- UND KINDER-FRISIERSALON WEININGER (A 1929, L: 100 m), *Paimann's Filmlisten*, 27. April 1929. STROM FÜR ALLES (A 1936, L: 690 m), Zensurkarten 50205 der Filmprüfstelle Berlin/Bundesarchiv Berlin. GAS IM HAUSHALT (A 1936, ohne Längenangabe), *Paimann's Filmlisten*, 25. September 1936. MACH DAS LEBEN DIR BEQUEM (A 1937, L: 48 m), Zensurkarten 49850 der Filmprüfstelle Berlin/Bundesarchiv Berlin. ALLE NEUNE (A 1938, L: 42 m), Zensurkarten 50488 der Filmprüfstelle Berlin/Bundesarchiv Berlin. FLITTERWOCHEN (A 1938, L: 269 m), Zensurkarten 49144 der Filmprüfstelle Berlin/Bundesarchiv Berlin.

781 DAS VERMÄCHTNIS VON SEBASTIAN KNEIPP (A 1934, L: 360 m),: *Paimann's Filmlisten*, 31. Dezember 1934. WEICHES WASSER (A 1936, L: 15 m), Zensurkarten 49676 der Filmprüfstelle Berlin/Bundesarchiv Berlin. PERSIL JUBILÄUMSFILM (A 1937, L: 70 m), Adi Mayer Film 1923–2003, S. 29. NICHT VERGESSEN (A 1938, L: 70 m), Zensurkarten 49144 der Filmprüfstelle Berlin/Bundesarchiv Berlin.

782 KOMMT NACH BADEN! (A 1937, L: 60 m), Adi Mayer Film 1923–2003, 80 Jahre Filmproduktion. Qualität mit Tradition, Wien 2005, S. 28. EIN WIENER HEURIGER LADET SIE EIN (A 1938, L: 28 m), Filmografie Filmarchiv Austria.

783 KOSMETISCHE NASENOPERATION (A 1932, L: 105 m), *Paimann's Filmlisten*, 1. Oktober 1932.

Die Vielfalt dieser Produktionen zeigte sich auch in deren Machart – es finden sich Sketchs, musikalische Werbeeinlagen, Arbeiten mit Kulturfilmanmutung, Animationsfilme.[784] Nicht immer zeugt der Aufbau der Filme von einer dramaturgischen Logik, die mit der Werbebotschaft korreliert. Mitunter konstruiert man launige bzw. bezaubernde Geschichten, denen eine Produktwerbung ans Ende gestellt wird. Der Film DIE WUNDERNACHT (A 1936) ist ein Beispiel dafür. Der Streifen beginnt mit Schlagworten, die als Kaufargumente dienen: Vor einer stilisierten Uhr, deren Minutenzeiger sich zügig dreht, erscheinen die Losungen „Verantwortung", „Vorsorge" und „Versicherung". Der erste Buchstabe dieser Parolen wird von Mal zu Mal ein Stück größer, bewegt sich schließlich in die Mitte des Ziffernblatts und formiert sich zum Signet der Österreichischen Versicherungs A.G. Zu Fanfarenklängen wird die Aufforderung „Versichern Sie sich bei der Österreichischen Versicherungs A.G." eingeblendet. Der Kurzwerbefilm scheint geendet zu haben, die Fanfaren klingen ab. Flötenklänge erklingen, ein schwungvoll geschriebener Titel kündigt DIE WUNDERNACHT an, rechts unten verweist das Signet „Mayer Film Wien" auf den Hersteller. Es folgt ein märchenhafter, weihnachtlich gestimmter Animationsfilm, der in einem schneebedeckten nächtlichen Wald beginnt, wo Krähe und Rehkitz den einsamen Forst bevölkern. Engel kommen geflogen, lassen Pakete in den Schnee fallen und blasen schließlich ein Trompetensignal. In einem Baumstamm erscheint eine Tür, Wichtelmänner auf Skiern eilen aus dem Inneren hervor. Sie nehmen jeweils ein Päckchen in den Arm und fahren rasch zu einem beschaulichen Städtchen. In einem der Häuser wird haltgemacht. Die Wichtelmänner platzieren die Geschenke, bis sich das Signet der Österreichischen Versicherungs A.G. formiert. Das Markenzeichen erscheint letztlich in einem Lichtstrahl, ein Wichtel läutet ein Glöckchen, die Kerzen am Baum nehmen nun auch die Form des Firmenzeichens an. Die Animation wirkt an dieser Stelle sehr unbeholfen und verfremdet. Der Hintergrund wird weggeblendet, nur das Signet, dann auch der Firmenname sind zu sehen. Der Off-Kommentar (gesprochen von Karl Ziegelmayer) erläutert: „Das schönste Geschenk für Deine Lieben – sorglose Zukunft durch eine Polizze bei der Österreichischen Versicherungs A. G.!" Der Werbefilm wirkt konstruiert – eine in sich schlüssige Geschichte, die etwa mit Wunsch- oder Schreckensbildern arbeitet und somit die Sinnhaftigkeit einer Polizze erläutert, fehlt. Der für das Weihnachtsgeschäft in Auftrag gegebene Werbefilm setzt den Anlass in keinerlei nachvollziehbare Verbindung mit dem Produkt.

Ähnlich verhält es sich mit dem für die Wiener Gaswerke werbenden Film ALLE NEUNE (A 1938). Hier treffen fünf Freunde bei einem Kegelabend zusammen. Einem der Männer, Maxl, gelingt ein Meisterschuss – er trifft alle Neune. Das muss gefeiert werden, meinen die anderen, doch Maxl muss nach Hause, um einen Krach mit

784 Sketch z. B.: ER WEISS ALLES (A 1935, L: 40 m), musikalische Werbeeinlage z. B.: DAS BOHÈME-QUARTETT IN: VIER VON DER TEGETTHOFFSTRASSE (A 1936, L: 70 m), Kulturfilmanmutung: BERGE UND BRETTLN (A 1932, L: 320 m), Animationsfilm z. B.: DAS HAMMER SCHLARAFFENLAND (A 1937, L: 80 m).

seiner Frau zu vermeiden. Daraufhin rät ihm einer der Freunde, seiner Frau doch durch die Anschaffung von Gasgeräten eine Freude zu machen. Diverse Gasgeräte werden präsentiert, der Off-Kommentar erläutert: „Freude und Bequemlichkeit durch die Gasgemeinschaft. Alle diese Geräte erhalten Sie gegen zinsfreie Teilzahlungen durch die Gasgemeinschaft beim Gaswerk und in allen Fachgeschäften, die dieses Zeichen tragen!" Das Signet der Gasgemeinschaft Wien wird eingeblendet. Auch in dieser Produktion vollzieht sich der Wechsel vom Alltagschwank zur Werbebotschaft holprig. Es könnte sich hierbei um einen Blancofilm oder zumindest um ein Grundkonzept zu einem solchen gehandelt haben.[785] Mit diesem grundsätzlichen Aufbau des Spots hätte ebenso ein Parfüm oder Schmuckstück beworben werden können.[786] Das im Werbefilm klassisch angewandte Prinzip Exposition – Komplikation – Auflösung – Coda und Folgerung[787] fehlt in die DIE WUNDERNACHT gänzlich, bei ALLE NEUNE wird es letztlich nicht befriedigend aufgelöst. Zur zumindest glaubhaft angedeuteten positiven Auflösung – die Ehefrau ist beglückt über die neuen Geräte und somit für geraume Zeit zumindest ausgesöhnt (Coda/Folgerung) – fehlt es schlicht an einer visuellen Aufbereitung des Versprochenen. Der Vorschlag des Freundes und der Off-Kommentar sind dazu schlicht nicht ausreichend.

Ein typisches Merkmal, das sich durch eine Vielzahl von Filmen der Firma Mayer zieht, ist der Hang, ein spezielles Lokalkolorit einzufangen. Das Produkt oder die Dienstleistung wird vor allem auf sprachlicher und musikalischer Ebene mit Orten, Menschen und Landschaften verbunden. Im Zentrum stehen das Wienerische Idiom sowie das Wiener Musikliedgut, sofern das zu bewerbende Unternehmen in Wien sesshaft ist.[788] Alltagsszenerien – ob der allgemeine Bassenatratsch, Freizeitaktivitäten oder Arbeitssituationen – geben hier immer wieder den vertraut anmutenden Rahmen ab.[789] Entsprechende Adaptionen finden sich bei Filmen, die anders verortete Produkte anpreisen.

In 1000 METER HÖHER (A 1937) werden Vorarlberger Landschaften, Folklore und Lebensfreude zum zentralen emotionalen Drehpunkt. Der Filmtitel erscheint vor einer zeichnerisch stilisierten Fabriksanlage, wenn nicht sogar Industriestadt, mit rauchenden Schloten. Die Kamera schwenkt nach oben und kommentiert so letztlich den nachfolgenden Titel 1000 METER HÖHER. Über der Industrieanlage erscheinen weiße Bergwelten, die Fanfarenklänge gehen in Jodelgesänge über. Die

785 Vgl. dazu die Erläuterungen im Kapitel „Verband der Kurzfilmhersteller: Ausschaltung der Konkurrenz, Sicherung von Einflusssphären, Eigenwerbung".

786 Viel ausgeklügelter gestaltet sich hingegen der Adi Mayer Film FLITTERWOCHEN, der gleichfalls für die Wiener Gasgemeinschaft wirbt. Siehe dazu: http://stadtfilm-wien.at/film/29/ (2. Juli 2016).

787 Vgl. dazu Heiser, Drehbuch, S. 82–86.

788 Neben dem Wiener Bohème-Quartett bietet bei den Mayer-Filmen etwa auch der Sänger und Heurigenbetreiber Franz Schier sein Können dar. Letzterer bewirbt dabei sein eigenes Heurigenlokal: EIN WIENER HEURIGER LADET SIE EIN (A 1938, L: 28 m).

789 Z. B.: DIE LIEBEN NACHBARN (A 1936, L: 90 m), ALLE NEUNE (A 1938, L: 42 m), ER WEISS ALLES (A 1935, L: 40 m).

anschließenden, mehr als drei Minuten dauernden Sequenzen vermitteln den Eindruck, es handle sich um einen Tourismusfilm, der für den Winterskisport in Vorarlberg wirbt: Ein modernes Raupenfahrzeug bringt die Gäste direkt ins Skigebiet, Sonnenliegen laden zum Verweilen ein, die ansprechende Landschaft (Berggipfel, Alpenbäche) macht Lust auf Urlaub im Westen Österreichs. Der Off-Kommentar verbalisiert das Gezeigte und interpretiert es entsprechend: Von „herrlich erhebenden Rundblicken", vom „einzigartigen Gipfelpanorama" und von der „Pracht der Alpenwelt" an den „weltbekannten Wintersportplätzen Vorarlbergs" ist die Rede.

Im Schnee tollende Vorarlberger Kinder vermitteln Lebensfreude und stellen eine erste Verbindung zwischen Einheimischen und Fremden her. Skilehrer unterweisen ihre erwachsenen Schützlinge, schließlich bricht man zu einer Bergtour auf. Der Aufstieg führt an beschaulichen Panoramablicken vorbei. Schließlich werden die schneebedeckten jungfräulichen Hänge von den Skifahrern erobert. Die nachfolgenden Szenen sind gekonnt schnittig in Arnold Fanck-Manier gedreht. Der schnelle Schnitt sowie der rasche Perspektivenwechsel (extreme Auf- und Untersicht – die Skifahrer fahren auf die Kamera zu) dynamisieren die Sportaufnahmen und machen die Freude am Skifahren spürbar. Unterstützend wirkt die unterlegte schwungvolle Musik.

Den Szenen- und Themenwechsel (bei Minute 2:37) leitet der daran anschließende Folkloregesang ein. Eine Frau, am Hang stehend, winkt mit dem Skistock, um schließlich das Gelände gekonnt zu bezwingen. Diese kurze Unterbrechung, der nochmals sportive Sprungaufnahmen folgen, deutet an, dass Frauen nun ins Zentrum des Films gerückt werden. Bei einer Rast nach dem Skifahren sitzt man zusammen, eine junge Frau musiziert (Ziehharmonika). Ein Kameraschwenk präsentiert Frauen in sportlichen Trachtenmodellen. Man lacht, zeigt sich amüsiert, raucht und flirtet mit zahlenmäßig stark unterlegenen Männern. Nach drei Minuten und 15 Sekunden ist erstmals offenkundig, welche Produktgruppe be- und welche Zielgruppe umworben wird. „Weltbekannt wie diese Gegend sind auch die Erzeugnisse der Firma Franz M. Rhomberg" verkündet der Off-Kommentar. Ein Panoramablick und eine Abblende beenden den touristisch anmutenden Teil des Werbefilms.

Es folgt eine Sequenz, welche die Produkte des Unternehmens ins Zentrum rückt. In einem rustikal eingerichteten Zimmer beobachten wir zwei Frauen (halbnahe Aufnahme) in triangulärer Komposition: Die Dunkelhaarige steht, die Blonde sitzt, und die Handlungsebene vollzieht sich zwischen den beiden – und zwar am Tisch, auf dem der geöffnete Koffer platziert ist und die Aufmerksamkeit auf sich zieht. Die Ankommende packt einen Pyjama, einen Morgenrock und schließlich ein „volksechtes Rhomberg-Dirndl" (Off-Kommentar) aus, das sich „auch 1000 Meter höher größter Beliebtheit erfreut". Die links sitzende blonde Frau in Tracht lächelt, bestaunt jedes Kleidungsstück, um es schließlich zu berühren, die besondere Aufmerksamkeit liegt letztlich beim Dirndl. Das Betasten des Materials kommt einer persönlichen Güteprüfung gleich und stellt eine emotionale, sensuelle Verbindung zum Stoff her, der nun in seiner Vielfalt präsentiert wird. In Großaufnahme werden nun Ballen entrollt, die unterschiedliche Muster preisgeben.

Der Fülle der Stoffe folgt die Mannigfaltigkeit der Trägerinnen sowie der Kleidungsstücke und deren situationsbedingten Funktion. In Splitscreen-Optik wird uns nachfolgend ein dreiteiliges Bild präsentiert. Rechts oben und links unten im Kader rahmen (sich bewegende) Stoffmuster das Bild. Der mittlere, frei liegende Streifen basiert neuerlich auf einer triangulären Komposition. Die „Spitze" des Dreiecks markiert eine blonde Frau im Dirndl, die im Vordergrund mit einer Pfanne am Herd steht und kocht. Rechts im Hintergrund, mit starken Lichtquellen hervorgehoben, sitzt eine dunkelhaarige Frau (gleichfalls in Tracht), die auf dem Akkordeon spielt. Links hinten im dunklen Trachtenkostüm steht eine weitere blonde Frau vor einem Gemälde, sie schneidet mit einem Messer Brotscheiben ab. Letztere versinkt beinahe im gering ausgeleuchteten Hintergrund. Zu den Bildern erklingt der Gesang „Mi Vater isch an Appe'zeller" – ein Lied, das tatsächlich der Schweiz zuzuordnen ist.[790] Während die beiden blonden Frauen bei ihrer Tätigkeit in amerikanischer Einstellungsgröße nochmals einzeln ins Bild gesetzt werden, erläutert der Kommentator: „In Küche und Haus, für Arbeit und Sport und [hier wird eine Pause gesetzt] Vergnügen … " Die Szenerie wechselt – der Tradition folgt die Moderne, der Arbeit das Vergnügen: Tanzmusik erklingt. Die seitlich den Rahmen setzenden Stoffmuster zeigen nun ein feineres dunkleres Textil. Ein Paar tanzt in der zentrierten Bildmitte. Eine stilisierte Wand mit geschwungenem Pflanzenschatten und dezenter Seitenleuchte vermittelt ein stilvolles Ambiente. Die Dame trägt ein elegantes Abendkleid mit tiefem Rückenausschnitt (Letzterer wird von der Kamera gezielt in den Fokus genommen). Der Tanz wird beendet, das Paar raucht Zigaretten. Ein Dienstmädchen reicht Cognac, der genussvoll getrunken wird. Hiermit endet die Produktpräsentation, und der letzte Teil des Werbestreifens beginnt.

Das Unternehmen, das für Qualität und Güte bürgt, wird nun als letztes Verkaufsargument angeführt (Minute 4:48). Ein Panoramablick der Fabriksanlage inmitten des Dornbirner Stadtteils Rohrbach-Schwefel verbindet neuerlich Landschaft und Industrie, Tradition und Moderne. Weitere Aufnahmen zeigen die weiträumigen Textilwerke aus unterschiedlichen Perspektiven. Rauchende Schlote sowie eine Innenaufnahme von groß dimensionierten, sich schnell bewegenden Technikanlagen visualisieren die Produktivität des Betriebs. „[…] immer gleich, unübertrefflich in Güte des Materials und der Farben sind die Erzeugnisse der Fabriken Franz M. Rhomberg Dornbirn. Verlangen Sie überall Rhomberg-Stoffe. Sie werden zufrieden sein. Und beachten Sie die Schutzmarke!", verkündet der Off-

790 Die Musik wird offensichtlich zugespielt und wurde nicht synchron zum Bild aufgenommen. Die Frau an der Ziehharmonika scheint zu singen, allerdings asynchron zum Ton. Zudem sind zwei Frauenstimmen zu hören.

Kommentar. Eine abschließende Animation formiert sich zum Firmensignet, Fanfarenklänge beschließen den Werbefilm.

Die drei Teile des Films (Tourismus/Landschaft – Produktpräsentation – Hersteller/Markengüte) zentrieren sich immer wieder um die kontrastierenden Themenbereiche Natur/Landschaft/Tradition sowie Internationalität und Moderne. Musik und Ambiente (idyllische Landschafts- und Tonbilder versus schnell geschnittene Sportbilder mit rasanter Musikuntermalung; Heimarbeit und Hausmusik versus städtische Unterhaltung und Tanzmusik) trennen die Sphären, persönliche zwischenmenschliche Begegnungen und die Kleidungsstücke der Firma Rhomberg stellen eine positive Verbindung zwischen beiden her. Touristen und Einheimische treffen aufeinander. Die „volksechte" (Off-Kommentar), direkte Verbindung zu Landschaft, Menschen, Ort und Volkskultur wird visuell vermittelt. Als „weltbekannt" (Off-Kommentar), komfortabel und allseits (bei Einheimischen und Fremden) beliebt werden die Produkte des Unternehmens präsentiert. Die Firma Rhomberg weist durch ihr Markenzeichen den speziellen Status ihrer Erzeugnisse aus.[791]

Abb. 7: NUR DIE RUHE..., A 1936.

Kürzer und pointierter in der Aussage ist ein Werbeanimationsfilm der „Adi Mayer Film" für Falk-Zigaretten aus dem Jahr 1938. Schon zu Beginn werden der Erzeuger

791 Der Rhomberg-Werbefilm HERZSCHLAG EINER INDUSTRIE, der ein Jahr früher ebenfalls von der Adi Mayer Film produziert worden war, zentriert sich um ähnliche Themenbereiche. Allerdings wird dem Produktionsprozess mit über 1 ½ Minuten ein breiter Raum gewährt. Die Außenszenerien spielen zudem im Frühling bzw. Sommer. Zu Beginn stehen gleichfalls fremdenverkehrstaugliche Aufnahmen, allerdings wird bereits nach etwa 40 Sekunden der Werbezweck klar erkennbar.

des Werbefilms (Adi Mayer) und der Zeichner (Bruno Wozak)[792] ausgewiesen. Somit wird eine produktionsspezifische Werbebotschaft, die für das Werbefilmunternehmen und den Grafiker wirbt und zugleich als Gütezeichen fungiert, vorangestellt. Sowohl die Herstellerfirma als auch der Animationskünstler hatten sich 1938 bereits einen Namen gemacht. Wozak bedient sich in der zeichnerischen Ausführung dem – wie es Thomas Renoldner nennt – Disney-Kopismus. Mit reduzierten Mitteln suchten die europäischen Grafiker die rundlich lieblichen Figuren des US-amerikanischen Vorbilds nachzuahmen.[793]

NUR DIE RUHE ... (A 1936) spielt in einer urwaldartigen Szenerie. Ein stilisierter Wissenschaftler mit Tropenhelm, Brille, kurzer Hose und Stutzen jagt und schleicht mit seinem Schmetterlingsnetz seinem Sammelobjekt nach. Dazu ertönt – in Anlehnung an die althergebrachte Musikbegleitung – ein flott anmutendes Klavierstück, das den Jagdmoment auditiv unterlegt. Dem Dschungelgebüsch entsteigen wilde Tiere, die ihrerseits die Spur des Forschers aufnehmen. An Tierlaute angelehnte Geräusche (Vogelzwitschern, Raubtiergebrüll, Trompeten) illustrieren gekonnt die Handlung. Während der erschöpfte Schmetterlingsfänger – an einen Baum gelehnt – Rast macht und schläft (der Falter hat mittlerweile auf dem Tropenhelm Platz genommen), pirschen sich Löwe, Elefant und Leopard an. Die wild lechzenden und brüllenden Tiere reißen den Forscher aus dem Schlaf. Sein momentaner Schreckzustand wird visualisiert – die Haare sträuben sich zu Berge. Doch unmittelbar reagiert er auf die Situation: Er steckt sich eine Zigarette in den Mund, lächelt und bläst den Rauch den Tieren ins Gesicht bzw. in den Rüssel. Der Off-Kommentar „Nur die Ruhe kann es machen" erläutert das Gezeigte. Ein sanftes Lächeln liegt nun auf den Gesichtern der wilden Tiere, die bislang vorantreibende Musik geht in ein sanft anmutendes Stück über. „Ruhe und Genuss durch die leichten, aromatischen Falk Olympia Zigaretten" erläutert der Kommentar. Der Rauch formiert sich zum Signet der Olympischen Spiele. Einer Überblendung folgen Packshots. Der Aufnahme einer geöffneten Packung folgt die Präsentation von geschlossenen 6- und 12-Stück-Packungen in Groß- und in totaler Einstellung, Letztere aus der Kameraaufsicht (Schaufensteranmutung). Der klassische Problemlösespot NUR DIE RUHE ... besticht durch eine klar ausformulierte und ansprechend visualisierte Werbebotschaft: Rauchen beruhigt die Nerven und lässt uns selbst in prekären Situationen einen kühlen Kopf bewahren.

Die Produktionen der Familie Mayer zu charakterisieren, gestaltet sich schwierig – zu vielfältig sind die beworbenen Produkte und Dienstleistungen, zu unterschiedlich (mitunter spezifisch) die Gestaltung und Umsetzung, zu zahlreich die Reklamefilme an sich. Ausmachen lässt sich allenfalls der jeweilige Versuch, stimmungsvoll und launig – ob mit Musik, Idiom, Lokalkolorit, Schmäh oder Plot –

792 Bruno Wozak und sein künstlerischer Partner Karl Thomas arbeiteten seit 1935 in einem kleinen Trickfilmstudio in Wien Neubau, wo sie bis 1941 vor allem Animationsfilme für Werbezwecke gestalteten. Renoldner, Animationsfilm in Österreich - 1832, S. 84.

793 Ebd.

positive Emotionen mit der Werbebotschaft zu verbinden und damit Lust auf Kauf und Konsum zu machen.

8.4.5 Robert Reich

> Er war es, der als erster in Österreich die außerordentliche propagandistische Wirkung des Films erkannte und als unvergleichliches Werbemittel für die heimische Produktion heranzuziehen wusste.[794]

> In vielen Fällen sein eigener Autor, in den meisten Fällen sein eigener Regisseur. Er hat es verstanden, den Werbefilm, und insbesondere in letzter Zeit den Werbe-Tonfilm, qualitativ und im Inhalt so zu gestalten, dass er vom Kino-Publikum bei uns ebenso gerne gesehen wird wie in Deutschland.[795]

In dieser Weise huldigten die Fachzeitschrift *Der Filmbote* und *Das Kino-Journal* 1920 und 1933 jenem Mann, der tatsächlich zu den ersten Werbefilmpionieren Österreichs zählte. Robert Reich wurde am 18. Juni 1882 in Prag geboren. Laut mehrerer Branchenblätter war er bereits seit 1911 bzw. 1912 in der Filmbranche tätig.[796] Gesichert ist, dass Reich nicht nur Drehbuchautor des ersten österreichischen Konsumartikelwerbefilms war, sondern zudem als Leiter der „Sawerb", der im Verlauf des Ersten Weltkriegs bei der „Österreichisch-Ungarischen Sascha-Messter Filmfabrik Ges.m.b.H." eigens eingerichteten Werbefilmabteilung, fungierte. [797] Auf seine Initiative entstanden in dieser Funktion unter dem Titel „Das lachende Plakat" etwa zahlreiche humorvoll pointierte und populäre Trickfilme. Reich war auch für den Vertrieb dieser Produktionen zuständig und sicherte letztlich die Aufführung dieser Animationsfilmreihe in sämtlichen größeren Kinos der Monarchie.[798] Zudem war er beim KPQ als Kameramann tätig.[799]

Nach dem Krieg hatte sich Reich aufgrund seiner Tätigkeiten in der Branche einen Namen gemacht und übte in den Jahren 1919 und 1920 eine Reihe an Funktionen aus: Er war Vorstandsmitglied des Verbandes der Aufnahmetechniker und gehörte der staatlichen Filmhauptstelle als kommerzieller und technischer Beirat an. 1920 übernahm er die Leitung der „Astoria-Filmgesellschaft", in der er auch als Gesellschafter in

---

794 *Der Filmbote*, „Die Astoria-Filmgesellschaft unter neuer Leitung", Nr. 9, 28. Februar 1920, S. 21.

795 *Das Kino-Journal*, „Der Werbefilm und die Lichtspieltheater", Nr. 1215, 1933, S. 52.

796 *Österreichische Film-Zeitung*, „Robert Reich, Direktor der Österreichischen Werbefilmgesellschaft", Nr. 9, 23. Februar 1929, S. 66. *Das Kino-Journal*, „Der Werbefilm und die Lichtspieltheater", Nr. 1215, 1933, S. 52.

797 Loacker/Prucha, Unerwünschtes Kino, S. 60. Siehe dazu auch die Kapitel „Zur Demonstration ökonomischer Stärke: Industrie(werbe)filme" sowie „Wie Ninette zu ihrem Ausgang kam – Der älteste Konsumartikelwerbefilm österreichischer Provenienz".

798 *Der Filmbote*, „Die Astoria-Filmgesellschaft unter neuer Leitung", Nr. 9, 28. Februar 1920, S. 21.

799 Loacker/Prucha, Unerwünschtes Kino, S. 60.

Erscheinung trat.[800] 1921 fungierte Reich zudem als Direktor des Österreichischen Lichtbild- und Filmdienstes (ÖLFD). In dieser Funktion regte er dazu an, dass sämtliche staatliche Stellen (Ministerien, Bundesfilmhauptstelle) sowie alle Tourismuseinrichtungen die vorliegenden Landschafts-, Propaganda- und Kulturfilme der Fremdenverkehrswerbung zur Verfügung stellen sollten.[801] In eben diesem Jahr wurde Robert Reich, gemeinsam mit Karl Hofer,[802] mit der Durchführung der Wiener Kinomesse beauftragt, die in der Zeit von 4. bis 25. September 1921 im Wiener Konzerthaus sowie im Wiener Prater stattfinden sollte.[803]

1921 löste Robert Reich auch erstmals einen Gewerbeschein,[804] der 1924, 1927 und 1929 erneuert wurde. Die Titulierung seiner Unternehmungen wechselte wiederholt. 1927 erhielt das Unternehmen schließlich die Bezeichnung „Österreichische Werbefilm Gesellschaft Reich & Co“. Als Geschäftsfelder angeführt wurden die „Erzeugung von Propaganda- und Reklamefilmen; Herstellung von Großfilmen und Kurzfilmen aller Art, Vertrieb und Verleih von Propaganda und sonstigen Filmen, Handel mit Kino-Aufnahmen und Kino-Vorführungsapparaten und deren Bestandteilen“.[805]

Neben der Führung seines Betriebs hatte Reich aber weiterhin zahlreiche Funktionen inne, die durchaus auch im Interesse seines Unternehmens standen. 1925 wurde er bei einer Enquete zur Belebung der österreichischen Filmproduktion als Direktor der „Listofilm“ geführt.[806] Seit Ende der 1920er-Jahre war Reich Mitglied des staatlichen Filmbeirats und Vorstandsmitglied des Bundes der Filmindustriellen Österreichs.[807] 1931 trat er dem „Verband Österreichischer Reklamefachleute“ (VÖR) bei, parallel dazu war er immer wieder als Autor beim *Kino-Journal* tätig.[808]

800 Ebd. sowie ÖStA, AdR, Staatskanzlei-BKA, alt, Varia, Staatl. Bundes-Film-Hauptstelle, 1919, Ktn. 234, Zl. 809/102, 809/103, 809/106, Ggstd.: Stellungnahme der Privat-Film-Industrie zur staatlichen Film-Hauptstelle, Juni/Juli 1919.

801 ÖStA, AdR, Staatskanzlei-BKA, alt, Varia, Staatl. Bundes-Film-Hauptstelle, 1921, Ktn. 236, Zl. 1365/1, Ggstd.: Heranziehung hofärarischer Liegenschaften zu Filmaufnahmen, Juli 1921. *Der Filmbote*, „Förderung der österreichischen Filmfabrikation durch die Verkehrsorganisationen“, Nr. 3, 21. Jänner 1922, S. 7.

802 Über Karl Hofer konnten keine weiterführenden Informationen gefunden werden.

803 *Der Filmbote*, „Die Wiener Kinomesse“, Nr. 30, 23. Juli 1921, S. 11.

804 WKO, Archiv Wien, Gewerbearchiv, Gewerbeschein „Reich & Co. Gesellschaft für Kinoindustrie, Filmverleih- und Vertrieb m.b.H.“, Nr. 1.208.460, 8. März 1921.

805 WKO, Archiv Wien, Gewerbearchiv, Firmenregister, Registerblatt „Österreichische Werbefilm-Gesellschaft Reich & Co“, Nr. 21242, 8. November 1927.

806 ÖStA, AdR, BMHV, 581c, Ktn. 3176, Grz. 82880/25, Gschz. 96859–9/L/25, Ggstd.: Enquete zur Belebung der österreichischen Filmproduktion am 24. Juni 1925, 1925.

807 *Österreichische Film-Zeitung*, „Robert Reich, Direktor der Österreichischen Werbefilmgesellschaft“, Nr. 9, 23. Februar 1929, S. 66 sowie ebd., „Generalversammlung des Bundes der Filmindustriellen in Östereich“, Nr. 17, 28. April 1934, S. 3. WKW, Filmakten, Paket 3137/1, M 2, „Protokolle des Filmbeirats 1934–1937“, Verhandlungsschrift der 175. Sitzung des Filmbeirats vom 6. Februar 1936.

808 *Österreichische Reklame*, „Zeitschrift Österreichische Reklame, Mitgliederwerbung. Neue Mitglieder“, Nr. 1, 1931, S. 36. *Das Kino-Journal*, „Der Werbefilm und die Lichtspieltheater“, Nr. 1215, 1933, S. 52.

Wiederholt warb Reich für den Einsatz von Werbefilmen und belegte im Rahmen von Vorführungen, die er mit Vorträgen begleitete, die Qualität der heimischen Reklame- und Propaganda-Filmproduktionen.[809] Ab 1933 schien er zudem als Ausschussmitglied der Filmsektion der Wiener Allgemeinen Gewerbegenossenschaft auf.[810]

Robert Reich vertrat die Interessen seiner Branche in verschiedensten Funktionen: Angesichts der Errichtung der „Staatlichen Filmhauptstelle" (FHS) stellte er sich einer verbalen Auseinandersetzung, welche die privaten Filmerzeuger gegen die staatlichen Behörden führten, und trat unter anderem vehement gegen die Behauptung auf, dass die heimische Filmindustrie nicht in der Lage wäre, Lehrfilme zu produzieren.[811] Er setzte sich nachhaltig für eine Filmkontingentierung ein, übernahm wiederholt den Vorsitz bei Lohnverhandlungen der Branche und konnte als Delegierter des Bundes vorteilhafte Vereinbarungen mit den deutschen Verbänden erzielen.[812] Als Direktor des ÖLFD führte er etwa 1932 im Auftrag des Unterrichtsministeriums Verhandlungen mit der deutschen „Ufa-Filmproduktion" hinsichtlich der Verwertung von Lehr- und Kulturfilmen in Österreich. Es kam letztlich zu einem entsprechenden Übereinkommen, wobei Reich sowohl den Verleih der Ufa-Filme als auch einiger „leistungsfähiger Schmalfilmapparate deutscher Provenienz" übernahm. In der Folge fasste er den Entschluss, selbst in die Produktion von Lehr- und Kulturfilmen einzusteigen.[813]

Reichs vielfältige Funktionen und Ämter und der damit durchaus verbundene Einfluss in der Branche stießen bisweilen aber auch auf Widerstand in den Reihen seiner Konkurrenten. So führte eine Reihe von Kurzfilmherstellern 1933 Beschwerde gegen Reichs Exklusivstellung bei der Gesellschaft „Selenophon Licht- und Tonbildgesellschaft m.b.H" hinsichtlich der Erzeugung von Reklamefilmen.[814] Um die Jahreswende 1933/34 warfen zwei Vertreter des Filmbeirats ihrem Kommissionsmitglied Reich vor, sich – über eine falsche Datierung – für

809 *Österreichische Film-Zeitung*, „Propaganda-Filme", Nr. 4, 25. Jänner 1930, S. 17 sowie ebd., „Das Kino und der Tonfilm im Dienste der Werbung", Nr. 50, 10. Dezember 1932, S. 4.

810 *Österreichische Film-Zeitung*, „Filmsektion der Wiener Allgem. Gewerbegenossenschaft", Nr. 27, 8. Juli 1933, S. 2. ÖStA, AdR, BMHV, 581c, Ktn. 3483, Zl. 99935, Ggstd.: Konstituierende Versammlung der bei der Wiener Allgemeinen Gewerbegenossenschaft inkorporierten Filmerzeuger und Verleiher, 11. Juli 1933.

811 ÖStA, AdR, Staatskanzlei-BKA, alt, Varia, Staatl. Bundes-Film-Hauptstelle, 1919, Ktn. 234, Zl. 809/102, 809/103, 809/106, Ggstd.: Stellungnahme der Privat-Film-Industrie zur staatlichen Film-Hauptstelle, Juni/Juli 1919.

812 *Österreichische Film-Zeitung*, „Robert Reich, Direktor der Österreichischen Werbefilmgesellschaft", Nr. 9, 23. Februar 1929, S. 66.

813 ÖStA, AVA, BMU, Volksbildung: Film, 1932, Ktn. 489, Gschz. 1717-II/10b, 1932, Ggstd.: Filmabteilung; Verhandlungen mit der „Ufa" (Universum-Film A.G.) wegen kommissionsweiser Übernahme ihrer Lehrfilme durch die Film-Abt., Jänner 1932.

814 Beschwerdeführer waren hierbei Gustav Mayer, Rudolf Lechner, Wilhelm Hipssich, Lothar Rübelt, Karl Köfinger, Hans Brückner, Bruno Lötsch und Egon Lahousen. Siehe dazu auch das Kapitel „Umbrüche: Technische Neuerungen, Monopole, Kontingentierung, staatliche Vorgaben und Abhängigkeiten".

zwei seiner Reklamefilme einen Kontingentierungsvorteil verschaffen zu wollen. Reich konnte dies widerlegen.[815]

Karl Köfinger versuchte aktiv in möglichst vielen Gremien vertreten zu sein, denen auch Reich angehörte. Sein Wunsch, 1936 in den Filmbeirat aufgenommen zu werden, wurde vorerst mit dem Hinweis abgewiesen, dass mit Robert Reich ohnehin schon einer der längstdienenden Werbefilmer im Gremium vertreten sei.[816] Noch deutlicher war der Kampf um Positionen in Vertretungsbehörden der Filmbranche schon im Herbst des Jahres 1932 wahrzunehmen. Damals wurde der Entschluss gefasst, innerhalb der Wiener Allgemeinen Gewerbegenossenschaft eine eigene Filmsektion einzurichten. Bei der Wahl im November 1932 gab es eine kleine Mehrheit für eine Liste, an deren Spitze Kommerzialrat Arthur Stern, der Präsident des Bundes der Filmindustriellen, stand. Auf eben dieser fand sich auch Robert Reich. Diese Wahl wurde aus formalen Gründen erfolgreich angefochten und behördlich annulliert. Im Juli des Jahres 1933 erfolgte eine neuerliche Wahl, wobei eine Liste weiterhin von Stern, die andere allerdings von Karl Köfinger angeführt wurde. Bei dieser neuen Abstimmung gewann die Liste Stern mit einem erheblich größeren Vorsprung als beim ersten Antreten. Robert Reich war als Mitglied der erfolgreichen Gruppierung automatisch als Ausschussmitglied vertreten. Ein viertes Ausschussmandat fiel durch Stichwahl schließlich mit Gustav Mayer an einen Vertreter der von Karl Köfinger angeführten Gegenliste.[817] Spätestens 1936 fanden sich aber die Konkurrenten Köfinger, Mayer und Reich als Mitglieder in einer Interessengemeinschaft ein, die von den beiden Erstgenannten initiiert worden war – im „Verband der Kurzfilmhersteller".[818]

Bis 1938 war Robert Reich einer der bedeutendsten Vertreter der österreichischen Filmbranche. Nach dem „Anschluss" verlor er all seine Funktionen und musste seine Filmarbeit einstellen. Seine Firma wurde am 12. August 1938 aus dem Kammerregister gelöscht.[819] Der letzte Film seiner Produktion, der noch in den Verleih kam, war der

815 Dazu Ausführliches im Kapitel „Umbrüche: Technische Neuerungen, Monopole, Kontingentierung, staatliche Vorgaben und Abhängigkeiten".

816 Siehe dazu nähere Erläuterungen im Kapitel „Verband der Kurzfilmhersteller: Ausschaltung der Konkurrenz, Sicherung von Einflusssphären, Eigenwerbung".

817 *Österreichische Film-Zeitung*, „Filmsektion der Wiener Allgem. Gewerbegenossenschaft", Nr. 27, 8. Juli 1933, S. 2. ÖStA, AdR, BMHV, 581c, Ktn. 3483, Zl. 99935, Ggstd.: Konstituierende Versammlung der bei der Wiener Allgemeinen Gewerbegenossenschaft inkorporierten Filmerzeuger und Verleiher, 11. Juli 1933.

818 Siehe dazu: ÖStA, AdR, Auswärtige Angelegenheiten (AAng.), Abteilung (Abt.), 14, Handelspolitik, Film- und Kinowesen, 1934–1936, Ktn. 265, Grz. 101563/36, Ggstd.: Filmwesen in Österreich, Anfragen, 28. April 1936. *Reklame-Presse*, „Verband der Kurzfilmhersteller. Mitglieder-Verzeichnis ", Nr. 2, September 1936, S. 7.

819 WKO, Archiv Wien, Gewerbearchiv, Firma „Robert Reich & Co. Gesellschaft für Kinoindustrie, Filmverleih- und Vertrieb m.b.H.", Nr. 21242, Gerichtssprengel Wien a31/85a, Firma gelöscht am 12.8.1938, Z. 10758.

Werbefilm BLUMENTEPPICHE (A 1938).[820] Reich versuchte 1940 nach Jugoslawien zu emigrieren, scheiterte jedoch. Im selben Jahr verurteilte man ihn wegen angeblicher Devisenvergehen zu neun Monaten Gefängnis. Am 2. September 1941 wurde Robert Reich von der Gestapo erkennungsdienstlich erfasst und am 28. März 1942 wegen des Hörens ausländischer Radiosender zu weiteren fünf Monaten Gefängnis verurteilt. Am 5. Jänner 1943 wurden Robert Reich und seine Frau Gabriele von deren letzten Wohnadresse in Wien Leopoldstadt (Franz-Hochedlinger-Gasse 26) nach Theresienstadt deportiert, schließlich am 18. Mai 1944 nach Ausschwitz überführt, wo sie ermordet wurden.[821]

Robert Reichs langjährige Tätigkeit und Erfahrung in der österreichischen Filmbranche war geprägt von einem weit gestreuten Arbeitsfeld. In einer Anzeige des Jahres 1933 warb er entsprechend für sein Unternehmen: „Das Spezialunternehmen für jede Art von Filmwerbung in Bild und Ton, für jede Art von Filmverwendung für Bildung, Fremdenverkehr und Aufklärung".[822] 110 Filmtitel konnten ihm bislang zugeordnet werden, davon zählen 15 zum Genre Aktualitäten, 42 zur Kategorie Kulturfilm. 1928 fand eine Produktion der letztgenannten Gattung besonders große Resonanz im In- und Ausland. DIE LAUERNDE GEFAHR. EIN LEBENSBILD AUS DER WELT DER ARBEITER (A 1928) diente sowohl der Bildung als auch der Aufklärung. Der von der „Zentralstelle für Unfallverhütung" in Auftrag gegebene Film machte in sachkundiger Weise auf die Gefahren des Arbeitsalltags aufmerksam. Nach einem Jahr Laufzeit konnte man bereits auf 450 Vorstellungen des Films verweisen; gesehen wurde die Produktion in diesem Zeitraum von ca. 100.000 Personen. Dazu erschienen 50.000 Kinoprogramme, die weitere Hinweise auf Unfallverhütungsmaßnahmen enthielten. Gezeigt wurde DIE LAUERNDE GEFAHR in Deutschland, Frankreich, Italien, der Schweiz und in Japan. Die Sektion des „Internationalen Arbeitsamtes in Genf" erklärte den Streifen zum gegenwärtig besten Unfallverhütungsfilm.[823]

820 *Österreichische Film-Zeitung*, „Entscheidungen der Filmvorführungsstelle der Stadt Wien", Nr. 10, 4. März 1938, S. 6.

821 Loacker/Prucha, Unerwünschtes Kino, S. 60. Loacker, Kino vor dem KZ, S. 18. Siehe Online–Personensuche Opferdatenbank, „Robert Reich" im Dokumentationsarchiv des Österreichischen Widerstands: http://www.doew.at/personensuche, 10.8.2015.

822 Anzeige der „Österreichischen Werbefilmgesellschaft Reich & Co" in: Festschrift anlässlich des zehnjährigen Bestandes des Film-Bundes. Vereinigung künstlerischer und kunsttechnischer Mitarbeiter der Filmerzeugung Österreichs in Wien 1923–1933, Wien 1933, Anhang.

823 *Österreichische Film-Zeitung*, „Die lauernde Gefahr", Nr. 22, 26. Mai 1928, S. 20 f sowie ebd., „Erfolg eines Werbefilms", Nr. 40, 28. September 1929, S. 23. Gleichfalls sehr erfolgreich war seine zweite Auftragsarbeit für die „Zentralstelle für Unfallverhütung". Seine Produktion VON MITTERNACHT ZU MITTERNACHT stellte die Gefahren des Arbeitsalltags im Rahmen einer Spielfilmhandlung dar, die auch eine Liebesgeschichte verhandelte. In einer Szene wird per Bildschirmvorführung sogar das Internet vorweggenommen. Siehe auch: *Paimann's Filmlisten*, 16. Juli 1931, o.S sowie WStLA, MA 104, Zl. K 2734/31, K 2863/32, K 2866/32, K 3339/33, K 3479/33, K 740/36, K 1465/37.

53 seiner Arbeiten sind als explizite Werbefilme zu werten, wobei diese eine Laufzeit von 30 Sekunden bis 21 Minuten (bzw. eine Länge von 15 bis 570 Meter) aufweisen. Ab den 1930er-Jahren zeichnete sich jedoch eine Tendenz zum Kurzwerbefilm ab. Seine Streifen warben für Genuss- und Lebensmittel,[824] für Reinigungsprodukte,[825] für Textilien und Bekleidung,[826] für Haushalts-, Elektro- und Heizgeräte[827] sowie für Freizeit- und Kulturdienstleistungen.[828] Viele seiner Filme dienten der Belebung der Tourismusindustrie.[829]

Ein durchgängiger Stil ist bei Reichs Produktionen nicht auszumachen. Je nach Produktanmutung oder Dienstleistungsoffert variieren sachliche Informationen oder humoristische Einfälle.[830] Bisweilen muten seine Filme wie Kurzspielfilme an. Die von ihm eher reduziert eingesetzten Animationstechniken verdeutlichen Botschaften oder erklären anschaulich Inhalte, die mit reinen Realfilmtechniken schwer oder kaum zu erläutern sind.[831]

824 SEFF AUF DEM WEGE ZU KRAFT UND SCHÖNHEIT (A 1927), *Paimann's Filmlisten*, 27. November 1926, o. S. PREISAUSSCHREIBEN DER MILCHINDUSTRIE (A 1927), *Paimann's Filmlisten*, 20. Jänner 1928, o. S. KATHREINER (A 1933), *Paimann's Filmlisten*, 2. November 1933, o. S. DER WEG DES KAFFEES (A 1935), *Paimann's Filmlisten*, 30. April 1935, o. S. ALTESSE-ZIGARETTENHÜLSEN (A 1932), WStLA, MA 104, Zl. K 2939/32, K 3708/33, K 2095/37.

825 WIE NINETTE ZU IHREM AUSGANG KAM (A 1913), siehe: Bestand Filmarchiv Austria. KLEINARBEIT, DIE RINO SEIFENBLÄSCHEN IM WASCHKESSEL FÜR SIE LEISTEN (A 1930), *Paimann's Filmlisten*, Mai 1930, o. S. EIN GLÄNZENDER FALL (A 1930), *Paimann's Filmlisten*, 21. März 1930, o. S. DIE ATA-GARDE (A 1932), *Paimann's Filmlisten*, 1. Juni 1932, o. S.

826 WERDEGANG EINER SOLDATENMONTUR (A 1917), siehe: Bestand Filmarchiv Austria. WIENER MODESCHAU. NEUHEITEN DER WIENER STRICKMODE (A 1926), *Paimann's Filmlisten*, 16. November 1926, o. S. PALMERS (A 1937), *Paimann's Filmlisten*, 26. Februar 1937, S. 1569.

827 MEIN LIEBLING, DER NEUE, EINZIGARTIGE „OLSO SPIRITUS KOCHER" (A 1929), *Paimann's Filmlisten*, 9. Juli 1929, o. S. UND DROHT DER WINTER NOCH SO SEHR (A 1933), *Paimann's Filmlisten*, 1. Oktober 1933, o. S. S. O.S. HORNYPHON (A 1935), *Paimann's Filmlisten*, 28. Februar 1935, o. S.

828 HUGO KNEPLER (A 1932), *Paimann's Filmlisten*, 2. November 1932, o. S.

829 So z. B.: BILDER AUS DER WACHAU (A 1927), *Paimann's Filmlisten*, 8. September 1927, o. S. AFLENZ, DAS STEIRISCHE PARADIES (A 1928), *Paimann's Filmlisten*, 8.Mai 1928, o. S. ITALIENREISE (A 1928), *Paimann's Filmlisten*, 6. Oktober 1928, o. S. KAIRO (A 1928), *Paimann's Filmlisten*, 24. November 1928, o. S. BILDER AUS VELDEN AM WÖRTHERSEE (A 1928), *Paimann's Filmlisten*, 18. Februar 1928, o. S. SEMMERING ALS WINTERPARADIES (A 1933), *Paimann's Filmlisten*, 1. Juni 1933, o. S. WIENER, KENNT IHR EUER WIEN (A 1929), *Paimann's Filmlisten*, 24. Juni 1929, o. S.

830 Humorvoll inszeniert ist die Werbebotschaft etwa vor allem im ersten erhaltenen Konsumgüterwerbefilm Reichs. Vgl. dazu das Kapitel „WIE NINETTE ZU IHREM AUSGANG KAM – Der älteste Konsumartikelwerbefilm österreichischer Provenienz". Sachlich zentriert ist hingegen sein Industriewerbefilm WERDEGANG EINER SOLDATENMONTUR gestaltet. Siehe dazu das Kapitel „Zur Demonstration ökonomischer Stärke: Industrie(werbe)filme".

831 In seinem Film UND DROHT DER WINTER NOCH SO SEHR (A 1933) gestaltet sich der Vorspann ganz im Stil eines Spielfilms: Dem Titel folgen Credits zu Buch, Regie, Musik, Kamera, Produktion, Tonsystem. Eine erhebend stimmungsvolle Einstiegsmelodie trennt die Intro vom „Hauptfilm". Fremdenverkehrsbelebenden Wintersportbilder folgen Aufnahmen aus einem beschaulichen Wohnbereich, wo ein Meller-Ofen für wohlige Wärme sorgt. Eine schematische Animation demonstriert die vollautomatische

Robert Reichs längster Reklamefilm (mit einer Laufzeit von 21 Minuten) verbindet nicht nur gekonnt Sachinhalte mit komödiantischen Einlagen, er setzt zugleich die Topoi „Technik/Moderne/Hygiene", „Bodenhaftung /Natur" sowie „Genuss und Wirkkraft" anschaulich um.[832] SEFF AUF DEM WEGE ZU KRAFT UND SCHÖNHEIT (A 1926) weist bereits Elemente des klassischen Werbefilmgenres auf. Eine problematische Ausgangssituation – Seff wird von einer neuen Bekanntschaft aufgrund seiner „schwächlichen Erscheinung" zurückgewiesen – wird über den Konsum des Produkts (Milch) aufgelöst (dissoziative Dramaturgie). Das Produkt bewirkt eine Transformation. Seffs körperliche Erscheinung verändert sich (für unser Auge allerdings nicht erkennbar) durch den exzessiven Verzehr von Milchprodukten derart, dass dem Liebesglück nun nichts mehr im Wege steht.[833] Mit dem Komiker Seff, alias Josef Holub,[834] konnte zudem ein damals weithin bekanntes Testimonial als Protagonist gewonnen werden.

Die Faszination für Mobilisierungs- und Mechanisierungstendenzen, welche die 1920er- und 1930er-Jahre durchaus prägte, lässt sich in diesem Werbefilm der Milchindustrie A.G. klar nachvollziehen. Einerseits wird auf der Ebene der Zwischentitel wissenschaftlich fundiert argumentiert, der Blick gelenkt und die nachfolgenden Bilder vorab interpretiert. Eine methodisch-nüchterne Aura wird geschaffen.[835] Andererseits werden die Topoi „Moderne" und (technische/wirtschaftliche) „Effizienz" über den Einsatz von Schlagwörtern und von filmischen Mitteln gezielt lanciert und der rein pädagogische Impetus – mehr oder weniger offensichtlich – unterminiert. Größe und Dominanz werden in Form verbaler und visueller Metaphern für Fortschritt und Wirtschaftlichkeit angeführt.

Funktion des Heizgeräts. In der Produktion WOHIN LÄUFST DU SCHILLING veranschaulichen animierte Münzen wie sich der Kauf inländischer oder ausländischer Waren auf die heimische Wirtschaft auswirkt. Siehe dazu das Kapitel „Kultur- und Werbefilm".

832 Die nachfolgenden Ausführungen entsprechen über weite Teile hinweg einer Analyse, die von der Autorin dieser Arbeit 2012 erstellt und veröffentlicht wurde. Siehe: Moser, „Hygienisch -gesundheitsfördernd – schmackhaft", http://www.medienimpulse.at/articles/view/641, (30.11.2014).

833 Hier wird zudem ein klassisches Erzählmuster der Filmkomik aufgegriffen, wobei der Part des äußerlich unscheinbaren und allgemein ungeschickten Liebeswerbers fast ausschließlich männlich besetzt ist. Vgl.: Seeßlen, Georg: Klassiker der Filmkomik. Eine Einführung in die Typologie des komischen Films, München 1976, S. 33 f.

834 Josef Holub war Teil des in den 1910er- und 1920er-Jahren aktiven österreichischen Filmkomikerduos Cocl & Seff. In den Jahren 1932 bis 1959 war Holub zudem als Testimonial für die Firma Persil tätig. Sein Konterfei zierte nicht nur Waschmittelplakate, er trat auch im Zuge von Persil-Wandervorträgen vor Hausfrauen auf. Vgl.: Krenn, Günter: Der „Holub-Seff", in: Cocl & Seff. Die österreichischen Serienkomiker der Stummfilmzeit, in Krenn, Günter/ Wostry, Nikolaus, Wien 2010, S. 108.

835 Ganz in der Tradition der aufklärerischen Bildungskultur des 18. Jahrhunderts werden empirische Kenntnisse vermittelt und visuell begreifbar gemacht. Vgl. dazu: Pannabecker, John R., Mechanical Arts in Diderot's „Encyclopédie", in: Technology and Culture 39, 1, S. 33–73. Hediger, Vinzent/Vonderau, Patrick: Record, Rhetoric, Rationalization. Film und industrielle Organisation, in: Hediger, Vinzenz/Vonderau, Patrick: Filmische Mittel, industrielle Zwecke. Das Werk des Industriefilms, Berlin 2007, S. 30.

Vor allem geben die einleitenden Texttitel vor, wie die anschließenden Industrieaufnahmen zu lesen sind: „Und so bekam Seff zu sehen, was die meisten Menschen nicht wissen: Wieviel Mühe, Wirtschaft und Technik aufgewandt wird, bis die einwandfreie Milch auf den Frühstückstisch kommt." Von rechts nach links schwenkt die Kamera einen von Maschinen dominierten Raum ab. Der Vordergrund wird von einer „mechanischen Landschaft" eingenommen: Röhren und metallene Streben dominieren das Bild. Ein überdimensional großes Rad dreht sich in der dahinterliegenden Ebene. Vor der Maschinenanordnung und hinter der Radvorrichtung laufen Arbeiter durch das Bild. Die Aufnahmen dienen zur raschen Orientierung und belegen optisch, worauf die Zwischentitel insistieren: technische Effizienz, maschinelle Größe und implizit auch wirtschaftliche Stärke.[836]

In SEFF AUF DEM WEGE ZU KRAFT UND SCHÖNHEIT bleibt die Mehrzahl der Arbeiter gesichtslos, selbst wenn Aufgaben zu erfüllen sind, welche die Maschine noch nicht leisten kann: Bei der Erstprüfung der Milch, bei der Kontrolle der Gerätschaften, beim Betätigen von Hebeln, beim Befüllen von Leerflaschen, beim Entnehmen abgefüllter Behältnisse (z. B. Eisbecher) und speziell bei Verpackungssequenzen werden Werksarbeiter bevorzugt in halbtotaler, mitunter in halbnaher Einstellung beobachtet. Meist sind sie der Kamera abgewandt, zeigen nur eine Seiten- oder Rückenansicht, mitunter sind einzig ihre betriebsamen Arme und Hände in Großaufnahme zu sehen. Ihre Gliedmaßen sind ergänzender Teil der Maschinenteile geworden. Ihre Arbeit erfolgt diszipliniert und standardisiert.

Der völlige Entzug der menschlichen Arbeitskraft wird auf der Textebene als positiver Effekt hervorgehoben und als Beleg für verbesserte Herstellungsmethoden und somit einwandfreie, hochwertige Produkte vorgebracht. „Automatisch" gehen Transportwege vor sich, „mechanisch" vollziehen sich Mischvorgänge, „maschinell" erfolgt die Reinigung der Flaschen und die Formung der Butter. Im Speziellen setzt der mit Nachdruck vorgebrachte Hygienetopos auf eine suggerierende Innovationsrhetorik. Die Verpackungsmaschinen seien so „sinnreich konstruiert", dass jede Berührung der Margarine mit den Händen vermieden werde. Die „maschinelle Reinigung" der Milchflaschen garantiere deren „Sterilität". Die „automatische Füllung der Eskimobecher" erfolgt ohne jegliche Berührung mit der Hand.

Ist der Vorgang filmisch „beweisbar", werden die Gerätschaften in Nah- und Großaufnahmen dargeboten. Laufbänder, automatische bewegliche Vorrichtungen und dampfende Düsen bieten sich zur rasant-technischen und optisch ansprechenden Verdeutlichung der Behauptungen an. Ist die „Beweisführung" über das Bild nicht möglich, dienen Maschinen befüllende und entladende Werktätige als Mittler zwischen der technisierten Innen- und Außenwelt. Mitunter widersprechen einander

836 Die nachfolgenden Ausführungen entsprechen über weite Teile hinweg einer Analyse, die von der Autorin dieser Arbeit 2012 erstellt und veröffentlicht wurde. Siehe: Moser, „Hygienisch - gesundheitsfördernd – schmackhaft", http://www.medienimpulse.at/articles/view/641, (30.11.2014).

auch Zwischentitel und Filmaufnahme: Den Zeilen „Automatische Füllung der Eskimobecher. Keine Hand berührt sie bei der Erzeugung, jede Hand greift danach zum Essen" folgt eine Aufnahme von Werksarbeitern, welche die Becher per bloßer Hand in eine Drehvorrichtung einlegen und herausnehmen. Und die angeblich „maschinell geformten" Butterstücke werden tatsächlich über das Niederdrücken eines Portioniergitters per Hand erzeugt. Hier ist die klare Beweisführungslinie unterbrochen. Dem vorgegebenen Wort wird mehr Bedeutung zugemessen als dem Bild, was einer klaren Fehleinschätzung und -interpretation des Mediums gleichkommt.

Eine deutliche argumentative Verlagerung auf die Bildebene findet hingegen bei dem Versuch statt, die „Effizienz der Moderne" begreifbar und erfahrbar zu machen. Die Dynamisierung der Bilder, die visuelle und emotionale Spannung resultiert hier aus dem Zusammenspiel von maschinellen Bewegungsabläufen und exaltiertem körperlichen Ausdruck. Seffs leptosomer, quirliger und ungemein gelenker Leib übertrifft mitunter in seinem unaufhörlich betriebsamen Spiel die technische Betriebsamkeit. Er eilt durch Fabriksgänge, stolpert über Geländer und übersetzt den Maschinenrhythmus in sein Bewegungsmuster, indem er etwa Drehmechanismen nachahmt. Der Komiker tritt in körperlichen Kontakt mit der Technik, besteigt Transportmaschinen, setzt sich auf Laufbänder. Auch wenn er kurzweilig Furcht vermittelt, zeigt er letztlich keinen Respekt vor den Maschinen. Er stellt sich der modernen Technik, nimmt ihr die Bedrohlichkeit und bändigt sie letztlich auf seine ganz eigene Art und Weise.

Die detaillierten Beschreibungen der innovativen Produktionsprozesse demonstrieren eine „Überwindung" und „Funktionalisierung" der Natur. Als ein Mehrwert der Mechanisierung wird etwa die Hygiene, die „Keimfreiheit" der Milch offeriert. Erst durch sie entspricht das Produkt den modernsten gesundheits-politischen Standards. Trotzdem verlangen Lebensmittel auch immer nach einem Ausgleich der Kräfte, nach einem vertrauenerweckenden Hinweis auf deren natürlichen Ursprung. Was dem Körper einverleibt werden soll, muss auch auf seine primären Bestandteile und deren Herkunft hin überprüft werden. Auch in SEFF AUF DEM WEGE ZU KRAFT UND SCHÖNHEIT werden die Topoi „Heimat", „Natur" und „Qualität" stimmungsvoll und zielgerichtet in eine argumentative Produktempfehlung integriert. Noch bevor Seff in der automatisierten Milchverarbeitung unterwiesen wird, präsentiert man ihm ein Album mit Ansichten des Guts Jauern, von dem der „natürliche Rohstoff" bezogen wird. In ansprechender Art findet nun ein Medientransfer von der Fotografie zum Film statt: Die malerischen Momentaufnahmen werden lebendig. Der Idee des Fotobuchs entsprechend begeben wir uns auf eine pittoreske Bilderreise. Es eröffnet sich eine idyllische Szenerie: Weidende Kühe vor einem kleinstädtischen Panorama. Es folgen Aufnahmen am Gut des Bundespräsidenten Michael Hainisch. Die Tiere werden unter der Aufsicht von Hainisch und in Anwesenheit weiterer Würdenträger (u. a. die damaligen Landeshauptmänner von Niederösterreich und der Steiermark – Karl Buresch und Franz Prisching) aus den Stallungen und auf die Alm getrieben. Ansichten von der Bergweide und vom Gut wechseln einander ab. Bundespräsident Hainisch fungiert als vertrauenerweckendes staatstragendes Testimonial. Er steht der Nation nicht nur vor, er beweist als Gutsherr, der vor

Ort das Geschehen überwacht, in Kontakt mit den Tieren tritt, sie berührt und schließlich sogar die frisch gemolkene Milch aus der Kanne schöpft und trinkt, Bodenhaftung. Das österreichische Staatsoberhaupt ist zugleich der Qualitätsgarant.[837]

Die Präsentation der guten Tierhaltung, des gefälligen natürlichen Ambientes und der staatlichen Autorität erwecken auf der emotionalen Bildebene das Vertrauen in die ursprüngliche und gesundheitsfördernde Kraft und die Güte des Produkts. Auf der rationellen Ebene wird das Prinzip Effizienz eingebracht. Ein preisgekröntes Tier des Guts wird vorgeführt. Die Tagesleistung der Preiskuh beträgt bis zu 32 Liter. Ein Erfolg, der im Sinne des zuvor geführten Argumentationsstrangs auf das natürliche Umfeld und die von höchster Stelle garantierten besten Haltungsbedingungen zurückzuführen ist. Heimat, Natur und Qualität sind über den Konsum des Produkts direkt einzuverleiben.

Der Demonstration des Verzehrs wird dementsprechend auch genügend Raum gegeben. Die den Topoi „Genuss" und „Wirkkraft" gewidmeten Sequenzen des Films unterscheiden sich in der Anmutung allerdings grundsätzlich. Die erste in der Milchtrinkhalle des Wiener Volksgartens angesiedelte Szenerie ist von beredter Fröhlichkeit. Frauen, Männer und Kinder bevölkern den Pavillon. Die Aufmerksamkeit wird per Vignetten-Kasch auf ein (von der Kamera) leicht irritiert erscheinendes Kleinkind gelenkt, das seine Milchflasche fest umklammert. Ein Schwenk über die Milchtrinkhalle stellt einen regen Besuch unter Beweis. Freudig hebt man das Glas, trinkt voll Genuss, blickt direkt, appellativ in die Kamera. Ein schmackhaftes Getränk für die ganze Familie ist der Grundtenor der sachlich inszenierten Aufnahmen.

Völlig ins Groteske gleiten hingegen jene Sequenzen ab, die Seffs Konsumverhalten zum Thema haben. Lehnt er vorerst ein ihm angebotenes Glas Milch brüsk ab („Trinken kann man das doch nicht!"), so kommt er letztlich doch auf den Geschmack („Ja, das schmeckt ja eigentlich großartig!"). Euphorisch eilt er los, leert einen Krug Milch, entwendet eine Milchkanne und kauft in rauschhaftem Überschwang Unmengen an Käse. Im Folgenden wird die Demonstration einer absurden Konsumpraxis mit einer ersehnten Wunscherfüllung gekoppelt. „Milch gibt Kraft", „Sport stählt und formt den Körper" lauten die visuell umgesetzten Botschaften. Das präsentierte Setting teilt sich gleichfalls in zwei Hemisphären: Auf der einen Seite sind Sportgeräte zur körperlichen Ertüchtigung verfügbar, auf der anderen Seite liegen Milchprodukte zur Stärkung bereit. Seff – nun in sportlicher Kleidung, aber weiterhin seine Markenzeichen Brille und Melone tragend – vereint, sein Ziel vor Augen, beide Bereiche. Mit der einen Hand dribbelt er einen Ball, mit der anderen führt er eine Milchflasche zum Mund. Unter der Anleitung eines Trainers wird nun auch ein Punchingball malträtiert. Es folgt in stakkatoartiger Abfolge ein „Schlagbild", auf einen appellativen „Zwischenruf" (nach Milch oder Käse), auf ein Bild

837 Die nachfolgenden Ausführungen entsprechen über weite Teile hinweg einer Analyse, die von der Autorin dieser Arbeit 2012 erstellt und veröffentlicht wurde. Siehe: Moser, „Hygienisch - gesundheitsfördernd – schmackhaft", http://www.medienimpulse.at/articles/view/641, (30.11.2014).

Abb. 8: SEFF AUF DEM WEGE ZU KRAFT UND SCHÖNHEIT, A 1926.

der Konsumation (ein Schluck Milch wird getrunken, ein Stück Käse abgebissen). Die Heftigkeit der von Seff vollbrachten Schläge nimmt hierbei immer mehr zu. In humoristisch dargebotener, schlaghammerartiger Manier wird die Botschaft in einem Wechselspiel von Bild und Text eingebläut, um daran anschließend auch den Erfolg zu untermauern. Seff wird von seiner Angebeteten Mary aufgrund seines „neuen, starken Körpers" endlich erhört.

Komik und Humor werden gezielt eingesetzt, um Aufmerksamkeit zu erregen, Sympathien zu gewinnen und Botschaften nachhaltig im Gedächtnis der potenziellen Kunden zu verankern.[838] SEFF AUF DEM WEGE ZU KRAFT UND SCHÖNHEIT mischt

838 Lachen ist ein Lustgewinn, es wirkt befreiend. Humoristisch verpackte Informationen werden – Studien zufolge – auch besser erinnert. Denn das Lachen ist auch mit der Entwicklung kognitiver Fähigkeiten verbunden und fungiert als motivierender Faktor sowohl beim Lernen als auch bei der Lösung von Problemen und Konflikten. Vgl.: Ekmann, Björn: Das gute und das böse Lachen. Lachkulturforschung im Zeichen der Frage nach Funktion und Wert des Lachens, in: Jahrbuch für

didaktisch-fachliche Inhalte mit körperlicher Situationskomik und setzt auf Solidarisierungsmechanismen von Seiten des Publikums. Über die Schwächen und das Ungeschick des Komikers – als gesellschaftlichen Außenseiter – können die Zuschauer lachen, zugleich empfinden sie für ihn Empathie und identifizieren sich mit ihm.[839]

Seff begibt sich stellvertretend für das Publikum auf Entdeckungsreise. In teils anarchistischer Manier – einem Kind gleich, das keine Grenzen kennt – erforscht er die technische Moderne und nimmt dem Zuschauer ein wenig den Respekt vor der maschinellen Übermacht. Die Angst wird zwar genommen, zugleich aber die Begeisterung für die mechanische Leistungskraft gestärkt. Die technischen Aufnahmen werden von pantomimischen Kommentaren begleitet: Seff (stets in Nah- oder Großaufnahme) reißt Augen und Mund erstaunt auf, grinst in seliger Hingabe, reibt sich verzückt die Hände. Seine Gebärden geben Gefühle und Reaktionen vor, die das dem Komiker gegenüberstehende Publikum nachempfinden kann.[840]

Seffs körperliche Durchschnittlichkeit schafft gleichfalls Nähe. An ihm muss man sich nicht messen, anders als es die Sport- und Körperkultur der Zwischenkriegszeit vorgab.[841] Schon der Filmtitel persifliert das propagierte neue Körperbewusstsein. Der Kulturfilm WEGE ZU KRAFT UND SCHÖNHEIT (D 1925/26) suggeriert die Notwendigkeit, den von der industriellen Massengesellschaft eingeengten Körper sportlich zu fordern, zu formen und zu befreien, um einem „natürlich harmonischen", vor allem griechisch-antiken Ideal zu entsprechen. In SEFF AUF DEM WEGE ZU KRAFT UND SCHÖNHEIT stehen Natur und Industrie jedoch nicht in einem Widerspruch. Das natürliche, heimische Produkt wird industriell bearbeitet, qualitativ aufgewertet und beeinflusst schließlich die körperliche Erscheinung positiv – so die Botschaft des Films. Der Milchkonsum gibt Kraft, die sportlich aktive Betätigung wird dadurch erst ermöglicht. Die von Seff aufgrund ihrer körperlichen Erscheinung zurate gezogenen Athletinnen und Athleten antworten auf die Frage, woher sie ihre Stärke beziehen, nicht etwa mit „Sport!", sondern mit „Milch!". Der Vergleich der Körper macht diese Schlussfolgerung auch plausibler. Seff versucht mit den Läuferinnen und Läufern Schritt zu halten, er ahmt Körperhaltungen nach. Von den

---

Internationale Germanistik, Jg. XVI, Heft 2, Bern/Frankfurt am Main/New York 1984, S. 13 f. McGhee, Paul E./Goldstein, J.H., The Psychology of Humor: Theoretical Perspectives and Empirical Issues, New York 1972, S. 61–80.

839 Für Ekmann ist eine Solidarisierung mit dem Verlachten die Voraussetzung dafür, dass die Komik als humoristisch und nicht als satirisch wahrgenommen wird. Ekmann 1984, 20–21. Vgl. dazu auch Seeßlen 1976, S. 9.

840 Die nachfolgenden Ausführungen entsprechen über weite Teile hinweg einer Analyse, die von der Autorin dieser Arbeit 2012 erstellt und veröffentlicht wurde. Siehe: Moser, „Hygienisch - gesundheitsfördernd – schmackhaft", http://www.medienimpulse.at/articles/view/641, (30.11.2014).

841 Zur Sport- und Körperkultur der 1920er- und 1930er-Jahre siehe u. a. Wedemeyer-Kolwe, Bernd: „Ein Ereignis für den ganzen Westen". Körperkultur in Weimar zwischen Öffentlichkeit, Kunst und Kultur, in: Cowan, Michael/Sicks, Kai Marcel (Hg.): Leibhaftige Moderne. Körper in Kunst und Massenmedien 1918 bis 1933, Bielefeld 2005, S. 187–199.

Schwimmerinnen muss er schließlich aufgrund seines Unvermögens aus dem Becken gezogen werden. Sportliche Höchstleistungen lässt seine schlaksige Statur nicht erwarten, ein reiner Kraftgewinn bzw. ein größerer Körperumfang bedingt durch den Konsum von Milchprodukten erscheint glaubhafter.

Technische Innovationskraft und natürlicher Ursprung, exaltiertes Konsumverhalten und gesundheitsfördernde Wirkkraft sind die zentralen Motive, um welche die Produktargumentation kreist. Der Leitgedanke „Kraft durch Milch" zieht sich durch den Film. Das didaktische Prinzip der Redundanz wird durch den slapstickartigen Stil getragen. Das Wiederholen der Botschaft und der Bilder (Sportszenen) nützt sich durch die permanente Situationskomik weniger schnell ab, die Aufmerksamkeit bleibt erhalten, ein erhöhter Erinnerungswert war zu erwarten.

SEFF AUF DEM WEGE ZU KRAFT UND SCHÖNHEIT ist einer der Großauftragsfilme, die an Robert Reich herangetragen wurden. Er zeugt noch vom Mehrzweckcharakter der Industriewerbefilme jener Periode, die durchaus auch dem Einsatz entsprechend als Bildungs-, Lehr- und Kulturfilm Verwendung fanden. Ganz anders gestaltet sich einer der letzten von Reich produzierten Werbefilme. Es handelt sich um einen Reklamekurzfilm, der in nicht einmal 40 Sekunden eine klare Werbebotschaft vermittelt und offenbar einzig dazu dient, für ein Produkt eines heimischen Unternehmens zu werben. Der Werbestreifen DER BLONDE STRUMPF, der auch unter dem Titel PALMERS geführt wurde, war Teil einer umfassenden Reklamekampagne, die das Textil-, Strumpf- und Wäscheunternehmen im Frühjahr 1937 startete. In der ersten Märzwoche schaltete Palmers in ganz Österreich Anzeigen, die vom kreativen Kopf der Firma, Harry Palmers, konzipiert und gestaltet worden waren. In 24 Tageszeitungen, Wochenblättern und Fachzeitschriften wurden insgesamt 60 Anzeigen geschalten, die Kosten in der Höhe von 1.485,37 Schilling verursachten.[842]

Als praktisch-eleganten, neuesten Frühjahrsmodetrend bewarb man den „blonden Strumpf". Der Gesamteindruck der Trägerin würde sich verjüngen, schließlich wäre „blond" von jeher ein „Favorit der Frauen".[843] „Gerade jetzt, wo die trüben Wintertage bald wieder ihr Ende genommen haben, ist uns der blonde Strumpf geradezu eine Verheißung. [...] [Er] bildet die selbstverständliche Ergänzung aller Frühjahrskleiderfarben. [...] Er wird überall die Eleganz seiner Trägerin unterstreichen, ohne auch nur im geringsten einen farblichen faux pas zu begehen." In reiner Naturseide würde sich seine Schönheit noch erhöhen.[844]

Eigens produzierte aufklappbare Drucksorten bewarben das Accessoire für „das formschöne Bein" mit einer Produktabbildung sowie dem Werbetext „Sommer 1937. Elegante Frauen bevorzugen den blonden Strumpf. Sein zart-goldener Farbton

842 Palmers Archiv: Budgetübersicht Anzeigen „Der blonde Strumpf", 1937.

843 *Salzburger Chronik*, „Das Neueste! Der blonde Strumpf von Harry Palmers", 6. März 1937, S. 9. *Tiroler Anzeiger*, „Der blondes Strumpf von Harry Palmers", 6. März 1937, S. 8.

844 *Neues Wiener Tagblatt*, „Der blondes Strumpf von Harry Palmers", 7. März 1937, S. 35. *Grazer Volksblatt*, „Das Neueste! Der blonde Strumpf von Harry Palmers", 7. März 1937, S. 8.

Abb. 9: Anzeige für das Produkt „Der blonde Strumpf", 1937.

spiegelt jugendliche Lebensfreude wieder und erhöht die Anmut des duftigen Kleides." Dem Prospekt ist zudem zu entnehmen, dass das Produkt als „Grünring Strumpf" um 2,80 Schilling sowie als Strumpf aus „reiner Naturseide" um 4,80 Schilling zu erwerben war.[845]

Die Zielgruppe dieser Werbekampagne waren offenbar weniger Arbeiterinnen als Damen des Mittelstands und des Großbürgertums. Sorgen darüber, welcher Strumpf wohl zum grünen, braunen, weißen, schwarzen Kleid oder gar zum englischen Kostüm passt, konnten sich nur jene Kundinnen machen, die über entsprechende Mittel verfügten.[846] Der Reklamestreifen DER BLONDE STRUMPF war an eben dieses Zielpublikum gerichtet. Ende Februar 1937 scheint er termingerecht erstmals in den Zensurlisten auf.[847] Sein Kinostart erfolgte demnach parallel zur Anzeigenkampagne.

Im Film wird mit Stopptrick-Animation gearbeitet. Unmittelbar – ohne Vorspann und Credits – setzt die „Handlung" des Streifens ein. Eine Handtasche ist zu

---

845 Palmers Archiv: Drucksortenbuch 1937.

846 *Salzburger Chronik*, „Das Neueste! Der blonde Strumpf von Harry Palmers", 6. März 1937, S. 9.

847 Siehe: *Paimann's Filmlisten*, 26.02. 1937, S. 1569

sehen, sie öffnet sich, ein Taschentuch und ein Parfümfläschchen sind darin im Ansatz zu erkennen. Dazu erklingt eine aufgeregte männliche Stimme, über die visualisierte Aktionen vorangetrieben und die Werbebotschaft verdeutlicht werden: „Öffnen Sie sie bitte rasch und schauen Sie nach!" Ein Notizbuch gleitet aus der Tasche. Die Stimme aus dem Off wird schneller, hetzt nahezu dahin, sie wiederholt mit Nachdruck die Forderung und verweist so auf die Dringlichkeit der Nachricht: „Ja, da ist Ihr Notizbuch. Nehmen Sie es rasch zur Hand und schreiben Sie bitte, schreiben Sie bitte ... !" Das weibliche Kinopublikum wird direkt in die Kommunikation einbezogen. Ausgehend von der Annahme, dass die weiblichen Zuschauer eine Handtasche mit einigen Utensilien beim Kinobesuch mit sich tragen, wird ein situationsbedingtes Verhaltensmuster vorgeführt.[848] Off-Kommentar: „Haben Sie keinen Bleistift? Das macht nichts ... " Ein Lippenstift gleitet aus der Tasche. Off-Stimme: „Nehmen Sie den Lippenstift zum Schreiben und notieren Sie bitte, notieren Sie bitte ... [Pause] ... etwas sehr Interessantes ... ." Während die letzten Worte gedehnt und mit geheimnisvoller Intonation gesprochen werden, setzt beschwingte Walzermusik ein. Off-Kommentar: „Gnädige Frau, die große Frühjahrsmode ist ... " Es folgt ein Zoom auf das Notizbuch, das Bild verschwimmt (Schnitt). Auf nun weißem Hintergrund bewegt sich ein Lippenstift, der den Schriftzug „Der blonde Strumpf" formiert. Die Off-Stimme wiederholt die Botschaft auf auditiver Ebene: „Der blonde Strumpf - haben Sie schon notiert? Der blonde Strumpf von Palmers!" Fanfarentöne sowie der werbende Schriftzug mit Palmers-Signet beschließen den Film.

DER BLONDE STRUMPF hat den Auftrag, Neugier beim weiblichen Kinopublikum zu erwecken. Der alterierte Klang der Stimme erzeugt unmittelbar Aufmerksamkeit. Weibliche Accessoires richten sich an die Zielgruppe, die schließlich direkt aufgefordert wird, aktiv zu werden, um sich grundlegend Wichtiges zu notieren. Immer wieder wird der Appell erneuert, verdoppelt, womit der Aufruf nicht nur verstärkt wird, sondern auch ein wenig Zeit geschaffen wird, um die Angesprochenen entsprechend handeln zu lassen. Sie haben Zeit, um sich tatsächlich eine Notiz zu machen. Das Interesse ist nun geweckt, doch nun wird die Auflösung kurz hinausgezögert, um die Spannung nochmals ein wenig zu erhöhen. Die Stimme wird langsamer, sanfter, bedächtiger, einladend. Walzerklänge lassen die anfängliche Hektik in ein Wohlgefühl übergehen. Der daran anschließende Zoom unterstreicht die Bedeutung des nun „zu Papier Gebrachten" – das Geheimnis wird schlussendlich gelüftet. Neuerlich wird die Botschaft visuell und akustisch vermittelt, auf der auditiven Ebene sogar neuerlich verdoppelt.

848 Diese „sozialen Skripte" geben Verhaltensschablonen für soziale Konstellationen vor und verankern kognitive situationsbedingte Verhaltensschemata, die abrufbar sind und zukünftige Konsumhandlungen beeinflussen sollen. Vgl. dazu u. a. Bless, Herbert/Schwarz, Norbert: Konzeptgesteuerte Informationsverarbeitung, in: Frey, Dieter/Irle, Martin: Theorien der Sozialpsychologie, Band III: Motivations-, Selbst- und Informationsverarbeitungstheorien, Bern/Göttingen 2002, S. 259. Abelson, Robert P.: Psychological Status of the Script Concept, in: American Psychologist 36, 1981/7, S. 717.

Fanfarenklänge erhöhen die Bedeutung des Abschlussbilds und bilden ein in sich geschlossenes Ende.

Das Produkt selbst ist nicht zu sehen. Der Werbefilm scheint als Ergänzung zur Drucksorten- und Pressekampagne der Firma Palmers fungiert zu haben. Er schuf bei den Zuschauerinnen vermutlich ausreichend Neugier, um eine Filiale aufzusuchen und den „blonden Strumpf" persönlich in Augenschein zu nehmen. Zudem wurde das Interesse so weit stimuliert, dass die Aufmerksamkeit der potenziellen Kundinnen beim Blättern in Tageszeitungen oder Wochenjournalen sich wohl auch auf die parallel lancierte Artikelserie richtete. Robert Reich hat hier neuerlich eine auf Produkt, Unternehmen und Zielrichtung individuell gestaltete Auftragsarbeit vorgelegt.

8.4.6 Frank (Franz) Ward Rossak

Franz Rossak wurde am 13. Februar 1901 in Vösendorf bei Wien geboren. Sein Vater war Werksleiter der Wienerberger Ziegelwerke. Schon als Volksschüler zeigte er Interesse für das Medium Film. Er erledigte kleine Besorgungen für einen Kinooperateur, im Gegenzug war ihm erlaubt, in der Vorführkabine zu verweilen. Mitunter bekam er Filmreste, die er zusammenklebte und seinen Freunden vorführte. Auch als Handelsschüler stellte er regelmäßig Spezialprogramme für Schulaufführungen zusammen und entwickelte hierbei Techniken im Bereich der Kompilation.[849] 1917 brach er die Handelsschule vorzeitig ab, um als Volontär bei der „Österreichisch-Ungarischen Kinoindustrie" (unter der Leitung von Anton Kolm, Louise Veltée-Kolm und Jakob Fleck) zu arbeiten. In dieser Zeit wurde er mit den unterschiedlichsten Tätigkeiten der Filmbranche vertraut gemacht: Verleih, Vertrieb, Reklame und Produktion.[850]

1920 übernahm er bei der „Fakir-Film" die Funktion eines technischen Leiters, wobei er vor allem Filmkopien zu prüfen hatte. In eben diesem Jahr wechselte er dann als Disponent zur „Imperial Filmgesellschaft m.b.H. Wien – Berlin", um schließlich bei der „Regentfilm" als Hilfsregisseur und Aushilfskraft auf sämtlichen Ebenen tätig zu werden.

1921 wurde Rossak als Darsteller von Groteskfilmen entdeckt. In diesen abenteuerlichen Kurzfilmen standen Verfolgungsjagden, Überfälle und komische Verwechslungen im Zentrum. Sein Rollenname „Francis" wurde zum Signet der Reihe. Letztlich fungierte er hier auch als Regisseur und Produzent. Anfang der 1920er-Jahre nahm Franz Rossak den Künstlernamen Frank Ward Rossak an.[851]

849 *Mein Film*, „Über Ruinen zu neuem Leben", Nr. 379, 13.9. 1946.

850 ÖStA, AdR, Zivilakten NS-Zeit, Bundesministerium für Inneres/Gauakten, Akt „Franz Rossak", Nr. 181973.

851 Tode, Thomas: Die Verwandlungen des Franz Rossak. Eine österreichische Filmbiografie zwischen Arbeiterbewegung und Nationalsozialismus, in: Dewald, Christian: Arbeiterkino. Linke

Im Jahr 1924 trat er als Mitarbeiter in die „Industriafilm (Benda und Novak)“ ein, wo er erstmals Erfahrungen im Bereich der Industrie-und Werbefilmproduktion sammelte. Zwei Jahre später war er Mitbegründer des Unternehmens „Astor-Pamela-Film“, das er bis zu dessen Löschung im Jahr 1928 leitete.[852] Die Produktionsfirma zählte im Speziellen Aktualitäten und Werbefilme zu ihrem Repertoire, zudem nahm sie eine Reihe sowjetischer Produktionen in ihren Verleih.[853]

Bis heute in Erinnerung geblieben ist Rossak allerdings aufgrund eines politischen Propagandafilms, den er im Auftrag der Sozialdemokratischen Arbeiterpartei Österreichs konzipiert und gedreht hatte. DAS TAGEBUCH DES MR. PIM (A 1930) kam als Wahlwerbefilm anlässlich der Nationalratswahlen 1930 zum Einsatz. Der Plot kreist um einen amerikanischen Zeitungsherausgeber, einen konservativen Kapitalisten, der Schritt für Schritt von den Leistungen der Sozialdemokratie überzeugt wird und letztlich euphorisch in seine Heimat telegrafiert: „Rote Stadtverwaltung Wien beste der Welt!“[854]

1931 löste Frank Rossak einen neuen Gewerbeschein zur „Herstellung kinematographischer Propagandafilme mit Ausschluss der Aufnahmen von Laufbildern einzelner Personen oder Personengruppen“.[855] Diese eigentümliche Umschreibung weist daraufhin, dass Rossak nicht mehr politische Filme, sondern vielmehr Industrie- und Werbefilme im Fokus hatte. Bis 1933 entstand eine Reihe an Reklamefilmen, wobei vor allem Tourismusaufnahmen ins Zentrum rückten. Immer wieder aber wurde Rossak von wirtschaftlichen Problemen eingeholt, was seine Branchenvertreter auf den Plan rief. Berichteten im Dezember 1927 die Fachblätter noch euphorisch über einen groß angelegten Wintersportfilm, der unter der künstlerischen Leitung Frank Rossaks und Hans Ludwigs im Entstehen begriffen war,[856] so warnte man im März 1929 eindringlich vor betrügerischen Machenschaften seitens Rossaks. Er und sein Aufnahmeleiter Stanislaus D. Proszewski hätten – so die Meldung – unter der Vorgabe, einen Heimatfilm zu drehen, bei unterschiedlichsten Stellen und Ämtern Gelder lukriert. Seither seien sie allerdings von der Bildfläche verschwunden.[857] Proszewski bezog über die Presse zu den Vorwürfen Stellung und erklärte, in seiner Funktion als Aufnahmeleiter mit finanziellen Angelegenheiten nichts zu schaffen zu haben. Rossak setzte sich zwischenzeitlich in die Tschechoslowakei ab.[858] 1936 wurde über die Fachpresse neuerlich vor Rossak gewarnt,

---

Filmkultur der Ersten Republik, Wien 2007, S. 133–135. *Mein Film*, „Über Ruinen zu neuem Leben“, Nr. 379, 13.9.1946.

852 ÖStA, AdR, Zivilakten NS-Zeit, Bundesministerium für Inneres/Gauakten, Akt „Franz Rossak“, Nr. 181973.

853 Tode, Franz Rossak, S. 138 f.

854 Zu Erfolg und Verbreitung des Films siehe: Ebd., S. 142–147.

855 WKO, Archiv Wien, Gewerbearchiv, Gewerbeschein „Franz Rossak“, Nr. 13315, 11. Juli 1931.

856 *Österreichische Film-Zeitung*, „Ein österreichischer Heimat- und Hochgebirgsfilm“, Nr. 52, 24. Dezember 1927, S. 24 f.

857 *Österreichische Film-Zeitung*, „Warnung!“, Nr. 11, 9. März 1929, S. 19.

858 Tode, Franz Rossak, S. 141.

der offenbar wieder bei Kurkommissionen und Bürgermeistern um die finanzielle Unterstützung eines Fremdenverkehrsfilmprojekts vorstellig wurde, wobei er vorgab, von der Vaterländischen Front Subventionen zu erhalten.[859]

Im Zuge seiner zahlreichen Versuche, während der NS-Zeit bei der Reichsfilmkammer Aufträge zu erhalten, beschuldigte er unverhohlen jüdische Mitbewerber sowie die „jüdische Presse", mutwillig gegen ihn mobil gemacht zu haben. Alle Untersuchungen gegen ihn hätten „innerhalb von acht Wochen eingestellt werden" müssen. Tatsächlich wurde Rossak 1932 und 1937 wegen Veruntreuung, im März 1938 wegen des Vergehens der fahrlässigen Krida zu sechs Wochen Arrest verurteilt. 1932 erfolgte zusätzlich eine Verurteilung wegen ausbleibender Unterhaltszahlungen für seine minderjährige Tochter.[860]

Um 1934 näherte sich Rossak zunehmend der NSDAP an. Er gründete mit seinem „Parteigenossen" Ludwig Streitriedl eine Filmgesellschaft mit dem bezeichnenden Name „Arische Propaganda-Werbefilm". In seinen zahlreichen Gutachten und Anträgen, die er in der NS-Zeit stellte, betonte er seine Arbeit als illegaler Nationalsozialist. Er beschwerte sich über diverse gegen ihn betriebene verleumderische Feldzüge, wobei insbesonders jüdische Vertreter der Filmbranche, Heimwehrleute und angebliche NS-Parteigänger, die tatsächlich „anderer Gesinnung" wären, von ihm beschuldigt wurden.

Die in seinem Gauakt befindlichen Schriftstücke sind geprägt von Selbstmitleid, Schuldzuweisungen, Anbiederungen, antisemitischen Ausfällen und Denunziationen. Hinsichtlich der von ihm in diesen Unterlagen angeführten illegalen NSDAP-Mitgliedschaft ergeben sich nicht nur Widersprüche, er dürfte eine solche auch nie besessen haben. Vielmehr wurde er 1934 noch als Mitglied der Sozialdemokratischen Partei geführt, 1937 trat er der Vaterländischen Front bei – unter Zwang, wie er gegenüber den NS-Behörden beteuerte. 1938 stellte er schließlich sogar einen Antrag auf Wiedergutmachung anlässlich des ihm aufgrund seiner NS-Gesinnung unter dem austrofaschistischen Regime „zugefügten Schadens".

Der von ihm vorgelegte Bericht stellt sich als theatralischer Leidensweg eines treuen Gesinnungsgenossen dar, der zahlreiche politische Aktivitäten für die NS-Bewegung gesetzt hatte. Trotzdem wurde Rossak eine Aufnahme in die Reichsfilmkammer verweigert. Während der NS-Zeit war er einige Jahre als Beamter bei der Allgemeinen Ortskrankenkasse tätig. Über einige Monate hatte er eine Beschäftigung als Leiter der Abteilung „Propaganda" des Wiener Reichskolonialbundes inne. 1942 nahm er eine Stelle als Filmvorführer im Wiener Haydn-Kino an und handelte nebenbei mit Schmalfilmkopien. 1943 wurde Rossak aufgrund seiner Vorstrafen die Aufnahme in die NSDAP verweigert.[861] Diese Ablehnung sowie seine nicht sonderlich

859 *Österreichische Film-Zeitung*, „Warnung!", Nr. 45, 6. November 1936, S. 1.

860 ÖStA, AdR, Zivilakten NS-Zeit, Bundesministerium für Inneres/Gauakten, Akt „Franz Rossak", Nr. 181973. Tode, Franz Rossak, S. 148 f.

861 Tode, Franz Rossak, S. 150–160. ÖStA, AdR, Zivilakten NS-Zeit, Bundesministerium für Inneres/Gauakten, Akt „Franz Rossak", Nr. 181973.

exponierte Stellung während des Nationalsozialismus kamen ihm nach 1945 zugute. Als minderbelastet eingestuft, konnte er bereits im Oktober 1946 sein neues Filmunternehmen, die „Pax-Filmproduktion Franz Rossak", bei der Handelskammer eintragen.[862] Rossak entdeckte nun seine „linke" Vergangenheit wieder und fand im kommunistischen Wiener Kulturstadtrat Viktor Matejka einen Förderer. Er konzentrierte sich fortan auf Kompilationsfilme, dokumentierte die Zerstörungen des Zweiten Weltkriegs, stützte in seinen Filmarbeiten die Opferthese Österreichs (STURMJAHRE, A 1947), polemisierte gegen militaristische Soldatentreffen im Nachkriegsösterreich und propagierte die vom Kommunismus getragene Friedensbewegung (SCHATTEN ÜBER UNSERER HEIMAT, A 1953–1955). Im Oktober 1957 starb Franz Rossak, seine Firma wurde 1966 aus dem Handelsregister gelöscht.[863]

Bis inklusive 1938 konnte bis dato Rossaks Mitarbeit bei 49 Filmen festgestellt werden. Dabei handelt es sich um 13 Aktualitäten, vier politische Propagandaarbeiten, neun komisch-groteske Kurzfilme, sieben Kulturfilmarbeiten sowie 16 Werbefilme. Seine Reklamefilme weisen eine Laufzeit von zwei bis 34 Minuten (bzw. von 45 bis 940 Meter) auf. Die Mehrzahl seiner Arbeiten entstand in der Stummfilmzeit, seine wenigen Kurzwerbefilme entstanden in den Jahren 1932 und 1933, vor seinen Inhaftierungen. Acht seiner Reklamearbeiten warben für den heimischen Fremdenverkehr,[864] fünf sind dem Bereich Freizeit[865] zuzuordnen. Jeweils einer seiner Filme propagierte einen Gastronomiebetrieb, eine Bildungsanstalt sowie den Hersteller von Reinigungs- und Körperpflegeprodukten.[866]

Insgesamt fünfmal wurde Rossak beauftragt, für österreichische Badeanstalten zu werben. Eine dieser Arbeiten ist erhalten geblieben. WIENERINNEN UND WIENER BEACHTET! (A 1930) hatte den Auftrag, das neu renovierte Neuwaldegger Bad in Wien von seiner besten Seite zu zeigen. Der Beginn des Films ist durchaus ansprechend. Nach der Nennung der Produktionsfirma und der Einblendung des Titels macht ein Zwischentableau auf die positiven Effekte eines Badebesuchs aufmerksam: Eine fein ausgearbeitete Illustration in der rechten Bildhälfte zeigt eine feingliedrig-sportive Dame in Badekostüm, -umhang und -haube, während links der Zwischentitel „Luft,

---

862 WKO, Archiv Wien, Zentralkataster, „Pax-Filmproduktion Franz Rossak", angemeldet: 9. Oktober 1946, Nr. 26576/frei/X, 7. Mai 1949.

863 Tode, Franz Rossak, S. 165–180.

864 Z. B.: LILIENFELD (A 1927), siehe: Caneppele, Wiener Filmzensur 1926–1928. MARIAZELL UND SEINE UMGEBUNG (A 1928), siehe: Tode, Franz Rossak, S. 182–192. QUER DURCH DEN WIENERWALD (A 1932), siehe: *Paimann's Filmlisten*, 1. Juli 1932, o. S.

865 Z. B.: KRITZENDORF UND STROMBAD (A 1930), DAS SCHAFBERGBAD (A 1931), beide siehe: Ballhausen/Caneppele, Wiener Filmzensur 1929–1933. BAD GREIFENSTEIN, ALTENBERG (A 1931), *Paimann's Filmlisten*, 16. Juli 1931, o. S.

866 WIR ZEIGEN IHNEN BILDER VON EINER BELIEBTEN WIENER GASTSTÄTTE (A 1932), *Paimann's Filmlisten*, 1. Oktober 1932, o. S. EIN BESUCH DER BEKANNTEN HOLSATIA BAUMSCHULE (A 1933), *Paimann's Filmlisten*, 2. Novmber 1933, o. S. EIN GANG DURCH ÖSTERREICHS GRÖSSTE SEIFENFABRIK (A 1931), Tode, Franz Rossak, S. 182–192.

Licht, Sonne und Wasser braucht jeder Mensch“ eingeblendet wird. Nach der Aufzählung einiger Credits betreffend Aufnahmeleitung und Kamera steht die Anreise zur Badeanstalt im Zentrum. Eine Grafik verweist auf die direkte Umgebung des Neuwaldegger Bads und den besten Anreiseweg mit öffentlichen Verkehrsmitteln. Ein illustrativ angedeuteter Straßenbahnzug bewegt sich auf der Karte zur Endstation Neuwaldegg. Aus leichter Aufsicht (erhöhte Kameraposition) wird die Haltestelle in Realbildaufnahme in den Fokus genommen. Die Straßenbahnlinie 43 fährt ein, neben ihr ist ein Radfahrer zu sehen. Bei der Station verlassen zahlreiche Personen den Zug. Damit enden aber bereits die besten Bilder dieses Films. Der anschließend eingeblendete Zwischentitel ist unsauber gesetzt. Auf einem etwas nach rechts versetzten weißen Hintergrund erscheint der Schriftzug „Besuchet das Neuwaldegger Bad!“. Auf der linken Seite ist eine Realbildaufnahme zu erkennen, die aber keinen gezielten Einblick auf das Geschehen bietet. Es wird der Eindruck erweckt, als hätte man auf überschüssigem Filmmaterial einen Zwischentitel eingeklebt.

In der Folge werden möglichst viele Bereiche des Neuwaldegger Bads abgefilmt, zumeist in totaler oder halbtotaler Einstellung, womit ein Überblick über die Anlage verschafft wird. Der Eingangsbereich, Bassins, Liegewiesen, Spiel- und Sportplätze sowie das Restaurant werden präsentiert – Schwenks oder Aufnahmen aus erhöhter Position geben einen räumlichen Eindruck wieder und verweisen auf die Weiträumigkeit des Geländes. Eingeblendete Zwischentitel versprechen mehr als zu sehen ist. Der „heiße Kampf um den Handball“ ist aus der kurzen, totalen Einstellung nicht einmal zu erahnen – einzelne Figuren bewegen sich auf einem Spielfeld. Gleichfalls bietet die Aufnahme nach dem Titel „Schwimmen muss gelernt sein“ nur einen Blick aus erheblicher Entfernung, der sich bewegende Menschen im und rund um das Becken erkennen lässt. Zudem sind die Szenerien zu dunkel gefilmt.

Montage, Schnitt und Inszenierung sind mitunter unsauber und nicht ganz logisch. Das im Bad gelegene Restaurant wird zweimal in den Fokus gerückt, wobei die Unterbrechung der ersten Aufnahme durch eine schlecht gedrehte Beckenszene und die daran anschließende neuerliche und gleichartige Einführung des Lokals unstimmig scheint. Die Szenerien auf der Kegelbahn beginnen mit einer Totalen auf die aufgestellten Kegeln. In der Halbtotalen folgen Bilder von Leuten an der Spielanlage, eine Dame hat, wie man an ihrer Bewegung sehen kann, offenbar soeben eine Kugel geworfen, ein beleibter Mann wirft eine Kugel und bricht sofort in Jubel aus (er hüpft). Ein Zwischenschnitt auf die Bahn ist jedoch ident mit der ersten Einstellung – kein Kegel ist anders drapiert, keiner umgeworfen. Die Aufnahme wirkt konstruiert.

Immer wieder stören Personen in alltäglicher Straßenkleidung das Bild – sie stehen unmotiviert am Beckenrand, gehen durch das Bild, wobei völlig unbeantwortet bleibt, welche Funktion sie innehaben. Wie in der Frühzeit des Kinos blicken die Besucher des Bads gespannt in die Kamera, nicht selten dürften sie von den Gestaltern zu Aktionen aufgefordert worden sein. Bei der Restaurantaufnahme aus der Aufsicht schauen alle Gäste – wie auf Anweisung – gebannt und lächelnd nach oben. Auch das „lustige Treiben“ hat stark arrangierten Charakter: Die Badenden folgen der Kamera, lachen, winken, eine Frau wird von einem Mann auf den Schultern getragen, sie lacht, blickt die Zuschauer an, inszeniert sich selbst. Es fehlt jedoch an echter Emotion. Die dominierenden Aufnahmen in totaler und halbtotaler Einstellung vermitteln einen distanzierten Blick. Die Bilder aus amerikanischer oder halbnaher Position sind zu offensichtlich vorgegeben und gestaltet. Ein spielerischer Umgang mit der Kamera, andere Einstellungen, Fahrten und Schnitt- und Montagetechniken – wie man sie aus anderen Arbeiten dieser Zeit kennt – hätten mehr Bewegung, Abwechslung, emotionale Beteiligung, aber auch inhaltliche Stringenz nach sich gezogen. Zwischentitel allein – ohne visuell entsprechend anregende Ebene – erzeugen weder Stimmung noch Gefühl.

Nach heutigem Wissensstand sind nur drei Werbefilme Rossaks erhalten geblieben.[867] Die Gründe dafür dürften vielfältig sein: Frank Rossak war kein Mitglied des Kurzfilmhersteller-Verbandes. Dementsprechend fehlten ihm Kontakte zu diversen Auftraggebern aus Bund und Ländern. Außerdem hatte er aufgrund diverser Delikte einen schlechten Leumund. Es gab daher kein Interesse staatlicher Behörden, wie etwa dem Unterrichtsministerium, an seinen Filmen. Doch gerade über den Weg der Wiederverwertung und -aufführung von Reklamefilmen als Lehr- bzw. Bildungsfilme sind zahlreiche kommerzielle Auftragsarbeiten erhalten geblieben.

---

867 Neben WIENERINNEN UND WIENER BEACHTET! lassen sich noch folgende Werbefilme als erhalten nachweisen: QUER DURCH DEN WIENERWALD, WINTERSPORT IN BISCHOFSHOFEN.

9 Der „ideale“ Werbefilm

9.1 Vorführbedingungen und Stilfragen

Im Verlauf der 1920er- und 1930er-Jahre wurde in den Film-, Kino-, Verkaufs- bzw. Marketingfachblättern eine Diskussion über den „idealen Werbefilm“ geführt. Besonders mit dem Aufkommen des Tonfilms fand das werbende Laufbild immer größere Resonanz in der Fachpresse. Reklamefilmproduzenten, Werbefachleute und Kinobetreiber dachten über Stil, Einsatz und Vorführoptionen dieses neuen Werbemittels nach. Dabei stand die Funktion des Films immer wieder im Zentrum: Generell ging man davon aus, dass der Streifen Teil einer groß angelegten Kampagne war, in der unterschiedliche Werbemittel zum Einsatz kamen.[868] Der Erstkontakt erfolgte über die Printmedien. Der Reklamefilm hatte – laut *Verkaufspraxis* – insbesondere die Aufgabe, sich einen Markenartikel erneut in Erinnerung zu rufen und einzuprägen.[869]

Im Kinobereich waren zudem oftmals kostengünstigere „sprechende Dias“ im Gebrauch. Die Projektion von Lichtbildern, die optisch einem Plakatsujet entsprachen, wurde von inhaltlichen Erläuterungen – etwa per Schallplattenzuspielung – und/oder Musik begleitet.[870] Der Werbefachmann Hugo Fleischmann zog allerdings den Reklamefilm dem Lichtbild eindeutig vor und begründete dies folgendermaßen: „Die Reklamebilder erscheinen nur einige Sekunden auf der Leinwand und sind daher in den meisten Fällen unverständlich. [...] Größeren Wert hat das sich bewegende Bild, der Werbefilm, namentlich dann, wenn er belehrenden Inhalts ist, und der Reklametrickfilm, der gewöhnlich aus einer lustigen und spannenden Handlung besteht, während die eigentliche Reklame erst am Schlusse zum Vorschein kommt.“[871]

Vielerlei Vorteile wollte man – sowohl seitens der Kurzfilmhersteller als auch seitens der Werbefachkräfte – im Reklamefilm erkennen. Im Kino ergäbe sich eine exzeptionelle Situation: Der abgedunkelte Raum verstärke die Konzentration auf die Leinwand, sofern die Verdunkelung während des Werbeblocks auch eingehalten wurde.[872] Zudem wäre hier „wie kaum anderswo die Möglichkeit gegeben, den Interessenten in einen [sic!] Augenblick zu packen, wo er nicht von anderen Eindrücken

---

868 *Verkaufspraxis*, „Der Werbefilm im Werbeplan“, Nr. 1, Oktober 1932, S. 32–36. *Contact*, „Werbung durch den Film“, Nr. 12, Dezember 1933, S. 17. *Reklame-Presse*, „Filmwerbung und Werbefilm“, Nr. 2, September 1936, S. 2.

869 *Verkaufspraxis*, „Filmwerbung im Einzelhandel“, Nr. 10, Juli 1935, S. 595.

870 *Österreichische Film-Zeitung*, „Das sprechende Diapositiv“, Nr. 11, 12. März 1932, S. 5. Kinodias und Reklamefilme wurden meist von einer Verleihfirma parallel vertrieben. Diese Unternehmen hatten oftmals spezielle Reklamepachtverträge mit Kinobetrieben abgeschlossen. Vgl.: Forster, Ufa und Nordmark, S. 27.

871 Fleischmann, Wie erhöhe ich, S. 95 f.

872 Vgl. dazu das Kapitel „Kinotheater und Reklamefilm: Kritische Stimmen und Lösungsansätze“.

https://doi.org/10.1515/9783110622300-009

abgelenkt wird und die ihm präsentierte Werbung zur Kenntnis nehmen muss, ob er nun will oder nicht".[873] Letztlich sei auch der „Prozentsatz der Kinobesucher, die einen Werbefilm sehen müssen (im Durchschnitt 100 Prozent, schlimmstenfalls 70 oder 80 Prozent) erheblich höher als der Leseranteil eines Zeitungsinserats.[874] Bei einer 1933 angeführten Anzahl von etwa 600 Kinos in Österreich, davon rund ein Viertel in Wien, zählte der werbende Film durchaus zu einem Werbemittel, das eine gewisse Reichweite zu erlangen vermochte.[875] Wobei ein Geschlechtergefälle konstatiert wurde: 70 bis 80 Prozent der Kinobesucher waren – laut den Fachblättern – Frauen.[876] Empfohlen wurde den per Film reklametreibenden Firmen, auf ein gutes Haupt-Kinoprogramm zu achten, da der Besucherstrom dann auch erheblich größer sei.[877] Außerdem sollte der Geschäftsführer oder der zuständige Werbeleiter über den gesamten Produktionsprozess aktiv an der Gestaltung des Reklamefilms mitarbeiten: Alle Einzelheiten des Drehbuchs wären vor der Auftragserteilung zu klären, bei den Aufnahmen hätte man anwesend zu sein, Kritik solle man immer sofort ungeschminkt üben, die Abnahme wäre frühzeitig anzusetzen, um noch Änderungsoptionen zu haben, und einen Film, mit dem man nicht zufrieden sei, solle man keinesfalls annehmen.[878]

Doch wie sah ein perfekter Werbefilm aus? Welche Kriterien hatte er zu erfüllen? Hier schieden sich mitunter die Geister. Einig war man sich allerdings darin, dass man im Kino kurzen Filmen den Vorzug geben sollte, wobei eine Länge von „15 bis 150 Meter" bzw. von „30 Sekunden bis 5 Minuten" angemessen erschien.[879] Zu schnell wäre das Publikum sonst wohl gelangweilt, und auch die Kinobesitzer würden kurzen Reklamefilmen den Vorzug geben.[880] „Das Kino" wäre – so hieß

---

873 *Reklame-Presse*, „Filmwerbung und Werbefilm", Nr. 2, September 1936, S. 2.

874 *Verkaufspraxis*, „Was zur Kinoreklame außerdem gesagt werden muß!", Nr. 11, August 1930, S. 666.

875 *Contact*, „Werbung durch den Film", Nr. 12, Dezember 1933, S. 17. Zahlen über die Auslastung der Kinos liegen allerdings nicht vor. Einzig aus Deutschland fand sich ein Bericht, der die „Kinositzplatz-Ausnutzung" in Berlin des Jahres 1933 vorlegte. Im Durchschnitt waren die Kinos in Berlin zu 73,8 Prozent ausgelastet, wobei im Jänner mit 88,8 Prozent der höchste und im Juni mit 46,5 Prozent der niedrigste Wert ausgewiesen wurde. Vgl.: *Verkaufspraxis*, „Streu- und Treffmöglichkeiten in der Kinowerbung", Nr. 8, Mai 1935, S. 485 f.

876 Mitunter wurde aufgrund des Geschlechtergefälles sogar davon abgeraten, für „Männerartikel" wie etwa „Autos, Motorräder, Kragen, Landparzellen oder Glatzenbeseitiger" im Kino zu werben. Siehe: *Verkaufspraxis*, „Warum noch immer dieselben Fehler?", Nr. 9, Juni 1933, S. 573 sowie „Streu- und Treffmöglichkeiten in der Kinowerbung", Nr. 8, Mai 1935, S. 486.

877 *Verkaufspraxis*, „Streu- und Treffmöglichkeiten in der Kinowerbung", Nr. 8, Mai 1935, S. 483.

878 *Verkaufspraxis*, „Und wieder einmal: Der Werbefilm", Nr. 2, November 1934, S. 124.

879 *Verkaufspraxis*, „Filmwerbung im Einzelhandel", Nr. 10, Juli 1935, S. 595.

880 *Österreichische Film-Zeitung*, „Der Reklamefilm", Nr. 22, 3. Juni 1933, S. 4 sowie ebd., „Internationale Werbefilmschau", Nr. 49, 9. Dezember 1933, S. 4. Goergen, Jeanpaul: Julius Pinschewer. Künstler und Kaufmann, Pionier des Werbefilms, in: Epd Film, Nr. 3, März 1992, S. 18.

es – nur „in verhältnismäßig seltenen Fällen der richtige Ort für den ‚sachlichen' Werbefilm".[881] Gemeint waren belehrende Werbefilme, die vor allem im Rahmen einer „non-theatrical exhibition" zur Vorführung kamen.[882] Diese Form der filmischen Reklame, der Behörden und manche Fachblätter gleichfalls einen kulturellen und belehrenden Charakter zubilligten, wurde wiederholt mit den Termini „vornehm", „gediegen", „ernst" versehen.[883]

Noch immer hatte die Reklame mitunter gegen den Vorwurf zu kämpfen, „unseriöse Arbeitspraktiken" und „marktschreierisches Gebaren" zu zelebrieren.[884] In den 1930er-Jahren wurden in einem Gesetzesentwurf sogar moralische Regeln für den Werbefilm wie folgt festgelegt (mit dem Hinweis, dass „für die Filmreklame die gleichen Grundsätze" galten „wie für die Filmbilder selbst"):[885]

1. „Unanständige, obszöne, gemeine Reklame darf nicht verwendet werden."
2. „Weder der nackte Körper, noch der Körper mit den unbedeckten intimen Partien darf verwendet werden."
3. „Der halbnackte Körper soll nicht verwendet werden, oder nur dann, wenn es in Übereinstimmung mit den oben aufgezählten Grundsätzen geschieht."
4. „Reklame, durch welche das Verbrechen verherrlicht wird, ist auszuschalten."
5. „Reklame, welche ein Dreiecksstück suggeriert oder Aufschriften verwendet, die von bedenklicher Moral zeugen, oder Reklame, die die Aufmerksamkeit deshalb auf sich lenkt, daß ein Stück ‚heiß', ‚gewürzt' usw. ist, ist nicht nur unmoralisch und irreführend, sondern sie setzt sich auch hinsichtlich des Inhaltes eines Filmes mit der öffentlichen Moral in Widerspruch."
6. „Tanzkostüme, welche im Film nicht erlaubt sind, dürfen auch bei der Reklame nicht verwendet werden."
7. „Für leidenschaftliche Szenen, Kußszenen usw. gelten die allgemeinen Grundsätze."

Als „geschmacklos" empfunden wurde aber auch eine allzu plumpe, augenfällige Filmwerbung", weshalb die Kurzfilmhersteller verstärkt dazu tendierten, die Werbepointe und Überraschung an das Ende zu setzen.[886] Auf dieses Phänomen ging man 1929 auch in einem eigenen „Werbefilm-Magazin" ein: „Im Grunde genommen

881 *Österreichische Reklame*, „Josef Wilhelm Farnik: Der technische Werbefilme", Nr. 11/12, November/Dezember 1929, S. 51.

882 Vgl. dazu das Kapitel „Non-theatrical exhibition": Der Werbefilmeinsatz außerhalb des regulären Kinobetriebs".

883 Ebd. sowie *Filmkunst*, „Vom Reklamebild zur wissenschaftlichen Aufnahme", Nr. 26, 26. Juni 1914, S. 1 f.

884 Siehe dazu das Kapitel „Institutionalisierung der österreichischen Werbebranche".

885 WKW, Filmakten, Paket 3173/1, M 1, „Gesetz mit welchem die Filmproduktion geregelt wird", 1935–1937, Rubrik „Reklame", S. 13.

886 *Der Filmbote*, „Der Kinematograph im Werbefilm", Nr. 24, 12. Juni 1920, S. 16–18. Siehe dazu auch: *Contact*, „Werbung durch den Film", Nr. 12, Dezember 1933, S. 17.

ist der Werbefilm vielleicht doch ein bisschen heimtückisch; denn er macht sich mit der harmlosesten Miene an sein Publikum heran, spricht von allgemeinen Dingen, wartet, bis das Auditorium in Stimmung gekommen ist und schleudert den Nichtsahnenden gleich einer Bombe sein berühmtestes Wurfgeschoß, die Pointe, entgegen, die entweder ein ‚unübertreffliches Schuhputzmittel', einen ‚Qualitätslikör', das ‚radikalste Insektenpulver' oder andere Spezialitäten zum Gegenstand hat. Doch der Feldzug, den der Werbefilm führt, ist eines von den wenigen, bei denen beide Parteien gewinnen: das Publikum, in dem es sich amüsiert, der – Unternehmer, indem er sich eine Armee neuer Kunden sichert."[887]

Unterhaltung galt demnach als Schlüssel zum Erfolg einer filmischen Werbeeinschaltung. Das Publikum sollte per „Lustspiel, Sketch, Miniaturoperette" oder Trickfilm bei Laune gehalten werden. Dabei wären „Humor und Komik" richtig zu verteilen, vor „Übertreibungen in Text, Musik, Spiel und Mimik" wurde ausdrücklich gewarnt. Die Zuschauerinnen und Zuschauer galten als mittlerweile durchaus geschult und verwöhnt und hätten entsprechend hohe Ansprüche. Auch beim Kurzwerbefilm setzte man nun im Stil auf eine „diskrete" und „vornehme" Anmutung – so der Rat der Werbefilmproduzenten und staatlichen Reklameausbilder.[888]

Mitunter waren Werbefilm-Aufführungen sogar von spontanen Beifallsbekundungen begleitet.[889] Doch im Marketingblatt *Verkaufspraxis* wurde wiederholt davor gewarnt, den Unterhaltungsmoment vor die Werbewirkung zu stellen. Immer wieder hätte man die Erfahrung gemacht, dass die Zuschauerinnen und Zuschauer begeistert einem Reklamefilm applaudiert hätten, im Anschluss aber nicht mehr wüssten, für welches Produkt geworben worden war oder nicht einmal erkannt hatten, dass es sich bei dem Streifen um einen Werbefilm gehandelt hatte.[890] Daher sei an erster Stelle immer im Auge zu behalten, dass die filmische Reklame „überzeugen, beeinflussen" und „Gedankengänge auslösen soll", die sich „für den Absatz der Ware" als „günstig" erweisen.[891]

Durchaus andere Töne stimmte ein Berliner Kinobesitzer namens Gustav Bischoff 1933 an. Der Werbeeffekt war ihm offenbar weniger ein Anliegen als die Zufriedenheit seiner Besucherinnen und Besucher. Seiner Ansicht nach musste ein

---

887 *Die Epoche. Das Magazin des Werbefilms*, „1000 Worte Werbefilm", Nr. 1/März 1929, S. 4, zit. nach: Goergen, In filmo veritas, S. 353.

888 *Contact*, „Werbung durch den Film", Nr. 12, Dezember 1933, S. 19 sowie ebd. „Vortrag im Rahmen der Staatlichen Reklame-Ausbildungskurse: Wie entsteht ein Werbefilm?", Nr. 7/8, Juli/August 1935, S. 30. *Reklame-Presse*, „Filmwerbung und Werbefilm", Nr. 2, September 1936, S. 2.

889 *Verkaufspraxis*, „Filmwerbung im Einzelhandel", Nr. 10, Juli 1935, S. 596 sowie ebd., „Fehlleistungen beim Werbefilm", Nr. 3, Dezember 1933, S. 184. *Contact*, „Werbung durch den Film", Nr. 12, Dezember 1933, S. 19 sowie ebd., „Applaus für einen Werbefilm", Nr, 3, März 1936, S. 16. *Österreichische Film-Zeitung*, „Internationale Werbefilmschau", Nr. 49, 9. Dezember 1933, S. 4.

890 *Österr. Reklame-Praxis*, „Reklame als Begleiterin des modernen Menschen", September 1936, S. 23. *Verkaufspraxis*, „Filmwerbung im Einzelhandel", Nr. 10, Juli 1935, S. 596.

891 *Verkaufspraxis*, „Fehlleistungen beim Werbefilm", Nr. 3, Dezember 1933, S. 184.

erfolgreicher Reklamefilm „losknallen“ sowie „raunende Bewegung, Kichern, Geflüster und Unruhe“ im Auditorium auslösen. Wirksam wäre ein Werbefilm – seiner Erfahrung nach –, wenn er „vom Aufbau klar, eindeutig, übersichtlich und ein wenig primitiv“ sei. „Besonders liebevoll“ gemachte Reklamestreifen, mit „einem Schuss Sentimentalität, Romantik oder gar von dramaturgisch-gelehrtem Aufbau [...] verpufften“ hingegen allzu leicht.[892] Der praktische Kinofachmann wisse es genau: „Wenn der nobel angezogene Herr unvermutet in eine Dunggrube fällt, oder wenn der Bösewicht mit der eisernen Bratpfanne eins über den Deez[893] kriegt, dass die Funken sprühen, oder wenn der notorische Schwächling seinen überlegenen Gegner ein Beinchen stellt, dass dieser sich das Nasenbein bricht. Solche und ähnliche Situationen vermögen in ihrer Drastik und Unverfälschtheit unmittelbar anzuspringen und zu zünden, dass das Publikum vor Vergnügen wiehert, einerlei ob Urahne, Großmutter, Mutter oder Kind.“[894] Der Berliner Kinounternehmer präsentierte letztlich noch ein Fünf-Punkte-Schema, das einen erfolgreichen Werbefilm (zumindest aus der Perspektive des Lichtspielbetreibers und seiner Kundschaft) garantieren sollte:

1. „Aufmerksamkeits-Erregung, einerlei ob optisch oder akustisch oder beides gleichzeitig.
2. Steigerung, scharf und rasch.
3. Darstellung der Kaufvorteile mit etwas knalliger Beweisführung, etwa auch unter Einfügung eines drastischen Scherzes.
4. Gegenüberstellung von großer Leistung und geringem Preis.
5. Ganz ohne weiteren Übergang in schneller Überraschung und Steigerung zum Kernpunkt des Angebotes“[895] kommen.

Die in den Fachblättern wiedergegebenen Stimmen zeugen von recht unterschiedlichen Geschmäckern und Begehrlichkeiten seitens der Kurzfilmhersteller, der Verkaufs- und Werbeleiter der Firmen, die sich insbesonders in der *Verkaufspraxis* finden, und der Kinobetreiber, die ihr Publikum im Fokus hatten. Besonders konträr erscheinen aber die Vorgaben des Berliner Lichtspielbetreibers angesichts der Richtlinien, die seitens der heimischen Werbeexperten für den österreichischen Markt ausgegeben wurden. Gerade eine marktschreierische Variante der Reklame, das allzu „geräuschvolle und keulenschwingende in Szene setzen einer Person oder einer Leistung“, würde man im „Kunst- und Kulturland Österreich“ ablehnen. „Niveau“, „Gefühl“ und „kultivierte Zurschaustellung“ müsse man auch bei der

892 *Verkaufspraxis*, „Der Kinobesitzer spricht über den Werbefilm“, Nr. 6, März 1933, S. 369 f.
893 Anmerkung: mitteldeutsch, umgangssprachlich für „Schädel“.
894 Ebd.
895 Ebd.

Wirtschaftspropaganda voraussetzen.[896] Zudem ließ man sich mitunter auf einen direkten Vergleich mit Deutschland ein, denn Österreich sei – so das Fachblatt *Österreichische Reklame* – „keine Filiale Preußisch-Berlins“.[897] „In Deutschland, diesem Land des herzlosen Verstandes, herrscht die Werbelogik. Sie ist unerbittlich. Und eiskalt.“ In Österreich hingegen dominiere das „Stilgefühl“, das „unendlich sicherer“ sei „als das Berlins“. Prinzipiell wäre die heimische Reklame von drei Charakterzügen geprägt: „Stilgefühl, Grazie und Pessimismus“. Letzteren begründete der Autor mit dem „benachbarten Slawentum“, das sich durch eine „träumerisch-energielose Freude an Trauer“ und durch einen ein wenig „fatalistisch-resignierten Orientalismus“ auszeichne.[898]

Das kulturell mentale Erbe der Monarchie war dem Magazin *Österreichische Reklame* offenbar ein Anliegen, wobei hier eine nostalgisch überhöhte Darstellung zu konstatieren ist. „Elf Nationen“, die sich einst in Österreich-Ungarn zusammenfanden, hätten dem Blatt zufolge ein „überaus reizvolles, liebenswürdiges Ergebnis gezeitigt“, nämlich „die österreichische Abart der deutschen Kultur“. Die so entstandene Kultur sei eine „des Verstehens, der Versöhnlichkeit und der Duldsamkeit“.[899] „Deutsche, Magyaren, Kroaten, Slowaken, Slowenen, Tschechen, Polen, Ruthenen, Rumänen, Italiener und Ladiner“[900] hätten einst „ihre Besten zum Militär, in den Beamtenstand, als Lehrer, Kaufmann oder Künstler in das Gebiet des heutigen Österreich“ entsandt, „so dass sich in den größten Städten, vor allem in Wien, die verschiedensten Kulturen kreuzten“.[901]

„Der Wiener“ wurde dabei in der Fachzeitschrift *Österreichische Reklame* nicht selten mit „dem Österreicher“[902] gleich gesetzt. Dabei gab man Tipps, die zeigen sollten, wie der vermeintlich „konservative, indolente und reklameaufnahmeunfähige“ Österreicher oder Wiener „werbepsychologisch“ am besten zu erreichen wäre:[903]

> Der Wiener liebt naturalistische Darstellungen in bunten, frischen, aber untereinander harmonierenden Farben. [...] Er sieht gerne hübsche Gestalten, speziell sieht er gerne das Ideal der schönen Wienerin, er verpönt aber zu sehr in den Vordergrund gerückte Erotik. Herzig muss das Bild sein, dann geht's dem Wiener zum Herzen und in den Sinn.

896 *Contact*, „Wirtschaftspropaganda“, Nr. 5, Mai 1935, S. 10. *Österr. Reklame-Praxis*, „Die Wiener Messe und ihre Werbung“, Februar/März 1936, S. 7.

897 *Österreichische Reklame*, „Stil, Geschmack und Rasse“, Nr. 5/6, Dezember 1927, S. 7 f.

898 Ebd.

899 *Österreichische Reklame*, „Österreichische Reklame“, Nr. 1, 1929, S. 7 f.

900 Serben, Bosniaken und Juden bleiben in der Aufzählung der *Österreichischen Reklame* ausgespart. Eine Identifizierung mit diesen Volksgruppen passte offensichtlich nicht in das eigene, konstruierte „Österreich-Verständnis“.

901 *Österreichische Reklame*, „Österreichische Reklame“, Nr. 1, 1929, S. 7 f.

902 Prinzipiell bezog man sich in den Artikeln auf den männlichen Teil der Bevölkerung. Textelemente, welche die „Wienerin“ oder die „Österreicherin“ in den Fokus nahmen, konzentrierten sich ausschließlich auf die weibliche Zielgruppe.

903 Die nachfolgenden Zitate stammen aus: *Österreichische Reklame*, „Was essen Sie am liebsten?“, Nr. 1, 1929, S. 24 f.

> Denken Sie bei dem Wiener immer an seine sprichwörtliche Gemütlichkeit. [...] Reden Sie in einer Sprache, die der Wiener versteht, bilden sie einfache, leicht fassbare Sätze, gebrauchen Sie dem Wiener geläufige Ausdrücke, streifen Sie womöglich immer etwas, das ihm besonders schmeichelt, loben Sie Wien ...
>
> Lassen Sie den Wiener denken, regen Sie seinen Gedankengang an und leiten Sie ihn dahin, dass er selbst zu dem Schluss kommt, den Sie anstreben, denn er ist stolz darauf, wenn er Ihnen seine Überlegenheit beweisen kann, wenn er zeigen kann, dass er ja auch ohne ihr Zutun den Kern der Sache erfasst.

Wenn man es genau nimmt, werden „dem Wiener“ bzw. „dem Österreicher“ hier Chauvinismus, Selbstverliebtheit und eine gewisse Einfältigkeit unterstellt. „Harmonisch“ und „schlicht“ sollte sich die ideale Werbung für ihn gestalten, wobei der hier dargelegte Kunstgeschmack durchaus als konservativ zu verstehen ist, denn „optische“ und „akustische Dissonanzen“ lehne der Wiener angeblich ab.[904]

Tatsächlich findet sich in den Fachblättern wiederholt der Einwurf, dass in Österreich „allzu extreme Kunstrichtungen“ keinen Fuß fassen könnten.[905] Avantgardistische Strömungen, die durch Künstler wie Oskar Fischinger, Walter Ruttmann, Viking Eggeling und Hans Richter Eingang in den deutschen Werbefilm der Weimarer Republik fanden,[906] blieben in der österreichischen Filmwerbung der Zwischenkriegszeit aus. Bei den Kurzfilmherstellern Österreichs stellte man diesbezüglich „mangelnde Experimentierfreudigkeit“ fest.[907] Allerdings mussten die Reklamefilmhersteller immer darauf bedacht sein, mit allen erdenkbaren „Attraktionen“ die Aufmerksamkeit des Publikums auf sich zu ziehen. Technische Innovationen wie das Ton- und Farbfilmverfahren sollten maßgeblich dazu beitragen, den Werbefilm attraktiver zu machen.

9.2 Technische Innovationen – Ton- und Farbfilm

> ... so hat das Aufkommen des Tonfilms die Möglichkeiten dieser Propaganda nicht nur verdoppelt, nein vervielfacht, denn hier liegt wohl die einzige Werbemöglichkeit vor, die zur gleichen Zeit auf Auge und Ohr des Umworbenen einwirken kann. Und neuerdings kommt als

904 Ebd., S. 24. *Österr.Reklame-Praxis*, „Die Wiener Messe und ihre Werbung“, Februar/März 1936, S. 7.

905 *Österreichische Reklame*, „Stil, Geschmack und Rasse“, Nr. 5/6, Dezember 1927, S. 7 f. Ebd., „Nationale Einflüsse auf die formale Gestaltung der Werbemittel“, Nr. 1, 1929, S. 10 sowie ebd., „Was essen Sie am liebsten?“, Nr. 1, 1929, S. 24 f. *Der Wiener Film*, „Österreichische Filmwerbung“, Nr. 4, 2. Juni 1936, S. 5.

906 Forster, Ufa und Nordmark, S. 33. Vor allem zu Walter Ruttmanns Werbefilmarbeiten siehe: Cowan, Michael: Absolute Advertising: Walter Ruttmann and the Weimar Advertising Film, in: Cinema Journal 52, Nr. 4, Sommer 2013, S. 49–73.

907 *Der Wiener Film*, „Österreichische Filmwerbung“, Nr. 4, 2. Juni 1936, S. 5.

> weitere Stufe der Vervollkommnung noch die Farbe hinzu, die eigentlich erst die Krönung dieser Werbemethode darstellt.[908]

Ton- und Farbfilmverfahren stießen in der zeitgenössischen Marketing- und Konsum-Fachpresse auf große und ausgesprochen positive Resonanz. Die neuen Techniken trieben die Produktionskosten erheblich in die Höhe. Während mit dem Tonfilm die Kosten um 100 bis 300 Prozent stiegen, brachte der Farbfilm Erhöhungen um etwa 30 bis 50 Prozent mit sich.[909] In der Folge setzten sich Werbekurzfilme von einer Länge bis zu vier Minuten zunehmend durch.[910]

Um bei der Vertonung Kosten zu sparen, wurden Geräusche meist nachsynchronisiert.[911] Mitunter versuchte man noch Mitte der 1930er-Jahre, das teure Lichttonverfahren zu umgehen, ohne auf Ton und Musik zu verzichten. Eigens angefertigte „Spezialplatten" begleiteten stumme Reklamefilme und kosteten nur einen Bruchteil der bereits gängigen Tonfilmproduktion.[912] Zugleich wurde davor gewarnt, gerade bei Ton und Musik, welche die Wirkung des Werbemittels tatsächlich ungemein erhöhten, den Sparstift anzusetzen.[913] Vielmehr wurde den Auftraggebern geraten, durchaus für Eigenkompositionen Geld in die Hand zu nehmen. Man könnte damit Tantiemen sparen und obendrein Marke und Produkt eine spezielle Note verleihen. Dagegen unterstellte das Fachblatt *Österreichische Reklame* den Werbefilm-Dramaturgen „geistige Armut", wenn „Schöpfungen Meister Schuberts für Waschmittel, Schuhcreme und dergleichen missbraucht" werden. Eigens kreierte Musikstücke und Szenerien für unterschiedliche Produkte würden sich bewähren. Auch bei den Darstellern hätte man auf Qualität zu achten. Billige Filmstatisten brächten eben nicht dieselbe stimmliche Leistung wie gute und ausdrucksstarke Schauspieler.[914] Einen erheblichen Vorteil hatte das Tonfilmverfahren jedenfalls mit sich gebracht: Das so oft beanstandete zu schnelle Abspielen des Werbeblocks war nicht mehr möglich. Dadurch hätte sich der Ton derart verzerrt, dass die Kinobesucherinnen und -besucher sich allzu rasch irritiert und verärgert gezeigt hätten.[915]

Ab 1929 gewann der tönende Werbefilm im deutschsprachigen Raum an Bedeutung, wurde sukzessiv qualitativ hochwertiger und setzte sich schließlich immer mehr

---

908 *Reklame-Presse*, „Filmwerbung und Werbefilm", Nr. 2, September 1936, S. 2.

909 Zu den veranschlagten Kosten (100 bis 300 Prozent Preissteigerung) für den tönenden Film siehe das Kapitel „Einzelkämpfer für ein neues Werbemittel". Zu den Farbfilmpreisen siehe: Forster, Ufa und Nordmark, S. 33 und 177.

910 Ab Beginn der 1930er-Jahre dominieren Werbefilmproduktion mit einer Länge von 30 Sekunden bis zu vier Minuten. Vgl. dazu auch die Filmografien der Kurzfilmhersteller im Anhang.

911 *Contact*, „Wie entsteht ein Werbefilm?", Nr. 7/8, Juli/August 1935, S. 30.

912 *Verkaufspraxis*, „Filmwerbung im Einzelhandel", Nr. 10, Juli 1935, S. 599.

913 *Verkaufspraxis*, „Was zur Kinoreklame gesagt werden muß!", Nr. 7, April 1930, S. 406.

914 *Österr. Reklame*, „Der Reklametonfilm", Nr. 5, Mai 1930, S. 12 f.

915 Ebd., S. 12.

durch.[916] Der Ton ermöglichte es vor allem, Lokalkolorit verstärkt einzubringen, wodurch das Publikum persönlicher angesprochen werden konnte. Sprachliche Feinheiten und Dialekte sowie regionale musikalische Elemente (etwa Heimatmusik, Wiener Volkslieder, Operettenthemen etc.) gaben nicht nur den beworbenen Produkten und Dienstleistungen eine lokale, vielleicht sogar nationale Note, die potenziellen Käuferinnen und Käufer fanden in den Werbefilmen vermehrt eigene kulturelle Alltags- und Lebenswelten wieder.

Ab 1933 war schließlich auch die Produktion farbiger Reklamestreifen in Österreich technisch umsetzbar, ab etwa 1935 wurde die Herstellung von Farbwerbefilmen tatsächlich vermehrt aufgenommen.[917] Aus österreichischer Produktion ist ein einziger farbiger Reklamefilm der Zwischenkriegszeit erhalten geblieben. NIKY (A 1937), gedreht im Gasparcolor-Verfahren, warb für die Zigarettenmarke „Milde Sorte" der Österreichischen Tabakindustrie und setzte dabei auf orientalische Motive. Das musikalische Begleitstück zu dem Film wurde vom Wiener Bohème Quartett dargeboten.[918]

Die Kurzfilmhersteller, besonders Hans Ludwig Böhm, starteten 1935 eine umfassende Kampagne, um den Farbfilm in Österreich zu popularisieren. Zahlreiche Vorträge, Vorführungen und Artikel warben für diese technische Innovation.[919] Einem Bericht wurde sogar ein Gasparcolor-Farbfilmstreifen zur Veranschaulichung beigelegt. Werbefachleute sollten so auf haptisch-optische Weise für das Verfahren begeistert werden.[920]

Die besonderen Vorzüge des -Reklamestreifens wurden nachhaltig herausgestrichen: Gab es bislang vereinzelt kolorierte Schwarz-Weiß-Filme, die jedoch störende Farbschwankungen aufwiesen und stets künstlich wirkten, so konnte man nun die Konsumentinnen und Konsumenten mit naturgetreuen Farben verlocken. Erzeugnisse und Markenpackungen wären nun „lebenswahr und originalgetreu" im bewegten Bild darstellbar. Der Wiedererkennungseffekt war somit tatsächlich

---

916 *Österreichische Film-Zeitung*, „Der erste Sprech-Trickfilm", Nr. 7, 9. Februar 1929, S. 24. Ebd., „Der erste deutsche Werbe-Tonfilm", Nr. 13, 23. März 1929, S. 14. Ebd., „Der erste Werbetonfilm der Klangfilm", Nr. 18, 27. April 1929, S. 27. Ebd., „Pressebesprechung über den Tonfilm", Nr. 39, 21. September 1929, S. 3 f. *Das Kino-Journal*, „Der Werbefilm und die Lichtspieltheater", Nr. 1215, 1933, S. 52.

917 *Contact*, „Werbung durch den Film", Nr. 12, Dezember 1933, S. 19. *Das Kino-Journal*, „Farbige Werbefilme", Nr. 1276, 1935, S. 5.

918 Da das Wiener Bohème Quartett in den 1930er-Jahren immer wieder von der Adi Mayer Film für Reklamestreifen eingesetzt wurde, könnte es sich bei NIKY um eine Produktion dieser Firma handeln. Siehe dazu auch das Unterkapitel „Gustav Mayer / Adolf Mayer". Der Film befindet sich im Bestand des Filmarchiv Austria.

919 *Das Kino-Journal*, „Farbige Werbefilme", Nr. 1276, 1935, S. 5. *Österr. Reklame-Praxis*, „Farbige Filmreklame", Jänner 1935, S. 29 sowie ebd., „Der Farbentonfilm", Februar/März 1936, S. 11–13. *Der gute Film*, „Farbenfilme", Nr. 123/124, 19. April 1935, o. S. sowie ebd., „Vortrag über Farbenfilm", 12. November 1935, o. S. *Österreichische Film-Zeitung*, „Das Agfacolor-Verfahren", Nr. 44, 29. Oktober 1937, S. 3.

920 *Österr. Reklame-Praxis*, „Der Farbentonfilm", Februar/März 1936, S. 11–13.

gegeben. Angepriesen wurden etwa auch „abstrakte Ornamentdarstellungen als Blickfang und Introduktion“. Insgesamt sei der originalgetreue Farbfilm für das Publikum eine absolute Sensation. Er zöge die Aufmerksamkeit völlig auf sich, verfehle keinesfalls die Werbewirkung und fände ungeteilten Beifall. Selbst für Kinobetreiber hätten farbige Werbefilme einen besonderen Reiz und seien „eine Zierde des Vorprogramms“, hieß es in den Branchenblättern.[921]

Die Mehrheit der so dargebotenen und beworbenen farbigen Werbefilme waren Animationsstreifen,[922] die letztlich wieder künstliche und weniger „reale“ Bildwelten zeigten. Zeichentrickfilme waren allerdings durchaus beliebt und hatten innerhalb dieses Genres bereits eine lange Tradition.

9.3 Animationskunst

Während des Ersten Weltkriegs erlebte der Zeichentrickfilm in Österreich einen ersten großen Aufschwung. Zahlreiche Kriegskarikaturen und Kriegsanleihefilme propagierten mit „Witz und Charme“ den Großen Krieg, warben für das Zeichnen von Kriegswertpapieren und hetzten gegen „den Feind“.[923] Diese Streifen waren nicht nur beim Publikum beliebt, sondern dürften auch ihren Zweck erfüllt haben. Letztlich scherzte Peter Eng – einer der bekanntesten Wiener Grafiker der Zwischenkriegszeit – 1920 über seinen Kollegen Karl Robitschek (kurz Rob): „Rob, bekannter Plakatzeichner und Herausgeber des Witzblattes ‚Faun‘ zeichnete Kriegsanleihe – bitte ausreden lassen – Kriegsanleihepropagandafilms – deren überzeugender Propaganda wir eine vierwöchentliche Verschiebung des Kriegsendes zu verdanken haben.“[924]

Unmittelbar nach dem Ersten Weltkrieg bis zum Jahr 1925 erlebte der Animationsfilm in Österreich eine Blütezeit. Diese Periode zeichnete sich durch eine immense Experimentierfreudigkeit der grafischen Filmkünstler aus, erstklassige Arbeiten entstanden, und das Interesse in den Film- und Marketingfachblättern an dieser Kunstfertigkeit war groß.[925] In der Printreklame kamen gerne grafische humoristische Arbeiten zum Einsatz, weshalb auch die Fachblätter wiederholt

921 *Contact*, „Werbung durch den Film“, Nr. 12, Dezember 1933, S. 19. *Das Kino-Journal*, „Farbige Werbefilme“, Nr. 1276, 1935, S. 5. *Österr. Reklame-Praxis*, „Der Farbentonfilm“, Februar/März 1936, S. 11–13.

922 *Österreichische Film-Zeitung*, „Der erste Sprech-Trickfilm“, Nr. 7, 9. Februar 1929, S. 24. *Das Kino-Journal*, „Farbige Werbefilme“, Nr. 1276, 1935, S. 5. *Österr. Reklame-Praxis*, „Der Farbentonfilm“, Februar/März 1936, S. 11–13.

923 Vgl. dazu das Kapitel „Die Erfüllung einer patriotischen Pflicht: Kriegsanleihewerbefilme“.

924 *Die Filmwelt*, „Der Trickfilm“, Nr. 35, 1920, S. 7.

925 Siehe dazu auch: Renoldner, Animationsfilm in Österreich – 1832, S. 58.

ansprechende Bespiele besonders kunstfertiger Künstler brachten. Viele Sujets fanden sich in der Kinoreklame (ob als Dia oder Film) wieder.[926]

Der schier grenzenlose Ideenreichtum des Animationsfilms faszinierte die Autorinnen und Autoren der Branchenblätter, die immer wieder hervorhoben, dass sich diese Kunstform „für alle Arten von Propagandafilmen" eignete, speziell aber der Werbung „ungeahnte Möglichkeiten" biete.[927] Oft schon hätten sich Trickfiguren zu „Filmlieblingen" entwickelt[928] – ein Umstand, den sich auch werbende Firmen zunutze machen konnten. Die aufwendige und präzise Herstellungstechnik wurde detailreich geschildert: Jede Bewegung der Gliedmaßen „wird in ihren kleinsten Stationen, in millimeterweisem Vorrücken gezeigt". Dabei kämen auf einen Meter Film 26, mitunter 52 angefertigte Bilder. Für einen Film von etwa sieben Minuten benötigte man zwischen 8.000 und 10.000 Zeichnungen.[929]

Jedem Trickfilm lagen zudem sorgfältige Vorbereitungsarbeiten, wie etwa ein umfassendes Manuskript, zugrunde. Die Einstellungen wurden vorab festgelegt, die Anzahl der Bewegungen – mitunter schon mit eigenen Musikern – berechnet, um den Rhythmus zu treffen. Denn der Zeichner musste im Vorfeld wissen, „in wie vielen Takten, die eine oder andere Bewegung vor sich zu gehen" hatte. Probeaufnahmen trugen dazu bei, die genaue Ausführung vorweg nochmals zu überprüfen.[930]

Das weitere Verfahren der Filmherstellung wurde 1925 im *Kino-Journal* wie folgt dargelegt: „Der Operateur sitzt nun am ‚Trickaufnahmetisch', etwa 60 Zentimeter über sich den feststehenden Aufnahmeapparat, rechts neben sich das Quecksilberdampflicht, das zu allen Filmaufnahmen dient; er legt ein Blatt mit der Zeichnung auf den Tisch und knipst zweimal, das wiederholt er bei jedem der unzähligen Blätter in genauer Reihenfolge der Bewegungsstufen [...]. Selbstverständlich müssen die Zeichnungen haarscharf einander decken, sowohl die Zeichnung als auch die Stärke der Auszugslinien, sonst erscheint auf der Leinwand ein Zittern, das jeder Kinobesucher ja kennt. Ebenso muss auch das Licht immer die gleiche Stärke haben, wenn nicht, was gleichfalls oft beobachtet wird, der unangenehme Wechsel von hell und dunkel auf der Leinwand eintreten soll."[931]

---

926 *Reklame-Praxis* (Stuttgart-Cannstatt), „Mehr Leben in die Kino-Reklame", Nr. 8, April 1927, S. 241. *Österreichische Reklame*, „Dar Peter Eng!", Nr. 11/12, Mai/Juni 1928, S. 7–9. Ebd., „Peter Eng: Erfolg moderner Werbepsychologe", Nr. 7, Juli 1929, S. 17. Ebd., „Max Fleischhacker", Nr. 1, 1931, S. 16–18.

927 *Das Kino-Journal*, „Das Geheimnis des Zeichen- und Trickfilms", Nr. 786, 1925, S. 6.

928 *Das Kino-Journal*, „Papier spricht", Nr. 1128 1932, S. 5 f.

929 *Das Kino-Journal*, „Das Geheimnis des Zeichen- und Trickfilms", Nr. 786, 1925, S. 6, Ebd., „Papier spricht", Nr. 1128 1932, S. 5 f.

930 *Die Wiener Bühne*, „Atelier Wozak", Juli 1938, S. 29.

931 *Das Kino-Journal*, „Das Geheimnis des Zeichen- und Trickfilms", Nr. 786, 1925, S. 6. Die zweimalige Aufnahme jedes Bilds, bzw. im Sachtrickfilm jedes Objekts, lässt die jeweilige Bewegung für das menschliche Auge natürlicher erscheinen. Vgl. Schoemann, Animationsfilm, S. 31.

Im Österreich der Zwischenkriegszeit arbeiteten die Animationskünstler bevorzugt mit der Legetricktechnik, wobei die angefertigten und zugeschnittenen Kartonfiguren bzw. deren bewegliche Gliedmaßen vorsichtig, Bild für Bild, verschoben wurden. Einem Bericht aus einer Trickfilmwerkstatt zufolge hatte ein Zeichner für die präzise Darstellung des Öffnens einer Schuhcremedose 141 Paar ausgeschnittene Hände herstellen müssen.[932] Zum Abschluss wurden Geräusch- und Musiksequenzen genau gesetzt bzw. im Stummfilm an den jeweiligen Stellen mit Markern gekennzeichnet, um den Musikern und Geräuschemachern den jeweiligen Einsatz vorzugeben.[933]

Trotz des großen Aufwands der Herstellung beteuerten die Fachblätter stets die recht geringen Kosten des Trickfilms, im Speziellen im Vergleich zum Spieltonfilm. Genaue Zahlen wurden in den Zeitungen aber nicht genannt.[934] Einzig in einer Niederschrift aus dem Jahr 1932, anlässlich der Vorführung technischer Filme in der Filmabteilung des Unterrichtsministeriums, findet sich diesbezüglich ein Vermerk, der ein anders Bild zeigt. In dem Protokoll wird darauf hingewiesen, dass heimische Firmen aufgrund der Kosten eine „geringe Neigung“ hätten, „Trickfilme herstellen zu lassen“. Demnach würde ein „normaler Film vier Schilling pro Meter“ kosten, ein „Trickfilm“ hingegen „12 bis 14 Schilling pro Meter“.[935] Auf noch höhere Kosten weisen deutsche Quellen hin, die Mitte der 1930er-Jahre für die Produktion eines Zeichen- oder Puppentrickfilms mindestens 60 bis 100 Reichsmark pro Meter an Kosten veranschlagen.[936] Inwiefern die Vertreter der Filmbranche hier gezielt falsche Angaben machten, um ihre Auftragslage zu sichern, kann aufgrund der zu wenig gesicherten Vergleichszahlen nur vermutet werden.

Gerne und ausführlich präsentierten die Branchenblätter einzelne Animationskünstler und deren Arbeiten, selbst wenn diese nur kurz in Österreich tätig waren. Louis Seel, ein gebürtiger Deutscher, der ab 1915 in den USA tätig war und Mitte der 1920er-Jahre auch eine Produktionsfirma in München betrieb, machte 1925 halt in Wien.[937] Im *Filmboten* wurden mehrere Projekte des Künstlers angekündigt, u. a. arbeitete Seel an einer Filmserie rund um die „Grimmschen Märchen“ sowie an einer Zeichentrickreihe, in der bekannte Komiker wie „Charlie Chaplin“, „Fatty“ (Anmerkung: Arbuckle), „Pat und Patachon“ oder „Jackie Coogan“ karikiert werden sollten. Der Wunsch des Journalisten, wonach „der Künstler unserer Stadt recht lange

---

932 *Österr. Reklame*, „Der Reklametonfilm“, Nr. 5, Mai 1930, S. 17. Beispiele zur Herstellung von Silhouettenfilmen finden sich in Österreich nicht, trotzdem die Technik bekannt war und auch in der Fachpresse besprochen wurde. Siehe: *Der Filmbote*, „Von Trick- und Silhouettenfilmen“, Nr. 2, 12. Jänner 1924, S. 11 f.

933 *Österr. Reklame*, „Der Reklametonfilm“, Nr. 5, Mai 1930, S. 17.

934 Ebd. sowie *Das Kino-Journal*, „In der Werkstatt des Trickfilmzeichners“, Nr. 703, 1924, S. 2 f.

935 ÖStA, AVA, BMU, Unterricht-Allgemein (1848–1940), Volksbildung: Film, 1932, Ktn. 489, Fasz. 473, Gschz. 10760-II/10b, Ggstd.: Filmabteilung, Vorführung technischer Filme, 11. Vorführung, 1932, Notiz vom 5. Februar, Akten über die Richtlinien für Industrie- und Werbefilme, Februar 1932.

936 Forster, Ufa und Nordmark, S. 33.

937 Renoldner, Animationsfilm in Österreich – 1832, S. 59 f.

erhalten bleiben möge“, erfüllte sich nicht.[938] Nur eine Arbeit Seels entstand in Österreich bzw. wurde von Wien inspiriert. In DER WIENER BILDERBOGEN NR.1 (A 1926)[939] werden – in launiger Weise und rund um eine emanzipierte, mondäne Frau der 1920er-Jahre – futuristische Telekommunikationsformen präsentiert und u. a. jüngste technologische Entwicklungen (Skype) vorweggenommen.[940]

Der in Lemberg geborene Ladislaus Tuszynski, auch bekannt unter dem Pseudonym Strix,[941] wird gleichfalls als wichtiger Grafiker der Monarchie und Zwischenkriegszeit geführt. Er war ursprünglich kaufmännischer Beamter,[942] bevor er ab 1903 als Illustrator und Karikaturist bei der Wiener *Kronen Zeitung* tätig war, wobei er mit seinen Zeichnungen speziell im Chronikteil zur Dramatisierung der Berichte beitrug. Im Verlauf der 1920er-Jahre arbeitete er auch vermehrt parallel dazu in der Filmbranche, über einige Jahre war er zudem Vorstandsmitglied beim Filmbund.[943] Gemeinsam mit seinem Kollegen Peter Eng arbeitete er ab 1920 in der Trickfilmabteilung der „Astoria Film“.[944] Tuszynski zeichnete ein Hang zur „Naturwahrheit aus“, wobei er vor allem im Erzeugen von „Raumtiefe und Plastik“ hervorstach.[945] Für diverse Spielfilme fertigte er grafische „Dekorationen“ (Titel, Zeichenelemente), zusätzlich war er als „Filmautor und Dramaturg schriftstellerisch tätig“ und versuchte sich „auch gelegentlich als Darsteller“.[946] Ihm zugerechnet werden die Trickfilme DIE JAGD NACH DEM KOPFE (A 1920),[947] KALIF STORCH (A 1922), DIE PUPPE DES MAHARADSCHA (A 1924); auch wird er als technischer Leiter des Films GEVATTER TOD (A 1921) geführt.[948] Tuszynski starb im September 1943 in Wien.[949]

Neben einem Fragment von KALIF STORCH ist nur ein einziges seiner Werke noch erhalten.[950] Die Animationsarbeit AMARANTA ist Teil einer Abenteuerserie rund um

---

938 *Der Filmbote*, „Louis Seel-Zeichenfilme“, Nr. 18, 2. Mai 1925, S. 36 sowie ebd., „Louis Seel-Film“, Nr. 27, 4. Juli 1925, S. 14.

939 Die Radio-Ausstellung in New York ist der Ausgangspunkt dieser phantasiereichen Vision.

940 Siehe dazu: Renoldner, Animationsfilm in Österreich – 1832, S. 59 f. Der Film ist erhalten und befindet sich u. a. im Bestand des Filmarchiv Austria.

941 *Der Filmbote*, „Die Jagd nach dem Kopfe. Trickfilmgroteske von Strix“, Nr. 27, 3. Juli 1920, S. 15.

942 *Filmkunst*, „Namenlexikon. Tuszynski Ladislaus“, Nr. 22–30, 1959, S. 66.

943 Renoldner, Animationsfilm in Österreich – 1832, S. 66.

944 *Der Filmbote*, „Astoria-Film-Gesellschaft m.b.H.“, Nr. 26, 26. Juni 1920, S. 18 f.

945 *Die Filmwelt*, „Der Trickfilm“, Nr. 35, 1920, S. 5.

946 Ebd.

947 *Der Filmbote*, „Die Jagd nach dem Kopfe. Trickfilmgroteske von Strix“, Nr. 27, 3. Juli 1920, S. 15.

948 Bei den geannnten Filmen dürfte es sich um keine Werbefilme gehandelt haben. Es ist aber nicht auszuschließen, dass Tuszynski auch für die Reklamebranche tätig war, was zumindest seine Zusammenarbeit mit Peter Eng vermuten lässt.

949 *Filmkunst*, „Namenlexikon. Tuszynski Ladislaus“, Nr. 22–30, 1959, S. 66.

950 Thomas Renoldner weist Tuszynski 1995 noch als Gestalter des Film DIE ENTDECKUNG WIENS AM NORDPOL (A 1923) aus. Aktuell wird dieser Film aber Peter Eng zugeordnet. Vgl.: Renoldner,

den Detektiv Harry Pack. In der humoristischen Groteske wird die Jahrmarktattraktion eines Schaustellers – eine Dame ohne Unterleib – entführt. Der Ermittler macht sich auf die Spur des Diebes. Letzterer hat sich unsterblich in den „lebenden Frauenkopf“ verliebt.[951]

Ein weit größeres Œuvre als Tuszynski hat dessen Kollege in der Trickfilmabteilung der „Astoria Film“ hinterlassen. Peter Eng (Engelmann) war eine zentrale Figur des Animationsfilms in Österreich. Seine Grafiken, seine Typen und sein bisweilen bissiger Humor haben Wiedererkennungswert. Eng wurde 1892 in Olmütz/Mähren geboren. Seine Tätigkeit führte ihn nach Wien, München, Kopenhagen, Berlin und in die Vereinigten Staaten.[952] Als Karikaturist und Illustrator arbeitete er u. a. für die Blätter *Die Muskete* und *Der Faun*, er war Werbegrafiker und begann im Jahr 1918 für die „Sascha Film A.G.“ Trickfilme zu gestalten.[953]

Peter Engs scharfer, mitunter sarkastischer Humor war aufgrund seines vielfältigen Engagements weithin bekannt. So schrieb die *Österreichische Reklame* 1928 über Engs Popularität – zumindest in Wien: „Er wird gelobt und viel beschimpft. Das mag ihn kalt lassen, denn es ist Tatsache: von Floridsdorf bis Rudolfsheim und von Simmering bis Grinzing ist ‚dar Peter Eng‘ ein Begriff geworden. Er hat die Lacher auf seiner Seite und damit auf der des Werbenden.“[954] Über die Präsentation seiner Arbeiten wurde berichtet,[955] so etwa über seine Präsenz im Trickfilm-Pavillon im Rahmen der Wiener Kinomesse 1921. Peter Eng fertigte Karikaturen der Besucher an. Die Bilder wurden zu einem Animationsfilm verarbeitet, der am darauffolgenden Tag die Porträtierten in amüsanten Kurzstreifen zeigte. Die Außenverkleidung des Pavillons schmückten Bewegungs-Phasenzeichnungen des Künstlers,[956] womit seine „Schaustellerarbeit“ umfassend der Eigenwerbung zugutekam.

Animationsfilm in Österreich, Teil 1, S. 21. http://www.asifa.at/projekte/asifa_animation_in_a_2010.html, 24. November 2016.

951 Renoldner, Animationsfilm in Österreich – 1832, S. 68. Renoldner, Animationsfilm in Österreich, Teil 1, S. 20.

952 *Die Filmwelt*, „Der Trickfilm“, Nr. 35, 1920, S. 7. Schneider, Ursula A., Neues von Peter Engelmann (Ps. Peter Eng) und Anny Engelmann (Ps. Suska). Die Geschwister von Paul Engelmann, Figuren einer verschwundenen europäischen Moderne, in: Mitteilungen aus dem Brenner Archiv 30/2011, S. 122. https://www.uibk.ac.at/brenner-archiv/mitarbeiter/links/schneider/schneider-engelmann-2011.pdf, 5. Dezember 2016.

953 *Tonfilm, Theater, Tanz*, „18 Jahre Trickfilm – unbedingt“, Nr. 5, Mai 1936, S. 1 f. Schneider, Engelmann, S. 127.

954 *Österreichische Reklame*, „Dar Peter Eng!“, Nr. 11/12, Mai/Juni 1928, S. 7.

955 So steuerte Eng zu einem Festakt für den Filmindustriellen Robert Müller (seit 1903 Direktor der Firma Pathé für Mittel-und Osteuropa) etwa Zeichnungen bei: *Österreichische Film-Zeitung*, „Das 25jährige Berufsjubiläum Robert Müllers“, Nr. 46, 10. November 1928, S. 16.

956 *Die Filmwelt*, „Der Trickfilm-Pavillon“, Nr. 19, 1921, S. 9.

Engs Karikaturen bebilderten und kommentierten auch Reklame-Verbandsberichte,[957] auch Artikel über die fragwürdigen Methoden mancher Werber und Reklamepsychologen wurden von ihm per Zeichnung und Text kommentiert.[958] Die Werbebranche war offenbar selbstkritisch und humorvoll genug, um derartig kritische Kommentare bewusst zuzulassen. Auch scherzte Eng – mit bitterem Unterton – über die Arbeitsbedingungen, mit denen er in der reklametreibenden Sparte konfrontiert war: „Humor ist das, was einem vergeht, wenn man eine gelungene Reklame so korrigieren muss, dass sie schlecht wird. [...] Wer hat Humor? Derjenige, der sich 10 Jahre lang, 10 Stunden täglich plagt und versucht, eine deprimierte Stadt durch Aufsätze, Karikaturen und Plakate in bessere Laune zu versetzen, nicht einen einzigen staatlichen oder städtischen Auftrag erhält, der nicht einmal ein Atelier hat, der schließlich feststellen muss, dass die einzige Behörde, die sich für sein Schaffen interessiert, die Steuerbehörde ist, und doch nicht Selbstmord begeht, der hat Humor."[959]

Im öffentlichen Raum waren Engs Arbeiten immer wieder zu sehen. Verschiedenste Print-Kampagnen beruhten auf den humoristischen Einfällen des Zeichners, so u. a. eine groß angelegte Werbereihe, die den Konsum von Bananen im Land beleben sollte.[960] Die von Eng stilisierten Charaktere waren aber oftmals mehr verschroben und mieselsüchtig als feinsinnig und charmant, weshalb das Fachblatt *Österreichische Reklame* resümierte: „Nicht jede Ware verträgt den Peter Eng."[961]

1929 bis 1934 verbrachten Peter Eng und seine Frau Anna Pölz, ebenfalls Grafikerin, in Berlin, dann in Olmütz, um schließlich wieder nach Wien zu ziehen. 1938 fand sich in der Zeitschrift *Tonfilm, Theater, Tanz* noch der Hinweis, wonach Peter Eng im Kleinkunstbereich – u. a. als Chansonier – tätig war.[962] Nach dem „Anschluss" Österreichs an NS-Deutschland meldete sich das Paar im April 1938 nach Olmütz ab. Mit dem Einmarsch deutscher Truppen in die Tschechoslowakei und unter der Annahme, keine Aussicht auf eine Ausreisevisum zu haben, wählten

---

957 Peter Eng bebilderte den Artikel über die 25. Tagung der „International Advertising Association" in Berlin, der u. a. auch über die Notwendigkeit sowie die ethische Lauterkeit der Branche berichtete, mit Karikaturen. Siehe: *Österreichische Reklame*, „Mitteilungen des Verbandes österreichischer Reklamefachleute", Nr. 8, August 1929, S. 24–28.

958 *Österreichische Reklame*, „Erfolg moderner Werbepsychologie ... ", Nr. 7, Juli 1929, S. 17.

959 *Österreichische Reklame*, „Ein Brief Peter Eng's [sic!] über den Humor in der Reklame", Nr. 11/12, Mai/Juni 1928, S. 7.

960 *Österreichische Reklame*, „Dar Peter Eng!", Nr. 11/12, Mai/Juni 1928, S. 9 f. Auch die grafische Werbeleiste zu einem Bericht über Diapositiv-Kinowerbung im deutschen Fachblatt *Reklame-Praxis* erinnert im Stil an Peter Eng. Vgl.: *Reklame-Praxis*, „Mehr Leben in die Kino-Reklame", Nr. 8, April 1927, S. 241.

961 Ebd.

962 *Tonfilm, Theater, Tanz*, „Peter Engs Kleinkunst", Nr. 3, März 1938, S. 8. Schneider, Engelmann, S. 129–131.

Peter Eng und Anna Pölz den Freitod. Bald darauf langten die benötigten Papiere zur Auswanderung in die USA ein.[963]

Wie groß das filmische Schaffen Peter Engs tatsächlich war, ist heute nicht mehr zu rekonstruieren. Die in einem Artikel über die Arbeit des Künstlers angeführten Zahlen – „38 Reklame-Spielfilms und über 900 Reklame-Trickfilms"[964] – sind angesichts des Aufwands einer Animationsfilmproduktion und der vielen anderen Tätigkeiten Engs nicht glaubhaft. Zudem beklagte Eng in einem abstrakt-skurril anmutenden Bericht in *Der Muskete* 1923 die schlechte Auftragslage im Trickfilmgenre angesichts der Kinokrise.[965] Heute werden Peter Eng fünf noch erhaltene Arbeiten zugeschrieben.[966] DER GEISTIGE ARBEITER (A 1921/22) warb für den Gemeinschafts-Küchenverein der Eugenie Schwarzwald, wobei darauf hingewiesen wurde, dass man in den 25 Speisehäusern billig und gut essen konnte, kein Trinkgeld vorgesehen war, allerdings auch kein Alkohol ausgeschenkt wurde.[967] DIE ENTDECKUNG WIENS AM NORDPOL (A 1923) bewarb in absurd dadaistischer Weise die „Wiener Internationale Messe".[968] LERNE SCHWIMMEN (A 1926)[969] und SCHILLERS RÄUBER (A 1926)[970] machten Lust auf den Besuch des neu eröffneten Amalienbads in Wien Favoriten. Demgemäß hatte Eng in den Jahren 1925 und 1926 doch eine Reihe öffentlicher Aufträge erhalten.[971] Seine kritische Stellungnahme des Jahres 1928 lässt aber darauf schließen, dass sich die Situation in den darauffolgenden Jahren geändert hatte.[972]

In den Jahren 1924 und 1925 fungierte Peter Eng als der grafische Gestalter einer umfassenden Kampagne für die Wiener Autobusse. Er kreierte Aufkleber, die

---

963 Schneider, Engelmann, S. 131 f. Renoldner, Animationsfilm in Österreich – 1832, S. 76.

964 *Österreichische Reklame*, „Dar Peter Eng!", Nr. 11/12, Mai/Juni 1928, S. 7.

965 *Die Muskete*, „Die Entstehung des Karfiol Reklame Trickfilms", Filmbeilage, Juni 1923, S. IIIf. Zit. nach: . Renoldner, Animationsfilm in Österreich – 1832, S. 74–76.

966 Die vom Wiener Stadt- und Landesarchiv initiierte Online-Datenbank „stadtfilm-wien" weist auch Elemente des Films SEIPEL'S SANIERUNG (A 1922/23) Peter Eng zu. Sieh dazu „Stilistische Anmerkungen": http://stadtfilm-wien.at/film/139/, 5. Dezember 2016.

967 Siehe: Bestand Filmarchiv Austria sowie Schneider, Engelmann, S. 127. Renoldner, Animationsfilm in Österreich – 1832, S. 71.

968 Renoldner, Animationsfilm in Österreich – 1832, S. 72 f. Zu DIE ENTDECKUNG WIENS AM NORDPOL siehe auch: Cowan, Michael: From the Astonished Spectator to the Spectator in Movement: Exhibition Advertisments in 1920s Germany and Austria, in: Candian Journal of Film Studies, Band 23, Nr. 1, 2014, S. 2–29.

969 http://stadtfilm-wien.at/film/139/, 5. Dezember 2016.

970 http://mediawien-film.at/film/21/, 5. Dezember 2016.

971 JA, WARUM FAHRNS DENN NET? (A 1924/25) zählt ebenfalls zu den Aufträgen aus öffentlicher Hand.

972 *Österreichische Reklame*, „Ein Brief Peter Eng's [sic!] über den Humor in der Reklame", Nr. 11/ 12, Mai/Juni 1928, S. 7. Siehe dazu das entsprechende Zitat weiter oben im Text.

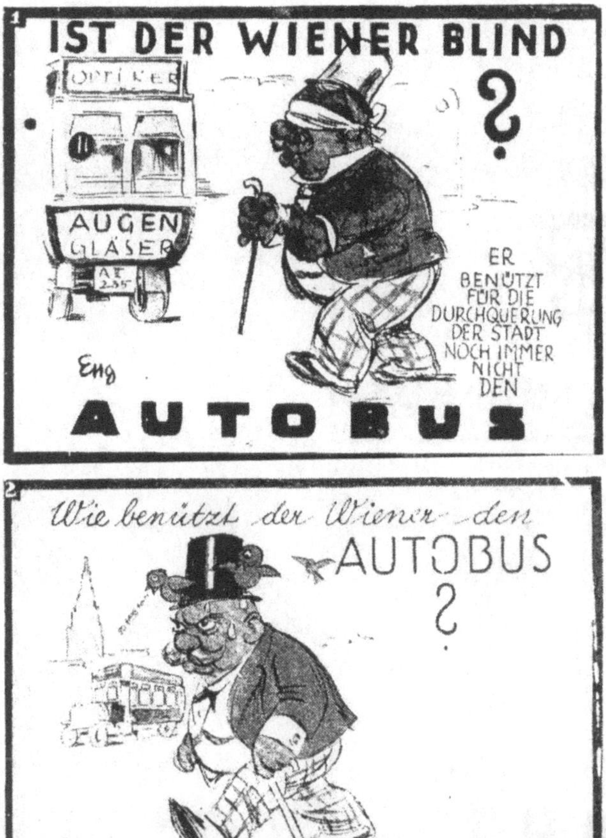

Abb. 10a: Aufkleber-Werbemotive des Grafikers Peter Eng für die Wiener Autobusse, 1924/25.

Abb. 10b: fortgesetzt

in humorvoller Weise für die Nutzung dieses Verkehrsmittels warben.[973] „Der Wiener“ wurde in der „Pickerl-Reihe“ nicht unbedingt charmant gezeichnet, vielmehr zeigte Eng einen Prototypen, der Neuerungen gegenüber grundsätzlich vorsichtig, ja geradezu skeptisch eingestellt ist und sich mitunter durch völlige Ignoranz auszeichnet. In Einzelkarikaturen näherte sich Eng dem satirisch gezeichneten Typus: Ein dicklicher Herr mit schütterem Haar und Zwirbelbart trägt Rock, karierte Hosen, Hemdsärmel, Stock und Zylinder. Das erste Bild der Aufkleber-Serie titelt mit: „Ist der Wiener blind? Er benützt für die Durchquerung der Stadt noch immer nicht den Autobus.“ Die visuelle Umsetzung der Grafik verstärkt mit Witz den Textteil. Links im Hintergrund ist ein städtischer Bus zu sehen, dessen Rückfront eine Optikerreklame ziert. Rechts im Vordergrund schreitet der Wiener mit einer Augenbinde quer durch das Bild. Bild zwei zeigt den aufgrund der Durchquerung der Stadt schwitzenden Mann, im ferneren Hintergrund ist ein Bus vor dem Stephansdom skizziert. An der Hutkrempe haben zwei Vögel Platz genommen, die mit „So fahr halt!“ zur Benutzung des Busses aufrufen. Der textliche Kommentar ähnelt in der Ausrichtung Bild eins: „Wie benützt der Wiener den Autobus? Er rennt daneben her!“ Im dritten Bild hat es nun eine Entwicklung gegeben. Der Skeptiker steht grübelnd vor der Haltestelle „Stephansplatz“ und fragt sich: „Soll ich? Soll ich nicht? Durch die Stadt mit dem Autobus?“ Bild vier bringt die Wende. Der Wiener blickt aus dem Bus, lächelt beseelt. Auf dem unteren Teil des Verkehrsmittels ist die Botschaft zu lesen: „Es geht ja ganz gut! Durch die Stadt mit dem Autobus“. Bild fünf und sechs dienen zur ergänzenden Information. Der prototypische Wiener ist mittlerweile zum Mittler und Werber geworden. Vor einer Tafel erklärt er einem anderen Mann, wo der Bus fährt und wie günstig die Fahrt ist. Neue Sohlen – so schließt er – kämen da teurer. Schritt für Schritt, gepaart mit Humor, wird eine Verhaltensänderung herbeigeführt.

In gleicher Art ist ein parallel dazu produzierter Werbefilm aufgebaut. JA, WARUM FAHRNS DENN NET? (A 1924/25) wurde ebenfalls von Peter Eng künstlerisch umgesetzt. Ausgangspunkt dieser Aufkleber- und Filmkampagne war offensichtlich die Einrichtung eines innerstädtischen Busbetriebs.[974] Im Oktober 1923 ging die Strecke Schottentor–Stephansplatz–Schwedenplatz in Betrieb, im Oktober 1924 folgten die Etappen Schottentor–Stephansplatz–Wollzeile (Linie „I“),[975]

973 Die Aufkleber-Serie wurde in der *Österreichischen Reklame* zur Demonstration eines erfolgreichen Werbekonzepts von Peter Eng abgedruckt. Siehe: *Österreichische Reklame*, „Dar Peter Eng!“, Nr. 11/12, Mai/Juni 1928, S. 8.

974 Marincig, Harald: Die Wiener Linien. 140 Jahre öffentlicher Personennahverkehr in Wien. Die Geschichte der städtischen Verkehrsmittel Straßenbahn, Stadtbahn, U-Bahn und Autobus, Wien 2005, S. 178.

975 Marincig weist die Strecke der Linie „I“ folgendermaßen aus: „Schottentor – Stephansplatz – Weiskirchnerstraße“. Siehe: Marincig, Wiener Linien, S. 178. Der Film hingegen nennt und zeigt die Station „Wollzeile“ anstatt der Station „Weiskirchnerstraße“. Dies erklärt sich wie folgt: Ein Teilstück (vom Ring bis zum Wienfluss), das einst zur Wollzeile gezählt hatte, wurde 1926 umbenannt.

Schwedenplatz–Stephansplatz–Oper (Linie „II") sowie Bellaria–Stephansplatz–Börse (Linie „–").[976] Die im Jahr 1924 neu eingeführten Linien finden sich im Film wieder.

Ja, warum fahrns denn net? folgt wie die „Pickerl-Serie" dem Prinzip Exposition – Komplikation – Auflösung – Coda – Folgerung. Ein grantelnder Wiener läuft verzweifelt und erschöpft durch die Stadt, wird schließlich von einem Exekutivbeamten auf die neuen Buslinien hingewiesen, zögert, wird von einem Busfahrer in das Verkehrsmittelt gelockt, schließlich gezogen. Er erkennt die Bequemlichkeit des Gefährts, Informationen über Routen und Kosten werden geliefert.

Der Aufbau ist demnach mit der Printwerbung ident, in der Umsetzung finden sich jedoch Unterschiede. In der Aufkleber-Version wird auf die grafische Ausführung mehr Wert gelegt, Details werden genauer herausgearbeitet. Der Film, in der von Eng bevorzugten Legetricktechnik,[977] setzt auf Bewegung, Wiener Idiom und wehmütig-beißenden Humor, womit die Möglichkeit geschaffen wird, der Figur des missmutigen Wieners mehr Gestaltungsraum zu geben.

Eine grob skizzierte Szenerie bietet zu Beginn den Handlungsrahmen. Mit wenigen Strichen ist die Silhouette einer Stadt angedeutet, der stilisierte Turm im Hintergrund stellt den Stephansdom dar und verortet damit das Geschehen in Wien. Perspektivisch quer läuft eine angedeutete Straße, eine zweite parallel zum horizontalen Kader. Die nachfolgend durch das Bild fahrenden Objekte weichen aber mitunter völlig von den vorgegebenen Weg-Linienführungen ab. Ein Radfahrer kommt von der Ferne ins Bild gefahren, geht links ab. Unmittelbar darauf schießt eine Straßenbahn nach rechts ins Bild. Sobald diese aus dem Blick fällt, folgt eine weitere Tram von rechts. Neben dem Fahrer finden sich eine Frau mit Kopftuch sowie drei Männer im Zug. Einer der männlichen Passagiere lässt sich aufgrund seiner Kopfbedeckung mit Hahnenschwanz als Heimwehrangehöriger ausmachen.

Nun tritt der stilisierte Wiener auf. Er wirkt im Vergleich zu seinem Pendant auf den Aufklebern etwas jünger und weniger gediegen. Sein zerknautschter Hut ist eines seiner Markenzeichen. Er ist hell gekleidet, hat diesmal keinen Stock dabei, die korpulente Figur, die Glatze und der Zwirbelbart sind jedoch geblieben. Er – im Vergleich zu der Straßenbahn und den Passagieren überdimensioniert gezeichnet – springt vom Zug, hält inne und erläutert sein Problem –, nicht wissend, dass es Busse zur Weiterfahrt gibt: „Servas, jetzt kann i durch die ganze Stadt – hatschen!" Nachfolgend wird der Dauerlauf „Quer durch Wien" (Zwischentitel) visuell demonstriert. Während der Mann den Weg entlangläuft, verliert er seinen Hut, die Fäuste sind geballt, Anstrengung wir demonstriert, das Gesicht wirkt bisweilen ausgezehrt (lang gezogen). Dazu kommt der Unmut, das Gefühl, „zu kurz gekommen

---

Grund war die Schaffung des Dr. Karl-Lueger-Platzes. Vgl.: https://www.wien.gv.at/wiki/index.php?title=Weiskirchnerstra%C3%9Fe, 7. Dezember 2016.

976 Die Buslinien erhielten damals Buchstaben oder Symbolzeichen.

977 Zur Legetricktechnik siehe auch die Ausführungen beim Film Der Stiefelputzer als Liebesamor (A 1924), Unterkapitel „Karl Köfinger".

zu sein" – und schuld daran haben die anderen, jene, die sich eine Automobilfahrt leisten können. In seiner Vorstellung keine Einheimischen, sondern Touristen: „Die Fremden, die können im Auto fahr'n – unserans muass rennen." Die per Legetrick bewegten Gliedmaßen werden immer schneller, die Arme rudern wild, drehen sich durch, der Hut springt (von hinten kommend) von selbst wieder auf das Haupt des Wieners, er wird von der eigenen Hast geradezu überrollt und formiert sich zu einer Körperkugel, die nun die Straße entlangkullert.

Die Szenerie ändert sich: Im Hintergrund läuft eine Realfilmaufnahme einer belebten Straßenkreuzung (Ringstraße, vermutlich Ecke Parlament). Genau in der Mitte wird das Bild von einer Animation durchtrennt: Ein Polizist steht auf der Straße und regelt den Verkehr. Er blickt nach links, die „Körperkugel" rollt auf ihn zu, stößt an ihn an. Der Wiener steht auf und blickt den Beamten direkt an. Die Realfilmszene läuft im Hintergrund weiter: reger Verkehr, Passanten kreuzen den Weg und blicken in die Kamera. Die animierten Figuren begrüßen einander und treten in einen Dialog ein. Aufgeregt mit den Händen artikulierend, sucht der Wiener seinen Frust gegenüber den anderen, den „Bessergestellten", zu argumentieren: „Die Fremden fahrt der Herr Magischdrat in die Autos spaziern und i muaß durch die Stadt rennen wie an Anspannaroß!!!" Der Polizist erwidert ruhig, die linke Hand offen haltend, Entgegenkommen demonstrierend: „Ja, warum nehmens denn net an – Autobus?" In Nahaufnahme-Anmutung wird nun der Kopf des Mannes eingesehen – im Hirn haben sich vier Autobusse formiert, die sich durch seine Gedanken bewegen. Er sinniert: „So was gibts bei uns in Wien????"

Wir finden uns nun wieder in der Anfangsszenerie (Stadtsilhouette, Fahrbahnen). Der Mann hebt seinen Hut beschwingt auf, Letzterer ist nun gespannt und weit weniger zerknittert. Der Wiener blickt nach links, scheint mit dem rechten Zeigefinger zu deuten. Nochmals folgt das Kopfbild in Nahaufnahme, er blickt nach oben, denkt nach. Links oben im Bild erscheinen in Abfolge die Gedankenzeilen: „Soll ich? Soll ich nicht? Soll ich?" Wieder in halbtotaler Perspektive: Ein Bus fährt im Rückwärtsgang auf den Mann zu und hält. Am oberen Teil des Fahrzeuges findet sich die Aufschrift: „Warum durch die Stadt zu Fuss? [sic!] Gibt's denn keinen Autobus?" Der Lenker geht zum hinteren Teil des Busses, blickt aus dem Fenster, bedeutet dem Zögernden mit dem rechten Zeigefinger, ins Innere zu kommen und spricht den ängstlichen Mann (das Gesicht verzieht sich, der Hut beginnt stellvertretend zu knittern und zu zittern) an: „Freinderl, unsre Autobus san net zum Anschaun da, sondern zum Fahrn!!!" Er nimmt den Wiener bei der Hand und zieht ihn in das Fahrzeug, das sich in dem Moment in Bewegung setzt. Eine Straßenbahn (mit den Passagieren von zuvor) fährt hinter dem Bus durch das Bild. Das Kraftfahrzeug schießt schließlich in die Ferne davon. Ein Zwischentitel – „S' geht ja großartig!" – leitet die nächste Szenerie ein. Neuerlich verbinden sich Real- und Trickfilm. Die realen Szenen am Ring bilden den Hintergrund, im Mittelteil ist die Animation: Der Wiener blickt aus dem Rückfenster eines Busses. Wieder findet sich ein erläuternder Schriftzug am oberen und unteren Teil des Fahrzeugs: „Benützt den Autobus."

Der geläuterte Wiener blickt freudestrahlend aus dem Bus, er winkt, zieht den Hut zum Gruß.

Nach knapp zwei Minuten folgt nun der informative, erläuternde Teil des Reklamestreifens. Parallel zur Aufkleber-Serie werden die Fragen „Wo fährt der Autobus?“ und „Was kostet der Autobus“ erläutert, allerdings – dem Medium geschuldet – ausführlicher und anschaulicher. Die einzelnen Stationen (Stephansplatz, Oper, Schwedenplatz, Bellaria, Börse, Wollzeile) mit ihren Einstiegstellen werden präsentiert. Die jeweiligen Straßenszenen vermitteln Verkehrssituationen, Stadtbilder und Alltagsszenerie, wie man sie in den filmischen Quellen nur selten findet: teils völlig ungeregeltes Verkehrstreiben in der Inneren Stadt, dahineilende Passanten, Pferdefuhrwerke zwischen Automobilen, baulich noch gänzlich anders gestaltete Räume. Etappenweise erfolgt eine detaillierte Anleitung zur Nutzung der Buslinien. Stationen und Linienbenennung mit Wegstrecken (im Filme „Signale“ genannt) weisen auf Zusteigmöglichkeiten und Routen hin. Der Erwerb von Karten wird demonstriert: Bei der Haltestelle Börse wird von einem Fahrgast vor dem Einstieg ein Ticket beim Chauffeur erworben. Auch eine Kartenverkaufsstelle bei der Station „Stephansplatz“ ist zu sehen. Hier wie bei den Endstellen finden sich auch Tafeln mit den jeweiligen Abfahrtszeiten. Laut Hinweisschild beginnt der Betrieb um 7 Uhr morgens, der letzte Bus verlässt die Station um 19 Uhr.

Schließlich wird auch im Werbefilm der „Paradewiener“ zum Informationslieferanten. Wie auf den Klebern steht er an einer Tafel und weist mit seiner Hand auf den erläuternden Text (in Kurrentschrift): „Zum (vom) Stephansplatz: 10 Groschen! Durch die ganze Stadt: 20 Groschen!“ Der sich schnell hin und her bewegende Kopf der Animationsfigur dreht sich schließlich im Kreis (dreht ‚sich‘ durch) und demonstriert damit neuerlich das preisgünstige Angebot. Der Mund des Wiener Prototypen öffnet und schließt sich in rascher Abfolge, vermittelt den Eindruck, als wolle der Mann die Botschaft laut verkünden. Der Grantler legt seinen Missmut nun völlig ab, lächelt breit, verschmitzt und steckt abschließend die Hand in napoleonischer Manier in das Jackett. An dieser Stelle, nach vier Minuten und neun Sekunden, endet der Film. Die nach kurzer Unterbrechung anschließenden Szenen, wie sie sich auf der Filmrolle im Bestand des Filmarchiv Austria finden, zeigen vielartige Aufnahmen von städtischen Bussen, die sich vornehmlich im Bereich Innere Stadt und Rotunde bewegen, präsentieren eine Remise der Wiener Straßenbahnen und Busse und zeigen am Ende einen Verkehrspolizisten, der verschiedenste Signalzeichen mit den Armen vorführt. Die allerletzte Szene demonstriert gefährliche Aufspringmanöver von Passanten, wobei einer der Männer unter die Räder des Busses kommt. Zwei Männer eilen zu Hilfe. Damit endet die Sequenz. Dieser etwa drei Minuten dauernde Teil dürfte mit dem Werbefilm nicht direkt in Verbindung stehen. Es scheint sich um eine Art Lehr-bzw. Verkehrserziehungsfilm zu handeln, dem der Reklamefilm zur Einleitung vorangestellt worden war. Darüber, ob diese Filmteile in einem Zusammenhang mit der Eng-Produktion zur „Wiener Internationalen Messe“ 1923 stehen – die zahlreichen Aufnahmen des

Verkehrstreibens um die Rotunde wären ein Hinweis darauf –, kann nur spekuliert werden.

Während Eng, wie auch seine heimischen Kollegen der 1920er-Jahre, auf die Legetricktechnik setzte und eine reduzierte Strichzeichnung vorlegte,[978] orientierte sich das in den 1930er-Jahren aktive Animationsfilmduo Bruno Wozak und Karl Thomas an den auch in Europa zunehmend bekannten Disney-Figuren. Beide waren Jahrgang 1903 und hatten in Wien eine Ausbildung an der Akademie für Bildende Künste absolviert, Wozak im Bereich Bildhauerei, Thomas in der Fachrichtung Grafik und Malerei. Um 1935 begannen sie gemeinsam in einem Trickfilmstudio in Wien Neubau zu arbeiten, 1941 endete ihre Arbeit kriegsbedingt. Beide wurden zum Militärdienst einberufen, Wozak starb 1944 in Montenegro, Thomas setzt die Animationsfilmarbeit nach dem Tod seines Freundes und Kompagnons nicht fort.[979]

Das Studio Wozak/Thomas wurde 1938 von der *Wiener Bühne* als künstlerisch innovatives Vorzeigeunternehmen vorgestellt. Hier setzte man längst auf Folienverfahren und Phasenkontrollen, was natürlich erscheinende Bewegungen nach sich zog. Der Legetricktechnik hatte man in den 1930er-Jahren nach und nach abgeschworen, „eckig, ruckartige" Abläufe „erregten keine Freude" mehr.[980] Ihr an Disney angelehnter Stil simplifizierte die Figuren. Kreisartige Kombinationen machten diese runder, weicher, auf Details wurde verzichtet.[981]

Wozak und Thomas arbeiteten nahezu ausschließlich für die Werbebranche[982]: Die Sphinx bei der Morgentoilette (A 1934), Der Radio-Automat (A 1936), Nur die Ruhe (A 1936), Das Hammerbrot-Schlaraffenland (A 1937), Ein orientalisches Wunder (A 1937) zeugen von der Vielfalt der Auftraggeber, wiederholt war das Duo für die Produzenten Hans Ludwig Böhm und Adi Mayer tätig. Auch international fand die Arbeit der Animationskünstler Anklang: In Norwegen ist der Wozak/Thomas-Film Tider Kreven (Nor 1936), der für „Tiedmanns Tobaksfabrik" warb, erhalten geblieben.[983]

Einiges spricht dafür, dass auch der Farbfilm Niky (A 1937) aus der Werkstatt der beiden stammt – der grafische Stil erinnert an das Künstlerduo. Es handelt sich hier um einen weiteren animierten Werbefilm für die Österreichische Tabakregie. Vermutlich blieb man seitens des heimischen Tabakmonopols bei den bereits

978 Bei Teilanimationen („Limitated Animation") werden etwa nur die Augen oder Hände animiert – also einzelne Körperteile. Die Bewegungen erscheinen abgehackt. Zum Stil Peter Engs siehe auch: Renoldner, Animationsfilm in Österreich – 1832, S. 72.

979 Ebd., S. 84, 90.

980 *Die Wiener Bühne*, „Atelier Wozak", Juli 1938, S. 29.

981 Renoldner, Animationsfilm in Österreich, Teil 1, S. 43.

982 Eine Ausnahme bildet Carmen (A 1937/38) – eine Opernparodie. Es war der Versuch, eine eigenständige Kurzfilmproduktion abseits der Reklameaufträge zu starten. Vgl.: Renoldner, Animationsfilm in Österreich – 1832, S. 88.

983 Ebd., S. 90.

Abb. 11: DARF ICH UM FEUER BITTEN?, A 1924.

bewährten Zeichnern und wohl auch über die Jahre 1937 und 1938 bei derselben Produktionsfirma. Die „Adi Mayer Film" war auch mit der Herstellung der Reklamestreifen EIN ORIENTALISCHES WUNDER und NUR DIE RUHE beauftragt worden.

Die Österreichische Tabakregie, ein staatliches Monopolunternehmen, war in der Zwischenkriegszeit einer der wichtigsten Auftraggeber der Werbefilmbranche. In den Jahren 1924 bis 1938 wurden an die 25 Filme seitens des Unternehmens in Auftrag gegeben,[984] die bei Messen, Ausstellungen, in einem eigens bereitgestellten Propagandaauto, aber auch im regulären Kinoprogramm zur Vorführung kamen.[985] Zwar hatte die Tabakregie 1928 heimische Künstler – vor allem die Mitglieder er Wiener Secession – beauftragt, Bilder österreichischer Landschaften für die Deckelinnenseite diverser Zigarettenpackungen zu gestalten,[986] dennoch blieb die Firma bei Produktsortenbenennung und der Werbung über weite Strecken den orientalischen Motiven treu. Schließlich dominierten auch in den 1920er- und 1930er-Jahren

984 Viele dieser Produktionen sind bis heute erhalten geblieben, so z. B.: DARF ICH UM FEUER BITTEN? (A 1924), DIE ÖSTERREICHISCHE VIRGINIER-ZIGARRE (A 1925), WOHLFAHRTSEINRICHTUNGEN IN DEN BETRIEBEN DER ÖSTERREICHISCHEN TABAKREGIE (A 1928), EIN TAG IN DER ÖSTERREICHISCHEN VIRGINIERFABRIK STEIN AN DER DONAU (A 1931), MILDE SORGE – PAGEN (A/D 1937), MILDE SORTE – ACHTUNG (A/D 1937) und viele mehr.

985 Siehe dazu auch: *Fachliche Mitteilungen der Österreichischen Tabakregie*, „Die Beteiligung der Österreichischen Tabakregie an Messen und Ausstellungen", Heft 2, Juli 1931, S. 3–5.

986 Fellner, Sabine/Thiel, Georg: Kunst und Design für Austria Tabak, in: Bina, Andrea: Tabakfabrik Linz. Kunst, Architektur, Arbeitswelt, Linz/Salzburg 2010, S. 90 f.

weiterhin Orienttabake die Produktion.[987] Im Hinblick auf eine in Europa Ende des 19. und zu Beginn des 20. Jahrhunderts einsetzende Faszination für den Orient entstanden eine Reihe von Stereotypen-Bildern, die auf die Herkunft des Tabaks verwiesen. Pyramiden, Minarette, Ornamente, Szenerien aus „Tausendundeiner Nacht" zählten zu diesem Vorstellungspool.[988] Die Werbetreibenden setzten bewusst auf den Wiedererkennungswert dieses „Bühnenorients", wie es der Werbepsychologe und Grafiker der deutschen Zigarettenfabrik Reemtsma, Hans Domizlaff, treffend auf den Punkt brachte.[989]

Der Wozak/Thomas-Film (aus der Produktion der „Adi Mayer Film") EIN ORIENTALISCHES WUNDER reiht sich in diese standardisierte Präsentation des Morgenlandes ein. Schon das Titelbild lässt mit drei gebogenen Palmen und einem am Himmel prangenden Sichelmond erste südlich exotische Assoziationen zu. Die für die Animation gewählte Szenerie zeigt eine architektonisch im Orient angesiedelte Stadt – Minarette, runde Giebel, skizzierte Moscheen mit Halbmonden. Dazwischen platzierte Palmen sowie die begleitende orientalische Flötenmusik ergänzen das „südliche Flair".

Die Szenerie entlang schreitet ein Mann mit Turban, Pluderhose und Schnabelschuhen. Hinsichtlich Bild und Ton kommt die „Mickey-Mousing Technik"[990] zur Anwendung. Jeder Schritt des Orientalen wird rhythmisch untermalt, Aktion und Musik laufen synchron und erzeugen einen komischen Effekt. Die langsamen Bewegungen lassen den Schluss zu, dass die Figur schleicht, umso mehr, als sie sich ständig umschaut. Niemand scheint ihr zu folgen oder sie zu beobachten. Der Orientale hält vor einem Haus inne, er blickt die Hauswand hoch, holt eine Flöte hervor und beginnt zu spielen. Eine Schlange schleicht von links in das Bild, auf den Orientalen zu, sie schlängelt sich schließlich langsam nach oben. Das Kriechtier hat mittlerweile die Form eines Stricks angenommen. Auf dem Flachdach ist eine hübsche junge Frau zu sehen, sie liegt völlig entspannt da, an ein Kissen

---

987 Ebd. sowie Benesch, Friedrich: 150 Jahre österreichische Tabakregie, Wien 1934, S. 22. Trost, Ernst: Rauchen für Österreich. Zur allgemeinen Erleichterung ... Eine kultur- und Wirtschaftsgeschichte des Tabaks in Österreich, Wien 2003, S. 144.

988 Vgl. dazu: Jacobs, Tino/Schürmann, Sandra: Rauchsignale: Struktureller Wandel und visuelle Strategien auf dem deutschen Zigarettenmarkt im 20. Jahrhundert, in: WerkstattGeschichte 45, Essen 2007, S. 41. Polaschegg, Andrea: Der andere Orientalismus. Regeln deutsch-morgenländischer Imaginationen im 19. Jahrhundert, Berlin 2004.

989 „Der deutsche Verbraucher wäre wohl sehr erstaunt und enttäuscht gewesen, wenn er erfahren hätte, dass der echte türkische Tabakbauer in Gestalt, Gesichtsschnitt und Lebensstil dem Europäer viel mehr ähnelt als den deutschen Begriffsbildern von einem echten Orientalen". Aus: Domizlaff, Hans: Die Gewinnung des öffentlichen Vertrauens. Ein Lehrbuch der Markentechnik, Hamburg 1939/41. Zit. nach: Jacobs/Schürmann, Rauchsignale, S. 45.

990 Das Prinzip geht auf die Zeichentrickfilme Walt Disneys zurück, wonach Bewegungen mit Geräuschen bzw. Tönen absolut synchron gesetzt werden. Ein durchaus ironisch komischer Effekt ist die Folge. Vgl.: Mikunda, Kino spüren, Wien 2002, S. 275.

gelehnt. Der Schlangen-Strick reicht nicht bis ganz oben. Der Mann, der sich am Strick hochzieht, greift schließlich ins Leere. Der in sich zusammenfallende Strick formiert sich nun zu einer Sprungfeder und schleudert den Mann auf das Dach, in die Arme der Geliebten. Auch die Angebetete ist orientalisch gekleidet – sie trägt gleichfalls Pluderhose sowie einen Halbmond im Haar.

Die beiden umarmen sich leidenschaftlich, ein Herz formiert sich um die Liebenden. Nun setzt „abendländische“ Tanzmusik im Stil der 1930er-Jahre ein. Ein Teppich kommt geflogen, wickelt das Paar ein und rollt sich wiederholt um die eigene Achse. Die unten herausragenden Beine der beiden verraten, dass das Paar nun übereinander liegt, ein Liebesakt wird angedeutet. Der Teppich rollt sich wieder auf, der Orientale sitzt nun im Schneidersitz auf dem fliegenden Gefährt, der Kopf seiner Geliebten ruht auf seinen Beinen. Er zieht entspannt an einer Zigarette. Ihre erotische liegende Pose nimmt Anleihe bei klassischen Aktmotiven der bildenden Kunst.[991] Ihre Wangen sind leicht gerötet, der Mund geöffnet. Beide fliegen nun entspannt im Liebes- und Genussrausch über die Stadt. Sie sind der Realität enthoben und schweben sinnbildlich vor Glück.

Es folgt eine Überblende: In leichter Aufsicht werden ordentlich gereihte Zigaretten präsentiert. Der Off-Kommentar setzt ein: „Ein orientalisches Wunder! Die wunderbare Falk Kalif Zigarette.“ Einer neuerlichen Blende folgt die Präsentation zweier Kalif-Zigaretten-Packungen, einmal zu 25 und einmal zu 10 Stück. Am unteren Rand der größeren Schachtel ist die Aufschrift „Entnikotinisierungs-Anstalt August Falk“ deutlich zu lesen. Nach einem Schnitt werden mehrere Packungen zu 10 und 25 Stück in leichter Obersicht in den Fokus genommen. Die Aufnahme entspricht dem Blick in ein Schaufenster. Abblende, die Tanzmusik klingt aus, Ende.

Bereits 1908 hatte die Österreichische Tabakregie einen Lizenzvertrag für entnikotinisierte Zigaretten mit August Falk geschlossen.[992] Ab 1925 forcierte man den Verkauf der „leichten“ Zigaretten.[993] Der Werbefilm DAS ORIENTALISCHE WUNDER versinnbildlicht die Leichtigkeit des Produkts. Mittels Anleihen aus „Tausendundeiner Nacht“ erfüllen sich Sehnsüchte, man entsteigt der Realität und entschwebt in ungeahnte Höhen der Lust, wobei hier eine klare Verbindung zwischen dem Liebesakt und dem Genuss der Zigarette hergestellt wird. Das durch die Kalif-Zigarette entstehende Gefühl der Leichtigkeit wird sinnbildlich über den dahin gleitenden Teppich und das in entspannt erotischer Pose verharrende Paar demonstriert.

Der Animationsfilm ermöglicht es, eine neue, andere Wirklichkeit bis ins kleinste Detail zu erschaffen. Der Werbefilm profitiert und nutzt diese Optionen. In der Zwischenkriegszeit griff man gerne auf Figuren der Märchen- und Wunderwelt

---

991 Zum klassischen Akt in der Werbung siehe u. a.: Kuchenbuch, Filmanalyse, S. 363 f.

992 Benesch, Tabakregie, 23 f. Trost, Rauchen für Österreich, S. 148.

993 *Fachliche Mitteilungen der Österreichischen Tabakregie*, „Die Beteiligung der Österreichischen Tabakregie an Messen und Ausstellungen“, Heft 2, Juli 1931, S. 6.

zurück, um Produkte zu bewerben. Vor allem technische Abläufe wurden per Animation vereinfacht und mit einer kindlich zauberhaften Atmosphäre versehen. Wozak und Thomas ließen wiederholt sagenumwobene Wesen auftreten: Im Film DAS HAMMERBROT-SCHLARAFFENLAND bedienen Wichtel in Bäckerkleidung Maschinen zur Brot- und Gebäckwarenerzeugung. Auch betreiben sie ein „Rosinenflugzeug“, das per Maschinengewehr das getrocknete Gut in die süßen Backwaren feuert. In DER RADIO-AUTOMAT wird die Funktionsweise des Geräts mittels Heinzelmännchen erklärt, die den Apparat zusammenbauen und in Betrieb nehmen.[994]

Animationen dienen auch immer wieder dazu, humoristische Akzente zu setzen. Was bei realen Menschen überzeichnet wirkt, kann bei gezeichneten Figuren einen gewissen Charme und Witz in sich tragen. Mitunter ermöglicht der Trick auch eine pointierte, leicht fassbare Beweisführung. Ein Beispiel aus den 1920er-Jahren sei hier angeführt. Der Werbe- und Kulturfilm HOPFEN UND MALZ, GOTT ERHALT'S (A ca. 1929)[995] erläutert den „Werdegang des Bieres“ von der Gewinnung des Gerstensafts bis zur Konsumation des Getränks im Biergarten. Der Schlussappell „Trinkt österreichische Biere. Ihr fördert dadurch Österreichs Wirtschaft!“ weist den Film als Teil der Gemeinschaftswerbekampagne „Kauft österreichische Waren!“ aus.[996]

Anders als in zahlreichen anderen Reklamefilmen steht der Konsum des Produkts nicht am Ende des Films. Der Biergartenszene folgen Trickfilmsequenzen, die in „drei lehrreichen Kapiteln aus dem alltäglichen Leben“ die positive Wirkungskraft des Getränks bezeugen sollen.[997] Episoden aus dem „Alltag“ des Malers Nazi Schmächtig,[998] des Ehepaars Schnippe und des Junggesellen Leberecht wollen in launigem Stil und von gereimt erklärenden Zwischentitel begleitet die inspirierende und gesundheitsfördernde Kraft des Gerstensafts unter Beweis stellen.

Szene eins soll den Aufbau dieser Trickteile beispielhaft veranschaulichen: Der mit schütterem Haar skizzierte Künstler wandelt in seinem Atelier unruhig hin und her („Nichts fällt ihm ein – sein Kopf ist leer. Nervios [sic!] sein macht das Malen schwer“). In seiner Verzweiflung sinkt er auf den Stuhl nieder, legt die Hand an den Kopf. Ein junger Bursche betritt den Raum mit einem proportional zu groß gezeichneten Bierkrug („Zum Frühstück bringt der Schani hier. Ein schäumendfrisches Krügerl Bier!“). Mit nur einem Zug wird das Glas geleert („Kaum ist es ausgetrunken – seht: Schwupps! Jeder Nervenschmerz vergeht!“). Das Motiv der rollenden Augen als Ausdruck der Freude wird mehrfach wiederholt. Der Künstler geht zur Staffelei und

---

994 Vgl. dazu auch: Renoldner, Animationsfilm in Österreich – 1832, S. 75, 88.

995 HOPFEN UND MALZ, GOTT ERHALT'S (A ca. 1929), Produktion: unbekannt, Laufzeit; 25 Minuten.

996 Zu der Aktion „Kauft österreichische Waren!“ siehe auch das Kapitel „Kultur- und Werbefilm“.

997 Die nachfolgenden Ausführungen entsprechen über weite Teile hinweg einer Analyse, die von der Autorin dieser Arbeit 2012 erstellt und veröffentlicht wurde. Siehe: Moser, „Hygienisch - gesundheitsfördernd – schmackhaft“, http://www.medienimpulse.at/articles/view/641(30.11.2014).

998 Es ist davon auszugehen, dass es sich hier um die Koseform für Ignaz handelt und keine politischen Bezüge intendiert waren.

ergreift den Pinsel („Und Schmächtig malt voll kühnen [sic!] Schwung – in freudigster Begeisterung!“). Der Künstler skizziert einen Bierkrug mit Lorbeerumrandung und Strahlenkranz. Die doppelte Visualisierung des beworbenen Produkts und dessen akzentuierte Präsentation – einmal im Verhältnis zu groß dargestellt, das andere Mal in mythischem Arrangement dargeboten – in Verbindung mit appellativen Reimen unterstreichen eine rhetorisch angelegte Überzeugungsstrategie auf der Bild- und Tonebene.

In ähnlicher Bild-Text-Manier gestalten sich die beiden anderen Episoden. Schon die Namen der Figuren tragen mitunter eine charakterisierende Bedeutung in sich, geben die Richtung der Erzählung vor und haben eine Funktion. Schmächtig ist eine hagere Figur, der man Nervosität zuschreibt. Herr Leberecht kämpft mit Magenproblemen (und Schlafstörungen). Die Familie Schnippe musste sich schlicht auf „Grippe“ reimen.

Einzelne körperliche Merkmale werden betont, um Zustände und deren Veränderung unmittelbar nachvollziehbar zu machen. Der Biergenuss hat äußerliche Folgen: Die Stirnfalten des Malers verschwinden. Die überdimensional und dunkel skizzierten Nasen der Schnippes nehmen wieder eine normale Form und Farbe an. Leberechts hagerer Kopf und seine schmale Gestalt werden zunehmend füllig. In kompakter Form werden die visuellen und sprachlichen Informationen verdeutlicht. Alles wird ein Stück weit überspitzt dargebracht. Hier gilt, dass der humoristische Stil eine unter anderen Gegebenheiten aufdringlich erscheinende Werbeanmutung mäßigt und im Sinne der motivierenden Funktion des Lachens sogar zu einer nachhaltigen Verankerung im Gedächtnis beiträgt.

Wer die Trickfilmteile in HOPFEN UND MALZ, GOTT ERHALT'S gestaltet hat, ist – wie in so vielen Fällen – nicht bekannt. Im Stil erinnern die Zeichnungen aber an die Arbeiten des Grafikers Max Fleischhacker.[999] Wurden die Künstler eigens ausgewiesen, so hatten sie sich zumeist schon einen Namen in der Branche gemacht. Die Nennung der Gestalter war somit auch ein Gütezeichen und Teil der Werbung.

---

999 Siehe dazu Beispiele seiner Arbeiten in: *Österreichische Reklame*, „Max Fleischhacker“, Nr. 1, 1931, S. 16–18.

10 Leerstellen

10.1 Sammelkriterien, Quellenüberlieferung

Welche historischen Quellen den Forschern zur Verfügung stehen, hängt von vielen Faktoren ab. Die Sammelstrategie von Archiven und öffentlichen wie privaten Institutionen sind dabei entscheidend. Da der werbende Wirtschaftsfilm nur zeitlich begrenzt zum Einsatz kam, eine kurzweilige Werbebotschaft vermitteln sollte und lediglich in der unmittelbaren Entstehungszeit seinen Zweck zu erfüllen hatte, sahen Kinounternehmer, aber oftmals auch Auftraggeber und Produzenten keinen Anlass, nicht mehr aktuelle Werbemittel zu sammeln und aufzubewahren. Die erhaltenen Filmbestände stellen daher nur einen Bruchteil der tatsächlich produzierten Reklamestreifen dar.

Vereinzelt gibt es aber – auch in Österreich – traditionsreiche Unternehmen, die bis heute aktiv sind, auf ihr Werden und ihre Geschichte Wert legen und Quellen gesammelt und bewahrt haben. Im Bereich der Werbefilmproduktion wäre das Unternehmen „Adi Mayer Film“, seitens der absatzorientierten, Reklame treibenden Firmen ist „Palmers“ zu nennen. Die Auflösung von Betrieben oder aber deren Weiterverkauf haben oftmals den Verlust von erhaltenen Materialien zur Folge – vieles wird entsorgt, manchmal „retten“ Mitarbeiter Bestände und verwahren diese.[1000]

Medienarchive verfügen durchaus über fragmentarische Werbefilmbestände. Bei der Übernahme von Nachlässen (Regisseure, Produzenten, Animationsfilmer, Darsteller etc.) und/oder bei der Auflösung von Betrieben (Filmfirmen, Kinos) finden sich immer wieder Reklamestreifen im Konvolut. Einige Werbefilmproduzenten überlassen audiovisuellen Archiven ihre Filmquellen zur Verwahrung, der Zugriff verbleibt aber bei den Rechteinhabern. Durch das stärkere Interesse am Genre Werbefilm bzw. Industrie(werbe)film in den letzten Jahren suchen und übernehmen Medienarchive auch bewusst Bestände dieser Art. [1001]

Der Verlust an Werbefilmmaterialien ist aber nicht nur durch das einst (und bisweilen auch heute vorhandene) mangelnde Interesse an diesen Quellen und der daraus folgenden Entsorgung des Materials zu erklären. Reklamestreifen – vor allem jene von der Frühzeit des Genres bis in die 1950er-Jahre – wurden auch

1000 Diese Erfahrungen beruhen auf Unternehmungen der Autorin in den vergangenen acht Jahren. Sie hat an die 60 österreichische Unternehmen kontaktiert.

1001 Die Verfasserin dieser Arbeit hat als langjährige Mitarbeiterin des Filmarchiv Austria über viele Jahre gezielt nach Werbefilmbeständen gesucht und konnte diverse Konvolute ausfindig machen, die nun Teil der Sammlung der genannten Institution sind. Auch Radiowerbungen wurden auf diese Weise ermittelt und in weiterer Folge über Vermittlung seitens der Mediathek übernommen.

https://doi.org/10.1515/9783110622300-010

wiederverwertet. In diesen Produktionen finden sich oftmals vielgesuchte Alltagsszenerien oder – bezogen auf die Tourismusfilme – Städte- und Landschaftsaufnahmen, die bei Kultur-, Dokumentar- oder Spielfilmen eine neuerliche Verwertung fanden. Filmmaterial war teuer, in Zeiten des Kriegs und in den Jahren danach Mangelware.[1002] Die Wiederverwertung von Sequenzen aus Reklamefilmen, die nur flüchtig eingesetzt wurden, lag somit ökonomischen Bestrebungen zugrunde. Bei den Kurzfilmherstellern der Periode bis 1938, die parallel Werbe-, Industrie-, Lehr- und Kulturfilme produzierten und dabei nicht selten auf dasselbe Material zurückgriffen, war dies gang und gäbe.

Ohne das Quellenmaterial „Werbefilm" ist es jedoch oft unmöglich festzustellen, ob Filmtitel, die sich in Akten oder Zeitungen finden, dem Genre Reklamefilm zuzuordnen sind. Der Titel ZUM MÖRDER GESTEMPELT (A 1920) lässt möglicherweise auf ein Drama, ein Kriminalstück schließen. Erst die Erläuterungen in *Paimann's Filmlisten* geben zu erkennen, dass es sich um einen Werbefilm handelte: „Humoreske mit sehr guten, komischen Szenen Josef Königs als Ehemann, der betrunken nach Hause kommt und wegen des festen Schlafes seiner Frau als [sic !] deren Mörder gehalten wird. (Reklamefilm)"[1003] Der Film bewarb ein Bett, das einen so tiefen Schlaf nach sich zog, dass nicht erkennbar war, ob die Gattin schlief oder bereits entschlafen war. Derart erklärendes Material liegt aber in einer Vielzahl der Fälle nicht vor.[1004] Ebenso lässt sich über den Titel allein nicht feststellen, welches Produkt bzw. welche Dienstleistung beworben wird. Selbst wenn aufgrund der Angabe der Produktionsfirma offensichtlich ist, dass es sich um einen Reklamefilm handelt, lassen Titel wie PUSZTAKLÄNGE (Hersteller: Hans Ludwig Böhm)[1005] oder ALLE NEUNE (Hersteller: Adi Mayer's Filmbüro)[1006] viel Raum für Spekulationen. Eine genaue Zuordnung der jeweils werbenden Branche bzw. die Zuordnung zu Konsumgütergruppen ist bei einer Vielzahl der Filme daher unmöglich.

Oftmals fehlt in Fachzeitungen und Aktenmaterialien aber auch der Hinweis auf die ausführende Filmproduktion, womit die eindeutige Identifizierung eines Werbefilms als „österreichisch" nicht möglich ist. So weisen die Verzeichnisse des Wiener

---

1002 Peter Mayer, der Sohn des Werbefilmers Adolf Mayer und über Jahrzehnte Leiter des Familienbetriebs „Adi Mayer Film", berichtete in einem Gespräch mit der Autorin am 23. November 2009, dass sein Vater auch nach dem Zweiten Weltkrieg Filmmaterial wiederverwertete – selbst belichtetes Material durch Manipulation.

1003 *Paimann's Filmlisten*, Nr. 243, 25. November 1920, o. S.

1004 *Paimann's Filmlisten* erschienen seit 1916, konzentrierten sich allerdings auf das Kino-Hauptprogramm und wiesen Reklamefilme mehrheitlich nicht aus.

1005 Der Film warb für das Weinhaus Pataky. Siehe dazu auch das Unterkapitel „Hans Ludwig Böhm".

1006 Der Film warb für die Wiener Gaswerke. Siehe dazu auch das Unterkapitel „Gustav Mayer / Adolf Mayer".

Magistrats über die für Jugendliche zugelassenen Filme (1932–1935)[1007] sowie die von der Handelskammer Wien geführten Aufzeichnungen der Aufführungsbewilligungen für Wien (1934–1938)[1008] die Filme einem Genre zu, Herstellerangaben sind jedoch nicht angeführt.

Die beim „Besonderen Stadtamt II/3" der Gemeinde Wien eingereichten Film-Vorführkonzessionen (ab 1926) ermöglichen meist eindeutige Branchenzuordnungen, die tatsächlich gezeigten Reklamefilmtitel werden aber oftmals nicht genannt.[1009] Auch wurden bei dieser Behörde nur Konzessionen für Vorführungen außerhalb des regulären Kinobetriebs beantragt. Im Kinoprogramm finden sich aber fast ausschließlich keine explizit ausgewiesenen Werbefilme. Diese galten (und gelten noch heute) den Kinobetreibern als bezahltes Beiwerk im Vorprogramm, für das man grundsätzlich nicht warb.

Ein weiteres offenes Feld ist die Filmzensur in Österreich bzw. Österreich-Ungarn. Seit 1898 gab es unterschiedliche Behörden, die eine Vorzensur durchführten. Eine Vereinheitlichung der Zensurbestimmungen gelang bis 1938 nicht. Allein 1913 fanden sich 15 Stellen innerhalb Cisleithaniens, die berechtigt waren, Filme einer Zensur zu unterziehen.[1010] Und auch in der Zeit der Ersten Republik sowie zur Zeit des austrofaschistischen „Ständestaats" konnten Filme durchaus acht oder mehr Zensurgremien durchlaufen,[1011] wobei die Entscheidungen im Osten und Westen Österreichs durchaus unterschiedlich ausfallen konnten. Einige Filmzensurerhebungen für Wien, Prag und Tirol liegen bereits vor,[1012] doch auch hier bleiben bereits angeführte Fragen offen: Nicht immer wurden alle Werbefilme in die Listen aufgenommen.[1013] Über die Filmtitel sind die werbenden Branchen nicht zuordenbar. Die Produzenten werden wohl ausgewiesen, ob es sich dabei

---

1007 WStLA, MA 104, Zl. K A 10, 1–297, Mappe „Jugendfreie Filme 1932–1935".

1008 WKW, Filmakten, Aufführungsbewilligungen, Handelskammer für Wien 1934–1938.

1009 So erklärt das Internationale Reise- und Touristenbüro in seinem Antrag, Werbefilme für Österreich zeigen zu wollen, welche Streifen gezeigt werden sollen, blieb ungesagt. WStLA, MA 104, Zl. K 1334, „Konzessionsansuchen des Internationalen Reise- und Touristenbureaus", 11. Dezember 1936. Auch die Firma „Kathreiner" verwies einzig darauf, für ihren Malzkaffee per Film werben zu wollen, Titelangaben sind nicht angeführt. WStLA, MA 104, „Konzessionsansuchen der Kathreiner A.G.", 8. Jänner 1936.

1010 Ballhausen/Caneppele, Filmzensur in der österreichischen Presse, S. 9–13.

1011 1936 waren allein im Land Salzburg sieben Zensurstellen aktiv. Vgl.: Das Kino-Journal, „Wir brauchen endlich eine einheitliche Filmzensur, 19. September 1936; zit. nach: Ebd., S. 233–236.

1012 U. a. liegen vor: Caneppele, Paolo (Hg.): Materialien zur Österreichischen Filmgeschichte 12: Entscheidungen der Prager Filmzensur 1916–1918, Wien 2003. Ders., Tiroler Filmzensur 1922–1938. Ballhausen/Caneppele, Wiener Filmzensur 1929–1933.

1013 Der Reklamefilm Der geistige Arbeiter (A 1922) findet sich beispielsweise nicht in den entsprechenden Zensuraufzeichnungen. Siehe dazu: Caneppele, Paolo (Hg.): Materialien zur Österreichischen Filmgeschichte 8: Entscheidungen der Wiener Filmzensur 1922–1925, Wien 2002.

jedoch um österreichische Hersteller handelt, ist nicht durchgehend verifizierbar. Die bekannten Kurzfilmerzeuger sind zu identifizieren, doch auch in diesem Zweig der Filmbranche haben sich mitunter Autodidakten an der Herstellung von Reklamefilmen versucht.[1014]

Belege für Werbefilmvorführungen finden sich vornehmlich für den Raum Wien – wenn auch unter all den bereits genannten Einschränkungen. Für eine Erfassung der in ganz Österreich bzw. Österreich-Ungarn gelaufenen Werbefilme wäre eine Einsichtnahme in sämtliche Landes-, Gemeinde-, Stadt-, Bezirks- und Polizeiarchive nicht nur für den Raum der heutigen Republik, sondern für die Zeit der Monarchie auch in den Kronländern erforderlich. Ein derartiges Unterfangen kann nur in einem groß angelegten, mehrjährigen (hinsichtlich der Periode bis 1918) übereuropäischen Forschungsprojekt geleistet werden. Dabei ist zu bedenken, dass die Sammlung von filmspezifischen Aktenmaterialien vielen Behörden als vernachlässigbar erschien, manches dürfte auch hier schon vor Jahrzehnten der Skartierung zum Opfer gefallen sein.[1015]

Das Genre „Werbefilm“ birgt aber im hier behandelten Zeitraum (bis 1938) noch ein weiteres Problem – es war erst im Entstehen. Über weite Strecken hatten Werbe-und Industrie(werbe)filme einen Mehrzweck zu erfüllen: Sie informierten und belehrten, konnten als Lehr-, Werbe- oder Kulturfilme zum Einsatz kommen. Demnach wären viele dieser Filme je nach aktuellem Einsatz einem dieser Genres zuzuordnen.[1016] Allein die Anzahl der Tourismuswerbefilme ist völlig unüberschaubar. Die Akten, welche die Aktionen des ÖLFD belegen, zum Zwecke der Österreich-Werbung sämtliche Landes- und Bundesstellen sowie Fremdenverkehrseinrichtungen zu kontaktieren,[1017] verweisen auf eine immense Zahl an Institutionen, die entsprechende Streifen in Auftrag gegeben bzw. lagernd hatten. Auszugsweise seien hier nur folgende Einrichtungen genannt: „Tiroler Landesverkehrsamt Innsbruck“, „Zillertaler Bahn– Direktion“, „Landesverband für Fremdenverkehr Vorarlberg“, „Bauernkammer für Vorarlberg“, „Kammer für Arbeiter

1014 Vgl. dazu das Unterkapitel „Verband der Kurzfilmhersteller: Ausschaltung der Konkurrenz, Sicherung von Einflusssphären, Eigenwerbung“.

1015 Die Autorin war in den Jahren 2001 bis 2003 als wissenschaftliche Mitarbeiterin und ab 2003 auch als Projektleiterin seitens der österreichischen Kooperationsseite im EU-Projekt „Collate“ tätig. „Collate“ widmete sich Film-Zensuraktenbeständen der 1930er-Jahre in Deutschland, Österreich und Tschechien. Im Zuge des Projekts konnte ein Zensurkartenbestand im Niederösterreichischen Landesarchiv aufgearbeitet werden. Dieser Fund war durchaus außergewöhnlich. Diese Zensurkarten galten für den Raum Wien, Niederösterreich und das Burgenland, doch nur im Niederösterreichischem Landesarchiv hatten sie sich als Teil des Bestandes erhalten. http://www.collate.eu/welcome-to-collate/, 27.12.2016.

1016 Vergleiche dazu das Kapitel „Belehren – informieren – werben: Forderungen an das Medium (Industrie-)Werbefilm“.

1017 Siehe dazu das Unterkapitel „Bildungs- und Werbefilm“.

und Angestellte Klagenfurt", „Amt der steiermärkischen Landesregierung", „Haller Urania", „Volksbildungshaus Urania Wien".[1018]

10.2 Sampleauswertung

Aus all den angeführten Gründen ist eine Ermittlung sämtlicher in Österreich produzierter Werbefilme nicht leistbar. Ebenso wenig kann dargelegt werden, welche Branchen in welchem Ausmaß per Reklamestreifen warben. Es ist aber angesichts der erhobenen Informationen über sechs ausgewählte Produzenten[1019] möglich, einige Aussagen über dieses Sample zu treffen. Bis inklusive 1938 konnten 250 Werbefilme diesen Herstellern zugeordnet werden. 53 dieser Filme (bzw. 21,2 Prozent) wiesen eine Laufzeit von 0,5 bis 1,5 Minuten auf, 44 dieser Filme (bzw. 17,6 Prozent) haben eine Länge von 2 bis 2,5 Minuten, 22 der Filme (bzw. 8,8 Prozent) sind 3 bis 3,5 Minuten lang. Die verbleibenden 131 Streifen (bzw. 52,4 Prozent) haben eine Laufzeit von vier oder mehr Minuten.

Die Laufzeit der Reklamestreifen ist rückläufig. Hatten 1928 noch 19 Streifen eine Länge von vier und mehr Minuten, waren es 1929 16 Filme, 1930 zwölf Filme, 1931 und 1932 neun Filme, so lag nachfolgend die Zahl der langen Filme bei drei bis sechs Stück.[1020] Umgekehrt finden sich bis 1932 nur vereinzelt Filme, die 0,5 bis 1,5 Minuten Laufzeit aufweisen (je ein Film 1929, 1930, 1932), 1933 sind es vier, 1934 sieben Filme die diese kurze Länge aufweisen. In den Jahren 1935 und 1936 verschiebt sich die Anzahl der kurzen Werbefilme eindeutig. 1935 lassen sich seitens dieser sechs Hersteller neun Filme nachweisen, die eine Länge von 0,5 bis 1,5 Minuten haben. Fünf Filme sind 2 bis 2,5 Minuten lang, ein Film hat eine Laufzeit von 3 bis 3,5 Minuten. Ebenfalls fünf Filme haben 1935 eine Länge von vier Minuten und mehr. Somit stehen 15 kurze Filme (bis 3,5 Minuten) fünf langen Filmen (mehr als vier Minuten) gegenüber, somit zählen zwei Drittel (bzw. 75 Prozent) der Filme zu der Kategorie „kurze Werbefilme". 1936 ist das Verhältnis noch deutlicher: 15 Filme sind 0,5 bis 1,5 Minuten lang, 9 Filme haben eine Laufzeit von 2 bis 2,5 Minuten und sechs Filme weisen eine Länge von 3 bis 3,5 Minuten auf. Diesen 30 Streifen stehen wiederum fünf Filme gegenüber, die

1018 ÖStA, AVA, BMU, Volksbildung: Film, 1932, Ktn. 489, Fasz. 473, Gschz. 1008-II/10b, 1932, Ggstd.: Heimatkundliche Filme in den Bundesländern. Überlassung an den ÖLFD, Filmabteilung, Jänner/Februar 1932. ÖStA, AVA, BMU, Unterricht-Allgemein (1848–1940), Film 1932, Ktn. 489, Gschz. 4139-II/10b, Ggstd.: Bauernkammer für Vorarlberg, Bregenz; Kammer für Arbeiter und Angestellte, Klagenfurt. Überlassung von heimat- und wirtschaftskundlichen Filmen, Februar 1932.

1019 Siehe „Filmografien Kurzfilmhersteller". Hans Brückner, Hans Ludwig Böhm, Karl Köfinger, Gustav Mayer / Mayer's Filmbüro / Adi Mayer Film, Robert Reich, Frank Ward Rossak.

1020 1933: sechs, 1934–1936 je fünf Filme pro Jahr, 1937 und 1938 je drei Filme pro Jahr (vier Minuten und länger).

vier oder mehr Minuten Laufzeit haben. 1936 zählen demnach in diesem Sample 85,7 Prozent zu den kurzen Werbefilmen bis 3,5 Minuten, 14,3 Prozent haben eine Länge von vier Minuten oder mehr.

Hinsichtlich der hier in Augenschein genommenen Werbefilmproduzenten ist auffällig, dass Hans Ludwig Böhm bis auf eine Ausnahme[1021] ausschließlich kurze Werbefilme herstellte. 26 Reklamestreifen seiner Firma sind bis zu drei Minuten lang, in die Kategorie 3 bis 3,5 Minuten fällt zudem nur ein Streifen. Doch auch Gustav Mayer & Söhne tendierten ab 1936 eindeutig zum „kurzen Werbefilm": Von 63 ihrer in den Jahren 1936 bis 1938 hergestellten Filme sind gerade einmal neun länger als 3,5 Minuten. 85,7 Prozent zählen also zu der Kategorie „kurzer Reklamestreifen".

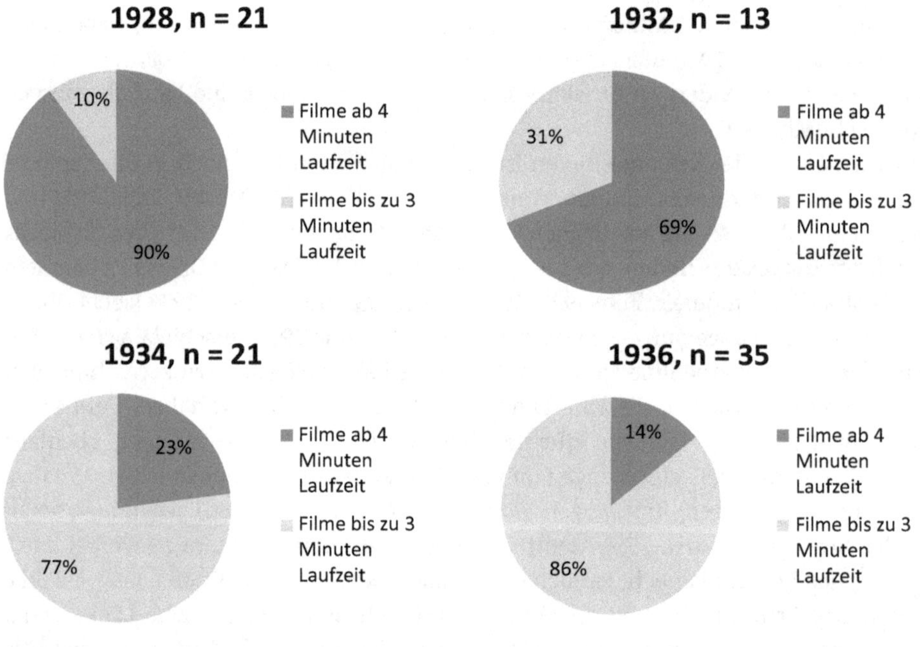

Abb. 12: Tonwerbefilm – Verkürzung Laufzeiten.

Bezüglich der beworbenen Güter und Dienstleistungen lassen sich 83 der 250 Filme (oder 33,2 Prozent) keiner zentralen Konsumgruppe eindeutig zuordnen. Die Filmtitel allein geben in diesen Fällen keinen Aufschluss über den beworbenen Gegenstand. Die nachfolgenden Zuordnungen richten sich nach den „Konsumausgaben-Gruppen"

1021 WIR HABEN HERZ (A 1936) hat eine Länge von 27 Minuten.

der Statistik Austria.[1022] Mitunter mussten Reklamefilme auch mehreren dieser Kategorien zugewiesen werden.

Von den verbleibenden 167 Filmen des Samples sind 85 (bzw. 50,9 Prozent) dem Bereich „Freizeit- und Kulturdienstleistungen" zuzuordnen, wobei nur einer dieser Streifen nicht als touristisch motivierter Film zu werten ist.[1023] 12 der 85 Filme bewerben zentral oder parallel auch Badeanstalten.[1024] Zudem ist zu konstatieren, dass Werbungen mit Fremdenverkehrsinhalten aufgrund der Betitelung entsprechend leichter auszumachen sind als Filme mit anderer Reklameausrichtung.

40 Werbefilme (24 Prozent) fallen in die Konsumgruppe „Verkehr", allerdings zählen hierzu 37 Filme der Postkraftwagenserie. Letztere wurde aufgrund der parallelen Ausrichtung auf den Fremdenverkehr auch in diese Kategorie eingerechnet.[1025] Zwei der verbleibenden Filme im Bereich „Verkehr" sind gleichfalls touristisch orientiert,[1026] ein Streifen wirbt im Kfz-Umfeld.[1027] 14 Filme (bzw. 8,3 Prozent) werben für „Bekleidung und Schuhe".[1028] 12 Streifen (bzw. 7,2 Prozent) zählen zur Konsumgruppe „Alkoholische Getränke und Tabakwaren", allerdings ist nur einer nicht der Kategorie „Tabakkonsum" zuzuordnen.[1029] Die Österreichische Tabakregie war neben den Zigarettenpapier- und Hülsenerzeugern „Altesse" und „Abadie" einer der wichtigsten Auftraggeber in diesem Branchenfeld.[1030]

Neun Mal (5,4 Prozent) wurde für Putz- und Waschmittel im Bereich „Waren und Dienstleistungen für die Haushaltsführung" geworben. Jeweils acht Filme (je 4,8 Prozent) fallen in die Kategorie „Nahrungsmittel und alkoholfreie Getränke"[1031] sowie „Wohnung, Wasser, Strom, Gas, Brennstoffe". Im letzteren Fall kommen vor allem Auftragsfilme für die Wiener Gas- und Stromwerke zum Tragen.[1032] In die Konsumgruppe „Persönliche Gebrauchsgegenstände" fallen fünf Reklamefilme (3 Prozent) für

---

1022 Siehe dazu: „Konsumausgaben der privaten Haushalte nach dem Verwendungszweck", in: Volkswirtschaftliche Gesamtrechnungen 1995–2013, Tabelle 24: https://www.statistik.at/web_de/nomenu/suchergebnisse/index.html, 26. Oktober 2016.

1023 Ein Film fällt in den Bereich Konzert/Musik: Hugo Knepler (A 1932).

1024 Z. B. : Die Thermenstadt Baden (A 1924), Rund um die Schwefelthermen in Baden bei Wien (A 1929), Kritzendorf und Strombad (A 1930), Kommt nach Baden! (A 1937).

1025 37 (bzw. 43,5 Prozent) der 85 Filme im Bereich „Freizeit- und Kulturdienstleistungen" zählen demnach zur Postkraftwagenserie.

1026 Im Autobus von Sievering zum Steinriegl (A 1932), Fahrt durch das schöne Österreich (A 1936).

1027 Warum sein Motor in der Kälte nicht anging (A 1933).

1028 Z. B.: Eterna-Wäsche (A 1935), Palmers (A 1937). Die Arche Noah (A 1938), Das Geheimnis der 10 (A 1938), Ihr Geheimnis (A 1938).

1029 Österreichs Weinland (A 1932).

1030 Z. B. : Vom Tabakblatt bis zur Zigarre (A 1927), Altesse-Zigarettenhülsen (S 1932), Wunderbare Rettung (A 1938).

1031 Z. B. Seff auf dem Wege zu Kraft und Schönheit (A 1927), Kathreiner (A 1933).

1032 Z. B. : Strom für alles (A 1936), Gas im Haushalt (A 1936), Mach das Leben dir bequem (A 1937)

die Uhrenproduzenten „Junghans“ – ein Unternehmen, das der „Adi Mayer Film“ 1937/38 einen Auftrag über mehrere Streifen zukommen ließ.[1033]

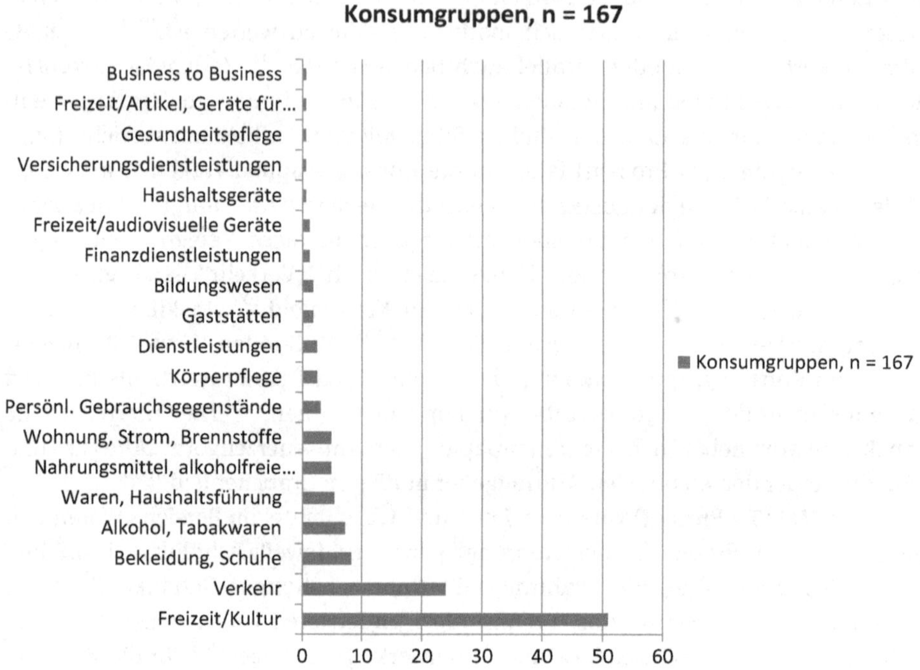

Abb. 13: Konsumgruppen.

Vier Filme (2,4 Prozent) werben für Produkte aus dem Bereich „Körperpflege“.[1034] Je drei Reklamestreifen (jeweils 1,8 Prozent) rekurrieren in die Kategorien „Beherbergungs- und Gaststättendienstleitung“[1035] sowie „Bildungswesen“.[1036] Jeweils zwei Mal (je 1,2 Prozent) wurde für die Klassenlotterie eines Bankhauses („Finanzdienstleistungen“)[1037] und für Radiogeräte geworben („Freizeit/Audiovisuelle Geräte“).[1038]

1033 Z. B. : AUFSTEHEN! (A 1938); MÄDCHEN FÜR ALLES (A 1938).
1034 VERJÜNGENDE GESICHTSPFLEGE (A 1932), WIE PFLEGT DIE SCHÖNE WIENERIN IHR GESICHT? (A 1932), IN DER GANZEN WELT (A 1933), DIE SPHINX BEI DER MORGENTOILETTE (A 1933).
1035 PUSZTAKLÄNGE (A 1933), WIR ZEIGEN IHNEN BILDER VON EINER BELIEBTEN WIENER GASTSTÄTTE (A 1932), EIN WIENER HEURIGEN LADET SIE EIN! (A 1938).
1036 EINE LEHRSTUNDE BEI FRAU ZELINKA – SPARSAMKEIT IN DER HAUSWIRTSCHAFT (A 1932), LEHRSTUNDE ZELINKA – DAMENBEKLEIDUNG (A ca. 1932), EIN BESUCH DER BEKANNTEN HOLSATIA BAUMSCHULE (A 1933).
1037 MESALLIANCE (A 1933), DER LOHN DER GUTEN TAT (A 1928).
1038 S.O.S. HORNYPHON (A 1935), DER RADIO-AUTOMAT (A 1936).

Jeweils ein Werbefilm (je 0,6 Prozent) fällt in die Kategorie „Haushaltsgeräte",[1039] „Versicherungsdienstleistungen",[1040] „Gesundheitspflege",[1041] „Freizeit/Geräte und Artikel für Freizeitzwecke".[1042] Ein für Futtermittel werbender Streifen fällt nicht in die Listung der Konsumausgabentabelle, sondern ist im Gebiet „Business to Business" anzusiedeln.[1043]

Vier Reklamefilme gehören zur Kategorie „Dienstleistungen", wobei ein Friseurbetrieb,[1044] zweimal eine Wäscherei[1045] sowie die Durchführung einer Schönheitsoperation beworben werden.[1046] Letzteres ist für eine Werbeeinschaltung der frühen 1930er-Jahre durchaus ungewöhnlich.

1039 Mein Liebling: der neue, einzigartige Olso Spiritus Kocher (A 1929).
1040 Wundernacht (A 1936).
1041 Das Vermächtnis von Sebastian Kneipp (A 1934).
1042 Vita-Raum Rad (A 1930).
1043 1903–1933: 30 Jahre Kerbers Futtermittel (A 1930).
1044 Herren-, Damen- und kinder-Frisiersalon Weininger (A 1929).
1045 Dampfwäscherei Habsburg (A 1935), Wir haben Herz (A 1936).
1046 Kosmetische Nasenoperation (A 1932).

11 Schlussbetrachtungen

Die Genese des Genres Werbefilm war bedingt durch ökonomische und politische Prozesse sowie durch Neuerungen im Bereich der Filmtechnik. In einem Wechselspiel suchten staatliche und private Auftraggeber, Kinobetreiber, Filmproduzenten sowie Amateure im Bereich Produktion und Vorführung ihre jeweiligen Interessen durchzusetzen. Die Konzeption und Gestaltung des Mediums „Reklamefilm" sowie dessen Aufführungsrahmen wurden dadurch grundlegend bestimmt.

Die Akkumulation großer Kapitalmengen und der Zusammenschluss marktdominierender Unternehmen gegen Ende des 19. Jahrhunderts sowie neue Energieträger, modernisierte Produktionsprozesse und erweiterte Transportoptionen ermöglichten nicht nur die Massenfertigung von Waren, auch potenziell neue Märkte eröffneten sich. Absatzmaßnahmen traten immer mehr in den Fokus der Wirtschaftstreibenden, wodurch auch werbestrategische Ausrichtungen neu bewertet wurden. Eigens eingerichtete innerbetriebliche Werbeabteilungen hatten sich der bestmöglichen Vermarktung und Bewerbungen der Waren zu widmen. Nationalökonomen wie der Österreicher Viktor Mataja setzten sich zu Beginn des 20. Jahrhunderts zunehmend auch wissenschaftlich mit Werbewirkungsmechanismen auseinander.

Mit den 1920er-Jahren erlebte die Werbebranche eine umfassende Professionalisierung, Internationalisierung und Verwissenschaftlichung. So zeichneten sich etwa das „Psychologische Institut" der Universität Wien sowie die „Österreichische Werbepsychologische Forschungsstelle" (ÖWPF) durch besonders innovative Ansätze und Studien aus. Über die Initiative der Psychologen Charlotte und Karl Bühler wurden erste Untersuchungen und Versuchsreihen zum Thema Film durchgeführt. Mit Hilfe dieser beiden Forscher begründete der Soziologe Paul Lazarsfeld 1931 schließlich mit der ÖWPF ein fortschrittliches Marktforschungsinstitut, dessen Mitarbeiterstab unter anderem den alltäglichen Warenverbrauch und das damit korrelierende Käuferverhalten untersuchte. Eine 1933/34 durchgeführte Studie dieser Forschungsgruppe widmete sich etwa der Wirkung von Werbemitteln, wobei der Kinoreklame ein Wirkungsgrad von 21,9 Prozent konstatiert wurde.

Gegen Ende des 19. Jahrhunderts – als die neuen ökonomischen Voraussetzungen auch marketingtechnische Veränderungen einforderten – hielt parallel das Medium Film Einzug in Europa und stieß auch in Österreich-Ungarn auf großen Zuspruch. Schon in der Frühzeit der Kinematographie fanden sich im Programm der fahrenden Schausteller Filme, die als Vorläufer des touristisch motivierten Werbefilms und des Industriewerbefilms zu werten sind. Unter dem Sammelbegriff „Naturaufnahmen" subsumierten die Wanderkinobetreiber unter anderem Reisebilder aus aller Welt sowie Industriebilder, die Arbeits- und Produktionsprozesse zeigten. Schon um 1907/08 unterstützten staatliche Betriebe sowie Fremdenverkehrsvereinigungen der Habsburgermonarchie vor allem die Herstellung und Verbreitung entsprechender touristischer Aufnahmen.

https://doi.org/10.1515/9783110622300-011

Auch heimische Filmpioniere wie das Team Kolm-Veltée-Fleck oder Sascha Kolowrat-Krakowsky erzeugten Städte-, Landschafts- und Industrieaufnahmen. Die „Sascha-Filmfabrik" richtete im Verlauf des Ersten Weltkriegs mit der „Sawerb" sogar eine eigene Werbefilmabteilung ein. 1914 ließ sich in Wien nicht nur ein erstes „Reklamefilminstitut", sondern auch eine Verleihfirma, die unter anderem Werbefilme im Repertoire führte, nachweisen. Der erste noch erhaltene Konsumwerbefilm österreichischer Provenienz (WIE NINETTE ZU IHREM AUSGANG KAM) entstand im Jahr 1913 und bewarb ein heimisches Waschmittel.

Mit dem Ausbruch des Ersten Weltkriegs kam die Werbefilmproduktion für Konsumgüter zu einem Stillstand. Trotzdem waren die Jahre 1914 bis 1918 für die Entwicklung des Mediums von Relevanz. Der Einsatz des neuen Propagandamittels wurde intensiviert, in der Folge fand der werbende Film breitere Akzeptanz in der Bevölkerung. Produziert wurden nun insbesonders patriotische Kriegsanleihe- und Industriefilme, wobei Letztere die Leistungskraft der tatsächlich bereits angeschlagenen Wirtschaft nachhaltig beschworen. Filme mit wirtschaftswerbendem Charakter dienten aber nicht nur der Hebung der Moral in den eigenen Reihen, sondern hatten auch das Ansehen der Monarchie im Ausland, im Speziellen im „neutralen" Teil, zu stärken. Auf die Innen- und Außenwirkung der politisch-ideologisch ausgerichteten Wirtschaftswerbung achtete man stets mit Bedacht.

Die enge Bindung und Verflechtung von Politik, Wirtschaft und Werbefilm fand in der Ersten Republik wie auch im austrofaschistischen „Ständestaat" ihre Fortsetzung. Die im März 1919 begründete „Staatliche Filmhauptstelle" (FHS) hatte indes den Auftrag, Filme zur Bewerbung „deutschösterreichische[r] Interessen aller Art im In- und Auslande" zu produzieren. Demzufolge erzeugte die FHS Fremdenverkehrsfilme sowie Industrie- und Branchenwerbefilme (etwa für die Wiener Modeindustrie). Um dem staatlichen Betrieb aber auch sichere Einnahmen zu garantieren, übernahm die FHS zudem Reklamefilmaufträge aus der Privatwirtschaft.

Die politischen Kräfte zeigten spezielles Interesse daran, die Vision einer erstarkenden österreichischen Wirtschaftskraft medial umzusetzen. Filme, die heimische Qualitätswaren, österreichische Landschaften, Kultureinrichtungen und Brauchtümer sowie neue technische Errungenschaften in Österreichs Betrieben bewarben, waren gewünscht, konnten mit Förderung rechnen und wurden mitunter von staatlicher Seite in Auftrag gegeben. Als ein Beispiel wäre hier etwa die „Buy national"-Kampagne „Kauft österreichische Waren" zu nennen, die 1927 seitens des Handelsministeriums initiiert wurde. Im Zuge diverser Propagandamaßnahmen kam es auch zur Beauftragung des Films WOHIN LÄUFST DU SCHILLING?.

An der Nutzung von Werbe- und Industrie(werbe)filmen hatten vor allem Schulen großes Interesse, die eben diese Streifen in der Länder-, Material- oder Volkskunde wie auch zur Erklärung technischer Prozesse heranziehen wollten. Seitens des Unterrichtministeriums wandte man sich an Unternehmen und bat um die Bereitstellung von entsprechenden Filmmaterialien. Aufgrund dieser Aktion haben sich bis heute diverse Werbe- und Industrie(werbe)film im Archiv erhalten. Ein eigenes Gremium erarbeitete im Auftrag des „Österreichischen Lichtbild- und Filmdienstes“ (ÖLFD) des Unterrichtsministeriums sogar Richtlinien für Produktionen, die sowohl der Firmenreklame als auch der Lehre dienen sollten. Dass auf diesem Wege auch „die Kunden von morgen“ unauffällig umworben werden konnten, offerierte man den Firmen als besonderen Bonus. Österreichische, aber auch internationale Fabrikanten waren sich der hier offenbarten Werbeoptionen durchaus bewusst und reichten immer wieder Filme zur Approbation als Unterrichts- oder auch Kulturfilme ein, was zudem steuerliche Vorteile mit sich brachte. Hier zeigten sich jedoch oftmals Unvereinbarkeiten, da die Reklameinhalte den Gutachtern des Unterrichtsministeriums in vielen Fällen zu augenscheinlich waren. Im Hinblick auf „national volkswirtschaftliche Interessen“ waren die Sachverständigen aber bei der Anerkennung österreichischer Werbefilme als Lehr- oder Kulturfilme mitunter nachsichtiger.

Die Reklame- und Industriewerbefilme hatten – wie das Beispiel zeigt – nicht nur eine werbende, sondern auch eine belehrend informative Ausrichtung. Tatsächlich lagen Genremischformen mit Mehrzweckcharakter vor. Je nach Einsatz waren diese Produktionen als Werbe- bzw. Industrie(werbe)film, als Lehr-, Werks-, Image- oder auch Kulturfilm zu verstehen. Charakteristisch für diese Filme war, dass sie aufgrund ihrer Vielschichtigkeit gewisse Längen aufwiesen – 15 Minuten bis zu einer Stunde Laufzeit waren durchaus üblich. Die Kostenfrage war letztlich mit ein Grund für die Tendenz, Genremischformen zu konzipieren, die in den 1930er-Jahren noch durchaus üblich waren. Die Option, einen mehrfachen Nutzen aus diesem Werbemittel zu ziehen, machte für viele Betriebe aus ökonomischen Überlegungen Sinn.

Noch teurer wurde die Filmproduktion mit dem Aufkommen des Tonfilms. Eine Kostenerhöhung von etwa 140 Prozent wurde veranschlagt, wobei etwa Musikkapellen, Komposition, Tontechnik, Material und Leihgebühren für Gerätschaften beim Tonpatentinhaber „Selenophon“ einzurechnen waren. Die somit zunehmend prekäre Situation der Kurzfilmhersteller, die neben Werbe- auch Industrie-, Lehr- und Kulturfilme produzierten, ließ diese vermehrt gemeinschaftlich agieren. Man wandte sich 1932 gezielt an das Handelsministerium und bot die eigenen Dienste an, um zur Propagierung der heimischen Wirtschaft und des Fremdenverkehrs einen (selbstredend bezahlten) Beitrag zu leisten. Auch die „Selenophon“ war an der Herstellung heimischer Propagandafilme interessiert, da sie das Ton-Monopol für die Kurzfilmproduktion in Österreich innehatte. Die Regierungsverordnung zur obligatorischen Vorführung von Kurzfilmen im Jahr 1934 war letztlich sowohl für die Werbefilmproduzenten als auch für die „Selenophon“ ein Erfolg. Weitere Vorteile konnten sich die Vertreter der Reklamefilmbranche im Bereich der Filmkontingentierung verschaffen.

1935 erfolgte schließlich die Gründung des Kurzfilmherstellerverbandes, der es sich zur Aufgabe machte, die Interessen dieser Produzentengruppe wahrzunehmen. Im Sinne eines „national österreichischen Protektionismus“ – den die Vertreter dieses Verbundes gerne ins Spiel brachten – erzielten sie einen Erfolg nach dem nächsten. Gegen diverse Widerstände anderer Branchenvertreter und Behörden konnten die Verbandsmitglieder bewerkstelligen, in allen wichtigen Gremien der heimischen Filmbranche vertreten zu sein.

Potenziellen Konkurrenten aus dem In- und Ausland sagte man erfolgreich den Kampf an. Die Erfindung des leicht handbaren 16 mm-Films hatte Amateure auf den Plan gebracht, die Reklamefilme in Eigenregie herstellten und versuchten, diese potenziellen Kunden anzubieten. Der Verband wollte diesen Laien „das Handwerk" legen und setzte bei den staatlichen Behörden 1936 die Einführung einer „Gewerbegenehmigung für die Kurzfilmerzeugung" durch. Beschwerde führte die Vereinigung auch gegen österreichische Unternehmen, die Werbefilme im Ausland in Auftrag gaben und damit „der heimischen Filmwirtschaft Schaden zufügten". 1937 wurde daraufhin den Kurzfilmherstellern seitens des Handelsministeriums in Aussicht gestellt, derartige Werbefilme vorerst steuerlich zu belasten und in weiterer Folge österreichischen Firmen die Vergabe von Werbefilmarbeiten an das Ausland zu untersagen.

Wenige Monate vor dem „Anschluss" an NS-Deutschland konnte der Verband letztlich auch eine Auseinandersetzung mit den Reklamefilmbüros für sich entscheiden. Man warf diesen ein undurchsichtiges Verhalten, fehlende Einheitspreise sowie eine unordentliche Ausführung der Aufträge vor. Im August 1937 wurde schließlich ein bindendes Preisregulativ festgesetzt und ein Überwachungsausschuss installiert.

Die Reklamebüros handelten allerdings nur Verträge für Reklamefilmvorführungen im regulären Kinobetrieb aus. Tatsächlich war es aber gang und gäbe, Werbe- und Industrie(werbe)filme im Rahmen von „non-theatrical exhibitions" zu präsentieren. Begünstigt wurde dies durch die Etablierung und Verbreitung des 16mm-Schmalfilms, der nicht nur schwer entflammbar, sondern auch kostengünstiger und leichter zu handhaben war als der 35mm-Normalfilm. In der Folge setzten zahlreiche Geschäftsinhaber auf die Präsentation von Werbefilmen in ihrem Geschäftslokal oder im Schaufenster. Auf diesem Weg sollten Kundinnen und Kunden in das Lokal gelockt werden. Außerhalb des Kinotheaters führte man Werbefilme mit größerer Zielgruppenorientierung vor. Meist nutzte man diesen Rahmen auch, um über die Bedienung von Geräten oder die Zweckmäßigkeit von Produkten vor Ort durch Firmenvertreter aufzuklären.

Die Vorführorte waren vielfältig – so kamen Reklamefilme etwa in Gaststätten, Schulen, Waisen- und Pflegeheimen, in Vereinen, auf Schiffen, im Open-Air-Bereich und selbst in Durchhäusern, Litfaßsäulen, Militärkasinos und Haftanstalten zum Einsatz. Auch in speziell konzipierten Reklamefahrzeugen waren die Streifen zu sehen. Eine Konzession zur Vorführung von Werbefilmen war begehrt und konnte mitunter den Lebensuntererhalt sichern. Für die Präsentation von Reklamestreifen wurden bei den Auftraggebern Einnahmen lukriert. Oftmals waren es alleinstehende Frauen oder auch Kriegsinvalide, die auf diesem Weg ihr Auskommen fanden.

Die Verbreitung der Schmalfilm-Vorführungen erzeugte den Missmut der Lichtspieltheaterbetreiber. Man fürchtete um das eigene Geschäft und verlangte Beschränkungen. Gelegentlich agierte das für die Konzessionen zuständige Magistrat im Sinne der Kinobranche und verweigerte die Ausstellung von Vorführgenehmigungen. Allerdings gab es gerade im Lichtspieltheaterbereich wiederholt Beschwerden seitens der per Film werbenden Unternehmen, wonach Reklamestreifen nicht ordnungsgemäß (weil etwa zu schnell) vorgeführt wurden. So waren diese Filme den Kinobetreibern mitunter lästig, die Gebühren, die für die Aufführung der Werbeeinschaltungen geleistet werden mussten, wollte man sich aber nicht entgehen lassen.

Prinzipiell stellte sich unter Auftraggebern, Produzenten und Lichtspieltheaterbesitzern die viel diskutierte Frage, wo der Reklamefilm an sich den bestmöglichen Präsentationsrahmen fand und wie filmische Werbemittel idealerweise zu gestalten waren. Bezüglich des jeweiligen Aufführungsorts mehrten sich die Stimmen, welche die Länge des Films zum Gradmesser machten. Werbefilme mit „Überlänge" wurden tendenziell außerhalb des regulären Kinobetriebs gezeigt, da sie sowohl bei den Lichtspielbetreibern als auch bei den Kinobesuchern auf wenig Gegenliebe stießen. Längere Reklamestreifen hatten mitunter einen belehrend kulturellen Charakter, waren meist sachlich ausgerichtet und kamen in speziell konzipierten Präsentationsrahmen mit erläuterndem Kommentator bestens zur Geltung. Der kurze Werbefilm hatte seinen Platz im Kino, der werbende Charakter sollte aber nicht zu offensichtlich in Erscheinung treten. Eine pointierte Werbebotschaft am Ende des Streifens wurde als geradezu „ideal" angesehen. Insgesamt hatte der Werbefilm vornehmlich das Publikum zu unterhalten.

Hinsichtlich der „idealtypischen Konzeption" des Werbefilms offenbarten sich jedoch auch die durchaus unterschiedlichen ökonomisch motivierten Absichten seitens der Auftraggeber und Kinobetreiber. Während Erstere darauf pochten, dass das Auslösen einer Kaufhandlung weit vor dem Unterhaltungswert eines Films anzusetzen sei und nie außer Acht gelassen werden dürfe, wollten Letztere ihren Besuchern auch im Werbeprogramm insbesonders akustisch und visuell Ansprechendes sowie unmittelbaren Humor bieten – selbst wenn dieser ins Derbe abgleiten mochte. Die österreichischen Marketingexperten lehnten allerdings jede Form des „unkultivierten Humors" ab. Niveauvoll, stilsicher, gefühlvoll und demnach dem „heimischen Geschmack" angepasst, hatte sich die Werbung zu gestalten, wobei man bisweilen das mentale Erbe der Monarchie ins Spiel brachte. Allzu avantgardistische Ansätze wären in Österreich aber generell zu vermeiden – so der allgemeine Tenor.

Durchaus positive Resonanz fanden hingegen technische Innovationen im Bereich Farbe, Ton und Animation. Zwar stiegen die Produktionskosten, im Gegenzug wurden die Reklamefilme aber immer kürzer und prägnanter. Die heimischen Kurzfilmhersteller propagierten die neuen technischen Möglichkeiten und warben so für ihr Metier und das filmische Reklamemittel an sich. Sie nutzten vor allem Ton- und Animationsverfahren, um die Werbebotschaft möglichst ansprechend zu gestalten, einige entwickelten auch eine eigene Stilrichtung.

Hinsichtlich der ökonomisch-inhaltlichen sowie ästhetisch-stilistischen Gestaltung lassen sich innerhalb des Werbe- und Industriefilmkorpus Unterschiede, aber auch Gemeinsamkeiten ausmachen. Filme mit Mehrzweckfunktion zeugten von einem belehrenden Charakter, präzise ausformulierte Zwischentitel erläuterten Vorgänge und gaben vor, wie die Bilder zu lesen waren. Zwischen Übersicht und Detail, Dominanz und Kontrolle (der Maschinen, aber auch der Menschen) komponierte man gefällig erscheinende Produktionsprozesse. Immer wiederkehrende Topoi wie „Technik/Moderne/Hygiene", „Qualität, Präzision und Kontrolle", „Bodenhaftung/Natur", „Tradition und Moderne" sowie „Genuss und Wirkkraft" wurden argumentativ auf der Text- und Bildebene umgesetzt.

Reklamefilme, die explizit für den Kinoeinsatz bestimmt waren, verbargen vorerst oft ihren Werbecharakter. In den Anfangssequenzen muteten sie bisweilen wie ein Spielfilm an oder erinnerten über weite Strecken an touristisch motivierte Filme. Eine Vielzahl der Filme hielt an dem klassisch angewandten Prinzip Exposition – Komplikation – Auflösung – Coda und Folgerung fest. Eine Problemsituation wurde konzipiert, das Produkt bzw. die Dienstleistung bewirkten eine positive Veränderung. Die Leistungs- bzw. Wirkungskraft wurde nochmals bestätigt, der Schlussappell folgte. Innerhalb dieses klar strukturierten narrativen Aufbaus bot sich oft eine Gebrauchsdemonstration an. Die richtige Handhabung von Produkten und Geräten wurde anschaulich vorgeführt, ein situationsbedingtes Verhaltensschema vorgegeben.

Die in den Filmen präsentierten Zielgruppen gehörten der Kleidung, Szenerie und deren Habitus folgend vornehmlich dem Mittelstand, zuweilen dem gehobenen, „gutbürgerlichen" Milieu an. Vereinzelt treten Arbeiter (DER GEISTIGE ARBEITER) oder Bauern (1000 METER HÖHER) in Erscheinung. In den Werbefilmen der 1910er- und 1920er-Jahre ist auch das Großbürgertum als Adressat auszumachen (WIE NINETTE ZU IHREM AUSGANG KAM, KLEIDER MACHEN LEUTE, DER VIERERZUG, DIE ENTSTEHUNG EINES MODELLKLEIDES ZUR WIENER HERBSTMODE 1920). Mehrheitlich sind es jedoch Vertreterinnen und Vertreter des Mittelstands, die zum Erwerb von Klassenlosen, Kosmetik- und Reinigungsutensilien, zum Besuch einer Gaststätte oder zum Antritt einer Reise etc. animiert werden sollen. Sie sind die zentralen Identifikationsfiguren, die der Lösung eines Problems oder dem Erleben von Glücksmomenten am nächsten sind.

Mit dem Tonfilm eröffnete sich eine Palette an Möglichkeiten, mittels Musik, Sprache und Humor die Narration voranzutreiben und emotionale Bezugspunkte zu schaffen. Über musikalische Elemente wurden Szenerie und Handlung unmittelbar verortet (Underscoring). Ob man sich nun an einem fremden, exotischen Ort oder in mehr oder weniger vertrauten Gefilden wiederfand, wurde über Musikmotive erzählt (z. B. EIN ORIENTALISCHES WUNDER, PUSZTAKLÄNGE, EIN WIENER HEURIGER LADET SIE EIN). Feinheiten des Dialekts schufen Nähe und Vertrauen und eröffnetem dem auf den Nuancen der Sprache basierenden Humor weite Spielräume der Entfaltung (z. B. MESALLIANCE). Auf der tonalen Ebene ließ sich ein Lokalkolorit erschaffen, das emotionale Bezüge zu den beworbenen Waren und Dienstleistungen herstellte und den potenziellen Käuferinnen und Kunden vertraute Lebenswelten darbot.

Der bereits während des Ersten Weltkriegs für Propagandazwecke vielfach zum Einsatz gekommene Trickfilm erlebte in den 1920er-Jahren einen Aufschwung. Vor allem per Legetricktechnik und ab den 1930er-Jahren auch per „Disney-Kopismus" wurden komplexe Vorgänge nicht nur vereinfacht und ansprechend dargeboten (z. B. DER RADIO-AUTOMAT), auch märchenhaft anmutende Welten wurden erschaffen, welche die wundersame Wirkungsweise der feilgebotenen Produkte mit einem speziellen Zauber versahen (DIE WUNDERNACHT). Die Animation diente aber auch der humoristischen Zuspitzung. Übertreibungen und Überzeichnungen, die bei der Darstellung realer Personen auf Ablehnung stießen, wurden im Trickfilm akzeptiert. Der scharfe Sarkasmus eines Peter Eng, der den „typischen Wiener" abseits jedes leutseligen Klischees skizzierte und einen pessimistischen, Neuerungen und Fremdem gegenüber ablehnenden Misanthropen präsentierte, wäre im Realwerbefilm dieser Zeit tendenziell auf Widerstand gestoßen (JA, WARUM FAHRNS DENN NET?). Auch finden sich in den Animationsfilmen sexuell-erotische Anspielungen, die nur in der kindlich verspielten Manier, die dem Trickfilm anmutet, möglich waren (z. B. EIN ORIENTALISCHES WUNDER; DER STIEFELPUTZER ALS LIEBESAMOR).

Einige Fragen müssen aufgrund der Quellenlage offen bleiben. So ist die Menge der in Österreich produzierten Werbefilme nicht zu eruieren. Daraus folgend ist auch eine exakte Zuordnung dieser Streifen zu werbenden Branchen bzw. Konsumgütergruppen nicht leistbar. Um derartige Daten annähernd fassbar zu machen, wäre ein finanziertes, vieljähriges und (hinsichtlich der Periode bis 1918 sogar) europäisches Forschungsprojekt vonnöten. Angesichts der ermittelten Informationen über sechs Kurzfilmproduzenten lässt sich aber eindeutig eine Verkürzung der Laufzeiten der Werbefilme ausmachen. 1935/36 hatte sich demnach der kurze Reklamefilm mit einer Laufzeit von bis zu vier Minuten klar durchgesetzt.

Geworben wurde für Konsumgüter des täglichen Bedarfs (Reinigungsmittel, Bekleidung, Nahrungsmittel), aber auch für Dienstleistungen und Güter, die in Zeiten der ökonomischen Krise nur für wenige Menschen erschwinglich waren (Reisen, Elektrogeräte, Aufwertung des Wohnraums). Die von Rainer Gries vertretene These, wonach bereits in der Zwischenkriegszeit ein „Demokratisierungsprozess des Konsums" einsetzte, der weniger als eine „Demokratisierung des realen Kaufvermögens", sondern mehr als eine „Demokratisierung der Produktwahrnehmung" zu verstehen ist,[1047] kann bezüglich des Reklamefilmschaffens in Österreich bestätigt werden. Auch über den österreichischen Werbefilm wurden Konsumwunschträume geweckt, die sich erst im Zuge des Wirtschaftswunders der 1950er-Jahre für eine breite Bevölkerungsschicht nach und nach erfüllen sollten.

1047 Gries, Produkte & Politik, S. 65.

Am Ende sei noch jener Filmproduzenten gedacht, die in dieser Arbeit explizit näher in den Fokus genommen wurden. An ihren kurz skizzierten Biografien lassen sich bisweilen charakterliche Grundzüge und persönliche Befindlichkeiten ablesen. Ihr Metier war vom laufenden Kampf um das Überleben des eigenen Geschäfts geprägt, untereinander war die Konkurrenz durchaus spürbar. Trotzdem fand man sich schließlich in einem Interessenverband wieder und hatte bisweilen bedeutende Erfolge zu verzeichnen, die wiederum eine bewusst in Kauf genommene Abhängigkeit vom politischen Regime nach sich zogen. Die gesellschaftlichen und politischen Entwicklungen hatten letztlich entscheidenden Einfluss auf den weiteren Lebensweg und die Existenz jedes Einzelnen. Von Emigration, von Berufsverbot, von Denunziation, vom Verlust des Lebens, aber auch von Anbiederung an das NS-Regime und von NS-Mitläufern erzählen die Lebensgeschichten der Kurzfilmhersteller.

12 Filmografien Kurzfilmhersteller

12.1 Hans Ludwig Böhm

Aktualitäten

Berlin tonfilmt in Prag, A 1934, P: H.L. Böhm, E: Klub der Kinoamateure Österreichs, 90 Meter, 1 Akt, 8 Min.
Quellen: Paimann's Filmlisten, 3.4.1934.

Streiflichter von der Wiener Frühjahrsmesse, A 1934, P/E: H.L. Böhm, 68 Meter, 2 Min.
Quellen: Paimann's Filmlisten, 3.4.1934.

Propagandafilme

Österreicher erlebt und hört Eure Führer, A 1933, P/E: H.L. Böhm, 55 Meter, 1 Akt, 2 Min.
Quellen: Paimann's Filmlisten, 2.1.1934.

Kulturfilme

Das liebe Geld, A 1934, R: H.L. Böhm, P: Selenophon, 325 Meter, 1 Akt, 11 Min.
Quellen: ÖStA, AdR, BMHV, Sektionen, 1936, 581c.

Österreichisches Theater im Wandel der Zeit, A 1935, R/P: H.L. Böhm, 512 Meter, 18 Min.
Quellen: ÖStA, AdR, BMHV, Sektionen, 1935, 581c. Paimann's Filmlisten, 30.8.1935. Österreichische Abendzeitung: 7.8.1935.

Österreichische Erfindungen, A 1935, R/P: H.L. Böhm, 267 Meter, 9 Min.
Quellen: ÖStA, AdR, BMHV, Sektionen, 1936, 58c.

Vom Naturseidenfaden zur Krawatte, A 1935, P/E: H.L. Böhm, 125 Meter, 4 Min.
Quellen: Paimann's Filmlisten, 20.12.1935, S. 1431.

Das Museum an der Arbeit, A 1936, R/P: H.L. Böhm, 383 Meter, 13 Min.
Quellen:: ÖStA, AdR, BMHV, Sektionen, 1936, 581c. Kino-Journal, 30.11.1935.

Premiere im Burgtheater, A 1936, R/P: H.L. Böhm, 424 Meter, 15 Min., Uraufführung: Apollo, 15.3.1936, (ÖFZ, 13.3.1936, Nr. 11, S. 2)
Quellen: ÖStA, AdR, BMHV, Sektionen, 1936, 581c. Kino-Journal, 21.3.1936.

Von 1906–1936 – Ein Filmquerschnitt, A 1936, P: H.L. Böhm, Auftraggeber: Gesellschaft der Freunde der Nationalbibliothek, 300 Meter, 26 Min.
Quellen: Paimann's Filmlisten, 4.9.1936, S. 1506.

Werbefilme

Flips der Schmetterling, A 1933, P: H.L. Böhm, 24 Meter, 1 Akt, 1 Min.
Quellen: Paimann's Filmlisten, 1.12.1933.

Pusztaklänge, A 1933, P/E: H.L. Böhm, 56 Meter, 1 Akt, 2 Min.
Quellen: Paimann's Filmlisten, 1.12.1933.

In der ganzen Welt, A 1933, P/E: H.L. Böhm, 36 Meter, 1 Akt, 1 Min.
Quellen: Paimann's Filmlisten, 2.1.1934.

Der Zug der Zeit, A 1934, P/E: H.L. Böhm, 33 Meter, 1 Min.
Quellen: Paimann's Filmlisten, 2.5.1934.

Endlich gefunden, A 1934, P/E: H.L. Böhm, 60 Meter, 2 Min.
Quellen: Paimann's Filmlisten, 31.12.1934.

https://doi.org/10.1515/9783110622300-012

Die Sphinx bei der Morgentoilette, A 1934, P/E: H.L. Böhm, 70 Meter, 2 Min.
Quellen: Paimann's Filmlisten, 31.12.1934.
Wer gewinnt, A 1934, P: H.L. Böhm, 23 Meter, 1 Akt, 1 Min.
Quellen: Paimann's Filmlisten, 2.2.1934.
Paprika, A 1934,, P/E: H.L. Böhm, 25 Meter, 1 Min.
Quellen: Paimann's Filmlisten, 31.12.1934.
Alles für die Frau, A 1934, R: H.L. Böhm, 1. Akt
Quellen: ÖFZ, 22.12.1934, Nr. 51, S. 4.
Die Gratulanten, A 1935, P/E: H.L. Böhm, 30 Meter, 1 Min.
Quellen: Paimann's Filmlisten, 28.2.1935.
Keine Angst, A 1935, P/E: H.L. Böhm, 12 Meter, 0,44 Min.
Quellen: Paimann's Filmlisten, 31.3.1935.
Eine seltsame Erfindung, A 1935, P/E: H.L. Böhm, 50 Meter, 2 Min.
Quellen: Paimann's Filmlisten, 8.11.1935, S. 1418.
Eine sensationelle Erfindung, A 1935, P/E: H.L. Böhm, 50 Meter, 2 Min.
Quellen: Paimann's Filmlisten, 14.11.1935, S. 1420. Kino-Journal, 23.11.1935.
Reife Früchte, A 1935,, P/E: H.L. Böhm, 40 Meter, 1 Min.
Quellen: Paimann's Filmlisten, 10.7.1935, S. 1387.
Morgenstunde, A 1935, P/E: H.L. Böhm, 25 Meter, 1 Min.
Quellen: Paimann's Filmlisten, 31.3.1935.
Dampfwäscherei Habsburg, A 1935, P/E: H.L. Böhm, 30 Meter, 1 Min.
Quellen: Kino-Journal, 16.11.1935. Paimann's Filmlisten, 8.11.1935, S. 1418.
Der Geburtstag, A 1935, P/E: H.L. Böhm, 50 Meter, 2 Min.
Quellen: Paimann's Filmlisten, 29.11.1935, S. 1424.
Kreise, A 1936, P/E: H.L. Böhm, 66 Meter, 2 Min.
Quellen: Paimann's Filmlisten, 17.11.1936, S. 1510.
Memento, A 1935, P/E: H.L. Böhm, 16 Meter, 1 Min.
Quellen: Paimann's Filmlisten, 30.4.1935.
Einst und Heute, A 1936, P/E: H.L. Böhm, 68 Meter, 2 Min.
Quellen: Paimann's Filmlisten, 16.10.1936, S. 1522.
Eterna Wäsche, A 1935, P/E: H.L. Böhm, 30 Meter, 1 Min.
Quellen: Paimann's Filmlisten, 8.11.1935, S. 1418. Paimann Min.s Filmlisten, 14.11.1935, S. 1423.
Denkt an die lichten Kleider, A 1936, P/E: H.L. Böhm, 30 Meter, 1 Min.
Quellen: Paimann's Filmlisten, 3.4.1936.
Der Radio-Automat, A 1936, P/E: H.L. Böhm, 89 Meter, 3 Min.
Quellen: Paimann's Filmlisten, 4.12.1936, S. 1540.
Wir haben Herz, A 1936, P/E: H.L. Böhm, 740 Meter, 27 Min.
Quellen: Paimann's Filmlisten, 23.10.1936, S. 1523.
Er, Sie und das Wunder, A 1936, P/E: H.L. Böhm, 55 Meter, 2 Min.
Quellen: Ballhausen, Thomas/Caneppele, Paolo (Hg.), Materialien zur Österreichischen Filmgeschichte 11: Entscheidungen der Wiener Filmzensur 1934–1938, Wien 2009, A 1936, P/E: H. L. Böhm, 38 Meter, 1 Min.
Quellen: Paimann's Filmlisten, 18.12.1936, S. 1544.
Abadie, A 1938, P: H.L. Böhm, 34 Meter, 1 Min.
Sprechtext: Rauch Abadie, Rauch Abadie Doppelfilter!
Quellen: Zensurkarte 50050 der Filmprüfstelle Berling/Bundesarchiv Berlin.

Verleihtätigkeit

Hungaria, Kulturfilm, H 1936, 1244 Meter, P: Ungarisches Filmbüro Budapest, Erstverleih: H.L. Böhm (ÖFZ, 14.2.1936, Nr. 7, S. 6)

Budapest und seine Bäder, H 1936, Kulturfilm, 390 Meter, P: Ungarisches Filmbüro Budapest, Erstverleih: H.L. Böhm (ÖFZ, 14.2.1936, Nr. 7, S. 6)

12.2 Hans Brückner

Spielfilme

Juwelen, A 1929, P: Listo-Film, R: Hans Brückner, D: Oskar Beregi, Alexander Critico, Beate Tyrolt, Maria Sorell, 2400 Meter, 6 Akte, 88 Min.
Quellen: ÖStA, AdR, BMHV, Sektionen, 1928, 581c, Bestand Filmarchiv Austria.

Aktualitäten

Festtag in Eisenstadt. Ein Film von der feierlichen Eröffnung des neuen burgenländischen Landtagsgebäudes am 5. Dezember 1921, A 1921, P und R: Hans Brückner, 275 Meter, 10 Min.
Quellen: Bestand Filmarchiv Austria

Graf Zeppelin besucht Wien, A 1931, P: Hans Brückner, 210 Meter, 7 Min.
Quellen: Paimann's Filmlisten, 31.8.1931

Propagandafilme

Deutsches Grenzland, A 1930, P: unbekannt, K: Hans Brückner, 471 Meter, 17 Min.
Quellen: Bestand Filmarchiv Austria

Die Vaterländische Front, A 1936, P: Selenophon, R: Karl Ziegelmayer, Kamera: Hans Brückner, Musik: Karl Eisele, Auftraggeber: Bundesministerium für Handel und Verkehr. Amt für Wirtschaftspropaganda.
Quellen: Bestand Filmarchiv Austria

Kulturfilme

Vom Erz bis zum Stahl, A 1923, K: Hans Brückner, ohne Längenangaben (Industrie-Kulturfilm)
Quellen: Die Pause, Juni 1923.

Wütende Menschen, wütende Tiere, A 1923, P: Medical-Film, Produktionsleiter: Hans Brückner, D: Hugo Werner Kahle, Auftraggeber: Österreichisches Volksgesundheitsamt, 1600 Meter, 4 Akte, 56 Min. (Medizinischer Aufklärungs-Kulturfilm)
Quellen: Der Filmbote, 31.3.1923; Die Pause, Juni 1923; Paimann's Filmlisten, 27.10.1923; Zensurkarten 8091 und 12341 der Filmprüfstelle Berlin/Bundesarchiv Berlin.

Das Schwingenflugproblem, A 1928, P: Photohaus Brückner, 400 Meter, 4 Min.
Quellen: Paimann's Filmlisten, 24.11.1928.

Segelflug im Hochgebirge, A 1929, P: Hans Brückner, Auftraggeber: Illustrierte Wochenschrift „Wiener Bilder"
Quellen: Zensurkarte 24882 der Filmprüfstelle Berlin/Bundesarchiv Berlin.

Bilder aus dem Salzkammergut, A 1930, P: Hans Brückner, ohne Längenangaben
Quellen: Paimann's Filmlisten, 20.2.1930.

Ein Tag in der österreichischen Virginierfabrik, A 1931, P: Hans Brückner, Auftraggeber: Österreichische Tabakregie, 800 Meter, 28 Min. (Industrie-/Kultur-Werbefilm)
Quellen: Paimann's Filmlisten, 10.3.1931

Vom Eisenerz zum Dauerbrandofen, A 1931, P: Hans Brückner, Auftraggeber: Alois Swoboda & Co, 1760 Meter, 4 Akte, 62 Min. (Industrie-Werbefilm)
Quellen: Paimann's Filmlisten, 15.12.1931; MA 104, K 3094/32.

Leben am See, A 1936, P: Selenophon, R: Hans Brückner, Ausführender Produzent: Hans Brückner, 315 Meter, 11 Min.
Quellen: ÖStA, AdR, BMHV, Sektionen, 1937, 581c und 1938, 581c.

Brücken des Äthers, A 1936, P: Selenophon, Ausführender Produzent: Hans Brückner, R: Hans Brückner, 365 Meter, 13 Min.
Quellen: ÖStA, AdR, BMHV, Sektionen, 1936, 581c und 1937, 581c sowie 1938, 581c.

Segeln in Österreich, A 1938, P: Selenophon, Ausführender Produzent: Hans Brückner, Fachberatung; Robert Johanny, ohne Längenangabe
Quellen: ÖStA, AdR, BMHV, Sektionen, 1937, 581c sowie 1938, 581c.

Werbefilme

Hobby Extra, A ca. 1928, P: Hans Brückner, 113 Meter, 4 Min.
Quellen: Bestand Filmarchiv Austria, Sammlung JTI/Austria Tabak.

Vita-Raum Rad, A 1930, P: Hans Brückner, Auftraggeber: Amalie Becker, 58 Meter, 2 Min.
Quellen: Paimann's Filmlisten, 23.12.1930.

Mesalliance, A 1934, P und R: Hans Brückner, K: Hans Brückner, Nittmann, D: Hansi Niese, Anni Paukert, Fritz Porupka, 85 Meter, 3 Min.
Quellen: Bestand Filmarchiv Austria

Fahrt durch das schöne Österreich, A 1936, P und R: Hans Brückner, Kamera: Hans Brückner, Auftraggeber: Österreichische Bundesbahnen, 100 Meter, 4 Min.
Quellen: Paimann's Filmlisten, 22.5.1936.

12.3 Karl Köfinger

Aktualitäten

Der Schubert-Bund und die Vertreter der in- und ausländischen Presse in Baden bei Wien - 29. Mai 1924, A 1924, P: Karl Köfinger, 132 Meter, 5 Min.
Quellen: Bestand Filmarchiv Austria.

Eröffnung des Kinder-Freibades im Czartoryski-Park am 15. Juni 1924 durch Bürgermeister Karl Seitz, A 1924, P: Karl Köfinger, 71 Meter, 3 Min.
Quellen: Bestand Filmarchiv Austria.

Präsident Hainisch und Mitglieder der Regierung beim 100jährigen Jubiläum der „Wechselseitige Brandschaden und Janus Versicherungs-Anstalt" in Wien, A 1925, P: Karl Köfinger, 95 Meter, 3 Min.
Quellen: Paimann's Filmlisten, 21.2.1925.

Karneval in Baden bei Wien, A 1928, P: Karl Köfinger, 193 Meter, 7 Min.
Quellen: Paimann's Filmlisten, 8.3.1928.

Eine goldene Hochzeit in Ellmau, A 1928, P: Karl Köfinger, 126 Meter, 4 Min.
Quellen: Paimann's Filmlisten, 13.11.1928.

Eröffnung der Austria-Hütte im Dachsteingebiet 1933, A 1933, P: Karl Köfinger, 173 Meter, 1 Akte, 6 Min.
Quellen: Paimann's Filmlisten, 1.12.1933.

Kulturfilme

Die Wehr - und Schleusenanlage im Wiener Donaukanal bei Nussdorf, A 1921, P: Karl Köfinger, 284 m, 10 Min.
Quellen: Bestand Filmarchiv Austria.

[Dürnstein. Extra-Aufnahmen mit Tonungen und Kolorierungen zu „Kleider machen Leute" von Hans Steinhoff], A ca. 1921, P: Karl Köfinger, 74 Meter, 3 Min.
Quellen: Bestand Filmarchiv Austria.

Vom Leder zum Schuh, A 1924, P: Karl Köfinger, 239 Meter, 8 Min.
Quellen: Paimann's Filmlisten, 15.11.1924.

[Bürstenfabrik], A ca. 1925, P: Karl Köfinger, 60 Meter, 2 Min.
Quellen: Bestand Filmarchiv Austria.

Lehrfilm über Schweinezucht und Schweinemast. Aufgenommen in der Versuchsanstalt für Schweinezucht und Schweinemast der Jedlersdorfer Kraftfutterfabrik, A 1925, P: Karl Köfinger, 186 Meter, 7 Min.
Quellen: Bestand Filmarchiv Austria.

Einrichtung und Behandlung eines Fersenbeinbruches, A ca. 1925, P: Karl Köfinger, 217 Meter, 8 Min.
Quellen: Bestand Filmarchiv Austria.

Fracture of Both Malleoli with Lateral Dislocation of the Foot, A ca. 1926, P: Karl Köfinger, 60 Meter, 1 Min.
Quellen: Bestand Filmarchiv Austria.

Prof. Lorenz Böhler. Selbsteinrichtung einer Schulterverrenkung, A ca. 1925, P: Karl Köfinger, 70 Meter, 3 Min.
Quellen: Bestand Filmarchiv Austria.

Einrichtung und Behandlung eines Schlüsselbeinbruches, A 1925, P: Karl Köfinger, 60 Meter, 2 Min.
Quellen: Bestand Filmarchiv Austria.

Einrichtung und Behandlung eines gewöhnlichen Unterschenkelbruches (AT: Reduction and Treatment of a Common Fracture of the Lower Leg), A ca. 1925, P: Karl Köfinger, 230 Meter, 8 Min.
Quellen: Bestand Filmarchiv Austria.

Wie ein Volkswohnhausbau der Gemeinde Wien entsteht (XVI, Thalheimergasse-Brüsslgasse), A 1926, 680 Meter, 25 Min.
Quellen: Bestand Filmarchiv Austria.

Einrichtung und Behandlung eines Oberarmbruches in der Mitte oder am oberen Ende, A ca. 1926 P: Karl Köfinger, 120 Meter, 4 Min.
Quellen: Bestand Filmarchiv Austria.

Bruch beider Knöchel mit Verrenkung des Fußes nach außen, A ca. 1926–1929, P: Karl Köfinger, 50 Meter, 2 Min.
Quellen: Bestand Filmarchiv Austria.

Behandlung von Wirbelbrüchen, A ca. 1926–1929, P: Karl Köfinger, 130 Meter, 5 Min.
Quellen: Bestand Filmarchiv Austria.

Einrichtung und Behandlung eines Oberarmbruches oberhalb des Ellbogens und im unteren Drittel, A ca. 1926–1929, P: Karl Köfinger, 60 Meter, 2 Min.
Quellen: Bestand Filmarchiv Austria.

Einrichtung eines Oberschenkelbruches am oberen Ende (gleichzeitig Bruch des Olecranons), A ca. 1926, P: Karl Köfinger, 205 Meter, 7 Min.
Quellen: Bestand Filmarchiv Austria.

Einrichtung und Behandlung eines Oberarmbruches oberhalb des Ellbogens, A ca. 1926, P: Karl Köfinger, 100 Meter, 4 Min.
Quellen: Bestand Filmarchiv Austria.

Verhüte Unfälle. Propagandafilm der Gemeinde Wien-Städtische Straßenbahnen, A 1926, P: Karl Köfinger, 548 Meter, 20 Min.
Quellen: Bestand Filmarchiv Austria.

Behandlung und Einrichtung eines Fingerbruches, A ca. 1927, P: Karl Köfinger, 100 Meter, 4 Min.
Quellen: Bestand Filmarchiv Austria.

Vom Leder zum Schuh, A 1927, P: Karl Köfinger, 473 Meter, 17 Min.
Quellen: Paimann's Filmlisten, 4.7.1927.

Der Wiener Straßenverkehr, A 1926, P: Karl Köfinger, 600 Meter, 2 Akte, 21 Min.
Quellen: Paimann's Filmlisten, 11.1.1927.

Der Weinbau in Niederösterreich, A ca. 1927, P: Karl Köfinger, 1343 Meter, 49 Min.
Quellen: Bestand Filmarchiv Austria.

Der Weg einer Postsendung an den Empfänger, A 1927, P: Karl Köfinger, 400 Meter, 14 Min.
Quellen: Paimann's Filmlisten, 4.7.1927.

Schaffen in schwindelnder Höhe, A 1927, P: Karl Köfinger, 240 Meter, 9 Min.
Quellen: Bestand Filmarchiv Austria.

Levine in Baden, A 1927, P: Karl Köfinger, 105 Meter, 4 Min.
Quellen: Paimann's Filmlisten, 6.7.1927.

Die Fabrikation von Kino Lichtkohlen in einem österr. Werk, A 1927, P: Karl Köfinger, Auftraggeber: Wiener gewerbliche Fortbildungsschule, 239 Meter, 9 Min.
Quellen: Paimann's Filmlisten, 4.7.1927.

Die Erzeugung von Nähmaschinen, A 1927, P: Karl Köfinger, Auftraggeber: Wiener gewerbliche Fortbildungsschule, 313 Meter, 13 Min.
Quellen: Paimann's Filmlisten, 4.7.1927.

Weinlese in Baden bei Wien, A 1927, P: Karl Köfinger, 200 Meter, 7 Min.
Quellen: Paimann's Filmlisten, 4.7.1927, 20.12.1935.

Fernkabellegung Wien – Passau, A 1927, P: Karl Köfinger, Auftraggeber: Siemens & Halske, 300 Meter, 11 Min.
Quellen: Paimann's Filmlisten, 9.3.1928

Die Wiener gewerbliche Fortbildungsschule, A 1927, P: Karl Köfinger, 1791 Meter, 4 Akte, 63 Min.
Quellen: Paimann's Filmlisten, 29.3.1927.

Einrichtung und Behandlung eines schweren Speichenbruches mit starker Verschiebung und Splitterung, A 1928, P: Karl Köfinger, 190 Meter, 7 Min.
Quellen: Bestand Filmarchiv Austria.

Elektromobilbetrieb der Post, A 1928, P: Karl Köfinger, 103 Meter, 4 Min.
Quellen: Bestand Filmarchiv Austria.

Einrichtung und Behandlung eines schweren Vorderarmbruches, A 1929, P: Karl Köfinger, 180 Meter, 7 Min.
Quellen: Bestand Filmarchiv Austria.

Wie in Wien eine Telefonverbindung entsteht, A 1928, P: Karl Köfinger, 930 Meter, 33 Min.
Quellen: Paimann's Filmlisten, 8.5.1928.

Wie eine Styria Kraftwagenfeder entsteht, A 1928, P: Karl Köfinger, 534 Meter, 19 Min.
Quellen: Paimann's Filmlisten, 3.1.1929.

Postbeförderungen von Zeitungen, A 1928, P: Karl Köfinger, 220 Meter, 8 Min.
Quellen: Paimann's Filmlisten, 8.5.1928.

Erzeugung und Verpackung von Pfeifentabaken und Gespunsten, A 1928, P: Karl Köfinger, Auftraggeber: Österreichische Tabakregie, 575 Meter, 20 Min.
Quellen: Paimann's Filmlisten, 6.3.1928.

Wohlfahrtseinrichtungen in den Betrieben der österr. Tabakregie, A 1928, P: Karl Köfinger, 393 Meter, 14 Min.
Quellen: Paimann's Filmlisten, 14.7.1928.

Vom Kupferbarren zum Telephonkabel für den Fernverkehr, A 1928, P: Karl Köfinger, 285 Meter, 10 Min.
Quellen: Bestand Filmarchiv Austria.

Böhler-Pressluftwerkzeuge, A 1928, P: Karl Köfinger, 600 Meter, 21 Min.
Quellen: Paimann's Filmlisten, 21.2.1929.

Der österreichische Postsparkassenverkehr, A 1928, P: Karl Köfinger, 1200 Meter, 42 Min.
Quellen: Paimann's Filmlisten, 19.12.1928.

Die Kartonerzeugung bei der österr. Tabakregie, A 1928, P: Karl Köfinger, 494 Meter, 17 Min.
Quellen: Paimann's Filmlisten, 14.7.1928.

Der Selbstanschluss-Fernsprecher, A 1929, P: Karl Köfinger, 252 Meter, 9 Min.
Quellen: Paimann's Filmlisten, 9.11.1929.

Die Fabrikation von Emailgeschirr, A 1929, P: Karl Köfinger, 400 Meter, 14 Min.
Quellen: Paimann's Filmlisten, 25.11.1929.

Telegrammbeförderung der österreichischen Telegraphenverwaltung, A 1929, P: Karl Köfinger, 328 Meter, 12 Min.
Quellen: Bestand Filmarchiv Austria.

Herstellung von verzinktem Blechgeschirr, A 1929, P: Karl Köfinger, 150 Meter, 5 Min.
Quellen: Paimann's Filmlisten, 25.11.1929.

Kärntnerland, A 1930, P: Karl Köfinger, 900 Meter, 32 Min.
Quellen: Paimann's Filmlisten, 22.11.1930.

Verlegung eines Pupinspulenkastens in Wien, A 1930, P: Karl Köfinger, 139 Meter, 5 Min.
Quellen: Bestand Filmarchiv Austria.

Die Gasschmelzschweissung, A 1930, P: Karl Köfinger, 950 Meter, 33 Min.
Quellen: Paimann's Filmlisten, 30. 9.1930.

Das unbekannte Tirol, A 1932, P: Karl Köfinger, 369 Meter, 13 Min.
Quellen: Paimann's Filmlisten, 26.11.1931.

Österreichs grüne Voralpen, A 1931, P: Karl Köfinger, 266 Meter, 9 Min.
Quellen: Paimann's Filmlisten, 26.11.1931.

Aufnahmen aus der niederösterreichischen Schweinemästerei Münchendorf, A 1932, P: Karl Köfinger, 80 Meter, 3 Min.
Quellen: Paimann's Filmlisten, 2.1.1933.

Die neue Austria-Hütte des Zweiges Austria des Deutschen und Österreichischen Alpenvereines im Winter, A 1933, P: Karl Köfinger, 345 Meter, 1 Akt, 12 Min.
Quellen: Paimann's Filmlisten, 1.12.1933.

Am sonnigen Wörthersee, A 1933, P: Karl Köfinger, 2380 Meter, 84 Min.
Quellen: Paimann's Filmlisten, 1.12.1933.

Österreich, A 1934, P: Karl Köfinger, 240 Meter, 2 Akte, 21 Min.
Quellen: Paimann's Filmlisten, 3.4.1934.

Auf Österreichs höchsten Gipfeln (OT: Sulla Piu Alta Cima Austriaca), A 1934, P: Karl Köfinger, 330 Meter, 12 Min.
Quellen: Bestand Filmarchiv Austria.

Im Gebiete eines österreichischen Bergriesen (AT: L'immensite des Montagnes en Autriche), A 1934, P: Karl Köfinger, 175 Meter, 1 Akt, 6 Min.
Quellen: Paimann's Filmlisten, 2.2.1934.

Das Montafon in Vorarlberg, A 1934, P: Karl Köfinger, 300 Meter, 1 Akt, 11 Min.
Quellen: Paimann's Filmlisten, 2.2.1934.

Quer durch Österreich, A 1934, P: Karl Köfinger, 240 Meter, 2 Akte, 21 Min.
Quellen: Paimann's Filmlisten, 3.4.1934.

Poldi, die bosnische Wölfin, A 1934, P: Karl Köfinger, 360 Meter, 3 Akte, 31 Min.
Quellen: Paimann's Filmlisten, 2.5.1934.

Die Eisenbahnschwellen Österreichs, A 1934, P: Karl Köfinger, 380 Meter, 2 Akte, 13 Min.
Quellen: Paimann's Filmlisten, 2.3.1934.

Bohrung nach Erdöl, A 1934, P: Karl Köfinger, Auftraggeber: Shell - Floridsdorfer Mineralöl-Fabrik, 200 Meter, 4 Akte, 17 Min.
Quellen: Paimann's Filmlisten, 30.11.1934.

[Zentral-Viehmarkt der Stadt Wien], A 1934, 81 m, 3 Min.
Quellen: Bestand Filmarchiv Austria.

Bohrung nach Erdöl, A 1935, P: Karl Köfinger, Auftraggeber: Shell - Floridsdorfer Mineralöl-Fabrik, 536 Meter, 47 Min.
Quellen: Paimann's Filmlisten, 31.3.1935.

Gesponnenes Holz. Von der Kunstseide-Industrie Österreichs, A 1935, P: Karl Köfinger, 345 Meter, 13 Min.
Quellen: Bestand Filmarchiv Austria.

Die sehende Zigarettenpackmaschine, A ca. 1935, P: Karl Köfinger, 136 Meter, 5 Min.
Quellen: Bestand Filmarchiv Austria.

Durch einsame Gebirgstäler, A 1935, P: Selenophon, Karl Köfinger, 316 Meter, 11 Min.
Quellen: Paimann's Filmlisten, 1.6.1935, S. 1379.

Werbefilme

Der Stiefelputzer als Liebesamor, A 1924, P: Karl Köfinger, 105 Meter, 4 Min.
Quellen: Paimann's Filmlisten, 17.11.1924.

Die Thermenstadt Baden, A 1924, P: Karl Köfinger, 1060 Meter, 37 Min.
Quellen: Paimann's Filmlisten, 7.6.1924.

[Ansichten von Wien], A ca. 1926, P: Karl Köfinger, 101 Meter, 4 Min.
Quellen: Bestand Filmarchiv Austria.

Strandleben in Baden bei Wien, (AT: Badner Thermal-Strandbad), A 1926, P: Karl Köfinger, 257 Meter, 9 Min.
Quellen: Paimann's Filmlisten, 8.1.1927.

Spare mit Glück (AT: Der österreichische Postsparkassenverkehr), A 1927, P: Karl Köfinger, 217 Meter, 8 Min.
Quellen: Paimann's Filmlisten, 23.5.1927.

Die Umgebung von Hall in Tirol, A 1927, P: Karl Köfinger, 302 Meter, 11 Min.
Quellen: Paimann's Filmlisten, 29.3.1927.

Vom Tabakblatt bis zur Zigarre (AT: Vom Tabakblatt zur Virginier), A 1927, P: Karl Köfinger, 575 Meter, 20 Min.
Quellen: Paimann's Filmlisten, 8.9.1927, 6.3.1928; MA 104, K 802/28.

Im Postkraftwagen durch Österreichs Alpenwelt. Rund um den Wilden Kaiser, A 1926, P: Karl Köfinger, 158 Meter, 6 Min.
Quellen: Paimann's Filmlisten, 22.1.1927.

Kurort Baden bei Wien, A 1927, P: Karl Köfinger, Auftraggeber: Wiener gewerbliche Fortbildungsschule, 239 Meter, 9 Min.
Quellen: Paimann's Filmlisten, 8.9.1927.

Im Postkraftwagen durch Österreichs Alpenwelt. Hofgastein – Badgastein – Mallnitz – Heiligenblut – Glocknerhaus – Glocknerspitze, A 1927, P: Karl Köfinger, 502 Meter, 18 Min.
Quellen: Bestand Filmarchiv Austria.

Im Postkraftwagen durch Österreichs Alpenwelt. Von Salzburg in's bayrische Hochland, A 1927, P: Karl Köfinger, 230 Meter, 8 Min.
Quellen: Bestand Filmarchiv Austria.

Im Postkraftwagen durch Österreichs Alpenwelt. Salzburg - Berchtesgaden – Königssee, A 1927, 207 Meter, 7 Min.
Quellen: Paimann's Filmlisten, 16.11.1927.

Im Postkraftwagen durch Österreichs Alpenwelt. Salzburg - Lofer – Verleiten, A 1927, P: Karl Köfinger, 341 Meter, 12 Min.
Quellen: Paimann's Filmlisten, 16.11.1927.

Hall in Tirol, die alte Salinenstadt, A 1927, P: Karl Köfinger, 303 Meter, 11 Min.
Quellen: Paimann's Filmlisten, 29.3.1927.

Im Postkraftwagen durch Österreichs Alpenwelt. Linie Garmisch- Partenkirchen (Bayern) - Landeck-Reschenpaß (Italienische Grenze), A 1926, 227 Meter, 8 Min.
Quellen: Paimann's Filmlisten, 22.1.1927.

Im Postkraftwagen durch Österreichs Alpenwelt. Innsbruck – Obermoos, A 1926, P: Karl Köfinger, 206 Meter, 7 Min.
Quellen: Paimann's Filmlisten, 22.1.1927.

Im Postkraftwagen durch Österreichs Alpenwelt. Graz - Mariazell – Admont, A 1927, P: Karl Köfinger, 315 Meter, 11 Min.
Quellen: Paimann's Filmlisten, 16.11.1927

Im Postkraftwagen durch Österreichs Alpenwelt. Ausflüge im Mariazeller Gebiet, A 1927, P: Karl Köfinger, 209 Meter, 7 Min.
Quellen: Paimann's Filmlisten, 16.11.1927.

Im Postkraftwagen durch Österreichs Alpenwelt. Heiligenblut – Glocknerhaus, A 1927, 202 Meter, 7 Min.
Quellen: Zensurkarte 18244 der Filmprüfstelle Berlin / Bundesarchiv Berlin.

Im Postkraftwagen durch Österreichs Alpenwelt. Hofgastein - Mallnitz - Heiligenblut – Glocknerhaus, A 1927, 421 Meter, 15 Min.
Quellen: Paimann's Filmlisten, 16.11.1927.

Im Postkraftwagen durch Österreichs Alpenwelt. Wien - Mariazell – Wien, A 1927, P: Karl Köfinger, 263 Meter, 9 Min.
Quellen: Paimann's Filmlisten, 16.11.1927.

Im Postkraftwagen durch Österreichs Alpenwelt. Lienz - Heiligenblut – Glocknerhaus, A 1927, P: Karl Köfinger, 245 Meter, 9 Min.
Quellen: Paimann's Filmlisten, 16.11.1927.

Im Montafon von Schruns nach Parthenen (AT: El Valle de Monatfon en Vorarlberg), A 1928, P: Karl Köfinger, 140 Meter, 5 Min
Quellen: Bestand Filmarchiv Austria.

Erzeugung und Verpackung der Zigaretten in den Betrieben der österr. Tabakregie, A 1928, P: Karl Köfinger, Aufftraggeber: Österreichische Tabakregie, 547 Meter, 19 Min.
Quellen: Paimann's Filmlisten, 14.7.1928.

Erzeugung und Verpackung der Zigarettentabake in den Betrieben der österr. Tabakregie, A 1928, P: Karl Köfinger, Auftraggeber: Österreichische Tabakregie, 420 Meter, 15 Min.
Quellen: Paimann's Filmlisten, 14.7.1928.

Im Postkraftwagen durch Österreichs Alpenwelt. Von Golling-Abtenau über Gosau zum Gosausee und auf den Dachstein., A 1928, P: Karl Köfinger, 442 Meter, 16 Min.
Quellen: Paimann's Filmlisten, 13.11.1928; Zensurkarte 21024 der Filmprüfstelle Berlin / Bundesarchiv Berlin.

Im Postkraftwagen durch Österreichs Alpenwelt. Im Montafon von Schruns nach Parthenen., A 1928, 204 Meter, 7 Min.
Quellen: Paimann's Filmlisten, 13.11.1928.

Im Postkraftwagen durch Österreichs Alpenwelt. Von Bregenz nach Lindenberg in Bayern und Wangen in Württemberg., A 1928, P: Karl Köfinger, 313 Meter, 11 Min
Quellen: Paimann's Filmlisten, 13.11.1928; Zensurkarte 21028 der Filmprüfstelle Berlin / Bundesarchiv Berlin.

Im Postkraftwagen durch Österreichs Alpenwelt. Von Reutte durch Lechtal, über die Flexenstraße nach Langen am Arlberg., A 1928, P: Karl Köfinger, 345 Meter, 12 Min.
Quellen: Paimann's Filmlisten, 13.11.1928; Zensurkarte 21026 der Filmprüfstelle Berlin / Bundesarchiv Berlin.

Im Postkraftwagen durch Österreichs Alpenwelt. Von St. Anton über den Arlberg nach Langen., A 1928, P: Karl Köfinger, 241 Meter, 8 Min.
Quellen: Paimann's Filmlisten, 13.11.1928; Zensurkarte 21027 der Filmprüfstelle Berlin / Bundesarchiv Berlin.

Im Postkraftwagen durch Österreichs Alpenwelt. Golling - Abtenau nach Gosauschmied, A 1928, P. Karl Köfinger, 296 Meter, 10 Min.
Quellen: Paimann's Filmlisten, 13.11.1928

Im Postkraftwagen durch Österreichs Alpenwelt. Von Steeg in Oberösterreich über Gosaumühle, Gosauschmied zum Gosausee und auf den Dachstein., A 1928, P: Karl Köfinger, 372 Meter, 13 Min.
Quellen: Paimann's Filmlisten, 13.11.1928; Zensurkarte 21025 der Filmprüfstelle Berlin / Bundesarchiv Berlin.

Im Postkraftwagen durch Österreichs Alpenwelt. Von Landeck in's Paznauntal, A 1929, P: Karl Köfinger, 382 Meter, 14 Min.
Quellen: Bestand Filmarchiv Austria.

Glück im Unglück, A 1929, P: Karl Köfinger, 81 Meter, 3 Min.
Quellen: Paimann's Filmlisten, 25.11.1929

Rund um die Schwefelthermen in Baden bei Wien, A 1929, P: Karl Köfinger, 450 Meter, 16 Min.
Quellen: Paimann's Filmlisten, 13.12.1929.

Im Postkraftwagen durch Österreichs Alpenwelt. Von Salzburg über die Hochgebirgspässe des Radstädter Tauern und des Katschberges nach Spital., A 1929, P: Karl Köfinger, 520 Meter, 18 Min.
Quellen: Paimann's Filmlisten, 8.11.1929.

Im Postkraftwagen durch Österreichs Alpenwelt. Von Salzburg über St. Gilgen, Mondsee, Ischl nach Bad Aussee, A 1929, P: Karl Köfinger, 490 Meter, 17 Min.
Quellen: Paimann's Filmlisten, 8.11.1929.

Im Postkraftwagen durch Österreichs Alpenwelt. Von Mariazell über Admont nach Bad Aussee und von dort nach Alt-Aussee und Grundlsee, A 1929, 466 Meter, 16 Min.
Quellen: Paimann's Filmlisten, 8.11.1929, 27.11.1936, S. 1536.

Im Postkraftwagen durch Österreichs Alpenwelt. Von Klagenfurt am Südufer des Wörthersees über Maria Wörth nach Velden, A1929, P: Karl Köfinger, 296 Meter, 10 Min.
Quellen: Paimann's Filmlisten, 8.11.1929.

Im Postkraftwagen durch Österreichs Alpenwelt. Kötschach - Mauthen - Lesachtal - Kartitschtal - Weitlabrunn – Lienz, A 1929, P: Karl Köfinger, 463 Meter, 16 Min.
Quellen: Paimann's Filmlisten, 8.11.1929.

Im Postkraftwagen durch Österreichs Alpenwelt. Lienz - Huben - Kals mit Besteigung der Großglocknerspitze, A 1929, P: Karl Köfinger, 575 Meter, 20 Min.
Quellen: Paimann's Filmlisten, 8.11.1929.

Im Postkraftwagen durch Österreichs Alpenwelt. Vom Bahnhof Kötschach-Mauthen in Kärnten durchs Lesach- und Kartitschtal nach Weitlanbrunn und durchs Drautal nach Lienz in Osttirol, A 1929, P: Karl Köfinger, 465 Meter, 16 Min.
Quellen: Bestand Filmarchiv Austria.

Im Postkraftwagen durch Österreichs Alpenwelt. Lienz - Gailbergtal - Kötschach - Mauthen - Plöckenhaus – Wolayersee, A 1929, P: Karl Köfinger, 363 Meter, 13 Min
Quellen: Paimann's Filmlisten, 8.11.1929.

Aus der Kurstadt Baden bei Wien, A 1929, P: Karl Köfinger, 300 Meter, 11 Min.
Quellen: Verzeichnis / Quellenbestand Josef Navratil.

Im Postkraftwagen durch Österreichs Alpenwelt. Eine Fahrt durch's Ötztal, A 1930, P: Karl Köfinger, 425 Meter, 16 Min.
Quellen: Bestand Filmarchiv Austria.

Im Postkraftwagen durch Österreichs Alpenwelt. Fahrten im Wechselgebiet (Niederösterreich), A 1930, P: Karl Köfinger, 239 Meter, 9 Min.
Quellen: Bestand Filmarchiv Austria.

Im Postkraftwagen durch Österreichs Alpenwelt. Kreuz und quer durch's Burgenland, A 1930, P: Karl Köfinger, 420 Meter, 15 Min.
Quellen: Bestand Filmarchiv Austria

[Durch die Städte Österreichs], A ca. 1930, P: Karl Köfinger, 321 Meter, 12 Min.
Quellen: Bestand Filmarchiv Austria .

Das Strandbad in Baden bei Wien, A 1930, P: Karl Köfinger, 250 Meter, 9 Min.
Quellen: Paimann's Filmlisten, 2.4.1930.

Winterfreuden am Arlberg, A 1930, P: Karl Köfinger, 275 Meter, 10 Min.
Quellen: Paimann's Filmlisten, 25.3.1930.

(1903–1933) 30 Jahre Kerbers Futtermittel, A 1930, P: Karl Köfinger, 170 Meter, 6 Min.
Quellen: Paimann's Filmlisten, 2.1.1933.

Im Postkraftwagen durch Österreichs Alpenwelt. Die Fahrt durch Oststeiermark, A 1931, P: Karl Köfinger, 254 Meter, 9 Min.
Quellen: Paimann's Filmlisten, 22.9.1931.

Im Postkraftwagen durch Österreichs Alpenwelt. Wachau, A 1931, P: Karl Köfinger, 274 Meter, 10 Min.
Quellen: Paimann's Filmlisten, 22.9.1931.

Im Postkraftwagen durch Österreichs Alpenwelt. Ötztal, A 1931, P: Karl Köfinger, 308 Meter, 11 Min.
Quellen: Paimann's Filmlisten, 22.9.1931.

Im Postkraftwagen durch Österreichs Alpenwelt. Dirnbach – Stoder, A 1931, P: Karl Köfinger, 308 Meter, 11 Min.
Quellen: Paimann's Filmlisten, 22.9.1931.

Verjüngende Gesichtspflege, A 1932, P: Karl Köfinger, Auftraggeber: Helene Pessl, 57 Meter, 1 Akt, 2 Min.
Quellen: Paimann's Filmlisten, 1.10.1932.

Wie pflegt die schöne Wienerin ihr Gesicht, A 1932, P: Karl Köfinger, Auftraggeber: Helene Pessl, 190 Meter, 1 Akt, 7 Min.
Quellen: Paimann's Filmlisten, 1.10.1932.

Eine Lehrstunde bei Frau Zelinka - Sparsamkeit in der Hauswirtschaft, A 1932, P: Karl Köfinger, Auftraggeber: Erna Zelinka, 295 Meter, 1 Akt, 10 Min.
Quellen: Paimann's Filmlisten, 22.1.1932.

Im Postkraftwagen durch Österreichs Alpenwelt, A 1933, P: Karl Köfinger, 690 Meter, 1 Akt, 24 Min.
Quellen: Paimann's Filmlisten, 1.12.1933.

[Zelinka-Damenbekleidung], A ca. 1932, P: Karl Köfinger, Auftraggeber: Erna Zelinka, 100 Meter, 4 Min.
Quellen: Bestand Filmarchiv Austria.

Warum sein Motor in der Kälte nicht anging, A 1933, P: Karl Köfinger, 30 Meter, 1 Akt, 1 Min.
Quellen: Paimann's Filmlisten, 2.2.1934.

Winterfreuden am Arlberg, A 1934, P: Karl Köfinger, 208 Meter, 1 Akt, 7 Min.
Quellen: Paimann's Filmlisten, 2.2.1934.

Dachsteinbesteigung (Fremdenverkehrswerbefilm - Tourismus - Sportfilm.), A 1935, P: Karl Köfinger, 300 Meter, 1 Akt, 11 Min.
Quellen: Paimann's Filmlisten, 31.1.1935.

Von Mariazell zu den Seen Steiermarks (AT: La pittoresca regione dei laghi della Stiria), A 1935, P: Karl Köfinger, 345 Meter, 1 Akt, 12 Min.
Quellen: Paimann's Filmlisten, 2.1.1934.

12.4 Gustav Mayer / Mayer's Filmbüro / Adi Mayer Film

Spielfilme

S' Liebchen von der Alm, A 1928, P: Mayer's Filmbüro, R: Paul Ollop, Musik: Fritz Hann, D: Gretl Charlie-Winkler, Paul Ollop, Grit Jeeren, Alexander Heinz Fischer, 1400 m, 4 Akte, 51 Min.
Quellen: Adi Mayer Film 1923–2003, 80 Jahre Filmproduktion. Qualität mit Tradition, Wien 2005, S. 21.

Aktualitäten

Das Grubenunglück im Kohlenbergwerk Hart bei Gloggnitz (AT: Das Leichenbegängnis der 29 Opfer, AT: Das Grubenunglück bei Hart bei Gloggnitz), A 1924, P: Mayer's Filmbüro, 126 Meter, 4 Min.
Quellen: Paimann's Filmlisten, 5.7.1924.

Wiener-Film-Woche Nr. 1, A 1925, P: Mayer's Filmbüro, 150 Meter, 5 Min.
Quellen: Paimann's Filmlisten, 10.10.1925 sowie 17.10.1925.

Wiener-Film-Woche Nr. 2, A 1925, P: Mayer's Filmbüro, 150 Meter, 5 Min.
Quellen: Paimann's Filmlisten, 17.10.1925.

Die zum Film wollen, A 1924, P: Mayer's Filmbüro, 120 Meter, 4 Min.
Quellen: Paimann's Filmlisten, 3.2.1925.

Das Leichenbegängnis von Feldmarschall Conrad, A 1925, P: Mayer's Filmbüro, 130 Meter, 5 Min.
Quellen: Paimann's Filmlisten, 6.9.1925.

Das Riesen-Sensations-Feuerwerk auf der Hohen Warte, A 1925, P: Mayer's Filmbüro, 230 Meter, 8 Min
Quellen: Paimann's Filmlisten, 23.5.1925.

Das zweite deutsche Bundes-Turnerfest in Wien 1926, A 1926, P: Mayer's Filmbüro, 600 Meter, 21 Min.
Quellen: Paimann's Filmlisten, 31.7.1926.

Die Enthüllung des Dr. Karl Lueger Denkmal, A 1926, P: Mayer's Filmbüro, 300 Meter, 11 Min.
Quellen: Paimann's Filmlisten, 4.10.1926.

Das Heeressportfest auf dem Trabrennplatz in Wien, A 1927, P: Mayer's Filmbüro, 520 Meter, 18 Min.
Quellen: Paimann's Filmlisten, 5.7.1927.

Wiener Faschingsbilder, A 1927, P: Mayer's Filmbüro, 240 Meter, 8 Min.
Quellen: Paimann's Filmlisten, 22.3.1927.

Kolonien in der Heimat, der Wiederaufbau durch Innenkolonisation, A 1927, P Mayer's Filmbüro, 180 Meter, 6 Min.
Quellen: Paimann's Filmlisten, 10.6.1927.

Das Motorrad Bahnrennen des Oe.m.V., A 1927, P: Mayer's Filmbüro, ohne Längenangabe
Quellen: Paimann's Filmlisten, 10.8.1927.

Die Modesensation am Poloplatz, A 1927, P: Mayer's Filmbüro, Reichs-Filmproduktion, 250 m, 1 Akt, 9 Min.
Quellen: Paimann's Filmlisten, 4.7.1927.

Die Ozeanflieger Chamberlin und Levine in Wien, A 1927, P: Mayer's Filmbüro, 190 Meter, 7 Min.
Quellen: Paimann's Filmlisten, 6.7.1927.

Der Brand des Justizpalastes in Wien, A 1927, P: Mayer's Filmbüro, 280 Meter, 10 Min.
Quellen: Paimann's Filmlisten, 10.8.1927.

Die Schreckenstage von Wien, A 1927, P: Mayer's Filmbüro, Kamera: Rudolf Mayer, 310 Meter, 11 Min.
Quellen: Paimann's Filmlisten, 8.9.1927, Zensurkarten 16195 der Filmprüfstelle Berlin/Bundesarchiv Berlin.

Das 1. Deutsche Gauturnfest des Turngaues Wien am 2. und 3. Juli am Trabrennplatz, A 1927, P: Mayer's Filmbüro, 600 Meter, 21 Min.
Quellen: Paimann's Filmlisten, 26.7.1927.

Das große Motorradrennen in Baden. Landesmeisterschaft von Niederösterreich über 50 km, A 1927, P: Mayer's Filmbüro, 200 Meter, 7 Min.
Quellen: Paimann's Filmlisten, 24.5.1927.

Der Muttertag in Wien, A 1927, P: Mayer's Filmbüro, 200 Meter, 7 Min.
Quellen: Paimann's Filmlisten, 24.5.1927.

Die Hindenburgfeier in Wien auf dem Heldenplatz, A 1927, P: Mayer's Filmbüro, 240 Meter, 8 Min.
Quellen: Paimann's Filmlisten, 18.10.1927.

Die Leichenfeier der Sicherheitswache am 21.VII. 1927, A 1927, P: Mayer's Filmbüro, 180 Meter, 6 Min.
Quellen: Paimann's Filmlisten, 10.8.1927.

Die Leichenfeierlichkeiten in Linz für den Landeshauptmann von Oberösterreich Prälat Dr. J.N. Hauser, A 1927, P: Mayer's Filmbüro, 350 Meter, 12 Min.
Quellen: Paimann's Filmlisten, 20.2.1927.

Die Trauerfeier für den Oberrabiner Dr. Chajes, A 1927, P: Mayer's Filmbüro, 250 Meter, 9 Min.
Quellen: Paimann's Filmlisten, 20.1.1928.

Die große Trauerfeierlichkeit der Opfer des 15. und 16. Juli 1927, A 1927, P: Mayer's Filmbüro, 160 Meter, 6 Min.
Quellen: Paimann's Filmlisten, 26.7.1927.

Die Trauerfeier für den Staatsoperntenor Trajan Grosavescu, A 1927, P: Mayer's Filmbüro, 160 Meter, 6 Min.
Quellen: Paimann's Filmlisten, 1.3.1927.

Der Prozess Marek, A 1927, P: Mayer's Filmbüro, 150 Meter, 5 Min.
Quellen: Paimann's Filmlisten, 12.4.1927.

Welttreffen der Pfadfinder in Kopenhagen, A 1928, P: Mayer's Filmbüro, 208 Meter, 7 Min.
Quellen: Zensurkarten 21004 der Filmprüfstelle Berlin/Bundesarchiv Berlin.

Die Erdbebenkatastrophe am Balkan, A 1928, P: Mayer's Filmbüro, 380 Meter, 13 Min.
Quellen: Paimann's Filmlisten, 15.5.1928.

Aktueller Rückblick auf das Jahr 1927, A 1928, P: Mayer's Filmbüro, ohne Längenangabe
Quellen: Paimann's Filmlisten, 18.2.1927.

Der 7. Oktober, A 1928, P: Mayer's Filmbüro, 260 Meter, 9 Min.
Quellen: Paimann's Filmlisten, 6.11.1928.

Die Schuberttänze vor dem Wiener Rathaus, A 1928, P: Mayer's Filmbüro, 120 Meter, 4 Min.
Quellen: Paimann's Filmlisten, 23.6.1928.

Zehn Jahre Republik Österreich, A 1928, P: Mayer's Filmbüro, 260 Meter, 9 Min.
Quellen: Paimann's Filmlisten, 17.12.1928.

Lawinenunglück auf dem Sonnblick, A 1928, P: Mayer's Filmbüro, 200 Meter, 7 Min.
Quellen: Paimann's Filmlisten, 13.4.1928.

Das deutsche Sängerbundfest in Wien, A 1928, P: Mayer's Filmbüro, 400 Meter, 14 Min.
Quellen: Paimann's Filmlisten, 23.8.1928.

Internationales Motorball-Match England: Österreich, A 1928, P: Mayer's Filmbüro, 200 Meter, 7 Min.
Quellen: Paimann's Filmlisten, 5.11.1928.

Feldmesse und Fahnenweihe des Kapselschützenverbandes von Wien, Niederösterreich und des Bayrischen Schützenverbandes, A 1928, P: Mayer's Filmbüro, 250 Meter, 9 Min.
Quellen: Paimann's Filmlisten, 29.5.1928.

Wiener Festwochen (Praterfahrt der Wiener Fiaker), A 1928, P: Mayer's Filmbüro, 260 Meter, 9 Min.
Quellen: Paimann's Filmlisten, 23.6.1928.

Der Hauseinsturz am Alsergrund in Wien, A 1928, P: Mayer's Filmbüro, 160 Meter, 6 Min.
Quellen: Paimann's Filmlisten, 20.12.1928.

60 Jahre Wiener Polizei, A 1929, P: Mayer's Filmbüro, 220 Meter, 8 Min.
Quellen: Paimann's Filmlisten, 6.7.1929.

II. Internationales sozialistisches Jugendtreffen, A 1929, P: Mayer's Filmbüro, 350 Meter, 12 Min.
Quellen: Paimann's Filmlisten, 23.7.1929.

Österreich dankt Norwegen, A 1929, P: Mayer's Filmbüro, 300 Meter, 11 Min.
Quellen: Paimann's Filmlisten, 23.7.1929.

3 Tage und 4 Nächte (Weltrekord im Dauerklavierspiel), A 1929, P: Mayer's Filmbüro, 190 Meter
Quellen: Adi Mayer Film 1923–2003, 80 Jahre Filmproduktion. Qualität mit Tradition, Wien 2005, S. 22.

Der letzte Weg Hugo v. Hofmannsthals, A 1929, P: Mayer's Filmbüro, 180 Meter
Quellen: Adi Mayer Film 1923–2003, 80 Jahre Filmproduktion. Qualität mit Tradition, Wien 2005, S. 22.

Girardifeier, A 1929, P: Mayer's Filmbüro, 200 Meter, 7 Min.
Quellen: Paimann's Filmlisten, 18.5.1929.

Wiener Festwochen – Festzug der Gewerbe, A 1929, P: Mayer's Filmbüro, 500 Meter, 18 Min.
Quellen: Paimann's Filmlisten, 24.6.1929.

Fußball-Länderkampf Österreich-Italien, A 1929, P: Mayer's Filmbüro, 220 Meter, 8 Min.
Quellen: Paimann's Filmlisten, 27.4.1929.

Unsere Jugend am Eis, A 1929, P: Mayer's Filmbüro, 110 Meter, 4 Min.
Quellen: Paimann's Filmlisten, 28.2.1929.

Das Städte-Fußballmatch Wien-Berlin, A 1929, P: Mayer's Filmbüro, 150 Meter, 5 Min.
Quellen: Paimann's Filmlisten, 23.10.1929.

Der Mordprozess Halsmann im Tiroler Hochgebirge, A 1929, P: Mayer's Filmbüro, 250 Meter, 9 Min.
Quellen: Paimann's Filmlisten, 30.9.1929.

Valentin Zeileis, der Wunderdoktor von Gallspach, A 1930, P: Mayer's Filmbüro, 200 Meter, 7 Min.
Quellen: Paimann's Filmlisten, 29.3.1930.

England – Österreich, A 1930, P: Mayer's Filmbüro, 250 Meter, 9 Min.
Quellen: Paimann's Filmlisten, Mai 1930.

Kärntner Landesfestzug anlässlich der 10jährigen Feier der siegreichen Volksabstimmung, A 1930, P: Mayer's Filmbüro, 300 Meter, 11 Min.
Quellen: Paimann's Filmlisten, 22.10.1930.

Festtage in Maria Enzersdorf, A 1930, P: Mayer's Filmbüro, 300 Meter, 11 Min.
Quellen: Paimann's Filmlisten, 5.6.1930.

Das größte Flugzeug der Welt G 38 auf seinem Europarundflug in Wien, A 1930, P: Mayer's Filmbüro, 220 Meter, 8 Min.
Quellen: Paimann's Filmlisten, 30.10.1930.

Das 3. Deutsche Bundesturnfest in Innsbruck, A 1930, P: Mayer's Filmbüro, 1000 Meter, 36 Min.
Quellen: Adi Mayer Film 1923–2003, 80 Jahre Filmproduktion. Qualität mit Tradition, Wien 2005, S. 23.

Europameisterschaften in Eiskunst- und Paarlauf, A 1930, P: Mayer's Filmbüro, 220 Meter, 8 Min.
Quellen: Paimann's Filmlisten, 11.2.1930.

Die große Truppenparade des österreichischen Bundesheeres am 6.IX.1930., A 1930, P: Mayer's Filmbüro, 280 Meter, 10 Min.
Quellen: Paimann's Filmlisten, 17.9.1930.

Das 1. internationale Reitturnier in Mödling bei Wien, A 1930, P: Mayer's Filmbüro, 280 Meter, 10 Min.
Quellen: Paimann's Filmlisten, 30.10.1930.

Die Eröffnung zum Bau der neuen Glocknerstraße in Ferleiten Salzburg, A 1930, P: Mayer's Filmbüro, 150 Meter, 5 Min.
Quellen: Paimann's Filmlisten, 12.9.1930.

Das 3. deutsche Turnerbundfest in Innsbruck, A 1930, P: Mayer's Filmbüro, 1000 Meter, 36 Min.
Quellen: Paimann's Filmlisten, 13.8.1930.

Das lachende Glück! Franz Lehár und Luise Kartousch als Firmpaten von 24 Firmlingen der Wr. Kronenzeitung, A 1930, P: Mayer's Filmbüro, 300 Meter, 11 Min.
Quellen: Paimann's Filmlisten, 18.6.1930.

Die Kaiser-Gedächtnisfeier am 10. August in Hall in Tirol, A 1930, P: Mayer's Filmbüro, 300 Meter, 11 Min.
Quellen: Paimann's Filmlisten, 23.8.1930.

Selenophon Tonfilmschau Austria 1, A 1930, P: Selenophon, Mayer's Filmbüro, 280 Meter, 10 Min.
Quellen: Paimann's Filmlisten, 11.12.1930.

Selenophon Tonfilmschau Austria 2, A 1930, P: Selenophon, Mayer's Filmbüro, 300 Meter, 11 Min.
Quellen: Paimann's Filmlisten, 23.12.1930.

Stephansdom in Gefahr?! Probealarm der Feuerwehr, A 1931, P: Mayer's Filmbüro, 50 Meter, 2 Min.
Quellen: Paimann's Filmlisten, 16.62.1931.

Zeppelin in Wien, A 1931, P: Mayer's Filmbüro, 200 Meter, 7 Min.
Quellen: Paimann's Filmlisten, 29.7.1931.

Selenophon Tonfilmschau Austria 3, A 1931, P: Selenophon, Mayer's Filmbüro, 300 Meter, 11 Min.
Quellen: Paimann's Filmlisten, 26.1.1931.

Selenophon Tonfilmschau Austria 4, A 1931, P: Selenophon, Mayer's Filmbüro, 300 Meter, 11 Min.
Quellen: Paimann's Filmlisten, 6.2.1931.

Selenophon Tonfilmschau Austria 5, A 1931, P: Selenophon, Mayer's Filmbüro, 350 Meter, 12 Min.
Quellen: Paimann's Filmlisten, 28.2.1931.

Selenophon Tonfilmschau Austria 6, A 1931, P: Selenophon, Mayer's Filmbüro, 330 Meter, 12 Min.
Quellen: Paimann's Filmlisten, 13.10.1931.

Selenophon Tonfilmschau Austria 7, A 1931, P: Selenophon, Mayer's Filmbüro, 300 Meter, 11 Min.
Quellen: Paimann's Filmlisten, 25.3.1931.

Selenophon Tonfilmschau Austria 8, A 1931, P: Selenophon, Mayer's Filmbüro, 340 Meter, 12 Min.
Quellen: Paimann's Filmlisten, 7.4.1931.

Selenophon Tonfilmschau Austria 9, A 1931, P: Selenophon, Mayer's Filmbüro, 300 Meter, 11 Min.
Quellen: Paimann's Filmlisten, 22.4.1931.

Selenophon Tonfilmschau Austria 10, A 1931, P: Selenophon, Mayer's Filmbüro, 300 Meter, 11 Min.
Quellen: Paimann's Filmlisten, 5.5.1931.

Selenophon Tonfilmschau Austria 11, A 1931, P: Selenophon, Mayer's Filmbüro, 300 Meter, 11 Min.
Quellen: Paimann's Filmlisten, 19.5.1931.

Selenophon Tonfilmschau Austria 12, A 1931, P: Selenophon, Mayer's Filmbüro, 300 Meter, 11 Min.
Quellen: Paimann's Filmlisten, 2.6.1931.

Selenophon Tonfilmschau Austria 13, A 1931, P: Selenophon, Mayer's Filmbüro, 290 Meter, 10 Min.
Quellen: Paimann's Filmlisten, 16.6.1931.

Selenophon Tonfilmschau Austria 13b, A 1931, P: Selenophon, Mayer's Filmbüro, 160 Meter, 6 Min.
Quellen: Paimann's Filmlisten, 2.7.1931.

Selenophon Tonfilmschau Austria 14, A 1931, P: Selenophon, Mayer's Filmbüro, 250 Meter, 9 Min.
Quellen: Paimann's Filmlisten, 16.7.1931.

Selenophon Tonfilmschau Austria 14b, A 1931, P: Selenophon, Mayer's Filmbüro, 160 Meter, 6 Min.
Quellen: Paimann's Filmlisten, 16.7.1931.

Selenophon Tonfilmschau Austria 15, A 1931, P: Selenophon, Mayer's Filmbüro, 300 Meter, 11 Min.
Quellen: Paimann's Filmlisten, 31.8.1931.

Selenophon Tonfilmschau Austria 16, A 1931, P: Selenophon, Mayer's Filmbüro, 290 Meter, 10 Min.
Quellen: Paimann's Filmlisten, 31.8.1931.

Selenophon Tonfilmschau Austria 17, A 1931, P: Selenophon, Mayer's Filmbüro, 300 Meter, 11 Min.
Quellen: Paimann's Filmlisten, 22.9.1931.

Selenophon Tonfilmschau Austria 18, A 1931, P: Selenophon, Mayer's Filmbüro, 300 Meter, 11 Min.
Quellen: Paimann's Filmlisten, 5.10.1931.

Selenophon Tonfilmschau Austria 19, A 1931, P: Selenophon, Mayer's Filmbüro, 300 Meter, 11 Min.
Quellen: Paimann's Filmlisten, 26.10.1931.

Selenophon Tonfilmschau Austria 20, A 1931, P: Selenophon, Mayer's Filmbüro, 300 Meter, 11 Min.
Quellen: Paimann's Filmlisten, 26.10.1931.

Selenophon Tonfilmschau Austria 21, A 1931, P: Selenophon, Mayer's Filmbüro, 300 Meter, 11 Min.
Quellen: Paimann's Filmlisten, 7.11.1931.

Selenophon Tonfilmschau Austria 22, A 1931, P: Selenophon, Mayer's Filmbüro, 300 Meter, 11 Min.
Quellen: Paimann's Filmlisten, 26.11.1931.

Selenophon Tonfilmschau Austria 23, A 1931, P: Selenophon, Mayer's Filmbüro, 300 Meter, 11 Min.
Quellen: Paimann's Filmlisten, 15.12.1931.

Die Trauerfeier für den Präsidenten Nationalrat Matthias Eldersch, A 1931, P: Mayer's Filmbüro, 175 Meter, 6 Min.
Quellen: Paimann's Filmlisten, 29.4.1931.

Die Katastrophe des D-Zug Budapest-Wien, A 1931, P: Mayer's Filmbüro, 160 Meter, 6 Min.
Quellen: Paimann's Filmlisten, 22.9.1931.

Die imposante Maifeier der sozialistischen Partei, A 1931, P: Mayer's Filmbüro, Selenophon, 190 Meter, 7 Min.
Quellen: Paimann's Filmlisten, 19.5.1931.

Kinder im Glück. Die Firmungsaktion der Wiener Kronenzeitung, A 1931, P: Mayer's Filmbüro, 300 Meter, 11 Min.
Quellen: Paimann's Filmlisten, 3.6.1931.

Der rätselhafte Frauenmord im Lainzer Tiergarten vor Gericht, A 1931, P: Mayer's Filmbüro, 180 Meter, 6 Min.
Quellen: Paimann's Filmlisten, 7.4.1931.

Die Arbeiter Winter-Olympiade in Mürzzuschlag, A 1931,, P: Mayer's Filmbüro, 350 Meter, 12 Min.
Quellen: Paimann's Filmlisten, 28.2.1931.

Der König der Wiener Straßensänger, A 1931, P: Mayer's Filmbüro, 290 Meter, 10 Min.
Quellen: Paimann's Filmlisten, 29.7.1931.

Der internationale Frauentag in Wien, A 1931, P: Mayer's Filmbüro, 170 Meter, 6 Min.
Quellen: Paimann's Filmlisten, 16.4.1931.

Das österreichische Derby, A 1931, P: Mayer's Filmbüro, 40 Meter, 1 Min.
Quellen: Paimann's Filmlisten, 16.6.1931.

Das Kriminalrätsel Sylvester Matuska, A 1931, P: Mayer's Filmbüro, 200 Meter, 7 Min.
Quellen: Paimann's Filmlisten, 26.10.1931.

Das große Eisenbahnunglück in Göss bei Leoben, A 1931, P: Mayer's Filmbüro, Selenophon, 150 Meter, 5 Min.
Quellen: Paimann's Filmlisten, 31.8.1931.

Das Fest der 40.000 Kinder vor der Karlskirche, A 1932, P: Mayer's Filmbüro, 710 Meter, 1 Akt, 25 Min.
Quellen: Paimann's Filmlisten, 15.12.1931.

Das 2. Jugendtreffen des Deutschen Turnerbundes in Salzburg, A 1931, P: Mayer's Filmbüro, 1200 Meter, 42 Min.
Quellen: Paimann's Filmlisten, 31.8.1931.

Der große Fußball-Länderkampf Schottland - Österreich, A 1931, P: Mayer's Filmbüro, 220 Meter, 8 Min.
Quellen: Paimann's Filmlisten, 3.6.1931.

Volkstrauer umbrandet einen Bischofssarg, A 1932, P: Mayer's Filmbüro, Auftraggeber: Kirchenbauverein, 725 Meter, 2 Akte, 25 Min.
Quellen: Filmografie Filmarchiv Austria.

Selenophon Tonfilmschau Austria 32, A 1932, P: Selenophon, Mayer's Filmbüro, 300 Meter, 11 Min.
Quellen: Paimann's Filmlisten, 18.4.1932.

Selenophon Tonfilmschau Austria 33, A 1932, P: Selenophon, Mayer's Filmbüro, 300 Meter, 11 Min.
Quellen: Paimann's Filmlisten, 18.4.1932.

Selenophon Tonfilmschau Austria 34, A 1932, P: Selenophon, Mayer's Filmbüro, 300 Meter, 11 Min.
Quellen: Paimann's Filmlisten, 1.6.1932.

Selenophon Tonfilmschau Austria 35, A 1932, P: Selenophon, Mayer's Filmbüro, 360 Meter, 13 Min.
Quellen: Paimann's Filmlisten, 1.6.1932.

Selenophon Tonfilmschau Austria 36, A 1932, P: Selenophon, Mayer's Filmbüro, 330 Meter, 12 Min.
Quellen: Paimann's Filmlisten, 15.6.1932.

Selenophon Tonfilmschau Austria 37, A 1932, P: Selenophon, Mayer's Filmbüro, 300 Meter, 11 Min.
Quellen: Paimann's Filmlisten, 1.7.1932.

Selenophon Tonfilmschau Austria 38, A 1932, P: Selenophon, Mayer's Filmbüro, 300 Meter, 11 Min.
Quellen: Paimann's Filmlisten, 16.7.1932.

Selenophon Tonfilmschau Austria 39, A 1932, P: Selenophon, Mayer's Filmbüro, 300 Meter, 11 Min.
Quellen: Paimann's Filmlisten, 16.7.1932.

Selenophon Tonfilmschau Austria 40, A 1932, P: Selenophon, Mayer's Filmbüro, 350 Meter, 12 Min.
Quellen: Paimann's Filmlisten, 1.9.1932.

England – Österreich (Fußball), A 1932, P: Mayer's Filmbüro, 200 Meter, 1 Akt, 7 Min.
Quellen: Paimanń's Filmlisten, 2.1.1933.

Selenophon Tonfilmschau Austria 24, A 1932, P: Selenophon, Mayer's Filmbüro, 300 Meter, 11 Min.
Quellen: Paimann's Filmlisten, 5.1.1932.

Selenophon Tonfilmschau Austria 25, A 1932, P: Selenophon, Mayer's Filmbüro, 300 Meter, 11 Min.
Quellen: Paimann's Filmlisten, 5.1.1932.

Selenophon Tonfilmschau Austria 26, A 1932, P: Selenophon, Mayer's Filmbüro, 300 Meter, 11 Min.
Quellen: Paimann's Filmlisten, 22.1.1932.

Selenophon Tonfilmschau Austria 27, A 1932, P: Selenophon, Mayer's Filmbüro, 300 Meter, 11 Min.
Quellen: Paimann's Filmlisten, 15.2.1932.

Selenophon Tonfilmschau Austria 28, A 1932, P: Selenophon, Mayer's Filmbüro, 300 Meter, 11 Min.
Quellen: Paimann's Filmlisten, 15.2.1932.

Selenophon Tonfilmschau Austria 29, A 1932, P: Selenophon, Mayer's Filmbüro, 300 Meter, 11 Min.
Quellen: Paimann's Filmlisten, 7.3.1932.

Selenophon Tonfilmschau Austria 30, A 1932, P: Selenophon, Mayer's Filmbüro, 300 Meter, 11 Min.
Quellen: Paimann's Filmlisten, 26.3.1932.

Selenophon Tonfilmschau Austria 31, A 1932, P: Selenophon, Mayer's Filmbüro, 300 Meter, 11 Min.
Quellen: Paimann's Filmlisten, 26.3.1932.

Alt-Bundeskanzler Dr. Ignaz Seipels letzte Fahrt, A 1932, P: Mayer's Filmbüro, 230 Meter, 8 Min.
Quellen: Paimann's Filmlisten, 1.9.1932.

Der letzte Weg Sr. Eminenz Kardinal Fürsterzbischof Dr. Friedrich Piffl, A 1932, P: Mayer's Filmbüro, Selenophon, 240 Meter, 8 Min.
Quellen: Paimann's Filmlisten, 30.4.1932.

Fasching in Wien. Karnevalsfestzug des Alt-Wienerbundes, A 1932, P: Mayer's Filmbüro, 170 Meter, 6 Min.
Quellen: Paimann's Filmlisten, 15.2.1932.

Der große Fußball-Länderkampf. Österreichs Wunderteam besiegt Ungarn 8:2, A 1932, P: Mayer's Filmbüro, 200 Meter, 1 Akt, 7 Min.
Quellen: Paimann's Filmlisten, 30.4.1932.

Die Inthronisation des Erzbischof Dr. Innitzer, A 1932, P: Mayer's Filmbüro, 180 Meter, 6 Min.
Quellen: Paimann's Filmlisten, 2.1.1933.

Zur Erinnerung an die unvergessliche Hansi Niese, A 1934, P: Mayer's Filmbüro, 230 Meter, 1 Akt, 8 Min.
Quellen: Paimann's Filmlisten, 2.5.1934.

Unterhaltungs-Kurzfilm

S' Röserl vom Wörthersee, A 1927, P: Mayer's Filmbüro, 270 Meter, 9 Min.
Quellen: Paimann's Filmlisten, 16.11.1927.

Röserl vom Wörthersee, A 1937, P: Mayer's Filmbüro, 400 Meter, 15 Min.
Quellen: Adi Mayer Film 1923–2003, 80 Jahre Filmproduktion. Qualität mit Tradition, Wien 2005, S. 28.

Propagandafilme

Boden – Frei, A 1929, P: Mayer's Filmbüro, Auftraggeber: Reichsbund der unabhängigen Kolonialisten Österreichs, 800 Meter, 28 Min.
Quellen: Paimann's Filmlisten, 24.6.1929.

Unser Bundeskanzler für das Heer der Arbeitslosen in Steyr, A 1930, P: Mayer's Filmbüro, 180 Meter, 6 Min.
Quellen: Paimann's Filmlisten, 10.4.1930.

Kulturfilme

S' Hannerl vom Dreimäderlhaus, A 1923, P: Mayer's Filmbüro, R: Karl Tema, Wilhelm August Jurek, Drehbuch: Wilhelm August Jurek, D: Anny Rainer, Elly Preiskar, Gretl Schwab, Amandus Grohmann, Rudi Kumpa, H. Matscheg, 3 Akte.
Quellen: Janecka-Jary F.: Franz Schubert als persona dramatis im österreichischen Stumm- und Tonfilm, Wien 1993. Adi Mayer Film 1923–2003, 80 Jahre Filmproduktion. Qualität mit Tradition, Wien 2005, S. 18.

Wiener Kunst- und Naturschönheiten, A 1926, P: Mayer's Filmbüro, 190 Meter, 7 Min.
Quellen: Filmografie Filmarchiv Austria.

Franz Schubert und seine Zeit, A 1928, P: Mayer's Filmbüro, R: Karl Tema, Drehbuch: Martin Kraemer, Eduard Meier-Halm, K: Rudolf Mayer, 2 Akte.
Quellen: Filmografie Filmarchiv Austria.

Holzgewinnung und Flößerei im Mölltal / Kärnten, A 1928, P: Mayer's Filmbüro, 350 Meter, 12 Min.
Quellen: Paimann's Filmlisten, 18.2.1928.

Winter im Ybbstal, A 1928, P: Mayer's Filmbüro, 390 Meter, 14 Min.
Quellen: Paimann's Filmlisten, 26.2.1929.

Vom Ei bis zum Leghuhn, A 1929, P: Mayer's Filmbüro, 180 Meter, 6 Min.
Quellen: Paimann's Filmlisten, 1.2.1930.

Der verflixte Haupttreffer, A 1933, P: Mayer's Filmbüro, 400 Meter, 1 Akt, 14 Min.
Quellen: Paimann's Filmlisten, 1.9.1933.

Sag, wem Dein Herz gehört, A 1934, P: Mayer's Filmbüro, 551 Meter, 19 Min.
Quellen: Paimann's Filmlisten, 1.6.1934.

Damals und heute, A 1935, P: Mayer's Filmbüro, 1200 Meter, 42 Min.
Quellen: Paimann's Filmlisten, 14.11.1935, S. 1421, Kino-Journal, 23.11.1935.

Steirisches Gold, A 1938, P: Adi Mayer Film, Auftraggeber: Steirische Gussstahlwerke AG im Konzern der Reichswerke Hermann Göring, K: Walter Köfinger, Sprecher: E. Braun, Musik: Karl Eisele, 396 Meter, 14 Min.
Quellen: Zensurkarten 49404 der Filmprüfstelle Berlin/Bundesarchiv Berlin.

Heimischer Boden – heimisches Bier (Ein Wirtschaftsfilm der Selenophon), A 1938, P: Adi Mayer Film (Ein Film von Adi Mayer), Idee: F. Rothe-Lorm, Musik: Karl Eisele
Quellen: Zensurkarten 48953 der Filmprüfstelle Berlin/Bundesarchiv Berlin.

Werbefilme

Das goldene Wiener Herz, A 1928, P: Mayer's Filmbüro, 250 Meter, 9 Min.
Quellen: Paimann's Filmlisten, 12.6.1928.

Der Lohn der guten Tat, A 1928, DB: Fini Sollender, K: Rudolf Mayer Format: 350 Meter, 14, 9 Min.
Quellen: Bestand Filmarchiv Austria.

Herren-, Damen- und Kinder-Frisiersalon Weininger, A 1929, P: Mayer's Filmbüro, 100 Meter, 4 Min.
Quellen: Paimann's Filmlisten, 27.4.1929.

Das goldene Wiener Herz, A 1929, P: Mayer's Filmbüro, 300 Meter, 11 Min.
Quellen: Paimann's Filmlisten, 6.6.1929.

Jahreswechsel, A 1930, P: Mayer's Filmbüro, 70 Meter, 2 Min.
Quellen: Paimann's Filmlisten, 10.1.1931.

Reise in die Toskana, A 1931, P: Mayer's Filmbüro, 358 Meter, 13 Min.
Quellen: Paimann's Filmlisten, 2.7.1931.

Sasi Sportrevue, A 1932, P: Mayer's Filmbüro, Auftraggeber: Sporthaus Sasi, 60 Meter, 2 Min.
Quellen: Paimann's Filmlisten, 2.1.1933.

Kosmetische Nasenoperation, A 1932, P: Mayer's Filmbüro, 105 Meter, 1 Akt, 4 Min.
Quellen: Paimann's Filmlisten, 1.10.1932.

Berge und Brettln, A 1932, P: Mayer's Filmbüro, 320 Meter, 11 Min.
Quellen: Paimann's Filmlisten, 2.11.1932.

Im braunen Rössl in Blunzendorf, A 1933, P: Mayer's Filmbüro, 260 Meter, 9 Min.
Quellen: Paimann's Filmlisten, 1.6.1933.

Kathreiner, A 1933, P: Mayer's Filmbüro, Auftraggeber: Kathreiner, 60 Meter, 5 Min.
Quellen: Paimann's Filmlisten, 1.12.1933.

Zeit ist Geld, A 1934, P: Mayer's Filmbüro, 33 Meter, 1 Min.
Quellen: Paimann's Filmlisten, 31.12.1934.

6 Generationen, A 1934, P: Mayer's Filmbüro, 50 Meter, 2 Min.
Quellen: Paimann's Filmlisten, 2.10.1934.

Als der Großvater die Großmutter nahm, A 1934, P: Mayer's Filmbüro, 67 Meter, 1 Akt, 2 Min.
Quellen: Paimann's Filmlisten, 2.10.1934.

Das Vermächtnis von Sebastian Kneipp, A 1934, P: Mayer's Filmbüro, Ufa, 360 Meter, 13 Min.
Quellen: Paimann's Filmlisten, 31.12.1934.

Der ungewöhnliche Hausfreund, A 1934, P: Mayer's Filmbüro, 32 Meter, 1 Min.
Quellen: Paimann's Filmlisten, 30.11.1934.

In der Schule, A 1934, P: Mayer's Filmbüro, 25 Meter, 1 Akt, 1 Min.
Quellen: Paimann's Filmlisten, 1.7.1934.

Wenn's alle empfehlen, A 1934, P: Mayer's Filmbüro, 25 Meter, 1 Min.
Quellen: Paimann's Filmlisten, 1.7.1934.

Unwiderstehlicher Zwang, A 1934, P: Mayer's Filmbüro, 110 Meter, 1 Akt, 4 Min.
Quellen: Paimann's Filmlisten, 30.11.1934.

Hammer Express Strudelblätter, A 1934, P: Mayer's Filmbüro, 16 Meter, 1 Min
Quellen: Paimann's Filmlisten, 2.3.1934.

Der Eine und der Andere, A 1935, P: Mayer's Filmbüro, 100 Meter, 4 Min.
Quellen: Paimann's Filmlisten, 28.12.1935, S. 1434.

Er weiß alles, A 1935, P: Mayer's Filmbüro, 40 Meter, 1 Min.
Quellen: Paimann's Filmlisten, 11.10.1935.

Wer die Wahl hat, hat die Qual, A 1935, P: Mayer's Filmbüro, 60 Meter, 2 Min.
Quellen: Paimann's Filmlisten, 29.11.1935, S. 1425, Kino-Journal, 7.12.1935.

Der Mantel des Herrn, A 1935, P: Mayer's Filmbüro, Auftraggeber: Heinz Scheffel, 24 Meter, 0,5 Min.
Quellen: Paimann's Filmlisten, 30.4.1935.

Herzschlag einer Industrie, A 1936, P: Mayer's Filmbüro, Auftraggeber: Rhomberg, 120 Meter, 4 Min.
Quellen: Paimann's Filmlisten, 4.9.1936, S. 1507.

Das Bohèmequartett in: Vier von der Tegetthoffstraße, A 1936, P: Mayer's Filmbüro, 70 Meter, 2 Min.
Quellen: Paimann's Filmlisten, 13.3.1936, S. 1458.

Schmetterlinge als Hausschädlinge, A 1936, P: Mayer's Filmbüro, Auftraggeber: Teppichreinigung Wachuda, 80 Meter, 3 Min.
Quellen: Zensurkarten 53964 der Filmprüfstelle Berlin/Bundesarchiv Berlin.

Der Schlüssel der Gesundheit, A 1936, P: Mayer's Filmbüro, 50 Meter, 2 Min.
Quellen: Paimann's Filmlisten, 3.4.1936, S. 1464.

Die lieben Nachbarn, A 1936, P: Mayer's Filmbüro, 90 Meter, 3 Min.
Quellen: Filmografie Filmarchiv Austria .

Höchstleistung, A 1936, P: Mayer's Filmbüro, 20 Meter, 1 Min.
Quellen: Paimann's Filmlisten, 6.11.1936, S. 1529.

Der schneidige Traber, A 1936, P: Mayer's Filmbüro, 50 Meter, 2 Min.
Quellen: Paimann's Filmlisten, 12.6.1936, S. 1484.

Das Geheimnis um eine Krone, A 1936, P: Mayer's Filmbüro, 80 Meter, 3 Min.
Quellen: Paimann's Filmlisten, 27.3.1936, S. 1463, Kino-Journal, 4.4.1936.
Im Wandel der Zeit, A 1936, P: Mayer's Filmbüro, 80 Meter, 3 Min.
Quellen: Paimann's Filmlisten, 11.12.1936, S. 1542.
Alles mit Herz, A 1936, P: Mayer's Filmbüro, 30 Meter, 1 Min.
Quellen: Paimann's Filmlisten, 4.12.1936, S. 1539.
Ich freu' mich so auf's Wochenend, A 1936, P: Mayer's Filmbüro, 200 Meter, 7 Min.
Quellen: Paimann's Filmlisten, 19.6.1936, S. 1485.
Das Rad der Zeit, A 1936, P: Mayer's Filmbüro, 80 Meter, 3 Min.
Quellen: Paimann's Filmlisten, 27.3.1936, S. 1463, Kino-Journal, 4.4.1936.
Das rassige Vollblut, A 1936, P: Mayer's Filmbüro, 100 Meter, 4 Min.
Quellen: Paimann's Filmlisten, 3.4.1936, S. 1464.
Gas im Haushalt, A 1936, P: Mayer's Filmbüro, 1,5 Min.
Quellen: Paimann's Filmlisten, 25.9.1936.
Quäle Dich nicht, A 1936, P: Mayer's Filmbüro, 20 Meter, 1 Min.
Quellen: Paimann's Filmlisten, 24.7.1936, S. 1495.
Phönix, A 1936, P: Mayer's Filmbüro, 30 Meter, 1 Min.
Quellen: Paimann's Filmlisten, 4.12.1936, S. 1540.
Olympia, A 1936, P: Mayer's Filmbüro, 30 Meter, 1 Min.
Quellen: Paimann's Filmlisten, 6.3.1936, S. 1456.
Warnung, A 1936, P: Mayer's Filmbüro, 20 Meter, 1 Min.
Quellen: Paimann's Filmlisten, 24.7.1936, S. 1495.
Kirtag, A 1936, P: Mayer's Filmbüro, Auftraggeber: Österreichische Tabakregie (Falk Zigaretten), 28 Meter, 1 Min.
Quellen: Paimann's Filmlisten, 4.12.1936, S. 1539.
Weiches Wasser, A 1936, P: Mayer's Filmbüro, Auftraggeber: Kaiserborax, 15 Meter, 1 Min.
Quellen: Paimann's Filmlisten, 25.9.1936, S. 1513; Zensurkarten 49676 der Filmprüfstelle Berlin/Bundesarchiv Berlin.
Windstärke 9, A 1936, P: Mayer's Filmbüro, 20 Meter, 1 Min.
Quellen: Paimann's Filmlisten, 6.11.1936, S. 1529.
Verantwortung, A 1936, P: Mayer's Filmbüro, 20 Meter, 1 Min.
Quellen: Paimann's Filmlisten, 30.10.1936, S. 1525
Tempo-Record, A 1936, P: Mayer's Filmbüro, 20 Meter, 1 Min.
Quellen: Paimann's Filmlisten, 6.11.1936, S. 1529
Wundernacht, A 1936, P: Mayer's Filmbüro, 44 Meter, 2 Min.
Quellen: Paimann's Filmlisten, 11.12.1936, S. 1542
Nur die Ruhe . . . , A 1936, P: Adi Mayer Film, Produzent: Bruno Wozak, Auftraggeber: Austria Tabak, 41 Meter, 1 Min.
Quellen: Zensurkarten 48735 der Filmprüfstelle Berlin/Bundesarchiv Berlin
Strom für Alles, A 1936, P: Mayer's Filmbüro, Auftraggeber: Wiener Stadtwerke / Elektrizitätswerke, Drehbuch: Friedrich Rothe-Lorm, Sprecher: Erich Meder, Musik: F. Zeillinger, Trick: Bruno Wozak, 690 Meter, 24 Min.
Quellen: Zensurkarten 50205 der Filmprüfstelle Berlin/Bundesarchiv Berlin.
Ein guter Rat, A 1937, P: Mayer's Filmbüro, 30 Meter, 1 Min.
Quellen: Paimann's Filmlisten, 5.3.1937, S. 1575.
Mach das Leben Dir bequem, A 1937, P: Mayer's Filmbüro, Auftraggeber: Gasgemeinschaft, 48 Meter, 2 Min.
Quellen: Zensurkarten 50489 der Filmprüfstelle Berlin/Bundesarchiv Berlin.

Wohin läufst Du, Mascherl?, A 1937, P: Mayer's Filmbüro, 70 Meter, 2 Min.
Quellen: Paimann's Filmlisten, 5.3.1937, S. 1575.

Spuk um Mitternacht, A 1937, P: Mayer's Filmbüro, 85 Meter, 3 Min.
Quellen: Adi Mayer Film 1923–2003, 80 Jahre Filmproduktion. Qualität mit Tradition, Wien 2005, S. 28.

Ein orientalisches Wunder, A 1937, P: Mayer's Filmbüro, Produzent: Bruno Wozak, Auftraggeber: Österreichische Tabakregie, 34 Meter, 1 Min.
Quellen: Zensurkarten 49893 der Filmprüfstelle Berlin/Bundesarchiv Berlin.

100 Prozent Erfolg, A 1937, P: Mayer's Filmbüro, Länge: 25 Meter, 1 Min.
Quellen: Adi Mayer Film 1923–2003, 80 Jahre Filmproduktion. Qualität mit Tradition, Wien 2005, S. 28.

Kommt nach Baden!, A 1937, P: Mayer's Filmbüro, Länge: 60 Meter, 2 Min.
Quellen: Adi Mayer Film 1923–2003, 80 Jahre Filmproduktion. Qualität mit Tradition, Wien 005, S. 28.

Zu jeder Zeit, A 1937, P: Mayer's Filmbüro, Länge: 120 Meter, 4,5 Min.
Quellen: Adi Mayer Film 1923–2003, 80 Jahre Filmproduktion. Qualität mit Tradition, Wien 2005, S. 28.

1000 Meter höher, A 1937, P: Mayer's Filmbüro, Länge: 120 Meter, 4,5 Min.
Quellen: Adi Mayer Film 1923–2003, 80 Jahre Filmproduktion. Qualität mit Tradition, Wien 2005, S. 28.

Das Hammer Schlaraffenland, A 1937, P: Mayer's Filmbüro, Länge: 80 Meter, 3 Min.
Quellen: Adi Mayer Film 1923–2003, 80 Jahre Filmproduktion. Qualität mit Tradition, Wien 2005, S. 29.

Das Siegel, A 1937, P: Mayer's Filmbüro, Länge: 35 Meter, 1 Min.
Quellen: Adi Mayer Film 1923–2003, 80 Jahre Filmproduktion. Qualität mit Tradition, Wien 2005, S. 29.

24 Karat, A 1937, P: Mayer's Filmbüro, Länge: 50 Meter, 2 Min.
Quellen: Adi Mayer Film 1923–2003, 80 Jahre Filmproduktion. Qualität mit Tradition, Wien 2005, S. 29.

Man trägt Österreich, A 1937, P: Mayer's Filmbüro, Länge: 60 Meter, 2 Min.
Quellen: Adi Mayer Film 1923–2003, 80 Jahre Filmproduktion. Qualität mit Tradition, Wien 2005, S. 29.

Ein treuer Freund, A 1937, P: Mayer's Filmbüro, Länge: 40 Meter, 1,5 Min.
Quellen: Adi Mayer Film 1923–2003, 80 Jahre Filmproduktion. Qualität mit Tradition, Wien 2005, S. 29.

Persil Jubiläumsfilm, A 1937, P: Mayer's Filmbüro, Länge: 70 Meter, 2,5 Min.
Quellen: Adi Mayer Film 1923–2003, 80 Jahre Filmproduktion. Qualität mit Tradition, Wien 2005, S. 29.

Frohe Laune!, A 1938, P: Adi Mayer Film, 140 Meter, 5 Min.
Quellen: Adi Mayer Film 1923–2003, 80 Jahre Filmproduktion. Qualität mit Tradition, Wien 2005, S. 29.

Weihnachtsfreuden, A 1938, P: Adi Mayer Film, Auftraggeber: Palmers, 57 Meter, 2 Min.
Quellen: Zensurkarten 50038 der Filmprüfstelle Berlin/Bundesarchiv Berlin

Alle Neune, A 1938, A 1938, P: Adi Mayer Film, Auftraggeber: Wiener Gaswerke, 42 Meter, 1 Min.
Quellen: Zensurkarten 50488 der Filmprüfstelle Berlin/Bundesarchiv Berlin.

Aufstehen!, A 1938, P: Adi Mayer Film, Produzent: Bruno Wozak, Auftraggeber: Junghans Uhren, 28 Meter, 1 Min.
Quellen: Zensurkarten 49849 der Filmprüfstelle Berlin/Bundesarchiv Berlin.

Wunderbare Rettung, A 1938, P: Adi Mayer Film, Auftraggeber: Abadie, 53 Meter, 2 Min.
Quellen: Zensurkarten 50051 der Filmprüfstelle Berlin/Bundesarchiv Berlin.

Mädchen für alles, A 1938, P: Adi Mayer Film, Produzent: Bruno Wozak, Auftraggeber: Junghans Uhren, 30 Meter, 1 Min.
Quellen: Zensurkarten 49815 der Filmprüfstelle Berlin/Bundesarchiv Berlin.

Nicht vergessen (Kaiserborax), A 1938, P: Adi Mayer Film, 70 Meter, 2 Min.
Quellen: Zensurkarten 49011 der Filmprüfstelle Berlin/Bundesarchiv Berlin.

Das Geheimnis der 10, A 1938, P: Rudolf Mayer, Auftraggeber: Delka-Schuhe, 62 Meter, 2 Min.
Quellen: Zensurkarten 49952 der Filmprüfstelle Berlin/Bundesarchiv Berlin.

Tradition, A 1938, P: Adi Mayer Film, Auftraggeber: Junghans Uhren, 28 Meter, 1 Min.
Quellen: Zensurkarten 49816 der Filmprüfstelle Berlin/Bundesarchiv Berlin.

Der Stern der Zeit, A 1938, P: Adi Mayer Film, Zeichnungen: Bruno Wozak, Auftraggeber: Junghans Uhren, 56 Meter, 2 Min.
Quellen: Zensurkarten 49025 der Filmprüfstelle Berlin/Bundesarchiv Berlin; Quelle: Adi Mayer Film 1923–2003, 80 Jahre Filmproduktion. Qualität mit Tradition, Wien 2005, S. 29.

Die Arche Noah, A 1938, P: Adi Mayer Film, Produzent: Bruno Wozak, Auftraggeber: Bally Schuhe, 56 Meter, 2 Min
Quellen: Zensurkarten 49667 der Filmprüfstelle Berlin/Bundesarchiv Berlin.

Was fehlt?, A 1938, P: Adi Mayer Film, Auftraggeber: Imperial Kaffeemilch, 45 Meter, 2 Min.
Quellen: Zensurkarten 50097 der Filmprüfstelle Berlin/Bundesarchiv Berlin.

Flitterwochen, A 1938, P: Adi Mayer Film, Auftraggeber: Gemeinde Wien (Gasgemeinschaft), Idee: F. Rothe Lorm, Musik: Karl Eisele, D: Rudolf Carl, Annie Rosar, Illa Raudnitz, 269 Meter, 9 Min.
Quellen: Zensurkarten 49144 der Filmprüfstelle Berlin/Bundesarchiv Berlin.

Ihr Geheimnis, A 1938, P: Adi Mayer Film, Produzent: Bruno Wozak, Auftraggeber: Braun's Stoff-Farben, 80 Meter, 3 Min.
Quellen: Zensurkarten 49026 der Filmprüfstelle Berlin/Bundesarchiv Berlin

Es will Winter werden!, A 1938, P: Adi Mayer Film, Auftraggeber: Junghans Uhren, 28 Meter, 1 Min.
Quellen: Zensurkarten 49817 der Filmprüfstelle Berlin/Bundesarchiv Berlin.

Lasst Farben sprechen, A 1938, P: Adi Mayer Film, Produzent: Bruno Wozak, Auftraggeber: Olleschau Altesse, 28 Meter, 1 Min.
Quellen: Zensurkarten 49012 der Filmprüfstelle Berlin/Bundesarchiv Berlin.

Je mehr desto besser! (Stromanschluss), A 1938, P: Adi Mayer Film, 157 Meter, 6 Min.
Quellen: Zensurkarten 49850 der Filmprüfstelle Berlin/Bundesarchiv Berlin.

Ein Wiener Heuriger ladet Sie ein!, A 1938, P: Rudolf Mayer, Auftraggeber: Franz Schier, 28 Meter, 1 Min.
Quellen: Zensurkarten 48891 der Filmprüfstelle Berlin/Bundesarchiv Berlin.

Perlen der Ostmark, A 1938, P: Rudolf Mayer, Auftraggeber: Amazone-Strümpfe, 85 Meter, 3 Min.
Quellen: Zensurkarten 492760 der Filmprüfstelle Berlin/Bundesarchiv Berlin.

Werbefilm für das Kaufhaus Tasso, Wien VI, A 1938, P: Rudolf Mayer, 10 Meter, 0,5 Min.
Quellen: Zensurkarten 49331 der Filmprüfstelle Berlin/Bundesarchiv Berlin.

Werbefilm für Kleiderhaus Gerstl, Wien VII, A 1938, P: Rudolf Mayer, 14 Meter, 0,5 Min.
Quellen: Zensurkarten 49330 der Filmprüfstelle Berlin/Bundesarchiv Berlin.

12.5 Robert Reich

Aktualitäten

Das internationale Skisprungderby am Semmering 1925, A 1925, P: Österreichischer Filmdienst, R: Robert Reich, K: Hans Pucher, 212 Meter, 8 Min.
Quellen: Bestand Filmarchiv Austria.

Die Modesensation am Poloplatz (AT: Internationale Polospiele Modeschau / Polo Gymkhana am Poloplatz Freudenau – Lusthaus), A 1927, P: Reichs-Filmproduktion, 250 Meter, 9 Min.
Quellen: Paimann's Filmlisten, 4.7.1927.

Wahl der Modekönigin 1927 auf der Alland-Redoute, A 1927, P: Reichs-Filmproduktion, 120 Meter, 4 Min.
Quellen: Paimann's Filmlisten, 22.1.1927.

Die Eröffnung der Autobuslinie Philadelphiabrücke – Liesing – Kaltenleutgeben, A 1927, P: Reichs-Filmproduktion, 200 Meter, 7 Min.
Quellen: Paimann's Filmlisten, 5.7.1927.

Bilder von der XII. Wiener Internationalen Messe, A 1927, P: Reichs-Filmproduktion, 200 Meter, 7 Min.
Quellen: Paimann's Filmlisten, 29.3.1927.

Der Beginn der Achthundertjahrfeier in Graz, A 1928, P: Österreichische Werbefilm Ges., 327 Meter, 11 Min.
Quellen: Paimann's Filmlisten, 20.7.1928.

Die Eröffnung der Wiener Festwochen, A 1928, P: Österreichische Werbefilm Ges., 167 Meter, 6 Min.
Quellen: Paimann's Filmlisten, 23.6.1928.

Das österreichische Derby in der Freudenau, A 1929, P: Österreichische Werbefilmges. Reich & Co., 180 Meter, 6 Min.
Quellen: Paimann's Filmlisten, 12.6.1929.

Wiener Kurzfilm Magazin, A 1929, P: Österreichische Werbefilmges. Reich & Co., 120 Meter, 4 Min.
Quellen: Paimann's Filmlisten, 23.4.1929.

Wiener Kurzfilm-Magazin, A 1929, P: Österreichische Werbefilmges. Reich & Co., 110 Meter, 4 Min.
Quellen: Paimann's Filmlisten, 28.9.1929.

Wiener Kurzfilm Magazin, A 1929, P: Österreichische Werbefilmges. Reich & Co., 145 Meter, 5 Min.
Quellen: Paimann's Filmlisten, 30.9.1929.

Leichenbegängnis Prof. Clemens Pirquet, A 1929, P: Österreichische Werbefilmges. Reich & Co., 15 Meter, 1 Min.
Quellen: Paimann's Filmlisten, 18.3.1929.

Der Höhepunkt der österreichischen Sportsaison: Der Kampf um das blaue Band, A 1930, P: Österreichische Werbefilmges. Reich & Co., 205 Meter, 7 Min.
Quellen: Paimann's Filmlisten, 18.6.1930.

Leo Slezak und der kleine Jim beehren sich darzubieten, A 1933, P: Österreichische Werbefilm GmbH Reich & Co., 53 Meter, 2 Min.
Quellen: Paimann's Filmlisten, 1.6.1933.

Bildbericht über den Baufortschritt einer Gartenstadt, A 1936, P: Österreichische Werbefilmges. Reich & Co., 690 Meter, 24 Min.
Quellen: Paimann's Filmlisten, 12.2.1937, S. 1563.

Kulturfilme

Von Marseille nach Algerien, A ca. 1925, P: Österreichische Werbefilmgesellschaft Reich, Janisch & Co. (Wien), 127 Meter, 5 Min.
Quellen: Bestand Filmarchiv Austria.

Die Amerikaner in Wien, A 1926, P: Robert Reich, 220 Meter, 8 Min.
Quellen: Paimann's Filmlisten, 29.5.1926.
Alles Gute kommt von oben, A 1927, P: Reichs-Filmproduktion, 290 Meter, 10 Min.
Quellen: Paimann's Filmlisten, 16.11.1927.
Tanz im Freien, A 1927, P: Reichs-Filmproduktion, 80 Meter, 3 Min.
Quellen: Paimann's Filmlisten, 10.6.1927.
Sport und Spiel in Schnee und Sonne, A 1927, P: Reichs-Filmproduktion, 178 Meter, 6 Min.
Quellen: Paimann's Filmlisten, 27.9.1927.
Wildwasserfahrt im Faltboot, A 1927, P: Reichs-Filmproduktion, 156 Meter, 5 Min.
Quellen: Paimann's Filmlisten, 27.9.1927.
Moderne Großmolkerei, A 1927, P: Reichs-Filmproduktion, 650 Meter, 23 Min.
Quellen: Paimann's Filmlisten, 10.6.1927.
Vom gesunden Wohnen, A 1927, P: Österreichische Werbefilm Ges., 300 Meter, 11 Min.
Quellen: Paimann's Filmlisten, 25.1.1928.
Die Bauten Berlins, A 1928, P: Reich & Co., 123 Meter, 4 Min.
Quellen: Paimann's Filmlisten, 20.11.1928.
Licht - Luft – Ernährung, A 1928, P: Österreichische Werbefilmges. Reich, Janisch & Co., 747 Meter, 26 Min.
Quellen: Paimann's Filmlisten, 23.8.1928.
Der Harz, A 1928, P: Österreichische Werbefilmges. Reich Janisch & Co., 195 Meter, 7 Min.
Quellen: Paimann's Filmlisten, 6.3.1929.
Die lauernde Gefahr. Ein Lebensbild aus der Welt der Arbeit, A 1928, P: Österreichische Werbefilm Ges., 1254 Meter, 44 Min.
Quellen: Paimann's Filmlisten, 29.5.1928; MA 104, K 1408/29, K 740/36.
Ehefreuden, A 1928, P: Österreichische Werbefilmges. Reich Janisch & Co., 830 Meter, 29 Min.
Quellen: Paimann's Filmlisten, 6.10.1928.
Ein technisches Weltereignis, A 1928, P: Österreichische Werbefilm Ges., 156 Meter, 5 Min.
Quellen: Paimann's Filmlisten, 16.7.1928.
Österreichs modernste Wurst- & Konservenfabrikation, A 1928, P: Österreichische Werbefilmges. Reich Janisch & Co., ohne Längenangaben.
Quellen: Paimann's Filmlisten, 23.8.1928.
Was die Kleinsten brauchen, A 1928, P: Österreichische Werbefilmges. Reich Janisch & Co., 362 Meter, 13 Min.
Quellen: Paimann's Filmlisten, 23.8.1928.
Mit dem Kraftwagen am Großglockner, A 1928, P: Österreichische Werbefilm Gesellschaft, 150 Meter, 5 Min.
Quellen: Paimann's Filmlisten, 2.4.1928.
Winterliche Schönheit in Österreich, A 1928, P: Österreichische Werbefilmges. Reich Janisch & Co., 164 Meter, 6 Min.
Quellen: Paimann's Filmlisten, 21.2.1929.
Mit dem Kraftwagen durch das Kamptal, A 1928, P: Österreichische Werbefilmges. Reich Janisch & Co., 290 Meter, 10 Min.
Quellen: Paimann's Filmlisten, 10.4.1928.
Wohin läufst Du, Schilling?, A 1929, P: Österreichische Werbefilmges. Reich Janisch & Co., 245 Meter, 9 Min.
Quellen: Paimann's Filmlisten, 8.3.1929.
Das Fest der Schaufenster, A 1929, P: Österreichische Werbefilmges. Reich & Co., 200 Meter, 7 Min.
Quellen: Paimann's Filmlisten, 28.9.1929.

Im Faltboot durch die Wachau, A 1929, P: Österreichische Werbefilmges. Reich & Co., 220 Meter, 8 Min.
Quellen: 9.11.1929.

Erste Originalaufnahme von der Stadt Sarajevo, A 1929, P: Österreichische Werbefilmges. Reich & Co., 180 Meter, 6 Min.
Quellen: Paimann's Filmlisten, 17.8.1929.

Hochbetrieb in Garmisch-Partenkirchen, A 1929, P: Österreichische Werbefilmges. Reich & Co., 255 Meter, 9 Min.
Quellen: Paimann's Filmlisten, 18.5.1929.

Eine Fahrt auf die Rax, A 1929, P: Österreichische Werbefilmges. Reich & Co., 440 Meter, 15 Min.
Quellen: Paimann's Filmlisten, 13.12.1929.

Wien, A ca. 1929, P: Österreichische Werbefilmgesellschaft Reich, Janisch & Co. (Wien), 300 Meter, 11 Min.
Quellen: Bestand Filmarchiv Austria.

Eine Frühjahrsjagd in Polesien, A 1929, P: Österreichische Werbefilmges. Reich & Co., 260 Meter, 9 Min.
Quellen: Paimann's Filmlisten, 5.1.1930.

Akrobatische Übungen, A 1929, P: Österreichische Werbefilmges. Reich & Co., 150 Meter, 5 Min.
Quellen: Paimann's Filmlisten, 28.9.1929.

Spionage, A 1929, P: Österreichische Werbefilmges. Reich & Co, 1108 Meter, 39 Min.
Quellen: Paimann's Filmlisten, 11.2.1930.

Quer durch die Hohen Tauern, A 1929, P: Österreichische Werbefilmges. Reich & Co., 262 Meter, 9 Min.
Quellen: Paimann's Filmlisten, 28.9.1929.

Die Gartenstadt Wien, A 1929, P: Österreichische Werbefilmges. Reich & Co., 162 Meter, 6 Min.
Quellen: Paimann's Filmlisten, 5.10.1929.

Das 75jährige Jubiläum der Semmeringbahn, A 1929, P: Österreichische Werbefilmges. Reich & Co., 302 Meter, 11 Min.
Quellen: Paimann's Filmlisten, 9.7.1929.

Zwischen Rax und Semmering, A 1929, P: Österreichische Werbefilmges. Reich & Co., 240 Meter, 8 Min.
Quellen: Paimann's Filmlisten, 17.8.1929.

Neun Kilometer vom alten Steffel, A 1930, P: Österreichische Werbefilmges. Reich & Co., 518 Meter, 18 Min.
Quellen: Paimann's Filmlisten, Mai 1930.

Wenn die Soldaten aufmarschieren, A 1930, P: Österreichische Werbefilmges. Reich & Co., 88 Meter, 3 Min.
Quellen: Paimann's Filmlisten, 2.4.1930.

Ein grosser Film, in dem ihre kleine Freundin, die Zigarette, eine Hauptrolle spielt, A 1931, P: Österreichische Werbefilm Ges., 720 Meter, 25 Min.
Quellen: Paimann's Filmlisten, 26.10.1931.

Die Qualen des Jeremias, A 1933, P: Österreichische Werbefilmges. Reich & Co., 116 Meter, 4 Min.
Quellen: Ballhausen, Thomas/Caneppele, Paolo (Hg.), Materialien zur Österreichischen Filmgeschichte 10: Entscheidungen der Wiener Filmzensur 1929–1933, Wien 2003.

Von Mitternacht zu Mitternacht (AT: Ein Film von den Gefahren des täglichen Lebens), A 1931, P: Österreichische Werbefilmgesellschaft Reich & Co., 2208 Meter, 6 Akte, 77 Min.
Quellen: Paimann's Filmlisten, 16.7.1931; MA 104, K 2734/31, K 2863/32, K 2866/32, K 3339/33, K 3479/33, K 740/36, K 1465/37.

Gymnastik und Akrobatik, A 1934, P: Österreichische Werbefilmges. Reich & Co., 114 Meter, 4 Min.
Quellen: Paimann's Filmlisten, 2.10.1934.

Mayer beim Zahnarzt, A 1934, P: Österreichische Werbefilmges. Reich & Co., 530 Meter, 19 Min.
Quellen: Bestand Filmarchiv Austria.

Klein Chicago in Wien, A 1935, P: Österreichische Werbefilmges. Reich & Co., 360 Meter, 13 Min.
Quellen: Paimann's Filmlisten, 28.2.1928.

Werbefilme

Wie Ninette zu ihrem Ausgang kam, A 1913, P: Sascha-Film, R: Hans Otto Löwenstein, DB: Robert Reich, 72 Meter, 3 Min.
Quellen: Bestand Filmarchiv Austria.

Werdegang einer Soldatenmontur. Aufgenommen in den Spinnereien, Webereien und mechanischen Konfektionsfabriken der Firma Wilhelm Beck und Söhne, A 1917, P: Sascha-Messter (Sawerb), Regie: Robert Reich, 270 Meter, 10 Min.
Quellen: Bestand Filmarchiv Austria.

Wiener Modeschau. Neuheiten der Wiener Strickmode, A 1926, P: Robert Reich Filmproduktion, 200 Meter, 7 Min.
Quellen: Paimann's Filmlisten, 16.11.1926.

Seff auf dem Wege zur Kraft und Schönheit, A 1927, Regie: Robert Reich, 570 Meter, 21 Min.
Quellen: Paimann's Filmlisten; 27.11.1926.

Bilder ohne Worte (Eine geschwinde Reise auf Rax & Semmering), A 1927, P: Reichs-Filmproduktion, 200 Meter, 7 Min.
Quellen: Paimann's Filmlisten, 12.12.1927.

Bilder aus der Wachau, A 1927, P: Reich & Co., 150 Meter, 5 Min.
Quellen: Paimann's Filmlisten, 8.9.1927.

Preisausschreiben der Milchindustrie AG, A 1927, P: Österreichischer Werbefilm, 60 Meter, 2 Min.
Quellen: Paimann's Filmlisten, 20.1.1928.

Aflenz, das steirische Paradies, A 1928; P: Österreichische Werbefilm Ges., 250 Meter, 9 Min.
Quellen: Paimann's Filmlisten, 8.5.1928.

Italienreise, A 1928, P: Österreichische Werbefilmges. Reich Janisch & Co., 188 Meter, 7 Min.
Quellen: Paimann's Filmlisten, 6.10.1928.

Kairo, A 1928, 120 Meter, 4 Min.
Quellen: Paimann's Filmlisten, 24.11.1928.

Schöne Städte im Harz, A 1928, P: Österreichische Werbefilmges. Reich Janisch & Co., 206 Meter, 7 Min.
Quellen: Paimann's Filmlisten, 6.3.1929.

Ein Ausflug von Berlin nach Potsdam, A 1928, P: Reich & Co., 183 Meter, 6 Min.
Quellen: Paimann's Filmlisten, 20.11.1928.

Alte Städte am Main, A 1928, P: Österreichische Werbefilmges. Reich Janisch & Co., 300 Meter, 11 Min.
Quellen: Paimann's Filmlisten, 21.2.1929.

Die Perle des Salzkammergutes, A 1928, P: Österreichische Filmwerke Reich Janisch & Co., 150 Meter, 5 Min.
Quellen: Paimann's Filmlisten, 19.12.1928.

Bilder aus Velden am Wörthersee, A 1928, P: Reich & Co., 117 Meter, 4 Min.
Quellen: Paimann's Filmlisten, 18.2.1928.

Ein behagliches Heim, A 1928, P: Österreichische Werbefilmges., 85 Meter, 3 Min.
Quellen: Paimann's Filmlisten, 8.10.1928.

Mein Liebling, der neue, einzigartige "Olso Spiritus Kocher", A 1929, P: Österreichische Werbefilmges. Reich & Co., 68 Meter, 2 Min.
Quellen: Paimann's Filmlisten, 9.7.1929.

Ich küsse Ihre Hand Madame!, A 1929, P: Österreichische Werbefilmges. Reich & Co., 31 Meter, 1 Min.
Quellen: Paimann's Filmlisten, 18.3.1929.

Eine vielseitige Freundin?, A 1929, P: Österreichische Werbefilmges. Reich & Co., 212 Meter, 7 Min.
Quellen: Paimann's Filmlisten, 13.12.1929.

Wiener, kennt Ihr Euer Wien?, A 1929, P: Österreichische Werbefilmges. Reich & Co., 171 Meter, 6 Min.
Quellen: Paimann's Filmlisten, 24.6.1929.

Ist Wien eine Grossstadt?, A 1929, P: Österreichische Werbefilmges. Reich & Co., 115 Meter, 4 Min.
Quellen: Paimann's Filmlisten, 16.1.1930.

Verkühle Dich täglich!, A 1930, P: Österreichische Werbefilmges. Reich & Co., 130 Meter, 5 Min.
Quellen: Paimann's Filmlisten, 23.8.1930.

Revue der Wiener Schönheit, A 1930, P: Österreichische Werbefilmges. Reich & Co., 136 Meter, 5 Min.
Quellen: Paimann's Filmlisten, 22.10.1930.

Bilder aus Rom und Venedig, A 1930, P: Österreichische Werbefilmges. Reich & Co., 185 Meter, 6 Min.
Quellen: Paimann's Filmlisten, 2.4.1930.

Endlich, A 1930, P: Österreichische Werbefilmges. Reich & Co., 59 Meter, 2 Min.
Quellen: Paimann's Filmlisten, 20.2.1930.

Eine erwiesene Tatsache, A 1930, P: Österreichische Werbefilmges. Reich & Co., 93 Meter, 3 Min.
Quellen: Paimann's Filmlisten, 20.2.1930.

Dein ist mein Herz, A 1930, P: Österreichische Werbefilmges. Reich & Co., 58 Meter, 2 Min.
Quellen: Paimann's Filmlisten, 11.10.1930.

Kleinarbeit, die Rinso Seifenbläschen im Waschkessel für Sie leisten, A 1930, P: Österreichische Werbefilmges. Reich & Co., 75 Meter, 3 Min.
Quellen: Paimann's Filmlisten, Mai 1930.

Kik, A 1930, P: Österreichische Werbefilmges. Reich & Co., 37 Meter, 1 Min.
Quellen: Paimann's Filmlisten, 20.2.1930.

Ein glänzender Fall, A 1930, P: Österreichische Werbefilmges. Reich & Co., 47 Meter, 2 Min.
Quellen: Paimann's Filmlisten, 21.3.1930.

Die Ata-Garde, A 1932, P: Österreichische Werbefilm Ges. Reich & Co., 75 Meter, 3 Min.
Quellen: Paimann's Filmlisten, 1.6.1932.

Altesse-Zigarettenhülsen, A 1932, P: Österreichische Werbefilmgesellschaft Reich & Co., Auftraggeber: Altesse-AG, ohne Längenangaben.
Quellen: MA 104, K 2939/32, K 3708/33, K 2095/37.

Hugo Knepler, A 1932, P: Österreichische Werbefilmges. Reich & Co., 30 Meter, 1 Min.
Quellen: Paimann's Filmlisten, 2.11.1932.

Was sagt das schönste Mädchen von Wien, A 1932, P: Österreichische Werbefilmges. Reich & Co., ohne Längenangaben.
Quellen: Paimann's Filmlisten, 16.7.1932.

Semmering als Winterparadies, A 1933, P: Österreichische Werbefilmges. Reich & Co., 280 Meter, 10 Min.
Quellen: Paimann's Filmlisten, 1.6.1933.

Bilder von der dalmatinischen Küste, A 1933, P: Österreichische Werbefilmges., 280 Meter, 10 Min.
Quellen: Paimann's Filmlisten, 1.4.1933.
Geld oder Leben, A 1933, P: Österreichische Werbefilmges. Reich & Co., 98 Meter, 3 Min.
Quellen: Paimann's Filmlisten, 1.2.1933.
Kathreiner, A 1933, P: Österreichische Werbefilmges. Reich & Co., 15 Meter, 1 Min.
Quellen: Paimann's Filmlisten, 2.11.1933.
Sag Bio, A 1933, P: Österreichische Werbefilmges. Reich & Co., 88 Meter, 3 Min.
Quellen: Paimann's Filmlisten, 2.11.1933.
Der falsche Zug, A 1933, P. Österreichische Werbefilmges. Reich & Co., 53 Meter, 2 Min.
Quellen: Paimann's Filmlisten, 1.10.1933.
Ein Blick in Patakys Wundergarten, A 1933, P: Österreichische Werbefilmges. Reich & Co., 60 Meter, 2 Min.
Quellen: Paimann's Filmlisten, 1.7.1933.
Und droht der Winter noch so sehr, A 1933, P: Österreichische Werbefilmges. Reich & Co., 78 Meter, 3 Min.
Quellen: Paimann's Filmlisten, 1.10.1933.
Darum, A 1934, P: Österreichische Werbefilmges. Reich & Co., 75 Meter, 3 Min.
Quellen: Paimann's Filmlisten, 2.3.1934.
Plag Dich nicht, A 1934, P: Österreichische Werbefilmges. Reich & Co., 108 Meter, 4 Min.
Quellen: Paimann's Filmlisten, 2.10.1934.
Zwei für alle, A 1934, P: Österreichische Werbefilmges. Reich & Co., 120 Meter, 4 Min.
Quelle: Paimann's Filmlisten, 1.6.1934
Das Konzert, A 1934, P: Österreichische Werbefilmges. Reich & Co., 60 Meter, 2 Min.
Quellen: Paimann's Filmlisten, 31.12.1934.
S. O.S. Hornyphon, A 1935, P: Österreichische Werbefilmges. Reich & Co., 120 Meter, 4 Min.
Quellen: Paimann's Filmlisten, 28.2.1935.
Tempo ist alles, A 1935, P: Österreichische Werbefilmges. Reich & Co., 90 Meter, 3 Min.
Quellen: Paimann's Filmlisten, 4.10.1935, S. S. 1409.
Der Weg des Kaffees, A 1935, P: Österreichische Werbefilmges. Reich & Co., 70 Meter, 2 Min.
Quellen: Paimann's Filmlisten, 30.4.1935.
Der einzig Mögliche, A 1936, P: Österreichische Werbefilmges. Reich & Co., 70 Meter, 2 Min.
Quellen: Paimann's Filmlisten, 13.11.1936, S. S. 1532.
Einst und Jetzt, A 1936, P: Österreichische Werbefilmges. Reich & Co., 50 Meter, 2 Min.
Quellen: Paimann's Filmlisten, 12.2.1937, 1564.
Der Schlüssel, A 1937, P: Österreichische Werbefilmges. Reich & Co., 100 Meter, 4 Min.
Quellen: Bestand Filmarchiv Austria.
Palmers (aka Der blonde Strumpf), A 1937, P: Österreichische Werbefilmges. Reich & Co., 25 Meter, 38 Sek.
Quellen: Paimann's Filmlisten, 26.2.1937, S. 1569.
Blumenteppiche, A 1938, P: Österreichische Werbefilmges. Reich & Co., 45 Meter, 2 Min.
Quellen: Österreichische Film-Zeitung, „Entscheidungen der Filmvorführstelle der Stadt Wien“, Nr. 10, 4. März 1938, S. 6.

12.6 Frank Ward Rossak

Aktualitäten

Ein Deutschmeistertag, A 1927, P: Astor-Pamela-Film (Wien), R: Frank Ward Rossak, K: Hans W. Imber, 160 Meter, 6 Min.

Quellen: Bestand Filmarchiv Austria: Caneppele, Paolo (Hg.): Materialien zur Österreichischen Filmgeschichte 9: Entscheidungen der Wiener Filmzensur 1926–1928, Wien 2002.

Österreichisches Motorrad-Fußballspiel, A 1927, P: Astor-Pamela-Film, R: Frank Rossak, K: Hans W. Imber, 110 Meter, 4 Min.
Quellen: Caneppele, Paolo (Hg.): Materialien zur Österreichischen Filmgeschichte 9: Entscheidungen der Wiener Filmzensur 1926–1928, Wien 2002.

Blumen-Korso, A 1927, P: Astor-Pamela-Film, R: Frank Rossak, K: Hans W. Imber, 185 Meter, 7 Min.
Quellen: Caneppele, Wiener Filmzensur 1926–1928.

Die Feier der Helden von Sapanow, A 1927, P: Astor-Pamela-Film, R: Frank Rossak, K: Hans W. Imber, 210 Meter, 8 Min.
Quellen: Caneppele, Wiener Filmzensur 1926–1928.

Die kühnste und höchste Seilschwebebahn Europas (Auf den Kranabethsattel – Höllengebirge), A 1927, P: Astor-Pamela-Film, R: Frank Rossak, K: Hans W. Imber, 250 Meter, 9 Min.
Quellen: Caneppele, Wiener Filmzensur 1926–1928.

Die Autowette der 18jährigen Lisl Wurmb, A 1927, P: Astor-Pamela-Film, R: Frank Rossak, K: Hans W. Imber, 180 Meter, 7 Min.
Quellen: Caneppele, Wiener Filmzensur 1926–1928.

Der Mord in Schattendorf (Die Beerdigung der Opfer), A 1927, P: Astor-Pamela-Film, R: Frank Rossak, K: Hans W. Imber, 220 Meter, 8 Min.
Quellen: Tode, Thomas: Die Verwandlungen des Franz Rossak. Eine österreichische Filmbiografie zwischen Arbeiterbewegung und Nationalsozialismus, in: Dewald, Christian: Arbeiterkino. Linke Filmkultur der Ersten Republik, Wien 2007, S. 182–192.

Der Rückmarsch der ausgerückten Frontkämpferabteilungen von der Südtiroler Kundgebung am 15. April 1928, P: Astor-Pamela-Film, R: Frank Rossak, K: Stanislaus D. Proszowski, 37 Meter, 1,5 Min.
Quellen: Caneppele, Wiener Filmzensur 1926–1928.

Ein Demonstrationssonntag in Wien (12. Mai 1929), A 1929, P: Rossak-Film, 140 Meter, 5 Min.
Quellen: Paimann's Filmlisten, 12.6.1929.

Anschluss-Kundgebung im Ebert-Hof, A 1929, P: Rossak-Film, 120 Meter, 4 Min.
Quellen: Paimann's Filmlisten, 12.6.1929.

Die Dr. Ottokar Kernstockehrung am 16. Und 17.X.1926 in Puchberg am Schneeberg, A 1930., P: Astor-Pamela-Film, R: Frank Rossak, K: Hans W. Imber, 120 Meter, 4,5 Min.
Quellen: Caneppele, Paolo (Hg.): Materialien zur Österreichischen Filmgeschichte 10: Entscheidungen der Wiener Filmzensur 1929–1933, Wien 2003.

3te Wienerwald-Ausstellung in Purkersdorf, A 1930, P: Frank Ward Rossak, R: Frank Ward Rossak, 204 Meter, 7 Min.
Quellen: Paimann's Filmlisten, 12.9.1930.

Hubertusfeldmesse in der Walster, A 1932, R: Frank Rossak, ohne Längenangaben.
Quellen: Tode, Franz Rossak, S. 182–192.

Politische Propagandafilme

Österreichische Arbeiterrevue, A 1927, P: Astor-Pamela-Film, Frank Ward Rossak, 230 Meter, 8 Min.
Quellen: Paimann's Filmlisten, 23.5.1927.

Das Notizbuch des Mr. Pim (AT: Mr. Pim´s Europareise), A 1930, R: Frank Ward Rossak, 1957 Meter, 72 Min.
Quellen: Bestand Filmarchiv Austria.

Stürmische Tage über Österreich, A 1934, P: Arische Propaganda- & Werbefilm (Wien), R: Frank Rossak, ohne Längenangaben.
Quellen: Tode, Franz Rossak, S. 182–192.

Tote Maschinen, A 1936–1938, P: Rossak Film, R: Frank Rossak, K: Hans Imber, 1500 Meter, 55 Min.
Quellen: Tode, Franz Rossak, S. 182–192.

Unterhaltungs-Kurzfilm

Francis macht alles elektrisch, A 1921, P: World-Excentric-Roco-Film, R: Hans Kellner, DB: Leo Marchfeld, D: Francis (= Frank Rossak), 350 Meter, 13 Min.
Quellen: Tode, Franz Rossak, S. 182–192.

Francis und die beiden Rivalen, A 1921, P: World-Excentric-Roco-Film, R: Frank Rossak, DB: H. W. Zuber, D: Francis (= Frank Rossak), 350 Meter, 13 Min.
Quellen: Tode, Franz Rossak, S. 182–192.

Francis und Bully im Zirkus, A 1922, P: World-Excentric-Roco-Film, R: Frank Rossak, K: Hans W. Imber, D: Francis (= Frank Rossak), ohne Längenangaben.
Quellen: Tode, Franz Rossak, S. 182–192.

Francis und die Kleptomanie, A 1922, P: World-Excentric-Roco-Film, R: Frank Rossak, K: Hans W. Imber, D: Francis (= Frank Rossak), ohne Längenangaben.
Quellen: Tode, Franz Rossak, S. 182–192.

Francis und sein Koffer, A 1922, P: World-Excentric-Roco-Film, R: Frank Rossak, K: Hans W. Imber, D: Francis (= Frank Rossak), ohne Längenangaben.
Quellen: Tode, Franz Rossak, S. 182–192.

Francis auf der Flucht, A 1922, P: World-Excentric-Roco-Film, R: Frank Rossak, D: Francis (= Frank Rossak), ohne Längenangaben.
Quellen: Tode, Franz Rossak, S. 182–192.

Francis und die schöne Unbekannte, A 1922, P: Ward-Filmgesellschaft, R: Frank Rossak, K: Hans W. Imber, Odo Matz, D: Francis (= Frank Rossak), Gladys Ward, ohne Längenangaben.
Quellen: Tode, Franz Rossak, S. 182–192.

[Meisterschaftsligakampf zwischen Fußballklub "Fliegengigerl" und Sportklub "Haudaneben". Österreichische Komödie mit einem Charlie Chaplin Imitator], A ca. 1922, P: Frank Ward Rossak, R: Frank Ward Rossak, 286 Meter, 10 Min.
Quellen: Bestand Filmarchiv Austria.

Francis und Länglich, A 1923, P: unbekannt, R: Frank Rossak, Karl Leiter, D: Francis (= Frank Rossak), ohne Längenangaben.
Quellen: Tode, Franz Rossak, S. 182–192.

Kulturfilme

Die beiden Rivalen, A 1921, P: World-Excentric-Roco-Film, R: Frank Ward Rossak, Drehbuch: H. W. Zuber, 350 Meter, 13 Min.
Quellen: Bestand Filmarchiv Austria.

Ein Tag im Realgymnasium Rainer Mauer bei Wien., A 1932, P: Rossak-Film, R: Frank Rossak, 160 Meter, 6 Min.
Quellen: Paimann's Filmlisten, 15.6.1932.

Ein Tag in einer österr. Klavierfabrik, A 1932, P: Rossak-Film, R: Frank Rossak, 136 Meter, 5 Min.
Quellen: Paimann's Filmlisten, 1.10.1932.

Kohle, A 1932, P: Rossak-Film, R: Frank Rossak, 1 Akt.
Quellen: Paimann's Filmlisten, 7.3.1932.

Ein moderner Schlachthof, A 1932, P: Rossak Film, R: Frank Rossak, 360 Meter, 13 Min.
Quellen: Caneppele, Wiener Filmzensur 1929–1933.

Ein Tag in einem Molkereibetrieb, A 1931, R: Frank Rossak, ohne Längenangaben.
Quellen: Tode, Franz Rossak, S. 182–192.

Moderne Schuhfabrikation, A 1932, R: Frank Rossak, ohne Längenangaben.
Quellen: Tode, Franz Rossak, S. 182–192.

Werbefilme

Lilienfeld, A 1927, P: Astor-Pamela-Film, R: Frank Rossak, K: Hans W. Imber, 146 Meter, 5 Min.
Quellen: Caneppele, Wiener Filmzensur 1926–1928.

Neuberg an der Mürz, Seehöhe 790 m, Steiermark, A 1927, P: Astor-Pamela-Film, R: Frank Rossak, K: Hans W. Imber, 180 Meter, 7 Min.
Quellen: Caneppele, Wiener Filmzensur 1926–1928.

Bad Ischl, die Perle des Salzkammergutes, A 1927, P: Astor-Pamela-Film, R: Frank Rossak, K: Hans W. Imber, 500 Meter, 8 Min.
Quellen: Caneppele, Wiener Filmzensur 1926–1928.

[Wintersport in Bischofshofen], A 1927, P: Atlantic-Film & Co (Wien), R: Frank Ward Rossak, K: Frank Ward Rossak, 135 Meter, 5 Min.
Quellen: Bestand Filmarchiv Austria.

Mariazell und seine Umgebung, A 1928, P: Vienna Film Wien, R: Frank Rossak, ohne Längenangaben.
Quellen: Tode, Franz Rossak, S. 182–192.

Kritzendorf und Strombad, A 1930, P: Astor-Pamela-Film, R: Frank Rossak, K: Hans W. Imber, 382 Meter, 14 Min.
Quellen: Caneppele, Wiener Filmzensur 1929–1933.

Wiener und Wienerinnen beachtet! (AT: Besuchet das Neuwaldegger Bad), A 1930, P: Frank Ward-Rossak, R: Leander Müller, Frank Ward Rossak, K: Mario Viberal, 200 Meter, 7 Min.
Quellen: Paimann's Filmlisten, 12.9.1930, 25.3.1931.

Das malerisch gelegene Strandbad Gugging, A 1931, P: Franz Rossak, R: Frank Rossak, 100 Meter, 4 Min.
Quellen: Paimann's Filmlisten, 16.6.1931.

Das Schafbergbad, A 1931, P: B. Schemer, R: Frank Ward Rossak, 385 Meter, 14 Min.
Quellen: Caneppele, Wiener Filmzensur 1929–1933.

Bad Greifenstein, Altenberg, A 1931, P: Franz Rossak, 265 Meter, 9 Min.
Quellen: Paimann's Filmlisten, 16.7.1931.

Ein Gang durch Österreichs größte Seifenfabrik, A 1931, P: Schicht Lever Brothers, R: Frank Rossak, 940 Meter, 34 Min.
Quellen: Tode, Franz Rossak, S. 182–192.

Österreichs Weinland, A 1932, R: Frank Rossak, ohne Längenangaben.
Quellen: Tode, Franz Rossak, S. 182–192.

Quer durch den Wienerwald, A 1932, P: Rossak-Film, R: Frank Rossak, 320 Meter, 11 Min.
Quellen: Paimann's Filmlisten, 1.7.1932.

Im Autobus von Sievering zum Steinriegl, A 1932, P: Rossak-Film, R: Frank Rossak, 135 Meter, 5 Min.
Quellen: Paimann's Filmlisten, 1.10.1932.

Wir zeigen Ihnen Bilder von einer beliebten Wiener Gaststätte, A 1932, P: Rossak-Film, R: Frank Rossak, 120 Meter, 4 Min.
Quellen: Paimann's Filmlisten, 1.10.1932.

Ein Besuch der bekannten Holsatia Baumschule, A 1933, P: Rossak-Film, 45 Meter, 2 Min.
Quellen: Paimann's Filmlisten, 2.11.1933.

13 Anhang

Abkürzungsverzeichnis

AAng.	Auswärtige Angelegenheiten
Abt.	Abteilung
AdR	Archiv der Republik
AOK	Armeeoberkommando
AT	Alternativtitel
AVA	Allgemeines Verwaltungsarchiv
BFH	Bundes-Film-Hauptstelle
BKA	Bundeskanzleramt
BMHV	Bundesministerium für Handel und Verkehr
BMU	Bundesministerium für Unterricht
BuFA	Bild- und Film-Amt
D	Darsteller
DB	Drehbuch
DLG	Deutschen Lichtbild-Gesellschaft
E	Erstverleih
FAA	Filmarchiv Austria
Fasz.	Faszikel
FHS	Staatliche Filmhauptstelle
Ggstd.	Gegenstand
GÖZ	Großeinkaufsgesellschaft für österreichische Consumvereine
Grz.	Grundzahl
Gschz.	Geschäftszahl
K	Kamera
KA	Kriegsarchiv
KM	Kriegsministerium
KPQ	Kriegspressequartier
Ktn.	Karton
M	Mappe
MA	Magistratsabteilung
L	Länge
ÖBUT	Österreich in Bild und Ton
ÖFZ	Österreichische Filmzeitung
ÖLFD	Österreichischer Lichtbild- und Filmdienst
o. S.	ohne Seitenangabe
ÖStA	Österreichisches Staatsarchiv
ÖWPF	Österreichische Werbepsychologische Forschungsstelle
OT	Orignialtitel
P	Produktion
R	Regie
SVRTÖ	Schutzverband der Reklametreibenden Österreichs
VÖR	Verband Österreichischer Reklamefachleute
WKO	Wirtschaftskammer Österreich
WKW	Wirtschaftskammer Wien

https://doi.org/10.1515/9783110622300-013

WStLA	Wiener Stadt- und Landesarchiv
Zl.	Zahl

13.1 Quellen und Literaturverzeichnis

13.1.1 Archive

Archiv der Technischen Universität, Jahrbücher
Austria Tabak Archiv, Zeitschriften, Jahresberichte
Bundesarchiv Berlin, Zensurkarten der Filmprüfstelle 1921–1938
Dokumentationsarchiv des Österreichischen Widerstands, NS-Opferdatenbank
Filmarchiv Austria, Film-Datenbank, Filme, Zeitschriften
Henkel-Archiv, Zeitschriften, Unterlagen 1932–1934, Filme
Meinl-Archiv, Zeitschriften, Unterlagen 1900–1938
ORF-Archiv, Film-Datenbank, Filme
Österreichisches Filmmuseum, Filme, Zeitschriften
Österreichisches Staatsarchiv:

- Kriegsarchiv: Armeeoberkommando, KPQ
- Kriegsarchiv: Kriegsministerium
- Allgemeines Verwaltungsarchiv: Unterrichtsministerium
- Allgemeines Verwaltungsarchiv: Handelsministerium
- Allgemeines Verwaltungsarchiv: Innenministerium
- Archiv der Republik: Auswärtige Angelegenheiten
- Archiv der Republik: Staatskanzlei

Österreichisches Theatermuseum, Zeitschriften 1920–1938
Palmers Archiv, Werbe-, Marketingunterlagen, Filme
Polizeiarchiv, Bundespolizeidirektion Wien, Kinozensur-Unterlagen
Privatsammlung, Josef Navratil
Privatsammlung, Alfred Rubatschek
Privatsammlung, Herbert Wilfinger
Wiener Stadt- und Landesarchiv

- Media Wien
- Vorführbewilligungen des Wiener Magistrats ab 1926

Wiener Verkehrsbetriebe-Archiv, Filme
Wirtschaftskammer Österreich, Gewerbescheine
Wirtschaftskammer Wien

- Unterlagen Film 1900–1938
- E 27.468 „Kauft österreichische Waren"

13.1.2 Internetseiten

Advertising and the Transformation of Screen Cultures
http://adscreen.org/

Asifa Austria
http://www.asifa.at/projekte/asifa_animation_in_a_2010.html, 24.11.2016.

Die Welt der Habsburger der Erste Weltkrieg
http://ww1.habsburger.net/de/kapitel/der-erste-kinematograph-wien-ein-medium-erobert-oesterreich-ungarn, 30.11.2014.
http://ww1.habsburger.net/de/kapitel/vom-schaustellerbetrieb-zum-kinotheater, 30.11.2014.
http://ww1.habsburger.net/de/kapitel/hereinspaziert-auffuehrungspraxen-attraktionen-schau-und-hoererlebnisse, 30.11.2014.
http://ww1.habsburger.net/de/kapitel/nummernprogramme-kleinode-aus-aller-welt, 30.11.2014.
http://ww1.habsburger.net/de/kapitel/von-der-ansicht-zur-narration-genres-und-stars, 30.11.2014.
http://ww1.habsburger.net/de/kapitel/oesterreichische-filmpioniere, 30.11.2014.
http://ww1.habsburger.net/de/kapitel/filmische-faszination-die-maschine-der-kriegspropaganda, 30.11.2014.
http://ww1.habsburger.net/de/kapitel/vom-fahren-und-reisen-fremdenverkehr-und-tourismusfilme, 30.11.2014.
http://ww1.habsburger.net/de/kapitel/organisierte-propaganda-die-filmstelle-des-kriegspressequartiers, 30.11.2014.
http://ww1.habsburger.net/de/kapitel/schwerpunkte-und-ziele-der-kriegs-filmpropaganda, 30.11.2014.
http://ww1.habsburger.net/de/kapitel/nach-dem-krieg-die-staatliche-filmhauptstelle-verwalter-des-vergangenen-mahner-der-gegenwart, 30.11.2014.
http://ww1.habsburger.net/de/kapitel/kulturkampf-gegen-schmutz-und-schund, 30.11.2014.

Dokumentationsarchiv des Österreichischen Widerstands
http://www.doew.at/personensuche, 5.5.2015

European Film Gateway
http://efgproject.eu/downloads/D_5_3_Final_Guidelines_Copyright_Clearance_online.pdf, 30.11.2014.

Forschungsinstitut Brenner Archiv
https://www.uibk.ac.at/brenner-archiv/mitarbeiter/links/schneider/schneider-engelmann-2011.pdf, 28.10.2015

FWF Projektwebpage: Die Emotionalisierung nationaler Marken im österreichischen Werbefilm 1950-2000
https://oesterreichischer-werbefilm.univie.ac.at/home/, 15.3.2016

Medienimpulse
http://www.medienimpulse.at/articles/view/641, 30.11.2014.

Orphanfilm
http://www.nyu.edu/orphanfilm, 1.9.2013

Projekt Collate
http://www.collate.eu/welcome-to-collate/, 1.9.2013

StadtFilmWien
http://mediawien-film.at/film/21/, 5.10.2016
http://stadtfilm-wien.at/film/22/, 5.10.2016
http://stadtfilm-wien.at/film/139/, 5.10.2016

Statistik Austria
https://www.statistik.at/web_de/nomenu/suchergebnisse/index.html, 22.11.2016

Webpage „Die Arbeitslosen von Marienthal"
http://agso.uni-graz.at/marienthal/, 1.9.2013

Wien Geschichte – wien.at
https://www.wien.gv.at/wiki/index.php?title=Weiskirchnerstra%C3%9Fe, 22.11.2016

13.1.3 Zeitungen und Zeitschriften

Arbeiter-Zeitung 1914
Blätter vom Hause (Henkel) 1932–1934
Bosnische Post 1915
Contact 1933–1936
Das Kino-Journal 1920–1939
Das Lichtbild-Theater 1911–1912
Dekorations- und Reklamekunst 1933–1935
Der gute Film 1935–1938
Der Filmbote 1918–1926
Der Handel 1924–1925
Der Kinobesitzer 1917–1918
Der Komet 1896–1918
Der Wiener Film 1936–1938
Die Deutsche Werbung 1935
Die Filmwelt 1919–1925
Die Filmwoche 1913/14
Die Kinotechnik 1934
Die Pause 1923
Die Wiener Bühne 1938
Epd Film 1992
Fachliche Mitteilungen der Österreichischen Tabakregie 1928–1931
Filmberichte 1938
Filmkunst 1913/14
Filmkunst. Zeitschrift für Filmkultur und Filmwissenschaft 1956

Fremden-Blatt 1913
Grazer Volksblatt 1937
Heimisches Schaffen 1935/36
Im Zeichen des Mohren 1935
Informationsdienst des Verbandes österreichischer Reklamefachleute 1930
Kinematographische Rundschau 1907–1916
Kinematographische Wochenschau 1910–1913
Kino (Prag) 1913
Kontakt 1926–1932
Lehmann's Adressbuch (Wien) 1896–1939
Lichtbild- und Filmdienst 1936–1937
LichtBildBühne 1929
Mein Film 1946
Meinls Monatsschrift 1926–1928
Mitteilungen der Österreichisch-Ungarischen Kinoindustrie Ges.m.b.H. 1912
Neue Freie Presse 1914, 1917
Neue Kino-Rundschau 1917/18
Neues Wiener Journal 1917
Neues Wiener Tagblatt 1937
Österreichische Film-Zeitung 1927–1938
Österreichische Handelspost 1924
Österreichische Reklame 1927–1931
Österreichische Reklame-Praxis 1935–1937
Österreichischer Komet 1908–1919
Österreichs Schaffen 1936–1938
Paimann's Filmlisten 1916–1938
Photographische Korrespondenz 1896
Reichspost 1914
Reklame-Praxis 1924–1927
Reklame-Presse 1936/37
Salzburger Chronik 1937
Südbahn und Llyod 1913
Tagespost (Graz) 1915
Tiroler Anzeiger 1937
Tonfilm, Theater, Tanz 1933–1938
Verkaufspraxis 1929–1936
Werbe-Winke 1935/36
Wiener Allgemeine Zeitung 1914, 1917
Wiener Tagblatt 1914
Wiener Zeitung 1914
Znaimer Wochenblatt 1902

13.1.4 Edierte Quellen und Literatur

Abelson, Robert P.: Psychological Status of the Script Concept, in: American Psychologist 36, 1981/7, S. 715–729.

Achenbach, Michael: Die Geschichte der Firma Saturn und ihre Auswirkungen auf die österreichische Filmzensur, in: Achenbach, Michael/Caneppele, Paolo/Kieninger, Ernst: Projektionen der Sehnsucht. Saturn. Die erotischen Anfänge der österreichischen Kinematografie, Wien 1999, S. 75–102.

Achenbach, Michael: „... wenn der Erfolggewährleistet sein soll". Hintergründe zu einem Propagandainstrument des Ständestaates, in: Achenbach, Michael/Moser, Karin: Österreich in Bild und Ton. Die Filmwochenschau des austrofaschistischen Ständestaates, Wien 2002, S. 73–98.

Adi Mayer Film 1923–2003, 80 Jahre Filmproduktion. Qualität mit Tradition, Wien 2005.

Agde, Günter: Flimmernde Versprechen. Geschichte des deutschen Werbefilms im Kino seit 1897, Berlin 1998.

Allan, Blaine: Eaton's March Big Sale, The Pepsi Taste Patrol, and Other Television Commercials of Phillip Borsos, in: Canadian Journal of Film Studies, Revue canadienne d' études cinématographiques, Bande 15, 1, Frühling 2006, S. 28–45.

Altenloh, Emilie: Soziologie des Kinos. Die Kinounternehmung und die sozialen Schichten ihrer Besucher, Jena 1914.

Amsler, André: „Wer dem Werbefilm verfällt, ist verloren für die Welt". Das Werk von Julius Pinschewer, Zürich 1997.

Ballhausen, Thomas/Caneppele, Paolo (Hg.), Materialien zur Österreichischen Filmgeschichte 10: Entscheidungen der Wiener Filmzensur 1929–1933, Wien 2003.

Ballhausen, Thomas/Caneppele, Paolo (Hg.), Materialien zur Österreichischen Filmgeschichte 11: Entscheidungen der Wiener Filmzensur 1934–1938, Wien 2009.

Ballhausen, Thomas/Caneppele, Paolo: Die Filmzensur in der österreichischen Presse bis 1938. Eine Auswahl historischer Quellentexte, Wien 2005.

Becker, Jörg: Die Vollstärke eines Emotionskomplexes: Der Werbekünstler Charles Wilp (1932–2005), in: Recherche Film & Fernsehen, 2/3, 2008, S. 14–19.

Benito-Sanchez, Samanta: Pressefotografen zwischen den Weltkriegen. Eine Biografiensammlung von Pressefotografen, die zwischen 1918 und 1939 in Wien tätig waren, Dipl., Wien 2009.

Benesch, Friedrich: 150 Jahre österreichische Tabakregie, Wien 1934.

Berghoff, Hartmut: Marketing im 20. Jahrhundert. Absatzinstrument – Managementphilosophie – universelle Sozialtechnik, in: Berghoff, Hartmut (Hg.): Marketinggeschichte. Die Genese einer modernen Sozialtechnik, Frankfurt/New York 2007, S. 11–58.

Bernold, Monika: Kino. Über einen historischen Ort weiblichen Vergnügens und dessen Bewertung durch die sozialdemokratische Partei. Wien 1918–1934, Dipl. Wien 1987.

Bless, Herbert/Schwarz, Norbert: Konzeptgesteuerte Informationsverarbeitung, in: Frey, Dieter/ Irle, Martin: Theorien der Sozialpsychologie, Band III: Motivations-, Selbst- und Informationsverarbeitungstheorien, Bern/Göttingen 2002, S. 257–278.

Blom, Ivo: Exkurs: Spionage und Propaganda im Ersten Weltkrieg. Das Beispiel Niederlande, in: Jung, Uli/Loiperdinger, Martin (Hg.): Geschichte des dokumentarischen Films in Deutschland, Bd. 1, Kaiserreich 1895–1918, Stuttgart 2005, S. 468–479.

Bochsler, Regula/Derungs, Pascal (Hg.): Und führe uns in Versuchung. 100 Jahre Schweizer Werbefilm, Zürich 1998.

Bono, Francesco: Bemerkungen zur österreichischen Filmwirtschaft und Produktion zur Zeit des Stummfilms, in: Bono, Francesco/Caneppele, Paolo/Krenn, Günter: Elektrische Schatten. Beiträge zur österreichischen Stummfilmgeschichte, Wien 1999, S. 47–75.

Brugger, Alfons/Sommerfeld, Kurt (Hg.): Jahrbuch für deutsche Filmwerbung, Berlin 1936.

Burgess, Colin: Sixty Years of Shell Film Sponsorship, 1934–94, in: Journal of British Cinema and TV, VII/2, 2010, S. 213–231.

Busch, Emil Walter: Faktor Mensch. Formen angewandter Sozialforschung der Wirtschaft in Europa und den USA, 1890–1950, Konstanz 2006.

Caneppele, Paolo (Hg.), Materialien zur Österreichischen Filmgeschichte 4, Entscheidungen der Tiroler Filmzensur 1922–1938, Wien 2002.

Caneppele, Paolo (Hg.): Materialien zur Österreichischen Filmgeschichte 8: Entscheidungen der Wiener Filmzensur 1922–1925, Wien 2002.

Caneppele, Paolo (Hg.): Materialien zur Österreichischen Filmgeschichte 9: Entscheidungen der Wiener Filmzensur 1926–1928, Wien 2002.

Caneppele, Paolo (Hg.): Materialien zur Österreichischen Filmgeschichte 12: Entscheidungen der Prager Filmzensur 1916–1918, Wien 2003.

Châteauvert, Jean: Das Kino im Stimmbruch, in: KINtop5, „Aufführungsgeschichten", Jahrbuch zu Erforschung des frühen Films, Basel/Frankfurt am Main 1996, S. 81–93.

Cohen, Emily: The Orphanista Manifesto. Orphan Films and the Politics of Reproduction, in: American Anthropologist 106, 4, December 2004, S. 719–731.

Colpan, Sema: Corporate Modernity? Der österreichische Werbe- und Industriefilm als Quelle, in: Linda Erker/Alexander Salzmann/Lucile Dreidemy/Klaudija Sabo (Hg.): Update! Perspektiven der Zeitgeschichte. Zeitgeschichtetage 2010, Innsbruck/Wien/Bozen 2012, S. 375–380.

Cowan, Michael: Advertising, Rhythm, and the Filmic Avant-Garde in Weimar: Guido Seeber and Julius Pinschewer's Kipho Film, in: October, 131, Winter 2010, S. 23–50.

Cowan, Michael: Absolute Advertising: Walter Ruttmann and the Weimar Advertising Film, in: Cinema Journal 52, Nr. 4, Sommer 2013, S. 49–73.

Cowan, Michael: From the Astonished Spectator to the Spectator in Movement: Exhibition Advertisments in 1920s Germany and Austria, in: Candian Journal of Film Studies, Band 23, Nr. 1, 2014, S. 2–29.

de Klerk, Nico/Florin, Bo/Vonderau, Patrick (Hg.): Films that Sell: Moving Images and Advertising, Palgrave/BFI 2016.

de Mèredieu, Florence: Le film publicitaire, Paris 1985.

Deeken, Annette: Geschichte und Ästhetik des Reisefilms, in: Jung, Uli/Loiperdinger, Martin (Hg.): Geschichte des dokumentarischen Films in Deutschland, Bd. 1, Kaiserreich 1895–1918, Stuttgart 2005, S. 299–323.

Deeken, Annette: Reisefilme. Ästhetik und Geschichte, Remscheid 2004.

Die ersten 50 Jahre des österreichischen Zeichentrickfilms, Wien 1987.

Dizseri, E.: A Magyar reklámfilm története. A kezdettöl 1944-ig, in: Filmkultura, 31/7, Juli 1995, S. 32–39.

Dizseri, E.: A Magyar reklámfilm története, in: Filmkultura, 31/8, August 1995, S. 1–3.

Domizlaff, Hans: Die Gewinnung des öffentlichen Vertrauens. Ein Lehrbuch der Markentechnik, Hamburg 1939/41.

Eamon, Greg: Farmers, Phantoms and Princes. The Canadian Pacific Railway and Filmmaking from 1899–1919, in: Cinémas VI/1, Herbst 1995, S. 11–32.

Eckardt, André: Im Dienst der Werbung. Die Boehner-Film 1926–1967, Berlin 2004.

Eder, Franz X.: Geschichte des Konsumierens. Ansätze und Perspektiven der (historischen) Konsumforschung, in: Breuss, Susanne/Eder, Franz X. (Hg.): Konsumieren in Österreich 19. und 20. Jahrhundert, Wien 2006, S. 9–41.

Eder, Franz X.: „Man lebte damals von der Hand in den Mund". Zur Konsumgeschichte Wiens von 1920 bis 1945, in: Domenig, Roland/Linhart, Sepp (Hg.): Wien und Tokyo, 1930–1945. Alltag, Kultur und Konsum, Wien 2007, S. 13–32.

Eigner, Peter: (Detail)Handel und Konsum in Österreich im 20. Jahrhundert. Die Geschichte einer Wechselbeziehung, in: Breuss, Susanne/Eder, Franz X. (Hg.): Konsumieren in Österreich 19. und 20. Jahrhundert, Wien 2006, S. 42–70.

Eigner, Peter/Helige, Andrea (Hg.): Österreichische Wirtschafts- und Sozialgeschichte im 19. und 20. Jahrhundert, Wien/München 1999.
Ekmann, Björn: Das gute und das böse Lachen. Lachkulturforschung im Zeichen der Frage nach Funktion und Wert des Lachens, in: Jahrbuch für Internationale Germanistik, Jg. XVI, Heft 2, Bern/Frankfurt am Main/New York 1984, S. 8–36.
Elsaesser, Thomas: Archive und Archäologien: Der Ort des nicht-fiktionalen Films im Feld der zeitgenössischen Medien, in: Hediger, Vinzenz/Vonderau, Patrick: Filmische Mittel, industrielle Zwecke. Das Werk des Industriefilms, Berlin 2007, S. 34–53.
Elsaesser, Thomas/Hagener, Malte: Walter Ruttmann, in: Andriopoulos, Stefan/Dotzler, Bernhard J. (Hg.): 1929. Beiträge zur Archäologie der Medien, Frankfurt am Main 2002, S. 316–349.
Ewen, Stuart: Captains of Consciousness: Advertising and the Social Roots of the Consumer Culture, New York 1977.
Fellner, Sabine/Thiel, Georg: Kunst und Design für Austria Tabak, in: Bina, Andrea: Tabakfabrik Linz. Kunst, Architektur, Arbeitswelt, Linz/Salzburg 2010, S. 90–95.
Festschrift anlässlich des zehnjährigen Bestandes des Film-Bundes. Vereinigung künstlerischer und kunsttechnischer Mitarbeiter der Filmerzeugung Österreichs in Wien 1923–1933, Wien 1933.
Fischler, Gerhard/Kristen, Johanna: 1865–1990. 125 Jahre Wilhelm Neuber, Wien 1990.
Fleckenstein, Heidi: Der französische Werbefilm. Entwicklung ästhetischer und narrativer Verfahren im 20. Jahrhundert, Tübingen 2007.
Fleischmann, Hugo Robert: Die moderne Kundenwerbung, Innsbruck/Wien 1921.
Fleischmann, Hugo R.: Wie erhöhe ich den Umsatz meines Geschäftes?, Wien/Leipzig 1927.
Fluss, Franz: Die volkswirtschaftliche Bedeutung der Reklame, Leipzig 1932.
Ford, Ron: Life Beyond the Camera. Jack Arnold, in: Filmfy, 37, Feb-Mar 1993, 58–63, S. 94–97.
Forster, Ralf: Ufa und Nordmark. Zwei Firmengeschichten und der deutsche Werbefilm 1919–1945, Trier 2005.
Forster, Ralf/Petzold Volker: Im Schatten der DEFA. Private Filmproduzenten in der DDR, Konstanz 2010.
Fritz, Walter: Dokumentarfilme aus Österreich 1909–1914, Wien 1980.
Fritz, Walter: Im Kino erlebe ich die Welt. 100 Jahre Kino und Film in Österreich, Wien/München 1997.
Fuchsig, Heinrich: Rund um den Film, Leipzig 1929.
Garncarz, Joseph: Nicht-fiktionale Filmformen in Varietés und Wanderkinos, in: Jung, Uli/ Loiperdinger, Martin (Hg.): Geschichte des dokumentarischen Films in Deutschland, Bd. 1, Kaiserreich 1895–1918, Stuttgart 2005, S. 71–74.
Garncarz, Joseph: Der nicht-fiktionale Film im Programm der Wanderkinos, in: Jung, Uli/ Loiperdinger, Martin (Hg.): Geschichte des dokumentarischen Films in Deutschland, Bd. 1, Kaiserreich 1895–1918, Stuttgart 2005, S. 108–119.
Gertiser, Anita: Schul- und Lehrfilme, in: Zimmermann, Yvonne (Hg.): Schaufenster Schweiz. Dokumentarische Gebrauchsfilme 1896–1964, Zürich 2011, S. 383–471.
Goergen, Jeanpaul: Das Dynamit der Reklame. Aspekte des künstlerischen Werbefilms, in: Meißner, Jörg (Hg.): Strategien der Werbekunst 1850–1933. Katalog zur Ausstellung des Deutschen Historischen Museums, Berlin 2004, S. 88–99.
Goergen, Jeanpaul: Der dokumentarische Kontinent. Ein Forschungsbericht, in: Kreimeier, Klaus/ Ehmann, Antje/Goergen, Jeanpaul (Hg.): Geschichte des dokumentarischen Films in Deutschland, Bd. 2, Weimarer Republik 1918–1933, Stuttgart 2005, S. 15–66.
Goergen, Jeanpaul: In filmo vertias! Inhaltlich vollkommen wahr. Werbefilme und ihre Produzenten, in: Kreimeier, Klaus/Ehmann, Antje/Goergen, Jeanpaul (Hg.): Geschichte des

dokumentarischen Films in Deutschland, Bd. 2, Weimarer Republik 1918–1933, Stuttgart 2005, S. 348–363.
Goergen, Jeanpaul: Julius Pinschewer. Künstler und Kaufmann, Pionier des Werbefilms, in: Epd Film, Nr. 3, März 1992, S. 16–22.
Gorman, Lyn/McLean, David: Media and Society in the Twentieth Century: A Historical Introduction, Malden 2003.
Graakjär, Nicolai/Jantzen, Christian: Music Advertising: Commercial Sounds in Media Communication and Other Settings, Aalborg 2009.
Gram, Arnulf: Der Film in seiner Bedeutung als Werbemittel, Diss., München 1931.
Grierson, John: First Principles of Documentary, in: Hardy, Forsyth (Hg.), Grierson on Documentary, Berkley/Los Angeles 1966, S. 145–156.
Gries, Rainer: Die Medialisierung der Produktkommunikation. Grundzüge eines kulturhistorischen Entwurfs, in: Knoch, Habbo/Morat, Daniel (Hg.): Kommunikation als Beobachtung, Medienwandel und Gesellschaftsbilder 1880–1960, München 2003, S. 114–130.
Gries, Rainer: Produkte & Politik. Zur Kultur- und Politikgeschichte der Produktkommunikation, Wien 2006.
Grimm, Petra: Filmnarratologie. Eine Einführung in die Praxis der Interpretation am Beispiel des Werbespots, München 1996.
Guckes, Emil : Der Tonfilm als Werbemittel in Deutschland, Diss., Innsbruck 1937.
Guha, Wilhelm: Die Sascha-Filmfabrik, in Filmkunst, Nr. 74, 1976, S. 6–7.
Gunning, Tom: The Cinema of Attractions, Its Spectator and the Avant-Garde, in: Wide Angle, Bd. 8, Nr. 3/4, 1986, S. 63–70.
Gunning, Tom: The Non-Continous Style of Early Film (1900–1906), in: Österreichische Gesellschaft für Filmwissenschaft, Kommunikations- und Medienforschung (Hg.): Arbeitsmappe. Filmstatistik und Dokumentation“, Wien 1983, S. 1–12.
Gunning, Tom: Vor dem Dokumentarfilm. Frühe non-fiction-Filme und die Ästhetik der „Ansicht“, in: KINtop4, „Anfänge des dokumentarischen Films, Jahrbuch zur Erforschung des frühen Films, Basel/Frankfurt am Main 1995, S. 111–121.
Hagener, Malte: Licht, Kamera, Reflektion. Das Wunder von Jena und die Industriefilmproduktion bei Carl Zeiss, in: Hediger, Vinzenz/Vonderau, Patrick: Filmische Mittel, industrielle Zwecke. Das Werk des Industriefilms, Berlin 2007, S. 282–291.
Hanisch, Ernst: Der lange Schatten des Staates. Österreichische Gesellschaftspolitik im 20. Jahrhundert, Wien 1994.
Hartungen, Ch.: Psychologie der Reklame, Stuttgart 1921. Lauterer, Carl: Lehrbuch der Reklame. Einführung in das Werbewesen, Wien/Leipzig 1923.
Hediger, Vinzenz: Verführung zum Film. Der amerikanische Kinotrailer seit 1912, Marburg 2001.
Hediger, Vinzenz/Vonderau, Patrick, „Einleitung“, in: Hediger,Vinzenz/Vonderau, Patrick: Filmische Mittel, industrielle Zwecke. Das Werk des Industriefilms, Berlin 2007, S. 8–14.
Hediger, Vinzent/Vonderau, Patrick: Record, Rhetoric, Rationalization. Film und industrielle Organisation, in: Hediger, Vinzenz/Vonderau, Patrick: Filmische Mittel, industrielle Zwecke. Das Werk des Industriefilms, Berlin 2007, S. 22–33.
Hediger, Vinzenz/Vonderau, Patrick: Films that Work. Industrial Film and the Productivity of Media, Amsterdam 2009.
Heiser, Albert: Das Drehbuch zum Drehbuch. Erzählstrategien im Werbespot und -film, Berlin 2004.
Heiß, Gernot/Klimeš, Ivan: Kulturindustrie und Politik. Die Filmwirtschaft der Tschechoslowakei und Österreichs in der politischen Krise der Dreißigerjahre. Entwicklung in Österreich, in: Heiß, Gernot/Klimeš, Ivan (Hg.): Obrazy času/Bilder der Zeit. Tschechischer und österreichischer Film der 30er Jahre, Praha/Brno 2003.
Hoerwarter, Albert Eugen: Die Werbe-Abteilung. Eine Vortragsreihe, Wien 1920.

Hoerwarter, Albert Eugen: Organisation der Werbearbeit, Wien 1925.
Hoffmann, Kay: Rhythmus, Rhythmus, Rhythmus! Avantgarde & Moderne im Faschismus, in: von Keitz, Ursula/Hoffmann, Kay (Hg.): Die Einübung des dokumentarischen Blicks. Fiction Film und Non Fiction Film zwischen Wahrheitsanspruch und expressiver Sachlichkeit 1895–1945, Marburg 2001, S. 169–191.
Horak, Jan-Christopher: A Neglected Genre: James Sibley Watson's Avantgarde Industrial Films, in: Film History, 20/1, 2008, S. 35–48.
Hübel, Anke J.: Big Bigger Cinema. Film- und Kinomarketing in Deutschland (1910–1933), Marburg 2011.
Hübl, Maria: Sascha Kolowrat. Ein Beitrag zur Geschichte der Österreichischen Kinematographie, Dissertation, Wien 1950.
Jacques, Pierre-Emmanuel: Reise- und Tourismusfilme, in: Zimmermann, Yvonne (Hg.): Schaufenster Schweiz. Dokumentarische Gebrauchsfilme 1896–1964, Zürich 2011, S. 142–239.
Jacques, Pierre-Emmanuel/Zimmermann, Yvonne: Dokumentarischer Film in der Schweiz im historischen Überblick (1896–1964), in: Zimmermann, Yvonne (Hg.): Schaufenster Schweiz. Dokumentarische Gebrauchsfilme 1896–1964, Zürich 2011, S. 84–127.
Jacobs, Tino/Schürmann, Sandra: Rauchsignale: Struktureller Wandel und visuelle Strategien auf dem deutschen Zigarettenmarkt im 20. Jahrhundert, in: Werkstatt*Geschichte* 45, Essen 2007, S. 33–52.
Jaeger, Fritz: Werbung im Fremdenverkehr. Eine wissenschaftliche Untersuchung unter besonderer Berücksichtigung der Tiroler Verhältnisse, Innsbruck 1936.
Jahrbuch für das Studium an der Technischen Hochschule in Wien 1930–1931, Wien 1932.
Jahrbuch für das Studium an der Technischen Hochschule in Wien 1931–1932, Wien 1933.
Jahrbuch der deutschen Studentenschaft, Technische Hochschule Wien 1932–1933, Wien 1934.
Alexander Jason, Handbuch der Filmwirtschaft 1930, Berlin 1930.
Juer-Marbach, Franziska: Der Reklamefilm, Wien 1938.
Jung, Uli: Ästhetischer Wandel. Von der ‚Lebenden Photographie" zum Filmgenre, in: Jung, Uli/ Loiperdinger, Martin (Hg.): Geschichte des dokumentarischen Films in Deutschland, Bd. 1, Kaiserreich 1895–1918, Stuttgart 2005, S. 221–229.
Jung, Uli: Städtebilder und Lokalaufnahmen, in: Jung, Uli/Loiperdinger, Martin (Hg.): Geschichte des dokumentarischen Films in Deutschland, Bd. 1, Kaiserreich 1895–1918, Stuttgart 2005, S. 275–297.
Jung, Uli/Mühl-Benninghaus, Wolfgang: Tätigkeit der Deutschen Lichtbild-Gesellschaft und des Bild- und Film-Amtes", in: Jung, Uli/Loiperdinger, Martin (Hg.): Geschichte des dokumentarischen Films in Deutschland, Bd. 1, Kaiserreich 1895–1918, Stuttgart 2005, S. 416–422.
Jung, Uli/Mühl-Benninghaus, Wolfgang: Export und Import nicht-fiktionaler Filme, in: Jung, Uli/ Loiperdinger, Martin (Hg.): Geschichte des dokumentarischen Films in Deutschland, Bd. 1, Kaiserreich 1895–1918, Stuttgart 2005, S. 423–428.
Jung, Uli/Mühl-Benninghaus, Wolfgang: Ästhetischer Wandel. Dokumentarische Propagandafilme, in: Jung, Uli/Loiperdinger, Martin (Hg.): Geschichte des dokumentarischen Films in Deutschland, Bd. 1, Kaiserreich 1895–1918, Stuttgart 2005, S. 429–453.
Kaindl, Johann Josef (Hg.): Bücher und Schriften über Reklame, Plakatkunst, Zeitungswesen, Geschäfts-Organisation, Wien 1928.
Keller, Mario: Experienced Mood and Commodified Mode. Forms of Nostalgia in the Television Commercials of Manner, in: Medien & Zeit, Nr. 4, 2016, S. 61–71.

Keller, Reiner: Wissen oder Sprache? Für eine wissensanalytische Profilierung der Diskursforschung, in: Eder, Franz X. (Hg.): Historische Diskursanalysen. Genealogie, Theorie, Anwendungen, Wiesbaden 2006, S. 51–69.

Kieninger, Ernst: Das „klassische Wanderkino“ 1896–1914. Filmkommunikation auf dem Weg zur Institution am Beispiel Niederösterreich und Umland, Dipl., Wien 1992.

Klein, Walter J.: The Sponsored Film, New York 1976.

Koskinen M.: Soap Opera à la Bergman, in: Chaplin, special issue 1988, S. 30–34.

Kreimeier, Klaus: Ein deutsches Paradigma. Die Kulturabteilung der Ufa, in: Kreimeier, Klaus/Ehmann, Antje/Goergen, Jeanpaul (Hg.): Geschichte des dokumentarischen Films in Deutschland, Bd. 2, Weimarer Republik 1918–1933, Stuttgart 2005, S. 67–86.

Krenn, Günter: Der bewegte Mensch – Sascha Kolowrat, in: Bono, Francesco/Caneppele, Paolo/Krenn, Günter: Elektrische Schatten. Beiträge zur österreichischen Stummfilmgeschichte, Wien 1999, S. 37–46.

Krenn, Günter: Der „Holub-Seff“, in: Krenn, Günter/Wostry, Nikolaus (Hg.): Cocl & Seff. Die österreichischen Serienkomiker der Stummfilmzeit, Wien 2010, 95–111.

Kropff, Hans: Wie werde ich Reklame-Chef, Wien 1926.

Kuchenbuch, Thomas: Filmanalyse. Theorien. Methoden. Kritik, Wien/Köln/Weimar 2005.

Kühschelm, Oliver: Julius Meinl. Patriarchalisch, (groß)bürgerlich, österreichbewusst, in: Brix, Emil/Bruckmüller, Ernst/Stekl, Hannes: Memoria Austria III. Unternehmen, Firmen Produkte, Wien 2005, S. 43–96.

Kühschelm, Oliver/Eder, Franz X./Siegrist, Hannes: Einleitung. Konsum und Nation, in: Kühschelm, Oliver/Eder, Franz X./Siegrist, Hannes: Konsum und Nation. Zur Geschichte nationalisierender Inszenierungen in der Produktkommunikation, Bielefeld 2012, S. 7–44.

Landwehr, Achim: Historische Diskursanalyse, Frankfurt/New York 2008.

Lassner, Rudolf: Theater- und Kinobesuche. Eine psychologische Analyse, Dissertation, Wien 1936.

Lears, Jackson: Fables of Abundance. A Cultural History of Advertising in America, New York 1994.

Lehrbaumer, Margareta: Womit kann ich dienen? Julius Meinl. Auf den Spuren einer großen Marke, Wien 2000.

Leidinger, Hannes: Kapitalismus, Wien/Köln/Weimar 2008.

Leidinger, Hannes/Moritz, Verena/Moser,Karin: 1896–1918. Das Ende der Habsburgermonarchie, Booklet zur DVD-Edition, Teil 1: Moser, Karin/Leidinger, Hannes/Moritz,Verena/Achenbach, Michael: Die Österreich-Box. Ein Jahrhundert Zeitgeschichte in originalen Filmdokumenten 1896–1995, Wien 2010.

Levitan, Eli L.: Animation Art in the Commercial Film, New York 1960.

Levitan, Eli L.: Animation Techniques and Commercial Film Production, New York 1962.

Loacker, Armin: Anschluss im ¾ Takt. Filmproduktion und Filmpolitik in Österreich 1930–1938, Trier 1999.

Loacker, Armin: „Kino vor dem KZ. Österreichische Filmschaffende als NS-Opfer“, in: *filmarchiv* 7, 03/2003, S. 18.

Loacker, Armin/Prucha,Martin (Hg.): Unerwünschtes Kino. Der deutschsprachig Emigrantenfilm 1934–1937, Wien 2000.

Loiperdinger, Martin: Film & Schokolade. Stollwercks Geschäfte mit lebenden Bildern, Frankfurt am Main/Basel 1999.

Loiperdinger, Martin: Industriebilder, in: Jung, Uli/Loiperdinger, Martin (Hg.): Geschichte des dokumentarischen Films in Deutschland, Bd. 1, Kaiserreich 1895–1918, Stuttgart 2005, S. 324–332.

Loiperdinger, Martin: „Early Industrial Moving Pictures in Germany“, in: Vinzenz Hediger/Patrick Vonderau (Hg.): Films that Work. Industrial Film and the Productivity of Media, Amsterdam 2009, S. 65–73.

Loiperdinger, Martin (Hg.): Julius Pinschewer. Klassiker des Werbefilms, (DVD, Booklet), Berlin 2010.

Maria Jahoda, 1907–2001. Pionierin der Sozialforschung. Katalog zur Ausstellung des Archivs für die Geschichte der Soziologie in Österreich an der Universitätsbibliothek Graz vom 3. Juni bis 2. August 2002, Graz 2002.

Marincig, Harald: Die Wiener Linien. 140 Jahre öffentlicher Personennahverkehr in Wien. Die Geschichte der städtischen Verkehrsmittel Straßenbahn, Stadtbahn, U-Bahn und Autobus, Wien 2005.

Mataja, Viktor: Die Reklame. Eine Untersuchung über Ankündigungswesen und Werbetätigkeit im Geschäftsleben, Leipzig 1910.

Mayer, Klaus: Die Organisation des Kriegspressequartiers beim k.u.k. AOK im Ersten Weltkrieg 1914–1918, Diss., Wien 1963.

McGhee, Paul E./Goldstein, J.H., The Psychology of Humor: Theoretical Perspectives and Empirical Issues, New York 1972.

Meinl, Julius jun.: Vorträge gehalten an der Hochschule für Welthandel, Wien 1937.

Messter, Oskar: Mein Weg mit dem Film, Berlin 1930.

Mikunda, Christian: Kino spüren. Strategien der emotionalen Filmgestaltung, Wien 2002.

Morawetz, Andrea: „Kontakt" in der „Österreichischen Reklame". Reklamezeitschriften der 20er und 30er: Zwischen Wissensvermittlung und Selbstvergewisserung, Dipl., Wien 2004.

Moritz, Verena: Experimente, in: Moritz, Verena/Moser, Karin/Leidinger, Hannes: Kampfzone Kino. Film in Österreich 1918–1938, Wien 2008, S. 33–54.

Moritz, Verena: Das Medium Film im Dienste der österreichischen Republik 1918–1924. Anmerkungen zur Geschichte der Filmhauptstelle, in: Karner, Stefan/Mikoletzky, Lorenz (Hg.): Österreich. 90 Jahre Republik. Beitragsband der Ausstellung im Parlament, Innsbruck/Wien/Bozen 2008, S. 449–460.

Moser, Karin: Die Bilderwelt der Österreich in Bild und Ton – die konstruierte Realität eines ständestaatlichen Propagandainstruments, in: Achenbach, Michael/Moser, Karin (Hg.): Österreich in Bild und Ton. Die Filmwochenschau des austrofaschistischen Ständestaates, Wien 2002, S. 99–148.

Moser, Karin: „Sauber, schön und mütterlich" – Frauenbilder im Werbefilm 1920–1959. Historische Werbefilme. 1. Teil; in: filmarchiv, H. 14, März 2004, S. 80–83.

Moser, Karin: Moderne Zeiten. Historische Werbefilme. 2. Teil; in: filmarchiv, H. 15, April 2004, S. 66–69.

Moser, Karin: Die Demokratie hat ausgedient, in: Moritz, Verena/Moser, Karin/Leidinger, Hannes: Kampfzone Kino. Film in Österreich 1918–1938, Wien 2008, S. 284–306.

Moser, Karin: „Eine unerhörte jüdische Frechheit" – JEW SÜSS, in: Moritz, Verena/Moser, Karin/Leidinger, Hannes: Kampfzone Kino. Film in Österreich 1918–1938, Wien 2008, S. 322–339.

Moser, Karin: Charmant – markant – provokant: Projektvorstellung: Der österreichische Werbefilm; in: filmarchiv, H. 7, Oktober/November/Dezember 2011, 66–69.

Moser, Karin: Vergessen – verloren – wiederentdeckt! Der österreichische Werbe- und Industriefilm – vielschichtige Quelle und wertvolles Kulturgut, in: Medien Archive Austria, „museum multimedial". Audiovisionäre Traditionen in aktuellen Kontexten, Wien 2012, S. 229–248.

Moser, Karin: Charmant – markant – provokant: Der österreichische Werbefilm. Anfänge – Weichenstellungen – Durchbruch, in: Archiv und Wirtschaft. Zeitschrift für das Archivwesen der Wirtschaft, Nr. 4/2013, S. 176–181.

Moser, Karin: „Hygienisch -gesundheitsfördernd – schmackhaft": Beweisführungsstrategien im Werbe- und Industriefilm der 1920er-Jahre. Die Verwendung traditioneller Motive und moderne

Mythen im Reklamefilm der Milch-, Bier, und Margarineproduktion, in: medienimpulse, 2/2014, http://www.medienimpulse.at/articles/view/641, 30.11.2014.

Moser, Karin: „Frühes Kino" – Attraktion und Erlebniswelt. Die Entwicklung eines Mediums, Kapitel 2 „Der erste Kinematograph in Wien – ein Medium erobert Österreich-Ungarn", in: Virtuelle Ausstellung „Der Erste Weltkrieg und das Ende der Habsburgermonarchie", http://ww1.habsburger.net/de/kapitel/der-erste-kinematograph-wien-ein-medium-erobert-oesterreich-ungarn, 30.11.2014.

Moser, Karin: „Frühes Kino", Kapitel 3 „Vom Schaustellerbetrieb zum Kinotheater", in: Virtuelle Ausstellung „Der Erste Weltkrieg und das Ende der Habsburgermonarchie", http://ww1.habsburger.net/de/kapitel/vom-schaustellerbetrieb-zum-kinotheater, 30.11.2014.

Moser, Karin :„Frühes Kino", Kapitel 4 „Hereinspaziert! – Aufführungspraxen, Attraktionen, Schau- und Hörerlebnisse", http://ww1.habsburger.net/de/kapitel/hereinspaziert-auffuehrungspraxen-attraktionen-schau-und-hoererlebnisse, 30.11.2014.

Moser, Karin: „Frühes Kino", Kapitel 5 „Nummernprogramme – Kleinode aus aller Welt", http://ww1.habsburger.net/de/kapitel/nummernprogramme-kleinode-aus-aller-welt, 30.11.2014.

Moser, Karin: „Frühes Kino", Kapitel 6 „Von der Ansicht zur Narration: Genres und Stars", http://ww1.habsburger.net/de/kapitel/von-der-ansicht-zur-narration-genres-und-stars, 30.11.2014.

Moser, Karin: „Frühes Kino", Kapitel 7 „Österreichische Filmpioniere", http://ww1.habsburger.net/de/kapitel/oesterreichische-filmpioniere, 30.11.2014.

Moser, Karin: Filmischer Aufbruch in die Moderne: Technik, Mobilität und Masse, Kapitel 1 „Filmische Faszination – die Maschine in der Kriegspropaganda", in: Virtuelle Ausstellung „Der Erste Weltkrieg und das Ende der Habsburgermonarchie", http://ww1.habsburger.net/de/kapi-tel/filmische-faszination-die-maschine-der-kriegspropaganda, 30.11.2014.

Moser, Karin: Filmischer Aufbruch in die Moderne, Kapitel 4 „Vom Fahren und Reisen: Fremdenverkehr und Tourismusfilme", http://ww1.habsburger.net/de/kapitel/vom-fahren-und-reisen-fremdenverkehr-und-tourismusfilme, 30.11.2014.

Moser, Karin: Vom „öffentlichen Ärgernis" zum Propagandawerkzeug: Staatliche Eingriffe und Lenkungsversuche im Film- und Kinowesen, Kapitel 3 „Kulturkampf gegen Schmutz und Schund", http://ww1.habsburger.net/de/kapitel/kulturkampf-gegen-schmutz-und-schund, 30.11.2014.

Moser, Karin: Vom „öffentlichen Ärgernis" zum Propagandawerkzeug, Kapitel 4 „Organisierte Propaganda: Die Filmstelle des Kriegspressequartiers", in: Virtuelle Ausstellung „Der Erste Weltkrieg und das Ende der Habsburgermonarchie, http://ww1.habsburger.net/de/kapitel/organisierte-propaganda-die-filmstelle-des-kriegspressequartiers, 30.11.2014.

Moser, Karin: Vom „öffentlichen Ärgernis" zum Propagandawerkzeug, Kapitel 6 „Schwerpunkte und Ziele der Kriegsfilm-Propaganda", http://ww1.habsburger.net/de/kapitel/schwerpunkte-und-ziele-der-kriegs-filmpropaganda, 30.11.2014.

Moser, Karin: Vom „öffentlichen Ärgernis" zum Propagandawerkzeug, Kapitel 7 „Nach dem Krieg – die Staatliche Filmhauptstelle: Verwalter des Vergangenen, Mahner der Gegenwart, Propagandist einer neuen Idee", http://ww1.habsburger.net/de/kapitel/nach-dem-krieg-die-staatliche-filmhauptstelle-verwalter-des-vergangenen-mahner-der-gegenwart, 30.11.2014.

Moser, Karin: (Film-)Musik in der Werbung – zwischen Sinn(lichkeit) und Zweck(mäßigkeit), in: Österreichischer Komponistenbund, Nr. 1, Sommer 2016, S. 13.

Navratil, Josef: Das Werk des österreichischen Kulturfilmproduzenten Ing. Karl Köfinger am Beispiel einer Serie von Fremdenverkehrswerbefilmen, in: Mitteilungen Österreichische Gesellschaft für Filmwissenschaft, Kommunikations- und Medienforschung, Nr. 23, Wien 1989.

Navratil, Josef: Historische österreichische Industriefilme aus der Werkstätte von Ing. Karl Köfinger, in: Filmkunst, „Film und Industrie". Nr. 124, 1989, S. 33–38

Navratil, Josef: Vom Konzept zum Celluloidfilm aus der Kurbelkamera. Vor 110 Jahren wurde der österreichische Lehr-, Schul- und Kulturfilmproduzent Ing. Karl Köfinger geboren, in: SHB, Nr. 157, September/Oktober 1989, S. 7–9.

Nepf, Markus: Die ersten Filmpioniere in Österreich. Die Aufbauarbeit von Anton Kolm, Louise Veltée/Kolm/Fleck und Jakob Fleck bis zu Beginn des Ersten Weltkriegs, in: Bono, Francesco/ Caneppele, Paolo/Krenn, Günter: Elektrische Schatten. Beiträge zur österreichischen Stummfilmgeschichte, Wien 1999, S. 11–36.

Neurath, Paul: Paul L. Lazarsfeld in Emigration und (teilweiser) Remigration, in: Stadler, Friedrich (Hg.): Vertriebene Vernunft II. Emigration und Exil österreichischer Wissenschaft. Internationales Symposium 19. bis 23. Oktober 1987 in Wien, Wien/München 1988, S. 360–372.

Neurath, Paul: Paul Lazarsfeld und die Institutionalisierung der empirischen Sozialforschung: Ausfuhr und Wiedereinfuhr einer Wiener Institution, in: Langenbucher, Wolfgang R. (Hg.), Paul Felix Lazarsfeld – Leben und Werk. Anstatt einer Biografie, Wien 2008, S. 195–226.

Nsiah, Lydia: Es lebe die elementare Gestaltung – Der beseelte Werbefilm, in: Fest, Karin (Hg.): Mies van der Rohe, Richter, Graeff & Co: Alltag und Design in der Avantgardezeitschrift G, Wien 2013.

Oakes, Brian: Building Films for Business: Jamison Handy and the Industrial Animation of the Jam Handy Organization, in Film History, 22/1, 2010, S. 95–107.

Ohmes, Richard: Die Bedeutung des Kinos für Kinder und Jugendliche, Dissertation, Wien 1935.

Oppelt, Ulrike: Film und Propaganda im Ersten Weltkrieg. Propaganda als Medienrealität im Aktualitäten- und Dokumentarfilm, Stuttgart 2002.

O' Quinn, Kimberly: The Reason and Magic of Steel: Industrial and Urban Discourses in DIE POLDIHÜTTE, in: Elsaesser, Thomas: A Second Life: German Cinema's First Decades, Amsterdam 1996, S. 192–201.

Pannabecker, John R.: Mechanical Arts in Diderot's „Encyclopédie", in: Technology and Culture 39, 1, S. 33–73.

Pernsteiner, Silvia Maria: Zum Schutz gegen Exzesse, Ausbeutungen und Monopolstellungen: Die Anfänge des organisierten Reklamewesens in Österreich, Dipl., Wien 2008.

Polaschegg, Andrea: Der andere Orientalismus. Regeln deutsch-morgenländischer Imaginationen im 19. Jahrhundert, Berlin 2004.

Pollak, Michael, Paul F. Lazarsfeld – Gründer eines multinationalen Wissenschaftskonzerns, in: Langenbucher, Wolfgang R. (Hg.): Paul Felix Lazarsfeld – Leben und Werk. Anstatt einer Biografie, Wien 2008, S. 157–193.

Pope, Daniel: The Making of Modern Advertising, New York 1983.

Prelinger, Rick: The Field Guild to Sponsored Films, San Francisco 2006.

Rasch, Manfred/Berendes, Hans Ulrich/Döring, Peter/Ellerbrock, Karl-Peter/Farrenkopf, Michael/ Köhne-Lindenlaub, Renate/Siekmann, Birgit/Thomas Hans-Georg/Toncourt, Manfred/Wessel, Horst A./Zeppenfeld, Burkhard (Hg.): Industriefilm 1948–1959. Filme aus Wirtschaftsarchiven im Ruhrgebiet, Essen 2003.

Rasch, Manfred/Ellerbrock, Karl-Peter/Köhne-Lindenlaub, Renate/Wessel, Horst A. (Hg.): Industriefilm – Medium und Quelle, Essen 1997.

Reichert, Rámon: Die Popularisierung der Produktivität. Die Filme des Österreichischen Produktivitätszentrums 1950–1987. Ein Beitrag zur Diskussion um den Film als historische Quelle, in: Österreichische Akademie der Wissenschaften (Hg.): Relation. Medien, Gesellschaft, Geschichte 2, Wien 2000, S. 69–128.

Reichert, Rámon: Film und Rationalisierung. Die Industriefilme des Österreichischen Produktivitäts-Zentrums während des European Recovery Program, In: Blätter für Technikgeschichte, Band 62/2000, Wien 2001, S. 45–109.

Reichert, Rámon: Behaviorismus, Zeichentrick und effektives Kino. Zur visuellen Kultur des Managements am Beispiel der Industrial-Management-Filmreihe von McGraw-Hill, in: Hediger, Vinzenz/Vonderau, Patrick: Filmische Mittel, industrielle Zwecke. Das Werk des Industriefilms, Berlin 2007, S. 142–163.

Renoldner, Thomas (Hg.): Animationsfilm in Österreich. Teil 1 1900–1970 (International Animated Film Association), Wien 1995.

Renoldner, Thomas: Animationsfilm in Österreich – 1832 bis heute, in: Dewald, Christian/ Groschup, Sabine/Mattuschka, Mara/Renoldner, Thomas (Hg.): Die Kunst des Einzelbilds. Animation in Österreich – 1832 bis heute, Wien 2010, S. 84–101.

Roloff, Hans Paul: Experimentelle Untersuchung der Werbewirkung von Plakatentwürfen, Leipzig 1927.

Rossfeld, Roman: Markenherrschaft und Reklameschwung. Die schweizerische Schokoladenindustrie zwischen Produktion- und Marketingorientierung, 1860–1914, in: Berghoff, Hartmut (Hg.): Marketinggeschichte. Die Genese einer modernen Sozialtechnik, Frankfurt/New York 2007, S. 87–119.

Ruben, Paul (Hg.): Die Reklame – ihre Kunst und Wissenschaft, Band 2, Berlin 1914.

Sandgruber, Roman: Ökonomie und Politik. Österreichische Wirtschaftsgeschichte vom Mittelalter bis zur Gegenwart, Wien 1995.

Schauer, Peter: Zur Ur- und Frühgeschichte des österreichischen Films, Wien 1964.

Schätz, Joachim: Ökonomie im Bild. Rationalisierung und Kontingenz im Werbe- und Industriefilm, in: Linda Erker/Alexander Salzmann/Lucile Dreidemy/Klaudija Sabo (Hg.): Update! Perspektiven der Zeitgeschichte. Zeitgeschichtetage 2010, Innsbruck/Wien/Bozen 2012, S. 381–387.

Schechner, Kurt: Menschenbehandlung im Betriebe, Wien 1931.

Schmidt, Siegfried/Spieß, Brigitte: Die Kommerzialisierung der Kommunikation. Fernsehwerbung und sozialer Wandel 1956–1989, Frankfurt am Main 1997.

Schmölzer, Hildegund: Die Propaganda des Kriegspressequartiers im Ersten Weltkrieg 1914–1918, Diss., Wien 1965.

Schneider, Ursula A., Neues von Peter Engelmann (Ps. Peter Eng) und Anny Engelmann (Ps. Suska). Die Geschwister von Paul Engelmann, Figuren einer verschwundenen europäischen Moderne, in: Mitteilungen aus dem Brenner Archiv 30/2011, S. 119–137. Siehe auch: https://www.uibk.ac.at/brenner-archiv/mitarbeiter/links/schneider/schneider-engelmann-2011.pdf, 5. Dezember 2016.

Schoemann, Annika: Der deutsche Animationsfilm. Von den Anfängen bis zur Gegenwart 1909–2001, Sankt Augustin 2003.

Schuchnig, Josef: Adi Mayer Film. Eine österreichische Filmfirma mit Tradition, in: Filmkunst, Nr. 136, 1992, S. 3–36.

Schultze-Pfaelzer, Gerhard: Propaganda, Agitation, Reklame. Eine Theorie des gesamten Werbewesens, Berlin 1924.

Schwarz, Werner Michael: Karneval der Waren. Warenhaus und Überschreitung, in: Breuss, Susanne/Eder, Franz X. (Hg.): Konsumieren in Österreich 19. und 20. Jahrhundert, Wien 2006, S. 71–85.

Schwarz, Werner Michael: Kino und Kinos in Wien. Eine Entwicklungsgeschichte bis 1934, Wien 1992.

Seeßlen, Georg: Klassiker der Filmkomik. Eine Einführung in die Typologie des komischen Films, München 1976.

Siebenmann, Patricia: Hundert Jahre Werbefilm, Freiburg (Schweiz) 1996.

Sierek, Karl (Hg.): Wie Ninette zu ihrem Ausgang kam, CD-Rom, Jena 2002.

Silberer, Günter/Mau, Gunnar: Anfänge und Geschichte der Werbewirkungsforschung, in: Berghoff, Hartmut (Hg.): Marketinggeschichte. Die Genese einer modernen Sozialtechnik, Frankfurt/New York 2007, S. 231–256.

Skretting, Kathrine: Reklamefilmens kommunikasjon: norske reklamefilmer 1922–1988, Dragvoll 1988.

Slide, Anthony: Before Video. A History of the Non-Theatrical Film, Westport 1992.

Solbrig, Heide: Orphans No More: Definitions, Disciplines, and Institutions, in: Journal of Popular Film and Television, 37/3, Herbst 2009, S. 98–105.

Spiekermann, Uwe: „Der Konsument muß erobert werden!“. Agrar- und Handelsmarketing in Deutschland während der 1920er und 1930er Jahre, in: Berghoff, Hartmut (Hg.): Marketinggeschichte. Die Genese einer modernen Sozialtechnik, Frankfurt/New York 2007, S. 123–147.

Spiel, Hilde: Versuch einer Darstellungstheorie des Films, Dissertation, Wien 1935.

Staiger, Janet: Announcing Wares, Winning Patrons, Voicing Ideals: Thinking about the History and Theory of Film Advertising, in: Cinema Journal 29, Nr. 3 Frühling 1990, S. 3–31.

Streible, Dan: The Role of Orphan Films in the 21st Century Archive, in: Cinema Journal 46, 3, Frühling 2007, S. 124–128.

Strobl, Karl Hans: K.P.Qu. Geschichten und Bilder aus dem österreichischen Kriegspressequartier, Reichenberg 1929.

Strom, Gunnar: Desider Gross and Gasparcolor, European Producers: Norwegian Products and Animated Commercials from the 1930s, in: Animation Journal, Frühling 1998, S. 28–41.

Strom, Gunnar: Desider Gross and Gasparcolor in a Norwegian Perspective, Part 2, in: Animation Journal, Frühling 2000, S. 44–55.

Sweeny, Russell C.: Coming Next Week: A Pictorial History of Film Advertising, South Brunswick 1973.

Thaller, Anton (Hg.): Die österreichische Filmografie, Bd. 1, Spielfilme 1906–1918, Wien 2010.

Thommes, Joachim: In jeden dieser Filme wollte ich Kunst reinbringe, soviel ich nur konnte. Hugo Niebeling, die Mannesmann-Filmproduktion und der bundesdeutsche Wirtschaftsfilm 1947–1987, Essen 2008.

Tode, Thomas: Die Verwandlungen des Franz Rossak. Eine österreichische Filmbiografie zwischen Arbeiterbewegung und Nationalsozialismus, in: Dewald, Christian: Arbeiterkino. Linke Filmkultur der Ersten Republik, Wien 2007, S. 129–192.

Trost, Ernst: Rauchen für Österreich. Zur allgemeinen Erleichterung... Eine kultur- und Wirtschaftsgeschichte des Tabaks in Österreich, Wien 2003.

van Herpen, Stan: Filmregisseurs en reclame: de schaamte voorbij, in: Skrien, 32/6, July-August 2000, S. 17–19.

Warstat, Dieter Helmuth: Frühes Kino der Kleinstadt, Berlin 1982.

Weber, Fritz: Hauptprobleme der wirtschaftlichen und sozialen Entwicklung Österreichs in der Zwischenkriegszeit, in: Kadrnoska, Franz (Hg.): Aufbruch und Untergang. Österreichische Kultur zwischen 1918 und 1938, Wien/München/Zürich 1981, S. 593–621.

Wedemeyer-Kolwe, Bernd: „Ein Ereignis für den ganzen Westen“. Körperkultur in Weimar zwischen Öffentlichkeit, Kunst und Kultur, in: Cowan, Michael/Sicks, Kai Marcel (Hg.): Leibhaftige Moderne. Körper in Kunst und Massenmedien 1918 bis 1933, Bielefeld 2005, S. 187–199.

Wegs, Robert J.: Die österreichische Kriegswirtschaft 1914–1918, Wien 1979.

Wehlau, Kurt: Das Lichtbild in der Werbung für Politik, Kultur und Wissenschaft. Seine geschichtliche Entwicklung und gegenwärtige Bedeutung, Würzburg-Aumühle 1939.

Weitensfelder, Hubert: Technischer Wandel und Konsum im 19. und frühen 20. Jahrhundert, in: Breuss, Susanne/Eder, Franz X. (Hg.): Konsumieren in Österreich 19. und 20. Jahrhundert, Wien 2006, S. 105–123.

Winter, Leopold: Komik im Film, Dissertation, Wien 1938.
Westbrock, Ingrid: Der Werbefilm. Ein Beitrag zur Entwicklungsgeschichte des Genres vom Stummfilm zum frühen Ton- und Farbfilm, Hildesheim 1983.
Zimmermann, Yvonne: Vom Lichtbild zum Film. Anmerkungen zur Entstehung des Industriefilms, in: montage/av, Jg. 15, H. 1, 2006, S. 74–90.
Zimmermann, Yvonne: „Was Hollywood für die Amerikaner, ist der Wirtschaftsfilm für die Schweiz". Anmerkungen zum Industriefilm als Gebrauchsfilm, in: Hediger, Vinzenz/ Vonderau, Patrick: Filmische Mittel, industrielle Zwecke. Das Werk des Industriefilms, Berlin 2007, S. 54–72.
Zimmermann, Yvonne: Neue Impulse in der Dokumentarfilmforschung, in: Zimmermann, Yvonne (Hg.): Schaufenster Schweiz. Dokumentarische Gebrauchsfilme 1896–1964, Zürich 2011, S. 13–31.
Zimmermann, Yvonne: Dokumentarischer Film: Auftragsfilm und Gebrauchsfilm, in: Zimmermann, Yvonne (Hg.): Schaufenster Schweiz. Dokumentarische Gebrauchsfilme 1896–1964, Zürich 2011, S. 34–83.
Zimmermann, Yvonne: Industriefilme, in: Zimmermann, Yvonne (Hg.): Schaufenster Schweiz. Dokumentarische Gebrauchsfilme 1896–1964, Zürich 2011, S. 241–381.

13.2 Abstract (deutsch)

Mit der Erfindung des Films gegen Ende des 19. Jahrhunderts etablierte sich ein neues Werbemittel, das maßgeblich zur umfassenden Visualisierung und Ästhetisierung der Warenwelt beitragen sollte. Ausgehend von der Frühzeit der Kinematographie wird in dieser Arbeit die Entwicklung und Etablierung des Genres Werbefilm in Österreich bis zum Jahr 1938 erforscht.

Zu Beginn werden ökonomische und technische Prozesse skizziert, welche die Entstehung und Entfaltung der Wirtschaftswerbung nicht nur ermöglichten, sondern letztlich auch erforderlich machten. Des Weiteren wird die Verwissenschaftlichung und Institutionalisierung der österreichischen Reklamewirtschaft erläutert, wobei auch der Werbefilm erstmals zum Gegenstand wissenschaftlicher Forschungen wird.

Parallel zu den ökonomischen Entwicklungsschüben, etablierte sich mit dem Film ein neues Unterhaltungs- und Werbemedium, dessen Verbreitung, Akzeptanz sowie ästhetische und technische Entfaltung zu skizzieren waren. Früh- und Vorformen des Werbefilms werden aufgegriffen, um erste Entwicklungslinien dieses Genres auszumachen. Beziehungsgeflechte und Interessenkonflikte zwischen Politik, Werbefilmproduzenten, Auftraggebern und Kinobesitzern werden dargelegt und geben Aufschluss über Produktionsbedingungen, soziale und gesellschaftliche Entwicklungen, Strategien der Ökonomisierung, Ausrichtung der Filme sowie über vielfältige Aufführungskontexte. Zudem wird erläutert, wie Neuerungen im Bereich der Filmtechnik nicht nur inhaltlich ästhetische Veränderungen nach sich zogen, sondern auch Vorführungspraktiken erweiterten. Vor allem hatte die Einführung des Tonfilms ökonomische Engpässe zur Folge, die ein gemeinschaftliches Agieren der Werbefilmproduzenten notwendig machten. Gleichfalls werden Änderungen in der formalen Konzeption der Reklamefilme erläutert – weg von der Mehrfachfunktionalität hin zu kurzen prägnanten Streifen mit einer eindeutigen konsum- und verkaufsorientierten Ausrichtung. Produzentenbiografien zeigen Verbindungslinien innerhalb der Filmbranche auf, offenbaren Konkurrenzgebaren und lassen mitunter Produktionsstile erkennen. Innerhalb der jeweiligen Themenschwerpunkte werden ferner exemplarisch Werbe- und Industrie(werbe)filme hinsichtlich ihrer inhaltlich strategischen und ästhetischen Gestaltung sowie ihrer verkaufsorientierten Ausrichtung untersucht. Produktpräsentation, Produktempfehlung und Kaufappell sowie subtile Botschaften wurden ermittelt.

13.3 Abstract (englisch)

With the invention of the film at the end of the 19th century a new advertising media established that substantially contributed to visualize and aestheticize the consumer world. In this study the development and establishment of the genre commercial is investigated starting with the early days of cinematography until the year 1938.

At the beginning, economic and technological processes are sketched which enabled and even required the emergence and evolvement of business advertising. Hereafter, the scientification and institutionalisation of the Austrian advertising industry is explained, whereby commercials have been scientifically researched for the first time.

Parallel to important economic developments, commercials established themselves as a new entertainment and advertising medium. The dissemination, acceptance as well as the aesthetical and technical evolvement of this new advertising media was outlined. Early forms and pre-forms of commercials are picked up in order to point out general lines of developments of the genre. The network of relationships and the conflicts of interests between politics, advertising film producers, clients and cinema owners are presented and provide insight into production conditions, social and societal developments, strategies of economization, focus of the commercials and varied performance practises.

Moreover, it is stated how innovations in the field of film technology not only changed contents and aesthetics but also extended performance practises. Especially the introduction of the talkies resulted in economic bottlenecks which forced the advertising film producers to collaborative actions. Further changes of formal conception of commercials are explained – this means the evolution away from multifunctional character to short concisely films with a clear consumption and sales orientation. Biographies of commercial film producers indicate connection lines within the film industry, and reveal competitive behaviour and sometimes present styles of production. Within the main topics commercials and industrial films are exemplary analysed by their content-oriented and sales-oriented strategies as well as by their aesthetic design. Product presentation, product recommendation and purchasing arguments thereby were detected.

Personenregister

https://doi.org/10.1515/9783110622300-014

Sachregister

https://doi.org/10.1515/9783110622300-015

FSC
www.fsc.org
MIX
Papier | Fördert gute Waldnutzung
FSC® C083411

Kolibri 360 GmbH
Ferdinand-Jühlke-Straße 7
99095 Erfurt, Deutschland
produktsicherheit@kolibri360.de